dtv

»Abstand, oder ich morde! Haltet Abstand von mir!« ruft der Erzähler in Ingeborg Bachmanns Werk »Das dreißigste Jahr«. Und diesen Abstand verlangte die Dichterin auch für sich selbst, was zu vielerlei Spekulationen über ihre Person und ihr Schaffen führte. Die renommierte Literaturwissenschaftlerin Sigrid Weigel legt hier die erste Gesamtdarstellung jenseits von Mythen und Legenden vor. Sie stützt sich dabei nicht nur auf den zugänglichen Teil des Nachlasses, sondern auch auf Spuren, die Ingeborg Bachmann in Briefen, Notizen und Aufzeichnungen anderer hinterlassen hat, so etwa in den Nachlässen von Hannah Arendt, Peter Szondi oder Wolfgang Hildesheimer. So wird die Dichterin inmitten eines Netzes aus Beziehungen und Korrespondenzen sichtbar, die ein neues und überraschendes Licht auf ihr Leben und Werk werfen.

Sigrid Weigel, geboren 1950, ist Professorin am Deutschen Seminar der Universität Zürich und Direktorin des Zentrums für Literaturforschung Berlin. Zahlreiche Publikationen zur Literaturwissenschaft und zur Literatur der Moderne.

Sigrid Weigel
Ingeborg Bachmann

Hinterlassenschaften unter
Wahrung des Briefgeheimnisses

Mit einem Vorwort
zur Taschenbuchausgabe

Deutscher Taschenbuch Verlag

Die auf den Seiten 234/235, 463 und 470/471
wiedergegebenen Briefe von Ingeborg Bachmann an
Hannah Arendt, Wolfgang Hildesheimer und Peter Szondi
werden hier mit Genehmigung der
Erbengemeinschaft Ingeborg Bachmanns abgedruckt.
© Erbengemeinschaft Ingeborg Bachmann

September 2003
Deutscher Taschenbuch Verlag GmbH & Co. KG,
München
www.dtv.de
© Paul Zsolnay Verlag Wien 1999
Das Werk ist urheberrechtlich geschützt.
Sämtliche, auch auszugsweise Verwertungen bleiben vorbehalten.
Umschlagkonzept: Balk & Brumshagen
Umschlagfoto: © Heinz Bachmann
Satz: Satz für Satz. Barbara Reischmann, Leutkirch
Druck und Bindung: Kösel, Kempten
Gedruckt auf säurefreiem, chlorfrei gebleichtem Papier
Printed in Germany · ISBN 3-423-34035-5

Vorwort zur Taschenbuchausgabe

Im dreißigsten Jahr nach dem Tod Ingeborg Bachmanns gehört ihr Werk zum bleibenden Bestand der deutschsprachigen Literatur. So einzigartig die Antworten sind, die sie auf die historischen Erfahrungen einer Generation gefunden hat, deren Erwachsenwerden mit dem Ende des Krieges und der Nazizeit zusammenfiel, so symptomatisch für die Nachkriegsliteratur sind die Spuren eines verschwiegenen Wissens, die Bachmann ihren Texten eingeschrieben hat. Das mag das anhaltend intensive Interesse an ihren Schriften erklären.

Während die Regalmeter mit Forschungsliteratur zu Bachmanns Werk jährlich wachsen, ist die Quellenlage, auf die man sich stützen kann, weitgehend unverändert. Denn die Entstehung immer neuer Deutungen steht in einem eigentümlichen Mißverhältnis zu den wenigen Recherchen, die sich um konkrete Arbeits- und Gesprächszusammenhänge der Autorin bemühen.[1] So dient weiterhin hauptsächlich der Wiener Nachlaß als Materialbasis, genauer dessen »literarischer« Teil, der seit 1982 in der Handschriftenabteilung der Österreichischen Nationalbibliothek in Wien zugänglich gemacht wurde, während der »private« Teil dort verschlossen bewahrt bleibt bis zum Ablauf der Schutz- bzw. Sperrfrist von 50 Jahren.[2] Diese Teilung verweist auf das Problem des komplexen und komplizierten Verhältnisses von Literatur und

---

[1] Einer dieser Recherchen ist es jüngst gelungen, das Bild über die Arbeit Bachmanns beim Wiener Rundfunksender »Rot-Weiß-Rot« wesentlich zu konkretisieren, siehe Joseph McVeigh: Ingeborg Bachmann as Radio Script Writer. In: German Quarterly 75, 2002, S. 35–50.

[2] D. h. bis 2025. Zur genaueren Beschreibung der Nachlaßlage siehe: Editionsgeschichte und Nachlaß. In: Bachmann-Handbuch. Leben-Werk-Wirkung. Hg. v. M. Albrecht/S. Göttsche, Stuttgart 2002, S. 42–45.

Person – gern als »Leben und Werk« bezeichnet –, das in jedem monographischen oder biographischen Versuch gestaltet werden muß. Im Falle Bachmanns trifft dies auf eine hochgradig sensible Haltung der Betroffenen selbst und auf ihren subtilen Umgang mit dem »Privaten«.

Die Lösung des Darstellungsproblems, die diesem Buch zugrunde liegt, ist keine biographische im üblichen Verständnis: keine lebensgeschichtliche Konstruktion, die als Schlüssel für das literarische Werk dient, und auch keine Entwicklungserzählung, die die »Geburt« eines Autors aus Herkunft, Kindheit und »geistigen Einflüssen« ableitet. Vielmehr steht die Intellektuelle Bachmann im Mittelpunkt, d. h. ihre Arbeit an poetischen, philosophischen und politischen Fragen ihrer Zeit. Für die Lektüre bedeutet das, nicht so sehr Wege von Werden und Vollendung nachzuzeichnen als Spuren ihrer Arbeit zu rekonstruieren, also danach zu fragen, auf welche Herausforderungen und Probleme ihre Texte antworten – gerade auch die abgebrochenen und von der Autorin verworfenen Texte. Insofern erzählt das Buch keine chronologische Geschichte. Es setzt dagegen im *ersten Teil* (Kap. I–IV) mit jenem Datum ein, das gemeinhin als »Übertritt« der Lyrikerin zur Prosa gedeutet wird, mit den Erzählungen »Das dreißigste Jahr« von 1961, um diese Zäsur neu zu lesen. Von dort aus erst richtet sich der Blick zurück und beleuchtet die literarischen Anfänge, die eine Schreibende zeigen, die alle Genres erprobt. Bis in die Mitte der fünfziger Jahre dann sind ihre Texte durch eine Doppelreferenz auf philosophische und poetische Traditionen geprägt – wobei die Musik eine verschwiegene Verbindung zwischen dem scheinbar Gegensätzlichen von Poesie und Philosophie herstellt. Bachmanns Entscheidung, keine Gedichte mehr zu publizieren – nicht unwesentlich motiviert durch das Lob von der falschen Seite, das die Dichterin in eine prekäre Beziehung zu jüdischen Autoren, vor allem zu Paul Celan, gebracht hatte (siehe Kap. VIII) –, ging die Entscheidung der promovierten Philosophin voraus, keine Philosophie mehr zu publizieren, jedenfalls keine Philosophie als Wissenschaft. Seither hat Bachmann eine ganz eigene Prosa entwickelt, in deren Polyphonie die philosophische und lyrische Sprache gleichermaßen aufgenommen wurden.

Erst nach dieser Rekonstruktion widmet sich das Buch im *Mittelteil* (Kap. V–VI) biographischen Fragen und solchen zeitgenössischen Zeugnissen, auf die sich biographische Darstellungen sonst stützen. Dieser Aufbau entspricht jener Nachträglichkeit, die jedem biographischen Interesse eigen ist, da die Erfolgsgeschichte eines Autors ja stets dem öffentlichen Interesse an seiner Person und Lebensgeschichte vorausgeht. Denn erst im Lichte dieser Nachträglichkeit werden die Befangenheiten und Legendenbildungen in den Überlieferungen lesbar, ebenso wie jene blinden Flecken, die durch signifikante Desinteressiertheiten begründet sind.

Zu den blinden Flecken zählt das literaturpolitische Engagement Bachmanns, das sich überwiegend jenseits großer öffentlicher Gesten, eher im Stillen und im Hintergrund äußerte. Hier aber wird eine geschickt und verantwortlich operierende Strategin sichtbar, die so gar nicht zu dem vom Feuilleton gehegten Lieblingsbild der Bachmann als einer hilflosen Poetin passen will. Ebenso zählt zu den blinden Flecken ihr intensiver Dialog mit Überlebenden, Remigranten und jüdischen Intellektuellen, der sich aus einer eher unbewußten Haltung der Empathie in den fünfziger Jahren hin zu einer sehr bewußten Auseinandersetzung mit Geschichtstheorie und Vergangenheitspolitik in den sechziger Jahren und zu einer Sensibilität im Umgang mit den Betroffenen fortentwickelt hat, mit der sie sich von vielen Angehörigen ihrer Schriftstellergeneration deutlich abhebt (Kap. IX). Damit sind die beiden Leitmotive für den *dritten Teil* des Buchs benannt (Kap. VII–X), der den sechziger Jahren und der Arbeit am Todesarten-Projekt gewidmet ist. Hier wird der historische Index ihrer persönlichen Erfahrungen als wesentlicher Motor ihres Schreibens betont (ohne daß allerdings »Erfahrung« auf Liebesgeschichten reduziert wird). Es zeigt sich, auf welche Weise die Autorin die Spuren ihrer spezifischen Erfahrungen und Erinnerungen in ihre Texte eingetragen und diese in topographische und paradigmatische Gedächtnisschauplätze übertragen hat.

Der *Prolog* des Buches berichtet vom Ursprung dieser Leitmotive. Er rekonstruiert einen bis dato unbekannten Dialog Bachmanns mit Gershom Scholem, der die Verwicklung ihres Schreibens in den Komplex von Schuldzusammenhang und Versöhnungsbegehren nach der Shoah betrifft und der zugleich ihre engen Kontakte zu Intellektuellen aus dem Umkreis der Kritischen Theorie erhellt. Es ist nicht Bachmanns Nachlaß, aus dem diese Geschichte rekonstruiert werden konnte, sondern es sind die Archive und Nachlässe anderer Autoren, die Briefwechsel mit ihr sowie Zeugnisse von Gesprächen oder Begegnungen. Der im Prolog vorgestellte Fund ist Ausgangspunkt einer umfangreichen Recherche von Bachmanns Korrespondenz, die für dieses Buch erstmals in systematischer Form erschlossen wurde (vgl. S.17f.). Damit konnte die Quellenlage in Umfang und Struktur radikal verändert werden. Obwohl dieses Buch also keine Biographie im üblichen Sinne ist, wurde dafür erstmals sogenanntes biographisches Material recherchiert, das wesentlich über den zugänglichen Wiener Nachlaß hinausreicht.

Der Prolog erzählt somit nicht nur eine unbekannte Geschichte über Ingeborg Bachmann; er steht auch für die Methode, die den Recherchen und der Konzeption des Buches zugrunde liegt: Darstellung ihrer intellektuellen Biographie in Korrespondenzen. Diese folgt einem postalischen Verfahren[3], d.h. der Lektüre von Bachmanns Hinterlassenschaften und ihrer Korrespondenzen im mehrfachen Wortsinn: zunächst Korrespondenzen in der wörtlichen Bedeutung von Briefwechsel; dann im Sinne der aktiven Korrespondenzen bzw. der Intertextualität, die Bachmanns Schreiben zu den Stimmen anderer und zu den poetischen und philosophischen Figuren anderer Autoren, Zeiten und Orte hergestellt hat; aber auch im geschichtstheoretischen Verständnis Walter Benjamins, nämlich im Sinne von Konstellationen, in denen das Gewesene mit der Jetztzeit als Bild zusammentritt, und schließlich Korrespondenz als Merkmal von Literatur in der »postalischen Epoche«[4], d.h. als Problem der Lesbarkeit von Literatur unter Bedingungen der Gleichzeitigkeit von öffentlicher Zirkulation und verschwiegenen Mitteilungen und mit Rücksicht auf die zeitlichen und räumlichen Differenzen zwischen Adressierung und Empfang, Sendung und Lektüre.

---

[3] Wer sich über die gattungstheoretische und methodische Begründung meiner Darstellungsweise informieren will, den verweise ich auf meinen Aufsatz: Korrespondenzen und Konstellationen. Zum postalischen Prinzip biographischer Darstellungen. In: Christian Klein (Hg.): Grundlagen der Biographik. Theorie und Praxis biographischen Schreibens. Stuttgart 2002, S. 41-54.

[4] Vgl. Jacques Derrida: Die Postkarte. Von Sokrates bis an Freud und jenseits. 1. Lieferung, Berlin 1980.

Die Autorin selbst war es, die die Fährte zur Arbeit an einer postalischen Umgangsweise mit ihren Hinterlassenschaften gelegt hat, und zwar mit dem Stichwort des Briefgeheimnisses im Roman »Malina«. Kurz vor dessen Ende verschwindet das Ich, das den Text über 300 Seiten lang mit seinen Leidenschaften besetzt hat und aus dessen Perspektive er erzählt wurde, um zum Schluß dem Herrn der Erzählung, Malina, das Mandat zum Erzählen zu übergeben. Mit dieser Aufspaltung zwischen Titel- und Erzählerfigur kündigt der Roman den ›autobiographischen Pakt‹, mit dem – im Gestus »Ich bin es, den ich darstelle« – ansonsten den Lesern ermöglicht wird, den Text als Lebensgeschichte des Autors zu lesen, und der üblicherweise über die formale Identität von Erzähler und Held abgesichert wird. Statt dessen springt in »Malina«, in einer Passage mit wiederholt ansetzenden und schließlich erfolglos abgebrochenen Versuchen des Ich, ein Testament abzufassen, folgender Satz ins Auge: »Ich möchte das Briefgeheimnis wahren. Aber ich möchte auch etwas hinterlassen.« Dieser Satz hat meinem Buch nicht nur den Titel geliehen, sondern auch die Methode vorgegeben. Mit dem »aber« signalisiert der Satz einen Dissens zum herrschenden Verständnis von »Vermächtnis«. Denn Vermächtnis bedeutet, daß die Hinterlassenschaften in die Form einer eindeutigen, kohärenten Botschaft übersetzt werden, gleichsam unberührt von den Problemen des Briefgeheimnisses und der Lesbarkeit im postalischen Zeitalter.

Im Zusammenhang der zitierten Romanszene ist nicht nur vom Briefgeheimnis, sondern auch von einem Versteck die Rede. Bachmanns Roman-Ich sucht nämlich, um sie vor der Erzählinstanz Malina in Sicherheit zu bringen, ein Versteck für die Briefe, die offenbar keiner Archivkategorie klar zuzuordnen sind: »Ich habe vergessen, auf das Packpapier etwas zu schreiben, falls die Briefe doch einmal gefunden werden, von Fremden, nach einer Auktion, auf der mein Sekretär versteigert werden wird.« Diese Szene verstehe ich nicht nur als Hinweis auf eine Poetologie, die auf das Dilemma der prekären Gleichzeitigkeit von öffentlicher Zirkulation und intimer Signatur antwortet, der jede erfahrungsgesättigte Literatur untersteht. Die Szene, die Bachmann nicht zuletzt als avancierte Medientheoretikerin ausweist (vgl. X.5.), lese ich auch als Wink, daß nicht nur das Ich seine Briefe, sondern auch die Autorin ihre Hinterlassenschaft in ihren Schriften verborgen hat, und zwar nicht als Rätsel oder Geheimnis, sondern als Spur von Korrespondenzen.

Aus der dadurch motivierten Umgangsweise mit den Hinterlassenschaften – Entzifferung und Lektüre anstelle von Entschlüsselungen oder Enthüllungen – folgt auch ein anderer Begriff von Archiv. Insofern Briefe in der Literatur versteckt sind und die Korrespondenz mit Zeitgenossen literarische Szenen und Dialoge enthält (vgl. den Scholem-Prolog, aber auch den satirischen Ton im Briefwechsel mit Hildesheimer), muß die Kategorisierung und Aufteilung der Hinterlassenschaften in einen »literarischen« und einen »privaten« Nachlaß durchkreuzt werden. Damit steht aber auch jene Ordnung der Texte zur Disposition, die die Schriften in »Leben« und »Werk« unterteilt, um das eine mit oder aus dem anderen zu erklären. Statt dessen muß alles gelesen werden.

In jüngster Zeit wurde der absolute Verschluß des privaten Nachlasses, der über Jahre zu den ehernen Grundsätzen der Bachmann-Nachlaßverwaltung zählte, partiell gelockert. Aus einem bis dahin wenig bekannten, dritten Nachlaßteil, einer Art persönlichem Privatarchiv im Besitz der Erben, wurden in den letzten Jahren einige bis dahin unbekannte Texte zugänglich gemacht, entweder publiziert oder zur Einsicht für die Forschung zur Verfügung gestellt. Insoweit solche Einblicke in Bachmanns Archiv nach Abschluß der Arbeit an diesem Buch (1999) veröffentlicht wurden, sind dadurch jedoch keine wesentlich neuen Erkenntnisse oder gar Enthüllungen zustande gekommen, die Korrekturen an dem Bild erfordern würden, das hier entworfen wird.

Die Auszüge aus dem Tagebuch, das die Abiturientin bei Kriegsende 1944/45 führte und in dem sie u. a. ihre Begegnung mit einem jüdischen Soldaten der englischen Besatzungsarmee erzählt und ihre Beziehung zu ihm reflektiert[5], bestätigen den Eindruck, der sich bereits bei der Lektüre der entsprechenden Passage über den »schönsten Frieden« und die »englischen Küsse« in »Der Fall Franza« aufdrängt: daß diese Szene tatsächlich auf eine reale Begegnung Bezug nimmt. Die Romanpassage gehört aber auch zu jenen Fragmenten, deren Veröffentlichung die Autorin verworfen hat und deren autobiographische Spuren in der

---

[5] Auszüge aus dem im Besitz der Erben befindlichen Tagebuch sind zitiert bei Hans Höller: Ingeborg Bachmann. Reinbek bei Hamburg 1999, S. 7–12.

Neukonzeption des Todesarten-Projekts und in »Malina« durch eine neue Schreibweise der »verschwiegenen Erinnerung« überschrieben wurden.

Die Briefe an die Eltern aus den Studienjahren in Wien, aus denen jüngst einige Auszüge (aus der Zeit zwischen Mai 1948 bis Juni 1949) in dem Buch zur Ausstellung »›Displaced‹. Paul Celan in Wien 1947–1948« (2001) publiziert wurden[6], stimmen mit den zuvor bereits bekannten Zeugnissen zur Liebesbeziehung zwischen Bachmann und Celan während dieser Zeit überein. Sie bestärken das Bild von der Intensität des Einbruchs, den diese Begegnung für die intellektuelle und poetische Entwicklung Bachmanns bedeutete. Und auch die Bachmann betreffenden Passagen in der kürzlich veröffentlichten Korrespondenz zwischen Paul Celan und Gisele Celan-Lestrange[7] bestätigen die Annahmen über die Phasen von Nähe und Distanz zwischen Bachmann und Celan, wie sie sich aus anderen Hinterlassenschaften herauslesen ließen: über den Abbruch der ersten kurzen Beziehung Ende 1950, die Wiederannäherung 1957 und das Vertrauensverhältnis während der für Paul Celan so schwierigen Jahre der Goll-Affäre (siehe hier Kap. VIII).

Bedeutsamer ist die Veröffentlichung von Gedicht-Entwürfen Bachmanns unter dem Titel »Ich weiß keine bessere Welt« (2000), wenn auch der Untertitel »unveröffentlichte Gedichte« irreführend ist.[8] Es handelt sich nämlich um Texte, die von Ingeborg Bachmann nicht zur Veröffentlichung vorgesehen waren. Einige davon, die dem Kontext der Pragreise 1964 entstammen, waren bereits aus dem zugänglichen Teil des Wiener Nachlasses bekannt: von der Autorin ausgesonderte Entwürfe zu ihren letzten Gedichten im Umkreis von »Böhmen liegt am Meer«. Diese hat sie dem »Kursbuch 15« (1968) zur Publikation übergeben mit dem Kom-

---

[6] Jürgen Lütz: »Was bitter war und dich wachhielt«. Ingeborg Bachmann, Hans Weigel und Paul Celan. In: ›Displaced‹. Paul Celan in Wien 1947–1948. Hg. v. Peter Großen und Marcus G. Patka im Auftrag des Jüdischen Museums Wien. Frankfurt/M. 2001, S. 109–120, Briefauszüge S. 114–116.

[7] Paul Celan/ Gisele Celan-Lestrange: Briefwechsel. Hg. v. Bertrand Badiou in Verbindung mit Eric Celan. Zwei Bände. Frankfurt/M. 2001.

[8] Ingeborg Bachmann: Ich weiß keine bessere Welt. Unveröffentlichte Gedichte. Hg. v. Isolde Moser, Heinz Bachmann und Christian Moser. München und Zürich 2000.

mentar, daß sie es »für nicht richtig« halte, sie zu veröffentlichen (siehe hier S. 356). Denn sie hatte sich entschieden, keine Lyrik mehr zu publizieren, und sich auch seit 1961 an diesen Entschluß gehalten, weshalb sie dem Böhmen-Gedicht den Status eines »letzten Gedichts« zuschreibt und die eigene Autorschaft gleichsam zurücknimmt: »Wenn ich könnte, würde ich meinen Namen wegnehmen und darunter schreiben ›Dichter unbekannt‹. Es ist für alle und es ist geschrieben von jemand, der nicht existiert.« (S. 319 ff.). Andere in die neue Edition aufgenommene Manuskripte sind eher gedichtförmige Aufzeichnungen und Entwürfe, deren lebensgeschichtliche Bezüge eine Datierung für die Jahre 1962 bis 1964 zulassen, für das letzte Jahr in Zürich und den Beginn des Berlin-Aufenthalts. Bachmann selbst hätte diese Texte nicht als Gedichte gelten lassen, da sie sie nicht jener Umarbeitung unterzog, mit der sie ihre Aufzeichnungen in Literatur verwandelte. Es sind aber Zeugnisse, die davon sprechen, wie stark ihr Begehren nach der lyrischen Form und poetischen Sprache war, und die belegen, daß dieses Begehren fortbestand auch nach dem literaturpolitisch motivierten Entschluß, dem Literaturbetrieb keine Gedichte mehr anzuvertrauen. Insofern ermöglichen die nun bekannt gewordenen Texte ein anschauliches Bild von der Dramatik, die der Spannung zwischen Publikationspraxis und poetischem Begehren innewohnt, jener Spannung, von der das Prosafragment »Gedicht an den Leser« handelt: ein Text, geschrieben als Stimme des Gedichts, das sich an den Leser adressiert, sich von ihm verabschiedet und diesem Abschied doch den Ton eines Liebesbriefes verleiht (hier S. 142 ff. und 429). Auch die vermutete Datierung dieses schönen Fragments um 1960 (im Umfeld der »Frankfurter Vorlesungen«, des Entschlusses, keine Gedichte mehr zu publizieren, und im Dialog mit Celans »Meridian«) wird durch die Edition der unbekannten lyrischen Aufzeichnungen bestätigt, insofern diese alle später entstanden sind: Schreibüberschüsse einer literaturpolitisch bewußten Autorin.

Es bleiben noch gut zwanzig Jahre bis zur Öffnung des gesperrten Nachlaßteils. Dann wird sich zeigen, ob die von so vielen erhofften neuen Einblicke zustande kommen werden. Ich vermute, daß kaum neue Enthüllungen zu erwarten sind, daß allerdings ein sehr viel eindrücklicheres Bild davon entstehen kann, auf welche Art und Weise die Autorin über zahlreiche Entwürfe, Überschreibungen und Verwerfungen hinweg die konkreten, identifizierbaren lebensgeschichtlichen Bezüge getilgt, die Spuren gelöscht und in ihrer publizierten Literatur verborgen hat, – ähnlich jenen versteckten Briefen, die in all ihren auch heute schon lesbaren Hinterlassenschaften entzifferbar sind.

April 2003, Sigrid Weigel

Prolog

1. Bachmann und Scholem im Dialog über Messianismus und Verzeihen

Während der Arbeit an dem Buch über die Geschichte seiner Freundschaft mit Walter Benjamin (1975) und insofern eingestimmt auf einen lebensgeschichtlichen Rückblick, erinnert sich Gershom Scholem, als er im Oktober 1973 vom Tod Ingeborg Bachmanns erfährt, auch an ein eigenes, an sie adressiertes Gedicht. In einem Brief an Siegfried Unseld bringt er seine Bewegung über ihren Tod zum Ausdruck. Zugleich fragt er den Verleger, ob an eine Veröffentlichung ihrer nachgelassenen Schriften gedacht sei: »Unter ihren Papieren muß sich ein längeres Gedicht befinden, das ich ihr als Antwort auf ihre Aufzeichnungen über das Ghetto von Rom geschickt habe.«[1] Scholems Hoffnung, daß auf diesem Wege einmal mehr eines seiner Gedichte ans Licht der Öffentlichkeit gelangen könne,[2] ist noch nicht getrübt durch das nachfolgende, komplizierte Schicksal des Bachmannschen Nachlasses.[3] Dessen partieller Publikation sollte die Veröffentlichung der nachgelassenen Schriften des ein Jahrzehnt später verstorbenen Scholem zum Teil noch zuvorkommen. Insofern wird man so bald nicht erfahren, ob sich sein Gedicht – und womöglich auch

---

[1] Brief Scholems an Unseld, 29.10.1973 (GSJ).
[2] Zu Scholems Gedichten und seiner Dichtungstheorie vgl. Weigel 1999a.
[3] Der Nachlaß, der sich in der Handschriftenabteilung der Wiener Nationalbibliothek befindet, ist aufgeteilt in einen zugänglichen und einen für 50 Jahre gesperrten Teil, der u.a. die gesamte Korrespondenz Bachmanns enthält und der nicht katalogisiert ist, so daß sein Inhalt im buchstäblichen Sinne obskur, im Dunkeln, bleibt. Die erste Sortierung und Registrierung des Nachlasses wurde von den Freundinnen der Autorin aus Rom, Christine Koschel und Inge von Weidenbaum, vorgenommen, die Registratur des einsehbaren Teils herausgegeben von Robert Pichl (Universität Wien). Betreut wird der Nachlaß von Eva Irblich (Nationalbibliothek), die Kopier- und Zitiergenehmigungen liegen ebenso wie das Urheberrecht in den Händen der Erben.

Briefe – in Bachmanns Nachlaß befinden; statt dessen aber ist Scholems Abschrift in seinem eigenen Nachlaß in der Handschriftenabteilung der »Jewish National and University Library« in Jerusalem nachzulesen. Dort fand sich das Gedicht[4] ebenso wie der oben zitierte Brief an Unseld. Und dorthin hatte mich die Suche nach Zeugnissen von Bachmanns Kontakten zu Scholem, Adorno und anderen Philosophen aus dem Umfeld der ›Kritischen Theorie‹ geführt, meine Vermutung nämlich, daß Bachmanns Schreiben sehr viel stärkere Affinitäten zu dieser philosophischen Tradition unterhält als zu den überstrapazierten Bezügen zu Wittgenstein und Heidegger.

Schuld an der Aufnahme dieser Spur aber war eigentlich jener Parmesankäse, den Peter Szondi in seiner Postkarte an die Scholems vom April 1968 nach Jerusalem zu schicken verspricht.[5] Dieser war – in Zeiten, als man Parmesan noch nicht in jedem Supermarkt kaufen konnte und er deshalb zu den begehrten italienischen Mitbringseln zählte – von Ingeborg Bachmann in Rom erstanden worden, wie Szondi vermerkt. Scholem dankt umgehend, sieht dem »Parmesankäse Szondi-Bachmann« gespannt entgegen und moniert zugleich, daß er keinen Bericht über die »römischen Tage« erhalten habe.[6] Die Episode legte die Annahme nahe, daß die Beziehungen Bachmanns zu Scholem persönlicher waren, als ich bisher gedacht hatte; sie gab einen letzten Anstoß zur Reise nach Jerusalem und zur Recherche im Scholem-Nachlaß.

Datiert am 7. Februar 1967, ist besagtes Gedicht Scholems an Bachmann das Echo seiner eigenen römischen Tage im Jahr zuvor. Die im Nachlaß befindliche Abschrift des aus sieben vierzeiligen Strophen bestehenden Gedichts im Kreuzreim trägt den Titel »An Ingeborg Bachmann nach ihrem Besuch im Ghetto von Rom«. Die ebenfalls überlieferten Handschriften (Entwurf und Reinschrift) dokumentieren ein Schwanken des Autors bei Adressierung und

---

[4] Erstmals veröffentlicht wurde es, zusammen mit vier anderen Gedichten Scholems, in der israelischen Zeitschrift »Hadarim«, H. 4, 1984, 10–15.

[5] Brief Szondis an Scholem v. 5.4.1968 (Szondi 1993, 247).

[6] Das bezieht sich auf einen Aufenthalt Szondis in Rom im April 1968, von dem auch Adorno eine Postkarte bestätigt: »Unterdessen ist auch die Karte mit Ingeborg eingetrudelt, tausend Dank« (Brief Adornos an Szondi v. 9.5.68, DLM).

Überschrift, das auf eine bewußte Formentscheidung hinweist. Ist in der Reinschrift noch der durchgestrichene Titel »Vom letzten Abend für Ingeborg Bachmann« zu lesen, so hat Scholem diese Kombination von Thema und Widmung schließlich ebenso verworfen wie die erste Fassung: »Was I. B. im Ghetto sah – und was ihr entging. Antwort an Ingeborg Bachmann aus dem Ghetto von Rom.« In dieser Erstfassung des Titels wird noch jene doppelte Botschaft explizit benannt, die in der letzten Version, in der Adressierung an die Autorin, dann verdichtet erscheint: eine anerkennende Antwort auf die Ghettoszene in ihrem Essay »Was ich in Rom sah und hörte«, die jedoch mit der Geste eines Einwurfs verbunden ist. Dieser richtet sich gegen die Verwendung eines messianischen Motivs in Bachmanns römischer Ghettoszene. Mit seiner Entscheidung für den zuletzt gewählten Titel adressiert Scholem seine Verse nun an *ihre* Wahrnehmung und verzichtet auf die Verortung seiner Antwort »aus dem Ghetto von Rom«, auf die Inanspruchnahme eines authentischen Redeortes also, mit dem er – schon qua Herkunft – einen Gegenort zur Adressatin eingenommen hätte.

Wie sich aus der Korrespondenz Scholems erschließen läßt, hatte er sich vom 6. bis 12. Januar auf Einladung der Universität Rom in der Stadt aufgehalten. Dort war er, nach ausdrücklicher Ermunterung durch Adorno, auch mit Bachmann zusammengetroffen – auf die er allerdings schon erheblich neugierig war, nachdem er seine Frau Fania, die im November des Vorjahres mit der Schriftstellerin und Adorno in Rom zu Mittag gegessen hatte, vor allem über Bachmann ausgefragt hatte, »nach mehreren Dimensionen hin. Sie war aber nicht besonders ergriffen von ihr! Ich kann da wenig sagen, da ich das Fräulein noch nicht getroffen habe.«[7] Das »Fräulein« entpuppte sich dann offenbar als höchst interessante und interessierte philosophische Gesprächspartnerin[8], der er als Erinnerung an die

---

[7] Brief Scholems an Adorno v. 29.11.1966 (Scholem 1995, 156).

[8] Auch bei der Zusammensetzung dieser Runde hatte übrigens Theodor W. Adorno Regie geführt, der Scholem brieflich den Besuch von Bachmann und Iris Kaschnitz vorgeschlagen und ihn auch beruhigt hatte, er könne die beiden gemeinsam treffen, denn die beiden »Damen« stünden aufs beste (Briefe Adornos an Scholem v. 15.11.1966, 1.12.1966 u. 10.1.1967, GSJ). Iris Schnebel-Kaschnitz hat bestätigt, daß das Treffen stattgefunden hat (telephonische Auskunft, Juli 1995).

Begegnung ein Exemplar seiner »Judaica« zukommen ließ, mit der sprechenden Widmung »Ein Prosaist an eine Dichterin. Kleines Angebinde für I.B: zur Bekanntschaft in Rom 10.1.1967. Gershom Scholem« (TP 3.2/832). Das Exemplar befindet sich neben zahlreichen seiner Sonderdrucke in Bachmanns Bibliothek. Sein Gedicht antwortet somit mit einiger Verspätung auf ihren 1955 publizierten Rom-Essay, den er offenbar erst nach dem Besuch zur Hand genommen hat. Jedenfalls ist die Anthologie »Gedichte, Erzählungen, Hörspiel, Essays« (1964) der einzige Titel Bachmanns in seiner Bibliothek[9], und außer bei den Seiten des Rom-Essays trägt dieser Band auch keine Lesespuren.

Dieser zwölf Jahre vor Scholems Rom-Besuch publizierte Text stellt unter dem Leitmotiv »in Rom sah ich« eine Serie von Stadtbildern und -szenen vor, in denen die Stadt als Schauplatz eines kulturellen Gedächtnisses, als Topographie historischer Dauerspuren Gestalt gewinnt. Hören und Sehen werden dabei zu Fähigkeiten im Konzept der Lesbarkeit einer aus den Stadtbildern entzifferbaren Geschichte der *longue durée* [II.5].[10] Die Zeichen des Jüngstvergangenen dagegen, die in einer dem Ghetto gewidmeten Szene beschrieben werden, entziehen sich der Mitteilbarkeit unter den Beteiligten, insofern es hier sichtlich um ein zwischen den Generationen aufgespaltenes Wissen geht. Ist das Vergangene einerseits in den unteilbaren Erinnerungen der Alten bewahrt *und* verschlossen, so wird es andererseits nur als momentanes Aussetzen bemerkbar, wenn der Einbruch des Wissens um das Gewesene das Spiel der nichtsahnenden Kinder für »einen Takt lang« unterbricht.

---

[9] Bibliothek Gershom Scholems in der Jewish National & University Library Jerusalem, Nr. 15698 64C8467. Die Innenseite des Rückdeckels trägt das Datum 31.5.66, vermutlich das Anschaffungsdatum. Eingelegt ist ein Typoskript von Bachmanns Gedicht »Böhmen liegt am Meer«, entstanden 1964, veröffentlicht in: Kursbuch, Nr. 15/1968. Vermutlich hat Bachmann ihm das Typoskript in Rom übergeben oder es im Anschluß an die Begegnung zugeschickt.

[10] Die Zahlen in eckigen Klammern verweisen jeweils auf Kapitel in diesem Buch.

»In Rom sah ich im Ghetto, daß noch nicht aller Tage Abend ist. Aber am Tag des Versöhnungsfestes wird für ein Jahr jedem im voraus verziehen. Nah der Synagoge ist in einer Trattoria die Tafel gerichtet, und die kleinen rötlichen Mittelmeerfische kommen, mit Rosinen und Pignolien gewürzt, auf den Tisch. Die Alten erinnern sich ihrer Freunde, die mit Gold aufgewogen wurden; als sie losgekauft waren, fuhren trotzdem die Lastwagen vor, und sie kamen nicht wieder. Aber die Enkelkinder, zwei kleine Mädchen in brennend roten Röcken und ein dickes blondes Kind, tanzen zwischen den Tischen und lassen die Augen nicht von den Musikanten. ›Spielt weiter!‹ ruft das dicke Kind und schwenkt seine Mütze. Seine Großmutter beginnt zu lächeln, und der die Geige spielt, ist ganz weiß geworden und setzt einen Takt lang aus.« (4/30)[11]

Stellt diese Ghettoszene ein Erinnerungsbild dar, in dem ein nichtmitteilbares Wissen um das Jüngstvergangene zum Ausdruck kommt, so wird die Ahnungslosigkeit des Kindes noch dadurch betont, daß es mit seinem »Spielt weiter!« ausgerechnet eine Formel aus der Sprache der Vernichtungslager, aus dem Wörterbuch der NS-Schergen zitiert, ohne deren Bedeutung zu kennen. Nur in der sprachlosen Reaktion des Spielers kommt es zum Ausdruck: in seinem Weißwerden und dem Aussetzen eines Takts. Gleichzeitig entwirft diese Szene aber auch ein Hoffnungsbild, indem sie ein ›Leben nach dem Überleben‹ vor Augen führt. Selbst nach oder vielleicht mehr noch: *gerade* nach dem Jüngstvergangenen scheint hier eine »geheime Verabredung zwischen den gewesenen Geschlechtern und unserem«[12] zu bestehen, eine auf die Nachkommen projizierte messianische Hoffnung. Und genau diese messianische Figur ist es, die den Widerspruch Scholems auslöst und auf die er antwortet, indem er sie zunächst positiv aufnimmt: »Im Ghetto sahst du, was nicht jeder sieht«.

---

[11] Zitate unter Angabe von Band-/Seitenzahl beziehen sich auf: Bachmann 1978.
[12] So Walter Benjamin in: Über den Begriff der Geschichte (Benjamin 1980, I.2/694). Zur Korrespondenz zwischen Bachmanns Schreiben und Benjamins Schriften vgl. hier vor allem II.4.

Gershom Scholem

An Ingeborg Bachmann
nach ihrem Besuch im Ghetto
von Rom

*Im Ghetto sahst du, was nicht jeder sieht
und was sich draussen allzu leicht vergisst:
Dass nichts ganz voll erfüllt ist, was geschieht,
dass noch nicht aller Tage Abend ist.*

*Es ist die älteste von alten Kunden,
von denen wir bei den Propheten lesen.
Sie ist uns Juden niemals ganz entschwunden,
doch ist der Preis dafür zu hoch gewesen.*

*Wir lebten in den Ritzen der Geschichte:
was nie sich ganz schliesst, hat uns Schutz gewährt.
Dem letzten Tage galten die Gesichte,
von denen wir uns im Exil genährt.*

*Denn alle Tage haben einen Abend.
Doch sollte dereinst alles anders sein:
Der letzte Abend, uns mit Trost erlabend,
sammelt die Strahlen der Erlösung ein.*

*So sprach zu uns der Geist der Utopie,
in der sich Trost und Unglück dunkel einen.
Statt ihrer blieb uns nur Melancholie,
und alles was von Trost blieb, war das Weinen.*

*Wir können niemals ganz nach Hause kommen.
Die Boten Zions reden uns vom Glück.
Doch haben wir's einmal vorweggenommen,
der Ruf zur Heimkehr gibt es nicht zurück.*

*Die Botschaft rief zur Heimkehr uns hinüber.
Sie hat das Ghetto viel zu spät erreicht.
Die Stunde der Erlösung ist vorüber,
der Untergang am letzten Abend – leicht.*

4. Februar 1967

Der Satz, »daß noch nicht aller Tage Abend ist«, ist zugleich auch Stein des Anstoßes. Scholem identifiziert diese Wendung, mit der Bachmann die Ghettoszene einleitet, nämlich als Formulierung einer messianischen Rede, in der der Topos vom ›Abend aller Tage‹ mit der Figur der Erlösung koinzidiert (4. Strophe). Aus der Perspektive der Juden im Exil, die das lyrische Ich in Scholems Gedicht einnimmt, trug diese messianische Rede einst utopische Züge, die sich aber aufgrund des erfahrenen Bruchs in der Geschichte in Melancholie verwandelt haben, in das Wissen, niemals ganz »nach Hause kommen« zu können (5. und 6. Strophe). In der letzten Strophe aber kommt das zentrale Argument des Einspruchs zur Sprache: das »zu spät« eines Glücksversprechens der »Boten Zions«, mit dem der Autor eine historische Situierung der eigenen Rede vornimmt. Die Stimme seines Gedichts wird vernehmbar, *nachdem* die Stunde der Erlösung vorüber ist, und nimmt damit gleichsam eine postmessianische Position ein: »Die Botschaft [...] hat das Ghetto viel zu spät erreicht./ Die Stunde der Erlösung ist vorüber« (Strophe 7). Dieses »zu spät« und das Vorübersein der Stunde der Erlösung müssen als indirekter Verweis auf die Shoah gelesen werden, die von Scholem hier als Ende einer messianischen Rede eingebracht und als Ende von deren Möglichkeit überhaupt bewertet wird. Der Zivilisationsbruch der Shoah, mit der die Katastrophe zwar stattgefunden hat, die daran geknüpfte Stunde der Erlösung aber ausgeblieben ist, bezeichnet somit eine Zäsur auch für das messianische Denken.

Scholems Antwort von 1967 auf Bachmanns Rom-Text von 1955 trägt allerdings für die Schriftstellerin Züge einer nicht nur zeitlichen Nachträglichkeit. Nicht allein weil die Antwort zwölf Jahre nach Erscheinen ihres Rom-Essays ankommt, sondern auch, weil sich für sie selbst in der Zwischenzeit deutliche Verschiebungen in der Bedeutung von Hoffnung in ihrem Schreiben ereignet haben. In deren Zuge wird jegliche Inanspruchnahme einer Versöhnungsrhetorik durchgestrichen [IX.3]. Bevor aber diese Verschiebungen beschrieben werden, muß zuvor die Differenz zwischen Bachmanns Rom-Text und Scholems Antwort, muß die von Scholem adressierte Ghettodarstellung in Bachmanns Essay genauer betrachtet werden. Es ist nämlich zu vermuten, daß Bachmann mit ihrer Wendung, »daß noch nicht aller Tage Abend ist« weniger eine messianische Rede zitiert hat als vielmehr eine Redewendung aus dem Gründungsmythos der Stadt Rom: jenes *nondum omnium dierum solem occidisse* (»Noch sei die Sonne aller Erdentage nicht untergegangen«)[13] aus dem Opus magnum des Titus Livius über die römische Geschichte, das in der von Bachmann zitierten Kurzform zum Schatz geflügelter Worte zählt. Wird mit diesem Zitat die Ghettoszene in einen Diskurs über die ›ewige Stadt‹ eingefügt, so markiert das »aber«, das bei Bachmann unmittelbar auf den Eingangssatz folgt, deutlich ein Wissen darum, daß dieses Zitat einer Formel aus der alten Geschichte Roms nicht ohne Einwände, daß seine Integration in die Wahrnehmung der Gegenwart nicht ohne ein »aber« erfolgen kann. Die Wendung »dass noch nicht aller Tage Abend ist« läßt sich dann auch als Verweis darauf lesen, daß noch etwas aussteht, daß noch etwas offengeblieben ist, bevor es Abend werden kann. »Aber am Tag des Versöhnungsfestes wird für ein Jahr jedem im voraus verziehen.« Dieser mit einem »aber« angeschlossene Hinweis auf die Bedeutung des Jom Kippur könnte andeuten, daß es sich bei dem Ausstehenden um ein Verzeihen handelt: ein Verzeihen, das allerdings nur Sinn machte in einer dialogischen Figur, in der Konstellation gegenüber einem Anderen, bei der dem Verziehenwerden die Bitte um Verzeihung – und das hieße die Anerkennung der Schuld – vorausgegangen sein müßte.

So gelesen, erhält Bachmanns Ghettoszene nun die Bedeutung eines anderen, zu Scholems Lektüre genau umgekehrten Erlösungsbildes. Mit Rücksicht auf eine fundamentale, durch den Zivilisationsbruch der Shoah begründete Unvereinbarkeit unterschiedlicher Gedächtnisperspektiven und den Scholem gegenüber differenten historischen Ort der Autorin in der Nachgeschichte von 1945 wird die Ghettoszene zu einem ganz anderen Wunschbild: in ihm wird der Wunsch nach einer Erlösung aus dem Schuldzusammenhang der Nachgeschichte lesbar. Dabei ist auffällig, wie merkwürdig isoliert der mit dem »aber« eingeleitete Satz über das Versöhnungsfest in der Ghettopassage steht: mit dem »aber« deutlich vom vorangehenden Satz über den letzten Abend abgesetzt, jedoch ebenso unverbunden mit der folgenden Straßenszene. Denn diese Szene beschreibt ja gerade nicht den Jom Kippur, den höchsten, ernsten, als Fastentag zu begehenden jüdischen Feier-

---

[13] Titus Livius: Ab urbe condita, Bd. 34, 26,9.

tag, sondern mit der gerichteten Tafel und den Musikanten ein fröhliches Fest, beispielsweise Purim.

In dieses Fest bricht nun in zweifacher Weise etwas anderes ein. Ist die Szene durch die Anspielungen auf die Deportationen (die Lastwagen, die trotzdem vorfuhren) als spezifische Gedächtnisszene der Nachgeschichte ausgewiesen, so bricht in das Bild eines ›Weiterlebens nach dem Überleben‹ im Ghetto am Ende ein Wissen ein, das in dieses fröhliche Treiben der Nachgeborenen nicht integrierbar ist und nur als Aussetzen zum Ausdruck kommen kann: »und der die Geige spielt, ist ganz weiß geworden und setzt einen Takt lang aus«. Gegenüber dieser von Bachmann sehr präzise gestalteten Geste des Aussetzens bedeutet der Satz über das Versöhnungsfest dagegen einen andersgearteten Einbruch. Nicht integrierbar in *ihre* Beschreibung, ist der Satz als Symptom lesbar, das in ihrer Schrift für ein anderes, vielleicht ein noch nicht bewußtes Wissen steht, das auf den eigenen schwierigen und ungeklärten Ort in der Nachkriegsgeschichte verweist.

In einem zehn Jahre später entstandenen Text, in einer Passage der Fragmente zum Franza-Roman, wird in Bachmanns Schreiben das »Verzeihen« wiederkehren und bei diesem Wiederauftauchen als ein gleichsam verkehrtes Verzeihen thematisiert. Im zweiten Teil der Wüstenreise, in jener Szene, in der sie den in Ägypten untergetauchten Arzt besucht, der an medizinischen Versuchen an Lager-Häftlingen beteiligt gewesen war, und in der sie ihn mit seiner Täterrolle konfrontiert, wird Franza durch ihr eigenes, an den Arzt gerichtetes Wort »Verzeihen Sie« aufgestört. Dabei fällt ihr die Lektüre der Protokolle der Nürnberger Ärzteprozesse wieder ein, als Erinnerung an ein mehrfaches Stocken. Ihr Studium der Prozeßberichte war nämlich ins Stocken geraten, »als der Zeuge B. an der Reihe war«, bei der Szene eines Stockens und Schweigens, mit dem der Überlebende »auf der Seite plötzlich wie vom Papier und vom Druck verschluckt« war:

> »Und dann Zeuge B., nachdem die Erde sich einmal um ihre Achse gedreht hatte, damit diese Seite beschrieben werde: Verzeihen Sie, daß ich weine ...
> Sonst war in den ganzen Protokollen kein ›Verzeihen Sie‹ vorgekommen, und von den Ärzten lauter Sätze über Erlässe und was als rechtsverbindlich erscheinen mußte, und: das

konnte ich gar nicht beurteilen. Und: das weiß ich nicht. Und: darüber war mir nichts bekannt. Und: das kann meines Erachtens nicht so beurteilt werden. Immer war von Erachten die Rede, niemals brach ein Schweigen aus, nie kam etwas ins Stocken.« (3/458)

Die verschwiegene Beziehung, die diese Gerichtsszene zu der ein Jahrzehnt früher geschriebenen Ghettoszene unterhält, wird nicht nur durch das verkehrte Verzeihen, sondern auch durch das Stocken angezeigt, wobei sich jetzt allerdings ein Stocken und ein ausbleibendes Stocken unversöhnlich gegenüberstehen.

Die Art und Weise, wie Bachmann in dieser Szene ihres Franza-Romans die Figur eines ausbleibenden Aussetzens im Verdrängungsdiskurs betont, ist Zeichen dafür, daß sich auch für sie die noch im Rom-Essay formulierte Versöhnungs- und Erlösungsperspektive in der Zwischenzeit desillusioniert hat, daß nun auch in ihrem Wissen um die Geschichte »die Stunde der Erlösung« vorüber ist. Die Franza-Szene, die, als Scholem sein Gedicht schickte, bereits niedergeschrieben war, berührt sich darüber hinaus mit seinem Text auch dort, wo Scholem die Trauer bzw. das Weinen als einziges benennt, das vom Trost des Messianischen geblieben sei: »Statt ihrer [der Utopie] blieb uns nur Melancholie,/ und alles was von Trost blieb, war das Weinen« (5. Strophe). Insofern treffen sich nun, zur Zeit, als Scholems Antwortgedicht entsteht, beide Autoren im Wissen um die Unmöglichkeit einer messianischen Deutung des Jüngstvergangenen. Dies u. a. könnte dazu beigetragen haben, daß die Begegnung in Rom nicht die letzte geblieben ist.[14] Daß sie dennoch Spuren in Bachmanns Schreiben hinterlassen hat, ist nicht nur durch ihre intensivere Beschäftigung mit der jüdischen Tradition und dem Messianismus belegt [IX.3.], sondern auch durch einen überlieferten Entwurf zum Traumkapitel in »Malina«. In dieser Traumszene tritt Scholem genau in jenem Moment auf, in dem die Bibliothek der Ich-Person zusammenstürzt (TP 3.1/97). Es ist zugleich die Szene einer verzweifelten Suche nach Cz. – »und ich habe meine erste Liebe wiedergefunden«

---

[14] Die italienische Philosophin Ginevra Bompiani erinnert sich daran, Adorno und Scholem gemeinsam mehrfach bei Bachmann in Rom getroffen zu haben (Brief Bompianis v. 5.7.1995).

(98) – wobei die Chiffre Cz.[15], wie auch Scholems Name und die Namen anderer realer Personen, in der Endfassung des Traumkapitels verschwunden sein werden. An deren Stelle ist die Figur des namenlosen Fremden getreten, dessen Sterben im Schauplatz des Traums als chiffrierter Hinweis auf den Tod Paul Celans und als Gedenken an ihn entziffert werden kann [VIII.1].

2. Zur Konzeption des Buches

Der Dialog mit Scholem ist mehr als eine Episode in der Geschichte der Autorin. Er steht hier am Anfang, weil er eine paradigmatische Konstellation darstellt, in der ein bislang weitgehend vernachlässigter Horizont von Bachmanns Schreiben sichtbar wird, der ihr Œuvre vielfach in ein neues und anderes Licht rückt. Zwischen dem Mythos der *poeta assoluta* der Gruppe 47 und dem einer durch Wittgensteins Sprachphilosophie ›beeinflußten‹ Erzählerin, zwischen dem Bild der ›gefallenen Dichterin‹ und der unter feministischen Vorzeichen (wieder-)entdeckten Autorin des »Todesarten«-Projekts, zwischen der österreichischen Nachkriegsautorin und ihrem unter *eine* Problemkonstante subsumierten Schreibprojekt[16] ist vor allem eine Dimension der Autorin Ingeborg Bachmann mißachtet und vergessen worden: ihr Ort als Intellektuelle, die sich engagiert und mit Leidenschaft nicht nur um eine sprach- und geschichtstheoretisch reflektierte Ästhetik bemüht, sondern – mit zunehmendem Alter bewußt und aktiv – auch den Dialog mit den Erfahrungen von Überlebenden und Exilierten und die Auseinandersetzung mit einem ›Denken nach Auschwitz‹ gesucht hat.

Die Ignoranz gegenüber der Intellektuellen steht dabei am Ursprung ihres Erscheinens auf der Bühne des Literaturbetriebs als gefeierte Dichterin. Denn die negative Bewertung ihrer Prosa und die Behauptung, daß mit dem Ende der Lyrik der »Quell ihres

---

[15] In den Manuskripten Paul Celans steht Cz. als Chiffre für Czernowitz (CAB).

[16] Bachmann selbst hat die Frage nach der Problemkonstante als Korsett bezeichnet, das den Schriftsteller, »wollte er sich damit bewegen«, töten müßte (25.11.1964, GuI 49).

Darstellungsvermögens« versiegt sei,[17] die zu den beharrlichsten Klischees der Bachmann-Rezeption zählen, entpuppt sich auf den zweiten Blick als Abwehr gegenüber einer weiblichen Intellektuellen.[18] Daß sie aus jenem Feld ausgebrochen ist, das mit Hilfe der Gleichung von lyrisch = intuitiv = weiblich abgesteckt ist, hat ihr die Literaturkritik nie verziehen. Um so problematischer ist die Tatsache, daß die Wiederentdeckung und ›Rettung‹ ihrer Literatur sich ebenfalls, wenn auch mit umgekehrten Vorzeichen, über die Kategorie der Weiblichkeit ereignete. Zwar sind im Lichte feministischer und dekonstruktiver Literaturtheorie vielfach erst die radikaleren philosophischen Dimensionen ihres Denkens und Schreibens entdeckt worden; zugleich aber ist in einer Fülle von Seminar- und Abschlußarbeiten ihr Werk als Vermächtnis der ›Frauenliteratur‹ mißverstanden und in dessen Zurichtung auf die Darstellung ›weiblicher Identität‹ das Profil der Autorin, die sich als engagierte Literaturpolitikerin, als philosophisch und historisch informierte Denkerin eingemischt hat, einmal mehr ausgeblendet worden. Dabei ist zu ihren Lebzeiten die Autorin ebenso isoliert wie ihre Literatur unverstanden geblieben,[19] weil ihr Ort als Intellektuelle in den fünfziger und sechziger Jahren noch ein weitgehend einsamer Ort war, ohne Beispiel und ohne die Möglichkeit, sich auf eine Kultur des Gesprächs[20] über jene Ungleichzeitigkeiten zwischen Vernunft und Leidenschaft, Logos und Geschlecht zu beziehen, die sie in endlosen Varianten bearbeitet und in der Konzeption des »Malina«-Romans so beispiellos zur Darstellung gebracht hat.

---

[17] Gustav René Hocke in seinem Nachruf: Die Römerin Ingeborg Bachmann. In: Die Horen, H. 4/1973, 60.

[18] So bezeichnet z.B. Hocke sie im genannten Nachruf als »Mischwesen von fraulicher Intuition und männlicher Gehirnenergie«, wobei sein Text primär das Unbehagen über die zweite Komponente der Mischung zum Ausdruck bringt (ebenda).

[19] Wie das Studium der Rezensionen und zeitgenössischen Interpretationen belegt.

[20] Denn das merkwürdig Verspätete, das dem intensiveren Studium Bachmannscher Literatur anhaftet, ist Signum einer gegenüber ihrer Lebensgeschichte erst nachträglich entstandenen Kultur der Intellektualität, an der Frauen hier und heute zumindest um einiges selbstverständlicher teilnehmen.

Während im Feuilleton die Gerüchte- und Mythenbildung um ihre Person und die Neugier für ihre Affären das Interesse an ihrer Literatur dominierten und partiell noch heute überdecken, sehen germanistische Interpretationen dagegen häufig von den historischen Situationen ab, in denen ihre Literatur gestanden hat. Seit der emphatischen Wiederentdeckung Bachmanns nach dem Erscheinen der Werkausgabe 1978, mit der erstmals größere Teile des fragmentarisch überlieferten »Todesarten«-Projekts und andere zu ihren Lebzeiten unveröffentlicht gebliebene Prosatexte bekannt wurden, sind mehrere Regalmeter Forschungsliteratur entstanden. Diese hat zwar immer wieder neue und veränderte Lesarten, z.T. faszinierende theoretische Bezüge, verborgene intertextuelle Bezüge und poetische Korrespondenzen sichtbar machen können; eine Erforschung der Korrespondenzen im eigentlichen Wortsinn ist dabei bisher aber ausgeblieben, und damit auch der Versuch, das intellektuelle Netz und die zeitgeschichtlichen und literarischen Konstellationen zu rekonstruieren, aus denen ihr Schreiben und Denken entsprungen ist und auf das es geantwortet hat. Die Recherchen im Nachlaß Bachmanns in der Wiener Nationalbibliothek, besonders aber die Fixierung auf dessen gesperrten Teil, der gerade durch seine Sperrung um so mehr Begehrlichkeit auf sich zu ziehen scheint, hat den Blick auf andere archäologische Möglichkeiten augenscheinlich verstellt. Die zahlreichen Wien-Reisen von Germanisten und Doktoranden – es gibt wohl kaum einen häufiger frequentierten Nachlaß im Archiv der Gegenwartsliteratur – haben andere Forschungswege buchstäblich blockiert. Und dies, obwohl angenommen werden kann, daß die Mehrzahl von Bachmanns Briefen sich gar nicht im gesperrten Wiener Nachlaß befindet, da sie keinesfalls zu jenen Autoren zählte, die ihre Briefe mit Durchschlag schreiben, numerieren, datieren und für die Nachwelt vorsortieren, sondern im Gegenteil eher bestrebt war, die Spuren ihrer persönlichen Existenz zu verwischen und zu verbergen. Insofern beruhen die langjährigen Recherchen, deren Ergebnisse in die Darstellung dieses Buches eingehen, auf einer relativ einfachen Verkehrung von Blick- und Reiserichtung: auf der Einsicht in andere Nachlässe (die möglicher Korrespondenzpartner Bachmanns), dort also, wo *ihre* Briefe – und sofern es sich um ›ordentliche‹ Briefpartner handelte, auch deren Briefe in Durchschrift – zu vermuten waren. Schuld daran, daß die Archivrecherchen für dieses Buch sehr viel umfangreicher und langwieriger ausgefallen sind als ursprünglich geplant, ist dabei u. a. die Tatsache, daß gleich die erste der systematisch unternommenen Reisen, jene zum Jerusalemer Scholem-Nachlaß, einen so aufregenden Fund zu Tage förderte. Im Zuge einer Fortsetzung dieser Recherchen konnte dann Bachmanns Korrespondenz mit (in alphabetischer Reihenfolge) Theodor W. Adorno, Alfred Andersch, Hannah Arendt, Wolfgang Hildesheimer, Uwe Johnson, Hermann Kesten, Joachim Moras und Hans Paeschke, Hans Werner Richter, Siegfried Unseld (und etliche verstreute, einzelne Briefe an weitere Adressaten) durchgesehen werden: nicht um sogenannte biographische Hintergrundinformationen zu ermitteln, sondern um Bachmann im Kontext ihrer Arbeit als Schriftstellerin und Intellektuelle wahrnehmen zu können, um zu sehen, wie sie sich in zeit- und literaturpolitischen Fragen und im Literaturbetrieb definiert hat, wie die Voraussetzungen ihres Schreibens reflektiert und was sie am Gespräch mit Autoren, Philosophen und anderen Zeitgenossen interessiert hat.[21]

Mit den hier vorgestellten ›biographischen‹ Zeugnissen verbindet sich eben dieselbe Hoffnung, die Bachmann im Hinblick auf Simone Weil in einem ihrer Essays formuliert hat: daß mit der genaueren Kenntnis von Daten und Zusammenhängen aus der Erfahrungs- und Arbeitsgeschichte der Autorin die Legende um sie bearbeitet werden könne (4/129). Dabei geht es ausdrücklich *nicht* um den Versuch einer Biographie oder gar einer ›biographischen‹ Interpretation ihres Werks. Einem solchen Unterfangen steht

---

[21] Damit wurde ein im Prinzip unabschließbares Forschungsprojekt begonnen, das fortgesetzt werden könnte beispielsweise mit Recherchen in den Nachlässen von Thomas Bernhard, Ernst Bloch, Heinrich Böll, Marie Luise Kaschnitz, Jacob Taubes, Nelly Sachs, Peter Weiss u.a. – sofern und sobald diese zugänglich sind – und in den Archiven von Zeitschriften, Rundfunkstationen, der Darmstädter Akademie für Sprache und Dichtung etc. Die von mir durchgesehenen Nachlässe haben aber bereits eine so dichte Korrespondenz ergeben, daß darüber einerseits etliche Datierungen vorgenommen oder korrigiert sowie zahlreiche Arbeitsvorhaben und verworfene Pläne rekonstruiert werden konnten (z.B. des Erzählentwurfs »In Ledas Kreis« und der Beiträge über Witold Gombrowicz und über die Gruppe 47) und andererseits ein für die Autorin signifikantes Spektrum an Tönen im Dialog und Kontakt mit anderen Intellektuellen sichtbar wurde.

nicht nur das von Bachmann beanspruchte und geachtete »Recht auf das Private, das Geheimnis«[22] bzw. das von Hannah Arendt entwickelte Gesetz der Verborgenheit als Grundrecht des Privaten entgegen. Dagegen sprechen auch methodische Gründe, da die Lebensgeschichte – ebenso wie die Geschichte – stets Gegenstand einer Konstruktion ist,[23] in die die je eigenen, besonderen Bedingungen von Lesbarkeit eingehen, eine oft schwer zu entwirrende Mischung aus Wissen und Erfahrungen, aus Ängsten und Wünschen. Insofern ist speziell dem Status sogenannter Zeitzeugen – nicht aus personellen, sondern aus methodischen Gründen – zu mißtrauen. Hat man es in ihren Mitteilungen mit einer stets begrenzten Perspektive zu tun, so wird diese im Falle Bachmanns noch dadurch eingeschränkt, daß sie bekanntlich ihre einzelnen Beziehungen, Freundschaften und Dialoge strikt voneinander getrennt und gegeneinander abgegrenzt hat, mit dem kuriosen Effekt, daß viele ihrer Freunde und Freundinnen einer Täuschung über den eigenen Ort als jeweils einzig Vertraute mit intimen Kenntnissen unterliegen. Das sei vorweg schon jenen Stimmen entgegengehalten, die sie ›gut gekannt‹ haben und es besser zu wissen meinen. An die Stelle von Zeitzeugen[24] treten in diesem Buch Zeugnisse, weil diese, seien es publizierte oder unpublizierte Texte von Kritikern, Zeitgenossen oder Freunden, *gelesen*, d. h. auf ihre Sprecherposition hin, ihre Argumentations- und Denkweise, auf die Metaphorik, die Versprecher und die dem Text eingeschriebenen Voraussetzungen hin untersucht werden können. Dabei sagen diese Zeugnisse meist mehr über die Verfasser als über ihren ›Gegenstand‹. Daraus folgt, daß gegenüber dem in der Bachmann-Forschung oft zu beobachtenden naiven Umgang mit ›Mitteilungen *über* die Autorin‹ dieser Studie die Entscheidung zugrunde liegt, auf diese Gattung, speziell auf Mitteilungen über ihre

---

[22] So Bachmann in dem Entwurf einer Rezension über den Selbstmord von Sylvia Plath (4/358).
[23] Walter Benjamin: Über den Begriff der Geschichte (Benjamin 1980, I.2/701).
[24] Dabei fällt auf, daß sowohl in ›Dokumentarfilmen‹ und ›Porträts‹ als auch in biographisch orientierten germanistischen Arbeiten immer wieder dieselben Zeitzeugen aus dem Kreise der Familie und Freunde sowie die immerselben Schriftsteller aus der Gruppe 47 bemüht werden.

Persönlichkeit, ihren Habitus und gar ihre Meinungen, strikt zu verzichten[25] und sich ausschließlich auf Geschriebenes und Aufgezeichnetes zu beziehen. Im konkreten Umgang damit ist zu beachten, daß auch diese Zeugnisse nicht auf Aussagen über die Autorin reduziert, nicht als Mitteilungen benutzt werden können, um daraus Material für die Konstruktion einer Biographie zu gewinnen [VI]. Dieses Buch will ohnehin, sowenig wie »Malina« »als eine Autobiographie verstanden« (GuI 108), ebensowenig als Biographie gelesen werden, schon gar nicht, wenn darunter »das Erzählen von Lebensläufen, Privatgeschichten und ähnlichen Peinlichkeiten« verstanden wird (88), sondern allenfalls als Versuch, den »geistigen Prozeß« (71) zu befragen, der der Genese von Bachmanns Werk zugrunde liegt und in ihrem Schreiben und Engagement zum Ausdruck kommt. Es handelt sich vielmehr um den Versuch, auf jene Poetologie zu antworten, die die Autorin am Ende von »Malina« in Opposition zum traditionellen Konzept eines Vermächtnisses entworfen hat, und zwar in der Szene, in der das Ich die Versuche, ein Testament zu schreiben, verwirft, seine Briefe versteckt und, bevor es Malina die Rolle des Erzählens überläßt, zu ihm sagt: »Ich möchte das Briefgeheimnis wahren. Aber ich möchte auch etwas hinterlassen« (3/327).

Die durchgesehene Korrespondenz bildet dabei einen Teil der Zeugnisse, mit deren Hilfe die einzelnen Texte Bachmanns – wenn sie aus dem scheinbaren Kontinuum, als das jedes Œuvre in einer Werkausgabe sich darstellt, herausgebrochen sind – in die jeweilige Situation ihres Entstehens zurückgestellt werden können. Bei diesem Unterfangen wird der Gefahr einer Historisierung des Werks allerdings durch eine Lektüre begegnet, die sich immer schon in der Perspektive der Nachträglichkeit befindet und das Frühere notwendigerweise aus der Kenntnis des Späteren und Nachkommenden betrachtet. So ermöglicht die Faszination durch die Kompositions- und Spracharbeit im »Malina«-Roman, in dem in einmaliger Weise ästhetische, philosophische, psychoanalytische und historische Figurationen zusammengeführt sind, z. B. eine Wahrnehmung früherer Lösungsversuche und der vorausgegangenen Arbeit an vergleichbaren Problemen, ohne daß damit eine geradli-

---

[25] Mit Ausnahme schlichter Fakten wie z. B. Daten von Begegnungen mit bestimmten Personen.

nige ›Entwicklung‹ unterstellt würde. Aus einer Lektüresituation, die den Blick auf ein Gesamtwerk erlaubt (wenn es auch durch den frühen Tod der Autorin eher abgebrochen als abgeschlossen ist), folgt im vorliegenden Buch die Entscheidung, im Aufbau nicht chronologisch vorzugehen, sondern systematische und historische Gesichtspunkte zu kombinieren.

Bildet ihr erfolgreicher und folgenreicher Auftritt bei der Tagung der Gruppe 47 1952 in Niendorf einen der Ursprungsmythen der Bachmann-Legende, so bleibt das Davorliegende meist im Schatten dieses Mythos und erscheint dadurch als österreichische *Vor*geschichte. Es war aber, wie zu zeigen sein wird, für die Genese der Schriftstellerin nicht unbedeutend. Aus diesen Anfängen werden auch jene ökonomischen und literaturpolitischen Hindernisse lesbar, die mit dem Plan zur Etablierung als ›freie Schriftstellerin‹ verbunden waren und die die Autorin auch später noch lange begleiteten [Kap. V]. Das gilt auch für die Verwicklung in eine komplizierte Situation der Nachkriegsliteratur, in der sich eine merkwürdige deutsch-österreichische Konkurrenz im Literaturbetrieb mit der heiklen, sensiblen Beziehung zwischen Österreichern bzw. Deutschen einerseits und den aus dem Exil zurückgekehrten, mehrheitlich jüdischen Autoren andererseits überkreuzte. Der Weg der Autorin aus diesen Verwicklungen heraus – und zugleich aus dem stets prekären Zusammenspiel zwischen Beziehungen und Beziehungen – kann nur dadurch entziffert werden, daß die konkurrierenden ›Entdecker‹-Legenden auf ihre Mythologeme hin befragt und die von Bachmann dagegen aufgebotenen Urszenen einer eigenen Autobiographie dem gegenüber gestellt werden [Kap. VI]. Aus diesen Zeugnissen entsteht das Bild einer Autorin, die die Gruppe 47 nie als literarischen Ort anerkannt, sondern allein als Möglichkeit der Begegnung mit einzelnen Kollegen und Freunden verstanden hat und die sich schon Ende der fünfziger Jahre weitgehend von der Gruppe distanzierte, nicht um sich zurückzuziehen, sondern um sich, häufig hinter den Kulissen der von ihr immer mehr gemiedenen Öffentlichkeit, als sehr engagierte und eigenständige Strategin des Literaturbetriebs einzumischen [Kap. V und VII.4].

Daß die literarischen Anfänge Bachmanns zum Teil in der Philosophie zu suchen sind, ist allein durch die Tatsache ihres Wiener Philosophiestudiums bekannt. Dabei haben ihre Schriften über

Heidegger und Wittgenstein die Germanistik dazu verführt, ihre literarischen Texte immer wieder auf ›Einflüsse‹ dieser beiden Philosophen hin zu lesen, ebenso wie ihre Essays über Proust und Musil zu wiederholten Vergleichen mit diesen Autoren Anlaß gaben. Zusammen mit dem Topos ihres sogenannten Genrewechsels (d. h. Ausstieg aus der erfolgreichen Lyrik und Übergang zur Prosa) sind das die Koordinaten, die das ›alte‹ Bachmann-Bild weitgehend bestimmen. Darübergelagert hat sich ein ›neues‹ Bild, in dem Bachmann zur Vorläuferin *und* Klassikerin einer *écriture feminine* geworden ist. Tatsächlich aber ist dem Nebeneinander von philosophischen Essays, Hörspielen und Gedichten, das die bekannter gewordenen Anfänge der Schriftstellerin (ab 1953) prägt, eine Vielzahl und Vielfalt von lyrischen, erzählerischen und dramatischen Versuchen vorausgegangen. Die Publikation des Bandes »Das dreißigste Jahr« (1961), die eine bedeutsame Zäsur im Werk Bachmanns darstellt, steht somit nicht für einen Genrewechsel, sondern für eine eigenwillige, spezifische Schreibweise der Prosa, die der gleichzeitigen Abschiednahme von den Gattungen Lyrik, Philosophie und Hörspiel entspringt, wobei Elemente aller drei Formen in sie eingehen. Deshalb bildet die Zäsur des »Dreißigsten Jahrs« in diesem Buch den Ausgangspunkt, um von dort aus erstens auf die erzählerischen Anfänge zurückzublicken und die Differenz zwischen den frühen Erzählungen, die sich z.T. als ästhetisch und ideologisch recht unselbständig erweisen, und der späteren sehr eigensinnigen Prosa herauszuarbeiten [Kap. I] und um zweitens Bachmanns Durchquerung philosophischer Autorschaft während des Studiums und in der ersten Hälfte der fünfziger Jahre zu rekonstruieren. Deren Fluchtpunkt bildet eine Prosa, in der deutliche Affinitäten zu Walter Benjamins Schriften erkennbar sind [Kap. II].

Einen Dreh- und Angelpunkt dieser Zäsur bildet eine Bildbeschreibung (»L'espérance« von Puvis de Chavannes), die bislang vollständig übersehen wurde, vermutlich wegen der dominanten Bedeutung der Musik für Bachmanns Literatur. Sie kann aber als Monade ihrer Poetologie gelesen werden. Darin wird eine Allegorie der Hoffnung als deren Verkörperung und Veranschaulichung verworfen und statt dessen ein allegorisches Schreibverfahren entwickelt, das von einer *Haltung* der Hoffnung geprägt ist. Als Alternative zum Konzept von ›Utopie‹ wird darin ein Motiv des

Bachmannschen Schreibens sichtbar, das sich in den sechziger Jahren in einer zunehmenden Bezugnahme auf das Messianische fortsetzt [IX.3] und schließlich im Zeitkonzept messianischer Intensität mündet, dem ›Heute‹ von »Malina«, das aus dem Kontinuum der Begebenheiten herausgesprengt ist. In diese Arbeit an einer eigenen Schreibweise geht auch die Verabschiedung jener Daseinsmetaphern ein, die die problematische Tendenz ihres lyrischen Frühwerks zu universellen Topoi und Sprachformeln kennzeichnet. Das zeigt sich u. a. in der Reflexion jener Übertragungen, die jeder literarischen Bildersprache immer schon zugrunde liegen (gr. *metaphora* = Übertragung) und die von Bachmann im Motiv der Konversion bereits relativ früh erzählerisch thematisiert werden [Kap. V].

Daß Musikinteresse, musikalische Begabung und ein absolutes Gehör einen weiteren Ursprung ihrer Literatur darstellen, ist, allein wegen der Zusammenarbeit mit Hans Werner Henze und der von ihr verfaßten Libretti, ebenfalls bekannt, obwohl erst in jüngster Zeit eingehendere Studien dem Verhältnis von Musik und Text in ihren Schriften gewidmet wurden.[26] In diesem Buch geht es vor allem um zwei Aspekte dieses Verhältnisses: zum einen um den Mythos von der Entstehung der Lyrik aus dem Klage- und Liebesgesang, mit dem die Dichterin sich schon in einem ihrer ersten bekannten Gedichte auseinandersetzt (»Dunkles zu sagen« bzw. »Wie Orpheus spiel ich«), und zum anderen um die musikalische Logik, die die Komposition ihrer Gedichte strukturiert und diese mit dem philosophischen Kern ihres Schreibens verknüpft [Kap. III]. Als Polyphonie und als virtuose Komposition von Zitat- und Lektürespuren, von Erzähl- und Sprechstimmen geht diese Komponente in die immer schon intertextuelle Schreibweise (nicht nur) der Prosatexte ein. Dem Bild der *poeta docta* muß in diesem Zusammenhang jedoch das Selbstverständnis der Autorin als süchtige, rasende Leserin entgegengestellt werden. Von ihm aus erweist sich ihr Werk als eine permanente Zirkulation von *lecture* und *écriture*, deren obsessivste Momente dort zu suchen sind, wo das ›grausame Gesetz der Kunst‹ und das ›grausame Gesetz der Liebe‹ zusammenfallen [Kap. IV]. Daß in der Bachmann-For-

---

[26] Vgl. etwa Achberger in Bachmann 1984, Greuner 1990, Spiesecke 1993, Lindemann in Göttsche/Ohl 1993 und Caduff 1998.

schung oft jedoch das von ihr Gelesene als Fundus von Bildungszitaten und Einflüssen behandelt wird, ist nicht zuletzt der Tatsache geschuldet, daß die Bibliothek der Autorin materialiter nicht zugänglich ist,[27] sondern nur über ein Titelverzeichnis, das zudem nur in Form eines quasi privatisierten Katalogs existiert.[28]

Als ein weiteres bedeutsames Moment von Bachmanns Literatur wird in diesem Buch eine topographische Poetologie untersucht, in der sich reale und symbolische bzw. imaginäre Orte überlagern: von der Landschaft der frühen Gedichte und Erzählungen über mehrere Städte bis hin zum Ungargassenland von »Malina«. In dem Gedicht »Böhmen liegt am Meer«, das von der Autorin emphatisch als ihr letztes Gedicht bezeichnet wurde, mit dem »alles gesagt« sei, wird diese Poetologie als eine entstellte Geographie lesbar, in der die Flußlandschaft aus Frühwerk und Kindheit mit den kulturellen Räumen Galiziens und Böhmens ineinandergeschoben wurde: eine *télescopage* der Geographie, die ebenso als Schauplatz eines Traumagedächtnisses kenntlich wird wie die Krankheitsbilder Berlins, die Bachmann in ihrer Büchner-Preis-Rede »Ein Ort für Zufälle« entworfen hat [Kap. VII]. Dabei muß einer verbreiteten Lesart widersprochen werden, die den Ursprung ihres gesamten Werks in einem Jugendtrauma sehen möchte.[29] Vielmehr zeigt sich in der

---

[27] Was dadurch unsichtbar bleibt, sind die Aufmerksamkeitszeichen und Erregungsspuren der Lektüre, vgl. dazu Weigel in Böschenstein/Weigel 1997.

[28] Der von Robert Pichl vor nunmehr bald zwei Jahrzehnten erstellte Katalog der Privatbibliothek wurde in der Zwischenzeit zwar (im Kontext eines mit öffentlichen Forschungsmitteln finanzierten Projekts) elektronisch erfaßt; er befindet sich jedoch weiterhin in seinem Privatbesitz, obwohl das Argument, der Katalog müsse noch einmal revidiert werden, der Aufstellung eines Exemplars des »unrevidierten Katalogs« beim Nachlaß in der Wiener Nationalbibliothek nicht im Wege stünde. Statt dessen besteht die für die Forschung wenig erquickliche Situation fort, daß alle Interessierten bei Pichl anfragen müssen, um Auskunft zu erhalten. Dabei bewegt sich dieses Frage- und Antwortritual, je nach Absender, zwischen den Regeln eines Kinderquartetts (man fragt danach, ob sich ein *bestimmter* Autorname oder Titel in der Bibliothek befand, und erfährt, ob man richtig geraten hat) und pauschalen, nach bestimmten Kategorien (z.B. französische Lyrik) erfaßten Listen. Zur kursorischen Information über Bachmanns Privatbibliothek vgl. Pichl in Göttsche/Ohl 1993, 381–388.

[29] Vgl. als herausragenden Vertreter dieser Deutung Höller 1993. In einer feministischen Variante der Interpretation eines Ursprungstraumas wird

Genese von Bachmanns Schreiben bei genauerer Lektüre eine Reihe sich wandelnder Motive und Figuren des Traumas (als psychoanalytisches Konzept einer immer erst nachträglich gewonnenen Bedeutung), die im Zuge einer zunehmenden Reflexion über den objektiven eigenen Ort in der Geschichte an Bedeutung gewinnt. Eine Häufung von Traumaszenarien fällt dabei mit einem wachsenden Wissen über den eigenen historischen Ort zusammen. Erst 1971 mündet dies in die vielzitierte Urszene über den Verlust (kindlicher und geschichtlicher) Unschuld beim Einmarsch von Hitlers Truppen 1938 in Klagenfurt, die in biographisch orientierten Interpretationen aber gerne an den Anfang gestellt wird, als A und O von Bachmanns Schreiben [VI.3]. Tatsächlich jedoch verdichten sich vom Band »Das dreißigste Jahr« an in ihrer Prosa jene Szenen, die mit dem Freudschen Deutungsmuster des Traumas korrespondieren. Sie münden im Traumkapitel von »Malina« in einer Poetologie, die die Autorin selbst als »Schreiben im Staunen« bezeichnet hat. Sie gründet in einem Wissen darum, daß die eigene Verwicklung in die Geschichte nicht restlos er- und aufklärbar ist, nicht ohne einen Rest, der sich der erschreckten, erstaunten Ich-Person in den Traumszenen zeigt [X.4].

Es geht in Bachmanns Literatur also weniger um ein von Anbeginn traumatisches Erlebnis als um jene Variante von Traumatisierung, die aus einem wachsenden Wissen um den eigenen Ort in der Geschichte herrührt und die die Autorin durchaus stellvertretend für ihre Generation zur Sprache gebracht hat, wobei die entsprechende Theoriebildung auch in diesem Punkt Bachmanns literarischer Reflexion *nach*folgte. Daß für dieses Wissen die Begegnung und Auseinandersetzung mit Paul Celan von großer Bedeutung war, weil er die junge Autorin mit der frühen Erkenntnis objektiv unvereinbarer Orte in der Nachgeschichte von ›Auschwitz‹ konfrontiert und ihr zugleich die Möglichkeit eines poetisch-poetologischen Dialogs eröffnet hat, motiviert die Entscheidung, dieser

---

neuerdings die im gegenwärtigen kulturellen Diskurs kursierende Pathosformel vom ›sexuellen Mißbrauch‹ gern auf Bachmanns Werk projiziert. Ohne zu bedenken, daß die Interpretinnen sich dabei in eben dieselbe Machtposition begeben, die sie ansonsten als Position des (männlichen) Analytikers kritisieren, wird dabei in Anspruch genommen, die Wahrheit darüber zu sagen, ›wie es denn wirklich gewesen ist‹.

Beziehung hier ein eigenes Kapitel zu widmen [VIII]. Doch zeigt sich in der Korrespondenz mit anderen Überlebenden und jüdischen Autoren, daß die Empfindsamkeit und Aufmerksamkeit Bachmanns für diese Konstellation nicht allein ihre Beziehung zu Celan berührt, sondern ihr Denken und Schreiben sehr grundsätzlich geprägt hat, was sie nicht zuletzt von ihren deutschen Kollegen derselben Generation unterschied [IX.1].

Erst das Zusammentreffen individueller und kollektiver Dauerspuren, das sich vor allem in der schockartigen Lektüre deutscher Erinnerungsbilder in der Berlin-Topographie in »Ein Ort für Zufälle« zeigt, hat das Verstummen, in das Bachmann nach einer Phase herausragender Erfolge und Aktivitäten (in den Jahren um 1960) und einer zu gleicher Zeit sich ereignenden existentiellen Kränkung verfallen war, wieder aufbrechen können. Aus dieser »Wiederkehr aus dem Schweigen« (4/188) ist dann das endlose Projekt einer Serie von Romanideen und Erzählentwürfen entstanden, an dem die Autorin nahezu ein Jahrzehnt geschrieben und für das sie den Titel »Todesarten« gefunden hat. Bekanntlich hat Bachmann, als der zuletzt begonnene, einzig abgeschlossene Roman erschien, diesen als Ouvertüre für ein mehrbändiges Werk bezeichnet. So hat sie davon gesprochen, daß sie schon an die 1000 Seiten vor »Malina« geschrieben habe, im gleichen Atemzug die »Todesarten« aber als »dieses *noch nicht* geschriebene Buch« bezeichnet (GuI 95, H.v.m.). Insofern *sind* die überlieferten Fragmente nicht die »Todesarten«, sondern sie sind Zeugnis der Arbeit an jenen Problemen der Darstellbarkeit, um die es in den »Todesarten« gehen sollte: ein Netz von Versuchen, Entwürfen, Verwerfungen und Neuansätzen [X.1]. Sie sind das Dokument des nahezu unmöglichen Unterfangens, eine radikale Kritik der Geschlechterverhältnisse in Kultur und Literaturbetrieb mit den Schauplätzen von Nachkrieg und Nach-Shoah zu verknüpfen.

Anstatt aber die »Todesarten« als Endpunkt von Bachmanns Werk zu bewerten, von dem aus alles andere zur Vorstufe oder Vorgeschichte wird,[30] werden in diesem Buch einige Punkte und

---

[30] So das teleologische Prinzip der an einer »genetisch bedingten« Ordnung und an einer Motivgenese orientierten Edition des »Todesarten-Projekts« (TP), bei dem es sich tatsächlich um eine verkappte neue Werkausgabe handelt [X.1].

Stationen jener konzeptionellen Probleme und Schritte beleuchtet, die aus den überlieferten Fragmenten entzifferbar sind. So etwa Bachmanns Arbeit an der Überwindung einer Opfererzählperspektive und des damit verbundenen Lamentotons, aus der die Erfindung der Malina-Figur entsprang [VI.6]. So auch das Experiment mit einem problematischen Opfervergleich (zwischen den Opfern einer in den herrschenden Geschlechterverhältnissen nistenden Gewalt und den Opfern der nazistischen Rassenpolitik), der die Konzeption des Franza-Romans strukturiert, aber bereits innerhalb desselben Projekts gedächtnistheoretisch reformuliert wird, wenn in der Reise durch die Krankheit der weibliche Körper zum Symptomkörper wird, an dem die Zeichen einer verdrängten Geschichte lesbar sind [IX.4]. Mit dem Traumkapitel von »Malina« schließlich hat Bachmann eine Lösung dafür gefunden, daß die Sprache des Traumas nicht in die übrige Darstellung integrierbar ist. Darüber hinaus ist es ihr in der Figuren-Triade von Ich, Malina und Ivan gelungen, eine Erzählform zu finden, in der die thematisierte Dialektik von Vernunft und Leidenschaft (Malina-Ich) nicht mit der Geschlechterspannung des Liebesbegehrens (Ivan-Ich) zur Deckung kommt, so daß »Malina« einem ebenso verbreiteten wie trivialen Deutungsmuster (Männlichkeit-Vernunft vs. Weiblichkeit-Liebesbegehren) entgeht.

Aus heutiger Perspektive gelesen, präsentiert der Roman die Autorin zudem als eine geniale Medientheoretikerin und Diskursanalytikerin *avant la lettre* – und das alles in einem Text, der von einem äußerst konkreten, sinnlichen Erzähl- und Sprachvermögen durchdrungen ist. Hatte sie bereits in der Bibliotheksszene von »Das dreißigste Jahr« (1961) den Wunsch nach einem Wissen, das von außen her auf die Welt blicken zu können glaubt, und damit auch den Anspruch einer Philosophie als Universaldiskurs verworfen, so hat Bachmann ihre geschichts- und sprachphilosophische Neugier doch in ihre Schreibweise der Prosa mit eingebracht. Diese kann in vielem als Fortschreibung einer ›kritischen Theorie‹ mit anderen, nämlich literarischen Mitteln gelesen werden.

I.
»Das dreißigste Jahr« – Rückblick auf die frühen Erzählungen

Festgelegt auf vielfältige musikalische Bezüge, wurde die Bedeutung von Bildern (im Sinne der darstellenden Kunst) für die Literatur Bachmanns bislang nicht beachtet. Und dennoch spielt eine Bildbeschreibung für die Genese ihrer Poetologie eine zentrale Rolle. Sie ist es, die den Schauplatz einer kunsttheoretischen Reflexion und zugleich jene Zäsur in der Schreibweise der Autorin bildet, die in dem 1961 veröffentlichten Prosaband »Das dreißigste Jahr« deutlich wird. Mit dem Erzählband widersprach Bachmann nämlich nicht nur dem Bild der Dichterin, auf das sie in der Öffentlichkeit festgelegt war. Bedeutsamer ist die Gegenstellung, die der Band gegenüber ihrem Frühwerk einnimmt. Auf dessen Sprachbilder, Erzählmuster und Denkweisen nehmen die Texte im »Dreißigsten Jahr« indirekt Bezug – um sie umzuschreiben, zu »zerschreiben« und teilweise zu verwerfen. Und im Mittelpunkt steht dabei die Allegorie bzw. die Auflösung der Personifikation in ein allegorisches Verfahren, wie sie in einer Bildbeschreibung präsentiert wird. Deshalb wird der Band hier nicht wie üblich unter dem Aspekt des Genrewechsels betrachtet. Vielmehr soll er als literarischer Reflexionsort eingeführt werden: als Ort der Reflexion poetischer und philosophischer Formeln, von dem aus dann, im zweiten Schritt, ein Blick zurück auf die frühen Erzählungen der Autorin möglich ist, auch im Hinblick auf deren Befangenheit in eben diesen Formeln. Erst bei der Rückkehr zum »Dreißigsten Jahr« im zweiten Kapitel wird es dann um den Dialog zwischen Literatur und Philosophie im Prosaband von 1961 gehen.

1. »nur ein Bild«:
der Ort von Bildern in Bachmanns Poetologie

Es ist die Szene eines Aufbruchs. Und es wird ein Bild weggeworfen. Dieses Bild befindet sich unter den herumliegenden Resten in einem ausgeräumten Zimmer, das der Erzähler gleichzeitig mit seiner Vergangenheit (auf-)gekündigt hat. Im Monat nach seinem dreißigsten Jahr überfällt den namenlosen Helden in der Titelerzählung Unruhe; er geht fort. Der leibliche Aufbruch, das Verlassen des Ortes, bezieht sich zugleich auf die Lebensweise und das Denken jener Person, deren dreißigstes Jahr der Text in den Bewegungen eines Jahreszyklus nachvollzieht: angefangen im »regnerischen Juni, mit dem dieses Jahr beginnt«, bis es wieder Frühling geworden ist. Das Zugleich von örtlichem und lebensgeschichtlichem Wechsel wird dabei sprachlich durch eine doppelte Referenz desselben Verbs signalisiert: »er muß [...] sein Zimmer, seine Umgebung, seine Vergangenheit *kündigen*« (2/96, H.v.m.).

Eingeführt wird dieses »dreißigste Jahr« als Geschichte und Erzählung einer Person mit Namen »einer«: »Wenn einer in sein dreißigstes Jahr geht«. Schon mit diesem ersten Satz macht die Autorin klar, daß hier nicht die konkrete Geschichte einer fiktiven Person erzählt wird, die stellvertretend *für* eine allgemeine Erfahrung stünde. Verallgemeinerung und paradigmatischer Geltungsanspruch sind vielmehr in den Erzählgestus selbst eingegangen, in die Rede des *einen*.

Eingeleitet durch das Erwachen des Erzählers, das eine Erinnerungsszene eröffnet, besteht der Text aus fünfzehn Abschnitten. Deren Ordnung folgt sowohl der zeitlichen Abfolge der Monate als auch den räumlichen Bewegungen der Reise: Aufbruch nach Rom, Reise über andere italienische Orte wie Venedig und Brindisi, Rückkehr nach Wien und erneute Fahrt nach Genua, Mailand und Rom. Die Zeitstruktur des Kalenders wird unterbrochen durch Abschnitte, die die intellektuelle Geschichte und psychische Verfassung des Erzählers reflektieren: eine Szene in der Wiener Nationalbibliothek, Erörterungen über Sprache und Sprichwörtliches, über Lebensentwürfe und Liebeserfahrungen sowie Zitate aus seinem Tagebuch. Dabei ahmt die Ordnung der Abschnitte die Figur einer dialektischen Umkehr nach. Wird die Einteilung zu Beginn vor allem durch die Monatsfolge bestimmt und der Mittelteil durch den exakten Wechsel zwischen einer Orientierung am Geschehen im Jahresverlauf und solchen Abschnitten, in denen allgemeiner das Denken, Sprechen und Begehren des Erzählers thematisiert werden, so dominieren letztere den Schlußteil. Erst zum Ende kehrt er zum Jahreszyklus zurück: »Darüber ist es Frühling geworden« (2/132).

Mit dieser narrativen Struktur referiert die Erzählung sichtlich auf ein seit der Antike bekanntes Muster, die Darstellung einer Lebensgeschichte als Reise, auf den *Chronotopos* der ›Lebensreise‹.[1] Spätestens seit Moritz' »Anton Reiser«, mit dem im 18. Jahrhundert der empfindsame Reiseroman, auf der Folie pietistischer Bekenntnisse, als Bildungsroman der moralisch-geistigen Entwicklung eines bürgerlichen Individuums populär wurde, ist das Modell auch in der deutschsprachigen Literatur vertraut. Die äußeren Stationen stellen den geistigen oder »inneren« Werdegang des Helden dar und werden so zu Sinnbildern einer Empfindungs- und Erkenntnisbiographie, die sich nicht selten an Werten wie Reife und Bildung, Selbsterkenntnis und Wahrheit orientiert. Das Reiseschema dient dabei häufig der Stabilisierung einer zielgerichteten Entwicklung, deren Sinn auch und gerade durch zahlreiche Irr- und Umwege letztlich nur Bestätigung findet. Einige Formulierungen und Topoi im »Dreißigsten Jahr« beziehen sich auf diese Tradition, so die Dramaturgie der Selbstbeobachtung, auf die Bachmann anspielt, wenn es bei ihr heißt, daß er, »Erbeuter und Beute in einem«, sehen will, »wer er war und wer er geworden ist«. In ihrem Text bricht die Frage nach der Identität und Genealogie des namenlosen Erzählers aber mit der Tradition der Selbstbeobachtung und deren prekärer Nähe zum Erkennungsdienst,[2] indem sie hier als Erinnerungsszene reinszeniert ist. Diese

---

[1] Als ›Chronotopos‹ bezeichnet Michail M. Bachtin in seiner Poetik und Theorie des Romans eine literarische Form, in der Raum und Zeit einen untrennbaren Zusammenhang bilden. In seiner Romangeschichte seit der Antike spielt dabei bereits in den frühesten Beispielen die Metaphorisierung des Weges bzw. der Reise eine zentrale Rolle (Bachtin 1986).

[2] Daß die Selbstbeobachtung nicht selten zur Selbstausfahndung und -ahndung geriet, belegen die Erfahrungsseelenkunde eines Karl Philipp Moritz und die »Confessions« eines Jean-Jacques Rousseau beispielhaft. – Bachmann nimmt die Berührung von Autobiographie und Erkennungsdienst im Personenverzeichnis von »Malina« wieder auf [X.3].

ist allerdings weder als Szene einer willentlichen Erinnerung gestaltet noch nach dem Modell ihrer prominenten Alternative, der *mémoire involontaire*, die zusammen mit dem Autornamen Marcel Prousts zur Chiffre der Moderne geworden ist. Denn:

> »Er erinnert sich nicht wie bisher, unverhofft oder weil er es wünschte, an dies und jenes, sondern *mit einem schmerzhaften Zwang* an alle seine Jahre, flächige und tiefe, und an alle Orte, die er eingenommen hat in den Jahren. Er wirft das Netz Erinnerung aus, wirft es über sich und zieht sich selbst, Erbeuter und Beute in einem, über die Zeitschwelle, die Ortschwelle, um zu sehen, wer er war und wer er geworden ist.« (94, H.v.m.)

Die hier eingeführte Erinnerung aus Zwang, eine dritte Spielart der Erinnerung neben der willentlichen und der unwillkürlichen, sollte für die Prosa Bachmanns im folgenden Jahrzehnt noch eine bedeutsame Funktion erhalten. In der zitierten Szene wird sie als eine Fähigkeit bezeichnet, die aus dem Erwachen kommt, als Vorgang von Auflösung-Auslöschung-Vernichtung und Bewußtwerdung-Wiederbesinnung-Wiedergestaltwerdung der Person, ein Zusammenspiel also von Destruktion und Konstruktion. Mit dieser Erinnerungsszene überschreitet die Erzählung des »einen« schon zu Beginn eine Zeit- und Ortschwelle und setzt eine Bewegung jenseits von Chronologie, Entwicklungsschema und Identitätsstiftung in Gang.

Gegenüber der Tradition literarischer Bildungsgeschichten wird auf diese Weise, zusammen mit dem Namen, auch auf andere Attribute und auf jede herkunftsbezogene Charakterisierung der Person verzichtet. Anstelle einer Entwicklung präsentiert die Erzählung dieses »einen« lediglich das *eine*, aus dem Kontinuum einer Lebensgeschichte herausgebrochene Jahr. Und so stellt der Text zwar das Resümee eines dreißigjährigen Lebens dar, nicht aber als Bilanz oder Lebensrückblick. Vielmehr wird das dreißigste Jahr in Form einer Monade vergegenwärtigt, so daß der Ausschnitt dieses einen Jahres in seiner Einheit das Ganze darstellt. Dergestalt erscheint das dreißigste Jahr als Gleichzeitigkeit von Aufbruch und Kündigung, von Wechsel und Wiederholung, von Erinnerung und Wünschen. Die Stationen dieses Jahres beschreiben auch weniger einen ›Lernprozeß‹ als einen »Prozeß, der mir leibhaftig gemacht wird« (136). Sie können gleichsam als eine Durchquerung der Vorstellungen des Erzählers verstanden werden – eine Durchquerung, die in der Zeitstruktur des Kalenders und der Bewegungsform der Reise zur Darstellung kommt, ohne doch einen chronologischen oder teleologischen Verlauf zu nehmen.

Zunächst führt die Bewegung des Aufbruchs, initiiert durch die Erwachens- und Erinnerungsszene, zurück zum Ort eines anderen Erwachens. Da es, als er nach Rom aufbricht, heißt, er *müsse* dorthin, scheint sich der Zwang zur Erinnerung auf seine Aufbruchsbewegung und die Bewegungen dieses einen Jahres übertragen zu haben. Bemerkenswert ist dabei eine sprachliche Verschränkung von Zwang und Freiheit: »Er muß [...] dorthin zurück, wo er am freiesten war, wo er vor Jahren sein Erwachen, das Erwachen seiner Augen, seiner Freude, seiner Maßstäbe und seiner Moral erlebt hat.« (97)

Die Doppelbedeutung der Kündigung (von Zimmer und Vergangenheit) verdichtet sich in der folgenden Szene im Umgang mit den *Resten* – eine Szene, die fast unmerklich in eine Bildbeschreibung übergeht und damit endet, daß ein Bild weggeworfen wird. Unter den im ausgeräumten Zimmer herumliegenden Resten, von denen er nicht weiß, »was damit geschehen soll: Bücher, Bilder, Prospekte von Küstenlandschaften, Stadtpläne«, wird nämlich ein Bild, eine kleine Reproduktion, durch die Nennung von Titel und Malernamen besonders hervorgehoben und näher angesehen:

»›L'espérance‹ heißt das Bild von Puvis de Chavannes, auf dem die Hoffnung, keusch und eckig, mit einem zaghaft grünenden Zweig in der Hand, auf einem weißen Tuch sitzt. Im Hintergrund hingetupft – einige schwarze Kreuze; in der Ferne – fest und plastisch, eine Ruine; über der Hoffnung – ein rosig verdämmernder Streif Himmel, denn es ist Abend, es ist spät, und die Nacht zieht sich zusammen. Obwohl die Nacht nicht auf dem Bild ist – sie wird kommen! Über das Bild der Hoffnung und die kindliche Hoffnung selbst wird sie hereinbrechen und sie wird diesen Zweig schwärzen und verdorren machen.

Aber das ist nur ein Bild. Er wirft es weg.« (97)

Gehört die hierauf folgende Verbrennung von Liebesbriefen sehr viel eher zum vertrauten Repertoire lebensgeschichtlicher Aufräum- und Aufbruchsszenarien, so bleibt die Bildszene dagegen irritierend und in mehrfacher Hinsicht bemerkenswert.

Wenn die Qualifizierung »nur ein Bild« das Wegwerfen motivieren soll, dann bleibt zunächst unklar, worauf sich die Geste des Wegwerfens eigentlich bezieht, auf das Bild der Hoffnung oder auf das Verdämmern der Hoffnung in der hereinbrechenden Nacht. Da es von der Nacht jedoch heißt, daß sie auf dem Bild gar nicht *ist*, kann sich die Wendung »nur ein Bild« schwerlich auf die Nacht beziehen, allenfalls auf die sich zusammenziehende Nacht, die schon im Bild selbst die Hoffnung bedroht. Die Geste des Wegwerfens könnte so eine zweite Negation der (kindlichen) Hoffnung bedeuten, mit der deren Schwärzung durch die Nacht wiederholt und deren Verbannung erst als bewußte (nach-)vollzogen wird. Sie könnte andererseits aber auch als Reaktion auf jenen Eindruck verstanden werden, der aus der Lektüre des Bildes als Darstellung einer verdorrenden Hoffnung entsteht. In diesem Falle bedeutete die Geste eine buchstäbliche *Verwerfung* dieser ent-täuschenden Lektüre: das Wegwerfen eines Bildes der enttäuschten Hoffnung.

Obwohl diese Szene mit der beschriebenen und weggeworfenen Hoffnung an kaum zu übersehender Stelle steht, ist ihr in der Bachmann-Rezeption bisher keinerlei Beachtung geschenkt worden, vermutlich deshalb, weil eine Besprechung von Bildern bei Bachmann nur höchst selten begegnet. Denn im Unterschied zur herausragenden Rolle der Musik sowie der Bedeutung sprachlich-literarischer Bilder und von Bildern im Sinne von Vorstellungen bzw. ›Sich-ein-Bild-Machen‹ spielen Bilder der darstellenden Kunst in ihrem Schreiben so gut wie keine Rolle. Allerdings sind die seltenen Erwähnungen an prominenter Stelle plaziert. Da ist zuerst die bekannte Nennung eines Bildes von Goya im Nachwort zu ihrer 1950 angenommenen philosophischen Dissertation, die die »Kritische Aufnahme der Existentialphilosophie Martin Heideggers« vor allem aus der Perspektive des logischen Positivismus referiert. Folgt die Argumentation ihrer Arbeit weitgehend der kritischen Abgrenzung einer als analytische und logische Wissenschaft verstandenen Philosophie gegenüber der Metaphysik, so beschließt die Verfasserin ihr relativ nüchternes, braves Referat dieser Position mit einem Hinweis auf die Kunst als Möglichkeit des »Ausdrucks dieses anderen Wirklichkeitsbereiches, der sich der Fixierung durch eine systematisierende Existentialphilosophie entzieht« (Diss. 116). Dieser Hinweis, so knapp er ist, springt durch seine Emphase ins Auge. Als Beispiel für die »vielfältigen Möglichkeiten« der Kunst wird Goyas Bild »Kronos verschlingt seine Kinder«[3] genannt, das die Begegnung mit dem ›nichtenden Nichts‹, mit der Erfahrung des Grauens der Gewalt und der mythischen Vernichtung ermögliche. Daneben steht Baudelaires Sonett »Le gouffre« aus den »Fleurs du mal«, das als Zeugnis der äußersten Darstellungsmöglichkeit des ›Unsagbaren‹ und als Auseinandersetzung mit der ›Angst‹ und dem ›Nichts‹ gedeutet wird und aus dem Bachmann abschließend vier Strophen zitiert. Während das Baudelaire-Beispiel für ihre eigene literarische Produktion Schule machen wird, wirkt die Nennung des Goya-Gemäldes dagegen in ihren theoretischen Äußerungen über die Künste wie ein blindes Motiv.

Obwohl Gemälde und Gedicht im Nachwort der Dissertation vereint als *Anderes* der wissenschaftlichen Philosophie auftreten,[4] scheint es doch so, als ob die mit der Chiffre des Goya-Bildes benannte Ausdrucksmöglichkeit im folgenden von der Schriftstellerin Bachmann nicht nur jenseits des philosophischen Diskurses, sondern auch jenseits der literarischen Sprache situiert worden sei. Kaum je begegnen Gemälde in ihren Texten. Nur einmal ist in der Frankfurter Vorlesung über Namen von Monets »Seerosen« die Rede, bezeichnenderweise aber vom erinnerten Bild, das die Zerstörung des realen Bildes überdauert (4/241). Und im Nachlaß fin-

---

[3] Es handelt sich offenbar um eines der Bilder aus Goyas Serie der »Pinturas negras«, die er in den Jahren 1820 bis 1823 an die Wände seines Landhauses gemalt hat und die heute im Prado zu sehen sind, und zwar um jenes Bild, das zunächst den Titel »Saturn«, dann »Saturn verschlingt sein Kind« erhielt. Manche sehen in dem Bild auch eine Darstellung des Satans, andere eine Allegorie des Kronos, der die Zeit verschlingt (vgl. Muller 1984, 167ff.). Bachmann bezieht sich auf den griechischen Kronos, der oft mit Saturn gleichgesetzt wird.

[4] Im Rückblick erscheint ihr die Alternativstellung der Kunst zur Philosophie als biographisches Versäumnis. »Vier Tage war ich in Venedig bei den vielen Surrealisten und andren schönen Bildern, von Courbet bis Klee; das war das Schönste«, heißt es von einem Venedig-Aufenthalt in einem Brief vom 6.7.1954 an Hermann Kesten, dem sie zwei Jahre später, nachdem sie bei einem Ausflug die Kopie eines griechischen Jünglings gesehen hat, gesteht, daß sie dem Original im Wiener Kunsthistorischen Museum leider nie begegnet sei, »weil ich ja nur sieben Jahre dort gelebt habe. So rächt sich die damalige Philosophie-Manie noch heute« (Brief v. 8.9.1956, HKM).

det sich ein kurzes Gedicht »William Turner: Gegenlicht«, das den Ausfall von Perspektive in Turners Malweise hervorhebt: »Er wusste:/ es kommt auf den Lichteinfall an.// Von sich selbst hielt er wenig/ und erlaubte sich keine Perspektiven.«[5] Es geht hier also nicht um Bildbeschreibung, sondern um das Andere der Literatur, denn das Gedicht thematisiert genau diejenige Darstellungsmöglichkeit der Malerei, die sie von der Literatur unterscheidet, eine Darstellung ohne Perspektive bzw. ein Erzählen ohne Erzähler.

Als die Autorin aber bald ein Jahrzehnt nach der Dissertation noch einmal auf das Kronos-Motiv zu sprechen kommen wird, um am Ende der Erzählung »Alles« die wölfische Praxis mit dem Namen Kronos zu assoziieren, bezieht sie sich nicht auf Bild und Maler, sondern direkt auf den Mythos vom Vater, der seine Kinder verschlingt: »Ich werde sie verschlingen wie Kronos« (2/158). Erst die Wiederkehr des Namens Goya in dem mehr als zwanzig Jahre nach der Dissertation publizierten Roman »Malina« bildet eine sprechende Korrespondenz zu deren Schlußpassage. In »Malina« nämlich geht es um eine Art Bilderverbot, das von der Ich-Person ausgeht und durch ihre Ängste motiviert ist. In einem der Dialoge zwischen der Malina- und der Ich-Stimme im letzten Kapitel antwortet auf Malinas Hinweis, »wenn wir schon keine Bilder aufhängen«, das Ich:

> »Ich brauche weiße Wände, schadlose Wände, ich sehe mich sonst gleich wohnen in Goyas letztem Raum. Denk an den Hundekopf aus der Tiefe, all die finsteren Umtriebe auf der Wand, aus seiner letzten Zeit. Nie hättest du mir in Madrid diesen Raum zeigen dürfen.« (3/330)[6]

Wieder ist es das Grauen, das mit den Bildern Goyas verbunden wird, diesmal allerdings in einer umgekehrten Figur: anstelle der

---

[5] K7723/N479 (NÖN).

[6] Es handelt sich offenbar ebenfalls um ein Bild aus der Serie der »Schwarzen Gemälde«, und zwar um »El perro«. Das Bild eines in Furcht vor einem Schatten erstarrten Hundes kann als Darstellung eines nicht definierbaren Schreckens verstanden werden (vgl. Muller 1984, 131 ff.). Zu »Malina« vgl. auch Bossinade 1990, 205 und 313. Während Bachmann die Gemälde Goyas beim Schreiben ihrer Dissertation noch nicht im Original kannte, hatte sie sie in der Zwischenzeit vermutlich ansehen können, im August 1960 auf einer zusammen mit Max Frisch unternommenen Spanien-Reise.

Möglichkeit geht es jetzt um die Unmöglichkeit der Bilder – für die subjektive Wahrnehmung. Zwischen diesen beiden mit dem Namen Goyas markierten Stellen in Bachmanns Schriften, zwischen Grauen und Grauen, zwischen ihrem Goya von 1949 und ihrem Goya von 1971, findet sich, etwa auf der Mitte dieser zeitlichen Achse, in der 1961 veröffentlichten Erzählung »Das dreißigste Jahr« ein Bild, dessen Thematisierung von den Goya-Szenen signifikant unterschieden ist. Dieses Gemälde wird nämlich tatsächlich beschrieben und exakt, d. h. mit korrektem Titel, benannt. Zwischen dem Exemplum des Goya-Bildes im philosophischen Text, einer Gebärde im Sinne von »aber die Kunst«, und dem Grauen vor dem Bild im Roman im Sinne von »bloß kein Bild«, das sich mit »Goyas letztem Raum« verbindet, in der Schwebe also zwischen Kunstemphase und Bilderverbot steht der Satz »nur ein Bild«.

2. Bildlektüre und allegorisches Verfahren im »Dreißigsten Jahr«

Durch diese Seitenblicke auf andere Bilder in Bachmanns Literatur modifiziert sich die Frage nach der Bedeutung der »Espérance«: Bezieht sich die Geste des Wegwerfens auf das »nur« und impliziert sie mit dem Postulat einer Bedeutungslosigkeit bildlicher Darstellung eine Zurücknahme der Kunstemphase, oder stellt sie schon eine Verwerfung dar, die das später ausgesprochene Bilderverbot vorwegnähme? Zwar wird in der Bildbeschreibung von Puvis de Chavannes' »L'espérance« nicht jene Dimension des Grauens berührt, die mit der Goya-Chiffre verbunden ist; doch deutet Bachmanns Lektüre das Bild als Vorgang eines buchstäblichen Grau(werd)ens, in der Antizipation der im Bild selbst nicht dargestellten, aber als kommend imaginierten Nacht, welche Schwärzung und Verdorren bringen wird. – Was aber hat es mit diesem Bild namens »L'espérance« auf sich?

Tatsächlich existieren zwei Ölgemälde von Puvis de Chavannes, die den Titel »L'espérance« tragen. Das größere[7], das heute in Baltimore hängt, hatte der berühmte französische Maler des

---

[7] 102 × 129 cm, Walters Art Gallery, Baltimore (Abb. 1).

Symbolismus im Salon von 1872 ausgestellt. Es stellt eine Personifikation der Hoffnung dar, ein junges Mädchen, gewandet in das weiße Kleid der Unschuld und mit einem unscheinbaren Zweig vom Ölbaum in der Hand, vor dem Hintergrund einer wüsten, verdorrten Landschaft, in der in der Ferne die besagten Holzkreuze und weiße Ruinen zu sehen sind. Die Beschreibung in Bachmanns Erzählung bezieht sich aber offensichtlich auf die kleinere, vermutlich später entstandene Version[8], die sich im Besitz des Louvre befindet und auf der eine nackte Gestalt, auf weißem Stoff sitzend, zu sehen ist. Sie hält einen etwas größeren Zweig in der Hand, die über einem dunklen Abgrund zu schweben scheint. Auch sind die Ruinen auf dieser Version grau, sie scheinen näher gerückt, wie überhaupt der ganze Hintergrund und der Untergrund, auf dem Tuch und Figur plaziert sind, dunkler wirken.

Bachmanns literarische Bildlektüre ist also die Beschreibung eines wirklichen Gemäldes. Und die Bildelemente, die sie erwähnt – z.B. »die Hoffnung, keusch und eckig, mit einem zaghaft grünenden Zweig in der Hand« – betreffen einschlägige Aspekte aus der prominenten Rezeptionsgeschichte des Bildes, in der immer wieder die Zartheit der Figur hervorgehoben oder auch der Eindruck einer »kindlichen Hoffnung« formuliert wurde. Ausgestellt im ersten Salon nach dem Fall des ›Second Empire‹ und nach der Niederschlagung der Pariser Kommune, war das Bild ein Beispiel für den im 1872er Salon noch kleineren Anteil allegorischer und patriotischer Sujets, das deren künftig wachsende Bedeutung für die in der Malerei repräsentierte Mentalitätsgeschichte der ›Dritten Republik‹ vorwegnahm. Der Maler war als Gegner der Kommune einschlägig bekannt und ist im Paris nach 1872 mit zahlreichen öffentlichen Bildprogrammen an repräsentativen städtischen Gebäuden vertreten.[9] In der Kunstgeschichte steht sein Name für eine allegorische Malerei, deren Virtuosität in der Gestaltung

---

[8] 70 × 79, Musée du Louvre, Paris, heute im Musée d'Orsay zu besichtigen, dem Ausstellungsort der nach 1848 entstandenen französischen Malerei (Abb. 2). Vgl. dazu Aimée 1981, 411f., und Puvis de Chavannes 1977, 114f.

[9] Von Puvis de Chavannes stammt z.B. die Wandbemalung des ›Escalier d'honneur de l'Hôtel de Ville de Paris‹ und das monumentale Wandgemälde »Der heilige Hain« im ›Grand Amphithéâtre‹ der Sorbonne.

kunstvoller Oberflächen gesehen wird. Wurde einerseits unter ideologischem Vorzeichen, aus patriotischer Perspektive nämlich, an dem Salon-Bild die Schmächtigkeit der allegorischen Gestalt kritisiert und als Kraftlosigkeit der politischen Aussage gewertet, so hat andererseits die ästhetische Realisierung des Programms viele Bewunderer unterschiedlichster Provenienz gefunden, unter ihnen Saint-Victoire, van Gogh und Gauguin. Dieser hat beispielsweise eine Reproduktion der »Espérance« mit sich in sein exotisches Südseedomizil genommen, dort an der Hüttenwand aufgehängt und es auf zweien seiner eigenen, dort entstandenen Bilder zitiert.[10]

Die Rolle eines solchen auf die Reise mitgenommenen Andenkens an ›zu Hause‹, eines umgekehrten Souvenirs, wird dem Bild in Bachmanns Erzählung jedoch verwehrt. Statt es auf seine Reise mitzunehmen, trennt der Erzähler sich von der kleinen Reproduktion, »von der ihm nicht einfällt, woher er sie hat«. Es handelt sich demnach um das Andenken einer früheren Reise, dessen Herkunft ihm entfallen ist. Als Erinnerungsrest erhält das Bild aber eine Funktion für die Durchquerung des Denkens, die die Erzählung vom »Dreißigsten Jahr« organisiert, da aus dem Andenken vergessenen Ursprungs im Text ein Denkbild wird.

Das Bild, das in Bachmanns Erzählung beschrieben wird, ist die interessantere der beiden Versionen der »Espérance«. Während nämlich die Hoffnung mit dem Ölzweig in der Hand, als Darstellung des wiederkehrenden Frühlings oder des wieder ausschlagenden Grüns in wüster Umgebung, die traditionelle Bildsprache der ›Pax‹-Allegorien fortschreibt, steht die Louvre-Version mit dem Attribut der Nacktheit, als Signum des Ungeschminkten und Unverhüllten, eher in der ikonographischen Tradition der ›Veritas‹, die stets von Zeichen der Ambivalenz und der Unsicherheit begleitet ist. Diese ist im Bild in der Farbe, vor allem im Dunkel materialisiert, das – einem Abgrund gleich – die Lichtgestalt umgibt. Die Bildbeschreibung in Bachmanns Erzählung gibt diesem Dunkel den Namen einer sich zusammenziehenden Nacht: »und die Nacht zieht sich zusammen. Obwohl die Nacht nicht auf dem Bild ist – sie wird kommen!« Damit betont ihr Text gerade jenen Moment, mit dem sich im Gemälde des Oberflächenkünstlers ein

---

[10] 1892 »Tee aa no Areois (Die Königin von Areois)« und 1901 »Stilleben mit dem Bild ›Die Hoffnung‹ von Puvis de Chavannes«.

Abgrund auftut. Und genau dieser Aspekt ist es, mit dem ihre Lektüre die in der Rezeptionsgeschichte so kontroverse Beurteilung des allegorischen Gehalts überschreitet oder links liegenläßt.

Wenn in der codierten allegorischen Bildsprache das Konkrete und Leibliche, in diesem Fall die zarte Gestalt des unbekleideten jungen Mädchens, für die Darstellung eines abstrakten Begriffs in Dienst genommen werden soll, dann wendet sich in Bachmanns Lektüre umgekehrt die materiale Schicht des Bildes gleichsam gegen seine sogenannte übertragene Bedeutung. Die literarische Mimesis der bildlichen Darstellung vollzieht dabei eine Bewegung, in der aus dem Bildzeichen, dem codierten Sinn bzw. dem Schema der Allegorie deren Textualität hervorgekehrt wird. Mit der Nennung von Titel und Künstler, den Namen also von allegorischer Gestalt und Maler einsetzend, wandert der Blick ihrer Beschreibung von der Personifikation im Vordergrund über den Hintergrund zur »Ferne«. Von dort her, von der Ferne, zieht sich die Nacht zusammen, die schließlich über der Hoffnung hereinbricht – und die damit den allegorischen Gehalt des Bildes gleichsam selbst einbrechen läßt. Die allegorische Bedeutung bricht hier also im Abgrund des Bildes buchstäblich ein. Dabei handelt es sich nicht nur um den Abgrund, der die Hoffnung auf dem Bild von Puvis de Chavannes umgibt, sondern ebenso um jenen Abgrund zwischen Bild und Bedeutung, der nach der Analyse Walter Benjamins bei der Allegorie immer schon im Spiele ist und den er im Zwischenraum von Schriftcharakter und Schema der allegorischen Bedeutung ausmacht. In der Hand des Allegorikers, so Benjamin, werde das Konkrete, das Ding zu etwas anderem,

> »Schlüssel zum Bereiche verborgenen Wissens, als dessen Emblem er es verehrt. Das macht den Schriftcharakter der Allegorie. Ein Schema ist sie, als dieses Schema Gegenstand des Wissens, ihm unverlierbar erst als ein fixiertes: fixiertes Bild und fixierendes Zeichen in einem.«[11]

---

[11] Ursprung des deutschen Trauerspiels (Benjamin 1980, I.1/359). Der Text war auch schon in der ersten, zweibändigen, von Adorno 1955 herausgegebenen Ausgabe der Schriften Walter Benjamins enthalten, die sich im Besitz von Ingeborg Bachmann befand [II.4].

Die Formel »nur ein Bild« in Bachmanns geschriebener Bildszene bezieht sich also offensichtlich auf dieses als Zeichen fixierte Bild, in dem das Dargestellte zum *Gegenstand* eines ebenfalls fixierten Wissens wird. Nicht die Hoffnung also ist es, der die Geste des Wegwerfens gilt, sondern Personifikation und Schema, in deren Horizont die Hoffnung zu einer tradierten Idee geworden ist. Erst aus der Verwerfung einer festgelegten Vorstellung von Hoffnung aber kann die Hoffnung als eine *Haltung* des Subjekts gerettet werden, als Unmittelbarkeit des Subjekts gegenüber einem jeden Tag. Am Ende der Erzählung wird dieser Gedanke formuliert:

> »Er wird bald dreißig Jahre alt sein. Der Tag wird kommen, aber niemand wird an einen Gong schlagen und ihn künden. Nein, der Tag wird nicht kommen – er war schon da, enthalten in allen Tagen dieses Jahres, das er mit Mühe und zur Not bestanden hat.« (137)

Wenn sich die Verwerfungsgeste in Bachmanns Erzählung auf die Bildaspekte von Personifikation und Schema richtet, dann ist damit aber keine Verwerfung des Allegorischen überhaupt verbunden. Denn es geht darin nicht um die Kritik an einer bestimmten rhetorischen Figur und auch nicht um die Fortschreibung eines Wettstreits der Künste, verschiedener Tropen oder der Konkurrenz zwischen Allegorie und Symbol. Vielmehr folgt die Lektüre Bachmanns selbst einem allegorischen *Verfahren*, wird doch in ihrem Text der gemalte Abgrund des »L'espérance«-Bildes zum Abgrund, der jeder Allegorie eignet, dem »Abgrund zwischen bildlichem Sein und Bedeuten«.[12] Sie folgt damit einem Textverfahren, das das Schema in Schrift (rück-)verwandelt und das Bild in ein Denkbild im Benjaminschen Sinne: ein geschriebenes Bild, in dem Voraussetzung und Kehrseite seiner eigenen Bedeutungsfigur lesbar sind.

Erschien diese Bildszene zunächst ohne Zusammenhang mit der vorausgegangenen Passage über das Erwachen »seiner Augen, seiner Freude, seiner Maßstäbe und seiner Moral«, so ist durch die ausführlichere Bildlektüre deutlich geworden, daß in der Bildszene alle genannten Momente dieses Erwachens verdichtet sind. Ein an-

---

[12] Ursprung des deutschen Trauerspiels (Benjamin 1980, I.1/342).

derer Umgang mit dem Bild, der sich in der Lektüre der »Espérance« andeutet, betrifft sowohl Wahrnehmung und Sinnlichkeit als auch diskursiv verhandelte Verhaltenskriterien. Die Bildszene des »Dreißigsten Jahrs« enthält insofern *in nuce* eine ästhetische Reflexion, wobei Ästhetik im weiteren Sinne des Begriffs, als Theorie sinnlicher Erkenntnis, verstanden wird. Da sich im Allegorischen narrative Verfahren der Malerei und bildliche Ausdrucksformen der Literatur überkreuzen, kann diese Bildszene aber auch als poetischer Kommentar und als Reflexion der literarischen Darstellungsweise gelesen werden.

Zurück also zur Erzählung. Diese zitiert zwar den Chronotopos der Lebensreise, sie bricht aber mit dem Schema, unter dem die Lebensgeschichte als Bildungsgeschichte zum Gegenstand eines kanonisierten Wissens geworden ist.[13] Mit der Verwerfung des Schemas wird auch die Gleichnisfunktion des Erzählten durchgestrichen, – unter deren Regie etwa ein stets mühseliger, »schmaler Pfad« zum »Gipfel des seligen Lebens« führte, wie es ein Klassiker des Genres formuliert, Petrarcas berühmter Brief über seine »Besteigung des Mont Ventoux«. An ihm läßt sich das narrative Muster studieren, in dem die Entscheidung über verschiedene Wege als Gleichnis des ›rechten Lebensweges‹ gilt.[14] Dem Ziel, die Gedanken zum »Guten, Wahren, Sicheren, Dauernden« zu kehren, ist der Weg untergeordnet, dem »Innen« das »Außen«, dem Unkörperlichen das Körperliche; der Leib ist der Seele dienstbar und das Sichtbare dem Unsichtbaren und so fort, womit sich das traditionelle allegorische Schema als Armatur eines Wahrheitsdiskurses erweist, zu dem sich das Subjekt nur im Wortsinne (lat. *subiectus*, unterworfen) verhalten kann.

Über die Bildszene der »Espérance« gewinnt Bachmann ein anderes allegorisches Verfahren[15]. Es betrifft die narrative Struktur der Erzählung selbst. An die Stelle von Schema und Personifika-

---

[13] D. h., daß die Erzählung gerade nicht eine typologische Erfahrung darstellt, wie es oft heißt (vgl. etwa Bartsch 1988, 99 f.), sondern deren Dekonstruktion.

[14] An Francesco Dionigi von Borgo San Sepolcro in Paris, am 26.4.1336 (Petrarca 1956, 83 f.).

[15] Zur Differenz zwischen der Allegorie als Schema und dem allegorischen Verfahren vgl. vor allem den Baudelaire-Essay Walter Benjamins.

tion tritt das Denkbild, anstelle von Entwicklung und Teleologie die Monade: jenes aus dem Kontinuum der Lebenszeit herausgebrochene Jahr. Dessen Verlauf gestaltet in der Serie der Abschnitte eine Zeitstruktur, die im Zugleich von chronologischer und zyklischer Zeit etwas anderes hervorbringt. Mit der Rückkehr zu Orten – »dorthin zurück« – und der Wiederbegegnung mit Menschen – »Er trifft Moll wieder«, »er trifft Elena wieder« – folgt der Aufbruch des Erzählers den Spuren der Erinnerung. Gerade dadurch, daß er nicht nur zurückblickt und sein bisheriges Leben nicht als vergangenes, abgeschlossenes betrachtet, ist der Text als Erinnerungsschrift konzipiert, als Topographie einer Durchquerung von Vorstellungen, Gedanken, Begehren und Wünschen. Erst in den wiederholten Begegnungen, in der Rückkehr zu schon einmal Dagewesenem erhält das Vergangene, im Licht der ›Jetztzeit‹ und in der Figur von Nachträglichkeit, seine Bedeutung.

Der Aufbruch des »Dreißigsten Jahrs« betrifft aber nicht nur den »einen«. Für die Autorin selbst bedeutet er einen Bruch mit ihrer eigenen, früheren Schreibweise. Die Betrachtung der herumliegenden Reste der Vergangenheit und die Reflexion der ihnen eigenen Erzähl- und Bedeutungsstruktur müssen nämlich auch auf die schriftstellerische Vorgeschichte Bachmanns gemünzt werden, vor allem auf ihre frühen, Ende der vierziger und Anfang der fünfziger Jahre entstandenen Erzählungen, in denen die Dominanz allegorischer Erzählformen und die Verwendung von Gleichnissen und Parabeln auffallen. »Aber das ist nur ein Bild. Er wirft es weg.« Das kann als eine programmatische poetologische Geste verstanden werden, die vermutlich sehr viel direkter das eigene Frühwerk betrifft als es etwa die literaturtheoretischen Erörterungen der »Frankfurter Vorlesungen« tun. In zeitlicher Nähe zum Prosaband entstanden, diskutieren die Vorlesungen eher die Literatur anderer Autoren, während »Das dreißigste Jahr« ein Resümee der eigenen intellektuellen Geschichte enthält. Diese These berührt nicht den autobiographischen Gehalt der Erzählung. Selbstverständlich ist unübersehbar, daß zahlreiche Details darin auf das Leben der Autorin anspielen. Sie ist, als sie in den Jahren 1956/57 mit der Konzeption der Erzählungen beginnt, gerade dreißig geworden. Sie hat ein Leben auf Reisen geführt, in Wien, Rom und an anderen Plätzen Italiens gelebt. Sie hat während ihres Studiums in der Wiener Nationalbibliothek gesessen und sich dort womöglich einige jener Sätze notiert, die aus dem Tagebuch des Erzählers zitiert werden. Dennoch ist »Das dreißigste Jahr« keine autobiographische Erzählung, sondern die Dekonstruktion einer Bildungsgeschichte, in der die Denkfiguren des Erzählers als gelebte Stationen eines Jahres reinszeniert und dabei teilweise zerstört oder verworfen werden.

Als Erinnerungsrest aber ist die historische Symbolik des weggeworfenen Bildes für die intellektuelle Biographie Ingeborg Bachmanns nicht uninteressant. Noch einmal also zurück zum Bild. In der nach der französischen Niederlage 1871 entstandenen »L'espérance« entwirft Puvis de Chavannes eine Nachkriegsszenerie: Gräber, Kreuze, Ruinen in einer verwüsteten Landschaft, vor deren Hintergrund neues Leben entsteht. Die Darstellung der Hoffnungs-, Friedens- oder Wahrheitsallegorie ist mit Hilfe der Ikonographie von Frühling und Unschuld ideologisch als Opfergeschichte konnotiert, während Landschafts- und Naturmetaphorik die Szenerie mythologisieren. Damit ist die Hoffnung, Personifikation des neu erwachenden Lebens, der historischen Erfahrung enthoben und abgelöst von einer Auseinandersetzung mit den Voraussetzungen der Verwüstung, mit dem Krieg und der Verantwortung dafür. Bezogen auf die Situation nach 1945, wird das Bild der »Espérance« derart zum Erinnerungsbild einer Befangenheit in Ideologeme einer österreichischen Nachkriegsgeschichte, zum Bild für das kollektive Phantasma von schuldlosen Opfern. Das Wegwerfen des Bildes erhält damit auch die Bedeutung der Verwerfung eines kollektiven Imaginären, aus dem die schriftstellerischen Anfänge der Autorin entsprungen waren. Als früheres Wunschbild gehört dieses Erinnerungsbild also auch zu den Resten der gekündigten Vergangenheit der Autorin. Dieser Zusammenhang zeigt sich darin, daß in der folgenden Prosa Bachmanns das Bild, in dem das Kriegsende als Verdichtung von Frühling und Frieden erscheint, umspielt und wiederholt bearbeitet wird, so etwa in dem Motiv des »ersten Frühlings« (z.B. in den Franza-Fragmenten).

Zu erwähnen bleibt in der Bildszene noch die vergessene Herkunft des Bildes – »eine kleine Reproduktion, von der ihm nicht einfällt, woher er sie hat« –, die doch im krassen Gegensatz zur unübersehbaren Präsenz des Malernamens Puvis de Chavannes in jedem Pariser Reiseführer steht. Da für die Leser leicht entschlüsselbar ist, daß die kleine Reproduktion aus Paris stammt, ist der *ausdrücklich* als vergessen bezeichnete Ursprung des Bildes Zeichen einer Leerstelle, der Abwesenheit des Ortes Paris in der Erzählung. Warum der Erzähler sich dort *nicht* hinbegibt, weshalb er dorthin nicht zurückgeht, sondern das Paris betreffende Andenken wegwirft, bleibt ein Rätsel, das in der Erzählung selbst nicht entzifferbar ist.[16]

Im Kontrast zur Bewegung, die das »Dreißigste Jahr« inszeniert, präsentiert der Text, der dieser Erzählung in der Komposition des Buches vorangestellt ist, die »Jugend in einer österreichischen Stadt«, ein bewegungs*loses* Erinnern:

> »Im bewegungslosen Erinnern, *vor der Abreise*, vor allen Abreisen, was soll uns aufgehen? Das Wenigste ist da, um uns einzuleuchten, und die Jugend gehört nicht dazu, auch die Stadt nicht, in der sie stattgehabt hat.« (2/93, H.v.m.)

Da diese Jugend-Erzählung auch kompositionell »vor der Abreise« plaziert ist, nämlich vor der Aufbruchsgeschichte, kommentiert der Satz über das bewegungslose Erinnern die Relation zwischen den verschiedenen Modi der Erinnerung in beiden Texten. Vergleichbar der Art und Weise, wie die Titelerzählung das Schema der Lebensreise dekonstruiert, verhält sich der »Jugend«-Text zum Genre von Kindheitserinnerungen. Er zitiert zwar die Perspektive autobiographischer Erinnerung – den Gang zurück zum Ort der Kindheit und den Blick zurück –, doch wird dabei das Sinnkonzept der Gattung ausdrücklich negiert: die Annahme nämlich, daß man aus dieser herkunftbezogenen Erzählung irgend etwas erklären oder begründen könnte.[17] Und überhaupt tritt erst in der letzten Passage ein Ich-Erzähler auf, der an den Ort der Kindheit zurückgekehrt ist, »ein Durchreisender, dem niemand seine Herkunft ansieht« (93), während der Hauptteil von

---

[16] Zum blinden Fleck Paris in der topographischen Poetologie vgl. hier auch VII.2.

[17] In einem Interview hat Bachmann selbst den Text als »Gegenstück zu einer autobiographischen Skizze« bezeichnet (GuI 26). Und die Zurückweisung der Begründungslogik einer Lebensgeschichte wird in »Malina« in den Passagen über den »Satz vom Grund« wieder aufgenommen.

»den Kindern« in »dieser Stadt« spricht, ebenso wie das »Dreißigste Jahr« also von einer paradigmatischen Situation. Dabei geht es auch hier weniger um die Verallgemeinerung einer Erfahrung als um die allgemeine Geltung eines imaginären Ortes mit Namen ›Kindheit‹. Durch die wiederholte Rede über »die Kinder« anaphorisch strukturiert, reinszeniert der Text die Rückkehr zum Ort der Kindheit; und diese ist stets eine Rückkehr zum Imaginären. »Man weiß dann, daß alles war, wie es war, daß alles ist, wie es ist, und verzichtet, einen Grund zu suchen für alles. Denn da ist kein Stab, der dich berührt, keine Verwandlung« (93). Erst auf dem Wege eines Verzichts darauf, die Herkunft als Grund zu bewerten, kann die Kindheit gerettet werden: als Ort des Imaginären und als Schauplatz magischer Bilder.

Das zentrale Motiv der Erzählung, jener Baum, der »aussieht, als wäre er eine Fackel, die ein Engel fallen gelassen hat« (84), steht für die Bedeutung jener magischen Erinnerungsbilder, die der ›Kindheit‹ an- und zugehören. Dem entspricht auch die Rede von der magischen Sprache, von der Rätselhaftigkeit und Unverständlichkeit der Sprache, von den eigenen, kindlichen Sprachschöpfungen und den phantastischen Bildern, in denen ›die Kinder‹ ihre Umgebung und den einbrechenden Krieg wahrnehmen, bis zu dem Moment, da »die Zeit der Andeutungen […] zu Ende« ist, da man vor ihnen »von Genickschüssen, vom Hängen, Liquidieren, Sprengen« spricht (91), bis zu dem Moment also, da die Kindheit zu Ende ist. Die Kindheit aber, so zeigt Bachmanns Text unmißverständlich, entsteht überhaupt erst aus dem Blick zurück auf den Ort, an dem man sich als Kind aufhielt, aus der Nachträglichkeit einer Rede über »die Kinder«. Die Erinnerungsbilder der Kindheit gehören jenen Bildern an, »die wir nie sahen, ehe wir uns erinnerten«[18]. Auch »Jugend in einer österreichischen Stadt« also thematisiert den Zusammenhang von Erinnerung und Bild, auch hier geht es um die Bedeutung von Bildern für die Erinnerung, um ein Tableau von »Erinnerungsaufnahmen« (GuI 26), ähnlich der Schreibweise von Benjamins »Berliner Kindheit um Neunzehnhundert«. Ebenso wie dort tritt die singuläre Lebensgeschichte hier hinter eine Serie

---

[18] Aus einer kleinen Rede über Proust, an meinem vierzigsten Geburtstag gehalten (Benjamin 1980, II.3/1064).

von Erinnerungsszenen zurück. Allerdings handelt es sich in Bachmanns Text um Szenen einer Kriegskindheit in der Provinz, so daß im Kontrast zu den vielfältigen Verlockungen, die das Berlin um 1900 für ein männliches Bürgerkind besaß, »die Verlockungen zu gering« waren in jener Stadt, von der Bachmanns Jugendtext zu erzählen hat.

Während aber »Jugend in einer österreichischen Stadt«, mit der *bewegungslosen* Erinnerung, in einer Serie von Kindheitsbildern die Struktur des Imaginären zur Darstellung bringt, wird dagegen mit der Erinnerung *aus Zwang* im nachfolgenden Text »Das dreißigste Jahr« eine Bewegung in Gang gesetzt, die den Gedächtnisspuren folgt. Inmitten dieser Dauerspuren gehört das einzelne Bild dort zu jenen Resten, die aus vergangenen Wünschen und Vorstellungen in die Jetztzeit hineinragen: »die Bilder, die aus allen früheren Zusammenhängen losgebrochen als Kostbarkeiten in den nüchternen Gemächern unserer späten Einsicht – wie Trümmer oder Torsi in der Galerie des Sammlers – stehen.«[19] Als ein solcher Torso stellt sich die Bildszene mit der »Espérance« im literarischen Œuvre Bachmanns dar, ein einsamer Torso, der leider keine Nachfolger gefunden hat.

3. Das unspektakuläre Debüt einer Schriftstellerin: 1949

Zwar hat sich unter Bachmann-Lesern derweil herumgesprochen, daß das Stereotyp von der »gefallenen Lyrikerin«[20], das die zeitgenössische Rezeption ihres ersten Prosabandes dominierte, der Befangenheit der Literaturkritik in einem selbstgeschaffenen Wunschbild entstammte. Doch ist der Platz der Autorin in der deutschsprachigen Nachkriegsliteratur weiterhin durch den Topos ihres sogenannten Genrewechsels geprägt. Begründet durch die enttäuschten bis entrüsteten Kritiken, die nach Erscheinen von »Das dreißigste Jahr« Bachmanns Abkehr von ihrer mehrfach preis-

---

[19] Berliner Chronik (Benjamin 1980, VI/486).
[20] So Marcel Reich-Ranicki, zwar erst im Rückblick in seiner Rezension zu »Simultan«, 16.3.1973 (Schardt 1994, 188), doch in exakter Wiederholung des Tenors seiner Besprechung von »Das dreißigste Jahr«, die für die zeitgenössische Rezeption stehen kann.

gekrönten poetischen Sprache tadelten,[21] wurde dieses Bild auch durch Selbstkommentare der Autorin scheinbar bestätigt. So betonte sie in verschiedenen Interviews Anfang der sechziger Jahre mehrfach in fast wörtlichen Wiederholungen, daß sie *aufgehört* habe, Gedichte zu schreiben,[22] und trat der Vorstellung, daß sie damit gleichzeitig *begonnen* habe, Prosa zu schreiben, nicht entgegen, sondern speiste sie noch mit Metaphern wie Umzug und Übersiedlung. In einer Rezension von Hans F. Nöhbauer ist z. B. zu lesen: »›Nach Gedichten Prosa zu schreiben, das war zunächst wie ein Umzug im Kopf‹, meint sie heute« (5. 1. 1962, GuI 31). Daß der Rezensent sich mit dieser Formel offensichtlich zu Recht auf Selbstaussagen Bachmanns stützt, wird durch die Antwort bestätigt, die sie in einem etliche Monate später geführten Gespräch mit Walter Höllerer gibt:

> »Höllerer: Nun haben Sie ja auch Prosa geschrieben. [...] Und diese Prosa – man sagt immer, es sei eine große Gefahr, wenn ein Lyriker Prosa schreibt. Haben Sie Schwierigkeiten gehabt, Prosa zu schreiben, oder war das die ganz natürliche Fortsetzung Ihrer Arbeit?
> Bachmann: Nein, das war eine ›Übersiedlung‹. Ich habe ja seither aufgehört, Gedichte zu schreiben.« (31. 10. 1962, GuI 38)

Erst ganz allmählich beginnt sich eine Korrektur dieses Bildes durchzusetzen. Zunächst nämlich, nach dem Tode Bachmanns, mehr noch nach Erscheinen der Werkausgabe 1978, ereignete sich ein anderer Genrewechsel, ein Wechsel der in der Rezeption favorisierten Genres – diesmal aus umgekehrter Perspektive und von einer überwiegend weiblichen Leserschaft. Während die »Todesarten«, von denen damit erstmals größere Teile bekannt wurden, zum Meisterwerk weiblicher Kulturkritik avancierten, trat für längere Zeit das übrige Werk Bachmanns in den Schatten dieses Romanprojekts. Erst nachdem sich das Interesse wieder der ›ganzen Bachmann‹ und damit auch ihren früheren Arbeiten zuge-

---

[21] Die ablehnende Haltung gegenüber dem Erzählungsband wurde dabei gerade von den Großkritikern, den Opinion leaders, getragen. Vgl. dazu die systematische Darstellung der journalistischen Rezeption Bachmanns von Constance Hotz (1990).

[22] Z. B. GuI 28, 38, 40, 46; noch einmal wiederholt 1971, GuI 103 f.

wandt hatte, wurden nicht nur die Gedichte wieder-, sondern auch die anderen frühen Texte entdeckt. Jetzt wurde erkennbar, was die zeitgenössische Rezeption über dem Bild der gefeierten Dichterin schon einmal vergessen hatte. Seit den schriftstellerischen Anfängen Bachmanns nämlich stehen lyrische, dramatische und erzählerische Versuche nebeneinander. 1946 zuerst, regelmäßiger seit 1949 hatte sie Erzählungen publiziert, außerdem Gedichte, an dramatischen Texten und einem Roman geschrieben und auch noch nach dem Erfolg ihrer Lyrik und der Hörspiele etliche Essays, Kritiken, Erzählungen und Rundfunktexte veröffentlicht. Das Nebeneinander dieser sehr unterschiedlichen Genres verliert sich erst mit dem Erscheinen von »Das dreißigste Jahr« 1961.

Insofern ist die Rede vom Genrewechsel falsch und richtig zugleich. Nicht so ist es nämlich, daß Bachmann mit ihrem ersten Erzählungsband beginnt, Prosa zu schreiben, sondern sie hört praktisch mit allen anderen Gattungen auf und schreibt – mit wenigen Ausnahmen[23] – *nur noch Prosa.* Vor dieser Zäsur stehen verschiedene literarische Genres (Gedichte, Hörspiele, Libretti und Erzählungen) neben Texten, die einem philosophischen oder literaturkritischen Thema gewidmet sind, wie etwa die Arbeiten über Wittgenstein, Musil, Proust und Simone Weil oder einzelne Literaturkritiken. Wird in diesen Texten *über* Philosophie, Poetologie und Literaturgeschichte gesprochen, wie ja auch in den Vorlesungen anläßlich der Poetikdozentur (1959/60), so hat Bachmann in »Das dreißigste Jahr« eine Schreibweise der Prosa gefunden, in der sich poetische Sprache und Figuren philosophischer oder theoretischer Reflexion berühren und überlagern. Es ist eine Prosa, die Elemente des Lyrischen und Narrativen aufnimmt, die aber die Geschlossenheit metaphorischer Sprachbilder verläßt und deren Darstellungen, auch wenn sie als konkrete, einzelne Begebenheiten daherkommen, stets paradigmatische Konstellationen aus der Subjekt- und Kulturgeschichte vergegenwärtigen. In diese *absolute Prosa* geht auch die Mehrstimmigkeit ihrer Hörfunkarbeiten ein, und zwar als Schreibweise der Polyphonie [IV.4]. Und in ihr trifft sich die Radikalität jenes »neuen Denkens«, von dem in den Vorlesungen mehrfach die Rede ist, mit einer Sprachmagie, in der

---

[23] Einige wenige »einsame Gedichte« [VI.3] und einige Arbeiten für die Oper.

allerdings nicht eine vergangene Sprache des Naturschönen restituiert wird. Vielmehr bricht darin in einzelnen Worten, Namen oder Sätzen Verlorenes durch – in Momenten, in denen man, wie Bachmann mit Bezug auf Maria Callas formuliert hat, plötzlich durch Jahrhunderte hindurchhören kann (4/343). Insofern hat Ingeborg Bachmann möglicherweise doch sehr bewußt nicht widersprochen, wenn »Das dreißigste Jahr« als Beginn ihres Prosaschreibens betrachtet wurde.[24] Dies könnte ein Signal dafür sein, daß sie selbst ihre früheren erzählerischen Publikationen nicht als Prosa verstanden hat und nicht als Prosa gewertet wissen wollte. Und tatsächlich sind die gut ein Jahrzehnt zuvor geschriebenen Erzählungen radikal verschieden von den 1961 publizierten Texten.

Dabei war es aus der Perspektive der jungen Bachmann, die sich als Schriftstellerin zu profilieren versuchte, in gewisser Weise zufällig, daß sie mit ihren Gedichten bekannt wurde, hatte sie sich doch, als man 1952 bei einer Tagung der Gruppe 47 auf ihre Lyrik aufmerksam wurde, bereits in allen Gattungen erprobt. Doch läßt sich für ihre Schreibgeschichte kein ›eigentlicher‹ Anfang benennen. Ihr Autorprofil paßt weder in das Bild des jungen Genies noch in die Mythe von der späten Entdeckung eines gereiften Könnens. Vielmehr geht ihr professionell definiertes Schreibbegehren übergangslos aus jenen poetischen Versuchen hervor, wie sie unter Adoleszenten üblich sind. Dabei deutet die Fülle und Vielfalt der überlieferten Versuche allerdings darauf hin, daß ihre Schreiblust das Übliche bei weitem überschritten hatte. Da zu vermuten ist, daß nur Teile ihrer Jugendschriften erhalten geblieben sind, muß, gemessen an den im Nachlaß überlieferten Konvoluten, die etwa Sechzehn- bis Zwanzigjährige Berge von Papier beschrieben haben. Und aus der Fülle dieser vielfältigen Versuche entsteht nur sehr allmählich ein eigenständiges literarisches Profil. Der Ei-

---

[24] Die Publikation des Bandes unter dem Gattungstitel Erzählungen war für die Autorin eine Verlegenheitslösung. In der Korrespondenz sprach sie oft einfach von ihren Geschichten. Es seien eigentlich keine Erzählungen, eher vielleicht Novellen, wenn man der klassischen Definition »dreist einen neuen Sinn gäbe« (Bachmann an Moras am 23.11.1960, DLM), womit sie auf die unerhörte Begebenheit anspielt. Sie taucht in ihren Texten, gleichsam transponiert in ein schockartiges oder katastrophisches Ereignis, wieder auf [VII.2].

gensinn, der faszinierende Ton und die spezifische Bildlichkeit der Bachmannschen Literatur sind erst das Ergebnis einer langjährigen Arbeit am Schreiben, der Überwindung einer tradierten, konventionellen Erzähl- und Bildsprache. Sie wußte also sehr genau, wovon sie sprach, als sie in einem Interview, 1971 und im Rückblick, sagte, daß ein Schriftsteller die vorgefundene Sprache »zerschreiben« müsse (GuI 84). Die Ergebnisse dieser Arbeit, die bei der jungen Bachmann über die literarischen Produktionen vieler Jahre zu studieren sind, zeichnen keine eindeutige Linie oder fortschreitende Entwicklung. Gerade die Ungleichzeitigkeiten, das Nebeneinander sehr heterogener Ergebnisse, sind in ihrem Frühwerk besonders auffällig.

Als Autorin in Erscheinung getreten ist Ingeborg Bachmann 1949. In diesem Jahr erscheint unter ihrem Namen eine Serie von acht kürzeren Erzählungen, und zwar im Zeitraum zwischen April und Dezember in der »Wiener Tageszeitung«.[25] Es sind kleine, erzählerische Feuilletons, die in der Tagespresse der Nachkriegszeit sehr verbreitet waren. Im Januar desselben Jahres waren zudem vier Gedichte von ihr in der Kulturzeitschrift »Lynkeus«[26] erschienen. Es war das Jahr, in dem sie, dreiundzwanzigjährig, auch ihre Dissertation im Fach Philosophie abschloß. Doch hatte ihr literarisches Schreiben damit zunächst nichts zu tun. Die Serie von acht Kurzerzählungen – im Umfang jeweils zwischen ein und zwei Dritteln einer Zeitungsseite, d. h. vier bis fünf Seiten im Buchformat der Werkausgabe –, mit denen Bachmanns Name erstmals die Funktion eines Autornamens erhält, stellt das Debüt einer Schriftstellerin dar. Im Gegensatz zu den Mythen ihrer miteinander konkurrierenden ›Entdecker‹ [VI.2] trägt dieses Debüt bemerkenswert unspektakuläre Züge. Ihr Einstieg als Autorin ist demnach sehr prosaisch, aber noch keine Prosa.

---

[25] Eine dieser Erzählungen, »Die Fähre«, ist die revidierte Fassung eines drei Jahre zuvor in der »Kärntner Illustrierten« schon einmal gedruckten Textes. Eine andere, »Karawane im Jenseits«, wird drei Jahre später unter dem Titel »Die Karawane und die Auferstehung« in leicht gekürzter Version noch einmal im »Wiener Kurier« (12. 4. 1952, 9) erscheinen.
[26] Lynkeus. Dichtung, Kunst, Kritik. Herausgeber: Hermann Hakel. H.1, Winter 1948/1949, 301. Die vier Gedichte wurden in die Werkausgabe aufgenommen (1/10–13).

Als Vorläuferin der Reihe von Feuilleton-Erzählungen und als erste Veröffentlichung überhaupt steht »Die Fähre«, entstanden bereits 1945,[27] in der Genese des Bachmannschen Werks an der Grenze zwischen Schreiben und Literatur. Die zweifache Veröffentlichung dieser kurzen Erzählung in einem Abstand von drei Jahren bildet zudem eine Art Brücke auf ihrem Weg aus der Provinz in die Metropole. 1946 in der »Kärntner Illustrierten« ist ihr Text eingerahmt von der typischen Aufmachung einer regionalen Boulevardzeitschrift: auf dem Titelblatt die Photos zur Reportage über die »Wörther-See Festspiele 1946«, Bilder von strahlenden Siegern, Sportlern im Einsatz beim Fechten, Schwimmen und Rudern, der Text ihrer Erzählung über drei Seiten verteilt und geschmückt mit gefälligen Illustrationen im Stile eines Kinderbuchs zwischen der Rätselseite, Bildern vom Hofe (König Gustav von Schweden bei der Taufe seines jüngsten Urenkels, Prinzessin Elisabeth in der Robe des ihr soeben verliehenen Baccalaureats) und dem »Sport Echo«, das ein Porträtbild der stolzen Gundi Bohrer präsentiert, »unsere Beste im ›kleinen Tennis‹«.[28] In diesem publizistischen Ambiente wird die Erzählung zum Bestandteil einer volkstümlichen Vergessenskultur der unmittelbaren Nachkriegszeit, in der die Bilder des Gewesenen durch die permanente Veranstaltung von Gemeinschaftserlebnissen zugedeckt wurden, durch Bilder, wie man sie aus den Wochenschauen der Endvierziger kennt: Modenschauen, Sport und die langsame Wiederkehr des Konsums fürs Volk. 1949 auf der Kulturseite der »Wiener Tageszeitung«[29], des seit Juni 1947 bestehenden »Zentralorgans der Österreichischen Volkspartei«,[30] er-

---

[27] »Ein handschriftlicher Entwurf ist datiert *Klagenfurt, 8. Juli 1945*« (2/602). Von den zahlreichen unveröffentlichten Entwürfen für Erzählungen, die aus der Jugendzeit im Nachlaß überliefert sind, sind etliche 1944 und 1945 datiert, stammen also vor allem aus der Zeit zwischen Matura und Studienbeginn.
[28] Kärntner Illustrierte, Sonntag, d. 4.8.1946, Nr. 36, Preis 40 Groschen (In der Werkausgabe ist fälschlich das Datum v. 31.7.46 angegeben).
[29] 24.4.1949, Jg. 3, Nr. 96, 3.
[30] Die Presse der Parteien spielte in der Österreichischen Nachkriegszeit eine wichtige Rolle, da erst 1948 eine überparteiliche Zeitung erscheinen konnte. Die »Wiener Tageszeitung«, Vorläuferin der »Österreichischen Neuen Tageszeitung«, erschien erstmals am 22. Juni 1947; mit ca. 25 000 hatte sie keinen sehr hohen Anteil an der Gesamtauflage der Wiener Tagespresse, im Jahre 1946 ca. 1,47 Mio. (Paupié 1960, 77 u. 105).

scheinen die Erzählungen dann in einem bildungsbürgerlichen, konservativen publizistischen Umfeld. Zwischen Berichten über Oper, Musikfestspiele und Konzerte, zwischen Künstlerporträts, literarischen Texten anderer Autoren, Artikeln über »Junge Dichtung« und »Neue Filme«, Nachrichten der »Österreichischen Kulturvereinigung« und dem Radioprogramm plaziert, sind die Erzählungen umgeben von Zeichen jener »auferstandenen Kultur«[31], die Theodor W. Adorno bei seinem ersten Besuch aus dem amerikanischen Exil im Nachkriegsdeutschland mit Befremden beobachtet hatte: ein wiedererwachtes Interesse an allem ›Geistigen‹ und ›Kulturellen‹ inmitten der Ruinen und der Vergangenheitszeichen als kultiviertere Form des Vergessens, die an Diskursformen solcher bildungsbürgerlicher Traditionen wiederanknüpfen konnte, die während der Nazizeit aus der Öffentlichkeit verdrängt worden waren.

Mit der Zweitveröffentlichung von »Die Karawane und die Auferstehung« in der Osternummer des »Wiener Kurier« im April 1952 ist Bachmann dann in die Tiefdruckbeilage einer der verbreitetsten Tageszeitungen Österreichs vorgerückt.[32] Die Veröffentlichung der Erzählung fällt in die Zeit, in der Bachmann beim amerikanischen Radiosender »Rot-Weiß-Rot« arbeitet [V.4]. Sie ist bald sechsundzwanzig, und es ist ein Monat vor ihrem Debüt als österreichische Dichterin in Deutschland, vor ihrer ersten Lesung bei der Gruppe 47 in Niendorf, in deren Folge sie Zugang zur kulturellen Öffentlichkeit der BRD erhalten sollte, so daß die folgenden Texte, Rezensionen, Essays und Gedichte, in so anerkannten Kulturzeitschriften wie »Wort und Wahrheit«, »Frankfurter Hefte«, »Merkur« und »Akzente« erscheinen und von verschiedenen westdeutschen Rundfunksendern ausgestrahlt werden. Das vorausgegangene prosaische Debüt, der mühevollere schriftstellerische Anfang in den österreichischen Feuilletons auf ihrem Weg von der Provinz zur Metropole, deutet eine berufliche

---

[31] Vgl. Adornos gleichnamigen Artikel (Adorno 1986).
[32] Der »Wiener Kurier« war eine anspruchsvolle Boulevardzeitung, die ein Jahrzehnt lang (August 1945 bis Juli 1955) vom amerikanischen Informationsdienst herausgegeben wurde (seit Oktober 1954 als Wochenzeitung), mit einer Kulturseite, der Rubrik »Kunst und Künstler« und einer Samstagsbeilage (Paupié 1960, 190 f.).

Perspektive an, die Bachmann ohne das ›Glück von Niendorf‹ beschieden gewesen wäre und aus der sie durch ihren Lyrikerfolg aussteigen konnte. Es erklärt auch, warum die weitere Genese der Schriftstellerin Bachmann zunächst in den Bahnen ihres Erfolges als ›Dichterin‹ verlief.

4. Landschaft als allegorisches Schema: die frühen Erzählungen

Die Erzählung »Die Fähre« bildet nicht nur für die Genese der Autorin Grenze und Übergang zwischen Schreiben und Literatur. Die Grenze ist zugleich deren Thema, versinnbildlicht in einem Fluß, dessen allegorische Funktion in der entworfenen Naturlandschaft gleich zu Beginn benannt wird. Nach einer Einführung in die Stimmung am Fluß, die mit einschlägigen Aspekten des Hörbaren in der Natur operiert – mit Gesang und Rauschen des Flusses, das am Ufer in Stille und Murmeln übergeht –, nach dieser buchstäblichen Ein*stimmung* ist bereits im dritten Satz die Bedeutung des Flusses fixiert: »Er ist breit, und seine Kraft, die sich zwischen das Land legt, *bedeutet Trennung*« (2/10, H.v.m.).

Doch dieses ausdrücklichen Hinweises, der auch im Schlußsatz nahezu wörtlich wiederkehrt, hätte es gar nicht bedurft. Die Erzählung wäre auch ohne ihn leicht als Allegorie erkennbar. Als Trennung zwischen weißem »Herrenhaus« und Dorf ist der Fluß Teil einer sommerlichen Flußlandschaft, die der Darstellung einer sozialen, einer Herr-Knecht-Topographie dient: *drüben* der »Herr«, mächtig, aber als gut bekannt, dessen Sphäre nur von (für ihn) Tätigen besucht wird, von Korbflechterinnen, »die um Ruten an das andere Ufer fahren« oder Handwerksleuten, manchmal aber auch von einem Fremden oder einer Festgesellschaft – »mit lachenden Männern und buntgekleideten, heiteren Frauen«; *hier* Maria, eine aus dem Dorfe, die dem Herrn nicht nur mit den Lebensmitteln, die sie ihm bringt, zu Diensten ist, und Josip Poje, der Fährmann. Er ist, obwohl diesseits des Flusses stationiert, in der Position desjenigen, der die Verbindung aufrechterhält und kontrolliert: »das Seil der Fähre stellt eine Verbindung her.« Als »stummer, verschlossener Träumer« beschrieben, besetzt er in der mythischen Naturlandschaft einen Ort, an dem Arbeit und Kontemplation noch nicht geschieden sind. Zugleich aber erscheint er als subtiler Beobachter der Herrschaftstopographie, die er bedient, aber auch punktuell zu stören vermag. So jedenfalls an dem Abend, den die Erzählung vergegenwärtigt und an dem er sich weigert, Maria überzusetzen, die diesmal keine Taschen oder Körbe, sondern »nur sich« bringt. Offen bleibt, ob sein Kalkül aufgehen wird: daß seine Weigerung, mit der er die Frau aus dem Dorf der Verfügung des Herrn entzieht, sie statt dessen seinem Verlangen zuführen wird. Sein Wunschbild vom lustigen Winter, in dem Maria mit ihm tanzen werde, wird jedenfalls durch ihr »vielleicht« ebenso getrübt wie durch das »merkwürdig trübe« Wasser am Ende der Erzählung. Der Fährmann, selbst Untergebener, aber durch die Verfügung des Herrn über die Frau aus dem Dorfe um das Objekt seines Begehrens betrogen, versucht im Medium des Geschlechterverhältnisses, in dem ihm die Überlegenheit über die sozial gleichgestellte Frau sicher ist, für sich selbst die Balance wiederherzustellen.

Mit Hilfe der allegorischen Flußlandschaft entwirft die Erzählung damit eine Herr-Knecht-Topographie, in deren soziale Hierarchie eine subtile Geschlechterordnung eingeschrieben ist. Im Dreieck des fiktiven Personals ist sie verdichtet präsentiert. Die Ambivalenz von Anerkennung und Unterwerfung, von Aufwertung und Verworfenheit, die die Überschreitung der sozialen Grenze in intimen Beziehungen für die Frau aus dem Dorfe mit sich bringt, wird in den Unsicherheitsgebärden Marias deutlich. Dagegen stellt für den Mann das Geschlechterverhältnis eine Funktion im sozialen Konflikt dar: als Verdoppelung oder aber als Restabilisierung seiner durch die soziale Hierarchie gekränkten ›Männlichkeit‹. Während der Herr, ohne es überhaupt aussprechen zu müssen, die Dienste der Frau fordern und der Fährmann die Voraussetzung für deren Realisierung herstellen oder unterbinden kann, erscheint die Frau wie eine Währung, die zwischen beiden Sphären kursiert und deren Wert, obwohl er zwischen hier und drüben vermittelt, dabei zugleich wechselt. Damit ihr Hin und Her, ihr Kursieren gewährleistet ist, muß der Fährmann sie über den Fluß setzen, der die sozialen Sphären trennt.

Das Weibliche also wird in der Topographie der Erzählung am unsicheren Ort einer Grenzüberschreitung und Übersetzung situiert. Es bildet den Ort einer in Frage stehenden Konvertierbarkeit, an dem die Konflikte und Ausfälle im Tausch zwischen Leiblichem und Symbolischem sichtbar werden: zwischen der sexuellen und der sozialen Sphäre ebenso wie zwischen dem konkreten Personal und der symbolischen Topographie. Diese läßt sich um eine zusätzliche Bedeutungsebene erweitern, wenn sie mit der Triade der Psychoanalyse überblendet wird. Dann besetzt der Herr die Position des Vaters und Gesetzes und der junge Fährmann die des Sohnes, dessen Begehren auf die Übernahme der Vaterposition gerichtet ist, aber in deren Antizipation doch stets auf sie verwiesen bleibt: »Er ist *schon ein Mann*, aber es macht ihm noch immer Vergnügen, die platten Steine aus dem Sand zu suchen« (H.v.m.). Und: »Der Herr ist nicht mehr jung. Er wird kein Verlangen tragen, das so schmerzt wie das des jungen Josip Poje.« Der Ort der Frau aber ist dadurch gekennzeichnet, daß sie von beiden begehrt wird, selbst aber kein Begehren formulieren kann und daß ihre Bedeutung mit dem Ortswechsel schwankt. In der Szene, in der es heißt,»sie bringt nur sich«, womit sie an die Stelle der Güter tritt, die sie üblicherweise über den Fluß, vom Dorf zum Herrn, trägt, wird ihre Stellung zur Sprache gebracht. Die Bewegung der Frau und ihres Körpers gleicht damit der Bewegung des Signifikanten, dessen Wertigkeit und Bedeutung erst durch seinen jeweiligen Ort bestimmt wird.

Die Erzählung entwirft aber nicht nur das Zusammenspiel von sozialer Hierarchie und Geschlechterbeziehung in der symbolischen Ordnung, sie handelt auch von einer außerordentlichen Begebenheit im wortwörtlichen Sinne, von einem Moment der Störung, der die Ordnung aussetzt und die Verbindung zwischen drüben und hier unterbricht. In diesem Augenblick der sistierten Zirkulation, der sich als Lücke im Waren- und Personenverkehr darstellt, welcher sonst die Trennung des Flusses zu überbrücken pflegt, gibt es zwischen dem Fährmann und der Frau aus dem Dorf eine Sprache, die den Ausfall des Symbolischen anzeigt. Zusammen mit dem Ton der Münzen verklingt nämlich das Geldangebot Marias: »Das Aufeinanderschlagen des Geldes verklingt.« Was bleibt, sind statt dessen unbestimmte Gesten und Äußerungen, die keine Klarheit in der Beziehung herzustellen vermögen: seine »Abweisung« und Einschüchterungsversuche, ihre Tränen, seine Ratlosigkeit und Freude, ihr Zögern, der Blick auf die Schuhspitzen, ihr Fortgehen und ihr »vielleicht«, seine zurückbleibende Unsicherheit. Diese fragile, uneindeutige Sprache aus Worten und Gesten ereignet sich im Zwischenraum der symbolischen Topographie, dort wo sich am Fluß, dem Sinnbild der Trennung, für einen Moment ein konkreter Aufenthaltsort auftut. Mit dem Entwurf einer Landschaft als sinnbildlicher Topographie folgt »Die Fähre« damit einem allegorischen Schema, unter dessen Regie die literarische Handlung stets zur bloßen Veranschaulichung einer bereits fixierten Bedeutung zu verkommen droht: der Fluß, der »Trennung bedeutet«. Doch wird bereits in dem Text der Neunzehnjährigen das Schema aufgebrochen: durch eine Szene, die als Einbruchstelle einer anderen Sprache erscheint.

Blickt man von dieser Erstveröffentlichung zurück auf nachgelassene literarische Versuche der jungen Österreicherin, dann zeigt sich, daß die Topographie der »Fähre« die Verdichtung einer Landschaft darstellt, die in mehreren ihrer Jugendtexte geschildert wurde, jetzt aber aller historisierenden Signaturen entledigt ist. Insbesondere die Erzählung »Das Honditschkreuz«, aber auch andere, fragmentarisch überlieferte Erzählversuche[33] spielen in einer ähnlichen, dörflich-sommerlichen Landschaft. Im »Honditschkreuz« allerdings bildet sie, als Hintergrund einer unerhörten Begebenheit und als Spielraum eines moralischen Konflikts zwischen ›Pflicht und Neigung‹, ein traditionelles narratives Element aus dem Genre der Heimatliteratur. In der vermutlich 1944 entstandenen Erzählung geht es um eine Geschichte aus den antinapoleonischen Befreiungskämpfen, die mit dem Untertitel »Eine Erzählung aus dem Jahre 1813« historisch ebenso klar situiert ist wie geographisch, an der slowenisch-österreichischen Grenze, im Gailtal. Das Motiv der Grenzbewohner, das Bachmann im ersten Kapitel des Franza-Fragments, jenseits aller Signaturen der Heimatdichtung kulturgeschichtlich reformuliert, wieder aufgreifen wird, dominiert hier den ersten Teil der Erzählung.

»Die Windischen leben im Gailtal, ebenso wie überall im Süden Kärntens inmitten von Deutschen, sie haben ihre eigene Sprache, die weder von Slowenen noch von Deutschen so richtig ver-

---

[33] Z.B. die Fragmente unter dem Titel »Tagwerden«, zwischen November 1944 und Januar 1945 entstanden (K416–502/N5623–5722, NÖN). Vgl. dazu Weidenbaum 1992 und Weidenbaum 1993.

standen wird. Mit ihrem Dasein ist es, als wollten sie *die Grenze verwischen*, die Grenze des Landes, aber auch der Sprache, der Bräuche und Sitten. Sie bilden eine Brücke, und ihre Pfeiler sitzen gut und friedlich drüben und herüben. Und es wäre gut, immer so zu bleiben.« (2/491, H.v.m.)

Im Fortgang der Erzählung tritt dieses Motiv aber hinter die epische Dynamik zurück, die sich auf einen sozialen Außenseiter konzentriert, den vom Studium in Wien zurückgekehrten Bauernsohn, der im Konflikt steht zwischen Herkunft (der Hof und ein Vater, der ihn mißachtet), Berufung (dem Pfarrersamt, das er antreten wollte), tätigem Freiheitsdrang (dem Anschluß an die Aufständischen) und der Neigung zu zwei unterschiedlichen Frauen (der dumpf-bäuerlichen Waba und der Kellnerin Fini). Die Kellnerin nimmt auch hier (mit der Wirtsstube) den Ort ein, an dem sich jene zwei Männer (der Student und der französische Hauptmann) konkurrierend begegnen, die den Kampf zwischen den Fronten repräsentieren und deren gegenseitige Tötung ihn in einer dramatischen Pathosformel beendet. Die Konkurrenz um den Besitz der Frau steht hier noch nicht im Zentrum; sie erscheint eher als Symptom eines Herr-Knecht-Verhältnisses, das durch die historische Kulisse der Befreiungskämpfe Züge eines politisch-nationalen Profils trägt.[34]

Da Bachmann ihren etwa zur gleichen Zeit entstandenen dramatischen Versuch »Carmen Ruidera. Ein Trauerspiel in fünf Aufzügen«[35], der vom Konflikt einer spanischen Kaufmannstochter zwischen nationalem Freiheitsdrang und der Liebe zu einem Oberst der Besatzungsmacht handelt – »Die Szene ist in Zaragozza, nur anfangs in einem Lager südlich von Bilbao. Zeit: Sommer 1808« –, ebenfalls auf den Schauplatz antinapoleonischer Befreiungskämpfe versetzt hat, ist diese Kulisse leicht als Historisierung der aktuellen Erfahrung eines ›besetzten Landes‹ entschlüsselbar. Dabei wird die für das kollektive Bewußtsein der *historischen* Befreiungskriege signifikante Mischung aus Patriotismus und Freiheitsdrang im »Honditschkreuz« bemerkenswert kritisch kommentiert:

---

[34] Zum »Honditschkreuz« vgl. auch Hapkemeyer 1982 und Gehle 1995, 66–77.
[35] K580–699/N5398–5517, 5832/33 (NÖN).

»Denn gewaltsam wie nie etwas hatte ihn die neue Erregung des Vaterlandes ergriffen« (514). »Es war jener eingebildete, wie eine Leidenschaft züngelnde Freiheitsdrang, dieses Nationalbewußtsein und der Feindeshaß, von dem man nicht sagen konnte, warum man von ihm sprach« (543). »Es war ein herrlicher Wahn. Er zöge jetzt aus, um für den Heimatboden zu kämpfen, für seine Heimat!« (566)

Wird die Erzählung als Thematisierung eines aktuellen Konflikts im historischen Gewande gedeutet, entsteht allerdings eine Irritation angesichts der Unvergleichbarkeit der Situation der napoleonisch besetzten Länder mit der Lage Österreichs zwischen 1938 und 1945, das seine ›Besetzung‹ bekanntlich in Form des Anschlusses selbst mit herbeigeführt hatte. Daß die Achtzehnjährige diesen Vergleich überhaupt konstruieren konnte, wäre damit Indiz für eine Mentalität historischer ›Unschuld‹, für ein noch nicht vorhandenes Wissen über die Verwicklung *ihrer* ›Heimat‹ in die Geschichte des Nazismus.

Unselbständigkeit signalisiert die Erzählung aber auch in literarischer Hinsicht, und zwar zweifach. Gleicht die epische Struktur von »Das Honditschkreuz« der historisierenden Besetzung eines tradierten sprachlich-narrativen Repertoires der Heimatdichtung, so entstammen Landschaft und Lokalkolorit von Figurenführung und Sprache diesem Genre, während der Konflikt dem Modell einer tragischen Dichtung Schillerscher Provenienz verpflichtet ist. Im Zusammenspiel dieser beiden Konventionen wird das ländliche Ambiente des sommerlichen Gailtals zum Raum einer heroischen Handlung, deren Tragik – die gegenseitige Tötung ereignet sich am Rande der Kämpfe und zufällig, wie durch ein Mißgeschick – der Provinz das Mal historischer Bedeutung aufdrückt, versinnbildlicht in jenem Honditschkreuz, das als Denkmal einer unerhörten Begebenheit in der Kärntner Landschaft aufgestellt ist.

Die Verdichtung dieser Landschaft zur symbolischen Topographie der »Fähre« ist damit das Ergebnis einer Entlastung von den Signaturen des Episch-Heroischen wie auch der Heimatdichtung – mit dem Effekt einer allegorisch konstruierten Natur, die dazu tendiert, zur bildlichen Universalsprache für die Darstellung gesellschaftlicher Verhältnisse zu werden. Für den Übergang von den Schreibversuchen der Abiturientin zur Literatur hat diese Verdichtung eine durchaus mehrdeutige Funktion. Die Entledigung von ästhetischen und ideologischen Abhängigkeiten ist zunächst Befreiung. Doch bedeutet sie einerseits den Verzicht auf die Thematisierung jener zeitgeschichtlichen Erfahrung, die im historischen Gewand zumindest entstellt zur Sprache kam, so ist dies zugleich die Möglichkeitsbedingung für die Einschreibung anderer Signaturen in die entworfene Topographie. Auffällig bleibt jedenfalls, daß in der Serie der acht Erzählungen aus dem Jahr 1949 die Handlung überwiegend in einer mythischen oder symbolisch konstruierten Landschaft situiert ist. Vier Jahre nach Kriegsende wird das Geschehen ihrer Erzählungen von der Dreiundzwanzigjährigen damit weder historisch noch geographisch verortet.

5. Kindliche und weibliche (Un-)Schuld im Nachkriegsschauplatz

Die einzige dieser acht Erzählungen, die auch ohne historische Datierung eine klare Zeitmarke trägt, stellt thematisch ebenfalls eine Ausnahme dar. In einer Vorwegnahme von Szenen und Bildern aus »Jugend in einer österreichischen Stadt« erzählt »Das schöne Spiel«[36] von der Art und Weise, wie Kinder mit der Erfahrung des Krieges umgehen: indem sie sie im Spiel mimetisch bannen. Das »verbotene, schönste Spiel«, das am Stadtrand an der Friedhofsmauer stattfindet, ist die Nachahmung einer »großartigen Schlacht«, in der die Kinder selbst den Angriff spielen – »Ich bin das Geschütz!« – und Bomben werfen: eine Form der Mimesis, in der auch ihre Angst sich artikulieren kann. Auf nahezu unmerkliche Weise läßt der Text in die Spielszene, die bereits bei Überschreitung der Friedhofsmauer makabre Züge gewinnt, den ›richtigen Krieg‹ einbrechen. Plötzlich sehen sich die Kinder einem »trüben Menschenzug« konfrontiert, dem gegenüber die Bedeutung ihrer Spielgebärden aussetzt.

»Nun erschrak der Kapitän doch, denn der Mann war ein fremder Soldat, einer von denen, die in die Stadt gekommen waren, um sie zu besetzen. Er hob die Arme, um sich zu ergeben. Aber

---

[36] Wiener Tageszeitung, 1.4.1949, 5.

der Soldat schüttelte den Kopf und schüttelte die Schultern. Da sahen die Kinder, daß er keine Arme mehr hatte. Die mußte es ihm weggerissen haben.«

Der Zug der Versehrten und Verwundeten, der dem invaliden Soldaten folgt und in dem eines der Mädchen ihre Mutter erkennt, deren Gesicht »von vielen Geschossen zerrissen war«, erscheint wie eine leibhaftige Antwort auf die im Spiel angstvoll gestellte Frage eines der Mädchen: »Liegen hinter der Mauer die Toten?« Die leibliche Erscheinung der Toten zerstört dann die Vorstellung vom »schönen Spiel«, mit der Folge, daß die Kinder das Spiel abbrechen, die weiße Fahne hissen und der Zug sich entfernt. Wenn in diesem Zusammenhang eines der Mädchen formuliert, »Wir wollen das Spiel nicht mehr spielen, wenn ihr sterben müßt«, dann unterbricht der Zug der Toten nicht nur das »schöne Spiel«, sondern der damit verbundene Einbruch eines Wissens beendet und zerstört auch die Unschuld der Kinder.

Diese dichte, eindrucksvolle Szene, die vom Einbruch des realen Krieges, des Wissens und der Schuld in das kindliche Spiel erzählt, artikuliert damit ein Bewußtsein von der Verwicklung in den Schuldzusammenhang der Nachgeschichte von Krieg und Nazismus, der auch diejenigen betrifft, die – wie die Kinder – nicht bewußt, intentional oder als Verantwortliche den Nazismus unterstützt haben. Schon hier deutet sich ein Motiv an, das Bachmann später in einer radikalen Desillusionierung des Wunsches nach einem Ort außerhalb der Geschichte fortschreiben wird. In Übereinstimmung mit dem Großteil der deutschsprachigen Nachkriegsliteratur wird das Motiv des Schuldzusammenhangs von ihr 1949 allerdings noch ausschließlich in bezug auf den Krieg zur Sprache gebracht. Ein Versprecher im Text von »Das schöne Spiel« könnte dabei als Symptom eines anderen Wissens, eines verdrängten Wissens um die Shoah, gedeutet werden: »Nur die Kinder waren nicht *auszurotten*« (H.v.m.). Steht das Wort aus dem Vokabular der Vernichtung hier fremd inmitten der Kriegsszene, so ist es ein Zeichen für jenes Vergessen, das nach 1945 den Kriegserinnerungen stets einhergeht und ihnen eingeschrieben ist. Es kann aber auch signalisieren, daß die Kinder sich zunächst in der Lage potentieller Opfer wähnen, eine Vorstellung, aus der sie durch den Zug der Toten vertrieben werden, um damit in eine Zwischenstellung zwischen Opfern und Schuldigen zu geraten.

Mit ihrem teils phantastischen Szenario, vor allem mit dem Übergang vom Spiel zum realen Krieg, erinnert die Erzählung an Ilse Aichingers Roman »Die größere Hoffnung« (1948), jene faszinierende Reise durch die Tagträume und Angstbilder, durch die Hoffnungen und Phantasien von Kindern in einer Situation der Verfolgung. Es ist ein Roman, dessen Schreibweise mit dem Zusammenspiel von Sprachmagie und historischer Erfahrung in der frühen Nachkriegsliteratur einzig geblieben ist. Besonders die sechste Station des Romans, »Das große Spiel«, in der die spielenden Kinder von den eindringenden Häschern der »geheimen Polizei« überrascht werden, macht die Nähe beider Szenen deutlich. Der Unterschied dessen, was in die Mimesis des Kinderspiels einbricht – bei Aichinger die Gestapo, Verkörperung der Gefahr von Deportation und Vernichtung, bei Bachmann die Kriegstoten –, dieser Einbruch eines je verschiedenen Realen ist dabei das Zeichen einer unhintergehbaren Differenz, die je spezifische Orte in der Nachgeschichte bezeichnet: die Erinnerung an das Ende kindlicher Geborgenheit dort, an das Ende kindlicher Unschuld hier. Als Bachmann diese Momentaufnahme aus der Kurzerzählung »Das schöne Spiel« ein Jahrzehnt später in »Jugend in einer österreichischen Stadt« wieder aufnimmt und umschreibt, ist das Ende der Unschuld nicht mehr Thema. Vielmehr ist es in die Perspektive der Erinnerung eingegangen und bestimmt als ›verlorene Unschuld‹ den Ort, von dem aus erzählt wird. Die Reflexion dieses Ortes kommt in einem Selbstkommentar der Autorin zum Ausdruck: »Die Kinder – die sind in ein Spiel getreten, das jemand anderer veranstaltet. Das Ich tritt heraus aus dem Spiel, decouvriert das Spiel als Spiel, es hat die Unschuld dieser Bewegungen verloren. Es weiß Bescheid« (GuI 26).

Eine andere der kurzen Erzählungen, »Im Himmel und auf Erden«[37], verschiebt das Motiv der Schuldverstrickung in die Dimension der Geschlechterbeziehung, auch dies in Übereinstimmung mit einem Trend der Nachkriegsliteratur, für den als Beispiel Heinrich Bölls Roman »Wo warst du, Adam?« (1951) stehen kann. In dem Roman Bölls, der über die Allegorie zweier Möbelwagen,

---

[37] Wiener Tageszeitung, 29.5.1949, 6.

mit denen der Soldat Feinhals und die Jüdin Ilona abtransportiert werden, das Schicksal der beiden analogisiert und zudem durch eine Liebesgeschichte verknüpft, wird der Tod Ilonas schließlich mit Topoi aus der christlichen Ikonographie überhöht. Damit steht sein »sinnloser« Soldatentod ihrem Tod entgegen, dem als Erlösertod ein tragischer Sinn zugeschrieben wird. Auch wenn die Konstruktion eines solchen, prekären Vergleichs seltener anzutreffen ist, kann Bölls Roman für beliebte Deutungsmuster der deutschsprachigen Nachkriegsliteratur im Umgang mit der jüngsten Vergangenheit einstehen. Motive von Schuldangst und Anerkennungsbegehren werden darin gerne im Muster von Geschlechter-, Familien- und Generationenverhältnissen thematisiert, mit dem Effekt einer Privatisierung, Mythisierung und Sexualisierung des Schuldzusammenhangs. Besonders beliebt sind dabei Überlagerungen der Geschichte durch christliche Konzepte von Martyrium, Erlösung und Läuterung.[38]

Die mythische Szenerie von Bachmanns Erzählung »Im Himmel und auf Erden« wirkt in ihrer Verdichtung wie eine Chiffre dieses Deutungsmusters, da in ihr die Schuld als eine Art Triebschicksal[39] der Frau erscheint. Im Unterschied zur »Fähre« ist in diesem Text, der im Innern eines Zimmers spielt, das Herr-Knecht-Schema auf eine Paarbeziehung verengt, die durch Gewalt und Abhängigkeit gekennzeichnet ist. In ihrem »Gehorsam« und ihrer Unterwerfungsbereitschaft begeht die Frau – unwissend, in einer Art somnambulem Zustand – für den Mann ein Verbrechen (sie holt für ihn eine Mappe aus dem Kontor, nichtsahnend, daß sie damit einen Diebstahl begeht). Insofern wird sie gleichsam unschuldig für ihn schuldig und stürzt sich in dem Moment, als sie das erkennt, in den Tod, womit sie ihn davor schützt, zur Verantwortung gezogen zu werden. »Da stürzte die Einfalt aus ihren

---

[38] In einer Zeitgenossenschaft mit Bölls Roman stehen z. B. die Romane von H. W. Richter »Sie fielen aus Gottes Hand« (1951, vgl. Briegleb 1997a) und Elisabeth Langgässers »Märkische Argonautenfahrt« (1950). Zu paradigmatischen Analysen der skizzierten Struktur vgl. 1997a (für Alfred Andersch, Helga Schubert u. a.) Weigel 1994, (für Rainer Werner Faßbinder) Weigel 1996, (für Gert Hofmann und den jüngsten Gedenkdiskurs) Weigel 1996a.

[39] Daß dieses Deutungsmuster auch in der Gegenwart noch fortwirkt, zeigt das Beispiel von Helga Schuberts »Judasfrauen«, vgl. meine Kritik an Schuberts sexualisierender Deutung der Denunziation (Weigel 1994, 198–231).

Augen und wechselte mit einem Abgrund des Wissens, der mit einemmal ihn und sie und das Gefüge ihrer Beziehungen verschlang« (2/18). Indem hier der Opfertod einer in der Liebesunterwerfung unschuldig Schuldigen mit dem Einbruch des Wissens, durch den sich ein Abgrund auftut, zusammenfällt, gewinnt diese tragische Geschichte einer weiblichen Figur Züge einer nahezu biblischen Schuld. Denn ihre Verbrechensschuld ist ja deutlich durch die biblische Szene vom Sündenfall und der Vertreibung aus dem Paradies überblendet, die das Erkennen als Zugleich von sexuell konnotierter Schuld und Wissen beschreibt. Zwar ist es im Unterschied zur »Genesis« hier der Mann, der die Frau verführt, schuldig zu werden, doch ebenso wie dort ist die Schuld der Frau auch hier mit ihrem Geschlecht verbunden: in der Bibel als Erkenntnisbegehren, in Bachmanns Erzählung umgekehrt als Ahnungslosigkeit und Gehorsam, mit denen ein Wissen gerade verhindert wird. Insofern sind hier über das Motiv der Schuld Momente der geschichtlichen Erfahrungen in den Text eingegangen; durch die Sexualisierung werden sie aber in den Bereich des Mythischen zurückverwiesen. Für die Stellung der Frau im Schuldzusammenhang entwirft dieser Text eine aporetische Situation: qua Geschlecht schuldig geworden, gibt es für sie keinen anderen Ausweg als den Tod.

Es wird sehr lange dauern, bis Bachmann dieses Motiv wiederaufnehmen und dann vollständig umschreiben wird. Spielt der einzige Text, der im Band »Das dreißigste Jahr« explizit eine Nachkriegsszene entwirft, »Unter Mördern und Irren«, unmißverständlich in einer reinen »Herrenrunde« [IX.4], so wird die darin abwesende weibliche Erfahrung erst einige Jahre später mit der Arbeit an den »Todesarten« wieder ins Spiel kommen, dann jedoch als Dreh- und Angelpunkt einer Jahre währenden konzeptionellen und sprachlichen Gestaltungsarbeit. Aus dem Kontext der frühen Erzählungen jedoch ist noch ein Fragment überliefert, das Spuren einer Arbeit an der genannten Thematik trägt, die in dem sogenannten, um 1950 entstandenen Anna-Fragment zunächst abbrechen.[40]

---

[40] Die Herausgeber des »Todesarten«-Projekts vermuten, daß das Anna-Fragment, wie auch »Der Kommandant«, zu den Vorarbeiten zum Roman »Stadt ohne Namen« gehört, an dem Bachmann zwischen 1947 und 1951/52 gearbeitet haben soll.

Wieder ist es eine allegorische Erzählung, in der die Hauptfigur sich in einer Flußlandschaft bewegt. Gegenüber der verdichteten Topographie der Erzählungsreihe von 1949 trägt sie hier Signaturen einer katastrophischen Situation, ist also, auch ohne Historisierung, aufgrund ihrer nahezu Kasackschen Szenerie – »zerfetzter Stacheldraht und zerschossene Barrikaden« (TP1/15), »Stampfen von Hufen, Rädern und Motoren«, Soldaten und Detonationen – als Kriegsschauplatz kenntlich. Für die Hauptfigur, für Anna, von der es heißt, daß sie »dreimal schuldig geworden (war) über ihre Schuld hinaus«, hat sich die Flußlandschaft in eine unbekannte, sie ängstigende Landschaft verwandelt. Es ist eine Art Niemandsland oder Zwischenort: draußen vor der Stadt, »drüben [...] die unruhige trübe Lichterfülle der Stadt«, »in ihrem Rücken die nachbrechende Front«. Ist damit das eindeutige topographische Schema von *drüben* und *hier* aufgelöst, so hat sich auch der Ort Annas darin merklich verkompliziert. Zwar erscheint ihre dreimalige Entfernung aus der Stadt wie eine Rettung, obwohl ihre Bewegung immer wieder dorthin zurückstrebt; doch hat sich die Geschichte der Stadt ihrem Körper buchstäblich eingeschrieben, trägt sie sie auf ihrer Haut: »Sie trug die Stadt auf sich, mit den brennenden Tagen und erloschenen Nächten.« Zugleich gibt es weder klare Lager noch Fronten, da das, was die Stadt bedroht, in seiner Bedeutung zwischen Feind und Retter schwankt: »Ich fürchte den Ankommenden, den man bald unsren Feind, bald unseren Retter genannt hat, und werde unter sein Schwert fallen. Meine Augen werden mich verraten, mir ist die Stadt eingeschrieben und alles, was an mir geschehen ist«. In dieser doppelten Bedrängnis beschreibt der Aufenthaltsort Annas ›dazwischen‹ präzise die Lage einer Person, die der totalitären Okkupation der eigenen Stadt entkommen ist, die sich aber in der Erinnerung an die eigene Unterwerfung schuldig weiß und insofern an den Ort ihrer Verstrickung gebunden bleibt. Es gibt nur eine einzige Gewißheit, sie wird am Ende des Fragments von Anna ausgesprochen: »Glaubt mir, wir haben falsch gedient, einem Gesetz, das nicht geschrieben war!« (24)

Diese Handlung, die ohne weiteres als Konfliktkonstellation in der Nachgeschichte von Nazismus und Krieg erkennbar ist, ist jedoch verwoben mit Handlungs- und Bildelementen aus mythischen, biblischen und psychoanalytischen Deutungsmustern, aus denen eine bemerkenswerte Melange von Schuld- und Erlösungsmotiven entsteht. Sind es einerseits mythische Freunde, Personifikationen von Wind, Rauch, Stein und Wasser, die die weibliche Figur aus der Stadt »herausgeholt« haben, so scheint das »Verderben«, dem sie »in der Stadt anheim[gefallen]« war, auf eine Überkreuzung von historischer und individueller Verstrickung hinzuweisen. Sie wird von Anna zunächst im Bild des Vaters, der die Stadt unter seinen Befehl zwingt, zum Ausdruck gebracht. Diese Deutung, durch die sie als Tochter quasi automatisch mitschuldig wäre, wird aber sofort verworfen: »nicht er [...], sondern einer, von dem du befangen warst und glaubtest, er wäre es.« Der Satz, »Er ist nicht mein Vater«, den Anna sich fortan immer wieder vorspricht, wird in der Erzählung zur Gedächtnisformel für die Erkenntnis, daß sie »ihm« gedient habe und ihr »Blut verkauft für eine Gebärde verwerflicher Zugehörigkeit«, eine Erkenntnis, die den Zorn gegen sich selbst und gegen die Bilder mobilisiert:

> »Ganz gesättigt von sich selbst richtete er [der Zorn] sich gegen alles, was in ihr *Bild wurde*, gegen ihre Vergangenheit, gegen den Zwang, den man ihr und den sie sich jetzt auferlegte, am meisten aber gegen die Demut, der sie einen Augenblick lang ausgeliefert gewesen war.« (16, H.v.m.)

Gegenüber der Klarheit im Wissen um das falsche Gesetz bleibt diese Instanz des »er«, dem sie gedient hat, aber merkwürdig dunkel, und am Ende des Fragments ist sie sprachlich nicht zu unterscheiden von dem »er« jener Lichtgestalt, von der die Rettung kommt.

Aufgrund einer Reihe von Prüfungen, denen die Anna-Figur auf ihrem Weg am Fluß unterworfen wird, geht die Szenerie immer mehr in einen mythisch-biblischen Schauplatz über. Durch die Begegnung mit einer »doppelköpfigen Schlange« erblindet, wird Anna wieder sehend beim Einschlag eines Lichts, in dem sie nun jenen ›Vater‹ erkennt, den ihr ihre Freunde als von »drüben, von der andren Seite des Flusses« kommend, angekündigt hatten. Nicht nur durch die Dornenumgebung gewinnt Anna hier Züge einer weiblichen Christusfigur, mehr noch durch das glühende, flammende Mal an ihrem Arm, mit dem sie in der Schlußszene als Stigmatisierte und Ausgezeichnete auftritt. Das Mal ist Zeichen ihres Passionswegs, mit dem sie die Strafe gleichsam stellvertretend auf sich genommen hat und das sie nun dazu auszeichnet, die Stadt vor der Sprengung zu bewahren. Wenn dieses Mal zugleich als Einschreibung »seines« Gesetzes auf ihrem Körper bezeichnet wird – »Ich war nicht wert, ihn zu erfahren, und er hat mir dennoch sein Gesetz eingeschrieben« –, dann ist das unbestimmte »er«, in dem die Instanz des »falschen Gesetzes« und die Retter- oder Lichtgestalt sprachlich ununterscheidbar werden, das Symptom für eine Kontinuitätsfigur: Die Erlösung geschieht dadurch, daß das falsche Gesetz durch ein besseres Gesetz ersetzt wird, daß die totalitäre Vaterfigur durch einen ›Vater‹ ersetzt wird, dessen Erscheinung einer christlichen Wahrheitslehre entstammt – »Sein Licht hätte sie bezaubert, wenn sie es ertragen hätte« –, während die Gesten der Demut und Unterwerfung unter das Gesetz einer symbolischen Vaterinstanz gleich bleiben. Mit einer derart unverblümten, direkten Überlagerung des komplizierten weiblichen Ortes in der Nachgeschichte des Nazismus durch Bilder aus dem Repertoire christlicher Ikonographie steht dieses Fragment in den Schriften Bachmanns einzig da. Da aber abgebrochene Schreibversuche oft deutlicher als Abgeschlossenes die Zeichen jener Konflikte zeigen, um deren erzählerische und intellektuelle Bewältigung die Arbeit kreist, belegt das Anna-Fragment, zu welch frühen Zeitpunkt die Autorin sich mit dem Problem individueller Verwicklung in einen historischen Schuldzusammenhang auseinandergesetzt hat. Zur gleichen Zeit wurde der Schulddiskurs in der westdeutschen Nachkriegsliteratur nämlich von einer Rhetorik dominiert, die über den Wunsch einer möglichen Konvertierung von Schuld in Schulden funktionierte. An der Entfaltung dieser Rhetorik, der die Zurückweisung einer ethischen Verantwortung für das historische Erbe eingeschrieben war, soweit sie sich nicht in finanzielle Formen der Entlastung, wie die sogenannte Wiedergutmachung, verwandeln ließ, waren die Autoren der Gruppe 47 aktiv beteiligt.[41] Auf diesem Hintergrund erst erhält Bachmanns unbewältigter Versuch seine Relevanz.

Fallen im Anna-Fragment zwei Modi der Befangenheit, eine historische und eine subjektive, in der tochterähnlichen Position und im Motiv der Vaterfigur zusammen, so dürfte Lesern von

---

[41] Zur Verwandlung von Schuld in Schulden oder: Zum symbolischen Tausch der Wiedergutmachung vgl. Weigel 1996.

»Malina« längst aufgefallen sein, daß die Autorin auch dieses Deutungsmuster später bearbeiten und destruieren wird. »Mein Vater.« – »Es ist nicht mein Vater«: das wird im Traumkapitel des »Malina«-Romans zur Gedächtnisformel für das Trauma einer doppelten Verstrickung werden: erstens der Verwicklung aufgrund der objektiven Stellung in der Zeitgeschichte und zweitens der Befangenheit in jenen kollektiven Verdrängungsbildern, die erst dem daraus folgenden komplexen Zusammenspiel von Schuldangst und Versöhnungsbegehren entsprungen sind. Und auch das Motiv der Einschreibung des Gesetzes in den weiblichen Körper wird Bachmann wieder aufnehmen, vor allem in den Fragmenten von »Der Fall Franza«, dann allerdings, reformuliert im Horizont eines psychoanalytischen Gedächtnismodells, als Symptom, als Erinnerungssymbol einer Geschichte, deren Anamnese nie vollständig zu rekonstruieren und zu begründen sein wird.

6. Momente christlicher Heilslehre in den frühen Erzählungen

Wie die Landschaft entstammt auch die im Anna-Fragment virulente christliche Wahrheitslehre dem erzählerischen Fundus der Textserie aus dem Jahr 1949. Deren symbolische Topographie schien hervorragend als Szenerie für die Nachempfindung biblischer Gleichnisgeschichten geeignet zu sein. Von zeitgeschichtlichen Erfahrungen entkleidet, wird das verdichtete Schema einer allegorischen Natur, das die narrative Klammer der betreffenden Erzählungen bildet, z.T. mit einer christlichen Topik wieder besetzt. Dies gilt zumindest für die drei Erzählungen »Das Ufer«[42], »Die Versuchung«[43], und »Karawane im Jenseits«[44]. Dabei geht es weder um das Phänomen einer biblischen Sprache oder um die Magie der adamitischen Sprache noch um jene mystischen Referenzen, die in der späteren Literatur Bachmanns begegnen [IX.3]. Die Erzählungen beziehen sich vielmehr auf eine Gleichnisstruktur christlicher Belehrung, die stets auf eine Wahrheits- und Gnadenin-

---

[42] Wiener Tageszeitung, 3.7.1949, 5.
[43] Wiener Tageszeitung, 7.8.1949, 6.
[44] Wiener Tageszeitung, 25.12.1949, 11.

stanz und auf ein Wissen verwiesen ist, dem das Individuum unterworfen bleibt und das zu erkennen oder anzunehmen ihm nie beschieden sein wird. Aufgrund ihrer Sanktionierung durch eine unnennbare Instanz ist diese ›Wahrheit‹ letztlich außerhalb der Sphäre einer menschlichen Autorschaft lokalisiert. Zusätzlich zu diesem *auctoritas*-Konzept erhalten die betreffenden Erzählungen durch ihre Gleichnisstruktur einen aufdringlich-belehrenden Charakter.

In der Erzählung »Das Ufer« ist diese Tendenz noch am schwächsten. Sie spielt wieder am Fluß und handelt von einer weiblichen Figur Hanna, die – ins Wasser gegangen, »das Ende wünschend«, aber wieder ans Ufer geschwemmt – durch den Samariterdienst des »alten, einsamen Mann[es] Simon« neue Hoffnung schöpft. Während sie durch ihr Begehren, vertrauen zu können und angenommen zu werden, charakterisiert ist und somit als hoffnungsfähig erscheint, wenn nur ihr »großes Vertrauen« Bestätigung finden könnte, wird an ihm eine *deformation professionnelle* männlicher Fürsorge diagnostiziert. Betrachtet er seine Sorge um sie als sein Werk – »Simon sah befriedigt auf sein Werk« –, so mangelt ihm zugleich die Fähigkeit zur Selbsterkenntnis:

> »Die Hütte wurde ihm zu eng. Er drängte sich durch die Dunkelheit bis ans Ufer. Er zündete einen Stern an und suchte sein Spiegelbild im Wasser, um sich zu erkennen. Doch es gelang ihm nicht, denn erkennen konnte er nur andere, wie das Mädchen, das er in seine Hütte getragen hatte.«

Diese Schlußszene ist interessant, weil mit seiner Suche nach dem Spiegelbild im Wasser der Narziß-Mythos zitiert wird und der Text insofern das Problem einer narzißtischen Struktur fürsorgender Nächstenliebe thematisiert. Ihre kritische Dimension wird aber dadurch konterkariert, daß sie als Szene eines Versagens gedeutet wird, als eine Verfehlung der Selbsterkenntnis, und zwar gemessen am Ideal christlicher *Agapé*, jener Liebes-Variante, in der der *Eros* aufgehoben ist.[45] Mit Hilfe dieses Ideals, dem der Alte nicht genügt, wird das Anerkennungsbegehren der Hanna-Figur, das sich auf den alten Mann richtet, gegen mögliche sexuelle Konnotationen abgedichtet. Für das Begehren nach Anerkennung, danach, durch den Anderen in der eigenen Exi-

---

[45] Zur christlichen Konzeption der *Agapé* vgl. Kristeva 1989, Kap. IV.

stenz bestätigt zu werden, ein Begehren, das in der politischen und subjektiven Unterwerfung unter eine vaterähnliche Instanz einem Irrtum unterlegen war, versucht dieser Text, einen Ausweg zu konstruieren, indem er das Wunschbild einer fürsorglichen, vertrauenerweckenden und zur Selbsterkenntnis fähigen Vaterfigur entwirft.

Die Szenerie der Erzählung »Die Versuchung« führt dagegen erstmals in die Höhe, in eine Berglandschaft, in der auch im »Neuen Testament« die Versuchung Jesu statthat. Diesmal ist es eine männliche Figur, die, wie schon der Alte im »Ufer«, einen biblischen Namen trägt, Jonas. Auf dem Berg, der Zeit und den »Stätten der Menschen« enthoben, wird er von einem Fremden versucht, sich über die Menschen, die »wie furchtsame, eilige Ameisen in der Tiefe« verschwinden, zu erheben. Die Gestalt des Versuchers, der die Naturkräfte zu beherrschen scheint und der, bevor er in Erscheinung tritt, als Stimme wahrgenommen wird, wechselt zwischen den Bildern eines jungen Mannes mit fleischlosen Gliedern, eines Spötters und eines großen Schattens an der Wand; er hält eine niemals verglühende Zigarette in der Hand. Jonas wird von ihm aufgefordert, statt seinen Abstieg fortzusetzen, ihm in die Höhe zu folgen, mit dem Versprechen, ihm »ein Gewitter lang [...] die Zeit [zu] vertreiben«. Im Angesicht der Blitze, in denen die Helligkeit eines ganzen Jahres versammelt ist, hat Jonas das Gefühl zu verbrennen, das bei einfallendem Donner abrupt mit dem Gefühl zu erlöschen wechselt. Bei Morgenanbruch zu den Menschen zurückgekehrt, abgestiegen, fällt er »zu Boden und stirbt weg, ohne Antwort, verwittert, versengt und verloren«. Ähnlich wie im Anna-Fragment wird hier das Stereotyp einer Lichtmetaphorik bemüht, deren Helligkeit, gerade weil sie als Zeichen absoluter Wahrheitserkenntnis gilt, für den Menschen unerträglich ist. In der Serie der frühen Erzählungen präsentiert dieser Text, dessen Geschehen vollständig in seiner Gleichnisfunktion aufgeht, nicht zufällig auch die schlichteste und einsinnigste Moral: Die Strafe dafür, sich über die Grenze des Menschlichen zu erheben, besteht im Tod.

Entgegen diesem Überschreitungsverbot führt die »Karawanen«-Erzählung in ein christlich sanktioniertes Jenseits, in jenes Reich, das den Gläubigen als Sphäre einer körperlosen Wiederauferstehung nach dem Tod versprochen ist. Der Text entwirft eine

Landschaft nach dem Tode, die als »unabsehbare Wüste« beschrieben wird, in der es »nach allen Seiten keinen Anfang und kein Ende zu geben« scheint« (2/23). In ihr wandelt ein anwachsender Zug Verstorbener, dessen einzelne Gestalten ihren je persönlichen Erinnerungen an die Situation ihres Sterbens, irdischen Erinnerungen also, nachhängen, mit Ausnahme des Knaben, der mit seiner unentstiegenen »Sehnsucht wartete auf wunderbare Töne, die er noch nicht kannte, auf Worte, die er noch nie gesprochen hatte«, und der dann auch der einzige ist, der den aus einer dreimaligen Erschütterung entstehenden »rauschenden, dröhnenden Klang« der Glocken vernimmt, als einziger also fähig und bereit zur Erleuchtung ist. Er wußte, »daß die Stunde gekommen war, in der es am Entschluß der Wandernden lag, ihren ziellosen Weg zu beenden und heimzukehren, wo sie noch nie oder schon immer zu Hause gewesen waren«. Aus der Karawane ins Jenseits wird einzig dieser Knabe das Ziel erreichen, so die Schlußsequenz, die die christliche Auferstehungsidee bemüht und eine damit harmonierende Symbolik verwendet. Mit Bezug auf das Pfingstwunder ereignet sich an dem Knaben das Sprachwunder – »ohne eine einzige Sprache zu beherrschen, [hatte das Kind] alle Sprachen auf seinen Lippen« –, ebenso wie ihm die Feuertaufe des Heiligen Geistes zuteil wird. Das Bild des »flammenden Kindes« mündet dabei in eine Vision, in der der verbrennende Leib des Toten durch das Bild einer Flamme ersetzt wird, eine Vision, die damit auch jene Opferung des Leiblichen nachahmt, die der Erleuchtungssymbolik innewohnt: »Nur an der Stelle, wo das Kind zu brennen anfing, steht eine kleine *Flamme* im unermeßlichen *Dunkel*, das alles *Zwielicht verschlungen* hat« (H.v.m.).

Das Sprachenwunder, mit dem die Strafe von Babel unwirksam geworden ist und mit dem jede sprachliche Differenz und jedes Übersetzungsproblem aufgehoben sind, führt nicht zufällig zu einer Substitution des Leibes durch das Bild des (Heiligen) Geistes. Denn für den ›Geist‹ sind die Worte bekanntlich nur ein unvollkommenes Hilfsmittel, um einer von ihnen unabhängigen Idee Ausdruck zu verleihen. Mit dem Verschwinden des Zwielichts steht der Hell-Dunkel-Kontrast der Erleuchtungsvision in Übereinstimmung mit einer Lichtmetaphorik der Aufklärung, die dem Ziel vollständiger Erkenntnis verpflichtet ist. Haben Licht und Eindeutigkeit den Körper des Toten symbolisch ersetzt, so bildet diese Schlußvision, die auch die Serie der acht Feuilletons von 1949 abschließt, den Fluchtpunkt einer allegorischen Grundstruktur, in der das Problematische dieser Erzählungen kraß zutage tritt. Man kann diese Vision wiederum als Allegorie einer poetologischen Bewegung lesen, die in den frühen Erzählungen Bachmanns, manchmal stärker, manchmal schwächer, wirksam ist: die Aufhebung des Leiblichen im Bild des Geistes, der Landschaft im allegorischen Schema, des Konkreten im Sinnbildlichen, der Begebenheit im Gleichnis, des Historischen im Mythischen, des Signifikanten im Signifikat.

Dabei ist auffällig, daß dieses Schema von zwei Totenzügen eingeschlossen ist, die am Anfang und am Ende der acht Feuilletons stehen, deren Szene und Bedeutung aber ganz unvergleichlich sind: dort die Auferstehung der Toten im Zug der Versehrten, deren leibliche (Kriegs-)Wunden sichtbar sind, hier die wandelnden Toten, deren Erinnerungen als Störung des Zugangs zur Erlösung geschildert werden. Stellt man den Zug der Toten, der in das Kriegsspiel der Kinder einbricht und es unterbricht, der »Karawane im Jenseits« gegenüber, dann wird zwischen beiden eine dialektische Verkehrung erkennbar. Während dem Erlösungsbild der »Auferstehung« die Tilgung aller Erinnerungen einhergeht, beschreibt die Auferstehung der Toten im Schauplatz des Kriegs-»Spiels« eine Gedächtnisfigur, in der die verdrängten Kriegserinnerungen, als Wunden, wiedergekehrt sind. Die Idee einer Erlösung verheißenden Sehnsucht, die bar jeder Erinnerung ist, wird 1954 von Bachmann als »unmenschlich« zurückgewiesen, mit dem Motiv des fleisch- und erinnerungslosen Gesangs der Zikaden: »Such nicht zu vergessen! Erinnre dich! Und der dürre Gesang deiner Sehnsucht wird Fleisch« (1/267). Erinnerung und Leiblichkeit gehen in der Literatur Bachmanns von dort an eine enge Verbindung ein.

Aus den frühen Erzählungen läßt sich keine klare ›Entwicklung‹ rekonstruieren. Vielmehr sind sie durch auffällige Ungleichzeitigkeiten und auch Qualitätsschwankungen gekennzeichnet. Zwei der Erzählungen, die bisher unerwähnt geblieben sind, fallen dabei ohnehin aus dieser Serie heraus: »Das Lächeln der Sphinx«[46] als erste Erzählung, in der Bachmanns philosophische Lektüre deutliche Spuren hinterlassen hat [II.1], und »Die Mannequins des

---

[46] Wiener Tageszeitung, 25.9.1949, 5.

Ibykus«[47], die man als Schiller-Parodie verstehen kann. Die surrealistisch anmutende Szene im Schaufenster eines Modesalons ähnelt mit ihrem phantastischen Personal und dem spielerischen Erzählton den Feuilletons von Unica Zürn, die diese in den Jahren 1949 bis 1955 in verschiedenen Berliner Tageszeitungen veröffentlichte.[48] Die Anspielung auf Friedrich Schillers Ballade »Die Kraniche des Ibykus« verstärkt den parodistischen Gestus, mit dem klassische Pathosformeln spielerisch zitiert, entstellt und damit zu dem buchstäblich falschen Gesang der *parôdia* (gr. *para*, neben; *ôdè*, Gesang)[49] werden. Die Schillersche Ballade[50], Schulbuchlektüre eines jeden deutschsprachigen Gymnasiums, handelt von der »Rache Strahl«, von der jene Bösewichter getroffen werden, die sich durch ihr »Schuldbewußtsein« selbst zu erkennen geben, wenn sie sichtlich beunruhigt nach der Bedeutung des Kranichzugs fragen, dessen Stimme der Getötete die Bestimmung zugedacht hatte, seines »Mordes Klag'« zu erheben. Die Ballade konstruiert somit eine Moral, in der das Unrecht sich selbst entdecken wird. Die Zeile, die das Modepuppenpersonal von Bachmanns parodistischer Erzählung motiviert, ist die Klage des Sterbenden; sie lautet: »Nichts Lebendes wird hier erblickt.« In dieser Haltung, nichts Lebendes zu erblicken, findet sich nämlich der Mann, der, auch hier in einem Kampf getötet, anstelle der Kraniche die Porzellanpuppen im Schaufenster des Modegeschäfts erblickt und sie qua Augensprache anfleht, seinen Mörder festzuhalten. Erzählt wird dabei aus der Perspektive der Puppen, der ›Nichtlebenden‹, für die die Differenz zwischen Leben und Nichtleben mit der zwischen Menschen und Puppen, ihresgleichen also, zusammenfällt. Deshalb bewerten sie das, was dem Mann vor ihren Augen geschieht, als »Verwandlung« in eine Puppe. Doch die Modepuppen vermögen nicht die Aufgabe der Schillerschen Erinnyen zu übernehmen; allenfalls können sie den fliehenden Bösewicht durch ihre »vielen Augenpaare« erschrecken. Und als am Abend der Modenschau, die hier die Festgesellschaft von »Poseidons Fest« ersetzt, der Mörder sich plötzlich erneut diesen Augen-

---

[47] Wiener Tageszeitung, 16.10.1949, 7.
[48] Die unzähligen »Zeitungsgeschichten« Unica Zürns sind in den Bänden 2 und 3 der Gesamtausgabe zusammengestellt (Zürn 1989 und 1991).
[49] Genette 1993, 21.
[50] Schiller 1992, Bd. 1, 91–96.

paaren gegenübersieht, bringt seine »erschrockene Gebärde« eine der Puppen zu Fall. Anstelle des »Tribunals«, vor dem die Schillerschen Bösewichter ihr Geständnis ablegen, bricht der von den Modepuppen erkannte Mörder nun aber in Tränen aus und sammelt die zerbrochenen Porzellanteile auf. Mit seinem Schrecken zerschmeißt er buchstäblich Porzellan, womit ihm ein heroisches Ende verwehrt wird. In die parodistische Schreibweise der Erzählung sind dabei nicht nur Schiller-Zitate eingeflossen, sondern sichtlich noch weitere Versatzstücke aus dem Kanon der Literaturgeschichte, so beispielsweise das Kafkasche Motiv der »Verwandlung« wie auch die berühmte Augenmetapher aus Hoffmanns »Sandmann«.

In unparodistischer Absicht hat Kafkas Schreibweise dagegen ganz offensichtlich für Bachmanns Parabel »Der Kommandant« Pate gestanden, die ebenfalls aus dem zeitlichen Entstehungskontext der frühen Erzählungen stammt.[51] In ihr wird die Situation totalitärer Herrschaft von der anderen Seite her, aus der Perspektive des Kommandanten, thematisiert. Der Text präsentiert eine entpersonalisierte Struktur, einen »Apparat« (2/35), der die Möglichkeitsbedingung dafür darstellt, daß ein Namenloser »ohne Legitimation« in die herrschenden Strukturen eintritt und die Macht übernimmt. Die Dramaturgie des Textes, insbesondere die Szene im Spiegelzimmer, in der der Kommandant durch die Zerstörung der Spiegel den Gesuchten, also sich selbst, zu stellen versucht, hat streckenweise filmische Qualitäten und erinnert an Charlie Chaplins »Diktator«. Doch fehlt der Erzählung »Der Kommandant« jene Art von Witz, wie sie in den »Mannequins des Ibykus« aufscheint. Die Leichtigkeit und der Witz der »Mannequins« geben einen Ton vor, der in der Rezeption von Bachmanns Literatur weitgehend überhört wird, den die Autorin aber fortgeschrieben hat und der in ihrem Werk im Kontext einer Ästhetik der Intertextualität und Dialogizität steht [IV]. In dem bekannten »Mühlbauer-Interview« oder auch in der Geschichte vom Briefträger Kranewitzer im »Malina«-Roman gewinnt er philosophisches Niveau.

---

[51] Man vermutet, daß »Der Kommandant« ein Fragment aus dem Roman »Stadt ohne Namen« darstellt, an dem Bachmann Ende der vierziger und Anfang der fünfziger Jahre geschrieben hat und der als Ganzes nicht überliefert ist. Zuverlässig belegt ist die Existenz des Romanmanuskripts durch eine Tagebucheintragung Heimito von Doderers vom 21.1.1952 (vgl. 2/603).

II.

Poeta doctus –
Zum Verhältnis von Philosophie und Literatur

*Wovon man nicht sprechen kann,
davon soll man schreiben!*

Die Lektüre der Erzählungen, die Bachmann im selben Jahr veröffentlichte, an dessen Ende sie auch ihre Doktorarbeit an der Philosophischen Fakultät in Wien einreichte, hat gezeigt, daß erzählerisches Schreiben und philosophisches Studium bei ihr zunächst vollkommen getrennt voneinander stattfinden. Denn in den frühen Erzählungen ist kaum ein Reflex auf philosophische Paradigmen zu entdecken.

1. Intervention der Philosophie: »Das Lächeln der Sphinx«

Die einzige Ausnahme bildet »Das Lächeln der Sphinx«. Es ist der erste literarische Text, in dem sich ihre philosophische Lektüre niedergeschlagen hat – allerdings nicht die von Heidegger oder Wittgenstein. Der Text steht vielmehr im Wirkungszusammenhang der »Dialektik der Aufklärung« von Horkheimer und Adorno, jenes kulturtheoretischen, rationalitätskritischen Programmtextes der ›Kritischen Theorie‹, der – unter dem Eindruck des Nationalsozialismus und im kalifornischen Exil noch vor Ende des Krieges entstanden – 1947 beim Querido-Verlag in Amsterdam erstmals in Buchform erschienen war, zwei Jahre also vor Bachmanns Erzählung. Durch die beflissene Aufmerksamkeit der Rezeption für die Philosophen, *über* die Bachmann geschrieben hat, vor allem Heidegger und Wittgenstein, wurde der Blick für andere Bezüge verstellt, vor allem die zur Kritischen Theorie. Diese reichen bis in die frühe Nachkriegszeit zurück, als in der deutschsprachigen Philosophie die »Frankfurter« sehr allmählich wieder in Erscheinung traten.

»Das Lächeln der Sphinx« erzählt vom tödlichen Charakter jenes aus einem Gefühl der Angst und dem Willen zu deren Beherrschung geborenen Entzauberungsbegehren, das die Geschichte der Aufklärung vorantreibt. Der erste, größere Teil erzählt eine Parabel über den Umschlag von Aufklärung in Mythologie, über die zerstörerische Tendenz einer sich absolut setzenden Rationalität. Ähnlich dem Odysseus-Kapitel der »Dialektik der Aufklärung« präsentiert Bachmanns Text die Lektüre einer mythischen Szene, nicht aber in Form eines geschichtsphilosophischen Kommentars zum überlieferten Mythos wie dort, sondern in narrativer Form. In Konzeption und Erzählweise stützt sich ihr Text selbst auf mythische Aspekte und mündet letztlich in einer Umschrift eben jenes Mythos, auf den er sich stützt. Dabei hebt sich die Schreibweise der Sphinx-Parabel deutlich von den anderen, zeitgleichen Erzählungen ab. Hier ist die Landschaft gleichsam aufgelöst in eine mythische Szene, die mit dem Sprachgestus »In einer Zeit, in der...« signalisiert wird.[1] Unter Verzicht auf jede konkrete oder historische Situierung führt der Text unmittelbar in einen mythisch strukturierten Denkraum ein, wobei der paradigmatische Charakter der Handlung schon im ersten Satz benannt wird:

»In einer Zeit, in der alle Regierenden gefährdet waren – zu erklären, worin diese Gefährdung bestand, ist müßig, denn Gefährdungen haben zu viele Ursachen und doch keine zugleich –, befiel den Herrscher des Landes, von dem die Rede sein soll, Unruhe und Schlaflosigkeit.« (2/19)

In diesem Fall also wird nicht eine konkrete Begebenheit in ein Gleichnis oder eine Allegorie übertragen, sondern der Text *geht* von einer mythischen Überlieferung aus dem Archiv des kulturel-

---

[1] Im Unterschied dazu sind die Anfänge der anderen Texte durchweg Einführungen in ein fiktives Geschehen mit dem Mittel des Stimmungsbildes: »Im hohen Sommer ist der Fluß...«, »Der Wind hielt Einkehr«, »Nachdem sie die Dämmerung abgewartet hatte«, »Die Steine rollen über das Gras«, »Die Straße ist leer«, »Über die Stirn Amelies lief ein roter Schatten«, »Als der alte Mann, der gestorben war, sich nach wenigen Schritten umsah«.

len Gedächtnisses *aus*. Beim Wiedererzählen dieser Mythe ereignen sich dann Veränderungen, die das Verhältnis von Mythos und Aufklärung in signifikanter Weise reformulieren.

Für den Schatten, der in »Die Versuchung« im Deutungsmuster christlicher Ikonographie eindeutig als Bild des Bösen erscheint, wird hier eine kraß entgegengesetzte Interpretation eingeführt. Wüßte man nicht, daß sie von derselben Autorin stammt, könnte man die Sphinx-Erzählung als kritischen Kommentar und als philosophisch reflektierte Antwort auf das in christlichem Moralismus befangene Gleichnis der »Versuchung« verstehen. Mit der Gestalt der Sphinx referiert Bachmanns Erzählung auf eine Episode aus dem Ödipus-Mythos, auf eine der bekanntesten Versionen der Gründungsmythen, in denen ein Monster vor den Toren der Stadt haust und als Rätselstellerin oder verschlingender Drache auftritt. Indem der Sieg des Helden über die Sphinx durch Wissen, durch die richtige Beantwortung ihrer Aufgabe, herbeigeführt wird, ähnelt dieser Mythos jenen Paradigmen in der »Dialektik der Aufklärung«, in denen Praktiken der Selbsterhaltung qua List und Vernunft als eine dem Mythos innewohnende Struktur beschrieben werden. An die Stelle des Ödipus ist in Bachmanns Text der »Herrscher eines Landes« getreten, das weder zeitlich noch geographisch spezifiziert wird. Mit seiner Unruhe und Furcht gegenüber einer ihm unbekannten Bedrohung, die aber nicht »von unten« kam, sondern von »unausgesprochenen Forderungen und Weisungen, denen er folgen zu müssen glaubte und die er nicht kannte«, erscheint der »Herrscher des Landes, von dem die Rede sein soll«, wie die Personifikation jener »Angst des rechten Sohns der modernen Zivilisation«, von der in der Einleitung von Horkheimers und Adornos Text die Rede ist. Der mythische Held ist in Bachmanns Erzählung also durch den (negativen) Helden aus der »Dialektik der Aufklärung« ersetzt.

»Die Angst des rechten Sohns moderner Zivilisation, von den Tatsachen abzugehen, die doch bei der Wahrnehmung schon durch die herrschenden Usancen in Wissenschaft, Geschäft und Politik klischeemäßig zugerichtet sind, ist unmittelbar dieselbe wie die Angst vor der gesellschaftlichen Abweichung. [...] Indem er das an den Tatsachen wie den herrschenden Denkformen negativ ansetzende Denken als dunkle Umständlichkeit, am liebsten als landesfremd, tabuiert, hält er den Geist in immer tieferer Blindheit gebannt.«[2]

Die Veränderung gegenüber der Ödipus-Mythe, in der die Sphinx besiegt wird, im »Lächeln der Sphinx«, wo der Herrscher unterliegt, folgt aber nicht der Figur einer einfachen Umkehr. Bachmanns Text wird vielmehr als Ver-kehrung lesbar, ähnlich dem Umschlag von Aufklärung in Mythologie, wird doch der Herrscher hier gleichsam durch seine eigenen Waffen besiegt, Waffen der Rationalität, die sich in ihrer fortschreitenden Dynamik als tödlich erweisen. Wird das Geschehen durch das »Auftreten eines Schattens« in Gang gesetzt, so sind es seine Unruhe, sein Gefühl der Bedrohung und sein Entzauberungsbegehren, die – gemäß einer psychoanalytischen Deutung mythischer Monster als Projektionen der Angst – die Erscheinung der Sphinx als Verkörperung des Schattens motivieren: »[...] daß er den Schatten, der vielleicht die Bedrohung barg, anrufen und ins Leben zwingen mußte, um ihn bekämpfen zu können«. Eine als unerklärliche Furcht geschilderte psychische Dynamik wird, indem der Herrscher die Bedrohung ins Leben zwingt, in eine äußere Dynamik übersetzt, die im Ansatz schon durch die Merkmale von Bekämpfung und Beherrschung geprägt ist.

Mit der Formulierung, daß er »sie heraus[forderte], ihn herauszufordern«, wird betont, daß die Fragen, die sie ihm nun stellen wird, seinem eigenen Willen zum Wissen entspringen. Im Verlaufe der drei Aufgaben wird sein Entzauberungswille dann als Begehren kenntlich, alles dem Blick Verschlossene freizulegen, zu erfassen und zu kontrollieren, wobei die Rationalität das instrumentelle Verfahren zum Vollzug dieses Begehrens darstellt – auch um den Preis des Todes. Die Praktiken der Wissenschaftler und ihrer Stäbe, denen die Beantwortung der drei Fragen übertragen ist, erweisen sich dabei zunehmend als eine Angleichung des Untersuchten an die Meß- und Analyseverfahren, als eine Art ›Mimesis ans Tote‹ (Adorno). Die erste Frage nach dem »Inneren der Erde« beantwortet der Herrscher mit der Aufforderung, »sich über den Leib der Erde zu machen, ihn zu durchbohren, seine Geheimnisse

---

[2] Horkheimer/Adorno 1969, 3 f.

freizulegen, alles zu messen und das Gefundene in die feinnervigsten Formeln zu übertragen, deren Präzision unvorstellbar war«. Während die zweite Frage, die sich auf die Dinge, die die Erde bedecken, sowie die Sphären, die sie umschließen, bezieht, feingliedrige Untersuchungen provoziert, zielt die dritte Frage auf den Menschen bzw. darauf, was wohl »in den Menschen sein« möge. Bei der Lösung dieser dritten Aufgabe, die die Entzauberung der Chimäre vollenden soll, verwandeln sich die Versuchsserien – die den Menschen zunächst die Scham und Geständnisse entreißen, ihre Gedanken auseinandernehmen und in Zahlen- und Zeichenreihen ordnen – schließlich in eine Todesmaschinerie:

> »Kurze Zeit später lenkte ein Befehl die Menschen gruppenweise nach Orten, an denen hochspezialisierte Guillotinen errichtet waren, zu denen mit peinlicher Genauigkeit jeder einzeln aufgerufen wurde und die ihn dann vom Leben zum Tod brachten.« (21f.)

Die Szenerie macht dabei deutlich, daß es hier nicht nur um die Kritik an einer Verselbständigung instrumenteller Rationalität geht, sondern daß diese, ebenso wie die »Dialektik der Aufklärung«, historisch auf den Nationalsozialismus referiert. Diesen hatten Horkheimer/Adorno, im Unterschied zum landläufigen Diskurs über das ›Irrationale‹, gerade nicht als Gegensatz zur Aufklärungsgeschichte bewertet, sondern als aus ihr entstandene Verkehrung analysiert. Die »rätselhafte Bereitschaft der technologisch erzogenen Massen, in den Bann eines jeglichen Despotismus zu geraten«, hatten sie damit erklärt,

> »daß die Ursache des Rückfalls von Aufklärung in Mythologie nicht so sehr bei den eigens zum Zweck des Rückfalls ersonnenen nationalistischen, heidnischen und sonstigen modernen Mythologien zu suchen ist, sondern bei der in Furcht vor der Wahrheit erstarrenden Aufklärung selbst.«[3]

In Bachmanns Erzählung sind es vor allem die Elemente einer gruppenweise durchgeführten und an eigens dafür errichteten Orten vollzogenen Tötung und die Darstellung der Tötung als Arbeit, mit denen die Szenerie einer irrational motivierten, aber

---

[3] Ebenda, 3.

rational durchgeführten Vernichtung Assoziationen zur ›Endlösung‹ weckt, aber auch die Passage, in der der Herrscher »in geheimen Sitzungen Gedanken unterbreitete, deren Inhalt niemand weiter mitgeteilt wurde, wenngleich alle alsbald von den Auswirkungen betroffen wurden«. »Um der Vollständigkeit und Vollkommenheit willen«, so heißt es, übergibt der Herrscher schließlich auch die ihm bei der Organisation Behilflichen den Maschinen.

Bis hierher präsentiert Bachmanns Erzählung literarische Zivilisationskritik, eine Aufklärung über die Aufklärung also, in der, vier Jahre nach Kriegsende, mit der genannten Vernichtungsszene der Bezug auf den Nationalsozialismus gegenüber der 1944 abgeschlossenen philosophischen Vorlage durchaus konkretisiert ist. Allerdings etabliert der Text zugleich eine Symbolsprache, die für die Thematisierung der Massenvernichtung in der Literatur nach Auschwitz symptomatisch werden sollte: eine Tendenz zu universellen Todesmetaphern und Bildern des Schreckens sowie eine problematische Metaphorisierung der Rede über die Nazi-Vergangenheit, die auch in Bachmanns Lyrik begegnet [V.1]. Gegen diese Tendenz aber interveniert das Ende der Erzählung, mit dem Bachmann auch gegenüber dem philosophischen Korrespondenztext einen eigenen Weg einschlägt, einen Weg, der aus dem infrage stehenden Umschlagspunkt der Aufklärung in Mythologie einen eigenen und anderen Ort gewinnt. Indem der Effekt der Ausführung der dritten Aufgabe als Offenbarung bezeichnet wird, überschreitet die Erzählung das Muster einer Parabel. »Die Offenbarung, die dieses Verfahren ergab«, kann nicht benannt, nicht in Begriffe, eine Aussage oder gar Botschaft übersetzt werden, was aber für eine Parabel unerläßlich wäre. Zudem tritt die Sphinx auch nicht als Siegerin auf; sie erscheint vielmehr als Schatten, der sich wie ein Mantel über die Toten breitet. Solcherart bewahrt ihre Erscheinung die Toten davor, zum Objekt einer neuen Aufklärung und zur Begründung neuer Botschaften zu werden. In ähnlichem Sinn wie in dem später entstandenen, fragmentarisch gebliebenen Essay »Auf das Opfer darf keiner sich berufen« [IX.4] heißt es hier: »Er sah ihren Schatten sich wie einen Mantel über die Toten breiten, die nun nicht aussagten, was zu sagen war, weil sich der Schatten über sie gelegt hatte, um sie zu bewahren.« (22)

Diese Geste eines Innehaltens negiert sowohl die Übersetzung des Erzählten in eine Botschaft, wie sie die Leiber der Toten vor der Übersetzung in eine Aussage bewahrt. Durch sie wird nicht nur die Übertragung des Geschehens in eine Moral verhindert, sondern auch ein Rest bewahrt, der dem Enträtselungsbegehren und dem Verfahren der instrumentellen Vernunft nicht zugänglich ist. Damit beschreibt die Erzählung nicht allein das Umschlagen der Aufklärung in Mythologie, sondern sie stellt auch ein Stück verfehlter Aufklärung dar: verfehlt nicht im moralischen Sinne oder im Sinne eines Versagens, sondern eher im Sinne einer Markierung der Grenzen von Aufklärung *und* Aufklärungskritik. Dabei handelt es sich nicht um einen mythischen Rest, um einen der Vernunft nicht zugänglichen Bereich o. ä., denn dieser Rest entsteht überhaupt erst aus der Aufklärung der Aufklärung. Aus ihr entspringen in Bachmanns Erzählung Momente, die im Muster der Rationalität nicht aufklärbar sind, die dem Entzauberungsbegehren heterogen sind und die einer anderen Sprache bedürfen. Die »Welle, aus einem Meer von Geheimnissen geworfen« über ihrem Gesicht, ihr Lächeln und das Entschwinden der Sphinx aus den Grenzen seines Reiches, die am Ende der Erzählung stehen, werden derart zu Zeichen einer anderen Position, in der dem, worauf sich das Enträtselungsbegehren richtet, ein Eigensinn zugeschrieben wird. Die Situation zwischen dem Herrscher und der Sphinx bringt zwar einerseits jenen ›Willen zum Wissen‹ zur Darstellung, mit dem die Angst vor dem Schatten gebannt werden soll, kehrt sich letztlich aber gegen ihn selbst. Doch bleibt die Rätselstellerin noch am Ende schattenhaft, Teil eines Nichtkenntlichen, Nichterklärbaren. Aus dem Bild für das Andere der Vernunft, das der Rationalität nicht zugänglich ist, wird hier ein Schutz für die Toten gewonnen. Damit stellt die Sphinx nicht mehr das mythische Bild eines Schattens dar, der der Aufklärung vorausgeht, sondern sie erscheint als Effekt einer tödlich verlaufenen Aufklärungsgeschichte.

Das am Ende stehende Lächeln kann auch als Kommentar der Sphinx zur vorausgegangenen zivilisationskritischen Parabel gelesen werden, somit auch als Bruch der Parabelstruktur. Insofern deutet sich im Schlußbild eine Haltung an, die – über die Durchquerung und Überschreitung eines philosophischen Paradigmas – einen literarischen Ort begründet, der für Bachmanns Schreibweise in ihren späteren Prosatexten charakteristisch werden sollte.

Ein Jahrzehnt also, bevor sie im Band »Das dreißigste Jahr« auf etliche philosophische Postulate, auch die der Wittgensteinschen Sprachkritik, eine literarische Probe machen wird, indem sie ihnen in den Erzählungen einen »leibhaftigen Prozeß« macht, hat Bachmann diese Schreibhaltung *vis-à-vis* der Geschichtsphilosophie von Horkheimer und Adorno bereits erprobt. »Das Lächeln der Sphinx« nimmt in ihren Schriften keine Einzelstellung ein. Es stellt nicht einfach die literarische Umschrift eines zufälligen Lesefundes dar, aus dem Kontext einer philosophischen Tradition, die an der Wiener Universität nicht gelehrt wurde. Sie bildet vielmehr den sichtbaren Anfang einer Affinität im Denken, deren Spuren in ihrer späteren Literatur dichter werden, dann vor allem durch Bezüge zu den Denkfiguren und Denkbildern Walter Benjamins. Aber schon hier, als Ausnahme im erzählerischen Frühwerk, hat die literarische Relektüre einiger Thesen aus der »Dialektik der Aufklärung« für Bachmann den Effekt, daß die Befangenheit ihres Erzählens im allegorischen Schema durchbrochen wird. Denn an die Stelle eines Sinnbildes ist in »Das Lächeln der Sphinx« ein Denkbild getreten.

2. Das ungeschriebene Buch:
Bachmann als Autorin der Philosophie

Daß die in der Sphinx-Erzählung zitierten rationalitätskritischen Thesen einer kulturtheoretisch orientierten Philosophie entstammen, die jener auf eine formale Logik gestützten, ›wissenschaftlichen Philosophie‹ diametral entgegenstanden, in deren Bahnen ihre Dissertation argumentierte, war der Dreiundzwanzigjährigen wohl nicht bewußt.[4] Bachmanns eigene Standortbestimmung im Feld des philosophischen Diskurses war zunächst durch ganz an-

---

[4] Vermutlich war ihr die Geschichte der Auseinandersetzung zwischen den Autoren des ›Instituts für Sozialforschung‹ und dem ›Wiener Kreis‹ unbekannt, jener Streit, der überwiegend im Exil stattfand, wohin es die Vertreter beider Schulen aufgrund der Vertreibung aus Amt und Land durch die Nazis verschlagen hatte. Ebensowenig wohl die heftige Polemik, die Horkheimer in seiner Streitschrift »Der neueste Angriff auf die Metaphysik« (1937) dem Logischen Positivismus gewidmet hatte. Zur Geschichte dieses Positivismusstreits vgl. die ausführliche Darstellung von Dahms 1994.

dere Lagerbildungen bestimmt. Im Nahbereich des Studiums waren es die Gegensätze zwischen den an der Wiener Philosophischen Fakultät vertretenen Lehrmeinungen: hier die Dominanz einer neo-klerikalen Universalphilosophie, vertreten vor allem durch den Katholiken Alois Dempf[5] als ordentlichen Professor, aber auch durch die Privatdozenten Leo Gabriel und Erich Heintel; dort Victor Kraft, einer der letzten Wiener Vertreter des ›Wiener Kreises‹, als außerordentlicher Professor. Das Bild dieses klaren Gegensatzes verkompliziert sich aber bei Berücksichtigung der politischen Vergangenheit der Lehrenden, zumal (wie sich spätestens seit der schwierigen ›Heidegger-Kontroverse‹ herumgesprochen haben dürfte) philosophischer und politischer Standort nicht ohne weiteres koinzidieren. Während Kraft (aufgrund seiner philosophischen wie politischen Haltung und wegen der Ehe mit einer Jüdin) und Dempf (er hatte 1936 den Lehrstuhl des ermordeten *spiritus rector* des Wiener Kreises, Moritz Schlick, übernommen und galt als katholischer Gegner der Nazis) beide 1938 aus ihrem Amt entlassen worden waren, waren Gabriel, Heintel und Leo Kainz, der Ästhetik lehrte, auch während der Zeit der nationalsozialistischen Herrschaft an der Fakultät tätig, wobei Gabriel offen mit der Ideologie des Nazismus kolloriert hatte.[6]

Schriften der ›Kritischen Theorie‹ wurden durch das Spektrum der an der Fakultät vertretenen Richtungen ohnehin nicht berührt, sie fielen gänzlich durch das Netz der akademischen Wiener Philo-

---

[5] Vgl. etwa den Anspruch auf »Erfassung der Weltgesetzlichkeit« und auf universelle Typologie in Dempfs »Selbstkritik der Philosophie und vergleichende Philosophiegeschichte im Umriß« (1947).

[6] Gabriel war Mitglied des »deutsch-arischen Volkshochschulbundes«, und seine Rolle bei der Entlastung des Schlick-Mörders ist nie ganz aufgeklärt worden. Kainz ist einer der wenigen, die eine Kontinuität repräsentierten, da er schon vor 1938 gelehrt hat. Nach dem Krieg sind Gabriel ab Sommersemester 1948 und Heintel ab Sommersemester 1950 wieder im Vorlesungsverzeichnis mit Lehrveranstaltungen vertreten. Die philosophiegeschichtlichen Darstellungen stimmen in dieser Hinsicht nicht immer mit der durch das Vorlesungsverzeichnis dokumentierten Präsenz im Lehrangebot überein. Vgl. vor allem die Beiträge von Otto Pfersmann, Frank Hartmann und Markus Arnold in Fischer/Wimmer 1993, 69–100, 170–178, 264–167; vgl. auch Haller 1988, 229ff.

[7] In der bibliographischen Zusammenstellung der Heidegger-Kritiken von Bachmanns Dissertation ist aus der Gruppe der Frankfurter nur Herbert

sophie.⁷ Im größeren Spektrum philosophischer Richtungen, in dem sie ihre Arbeit über »Die kritische Aufnahme der Existentialphilosophie Martin Heideggers« situiert, definiert Bachmann sich, in Übereinstimmung mit dem ›Wiener Kreis‹, in einer Gegenstellung zu jeder Art von Metaphysik, basierend auf einem Selbstverständnis von Philosophie als logisch-analytischer Wissenschaft und einer Eingrenzung ihres Geltungsanspruchs auf verifizierbare, sinnvolle und intersubjektiv verständliche Aussagen. Denn, wie Bachmann im Schlußwort ihrer Dissertation formuliert, muß es »Vertretern *einer Philosophie, die Wissenschaft sein will,* unzulässig erscheinen, den Zugang zur ›Welt‹ zu suchen, zu ›transzendieren‹ und in eine Transzendenz (das ›Nichts‹) vorzustoßen« (Diss. 113, H.v.m.).

Wie ein Leitfaden zieht sich diese Definition wissenschaftlicher Philosophie, die nicht nur die Ablehnung metaphysischer Fragen, sondern auch die strikte Trennung zwischen Philosophie und Kunst einschließt, durch alle Texte, die Bachmann als Autorin der Philosophie geschrieben und publiziert hat, von der 1949 abgeschlossenen Heidegger-Arbeit bis zu einem im September 1954 gesendeten Radioessay über Ludwig Wittgenstein.⁸ Allerdings verschiebt sich im Zuge des etwa sechs Jahre umfassenden Schreibens entlang dieses Leitfadens der Blick auf die damit tangierte Grenzziehung erheblich. Dabei verwandelt sich vor allem dasjenige, was als außerhalb des logisch-empirischen Geltungsbereiches verortet wird, und wirft ein merklich verändertes Licht auf die Philosophie zurück. Diese Verschiebung kommt vor allem über ihre Lektüre Wittgensteins zustande, bei der Bachmann sehr rasch begriffen hat, daß seine Texte nicht so recht in den vom ›Wiener Kreis‹ gesteckten Rahmen passen wollen, sondern darin eigentlich Kuckuckseier darstellen. Steht ihre subtile Lektüre von Wittgensteins »Tractatus logico-philosophicus« Anfang der fünfziger Jahre

---

Marcuse mit drei Aufsatztiteln aus den Jahren 1928, 1929 und 1930 genannt (Diss. 126).

⁸ Die Gleichsetzung von Philosophie und Wissenschaft spricht auch aus den Angaben, die sie dem »Merkur« 1953 für eine redaktionelle Notiz mitteilt: »Auch kleinere wissenschaftliche Arbeiten habe ich geschrieben, darin gehts immer um Probleme der modernen Philosophie« (Bachmann an Paeschke am 30.7.1953, DLM).

ziemlich einzig da, weil sie die Bewegung seiner strengen Begrenzung der Sprache auf die logische Struktur und die Welt der Tatsachen bis zu jenem paradoxen Punkt denkend nachvollzieht, an dem daraus eine philosophische »Beseitigung der Philosophie« (4/124) folgt, wie es im Rundfunkbeitrag von 1954 heißt, so traf sich ihre Deutung damals nur mit der Paul Feyerabends, eines anderen Kraft-Schülers: »Paradox gesagt: Aufgabe der Philosophie (im Sinne Wittgensteins) ist die Beseitigung der Philosophie (im Sinne der traditionellen Lehren).«[9]

Für Bachmanns eigenen Denk- und Schreibort verkehrt sich dabei die Betrachtungsweise derart, daß sie sich schließlich auf der anderen Seite der mit dem Titel der ›Philosophie‹ bezeichneten Grenze vorfindet. So formuliert sie im Essay von 1954: »Wo Heidegger zu philosophieren beginnt, hört Wittgenstein zu philosophieren auf« (4/114). Und dort fängt Bachmann zu schreiben an – so könnte man den Satz fortsetzen, wenn man ihre philosophischen Texte auch als Formen der Selbstverständigung über die Voraussetzungen ihres eigenen literarischen Schreibens begreift. Und tatsächlich ist das Ende der Philosophie *als Wissenschaft* für Bachmann der Anfang eines anderen Schreibens, eines Schreibens, das – über die bewußte Verwerfung einer Autorposition im philosophischen Diskurs – das Philosophieren in die Literatur aufgenommen und damit jene Grenze überschritten hat, die im »Tractatus« gezogen wird.

Mit ihren Essays hat Bachmann wesentlich dazu beigetragen, daß Wittgenstein, der im Deutschland nach 1945 nahezu unbekannt war, dort zur Kenntnis genommen wurde. Dadurch wuchs ihr in den fünfziger Jahren neben der Rolle der gefeierten Dichterin auch die einer Wittgenstein-Expertin zu. Nach einer vom Hessischen Rundfunk am 14. April 1953 ausgestrahlten Sendung über den »Wiener Kreis«[10], nach dem Essay »Ludwig Wittgenstein – Zu einem Kapitel der jüngsten Philosophiegeschichte«, der im Juli 1953 in den »Frankfurter Heften« erschien, und dem Radioessay »Sagbares und Unsagbares – Die Philosophie Ludwig Wittgensteins«, ausgestrahlt vom Bayerischen Rundfunk am 16. Septem-

---

[9] Paul Feyerabend: Ludwig Wittgenstein. In: Merkur, November 1954, 1035.
[10] K 5294–5313/N 5274–5298 (NÖN).

ber 1954, entstand so auch der Plan zu einer Wittgenstein-Monographie. Da nicht realisierte Vorhaben mindestens soviel über die Genese eines Autorenprofils aussagen wie die fertiggestellten, soll von diesem Plan im folgenden kurz berichtet werden. Auch deshalb, weil die nicht geschriebene Wittgenstein-Monographie Bachmanns eine empfindliche Lücke in ihrem Werk und in der Literaturgeschichte darstellt; man versuche nur einmal, sich dieses Buch vorzustellen. In ihrer seit 1952 relativ dichten Korrespondenz mit den beiden Redakteuren des »Merkur, Zeitschrift für europäisches Denken«, Joachim Moras und Hans Paeschke,[11] taucht nach Bachmanns Radioessay von 1954, über dessen vorgesehenen Abdruck im »Merkur« man sich bald einig wird, die Idee einer Wittgenstein-Monographie und einer deutschen Ausgabe des »Tractatus« und der »Philosophischen Untersuchungen« (bis dahin nur in England publiziert) bei der Europäischen Verlagsanstalt auf. Moras nimmt dabei die Rolle des Vermittlers gegenüber dem Verlag ein. Anfang 1955 geht Bachmann »gerne« auf das Projekt ein, gibt aber zu bedenken, daß es dafür umfangreicher »investigations« in England und Wien, also einiger Mittel bedürfe.[12] Bei ihrem England-Aufenthalt Ende 1950 hatte sich ihr Wunsch, mit dem noch lebenden Wittgenstein zusammenzutreffen, nicht realisiert; in der Zwischenzeit war der Philosoph gestorben, jetzt also hätte eine England-Reise Recherchen und eine Arbeit am Nachlaß zum Ziel gehabt. In Nebentönen werden aber schon im selben Augenblick, in dem sie auf die Monographie-Idee einsteigt, Skrupel deutlich, die aus einem von ihr unterstellten Legitimierungsbedarf gegenüber der Zunft erwachsen. Die Forschungen müßten sehr gründlich sein, und das Buch müsse »wissenschaftlichen Charakter« haben, damit sie als »nichtautorisierter« Autor den Universitätsleuten keine Angriffsfläche biete. Die Normen logisch-empirischer, ›wissenschaftlicher‹ Philosophie werden hier sichtlich durch Autoritätskriterien der Universität überlagert, durch Macht-Wissens-Strukturen also, die den Fachdiskurs u. a. mit Hilfe einer Zugangsregelung zur Autorschaft kontrollieren.[13] Fünfzehn Jahre

---

[11] Merkur-Nachlaß der Ernst H. Klett Stiftung (DLM).
[12] Bachmanns Brief an Moras v. 2.2.1955 (DLM).
[13] Zur »Verknappung der sprechenden Subjekte« als eine der Kontrollprozeduren in der »Ordnung des Diskurses« vgl. Foucault 1977, 25 ff.

später wird Bachmann den Ritualen der akademischen Institution in »Malina« die bekannte Szene einer Promotionsfeier im Auditorium Maximum widmen, die sie als Initiationsritus in eine männliche Schwurgemeinschaft präsentiert: »Kurze Zeit später mußte ich zwei Finger auf einen Stab legen und ein lateinisches Wort sagen. Ich hatte ein von Lily geliehenes, zu kurzes schwarzes Kleid an, im Auditorium Maximum standen aufgereiht einige junge Männer und ich.« (3/308)

Schreiben sich diese rituellen, in der Körperschaft der *Alma Mater* institutionalisierten Regeln des akademischen Diskurses in differenzierten Spielregeln fort, so ist es der Begriff des ›Spezialisten‹, der darin den Zugang zur Autorposition reguliert. Auf diesen nimmt nun auch Bachmann Bezug, wenn sie vorsichtshalber gleich zwei »Wittgenstein*spezialisten*« empfiehlt, »Paul Feyerabend und Professor Wasmuth«, wobei sie für Feyerabend plädiert, um mit der Anerkennung der akademischen Normen im gleichen Atemzug eine Sympathie für den weniger ›akademischen‹ Denker zum Ausdruck zu bringen.[14]

Moras, der ihr mitteilt, daß die Herausgabe der Wittgenstein-Texte für den Verlag ein »zu dicker Brocken« wäre, möchte jedoch an der Idee ihrer Autorschaft für die Monographie festhalten. Die Monate vor ihrer Abreise in die USA, wo sie im Sommer an einem zweimonatigen, von Henry Kissinger geleiteten Seminar der ›Summer School of Arts and Sciences‹ an der Harvard University in Cambridge teilnehmen soll, vergehen – sie arbeitet an Gedichten und an der Erzählung »Die blinden Passagiere« –, während sie die Überarbeitung des Radioessays für den »Merkur« ständig auf-

---

[14] Dabei scheint, als sie den Brief schreibt (2.2.1955), die November-Nummer (1954) vom »Merkur«, in der der oben zitierte Wittgenstein-Artikel Feyerabends bereits erschienen ist, noch nicht angekommen zu sein. – Unklar bleibt, wann und zu welchem Zweck das Manuskript dieses Wittgenstein-Artikels von Feyerabend in Bachmanns Hände gekommen ist, denn es befindet sich in ihrem Nachlaß. Das Manuskript weist eine Reihe handschriftlicher Korrekturen auf, die weitgehend mit der gedruckten Fassung übereinstimmen. Ihr Brief vom 2.2.1955 an den »Merkur« belegt, daß das Manuskript erst später in ihren Besitz gelangt ist. Am wahrscheinlichsten ist, daß Bachmann es durchgesehen hat, als Feyerabends Text in das Beiheft zu der von ihr initiierten Suhrkamp-Ausgabe von »Tractatus« und »Philosophische Untersuchungen« (1960) aufgenommen werden sollte.

schiebt. Dabei geht es nicht nur um Zeitnot; vielmehr werden auch Zeichen eines Zögerns gegenüber der Drucklegung des Dialogessays deutlich. Im November schließlich teilt die Autorin mit, die Überarbeitung des Radioessays aufgegeben zu haben: »aber der Wittgenstein will nicht bzw. ich will nicht«. Und in der Folge davon ist in ihrer Korrespondenz mit den »Merkur«-Redakteuren auch vom Monographieplan nicht mehr die Rede. Diese Absage Ende 1955[15] markiert den Moment, in dem Bachmann für sich eine Autorschaft in der Philosophie explizit verworfen hat. Und bei dieser Entscheidung ist sie auch künftig geblieben. Ohne kontinuierliche Arbeit müsse man in der Wissenschaft entgleisen, und sie könne ihre »gelegentlichen« Arbeiten in der Philosophie nicht mehr decken. Gleichzeitig mit der Ablehnung philosophischer ›Gelegenheits‹-Arbeiten hebt sie aber hervor, daß »das doppelte Gelese« von Literatur und Philosophie viel Verführung für sie gehabt habe.

Auch künftig wird sie dieser Verführung folgen, die ›doppelte‹ Lektüre fortsetzen und durchaus Philosophisches in ihr Schreiben aufnehmen, nicht aber als Autorin *der* Philosophie. Während aber die erste Radiosendung, die schon mit mehreren Stimmen operiert, dies noch im Muster eines schulisch-akademischen Lehrdialogs tut[16] und während der Essay in den »Frankfurter Heften« diskursiv argumentiert (wobei große Passagen einen philosophiegeschichtlichen Überblick enthalten und übrigens streckenweise aus der Dissertation übernommen sind), stellt der Radioessay das Denken Wittgensteins in einem mehrstimmigen Gespräch vor und stellt selbst eine Art polyphones Philosophieren dar. In diesem Feature kommt auch das zur Sprache, was Wittgenstein im »Tractatus« nicht gesagt hat, was aber aus seinem Denken folgt bzw. als dessen Kehrseite zu betrachten wäre.[17] Diese Form wie auch die emphatische Betonung jener gegenüber der logischen Sprachtheo-

---

[15] Bachmanns Brief an Paeschke v. 14.11.1955 (DLM).

[16] Etwa mit der Stimme des ›Professors‹, vgl. z.B. die bei Lennox zitierten Auszüge (Lennox 1989, 606ff.)

[17] Man könnte den Essay als Kommentar im Foucaultschen Sinne bezeichnen, der zwar erlaubt, »etwas anderes als den Text selbst zu sagen, aber unter der Voraussetzung, daß der Text selbst gesagt und in gewisser Weise vollendet werde« (Foucault 1977, 18).

rie, auf die sich der Neopositivismus des ›Wiener Kreises‹ beruft, *anderen* »Komponente des Wittgensteinschen Denkens, seine verzweifelte Bemühung um das Unaussprechliche, das Unsagbare« (4/116, H.v.m.), mögen das Zögern Bachmanns, den Text im Druck zu publizieren, motiviert haben. Ihr Engagement für die Verbreitung des Wittgensteinschen Denkens hat sie damit freilich keineswegs aufgegeben.

1960 dann ist es soweit, daß »Tractatus« und »Philosophische Untersuchungen« auf ihre Anregung hin und mit Hilfe ihrer fachkundigen Beratung im Suhrkamp-Verlag erscheinen. Die Anfrage von Siegfried Unseld, ob sie auch die Herausgabe übernehmen wolle,[18] hat Bachmann 1959 gar nicht mehr in Erwägung gezogen. Und dem Beiheft mit Beiträgen *über* Wittgenstein, in dem ihr Text nun neben denen von Paul Feyerabend, Bertrand Russell, G. H. von Wright u. a. stehen wird, hat sie nicht den Radioessay, den faszinierendsten, originellsten und dichtesten ihrer Wittgenstein-Texte anvertraut, sondern den ›wissenschaftlicheren‹ aus den »Frankfurter Heften«.

Der Zeitpunkt, an dem für Bachmann die doppelte Autorposition, die mit der doppelten Lektüre von Literatur und Philosophie korrespondiert, zu Ende ging, läßt sich also ziemlich genau mit dem Jahr 1955 datieren. Es ist dasselbe Jahr, in dem der erste Text erscheint, in dem ihre doppelte Lektüre – auf dem Umweg über eine andere philosophische Denk- und Schreibweise, die Walter Benjamins – in eine Schrift eingeht, die eine Lektüre im mehrfachen Sinne praktiziert, in den Prosatext »Was ich in Rom sah und hörte« [II.5]. Und als literarische Autorin wird Bachmann einen ganz eigenen Umgang mit der Philosophie entwickeln, sowohl mit der Lektüre als auch im Dialog mit Philosophen. Aber wie bedeutsam auch die philosophische Lektüre für ihre Prosa werden sollte und welch großen Wert sie auch auf das Gespräch und das Zusammentreffen mit Philosophen wie etwa Theodor W. Adorno, Gershom Scholem, Ernst Bloch und Hannah Arendt legen wird [IX], ein *akademisches* philosophisches Forum wird sie künftig meiden. Selbst kleinere Beiträge, Würdigungen, die von ihr als Schriftstellerin erbeten werden, kommen nicht zustande, wie (un-)bewußt auch immer. Eine Logik des Zufalls entdeckte sie selbst in dieser

---

[18] Brief Unselds an Bachmann vom 12. 6. 1959 (SVF).

Serie von Verhinderungen, als sie Anfang 1965 Siegfried Unseld mitteilen mußte, daß der versprochene Beitrag zur Festschrift für Ernst Bloch nicht kommen würde. »Ich weiß nicht, wie es kommt, daß es mir die Philosophen-Huldigungen immer verschlägt. Bei Heidegger wollte ich nicht, bei Adorno war ich krank, und für Bloch reicht die Zeit nicht mehr aus.«[19]

3. Philosophiestudium und Wittgenstein-Lektüre

Doch noch einmal zurück zu ihrer Philosophie. Es hat sich gezeigt, daß Bachmanns Prosa nicht unter dem Einfluß der Philosophie entsteht, sondern – nach einer Phase des Nebeneinanders von literarischen Versuchen und philosophischen Texten – der Philosophie buchstäblich entspringt, und zwar über eine Negation der ›Philosophie als Wissenschaft‹. Diese Konstellation ist in verdichteter Form bereits im Schlußwort ihrer Dissertation vorweggenommen.[20] Auf welche Weise Ingeborg Bachmanns Entscheidung für Thema und Betreuer der Dissertation zustande kam, wird

---

[19] Bachmann am 18.1.1965 aus Berlin an Unseld (SVF).
[20] Schon in der ordentlich nach diversen Richtungen gruppierten Darstellung der Kritiker Heideggers in deren Hauptteil scheint am Rande hier und da das Thema der Kunst auf. So wird die Metaphysik z.B. als »unzulänglicher Ersatz für Kunst« bewertet (Diss. 10), mit Bezug auf Rudolf Carnap, der den Reigen der Heidegger-Kritiker eröffnet und damit Richtung und Hauptakzent der vorgetragenen Kritik vorgibt. Heideggers Antrittsrede »Was ist Metaphysik?« (1929) ist der Beispieltext, an dem mit Carnap demonstriert wird, daß die Sätze Heideggers »Scheinsätze« seien, »sinnlos«, wenn sie am Maßstab logischer Syntax und Semantik oder an den Anforderungen von »Erfahrungssätzen« gemessen würden. Es sind Sätze, so Bachmann, die »das hinter oder außer der Erfahrung Liegende erkennen« wollten (10). Auch mit Bochenski, auf dessen Buch »Europäische Philosophie der Gegenwart« (1947) sich Bachmanns Arbeit nicht unwesentlich stützt, muß die Existenzphilosophie als »ein Versuch der Ausweitung der künstlerischen Haltung auf den [Bereich] der Metaphysik angesehen werden« (Diss. 114). Aus dem Satz, daß die Metaphysik einen unzulänglichen Ersatz für die Kunst darstelle, ergibt sich dann ›logisch‹ im Umkehrschluß eine programmatische und emphatische Perspektive für die Kunst, die zunächst, mit den Beispielen von Goya und Baudelaire, auf die Gattungen Malerei und Lyrik begrenzt bleibt [I.1]. Dieser Umkehrschluß hat aber auch einen Pferdefuß: die Kunst, indem sie als Ausdrucksmöglichkeit jenes anderen Wirklichkeitsbereichs eingeführt wird,

nicht genau zu klären sein. Als sie nach je einem Semester in Innsbruck und Graz im Wintersemester 1946/47 ihr Studium an der Philosophischen Fakultät in Wien fortsetzte (mit den Nebenfächern Psychologie und Germanistik), hat sie bei sehr verschiedenen Dozenten Lehrveranstaltungen belegt, die meisten und am kontinuierlichsten bei Alois Dempf.[21] In dessen geschichtsphilosophischer Übung im Sommer 1948 ist auch eines der wenigen erhaltenen Seminarreferate entstanden, eine sechzehnseitige Darstellung von Alfred Webers »Abschied von der bisherigen Geschichte« (1946), von der ein Viertel allein dem ›Nihilismus‹ Nietzsches gewidmet ist.[22] Überliefert sind außerdem ein Referat über Kant aus dem Grazer Semester und Aufzeichnungen über David Hume, über die Schönheit und weitere geschichtsphilosophische Notizen. Victor Kraft ist in Bachmanns erstem Wiener Semester, als sie bei ihm Lehrveranstaltungen besucht, im Vorlesungsverzeichnis[23] noch als Privatdozent, »PD (a. Prof.)« angegeben, ab Sommersemester 1948 dann als Extraordinarius, »a. Prof«, und erst ab Wintersemester 1950/51 als »o. Prof.« Im Sommer 1948 besucht sie bei ihm die »Philosophischen Übungen« und im folgenden Sommer, als sie schon an ihrer Arbeit schreibt, eine Veranstaltung zur »Philosophie des Wiener Kreises«. Mündlichen Überlieferungen zufolge ist Bachmanns Entscheidung für die Arbeit über die Heidegger-Kritik aus einer kontingenten Verlegenheit motiviert, aus einem notwendigen Wechsel des »Doktorvaters«, weil Dempf, bei dem sie eine Arbeit über den ›Typus des Heiligen‹ habe schreiben wollen, nach München wechselte. Wie in

---

auf den sich die Metaphysik nur »unzulänglich« beziehen könne, wird damit zur ›besseren Metaphysik‹. Sie wird in ein Jenseits der Philosophie verwiesen, zuständig einzig für das ›Unaussprechbare‹ bzw. für eine unbestimmte Ausdrucksweise. Jene Kunstemphase nämlich, die die Kunst genau dort beginnen läßt, wo der Anspruch der Philosophie als Wissenschaft endet, folgt insofern einem antiintellektuellen Kunstverständnis, als sie die Kunst letztlich in einen Ausdrucksbereich verweist, in den das Denken nicht hinreicht.

[21] Zur Darstellung von Bachmanns Studium aus den Dokumenten der Universität Wien, u.a. ihres Studienbuchs, vgl. Pichl 1986.

[22] K770–803/N5325–40 und 5999a–6015 (NÖN).

[23] Vorlesungsverzeichnis der Philosophischen Fakultät der Universität Wien.

der Bachmann-Forschung üblich, wird auch diese Überlieferung als biographische Tatsache behandelt.[24] Zwar erscheint die Erklärung wenig plausibel,[25] da Dempf im Wintersemester 1949/50, an deren Ende Bachmann ihre Promotion bereits abgeschlossen hatte,[26] noch als ordentlicher Professor in Wien lehrte und erst ab Sommer 1950 nur noch als Gastprofessor mit Blockveranstaltungen in der Lehre vertreten war. Doch bliebe es auch ohne solche Ungereimtheiten ein merkwürdiges Unterfangen, die ohnehin nicht immer leicht ›begründbaren‹ Themen-, Interessen- und Lehrerwechsel im Studium für eine andere Person, und auch noch postum, begründen zu wollen. Wie stets bei solchen mündlichen Überlieferungen erfährt man dabei mehr darüber, auf welche Art und Weise ›Zeitzeugen‹ das Bild der berühmten Schriftstellerin in die Konstruktion ihrer eigenen Bedeutungsgeschichte eingepaßt haben. So wird etwa den »Übungen zur Existentialphilosophie« von Leo Gabriel, die Bachmann im Winter 1948/49 belegt hatte, nachträglich das ›Verdienst‹ zugeschrieben, quasi Literaturgeschichte gemacht zu haben, da Bachmann hier die »entscheidende« Anregung für ihr Interesse an Heidegger erhalten habe.[27] Wie

---

[24] Dazu gehören auch solche Werturteile wie das über ihren »verehrten Lehrer Alois Dempf« oder auch solche ›einfühlenden‹ Erklärungen wie die, daß Bachmann sich mit »seiner [Dempfs] menschlichen Art verbunden fühlte« (Pichl 1986, 171 f.), die gern als biographische Fakten übernommen werden.

[25] Man könnte aus der Tatsache, daß Dempf, als sein Wechsel nach München klar war, Ingeborg Bachmann nicht mehr zur Promotion angenommen hat, obwohl sie die Arbeit noch *innerhalb* seiner regulären Tätigkeit in Wien abgeschlossen hat – ein ziemlich ungewöhnlicher Vorgang, ist es doch eher üblich, daß Professoren auch über den Zeitpunkt ihres Wechsels hinaus Arbeiten betreuen – man könnte daraus also ebensogut genau umgekehrte Deutungen ableiten. Doch sind solche Spekulationen müßig. Es geht hier nur darum, an einem Beispiel die ›Sicherheit‹ biographischer Überlieferungen zu befragen.

[26] Eingereicht am 19.12.1949, wurde die Dissertation von den Gutachtern Kraft und Hubert Rohracher am 9.1.1950 angenommen. Bereits am 23.3.1950 war die gesamte Promotion abgeschlossen. Vgl. Diss. und Pichl 1986, 173.

[27] »Entscheidend aber wurden für sie die ›Übungen zur Existentialphilosophie‹ (Wintersemester 1948/49), bei denen sie erstmals *systematisch* mit der Philosophie Martin Heideggers konfrontiert wurde« (Pichl 1986, 172). In der Anmerkung über die Quelle dieser Aussage heißt es »Mitteilung von Em. o. Prof. DDr. Leo Gabriel (Wien)«.

Bachmann selbst das wissenschaftspolitische Profil des Betreffenden beurteilte, das hat sie in einer Zeitungsbesprechung angedeutet. In der Rezension einer neuen Heidegger-Studie von René Marcic, in der sie die »provinzielle Unbefangenheit«, »mit der ein so schwieriges Thema wie die Heideggersche Existenzialontologie und die Situation der Gegenwartsphilosophie« behandelt werde, kritisiert,[28] bringt sie auch ihre Verwunderung darüber zum Ausdruck, daß Leo Gabriel mit seinem Vorwort für die Herausgabe der Arbeit durch die »Philosophische Gesellschaft« verantwortlich zeichnet – eine Kritik, die, 1949 von einer Noch-Studentin einem Dozenten gegenüber in einer öffentlichen Besprechung geäußert, nicht gerade als Zeichen hoher Anerkennung gewertet werden kann. Die Besprechung deutet aber auch darauf hin, daß die Beschäftigung der Doktorandin mit Heidegger nicht so marginal war wie oft angenommen.

Doch welche Bedeutung kommt Heidegger in ihrer Arbeit eigentlich zu? Im Fahrwasser der Heidegger-Kritik gibt es in der Dissertation durchaus auch einige Heidegger-Zitate, die man als Faszination für einige seiner Konzepte bzw. als magische Bindung an die Worte ›Angst‹ und ›Nichts‹ lesen kann. Es sind die Worte, die in Bachmanns Dissertation wohl am häufigsten begegnen und die auch in ihren späteren Schriften immer wieder auftauchen werden. Die Texte Heideggers, aus denen die Arbeit zitiert, sind »Sein und Zeit« und »Was ist Metaphysik?«. Seine Freiburger Antrittsvorlesung von 1929 liegt Bachmann noch ohne die 1949 verfaßte Einleitung vor, in der Heidegger seinen früheren Text reflektiert und daraus die Notwendigkeit einer »Überwindung der Metaphysik« ableitet, wie ein programmatischer Titel aus der Zeit nach der sogenannten »Kehre« heißt. Aus der Entstehungszeit ihrer Dissertation – und der Beurteilung Heideggers aus dem Blickwinkel des Neopositivismus – erklärt sich die Sprachregelung, die sie auch später beibehalten wird: die umstandslose Bezeichnung von Heideggers Philosophie als Metaphysik.

Im Schlußwort der Dissertation wird eine mögliche Faszination vom Kritisierten aber offensichtlich mit Hilfe eines Wittgenstein-

---

[28] Ingeborg Bachmann: Versuch über Heidegger. René Marcic: Martin Heidegger und die Existentialphilosophie. Selbstverlag der Philosophischen Gesellschaft Bad Ischl. In: Der Standpunkt, 16.9.1949, Bozen.

Zitats in Schach gehalten. Im Anschluß an die Frage nach der Berechtigung für den als »zweite Wissenschaft« bezeichneten Versuch Heideggers, den Bereich des Unaussprechbaren mit rationalen Mitteln zu erfassen, heißt es: »Das Ergebnis wird immer die gefährliche Halbrationalisierung einer Sphäre sein, die mit einem Wort Wittgensteins berührt werden kann. ›Wovon man nicht sprechen kann, darüber muß man schweigen‹« (Diss. 115). Kommt Wittgenstein, den Bachmann aus der Erstveröffentlichung des »Tractatus« von 1921 zitiert,[29] sonst in der ganzen Arbeit nicht vor, so wird er hier noch als Mentor eines Schweigegebots eingeführt. Im Verlauf der weiteren Lektüre sollte sich die Bedeutung des zitierten Satzes jedoch erheblich verkomplizieren und immer mehr aus dem Deutungsrahmen des ›Wiener Kreises‹ hinaustreten.

Zwar kannte Bachmann die erst später publizierte Äußerung Wittgensteins noch nicht, die jede sich auf ihn berufende Ablehnung Heideggers untergräbt: »Ich kann mir wohl denken, was Heidegger mit Sein und Angst meint. Der Mensch hat den Trieb, gegen die Grenzen der Sprache anzurennen. Denken Sie z. B. an das Erstaunen, daß etwas existiert.«[30] Doch ist auffällig, wie sich in ihren der Dissertation nachfolgenden Schriften das Verhältnis zwischen ›Wiener Kreis‹ und Wittgenstein verschiebt. In einem achtzehnseitigen Überblick über die »Philosophie der Gegenwart«[31], dem meines Wissens einzigen Text, den sie als »Dr. Ingeborg Bachmann« verfaßt hat, zeigt sie sich als gute Schülerin Krafts, denn allein zehn Seiten gelten darin dem ›Wiener Kreis‹.[32] Wird Wittgenstein in diesem Überblick in die Darstellung dieser Schule integriert, so geschieht dies zum einen über seinen für das Problem der ›Verifikation‹ von Sätzen »richtunggebenden« Beitrag, zum anderen durch den Hinweis, daß auch die Behandlung

---

[29] Logisch-Philosophische Abhandlung. In: Annalen der Naturphilosophie XIV, Heft 3/4, 1921, 262.

[30] Wittgenstein im Gespräch mit Schlick und Waismann. In Bd. 3 der Werkausgabe (Wittgenstein 1984, 68).

[31] K1071–1085/N831 und N580–593 (NÖN).

[32] Es ist zu vermuten, daß dieser undatierte Text, der in einem nüchtern referierenden Seminarton gehalten ist, während ihres kurzen Gastspiels in der akademischen Lehre entstanden ist, als ihr 1950 die mehrwöchige Vertretung einer Assistentenstelle für den erkrankten Ernst Topitsch übertragen worden war.

der Sprache nach ihrer logischen Struktur hin (semantische Funktion und syntaktische Regeln) auf ihn zurückgehe, wobei hervorgehoben wird, daß er im Unterschied zu Carnap die Möglichkeit eines Sprechens *über* die Sprache verworfen habe (11). Mit dem Heraustreten von Bachmanns Wittgenstein-Lektüre aus dem Bereich der *akademischen* Öffentlichkeit verschieben sich im folgenden deren Akzente merklich.

Zwei Jahre nach Wittgensteins Tod wird sein »Tractatus« von Bachmann, durchaus in Übereinstimmung mit Aufzeichnungen des Autors, die ihr damals ebenfalls unbekannt gewesen sein müssen, als »absurder Versuch« betrachtet, »die Philosophie schweigend zu vollziehen«, »nachdem er alles Sagbare klar dargestellt hatte (wie er es von der Philosophie forderte), alles Denkbare, das das Undenkbare von innen begrenzt und so auf das Unsagbare deutet« (4/12f.). In diesem Essay aus dem Jahre 1953 liegt der Akzent nun explizit bei Wittgensteins »verzweifelter Bemühung um das Unaussprechliche, die den ›Tractatus‹ mit einer Spannung auflädt, in der er sich selbst aufhebt«, wobei es gerade dieses »Scheitern also an der positiven Bestimmung der Philosophie« ist, das nach Bachmann sein Denken für »ein erneutes, stets zu erneuerndes Mitdenken« auszeichnet. Indem sie hier die Bewegung des Hindeutens und Verweisens auf das ›Unsagbare‹ betont, die von der »klaren Darstellung des Sagbaren« ausgeht und aus ihr erst hervorgeht, wird nun als Kehrseite jener Grenze, die durch die Logik gebildet wird, die Grenze der Logik erkennbar, von der aus sich etwas anderes zeigt.

»Was ist nun dieses Unsagbare? Zuerst begegnet es uns als Unmöglichkeit, die logische Form selbst darzustellen. Diese *zeigt sich*. Sie spiegelt sich im Satz. Der Satz weist sie auf. Was *sich zeigt*, kann nicht gesagt werden; es ist das Mystische. Hier *erfährt die Logik ihre Grenze*, und da sie die Welt erfüllt, da die Welt in die Struktur der logischen Form eintritt, ist ihre Grenze die Grenze unserer Welt. So verstehen wir den Satz: ›*Die Grenzen meiner Sprache* bedeuten die Grenzen meiner Welt‹ (5.6.).« (20)[33]

---

[33] Die Hervorhebung von »die Grenzen meiner Sprache« im Text, die anderen H.v.m.

Die Figur, die Bachmanns Essay in der Nachahmung von Wittgensteins Denken beschreibt, stellt eine dialektische Lektüre seines »Tractatus« dar. Gleichsam vom Ende des »Tractatus« her gelesen, von dem her, worüber man schweigen muß, erhält Wittgenstein für sie genau an *den* Stellen Bedeutung, an denen das Interesse des ›Wiener Kreises‹ für ihn aufhört. Insofern ist es nicht mehr verwunderlich, wenn er zum Ende des Essays nun auf jener Seite der Grenze situiert wird, die am Schluß ihrer Dissertation als *Anderes* der Philosophie bzw. als Ausdrucksbereich der Kunst erschienen war und mit Versen aus Baudelaires Gedicht »Le gouffre« konkretisiert wurde: »Pascal avait son gouffre, avec lui se mouvant […]«. So hat sich in ihrem Wittgenstein-Essay der Philosoph von einem Gewährsmann des ›Wiener Kreises‹ in einen Nachfolger des Baudelaireschen Pascal verwandelt: »Wie Pascal bewegt sich Wittgenstein in und mit seinem Abgrund« (4/21). Wenn sie schließlich postuliert, daß die Zeit für die Entdeckung Wittgensteins gekommen sein dürfte (22), dann impliziert diese Formulierung, daß in der *bisherigen* Rezeption Wittgensteins, d. h. in der Inanspruchnahme seiner logisch-philosophischen Thesen für die Argumente des Logischen Empirismus, sein Denken noch ›unentdeckt‹ geblieben ist.

Aus der Perspektive dieser Deutung, ihrer eigenen ›Entdeckung‹ Wittgensteins, erhält dann auch eine jener symbolisch konstruierten Erinnerungsszenen ihre Bedeutung, mit denen Bachmann in Interviews gerne die biographische Neugier der Fragenden im selben Atemzug zurückwies, in dem sie sie auch beantwortete [VI.3]. In der Szene, die sie 1973, also nachträglich, entwirft, hat die Studentin in einer historischen Situation, als »diese ganze Literatur« von den Nazis verbrannt war, in den Kellern der Nationalbibliothek, die metonymisch für die Keller Wiens stehen, Wittgensteins Buch gefunden, nicht entdeckt:

> »Es war kein Professor, niemand hat mich dazu gebracht, sondern ich habe selbst herumgesucht, ich habe dieses Buch gefunden, das heißt, ich habe es nicht entdeckt, in England hat man ja Wittgenstein schon längst gekannt, aber für uns war er ganz neu.« (GuI 135)

Auch wenn man der Faktizität dieser Szene skeptisch gegenüberstehen muß, wenn man also davon ausgeht, daß die Szene nicht sagt, ›wie es denn eigentlich gewesen ist‹, dann beschreibt sie doch adäquat die Erinnerung der Autorin, Wittgensteins Buch für sich selbst gefunden zu haben, und zwar an einem Ort, der als Unterkellerung der Stadt Wien, d. h. als Unterseite und Verborgenes der kenntlichen Stadttopographie, bezeichnet wird. In diesem Bild schließt Wien auch den ›Wiener Kreis‹ ein.

Diesen Fund, ihre eigene, damals noch einsame Lektüre Wittgensteins, hat Bachmann in dem Radioessay des folgenden Jahres noch einen Schritt weiter getrieben. Darin hat sich die Beziehung zwischen Sagbarem und Unsagbarem nun vollständig verkehrt. So ist es nicht mehr das Denk- und Sagbare, das auf das Unsagbare hindeutet, sondern umgekehrt wird das Unsagbare als Voraussetzung und Möglichkeitsbedingung des Sagbaren beschrieben: »Daß die Welt sprechbar – also abbildbar wird –, daß Sagbares möglich ist, ist erst durch das Unsagbare, das Mystische, die Grenze oder wie immer wir es nennen wollen, möglich« (4/116). Für ihre eigene, literarische Schreibweise sollte diese Figuration richtungsweisend werden. Was in der Einleitung zu »Der Fall Franza« programmatisch formuliert ist – »Denn die Tatsachen, die die Welt ausmachen – sie brauchen das Nichttatsächliche, um von ihm aus erkannt zu werden« (3/346) –, geht bei »Malina« in die Konzeption und Komposition des Romans ein: die vernünftige Erzählstimme Malinas und seine klare Geschichte gehen hier aus dem Schweigen der Ich-Person hervor, deren Stimme u. a. durch deutliche Präferenzen für das Mystische charakterisiert ist.

Der Begriff des Mystischen im »Tractatus« ist es, um den der Radioessay aus dem Jahre 1954 vor allem kreist: »Nicht *wie* die Welt ist, ist das Mystische, sondern *daß* sie ist« (»Tractatus«, 6.44). Mit diesem Aphorismus werde im »Tractatus« ein »neuer Ton« angeschlagen und bis zum Ende des Buches durchgehalten. Und Bachmann geht es vor allem um dieses Ende, um die letzten zwei Seiten von Wittgensteins Text. Dieser Ton kann nun auch hinsichtlich seiner Nähe zu Heideggers Frage »Warum ist überhaupt Seiendes und nicht vielmehr nichts?« diskutiert und in seiner Differenz dazu bestimmt werden. So ist es die »andre Komponente« des Wittgensteinschen Denkens (117), die zum Leitmotiv der Bachmannschen Lektüre wird. Steht bei Wittgenstein der Begriff des

Mystischen[34] für das Unaussprechliche, das »sich zeigt«, so konzentriert sich Bachmanns Text zum Schluß auf die Möglichkeitsformen und die Modi eben dieses *Sich-Zeigens*, das auf etwas hindeutet, es aber nicht sagen oder benennen kann. Aufgrund dieser Bedeutung des Sich-Zeigenden erhält auch das Schweigen in Wittgensteins Philosophie selbst eine veränderte Bedeutung und muß nicht mehr im Sinne eines absoluten Schweigegebots interpretiert werden:

> »Denn worüber sollte sonst zu schweigen sein, wenn nicht über das Entgrenzende – über den verborgenen Gott, über Ethisches und Ästhetisches als mystische Erfahrungen des Herzens, die sich im Unsagbaren vollziehen? Das ›Wovon man nicht sprechen kann, darüber muß man schweigen‹ schließt dies vollkommen ein. Schweigen über etwas heißt ja nicht nur einfach schweigen. Das negative Schweigen wäre Agnostizismus – das positive Schweigen ist Mystik.« (120)

Die Ableitung dieses Konzepts eines ›positiven Schweigens‹ bedeutet zugleich die Gewinnung einer literarischen Sprache als andere der Tatsachen. Und die Grenze, die Bachmann sich im Nachvollzug von Wittgensteins Denken bis zu dem Punkt, wo seine »andre Komponente« hervortritt, erarbeitet hat, bedeutet nun nicht mehr eine einfache Trennung (zwischen Logik und Metaphysik, Sprache und Unsagbarem, Philosophie und Kunst). Vielmehr ist diese Grenze, insofern Wittgenstein das Subjekt als »eine Grenze der Welt« bestimmt (5.632), zum Ort des Subjekts geworden. Es operiert »an den ›Grenzen‹, die nicht nur Grenzen, sondern auch *Einbruchstellen des sich Zeigenden*« sind (126, H.v.m.). Das Konzept der ›Grenze‹ hat sich damit im Verlauf von Bachmanns Wittgenstein-Lektüre radikal gewandelt. Bedeutete es am Ende der Dissertation Trennung und Aufteilung, so hat es sich nunmehr in eine dialektische Schwelle verwandelt: als Ort, der eine Möglichkeitsbedingung für die »Einbruchstellen des sich Zeigenden« darstellt. Aber nicht nur hinsichtlich des wissenschaftlichen Schemas ist damit Bewegung in die Bedeutung der Grenze gekom-

---

[34] Ein weiterer Radioessay Bachmanns aus dem Jahre 1953, »Logik als Mystik«, gilt als verschollen; vgl. die Anmerkungen zur Edition der Werkausgabe (4/406).

men; dies gilt auch im Blick zurück auf das Grenzmotiv im allegorischen Schema von Bachmanns frühen Erzählungen. Die epische Topographie von ›hier und drüben‹ oder ›hier und jenseits‹ ist ebenso wie der Gegensatz von Wissenschaft und Kunst abgelöst worden durch ein ›diesseits‹, von wo aus das Außerhalb sich zeigt bzw. in die Sprache des Diesseits einbricht. Damit hat sich implizit aber auch die Sprache der Kunst verwandelt, nicht mehr als Gegensatz zur Logik oder als bessere Metaphysik definiert, sondern als Sprache, die jene Einbruchstellen offenhält, in denen das Andere, Nichttatsächliche, Unsagbare »oder wie immer wir es nennen wollen« erkennbar werden kann. Man könnte die Poetologie, die Bachmann in ihrer Arbeit am eigenen literarischen Schreiben entwickeln wird, gut und gern unter das Motto dieser »Einbruchstellen des sich Zeigenden« stellen. Es wird nicht immer und überall den Titel des Mystischen behalten [IX.3].

Wenn man von diesem Punkt aus noch einmal auf die Gegenstellung in der philosophischen Argumentation der Doktorandin zurückblickt, dann wird deutlich, daß Bachmann Wittgenstein nicht mehr dem Ausgangsschema zuordnet, sondern ihm einen *dritten* Ort zuschreibt, nicht einen dritten Ort jenseits der Gegenstellung von Heidegger und Neopositivismus, sondern einen dritten Ort, der durch die Gegenstellung *sowohl* zur Metaphysik *als auch* zu einem fortschrittsorientierten Denken bestimmt wird:

> »Sein Schweigen ist durchaus als Protest aufzufassen gegen den spezifischen *Antirationalismus* der Zeit, gegen das metaphysisch verseuchte westliche Denken, vor allem das deutsche, das sich in Sinnverlustsklagen und Besinnungsaufrufen, in Untergangs-, Übergangs- und Aufgangsprognosen des Abendlandes gefällt, Ströme eines *vernunftfeindlichen* Denkens gegen die ›gefährlichen‹ positiven Wissenschaften und die ›entfesselte‹ Technik mobilisiert, um die Menschheit in einem primitiven Denkzustand verharren zu lassen.
>
> Und das Schweigen ist auch als Protest aufzufassen gegen die *wissenschafts- und fortschrittsgläubigen* Tendenzen dieser Zeit, die Ignoranz gegenüber der ›ganzen Wirklichkeit‹, wie sie sich häufig in der von seinem Werk ihren Ausgang nehmenden neopositivistischen Schule und unter den ihr verwandten scientistischen Denkern breit macht.« (126, H.v.m.)

Im Lichte dieser doppelten Kritik, gegenüber dem deutschen Antirationalismus *und* einem fortschrittsaffirmativen Denken, läßt sich die Wittgenstein-Lektüre für Bachmann nun mühelos mit einem Interesse an Schriften aus dem Feld der Kritischen Theorie verbinden.

4. Anschlußstellen und Übergänge zur Benjamin-Lektüre

Der Essay »Was ich in Rom sah und hörte«, Februar 1955 in der Zeitschrift »Akzente« publiziert, ist der erste Text Bachmanns, in dem sich Hinweise auf eine Auseinandersetzung mit Walter Benjamin finden. Als Indiz einer Aufnahme seiner Theorie kann zunächst gelten, daß ihr Essay bis hin zu sprachlichen Wendungen in eine erstaunliche Nähe zu seinen Thesen »Über den Begriff der Geschichte« rückt, besonders zu der bekannten Formulierung, daß »niemals ein Dokument der Kultur [sei], ohne zugleich ein solches der Barbarei zu sein«[35]. In der Passage von Bachmanns Rom-Essay, die dem Palazzo Cenci gewidmet ist, »in dem die unglückliche Beatrice vor ihrer Hinrichtung lebte«, heißt es nämlich, daß ihm »viele Häuser gleichen. Die Preise sind hoch und die Spuren der Barbarei überall.«

Soll dieses Zitat hier zunächst nur als Indiz gelten, so weist der Rom-Essay doch insgesamt eine sehr viel weiter gehende Affinität zu Benjamins Denken auf. Im Zuge ihrer gegenüber dem Neopositivismus umgekehrten Lektüre Wittgensteins hatte Bachmann sich eine philosophische Betrachtungsweise erschrieben, für die die Begegnung mit Denken und Schriften Benjamins von hoher Attraktivität sein mußte. Nicht nur seine Überlegungen zur Sprach- und Geschichtsphilosophie schließen an Fragen und Problemstellungen an, die sie für sich selbst formuliert hatte, noch ehe sie seine 1955 publizierten »Schriften« studieren konnte. Vor allem seine Denk- und Schreibweise, die mit den Normen des akademischen Diskurses bricht und aus der Bewegung der Sprache, aus dem Umgang mit tradierten Metaphern und Denkfiguren ein neues Denken hervortreibt, muß sie beflügelt haben und ihr die Möglichkeit zur Befreiung aus ihrer Befangenheit in der Defini-

---

[35] Benjamin 1980, I.2/696 bzw. Benjamin 1955, Bd. 1/498.

tion einer ›Philosophie als Wissenschaft‹ und aus dem Gegensatz von Literatur und Philosophie vor Augen geführt haben.

Nicht mehr als Autorin *der* Philosophie auftretend und auch nicht mehr *über* Philosophie schreibend – auch der im ersten Halbjahr 1955 entstandene Radiobeitrag über die Mystikerin Simone Weil [IX.3] ist eher Porträt als philosophischer Essay –, nehmen die Spuren ihrer philosophischen Lektüre nun eine andere Gestalt an. Wo diese Lektüren nicht mehr dem Neopositivismus verpflichtet sind, sind sie auch nicht positivistisch belegbar, sondern (nur) in den literarischen Schriften entzifferbar. In diese ein- und darin aufgegangen, läßt sich ihre Lektüre Benjamins insofern auch nicht in der gleichen Weise rekonstruieren wie die Wittgensteins. Zwar ist ihr intensives Interesse dadurch belegt, daß die Zahl der Benjamin-Bücher, die in ihrer Bibliothek standen, gleichzeitig mit der verzögerten und verwickelten Publikationsgeschichte seiner Schriften, stetig anwuchs. So besaß sie nahezu alle seine Titel, die während ihres Lebens erschienen sind.[36] Doch hat sie sein Denken nicht zum Gegenstand ihres Schreibens gemacht, sondern schreibend damit korrespondiert. Hier gilt in besonderem Maße, was Bachmann für ihre Lektüre überhaupt formuliert hat: »Deswegen glaube ich weniger an Einfluß als an Affinitäten. Man stößt nicht ganz zufällig mit den Büchern zusammen, die für einen die wichtigsten werden« (GuI 125).

Mit der in Benjamins Schreibweise selbst erkennbaren Arbeit an Denkfiguren und Denkbildern, die sich um die Rettung der aus der logischen Struktur der Begriffe ausgeschlossenen Momente bemüht und in eine explizite Gegenstellung zum Systemanspruch der Schulphilosophie tritt, lernte Bachmann eine Praxis des Philosophierens kennen, die den »Einbruchstellen des Sich-Zeigenden«

---

[36] Als früheste Publikation findet sich in ihrer Privatbibliothek die von Adorno 1950 herausgegebene »Berliner Kindheit um Neunzehnhundert«, gefolgt von der Neuherausgabe der »Einbahnstraße« 1955 und der im selben Jahr besorgten zweibändigen Ausgabe der »Schriften«, die neben den zu seinen Lebzeiten veröffentlichten Büchern und Aufsätzen (z.B. das Trauerspiel-Buch, Goethes Wahlverwandtschaften, die Baudelaire-Studien) auch einige unveröffentlichte Manuskripte enthielt, u.a. den Sprachaufsatz und »Über das mimetische Vermögen«, aber auch die von Adorno so betitelten »Geschichtsphilosophischen Thesen«, die bereits 1950 in der »Neuen Rundschau« erstveröffentlicht waren.

verpflichtet ist.[37] Grundlage dieses Philosophierens ist ein dialektischer Sprachbegriff, der den Zeichencharakter der Sprache nicht leugnet, ihn aber als Produkt einer Geschichte begreift, in der das mimetische Vermögen der Menschen verlorengegangen ist, während die in den Hintergrund getretene mimetische (bzw. magische) Seite der Sprache heute nur noch blitzartig am Semiotischen der Sprache, d. h. am Zeichen (als Träger), in Erscheinung tritt.[38] Ist die logische Struktur der Sprache ihrem Zeichencharakter geschuldet, so berührt sich Benjamins Sprachtheorie, seine Theorie der »unsinnlichen Ähnlichkeiten«, an diesem Punkt mit Bachmanns Deutung der Beziehung zwischen dem Sagbaren/Logischen und dem Unsagbaren/Mystischen/Sich-Zeigenden in Wittgensteins »Tractatus«. Dieser Berührungspunkt ist in theoretischer Hinsicht durchaus plausibel; zwar gehen beide Theoretiker von genau entgegengesetzten Ausgangspunkten aus – Benjamin vom biblischen Mythos einer vorgeschichtlichen, magischen Unmittelbarkeit der paradiesischen Sprache, die mit der Zäsur ihres Zeichenwerdens, die er als Sündenfall beschreibt, verlorengeht, Wittgenstein von der logischen Struktur der Sprache als »Spiegelbild der Welt« –, doch bewegen sich beide aus entgegengesetzten Richtungen auf jenen Grenzmoment zu, da *in* der sprachlichen Repräsentation etwas Abwesendes bzw. Nichtrepräsentierbares kenntlich wird, die Sprache als Zeichensystem also durchbrochen oder überschritten wird.

Am Ende ihres Radioessays 1954 war Bachmann noch kurz auf die im Jahr zuvor aus dem Nachlaß publizierten »Philosophischen Untersuchungen« von Wittgenstein eingegangen. Im Unterschied zur Deutung dieses Buches als Sprachspieltheorie und einer gegenüber dem »Tractatus« vollzogenen Wende in Wittgensteins Denken, im Unterschied zur vorherrschenden Deutung also, betont Bachmann eher eine Kontinuität und hebt, wo sie über die Unterschiede zum »Tractatus« spricht, zwei zentrale Aspekte hervor: zum einen den Übergang der »Philosophischen Untersuchungen« von der Abstraktion zum Bild, zum anderen eine veränderte Auffassung der Sprache, die jetzt nicht mehr »ein Zeichensystem

---

[37] Zum Zusammenhang von Schreib- und Denkweise bei Benjamin vgl. Weigel 1997.
[38] Über das mimetische Vermögen (Benjamin 1980, II.1/210–213).

genannt« wird (4/124). Der erste Punkt wird nicht weiter verfolgt, so wie schon in den vorausgegangenen Darstellungen der problematische Bildbegriff des »Tractatus« von Bachmann praktisch ›übergangen‹ wurde.[39] Der zweite Punkt scheint ihr wichtiger zu sein: »Die Sprache wird jetzt nicht mehr ein Zeichensystem genannt – das sie natürlich bleibt –, sondern in ihrer Mannigfaltigkeit verglichen mit einer alten Stadt.« Es folgt eine Passage aus den »Philosophischen Untersuchungen« (I.18), auf die Bachmann sich noch mehrfach beziehen, die also in ihren Zitatenschatz eingehen wird, in den Schatz jener Stellen aus der Literatur, die sie »immer aufgeregt haben« und von denen sie sagt, sie seien »das Leben« für sie (GuI 69):

> »›Ein Gewinkel von Gäßchen und Plätzen, alten und neuen Häusern, und Häusern mit Zubauten aus verschiedenen Zeiten; und dies umgeben von einer Menge neuer Vororte mit geraden und regelmäßigen Straßen und mit einförmigen Häusern.‹
> […] Und da die Sprache ein Labyrinth von Wegen ist – wie er sie an einer anderen Stelle nennt –, so muß die Philosophie den Kampf gegen die Verhexung unseres Verstandes durch die Mittel der Sprache aufnehmen.« (4/124)

Dabei ist das Labyrinth keine Metapher für die Sprache, sondern es beschreibt den Effekt des Gewordenseins der Sprache und unseren verhexten Ort inmitten.[40] Schlägt man die »Philosophischen Untersuchungen« an der zitierten Stelle auf, dann wird die sprachhistorische Perspektive noch deutlicher. Da Wittgenstein die Befehle, den »chemischen Symbolismus und die Infinitesimalnotation« als »Vorstädte unserer Sprache« bezeichnet, als regelmäßige Anteile also, die der winkeligen alten Stadt hinzu- und angefügt wurden, ist die logische Struktur der Sprache hier als eine jüngere supplementäre Schicht der Sprache bewertet. Bachmann kehrt mit

---

[39] Hannah Arendt hat die »Abbildtheorie der Aussage« in Wittgensteins »Tractatus« vor allem in ihren Konsequenzen für den Bildbegriff problematisiert. Vgl. ihre ausführliche Anmerkung 132 zu Kap. II in »Vom Leben des Geistes« (Arendt 1979, 224ff.).
[40] Einem metaphorischen Verständnis dieses Bildes, etwa dem Vergleich von Gedicht und alter Stadt, hat Bachmann in einem Interview heftig widersprochen. »Die Sprache selbst, meine ich, wäre eine Stadt.« Vgl. das Gespräch mit Joachim von Bernstorff am 26.3.1956 (GuI 17).

ihrer Rede von der Verhexung die Perspektive um: von der Stellung im Heute ausgehend, befindet sich das Subjekt der Sprache in einem Labyrinth, in dem ihm die Geschichte in Gestalt einer Verhexung erscheint. Das Alte kann nicht vom Neuen, das Vergangene nicht vom Gewesenen, das Winkelige nicht vom Geraden geschieden werden. Damit zielt ihre Lektüre auf eben jene gedächtnistheoretische Reformulierung der Sprache, in der wie bei Benjamin Sprachgedächtnis und die Sprache des Gedächtnisses – im Bild der Stadt – zusammenfallen.

Das Bild von der Sprache als Stadt und als Labyrinth steht in der Genese von Bachmanns philosophischen Lektüren damit exakt am Übergang von Wittgenstein zu Benjamin: am Ende ihres letzten Radioessays über Wittgenstein stehend, enthält das genannte Zitat *in nuce* die Idee des folgenden Rom-Essays, der somit an die Stelle der Druckfassung des Wittgenstein-Essays getreten ist: »Was ich in Rom sah und hörte«. Schon Benjamins »Berliner Kindheit um Neunzehnhundert« stellt eine Serie von Erinnerungsbildern vor, in denen die Dauerspuren der individuellen Erinnerung in die Topographie der Stadt, in das steingewordene Gedächtnis der Kultur, eingeschrieben sind. In vielen der Beiträge zur Moderne, die in Benjamins »Schriften« (1955) versammelt sind, besonders aus dem Zusammenhang der Baudelaire- und Paris-Studien, wird die Stadt dann stärker als Schauplatz eines kollektiven Gedächtnisses begriffen. Als diese Schriften herauskamen, war Bachmanns Essay soeben gedruckt. Die Schreibweise und theoretische Armatur dafür hatte sie allerdings in der »Berliner Kindheit« und in den geschichtstheoretischen Thesen schon kennenlernen können.

Wird in Benjamins Text »Über den Begriff der Geschichte« die geschichtstheoretische Bedeutung von Erinnerungsbildern diskutiert bzw. Geschichtsschreibung als Erinnerungstätigkeit reformuliert, so traf dies auf ein Interesse Bachmanns, das in ihre Studienzeit zurückreicht, bildeten doch die von Alois Dempf angebotenen Lehrveranstaltungen zur Geschichtsphilosophie einen Schwerpunkt ihres Studiums.[41] In diesem Zusammenhang hatte sie die bereits erwähnte Seminararbeit über Alfred Weber verfaßt.

---

[41] Bachmann hatte im Sommer 1947 seine Vorlesung über »Geschichtsphilosophie« und im Sommer 1948 seine Übung über »Neuere Geschichtsphilosophen« belegt (Pichl 1986, 171).

Das geistes- und wirtschaftshistorisch argumentierende Buch »Abschied von der bisherigen Geschichte. Überwindung des Nihilismus?« (1946) des bekannten Kultursoziologen Weber,[42] das in den letzten Kriegsjahren entstanden war, stellt den Versuch dar, die »Katastrophe« in eine Geschichte der *longue durée* zu integrieren, und zwar über eine Entwicklungsgeschichte des ›Geistigen‹.[43] Es gibt zum Vorwort, das im Februar 1945 geschrieben wurde, einen Nachtrag aus dem Juni 1945. Dieser kurze Text ist zeittypisch in seiner Symptomatik für die vollständige Blockade

---

[42] Das Buch wurde 1946 in Bern verlegt. Das Copyright enthält den Vermerk: »Diese Ausgabe darf nur außerhalb Deutschlands verkauft werden«. Alfred Weber (1868–1958), ein Bruder von Max Weber, hatte in Heidelberg eine Professur für Nationalökonomie und Soziologie inne, von der er 1933 altersbedingt zurücktrat. Bei ihm hatten u. a. Karl Mannheim studiert und Erich Fromm mit einer Arbeit über »Das jüdische Gesetz« promoviert. Sein bekanntester Titel ist »Kulturgeschichte als Kultursoziologie« (1935). – Zu dem Buch Webers vgl. auch Gehle 1995, 47 ff.

[43] So wertet Alfred Weber Nietzsches ›Nihilismus‹ als eine der Voraussetzungen dessen, was seit 1933 geschah und was er abstrakt mit dem Begriff der Katastrophe belegt. Für »das Heute« sieht er die Aufgabe vor allem in einer »intensiven Erziehung«, in einer »Erlösung vom heutigen Nihilismus« (231) und zwar im Rückgriff auf »universelle Daseinserlebnisse« und »vorangegangene undogmatische, unmittelbare Transzendenz-Erfahrungen« (208), für die ihm historische Größen wie Michelangelo und Shakespeare als Vorbilder gelten. Kombiniert schon der Titel seines Buches die Paradigmen von Abschied und Überwindung, so präsentiert seine Darstellung eine merkwürdige Kombination aus der Anerkennung einer »Gesamtmitverantwortung« (9) und dem Versuch, das Geschehene metaphysisch zu transzendieren. Dabei nimmt er eine Aufspaltung vor, in der sich der ›Abschied‹ auf die realpolitische Ebene bzw. das Ende eines autonomen »deutschen Wirtschaftskörpers« bezieht (238), während die Figur der ›Überwindung‹ das deutsche Volk als »geistigen Körper« betrifft (8). Insofern impliziert Webers Darstellung eine Versöhnung des »heutigen Nullpunkt« bzw. der Realgeschichte mit Hilfe der Perspektive einer Überwindung des Nihilismus im Wiederanknüpfen an frühere Transzendenzerfahrungen, die der Großgeschichte des ›Abendlandes‹ entnommen sind. Abschied nicht also als Bruch oder gar Posthistorie, sondern im Gegenteil als Versuch, eine Brücke zum Vorausgegangenen zu bauen. Wird damit das Geschehene in eine transzendentale Geschichte des Abendlandes integriert und als »Katastrophe« aus deren Kontinuität zugleich ausgeschlossen, so setzt sich dieser Diskurs in einer bis heute andauernden Katastrophen-Rhetorik – oder umgangssprachlicher: eines ›geschichtlichen Unfalls‹ – fort.

gegenüber einem Eindringen des historischen Bruchs ins Denken. Einerseits nämlich heißt es darin:

> »Es ergibt sich aus dem letzten Kapitel der Schrift, wie über die Entsetzlichkeiten, die erst inzwischen aufgedeckt oder erst inzwischen voll zur Wirkung gekommen sind, und über den Grad unserer Gesamtmitverantwortung zu denken ist. Diese liegt vor, trotzdem man die grauenhaften Ausmaße des Geschehens nicht gekannt hat.«

Andererseits versäumt es der Autor nicht, im unmittelbar anschließenden Satz hervorzuheben: »Das letzte Kapitel der Schrift ist – daran möchte ich erinnern – vor den Nachkriegsenthüllungen niedergeschrieben« (9). Mit dieser Argumentation konstruiert Weber eine geschichtsphilosophische Aporie. Noch unberührt vom vollständigen Wissen über die Vernichtungslager, soll das letzte Kapitel seines Buches dennoch als Bezugspunkt für jenes Denken Geltung behalten, das erst aus diesem Wissen folgt. Auf diese Weise dichtet sich Geschichtsphilosophie bereits gegen die Frage ab, was passieren würde, wenn dieses Wissen tatsächlich in das Denken eindränge. Auch die zweiundzwanzigjährige Studentin der Philosophie, die über Webers Buch referierte, hat diese Frage nicht gestellt und wurde offensichtlich von »ihrem Lehrer« auch nicht dazu angeregt, sie zu stellen.

Das ›Überwindungs‹-Paradigma, für das Webers Buch steht, zeigt sich aber nicht erst aus heutiger Perspektive als Konstruktion einer geschichtsphilosophischen Aporie und Denkblockade. Bereits in seinen zur gleichen Zeit wie Webers Buch entstandenen Aufzeichnungen, in den 1944 notierten »Reflexionen aus dem beschädigten Leben«, die er 1951 als ersten Teil von »Minima Moralia« publizierte, hat Adorno entsprechende Normalisierungsideologeme kritisiert. Dagegen hat er den Schock, der durch Krieg und Shoah in die Geschichte eingetreten ist, als Ende eines Normalitätsbegriffs gewertet und zugleich über deren Folgen für die Geschichtsphilosophie und die ›Kultur‹ nachgedacht:

> »Der Gedanke, daß nach diesem Krieg das Leben ›normal‹ weitergehen oder gar die Kultur ›wiederaufgebaut‹ werden könnte – als wäre nicht der Wiederaufbau von Kultur allein schon deren Negation –, ist idiotisch. Millionen Juden sind ermordet wor-

den, und das soll ein Zwischenspiel sein und nicht die Katastrophe selbst.«[44]

Es geht also um die Folgen eines zerstörten Verhältnisses von Normalität und Katastrophe für den Geschichtsbegriff. Über eben diese Konsequenzen eines Normalwerdens der Katastrophe hatte Benjamin bereits einige Jahre zuvor reflektiert.

Obwohl er, als er 1940 seine Thesen »Über den Begriff der Geschichte« schrieb, das Ausmaß des ›Zivilisationsbruchs‹ noch nicht kennen konnte (während er die Vorgeschichte der ›Endlösung‹ aufmerksam wahrgenommen hatte), entwickelt sein Text bereits einen radikal anderen Umgang mit dem Ausnahmezustand, als er im Nachkriegsdeutschland üblich wurde. Aus einer Erfahrung, daß der »Ausnahmezustand« die Regel ist, und aus der Einsicht, daß »das Staunen darüber, daß die Dinge, die wir erleben, im zwanzigsten Jahrhundert ›noch‹ möglich sind, [...] *kein* philosophisches« ist, folgt für Benjamin die Notwendigkeit einer neuen Erkenntnis. Diese ist nur in der Figur einer Negation, d. h. als Zäsur gegenüber dem bestehenden Geschichtsbegriff, zu bestimmen. Die Erfahrung eines nicht- bzw. postphilosophischen Staunens angesichts des Erlebten steht, so Benjamin, »nicht am Anfang einer Erkenntnis, es sei denn der, daß die Vorstellung von Geschichte, aus der es stammt, nicht zu halten ist«[45]. Anstelle des ›Abschieds‹ steht hier also die Einsicht in die Unhaltbarkeit der bestehenden Geschichtsvorstellung, die aber nicht als Ende der Geschichte gewertet wird, sondern aus der eine andere Art von Erkenntnis entspringt. Die Konsequenzen, die diese Einsicht für den Umgang mit dem eigenen Ort in der Nachgeschichte hat, wird Bachmann im »Todesarten«-Projekt ausarbeiten. Vorerst, Mitte der fünfziger Jahre, antwortet ihr Rom-Essay vor allem auf die durch Benjamin inspirierte Betrachtung der Geschichte im Modus von Erinnerungsbildern: eine Haltung, durch die den Subjekten der geschichtliche Gegenstand als Monade entgegentritt, als eine aus dem Kontinuum der Geschichte herausgesprengte, mit Jetztzeit geladene Vergangenheit.

---

[44] Adorno 1951, 65.
[45] Benjamin 1980, I.2/697 bzw. Benjamin 1955, Bd. I/498. Ausführlicher im Hinblick auf die damit verbundene Zäsur gegenüber der Geschichtsphilosophie vgl. Weigel 1997.

5. Stadt – Sprache – Geschichte: der Rom-Essay

Der Gestus des »ich sah« ist es, der in der Erzählhaltung von Bachmanns Essay »Was ich in Rom sah und hörte« die allzu bekannten Stadtbilder Roms mit ›Jetztzeit‹ auflädt, mit einer Wahrnehmung also, die sich in eine Unmittelbarkeit zu den materialisierten und eingeschriebenen Dauerspuren der Vergangenheit setzt. Unter dem Leitmotiv »in Rom sah ich« stellt der Text eine Serie von Stadtbildern und -szenen vor, gleichsam einem Stadtführer folgend und einen Gang durch die Stadt nachahmend. Dabei werden die Blicke touristischer, mythischer, ästhetischer und historischer Stadtdarstellungen zitiert und durchkreuzt, während aus dieser Bewegung die Stadt als Schauplatz eines kulturellen Gedächtnisses, als Topographie historischer Dauerspuren entsteht.[46] Das Sehen bildet eine rhetorische Figur; als Anapher strukturiert es den Gang durch den Text der Stadt. Dabei wird dieser Gang durch ein wiederholtes »aber« und »doch« zugleich als Durchquerung von Ungleichzeitigkeiten und Unvereinbarkeiten strukturiert. In die Figur einer mehrfachen Wiederholung und Variation des Leitmotivs – in Rom sah ich, ich sah, sah ich – wird dabei unmerklich ein Hören eingespielt. Ausgehend vom Sehen im Sinne einer *Ansicht*, führt die Textbewegung über die sichtbaren Zeichen der Vergangenheit (Architektur, Ruinen, Statuen) und eine Referenz auf das Verborgene, das nicht Sichtbare – »Schwer zu sehen ist, was unter der Erde liegt: Wasserstätten und Todesstätten« (4/33) – auf diese Weise zu einer Dialektik von Vergessen und Erinnern. Hören und Sehen werden so zu Fähigkeiten im Konzept der Lesbarkeit einer aus den Stadtbildern entzifferbaren Geschichte; und die Bilder der Stadt werden zu Denkbildern ihrer Kulturgeschichte. Die »unmißverständliche Schrift«, die aus den drei Zypressen vor der Glaswand gebildet wird, »alte und neue Texte«, Denkmale und Abfall, Zeichen und Dinge, stehen in Bachmanns Rom-Bildern als Gedächtnisschrift nebeneinander, ohne daß allerdings die Denkmale mit unbeständigeren Formen der Vergegenwärtigung in Übereinstimmung gebracht würden.

---

[46] In einem Brief an Moras aus Rom bezeichnet Bachmann die Stadt als »Bilderbuch zum Umblättern« (23.12.1955, DLM).

»In Rom sah ich, daß der Tiber *nicht schön* ist, *aber* [...]« (H.v.m.). Mit dieser Durchstreichung einer Postkartenansicht leitet der Essay eine Serie von Stadtbildern ein, aus denen Momente einer Gegenwärtigkeit hervortreten. Das »aber« zeigt zugleich an, daß die Darstellung nicht bei einer Ideologiekritik des schönen Scheins stehenbleibt, sondern erst aus der Durchstreichung der Ansicht eine andere Sicht auf eine ganz andere Art von Schönheit gewinnt. Am ersten Abschnitt über den Tiber und die Tiberina kann paradigmatisch gezeigt werden, in welcher Weise die Darstellung sich auf die zu touristischen Anekdoten geronnenen Rom-Legenden bezieht, um damit einige Jetztzeitpartikel aus den Stadtmythen aufscheinen zu lassen. Die Legende von der Entstehung der schiffsförmigen Tiberinsel aus dem Untergang eines schwer beladenen Schiffes, wie sie der »Baedeker« überliefert, und die Tradition der mit dem Äskulapkult verbundenen Insel, an die heute noch das Krankenhaus, das sich dort befindet, erinnert, werden in dem Essay z. B. zitiert, um in eine Topographie umgeschrieben zu werden, die zum Ort der ›anderen‹ wird, zum Ort einer aus der heroischen Historie ausgeschlossenen Geschichte.

> »Die Tiberina bewohnen die Noantri – wir anderen. Das ist so zu verstehen, daß sie, die Insel der Kranken und Toten seit alter Zeit, von uns anderen mitbewohnt werden will, mitbefahren, denn sie ist auch ein Schiff und treibt ganz langsam im Wasser mit allen Beladenen, in einem Fluß, der sie nicht als Last empfindet.« (29)

Damit wird für den textuellen Gang durch die Stadt eine Perspektive vorgegeben, die man, wäre dieses in der Zwischenzeit nicht auch schon zum Stereotyp erstarrt, als Versuch bezeichnen könnte, »die Geschichte gegen den Strich zu bürsten«[47]. Von der Insel der anderen, der Toten und Kranken ausgehend, beschreiben die folgenden Szenen die für den Rom-Diskurs einschlägigen Plätze, Gebäude und kulturellen *Merk*male: den Petersdom, den Palazzo Cenci, das Ghetto [Prolog1], den Campo de' Fiori, eine römische Bar und Villen, Kapitol und Forum, die sieben Hügel, Straßen, die »gewachsenen« Häuserbauten ohne Plan, die Namen

---

[47] Benjamin 1955, Bd. 1/498.

der alten Geschlechter, die Formel der Römischen Republik, den Bahnhof, die Fontana di Trevi, die Katakomben, den Schirokko und den Testaccio. All diese bekannten Rom-Chiffren werden als Denkbilder präsentiert, in denen jener Vorgang erkennbar ist, in dem Dinge, Farbe, Material, Geruch etc. symbolisiert werden – »Wer die Formel hat, kann die Bücher zuschlagen.« – oder in denen umgekehrt aus den fixierten Sinnbildern Hörbares und Sichtbares aufscheint: »Ein Zündholz wird angeritzt. Seine Flamme dehnt sich nach den Sinnbildern. Für einen Augenblick erscheinen: Fisch, Pfau und Taube.« Sind die Dinge längst zum malerischen Schema geworden, bedarf es einer besonderen Beleuchtung, damit sie für Augenblicke aus ihrer Fixierung erlöst werden: »In alter Leinwand stecken die Häuser; vertrocknet sind die Farben darauf. Erst wenn Licht in den porösen Stoff eindringt, erscheint die Farbe, die wir sehen; ein zu jeder Verwandlung fähiges Braun.«

Es sei »keine Erzählung, sondern ein formal etwas seltsames Gebilde«, für das sie keinen Namen wisse. Es handle sich aber nicht um eine Rom-Impression; sie habe versucht, »nur die ›Formeln‹ für die Stadt aufzusuchen, ihre Essenz, wie sie sich in bestimmten Momenten ganz konkret zeigt« (GuI 13), so kommentiert die Autorin ihren Rom-Essay kurz nach seiner Fertigstellung. Kennzeichnet sie ihr Textverfahren hier ziemlich präzise – im Aufsuchen der Chiffren von Rom scheint durch einen spezifischen Augen-Blick aus den Formeln etwas anderes hervor –, so gibt sie diesem ›Sich-Zeigenden‹ dabei jedoch den problematischen Titel einer ›Essenz‹. Dieser Begriff springt insofern ins Auge, als er im Repertoire des Bachmannschen Sprachgebrauchs eine Art Fremdwort, einen sprachlichen ›Fremdkörper‹ darstellt. Eine im Umfeld des Rom-Essays schweifende Lektüre, motiviert durch die mit dem Begriff der Essenz ausgelöste Irritation, wird bei einer der historischen Gestalten fündig. Als ein in den Autorkommentar, ob nun unbewußt oder strategisch, eingespieltes Zitat ist die ›Essenz‹ nämlich ein Erkennungszeichen für den Dritten, der bei der Konzeption und Darstellungsweise des Rom-Textes im Bunde gewesen sein muß: Giordano Bruno, dessen Name für eine in der Renaissance hochentwickelte Gedächtniskunst steht und dem auch eine von Bachmanns Rom-Szenen gewidmet ist. Er war es, der in der Beschreibung der *Ars memoriae* in seiner Schrift »Über die Schatten der Ideen« (De umbris idearum, 1582) das Gedächtnis als

»Essenz der Seele« bezeichnet hat.[48] Interessanter für Bachmanns Darstellung einer Serie von Stadtbildern Roms im Modus einer Erinnerungstopographie dürfte aber die unmittelbar vorausgehende Passage seiner Schrift gewesen sein: »Die Kunst, auf diese Weise die Dinge zu verfolgen, ist von ihrer Gattung her eine *diskursive Architektur* und gewissermaßen der Habitus der denkenden Seele.«[49] Giordano Brunos Statue auf dem Campo de' Fiori, dessen Beschreibung in keinem Stadtführer Roms fehlt, verkörpert insofern in »Was ich in Rom sah und hörte« das Thema des Gedächtnisses in mehrfacher Hinsicht: als Denkmal und als Chiffre für die Gedächtniskunst. Wenn Bachmann in ihrem Text diese Chiffren »aufsucht«, dann gerade, um das Formelhafte daran aufzulösen. »Nur als Bild, das auf *Nimmerwiedersehen* im Augenblick seiner *Erkennbarkeit* eben aufblitzt, ist die Vergangenheit festzuhalten«, wie Benjamin schreibt.[50] Nur daß *dieses* Festhalten gerade keine Fixierung und keine Dauerhaftigkeit erlaubt. Und genau in der Spannung von Erkennbarkeit und Nimmerwiedersehen entstehen die Erinnerungsbilder in Bachmanns Essay, aus einer Ungleichzeitigkeit von steingewordener Geschichte und Flüchtigem oder Vergehendem, von Denkmalen und Unbeständigem. So heißt es z. B. an einer Stelle, daß der Geruch von Unrat und Verwesung die Vergangenheit lebendiger mache als Denkmale. Und im Szenario des Campo mit der Statue des Giordano Bruno wird die Kontinuität des Gedächtnisses, die im Denkmal repräsentiert ist, durch die Überblendung mit einem Alltagsbild aus der Gegenwart rematerialisiert und dabei gebrochen. Der Satz: »Ich sah auf dem Campo de' Fiori, daß Giordano Bruno noch immer verbrannt wird«, mit dem die Pathosformel vom Märtyrertod des Ketzers durch das Todesurteil der Inquisition heraufbeschworen wird, geht mit der folgenden Schilderung des Abfalls,

---

[48] Hat das Gedächtnis stets mit der Heterogenität von Sinnlichem und Intelligiblem, von Sichtbarem und Bedeutung zu tun, so war die Memoria-Literatur seit der Antike mit der Frage beschäftigt, ob das Gedächtnis als Vermögen des Intellekts oder der sinnlichen Seele zu verstehen sei. Jenseits dieses Gegensatzes nun hat Bruno die These aufgestellt, die Gedächtniskunst bewohne den »Stamm, also gleichsam die Essenz der ganzen Seele« (Bruno 1995, 240 u. 476).
[49] Ebenda, 239 (H.v.m.).
[50] Benjamin 1955, 496 (H.v.m).

der jeden Sonnabend nach dem Abriß der Buden vor der Statue verbrannt wird, in eine konkrete Szene aus der Gegenwart über. Erscheint der gegenwärtige Rauch besetzt durch die Erinnerung an die vergangenen Flammen, so kann das dabei aufscheinende Bild der Vergangenheit doch nicht festgehalten werden. »Wieder steigt Rauch auf, und die Flammen drehen sich in der Luft«, ohne daß man in ihnen sieht, »wie weit sie reichen und wonach sie schlagen«. Dagegen haftet der im Denkmal verewigten Form des Wissens ein anderer Mangel an: »Aber der Mann auf dem Sockel weiß es und widerruft dennoch nicht.« *Was* er weiß, bleibt nämlich für die Heutigen in der Unbestimmtheit des »es« verschlossen.[51]

Für die Genealogie der Prosa Bachmanns ist an dieser Stelle festzuhalten, daß sich mit der im Rom-Essay praktizierten Schreibweise der Erinnerungsbilder das Verhältnis zwischen konkreter und symbolischer Dimension gegenüber der Gleichnisstruktur und dem allegorischen Schema, die ihre frühen Erzählungen dominierten, radikal verändert hat. In den gut fünf Jahren seit ihrem Debüt als Erzählerin hat die Autorin die ihr eigene Schreibweise der Prosa entwickelt, die sie nun, vorerst *neben* der Lyrik, fortschreiben wird. Der Weg dorthin ist durch eine einsame philosophische Lektüre, die Verwerfung einer Autorposition im philosophischen Diskurs und das Ein- und Aufgehen philosophischer Denkfiguren in eine literarische Sprache gekennzeichnet. Das heißt aber nicht, daß sie damit bei jenem von Wittgenstein überlieferten Aphorismus angelangt wäre, der besagt, daß man Philosophie »eigentlich nur *dichten*« dürfe.[52] Denn *die* Philosophie gibt es

---

[51] Zum Rom-Essay vgl. auch Höller 1993, 191–208. Die Schieflage seiner Interpretation kommt nicht durch deren Benjamin-Bezug, sondern durch das problematische Benjamin-Verständnis zustande, das ihr zugrunde liegt: durch den Kurzschluß zwischen Rettung/Erlösung und Utopie, wie er etwa in der Formel von der »rettenden utopischen Erinnerung« (155) zum Ausdruck kommt, oder noch problematischer in der Formulierung von der »utopischen Sehnsucht nach dem ›wirklichen‹ Ausnahmezustand« (142), die Benjamins Versuch, die Kategorie des Ausnahmezustands (von Carl Schmitt) erkenntnistheoretisch zu reformulieren, vollständig verfehlt. Vgl. dazu Kap. X in Weigel 1997. Zur Kritik an der Deutung des Bachmann-Textes im Sinne eines »neuen, utopischen Bezugssystems« (207) und zum Messianismus Bachmanns vgl. hier IX.3.

[52] Zit. nach dem Nachwort Friedrich Wallners zur Dissertation Bachmanns (Diss. 182).

nicht mehr, wenn sie in die Prosa Bachmanns eingegangen, Schrift geworden ist und insofern eine deutliche Metamorphose durchgemacht hat.

6. Dem *homo philosophicus* wird der »leibhaftige Prozeß« gemacht: noch einmal »Das dreißigste Jahr«

Der Ich-Erzähler in Thomas Bernhards Roman »Auslöschung« (1986) erzählt seinem Freund und Schüler Gambetti einen Traum. Aus dem mehrfach unterbrochenen und wiederholt aufgeschobenen, insofern also fragmentierten »Traumbericht«[53] entsteht dabei eine Szene, die durch ihre filmische Erzählweise ins Auge springt. Mit zwei Freunden (dem Studienfreund Eisenberg, einem Wiener Rabbiner, dem Philosophen Zacchi) und der »Dichterin Maria« hat der Erzähler sich für ein Wochenende in der Berghütte »Zur Klausur« verabredet, um in der dortigen Ruhe und Abgeschiedenheit ein gemeinsames Projekt in Angriff nehmen zu können:

> »nämlich Schopenhauers *Welt als Wille und Vorstellung Marias Gedichten* gegenüberzustellen, was uns in Rom, aus welchem wir, Eisenberg, Zacchi und ich, angereist waren, als ein besonders reizvolles Unternehmen erschienen war, [...] und Maria war mit unserem Vorhaben einverstanden gewesen, *ist es nicht Heidegger*, hat Maria gesagt, *ist es Schopenhauer*, [...] Ich hatte mich den ganzen Vorabend und mehr oder weniger, wenn auch die ganze Zeit am Fenster stehend, mit Schopenhauer und mit Marias Gedichten beschäftigt, diese beiden, nämlich Schopenhauers Gedanken mit denen Marias zueinander in Beziehung gebracht, eine tatsächlich philosophische Beziehung der beiden Geistesverfassungen herzustellen versucht, der Dichtungen Marias zu den philosophischen Anstrengungen Schopenhauers, immer wieder die einen den anderen unterzuordnen, diese den anderen entgegenzustellen und den Versuch gemacht, das Philosophische in Marias Gedichten herauszuarbeiten, wie das Dichterische, noch besser, das Poetische aus Schopenhauers Werk.« (217f.)

---

[53] Bernhard 1986, 219. Die folgenden Seitenangaben im Text beziehen sich auf diese Ausgabe.

Die »Dichterin Maria« ist ohne Schwierigkeiten als Maske von Ingeborg Bachmann zu entschlüsseln,[54] im Zusammenhang eines Romans, der streckenweise als Hommage an die befreundete Autorin zu lesen ist.[55] Denn von ihr sagt der Ich-Erzähler z. B., daß er sich von ihr verstanden fühle, und er beschreibt diese einzige Frau, zu der er in seiner römischen Zeit regelmäßig Kontakt pflegte, als gescheit, phantasievoll und groß; was sie geschrieben habe, sei ohne Zweifel größer »als alles andere von allen anderen Dichterinnen«. Ihr, der Unbestechlichen, habe er auch seine Manuskripte gegeben:

> »Kein Mensch außer Maria, ist imstande, mir klar zu machen, daß meine Manuskripte nichts wert sind, daß sie ins Feuer geworfen gehören. Den *sich an der Philosophie Vergreifenden*, hat sie mich einmal genannt, *den sich am Geist Versündigenden*. Sie hatte nur einen Scherz machen wollen, aber ich nahm diese Äußerung ihrerseits als die bittere Wahrheit.« (542)

Die Traumszene von der Berghüttenklausur, vor allem das Vorhaben eines Vergleichs von Dichtung und Philosophie, kann dabei als Karikatur und als ironischer Kommentar zu jener Sparte der Bachmann-Forschung gelesen werden, die sich die Untersuchung des Verhältnisses von Literatur und Philosophie im Paradigma von ›Einfluß‹ oder ›Übereinstimmung‹ zur Aufgabe gemacht hat. Auch mit ihrem apodiktischen Satz, »Aber ich habe nie beim Schreiben von Gedichten an Ludwig Wittgenstein gedacht« (GuI 83) ist es der Autorin nicht gelungen, diese Art von Interpretationen abzuschrecken.

Im Kontext einer verbreiteten Philologie der ›Stellen‹-Suche (sei es die Suche nach theologisch oder philosophisch relevanten, nach feministisch einschlägigen oder anderen ›Stellen‹) stellt das

---

[54] Z. B.: »Maria ist es gelungen, zuerst nach Deutschland, dann nach Paris, dann nach Rom auszubrechen, ihren Dichtungen entsprechend, dachte ich. Aber sie hat immer wieder Versuche unternommen, in Wien seßhaft zu werden [...]« (234). Zur »Auslöschung«, gelesen als Schlüsselroman, vgl. Höller 1995.

[55] Schon in »Der Stimmenimitator« (1978) hatte Thomas Bernhard der befreundeten Autorin ein Denkmal gesetzt. In umgekehrter Richtung vgl. Bachmanns Kritik »Watten. Ein Versuch« (1969), die wie so viele andere Rezensionen Fragment geblieben ist (4/361 f.).

Übereinstimmungsparadigma nur eine Variante dar, die allerdings ziemlich regelmäßig zur Verfehlung von Lektüre führt. Damit ist nicht eine verfehlte Deutung gemeint, denn das setzte die Unterstellung *einer* ›richtigen‹ Deutung voraus, sondern eine Verfehlung von Lektüre überhaupt, d.h. einer Haltung dem literarischen Text gegenüber, der es um die Entzifferung von Bedeutungsstrukturen und Textverfahren geht. So begegnet den Lesern der ›Sekundärliteratur‹ zu Bachmanns Literatur z.B. die Behauptung, die Forschung habe die Dialoge in Bachmanns Hörspiel »Der gute Gott von Manhattan« »recht gut verständlich gemacht, indem *man* ihre häufige *Abhängigkeit* von Texten Wittgensteins aufgezeigt hat«[56]. Dient einerseits die Feststellung, daß im Hörspiel ein solches Allerweltsliteraturthema wie die »Ich-Problematik« behandelt würde – welche Literatur handelt nicht davon? – als Beleg für eine »Anlehnung an den Traktat«, so führt die unausweichliche Beobachtung, daß die Hörspielhandlung tatsächlich aber vom »Tractatus« abweicht, ja sogar eine »Umkehrung der philosophischen Intentionen Wittgensteins« darzustellen scheint, zu der befremdlichen Feststellung über die Autorin: »Offenbar hat sie die Rolle der Philosophie bei Wittgenstein nicht durchschaut.«[57] Dieses Beispiel soll genügen, um die tautologische Argumentationsstruktur in der Untersuchung von Übereinstimmung und Abweichung zu demonstrieren, bei der ein philosophisches System zur Meßlatte literarischer Texte wird. Was dabei gar nicht erst in den Blick gerät, ist die einzig interessante Frage: auf welche Art und Weise nämlich philosophische Reflexionen in eine literarische Schrift eingehen und was mit ihnen im Modus einer poetischen Praxis geschieht, welche Metamorphosen, Verschiebungen und Korrespondenzen sich also beim Übergang vom philosophischen Diskurs zur poetischen Sprache ereignen.

Die Erzählungen aus dem Band »Das dreißigste Jahr« sind am

---

[56] Wallner 1990, 151 (H.v.m.). Will man sich unter der entsprechenden Anmerkung über diese Forschungen informieren, dann wird man zunächst darüber aufgeklärt, daß es sich bei dem »man« um den Verfasser selbst handelt und im weiteren auf sein Nachwort in der Publikation von Bachmanns Dissertation verwiesen, dessen Thesen im hier zitierten Aufsatz desselben Verfassers noch einmal vorgetragen werden.

[57] Wallner in Diss. 186f.

anfälligsten dafür, Opfer der skizzierten Stellenphilologie zu werden, weil sie mit einer Fülle von Zitaten aus der Philosophie operieren. Die Zitate sind unübersehbar, nur hat etwa das Vorhaben, die »Übereinstimmungen mit philosophischen Problemen des Werks von Ludwig Wittgenstein und biographischen Elementen seines Lebens«[58] zu untersuchen, zur Folge, daß die Erzählungen wie philosophische Diskurse, wie argumentierende Texte behandelt werden. Für »Ein Wildermuth« folgt daraus z. B. die folgende Lesart:

> »Teil 1 ist *Anwendung* und Aufbruch der Abbildtheorie des Traktats, dargestellt am Begriff ›Wahrheit‹. Teil 2 *untersucht* die Sprachspieltheorie der ›Philosophischen Untersuchungen‹ anhand der Bedeutung des Begriffs Wahrheit in verschiedenen Seinsbereichen.«[59]

Zwar ist unübersehbar, daß einige Passagen in Bachmanns Erzählungsband bestimmte philosophische Theoreme befragen, doch ist der narrative Modus dieses Befragens ein anderer als der eines diskursiven »Infragestellens«.[60] So ist z. B. die Stellung der Erzählung »Das dreißigste Jahr« zu Wittgensteins Sätzen komplex und mehrdeutig, denn einerseits handelt die Erzählung von der Unvereinbarkeit von Philosophie und Leben und stünde damit durchaus in ›Übereinstimmung‹ mit seinem Postulat, daß die Sätze der Philosophie für Sinn- und Lebensfragen nicht taugen; andererseits handelt die Erzählung aber gerade von einer Person, die in ihrem Leben philosophische Paradigmen erprobt und durchspielt. Zahlreich sind in der Bachmann-Forschung die Aufsätze und Bücher, in denen wiederholt wird, daß einige Sätze der Erzählung denen des »Tractatus« nahe seien, selten aber wird dabei beachtet, welchen textuellen Ort diese Sätze einnehmen. So stehen sie z. B., in auffällige Anführungszeichen gesetzt, im *Tagebuch* des Erzählers – »In seinem Tagebuch aus diesem Jahr stehen die Sätze: [...] ›Keine neue Welt ohne neue Sprache‹« (2/131f.). Die dem »Tractatus« ähnelnden Sätze sind in der Erzählung in einem Genre persönlicher, intimer Aufzeichnungen plaziert, dort also, wo sie nach

---

[58] Seidel 1979, 267.
[59] Ebenda, 276 (H.v.m.).
[60] Ebenda, 277.

Wittgenstein gerade nicht hingehörten. Anstatt die philosophischen Zitate in der Erzählung als programmatische zu lesen, wie das meist geschieht, erschließt sich ihre Bedeutung erst, wenn sie im narrativen, textuellen Zusammenhang gelesen werden. Dabei wird beispielsweise erkennbar, daß die erwähnte Tagebuchpassage in einer Reihe mit anderen Szenen steht, die die intellektuelle Geschichte des Erzählers erinnernd durchqueren, einzelne Momente daraus vergegenwärtigen, reflektieren und dabei teilweise durchstreichen oder das darin wirkende Denkmuster verwerfen, in einer Reihe von Erinnerungsbildern, die als Denkbilder gestaltet sind.

Am ehesten könnte man die Erzählung unter ein Motto stellen, das Georg Büchners Drama »Dantons Tod« entstammt. In einem Dialog zwischen Mercier und Danton über die Erfahrungen der Französischen Revolution, über die Konsequenzen, welche die Umsetzung der aus dem Naturrecht abgeleiteten Ideen in die Welt der Körper für ebendiese hat, hat Büchner seinem Helden den Satz in den Mund gelegt: »Geht einmal Euren Phrasen nach, bis zu dem Punkt wo sie verkörpert werden«.[61] Am Ende von Bachmanns Erzählung, am Ende des einen Jahres, in dessen Vergegenwärtigung das bisherige Denken des »einen« durchquert wird, wird auf eine derartige Probe der Ideen auf ihre Verkörperung angespielt, wenn es heißt, er werde »nie mehr Furcht empfinden vor dem Prozeß, der mir leibhaftig gemacht wird« (136). Eine Seite zuvor wurde die Gleichsetzung der Welt mit der Sprache (im Sinne eines syntaktischen Systems), ebenfalls mit einem Büchner-Zitat, als früheres Denken des Erzählers beschrieben:

> »Damals hatten in seinem Kopf nur die *Interpunktionszeichen für die Welt* geschaukelt, aber jetzt kamen ihm die ersten Sätze zu, in denen die Welt auftrat. Damals hatte er gemeint, alles schon zu Ende denken zu können, und hatte kaum gemerkt, daß er ja erst die ersten Schritte in eine Wirklichkeit tat, die sich nicht gleich zu Ende denken ließ und die ihm noch vieles vorenthielt.« (2/135f., H.v.m.)

Die Metapher der Interpunktionszeichen für historische Ereignisse, der die Analogie von Satzstruktur und Ereignisstruktur zu-

---

[61] III. Akt, 3. Szene, Büchner 1988, 110.

grunde liegt, ist in Büchners dramatischem Kommentar zur Französischen Revolution das Signum eines Saint-Just. Dessen Denkweise wird vom Autor in der literarischen Fortschreibung der historischen Quellen durch eine sprechende Rhetorik charakterisiert. Wenn Büchners Saint-Just über den »in der Wirklichkeit angewandten Satz« von der Gleichheit der Menschen spricht, dann bezeichnet er die einschlägigen Daten der Revolutionsereignisse als dessen »Interpunktionszeichen. Er hatte 4 Jahre Zeit nötig um in der Körperwelt durchgeführt zu werden«.[62] Das Interpunktionszeichen symbolisiert in Saint-Justs Rhetorik insofern das gewaltsame Moment in der Verkörperung von Ideen oder, um mit »Danton« zu sprechen, den Moment, in dem die Phrasen verkörpert werden.

Eines der Leitmotive von Bachmanns Erzählung ist bekanntlich die Phrase, die »Gaunersprache« (z. B. 2/121), oder auch jene Redeweise der Lebens-›Weisheiten‹, die sich im Sprichwörtlichen realisiert: »Wenn die Kirche im Dorf gelassen ist, wenn einer in die Grube gefallen ist, die er einem anderen grub, wenn sich das Sprichwörtliche erfüllt« (111). Der »leibhaftige Prozeß«, der den Phrasen in der Erzählung gemacht wird, betrifft aber nicht nur die Phrasen, die durch die Negativfigur des Moll repräsentiert werden (z. B. 98 f.), von dem u. a. das Wissen herrührt, mit dem der Erzähler »sich aufspielte vor ihr«, vor Leni. Er betrifft auch jene Phrasen, zu denen viele Sätze aus der Philosophie in einer trivialisierten Rezeption, z. B. als Lebensprogramm, herabgesunken sind, wie sie etwa aus dem Tagebuch des Erzählers zitiert werden: »Ich liebe die Freiheit.« Diese zu Phrasen herabgesunkenen Philosopheme werden in der Erzählung aber nicht kritisiert, sondern durchgespielt, indem ihnen in einer paradigmatischen lebensgeschichtlichen Erprobung durch den Erzähler der »leibhaftige Prozeß« gemacht wird. Seine Geschichte steht für die Übersetzung der (metaphysischen) Kategorie des ›Absoluten‹ in einen Lebensentwurf, bei dem das Streben nach dem Absoluten sich gegenüber dem Konkreten als gleichgültig verhält, steht also für die Gleich-Gültigkeit des Besonderen unter der Dominanz des Absoluten. Das wird gleich zu Beginn der Erzählung mit der Aufreihung der von ihm erdachten Lebensent-

---

[62] III. Akt, 1. Szene, ebenda, 104.

würfe[63] thematisiert, in der Serie der Möglichkeiten, was er alles habe werden können: »Ein großer Mann, ein Leuchtfeuer, ein philosophischer Geist./ Oder ein tätiger tüchtiger Mann; [...] Oder ein Revolutionär, [...] Oder ein Müßiggänger aus Weisheit« (95).[64] Dieses Denken wird mit einer Einstellung in Verbindung gebracht, in der ihm »die Welt kündbar« erschien und mit einer Reflexion über die Denkfigur der ›Möglichkeiten‹, von der er nie bedacht habe, daß »nur eine für ihn galt«. Wenn aus dieser Reflexion die Erwartung entstehen sollte, daß der Text die intellektuelle Geschichte des Erzählers im Sinne einer Entwicklung qua Einsicht konstruiert, wird dies durch die folgende Szene sofort enttäuscht. Diese erzählt nämlich von seinem Aufbruch und seiner Kündigung von Zimmer und Vergangenheit und geht in die bereits diskutierte Bildszene über [I.2].

Das Verfahren der Verkörperung in der Durchquerung der intellektuellen Geschichte des Erzählers wird am anschaulichsten im siebten Abschnitt, in der Szene in der Wiener Nationalbibliothek, die als Erzählmonade eine ähnliche Dichte erreicht wie die Bildszene:

»Einmal, als er kaum zwanzig Jahre alt war, hatte er in der Wiener Nationalbibliothek *alle Dinge zu Ende gedacht* und dann erfahren, daß er ja lebte. Er lag über den Büchern *wie ein Ertrinkender und dachte*, während die kleinen grünen Lampen brannten [...]«. (107, H.v.m.)

Einerseits eingeführt als etwas, das mit einer existentiellen Rettungserwartung besetzt ist, wird das Denken hier andererseits als Tätigkeit nach seiner konkreten Seite hin beschrieben. Über die in der Darstellung folgende, dreimalige, kursiv gesetzte Hervorhebung des Verbums »er *dachte*« verwandelt sich das Denken dabei in einen leiblichen Vorgang. Der gedankliche Aufwärtsflug »aufs

---

[63] Nicht nur diese Passage weckt Assoziationen zu den Briefen Heinrich von Kleists, dessen Literatur Bachmann sehr schätzte und mit dem sie sich im Zusammenhang ihres 1958 geschriebenen Librettos für Hans Werner Henzes Oper »Der Prinz von Homburg« wieder beschäftigt hatte [IV.4].

[64] Die Metapher des »Leuchtfeuers« erinnert an Alfred Webers »Leuchttürme«, wenn er über die vorangegangenen »Transzendenz-Erfahrungen« vergangener Geistesgrößen spricht, deren »einleuchtende Erfahrungen« auch für heute Gültigkeit haben könnten (Weber 1946, 208).

Letzte« hin, der als Bewegung geschildert ist, die sich dem Durchstoßen einer Begrenzung nähert, wird jäh unterbrochen, als diese Begrenzung sich physisch – in der Decke der Bibliothek und in der Schädeldecke – materialisiert. Dieser »Schlag, inwendig im Kopf« und ein Schmerz unterbrechen den buchstäblich beschriebenen Gedankenflug; sie evozieren ein Klicken in der Schädeldecke, das Gefühl, irrsinnig geworden zu sein, und einen Zustand »ohnmächtig bei vollem Bewußtsein«. Diese spezifische Ohnmacht, die nicht mit dem Verlust des Bewußtseins verbunden ist, sondern im Gegenteil dem plötzlich erfahrenen Wissen um die Grenzen des intellektuellen Vermögens entspringt, wird als Erfahrung eines Endes bewertet: »Er war am Ende.« Im folgenden wird dieses Ende reflektiert.

Es ist nicht das Ende des Denkens, sondern das Ende einer bestimmten Vorstellung von geistiger Schöpfung, in der der Mensch in die Konkurrenz zum Schöpfer tritt und sich zum »möglichen Mitwisser der Schöpfung« aufschwingt. Die hier explizit thematisierte Wissenschaftsauffassung, die sich in Gott-Konkurrenz begibt, wird auch durch die auratische Beschreibung des Ortes unterstrichen, der als pseudosakraler Raum gekennzeichnet ist: »In der Stille der feierlichen Buchstabenabspeisung«, in der ein Flügelwesen durch »blaudämmernde Gänge einem Lichtquell zustrebte«. Die Wissenschaft erscheint so als Form, in die der mythische Griff nach den Früchten vom Baum der Erkenntnis sich in der Gegenwart verwandelt hat. Da das erwähnte Ende sich auf diese Rolle eines »möglichen Mitwissers der Schöpfung« bezieht, mündet die Szene vom Gedankenflug, der wörtlich verstanden und leiblich durchgespielt wurde, also in der »Vernichtung« eben dieser Spezies. »Er wurde vernichtet als möglicher Mitwisser, und von nun an würde er nie wieder so hoch steigen und an die Logik rühren können, an die die Welt gehängt ist.« Der Text setzt also die Zerstörung jenes *homo philosophicus* in Szene, der sich in einem Außerhalb wähnt, der seine eigene Befangenheit inmitten der Verhältnisse imaginär übersteigt und von dort aus ›das Ganze‹ zu überblicken meint.

»Er hätte sich gern außerhalb aufgestellt, über die Grenze hinübergesehen und von dorther zurück auf sich und die Welt und die Sprache und jede Bedingung. Er wäre gerne mit einer neuen Sprache wiedergekehrt, die getaugt hätte, das erfahrene Geheimnis auszudrücken.« (2/108)

Die Gewißheit, zu leben, die erst aus der beschriebenen Destruktion einer gottähnlichen Position gewonnen wird und die in der wiederholten Feststellung »er lebte« zum Ausdruck gebracht wird, ist also alles andere als eine emphatische Pathosformel. Vielmehr geht es in dieser Bestimmung von *leben* im Modus eines Verbums um ein menschliches Leben in der Begrenzung eines »hier«, während ihm ein Außerhalb nicht zugänglich ist, während das »dort« mit dem Namen eines Gottes besetzt ist, »den er hier nicht antreffen konnte und der ihn dort nicht zugelassen hatte«. In dieser letzten Passage der Bibliotheksszene wird die Vernichtung jenes *homo philosophicus*, der qua Wissenschaft die Erkenntnis des Letzten anstrebt, also mit einer religionsphilosophischen Lesart dieser Grenzziehung überlagert, als Anerkennung einer strikten Trennung zwischen menschlicher und göttlicher Sphäre.

Unübersehbar enthält diese Szene Anspielungen an eine allgemeine Metaphysikkritik wie auch an den Wittgensteinschen »Tractatus«. Neben dem Postulat, künftig nicht mehr an die Logik rühren zu wollen, stellt sich eine spezifische Assoziation ein zu seinem Satz: »Gott offenbart sich nicht *in* der Welt« (6.432). Zugleich nimmt der Erzähler aber eine Stellung ein, die sich aus dem »Tractatus« nicht mehr begründen ließe, sondern erst aus einem Verfahren entsteht, das dessen narrative Verkörperung praktiziert. Heißt es im »Tractatus«, daß es das denkende, vorstellende Subjekt nicht gebe (5.631) und daß das Subjekt nicht zur Welt gehöre, sondern eine Grenze der Welt sei (5.632), so ist das »Ich«, das dort in die Philosophie eintritt, als körperloses, metaphysisches Subjekt der Grenze bestimmt: »Das philosophische Ich ist nicht der Mensch, nicht der menschliche Körper, oder die menschliche Seele, von der die Psychologie handelt, sondern das metaphysische Subjekt, die Grenze – nicht ein Teil – der Welt« (5.641). In diese paradoxe Bestimmung des denkenden Subjekts wird in Bachmanns narrativer Szene nun nicht einfach ein körperliches Wesen eingesetzt, sondern die Bestimmung der Grenze verwandelt sich, indem sie verkörpert wird, in eine Grenz*erfahrung* des Erzählers und des Erzählens.

Aus der Negation eines metaphysischen Strebens nach dem Absoluten und der gleichzeitigen Unlebbarkeit einer als Grenze definierten Subjektposition (im »Tractatus«) folgt für den Erzähler eine ganz andere Haltung: ein Leben im »hier«, dem gleichsam eine schwache messianische Hoffnung eingeschrieben ist. Seine Desillusionierung, seine Einsicht, daß er sich im Gefängnis und in der »einzig verfügbaren Gaunersprache« einrichten müsse, wird nämlich mit einer Perspektive verbunden, die den Titel des »letzten Tages« trägt: Er würde »am letzten Tag stolz oder feig sein, schweigen, verachten oder wütend zu dem Gott reden, den er hier nicht antreffen konnte, und der ihn dort nicht zugelassen hatte« (108 f.). Das denkende Subjekt in der Bibliotheksszene von Bachmanns Erzählung wird auf seine Existenz als Teil der Welt verwiesen, um sein Begehren nach dem, was in diesem »hier« keinen Ort hat, was das Diesseits überschreitet, an eine messianische Figur zu binden: In der Rede mit Gott »am letzten Tag« ist das Leben im Hier zugleich zu Ende, da dieser »letzte Tag« das Ende der Geschichte bzw. der historischen Existenz bezeichnet.

Es hat sich gezeigt, daß die Szene in der Bibliothek keine erzählerische Umsetzung oder Anwendung philosophischer Theoreme darstellt. Statt dessen könnte sie als eine literarische *rite de passage* verstanden werden, als Inszenierung, in der das denkende Subjekt im philosophischen Diskurs in seiner Stellung *vis-à-vis* verschiedener philosophischer Systeme beim Durchspielen und der narrativen Verkörperung einiger Theoreme an eine Grenze gerät, wo der Rückgriff auf mythische Topoi notwendig wird. Schon der Gestus, mit dem die Szene beginnt, »einmal, als er«, verweist darauf, daß die Erfahrung des *homo philosophicus* längst zum Mythos geworden ist. Als Darstellung steht die Szene in einer Gegenstellung zum philosophischen Diskurs. Während es dort um die Überwindung der Mythen durch den Logos geht, ist die Grenzerfahrung dieses Vorhabens nur als *rite de passage* und mit einem Rückgriff auf mythische Deutungselemente und auf Elemente einer bildlichen Sprache zu beschreiben. Insofern wird von der Autorin im »Dreißigsten Jahr« ein Verfahren fortgeschrieben, das sich in der Erzählung »Das Lächeln der Sphinx« zehn Jahre zuvor schon einmal andeutete.

War in der Formulierung vom »Mitwisser der Schöpfung« bereits eine Anspielung auf die biblische Szene vom Baum der Erkenntnis und die Korrespondenz zwischen dem Streben nach einem absoluten Wissen und einem sexuellen Begehren enthalten, so wird diese Verbindung verstärkt, wenn der Erzähler in der Leni-Passage ebenfalls als Mitwisser bezeichnet wird, »als Mitwisser eines Geheimnisses der Leichtigkeit, der Billigkeit und eines frevellosen Frevels« (110). Die – im zeitgenössischen Kontext betrachtet – bemerkenswerte Thematisierung des Zusammenhangs von ›Sexualität und Wissen‹ bleibt in der Erzählung »Das dreißigste Jahr« ein Nebenmotiv. In anderen Texten des Bandes rückt sie ins Zentrum, vor allem in »Alles« und »Ein Wildermuth«.

7. Der Sündenfall der Sprache: Bachmanns ›Sprachprozeßordnung‹

Die Klage über die »Phrasen« und über das Gefängnis oder die Marter der »Gaunersprache« – »Weil hier nur Marter ist, weil du in der Gaunersprache das rechte Wort nicht findest und die Welt nicht löst« (2/112) – hat die germanistische Rezeption dazu veranlaßt, die Erzählungen des Bandes »Das dreißigste Jahr« als sprachkritische zu lesen. Der »Tractatus« mit dem programmatischen Satz »Alle Philosophie ist ›Sprachkritik‹« (4.0031) wird dabei wiederum als Vorlage für Momente einer logischen Sprachreflexion in Bachmanns Erzählungen verstanden, während Aspekte einer ›ethischen Sprachproblematik‹ auf die Sprachspieltheorie und die Thematisierung der Alltagssprache in Wittgensteins »Philosophischen Untersuchungen« bezogen werden.[65]

Nun kann man in der Philosophie allenthalben eine Klage über die Phrase, das Gerede oder Geschwätz finden, oft verbunden mit einer Kritik an Formen der öffentlichen Rede, ohne daß sich deren Autoren unter dem einheitlichen Titel einer Sprachkritik verbinden ließen. Sei es beispielsweise in Kierkegaards Bewertung der Zeitung als »privat-öffentliche Schwatzhaftigkeit« (»Kritik der Gegenwart«, 1914), sei es in Karl Kraus' unermüdlicher Polemik gegen Phrase, Gemeinplatz und Geschwätz[66] oder in der theoretischen Fortschreibung dieser Polemik in Walter Benjamins »Karl

---

[65] Z. B. Bartsch 1988, 98–128; auch Seidel 1979.
[66] Vgl. etwa »Literatur und Lüge« (1929). In Bachmanns Privatbibliothek fanden sich u. a. mehrere Bände der 1958 von H. Fischer herausgegebenen Werke von Karl Kraus. Und im selben Jahrgang der Zeitschrift »Akzente«, in dem Bachmanns Rom-Essay publiziert wurde, ist ein Essay von Kraus über »Die Sprache« abgedruckt (Akzente, 1955, 481).

Kraus«-Essay (1931)[67], sei es in Heideggers ontologischer Untersuchung des Geredes (§35 von »Sein und Zeit«, 1927) oder in Adornos Ideologiekritik von Konversation und Kommunikation (u. a. in »Minima Moralia«, 1955). Bezogen auf die philosophische Phrase selbst, auf die Währung des ›Geistes‹ in der Nachkriegsöffentlichkeit und die Funktion des philosophischen Diskurses für jene ›auferstandene Kultur‹, die Adorno als Kultur des Vergessens analysiert hat [II.4], könnte man Bachmanns Erzählungsband »Das dreißigste Jahr« durchaus auch als literarisches Pendant zu Adornos einige Jahre nach Bachmanns Erzählungen publiziertem »Jargon der Eigentlichkeit« (1964) betrachten. In seinem Buch »zur deutschen Ideologie«, so der Untertitel, analysiert Adorno die Sprachfunktion, die im Nachkriegsdeutschland eine »gehobene Redeweise« und einige »Edelsubstantive« erhalten, welche der Existentialphilosophie entlehnt sind. So polemisiert er u. a. gegen »die Himmelfahrt des Wortes über den Bereich des Tatsächlichen«[68] im Kontext ausgerechnet einer Bildungslandschaft, die sich der Aufgabe einer sprachlichen ›Vergangenheitsbewältigung‹ und einer Abkehr vom ›Wörterbuch des Unmenschen‹ verschrieben hat. Auch in Bachmanns Erzählung »Unter Mördern und Irren« wird die in den fünfziger Jahren verbreitete Anprangerung der Sprache des Krieges und der Nazis als ›Wörterbuch des Unmenschen‹ als noch zu euphemistisch gewertet: »Denn was für die anderen einfach ein Kriegsschauplatz war, das war für mich ein Mordschauplatz. [...] und meine Sprache war deutlich, nicht blumig wie die der anderen« (183). So die Worte der Figur, die sich selbst als Mörder bezeichnet, in die »Herrenrunde« einbricht und dadurch die anderen in ihrem Selbstverständnis als Nicht-Mörder konfrontiert und provoziert. Der Schauplatz dieser Erzählung führt einen Ausschnitt aus jener Kultur der Kontinuität vor Augen, in der – »als wäre kein Tag vergangen« – die Kriegserinnerungen Deckerinnerung für die begangenen Verbrechen darstellen. [IX.4]

Die ›Gaunersprache‹ aber aus Bachmanns Erzählung, ein selbst im Kontext der allgemeinen Verbreitung sprachkritischer Reflexionen auffälliges Wort, ist ein direktes Zitat aus Roland Barthes' literaturtheoretischem Essay »Am Nullpunkt der Litera-

---

[67] Benjamin 1980, II.1/352ff.
[68] Adorno 1964, 13.

tur« (dt. 1959), in dem er sein Konzept der ›Schreibweise‹ begründet hat: als »dritte Dimension der Form«, neben Sprache und Stil, da es, so Barthes, »keine Literatur gibt ohne eine bestimmte Moral der sprachlichen Ausdrucksweise«[69]. Nun werden diese Bezüge hier nicht genannt, um andere philosophische oder theoretische ›Abhängigkeiten‹ von Bachmanns Erzählungen zu belegen, die dann in Konkurrenz zu den etablierten germanistischen, überwiegend an Wittgenstein orientierten Lesarten treten könnten. Ein derartiges Vorhaben müßte mit jener komischen Passage vor Gericht in der Erzählung »Ein Wildermuth« kommentiert werden, in der die allgemeine Verwirrung angesichts der vorliegenden Knopfexpertise mit einem Ruf des Staatsanwalts nach den harten Tatsachen beendet wird: »Er hatte das Publikum und die Geschworenen sofort auf seiner Seite, die vor lauter Lesarten schon nicht mehr zu lesen verstanden in diesem einfachen Verbrechen. Er schrie nach der Wahrheit« (2/225).

Wenn auf den ersten Blick in dieser Szene ›Lesarten‹ und ›Tatsachen‹ einen Gegensatz zu bilden scheinen, so wird doch bald deutlich, daß die mit akribischen positivistischen Methoden konstruierten Lesarten in der Knopfexpertise eines »europäischen Knopf- und Fadenspezialisten« und der Ruf des Staatsanwaltes nach den »harten Tatsachen« nur zwei Seiten ein und derselben Medaille darstellen: eines Erkennungsdienstes nämlich, in dem sich die Verfahrensweisen von Kriminalistik und Textwissenschaft, oder mit Karl Kraus gesprochen, die Prinzipien von Straf- und Sprachprozeßordnung überkreuzen. Denn die Geschichte des Oberlandesgerichtsrats Wildermuth, der über dem Fall des Landarbeiters Wildermuth selbst ›zum Fall‹ wird, wenn er über ›die Wahrheit‹ verzweifelnd aus der Rolle fällt und seine Profession mit einem Schrei beendet, diese Geschichte ist mit so unübersehbaren Anspielungen auf das Thema von Geschichten, Erzählungen und Lesarten ausgestattet, daß sie auch als Kommentar zu Literaturkritik und Hermeneutik gelesen werden kann. Was dabei für die

---

[69] Barthes 1959, 12, das Wort Gaunersprache dort S. 92. Daß Bachmann diesen Essay genau studiert hat, belegt ihre direkte Bezugnahme darauf in ihren »Frankfurter Vorlesungen«. Zum detaillierten Beleg der Intertextualität zwischen »Frankfurter Vorlesungen« und Barthes' Essay vgl. Weigel 1984.

Kategorie der Wahrheit formuliert wird, – daß nicht die Wahrheit *über* etwas, weder »über mich« noch »über die Welt«, gesagt werden könne, allenfalls über »punktartige, allerkleinste Handlungsmomente, Gefühlsschritte, die allerkleinsten [...] aus dem Gedankenstrom« oder über »alle die tausend Tausendstelsekunden von Gefallen, Angst, Begierde, Abscheu, Ruhe, Erregung« (239) –, das gilt für die Konstruktion von Bedeutung überhaupt: »daß keine Geschichte sich aus den Elementen fügen und kein Sinnzusammenhang sich vorzeigen ließ« (215). Die Beobachtung aber, daß die Passage über die Knopfexpertise eine An*spiel*ung, ein spielerisches Zitat der Kraus-Benjaminschen »Sprachprozeßordnung« enthält, erlaubt es, auf dem Wege einer Vervielfältigung der philosophischen Anspielungen und Bezüge in Bachmanns Erzählungen diese in ein anderes Licht zu rücken. Benjamin über Kraus:

> »Man begreift seine ›Sprachlehre‹ nicht, erkennt man sie nicht als Beitrag zur Sprachprozeßordnung, begreift das Wort des anderen in seinem Munde nur als corpus delicti und sein eigenes nur als das richtende. Kraus kennt kein System. Jeder Gedanke hat seine eigene Zelle. Aber jede Zelle kann im Nu, und scheinbar durch ein Nichts veranlaßt, zu einer Kammer, einer Gerichtskammer werden, in welcher dann die Sprache den Vorsitz hat.«[70]

Das bedeutet, daß der Austritt aus dem System, wie Bachmann selbst ihn mit der Abkehr vom (neopositivistischen) Anspruch einer wissenschaftlichen Philosophie vollzogen hat, keineswegs in eine Beliebigkeit führt, sondern daß es nun auf das je einzelne ankommt, sei es Wort, Gedanke, Zeichen, Geste, Augenblick. Hatte sich Bachmann am Ende ihres Wittgenstein-Essays von 1953 die Frage gestellt, »Oder folgerte er auch, daß wir mit unserer Sprache verspielt haben, weil sie kein Wort enthält, auf das es ankommt?« (4/23), so wird das aus dieser Frage womöglich zu folgernde Programm, eine neue Sprache aus Worten zu schöpfen, auf die es ankommt, in den Erzählungen des »Dreißigsten Jahrs« durchgespielt, verworfen und ersetzt durch die Erfahrung, daß es auf jedes Wort ankommt. Über logische und ethische Aspekte einer Sprachkritik hinausgehend, wird die Sprache dabei in einen mythischen

---

[70] Benjamin 1980, II.1/349.

und biblischen Zusammenhang gestellt, in dem es – jenseits aller Fragen der Moral – um die Verbindung von Sprache, Schuld und Geschlecht geht.

Am explizitesten wird dieser Zusammenhang in der Erzählung »Alles« thematisiert, die von dem gescheiterten Versuch eines Vaters handelt, seinen Sohn vor der Sprache zu bewahren, denn »alles ist eine Frage der Sprache [...]. Alles war eine Frage, ob ich das Kind bewahren konnte vor unserer Sprache, bis es eine neue begründet hatte und eine neue Zeit einleiten konnte« (2/143). Da der Eintritt in die bestehende ›schlechte‹ Ordnung an die »große Lektion« der Sprache gebunden ist, entwickelt der Erzähler, um seinem Sohn die Schuld, die Liebe und jedes Verhängnis zu ersparen, die Idee, ihn vor der bestehenden Sprache zu bewahren, um »ihn für ein anderes Leben frei[zu]machen«. Für den Eintritt in dieses andere Leben will er ihn die Sprache der Natur lehren: die Schattensprache, die Wassersprache, die Steinsprache, die Blättersprache (145).

Diese Wortreihe verweist deutlich auf die stumme Sprache der Natur, die Benjamin in seinem Sprachaufsatz als jene »paradiesische Sprache« beschrieben hat, die dem »Sündenfall des Sprachgeistes« vorausgeht. In seiner sprachphilosophischen Lektüre der Genesis hat er den ›Sündenfall‹ bekanntlich als Zäsur gedeutet, die die Magie der adamitischen Sprache – welche in einer unmittelbaren Übersetzung der stummen Sprache der Natur in die Sprache der Menschen, einer Übersetzung des »Stummen in das Lauthafte, [...] des Namenlosen in den Namen«[71] besteht – von jener Sprache trennt, die als Zeichensystem funktioniert. Verbindet sich mit dieser »Geburtsstunde des *menschlichen Wortes*« die Verwandlung der Sprache in ein Mittel der Rede über die Dinge und in ein richtendes Wort für die Unterscheidung von Gut und Böse, zugleich aber auch der Ursprung der Abstraktion und schließlich »das Geschwätz«, so lief Benjamins Beschreibung des »Sündenfalls des Sprachgeistes« wie seine Sprachtheorie überhaupt doch niemals auf die Perspektive einer Rückkehr zum paradiesischen Sprachzustand hinaus. Wenn er davon ausgeht, daß in der Geschichte der Sprache, d. h. im Zustand *nach* der beschriebenen Zäsur, die verdrängten magischen Momente der Sprache in entstellter Form wiederkehren und nur mehr flüchtig oder punktuell in der Spra-

---

[71] Benjamin 1980, II.1/151.

che (des Zeichensystems) in Erscheinung treten, dann hat er damit die tradierte Opposition zwischen mystischem und semiotischem Sprachbegriff aufgelöst und die damit verbundene Problematik von Ähnlichkeit und Codierung in eine historische Dialektik transformiert. In der Rezeption, besonders im Versuch, seine Theorie im Sinne einer Utopie zu deuten, wird seine Beschreibung der paradiesischen Sprache dagegen oft als programmatisches Konzept mißverstanden.

Bachmanns Erzählung »Alles« handelt jedoch von einer Desillusionierung der Sehnsucht nach und der Möglichkeit eines Zurück zum Sprachzustand vor dem Sündenfall. Die Sehnsucht des Vaters nach einer solchen Rückkehr, die deutlich als Erlösungswunsch qualifiziert wird, verwandelt sich, indem sie sich auf den Sohn bezieht, in einen »Versuch« (2/145). Aufgrund der spezifischen Darstellungsweise dieses Textes, einer literarischen Reflexion über das *gescheiterte* Projekt, das erst im Zuge und im Lichte dieser Reflexion in seinem Verlauf rekonstruiert wird, gewinnen der Versuch und seine *Un*möglichkeitsbedingungen gleichzeitig Profil. Die Erzählung folgt damit nicht dem Muster einer Negativutopie, sondern der Verwerfung einer Utopie, die von der Erlösung der Welt durch die Schaffung eines neuen Menschen handelt: »Aber wo gibt es diese Insel, von der aus ein neuer Mensch eine neue Welt begründen kann?« Die Erlösung dieses neuen Menschen von der Geschichte und umgekehrt die Erlösung der Welt durch ihn bezeichnen ein geschlossenes heilsgeschichtliches System. »Ich machte diesem Kind und mir den Prozeß [...] ja, ich hatte erwartet, daß es die Welt erlöse.« Der tödliche Prozeß, von dem der Text erzählt, wird in der Reflexion des Erzähler-Vaters als Effekt von Unschulds- und Reinheitssehnsüchten kenntlich, die ins Medium der Sprache verschoben sind und auf diese Weise, in der »großen Lektion« einer Neuschöpfung von Sprache und Mensch, zum Menschenversuch geraten. Dieser mörderische Versuch erweist sich als Kehrseite einer *personifizierten* Erlösungsvorstellung.

Die tragische Geschichte einer bürgerlichen familialen Dreiecksbeziehung mit tödlichem Ausgang ist in der Erzählung durch eine mythische Dimension überblendet, durch die sie in den Kontext einer biblischen Schuld gestellt wird: »Austreten aus dem Geschlecht, zu Ende kommen, ein Ende, dahin sollte es nur kommen!/ Aber alles, was geschah, handelt nicht etwa von mir oder

Hanna oder Fipps, sondern von Vater und Sohn, einer Schuld und einem Tod« (153). Das Ende der Schuld, der bestehenden Sprache und der Geschlechterbeziehung sind im Denken des Erzählers derart aneinander gebunden, daß sie tatsächlich der Figur des biblischen Sündenfalls entsprechen, der biblischen Szene von der Erkenntnis als Verlust der Unschuld. Seine Sehnsucht nach einer Erlösung aus Schuld und Verhängnis ist damit nichts weniger als der Versuch, aus der Geschichte aus- und ins Paradies wiedereinzutreten. Vor dem Horizont dieser »ganzen Abstammung«, für deren Bedeutung die Gedanken der Frau an das »Nächstliegende« nur als störend empfunden werden und sie selbst aufgrund ihrer Zärtlichkeiten als »wundervolle Versucherin«, handelt die Geschichte von einer Variante im Mythos männlicher Genealogie: »von Vater und Sohn, einer Schuld und einem Tod«. Genauer gesagt handelt sie vom Versuch einer Korrektur und einer reineren Neuschöpfung dieser Genealogie. Indem Bachmanns Erzählung die geschilderte familiale Triade in die biblische Bedeutung des Sündenfalls einschreibt, wird deutlich, daß das Projekt der Spracherneuerung in seinem Ehrgeiz, eine neue Welt oder eine neue Ordnung zu schaffen, die Dimension biblischer Schöpfungsmythen tangiert. Insofern liest sich die Erzählung auch als eine literarische Kritik der ›Sprachkritik‹.

Was die Struktur und Denkweise von ›Sprachkritik‹ und Spracherneuerung betrifft, gilt auch für das erst lange nach Bachmanns Erzählungen entstandene Projekt einer feministischen Sprachkritik. Bald zwei Jahrzehnte vor der Popularität ›feministischer Linguistik‹ hat die Autorin den Zusammenhang von Sprache und Geschlecht in einer Weise thematisiert, in der erkennbar wird, daß das in der Sprache sichtbar werdende Verhältnis der Geschlechter an eine Dimension rührt, der mit sprachlichen Erneuerungskonzepten nicht beizukommen ist, weder mit einem neuen Vokabular noch mit Regeln für einen ›geschlechtsneutralen Sprachgebrauch‹. Ging es in »Alles« um die Desillusionierung eines Erlösungsprogramms im Muster einer männlichen Genealogie, so beschreibt die Erzählung »Ein Schritt nach Gomorrha« die weibliche Variante eines Erlösungs- und Schöpfungsmythos.[72] Der Wunsch, aus

---

[72] Zur Lektüre der Erzählung als »weibliche Schöpfungsgeschichte« vgl. Achberger 1982, zu einer dekonstruktiven Lektüre vgl. Dusar 1994.

den bestehenden Geschlechterverhältnissen auszutreten, verbindet sich hier mit der Sehnsucht nach einer anderen Erkenntnis und konkretisiert sich in einer Re-Lektüre des ›Sündenfalls‹ im Sinne eines nochmaligen, *anderen Neubeginns.* Dabei bezieht sich dieses Konzept eines in den Ursprung zurückverlegten Neubeginns auf ähnliche Attribute des ›Weiblichen‹, wie sie später in den Theorien ›weiblicher Ästhetik‹ entwickelt wurden, auf Attribute des Nichtfestgelegten:

> »Könnte dieses Geschlecht doch noch einmal nach einer Frucht greifen, noch einmal Zorn erregen, sich einmal noch entscheiden für seine Erde! Ein andres Erwachen, eine andere Scham erleben! Dieses Geschlecht war niemals festgelegt. Es gab Möglichkeiten. [...] Es konnten andre Erkenntnisse sein, die einem wurden. Sie war frei. So frei, daß sie noch einmal in Versuchung geführt werden konnte.« (2/204)

Indem diese Vorstellung eines anderen Beginns sich aber mit dem Begehren nach Selbstbestimmung verbindet – »Ich will bestimmen, wer ich bin« – und im Entwurf eines Gegenübers konkretisiert, das nach diesem Begehren geschaffen wird, verwandelt sich auch dieses Projekt in einen Versuch.

Aufgrund dieser Verbindung der Rückwendung zu einem Zustand *vor* der Idee des (männlichen) Subjekts mit dem Begehren nach einer weiblichen Variante des ›autonomen Subjekts‹ trifft Bachmanns Erzählung bereits ins Zentrum jener Aporie, die bis heute das Vorhaben einer feministischen Philosophie beschäftigt. In »Ein Schritt nach Gomorrha« geht es nicht darum, ganz allgemein einen neuen Menschen zu schaffen, sondern ein Geschöpf, das in der Perspektive eines weiblichen Befreiungsbegehrens den Ort des Anderen besetzen kann: »Ich will mein Geschöpf, und ich werde es mir machen. Wir haben immer von unsren Ideen gelebt, und dies ist meine Idee.« Mit dieser Formulierung, die die Herrschaft der eigenen Idee über das Bild des Anderen betont, zeichnet sich schon ab, daß es auch in dieser Erzählung um die Desillusionierung eines Erlösungsmythos geht. Die Desillusionierung kommt hier einerseits über eine Spiegelerfahrung zustande, über die Erfahrung, daß Charlotte in ihrem Gegenüber vor allem ihrem Ebenbild begegnet, indem sie an Mara die ihr vertrauten, eigenen Züge und Redeweisen wiedererkennt,[73] und andererseits über eine Reflexion, in der es um die Beständigkeit der Bilder über alle Spracherneuerung hinaus geht. In der Szene, in der Charlotte »ihre Beute« gefunden hat, eine Szene, die mit den Worten »sie hatte ihr Geschöpf gefunden« eingeleitet wird, wird die Bedeutung von Wort, Recht und Bild für die Geschlechterdifferenz thematisiert, wie sie auch in einer weib-weiblichen Liebesgeschichte wirksam ist:

> »Die Bilder blieben, wenn Gleichheit und Ungleichheit und alle Versuche einer Bestimmung ihrer Natur und ihres Rechtsverhältnisses längst leere Worte geworden waren und von neuen leeren Worten abgelöst würden. Jene Bilder, die, auch wenn die Farben schwanden und Stockflecken sich eintrugen, sich länger hielten und neue Bilder zeugten.« (211)

In dieser Szene geht es um die in Denken und Psyche eingeschriebenen Bilder, um die Struktur des Imaginären, der die Heldin der »Gomorrha«-Erzählung sich nicht in derselben Weise entledigen kann, wie der Held des »Dreißigsten Jahrs« es mit der Postkartenreproduktion eines Gemäldes getan hat. In der Schlußpassage der Erzählung wird die gescheiterte Geschichte der beiden Frauen als Tötung eines Traumbildes beschrieben. Was bleibt, ist eine Leerstelle: »Nicht das Reich der Männer und nicht das der Weiber./ Nicht dies, nicht jenes.«

Von den in »Alles« und in der »Gomorrha«-Erzählung durchquerten und »zu Ende« gedachten universellen Erlösungsmodellen hat der Held der folgenden Erzählung sich bereits verabschiedet. Seine Sehnsucht richtet sich nur noch auf den einen Moment der Liebe, in dem sich die Wahrheit als körperliche Übereinstim-

---

[73] Françoise Retif hat gezeigt, daß die Erzählung Anspielungen auf Simone de Beauvoirs Roman »L'Invitée« (1943, dt. »Sie kam und blieb«, 1953) enthält. In dem Roman wird das Selbstbild der Heldin als überlegene, autonome, emanzipierte Frau durch die Begegnung mit einer jungen Frau aus der Provinz erschüttert, da sie in deren Verhaltensweisen die eigenen, unterdrückten Gefühle von Eifersucht, Konkurrenz etc. (wieder-)entdeckt. Obwohl der Roman auf den Zusammenbruch des Selbstbildes von Françoise hinausläuft, ist der Ton der Selbstgewißheit und Selbstgefälligkeit, mit dem die Erzählweise aus der Perspektive der Hauptfigur verbunden ist, schwer erträglich. Retif liest Bachmanns Erzählung als Kritik an Beauvoirs Roman, vor allem an der Beschreibung Xavières als Geschöpf von Françoise (Retif 1987).

mung erfüllt. Der Richter in »Ein Wildermuth« ist ein aufgeklärter Nachfolger des Erzählers in »Alles«, insofern er sich qua Profession in einer Situation *nach* dem Sündenfall befindet und die Sprache bereits als Mittel begreift, die Wahrheit zu sagen und die Schuld zu identifizieren. Als Richter bewegt er sich in einer Sprachordnung, die Benjamin als »neue Magie des Urteils« bezeichnet und als andere Restitution der im Sündenfall verletzten Unmittelbarkeit des Namens analysiert hat.[74] Insofern auch ist es die Ähnlichkeit seines Namens mit dem des Angeklagten, die die zunehmende Verwirrung des Richters auslöst. Seine Urteilssprache wird durch die Magie des Namens gestört, mit der Wirkung, daß er *Geist* und *Geister* nicht mehr zu unterscheiden weiß. So wird der »Unfall« als »Einschlag des Geistes in seinen Geist« bezeichnet. Mit diesem Einschlag und seinem Schrei hat sich die Welt für ihn im Nu remythisiert. Schlagartig offenbart sich ihm – wenn die Kollegen, die den Verwirrten aus dem Gericht geleiten und entfernen, ihm als rächende Engel erscheinen – der »mythische Ursprung des Rechtes«[75]: »Kurz darauf betraten einige Herren in schwarzen Talaren, schweigend, wie rächende Engel, den Raum; Wildermuth wurde von dem Schwarm zu einem Taxi hinuntergebracht und nach Hause in seine Wohnung gefahren« (214).

In der erinnernden Kommentierung des »Unfalls« und seiner Vorgeschichte geht es dann um die Stellung Wildermuths im Sprach- und Wahrheitsdiskurs. Dabei wird seine Faszination für die ›Wahrheit‹ und für ein Denken, das die Wahrheit mit einem erschöpfenden, genauen Bericht identifiziert, eine Art »Wahrheitsrausch« beim Erzählen von Begebenheiten in »peinlicher Reihenfolge«, als väterliche Erbschaft beschrieben. Dagegen verbindet sich eine davon abgespaltene »Hinterbühne« mit dem Bild der Mutter. »Auf der Hinterbühne spielten meine von niemand geahnten Traumabenteuer, Traumdramen, Fantastereien« (231). Trotz seiner Verzweiflung über die allgemeine Annahme eines »billigen Übereinstimmen[s] von Gegenstand und Wort, Gefühl und Wort, Tat und Wort« ist der Richter doch zugleich von der Sehnsucht nach einer Übereinstimmung von »Geist und Fleisch« getrieben. Nach seinem »Unfall« bzw. Schrei reflektiert er seine doppelte Ge-

---

[74] Benjamin 1980, II.1/153.
[75] Ebenda, 154.

genstellung: sowohl zu dem für ihn plötzlich unmöglich gewordenen positivistischen Verfahren der Wahrheitsfindung vor Gericht wie auch zu jener durch seine Frau verkörperten Redeweise, einer Rhetorik der Verzauberung, der Pointen, Abweichungen und Arabesken, »jedes Wort in rosa Schrift«. Zwischen diesen beiden Wahrheitsvorstellungen kann er die ›Wahrheit‹ nur mehr in der körperlichen Übereinstimmung suchen, im schweigenden ›Erkennen‹ eines anderen Körpers, in der sexuellen Begegnung, die jede Sprache ausschließt. In der Episode mit der Kellnerin Wanda findet seine Sehnsucht eine kurze Erfüllung: »Ich habe mit diesem bleichen geduldigen Körper Wandas so übereingestimmt, so die Liebe vollzogen, daß jedes Wort sie gestört hätte und kein Wort, das sie nicht gestört hätte, zu finden war« (245).

In der Darstellung der Wanda-Episode wird sehr deutlich akzentuiert, daß diese Liebesvorstellung, die in die Suche nach Übereinstimmung mündet, sich auf tradierte Weiblichkeitsmythen bezieht, über das Bild eines sprachlosen Geschlechts, das vollständig in der körperlichen Übereinstimmung aufgeht, dessen Bestimmung sich somit in diesem Augenblick erschöpft: »ein Geschlecht von dunkelhaarigen blassen Frauen mit trübem großem Blick, kurzsichtigen Augen, fast ohne Sprache, Gefangene fast ihrer Sprachlosigkeit, zu dem ich mich bekenne und nie bekennen kann« (243). Das Wissen des Helden, daß ihm ein Leben mit dieser Frau nicht möglich ist, erzeugt eine »erstaunte Trauer« darüber, daß er »die Wahrheit dort, wo sie aufkommt, nicht brauchen kann«. Zwischen *Berichts*- bzw. *Gerichts*sprache, zwischen »Blumensprache« und stummer körperlicher Übereinstimmung stehend, befindet sich der Richter Wildermuth, da er von einer Teilung in ›bloßen Geist‹ und ›bloßen Sexus‹ ausgeht, gleichsam in derselben Lage wie der Dämon in Benjamins Kraus-Essay: er verfehlt die Verbindung von Sprache und Eros, eine Transposition des Eros *in* die Sprache.

Diesem Mangel antwortet der in der Komposition des Prosabandes nachfolgende, letzte Text »Undine geht«, wenn er im Sehnsuchtston der Stimme Undines diese Verbindung von Sprache und Eros gestaltet: »Komm. Nur einmal. Komm.« Doch Undine ist nicht von dieser Welt. Ihr Klage- und Sehnsuchtston entspringt einer Ferne von der bestehenden Ordnung der Dinge, auch von der realexistierenden Beziehung der Geschlechter. Es ist nicht die

Stimme einer Frau, sondern, wie die Autorin kommentiert hat, die Stimme der Kunst: »Die Undine ist keine Frau, auch kein Lebewesen, sondern, um es mit Büchner zu sagen, ›die Kunst, ach die Kunst‹« (GuI 46).

Am Leitfaden der Sprache betrachtet, wird somit die kompositorische Struktur des Bandes erkennbar. Von der Titelerzählung ausgehend, einer Serie von Denkbildern, die ein komplexes Verhältnis von Denken, Phrase und Verkörperung durchqueren, richtet sich der Blick zurück auf die bewegungslosen Erinnerungsbilder der Kindheit, deren Sprachmagie sich erst im Licht dieses Rückblicks zeigt. Die Herrenrunde, deren Kriegserinnerungen die Kontinuität des Nazismus in der Nachkriegskultur repräsentieren, wird eingerahmt durch die Desillusionierung von zwei Erlösungsprojekten, die über die Idee einer Erneuerung von Sprache und Geschlecht verbunden sind (»Alles« und »Gomorrha«). Während in »Alles« die Idee einer ›Erlösung qua Sprache‹ dekonstruiert wird und während sich in der »Gomorrha«-Erzählung zeigt, daß aus einer anderen erotischen Orientierung noch keine neue Sprache entsteht, bleibt in dem darauffolgenden Text der Richter Wildermuth als Vertreter der ›reinen Wahrheit‹ ein Gefangener der mit dieser Idee verbundenen Spaltung von Geist und Körper. Die in dieser Serie umkreiste Leerstelle einer Verbindung von Sprache und Eros oder Sprache und Liebe wird schließlich, in der »Schlußschleife«[76] des Bandes, mit der Stimme Undines als Sprache der Kunst hörbar. Diese steht nun nicht mehr im Gegensatz zur Logik und Wissenschaft, sondern sie entspringt als Sehnsuchtsstimme einem ganzen Geflecht von Erzählungen, die die bestehende (symbolische) Ordnung als Zusammenhang von Sprache, Schuld und Geschlecht ausloten. Ähnlich also wie später am Ende des Romans »Malina« die Gewinnung eines Erzählers stehen wird, steht am Ende des Erzählungsbandes »Das dreißigste Jahr« die Gewinnung einer Stimme. Es ist die Stimme der Kunst, in die Begehren und Sehnsucht eingegangen sind.

---

[76] So nennt die Autorin den Undine-Text in einem Brief, in dem sie überlegt, ob es nicht gut gewesen sei, ihn separat als Vorabdruck zu veröffentlichen, da er »nur eine Schlußschleife im Buch zieht« (Bachmann an Unseld am 31.5.1961, SVF).

III.

Gesang, Komposition, Musik – Zwischen Lyrik und Prosa

Die Gewinnung einer Stimme, die die Kunst verkörpert (als mythische Undine oder als Sängerin Maria Callas), steht am Ende einer Reihe von Texten, die Bachmann in den fünfziger Jahren geschrieben hat, Texte verschiedener Genres (Lyrik, Prosa, Essay, Hörspiel, Libretto), in denen Gesang und Musik eine Spur hinterlassen haben. Einerseits geht es darin um verschiedene Pathosformeln aus der Geschichte der Lyrik, sei es im Mythos von der Entstehung der Dichtung aus dem Klagegesang (über den Verlust oder Tod der Geliebten), sei es im Topos der Hoffnung auf eine wunderbare Wiederbelebung oder Auferstehung qua Poesie. Für sie zirkuliert in diesen Texten eine Chiffre, die aus Paul Celans Gedicht »Corona« stammt: das Bild vom Stein, der zu blühen beginnt. Die von Bachmann zitierten Mythen – Orpheus' mißglückter Versuch, mit seinem Gesang die Geliebte aus der Unterwelt zurückzuholen, der unmenschliche Gesang der Sirenen und Zikaden und der Sehnsuchtston des Wasserwesens Undine – situieren den Gesang sämtlich am Übergang von Leben und Tod oder an der Schwelle zum Gedächtnis. Im Zuge von Bachmanns Bezugnahme auf Ton, Gesang und Musik werden dabei Erinnerung und Erinnerbarkeit immer mehr zum Maßstab einer ›menschlichen‹, einer von Menschen für Menschen gemachten Musik. Nicht mehr in einem Jenseits von Zeit und Ort, einem U-Topos, kann diese Musik statthaben; sie ist wie jede andere Sprache der Kunst auf Geschichte verwiesen, um sich damit auch von jeder Form von Purismus oder Bedeutungsaskese und der Idee eines reinen Klangs zu verabschieden.

Andererseits kommt mit der Musik ein kompositorisches Vermögen ins Spiel, mit dessen Hilfe in der Poesie, jenseits einer begrifflichen Rede also, Denk- und Bedeutungsfiguren Gestalt gewinnen können, die sich durchaus mit logischen Strukturen einer philosophischen Sprache berühren. Diese ›musikalische Logik‹[1] zeigt sich besonders im Strophenschema, das in Bachmanns Gedichten als Medium einer lesbaren Signatur erscheint. Die Musik ihrer Gedichte betrifft damit weniger den Klang oder Rhythmus als vielmehr deren Lesbarkeit als Schrift. Im Hörspiel dagegen wird die Komposition als Medium der Inszenierung genutzt, als Stimmführung unterschiedlicher Sehnsuchtstöne, die der Zeit- und Ortlosigkeit der Inselmetapher entsprechen, um auf dem Wege des Durchspielens und der Negation eines archaischen Naturklangs eine Musik zu retten, in der Erinnerung *und* Leidenschaften gleichermaßen hörbar werden können. Die Referenz auf Gesang und Musik in den Texten verschiedener Genres wird dabei auch als eine Bewegung lesbar, die zur Dialogizität und Polyphonie von Bachmanns späterer Prosa führt.

1. Von Orpheus zu Undine: Klagelied, Liebeston und Kunst

»Wie Orpheus spiel ich«. Mit diesem Anfangsvers eines der Gedichte, die Bachmann 1952 beim Treffen der Gruppe 47 in Niendorf gelesen hat, stellt die Dichterin ihre Lyrik in die Tradition des legendären Sängers, des gepriesenen »Vaters der Gesänge«.[2] Entgegen einem Mythos von der Entstehung der Dichtung aus dem Gesang bezieht ihr Gedicht sich auf einen dunklen Mythos bzw. auf den Mythos vom Ursprung einer dunklen Sprache.

>»Wie Orpheus spiel ich
>auf den Saiten des Lebens den Tod
>und in die Schönheit der Erde
>und deiner Augen, die den Himmel verwalten,
>weiß ich nur Dunkles zu sagen.« (1/32)

Im Fortgang der ersten Strophe nämlich wird eine Lektüre enttäuscht, die den ersten Vers als Zitat jenes Ursprungsmythos deuten möchte, in dem die *Lyrik* auf das Spiel der *Lyra* oder auf den Gesang, der von der Lyra begleitet wird, zurückgeführt wird. Schon im zweiten Vers verwandelt sich der Vergleich zwischen ly-

---

[1] Zum Verhältnis von diskursiver und musikalischer Logik vgl. Adornos Essay »Der Essay als Form« (1958), in Adorno 1974, 9–33, hier 31f.
[2] So Pindar in der vierten Pythischen Ode (Strophe 8).

rischem Ich und Orpheus-Spiel in ein doppeltes Bild. In ihm erscheint das Spiel auf den Saiten des Instruments zugleich als ein ›Spiel‹ im Umgang mit dem Verhältnis von Leben und Tod. Und ebenso, wie (schon bei Orpheus) auf den »Saiten des Lebens« das Andere des Lebens, der Tod, erklingt, kann in den folgenden Versen aus der Adressierung an die Schönheit keine klare, schöne oder helle, sondern nur eine dunkle Rede gewonnen werden: »weiß ich nur Dunkles zu sagen«. Mit dieser Dialektik von Leben und Tod, von Schönheit und dunkler Sprache steht der Name Orpheus, ebenso wie die auf ihn zurückgehende Kunst, hier für eine Konstellation ein, in der die Kunst immer schon mit dem Tod und dem Unaussprechlichen verbunden ist. Wenn Bachmann ihrem zunächst titellosen Gedicht[3] – bei dem, der Konvention folgend, der erste Vers stets zum Titel avanciert – in der Buchfassung ihres ersten Lyrikbandes »Die gestundete Zeit« (1953) den Titel »Dunkles zu sagen« voranstellt,[4] dann betont sie damit nicht nur die Intertextualität zu Paul Celans Lyrik,[5] sondern sie sorgt auch dafür, daß von Beginn an die Anfangszeile nicht ohne den dunklen Nachklang gelesen, also gar nicht erst als programmatische Analogisierung von Dichtung und Gesang verstanden werden kann.

Es geht in Bachmanns Orpheus-Gedicht also nicht um eine Verwandtschaft von Dichtung und Gesang, im Bezug etwa auf die epischen Gesänge am Beginn der überlieferten antiken Literaturgeschichte oder auf die Tatsache, daß, indem in der Antike die Lyra als Attribut der Dichter *und* Sänger galt, beide Gattungen nicht unterschieden wurden. Ebensowenig geht es um einen gemeinsamen Ursprung von Dichtung und Musik im Konzept der *musiké*, in dem Musik, Poesie und Tanz im Bild einer ursprünglichen Einheit der Künste als noch ungeschieden gedacht werden.[6] Im

---

[3] Ohne Titel wurde das Gedicht erstveröffentlicht in der Wiener Zeitschrift »Stimmen der Gegenwart«, Jg. 2, 1952, 53.

[4] So auch schon bei der Zweitveröffentlichung, dem Druck des Gedichts im Kontext des Tagungsberichts im Organ der Gruppe 47: Die Literatur, 1.6.1952 (Bericht von H.G. Brenner über die Niendorfer Tagung).

[5] Der Titel, der den Schlußvers der ersten Strophe über das gesamte Gedicht stellt, ist ein Zitat aus Celans Gedicht »Corona« [VIII.2].

[6] Zur Genese dieser Ursprungsmythen und ihren Folgen für eine Debatte über das Verhältnis von Dichtung und Musik vgl. ausführlich Caduff 1998, 7–33.

Hinblick auf ›das Verhältnis der Künste‹ ist es jedoch nicht unbedeutend, daß Bachmann in ihrem poetologischen Gedicht gerade auf Orpheus Bezug nimmt. Bereits in der mythischen Genealogie wird diesem nämlich eine zweifache musisch-musikalische Herkunft bescheinigt: Von seinem Vater Apollo, Gott der Musik und bekannt als göttlicher Spieler der Kithara, ist auf ihn das Spiel auf dem Saiteninstrument gekommen, von seiner Mutter Kalliope, der Muse des epischen Gesangs, die gesungenen Worte. Seinem Gesang, genauer seinen Klagen, bei Ovid als Zusammenspiel von Sprache und Instrument beschrieben – »Während er so sang und zu seinen Worten die Saiten schlug«[7] –, wird dabei eine wunderbare Wirkung zugesprochen. Er vermag damit sowohl die Götter der Unterwelt als auch die Tiere, Pflanzen und Steine zu erweichen. Zwar ist das Orpheus-Bild in der Überlieferung sehr vielgestaltig; so ist er nicht nur Vater des Gesangs, sondern auch Stifter einer orphischen Theogonie und der »orphischen Mysterien«, auch wird er als Prophet gepriesen und sein Mythos als Ursprung der Oper gedeutet.[8] Bachmanns Gedicht bezieht sich jedoch deutlich auf die Geschichte vom tragischen Paar »Orpheus und Eurydike«, wie sie seit Platon und Vergil bekannt, vor allem aber durch das zehnte Buch von Ovids »Metamorphosen« überliefert ist. Darin wird die Macht von Orpheus' Stimme vorwiegend aus ihrem Charakter als Klagegesang abgeleitet. Insofern geht es hier eher um einen anderen Ursprung: um die Entstehung einer wunderbaren Kunst aus der Klage – oder aus einer, gerade wegen ihrer Unbedingtheit unglücklichen Liebe. Mit der vierten, nur zweizeiligen Strophe – »Und ich gehör dir nicht zu./ Beide klagen wir nun.« – nimmt das Gedicht das Motiv des Klagelieds explizit auf.

Im formalen Strophenschema des Gedichts bildet dieser Moment der Feststellung einer beidseitigen Klage den Umschlag. Die Bewegung eines ansteigenden Strophenumfangs, von fünf Zeilen in der ersten, sechs in der zweiten und sieben in der dritten Strophe, wird unterbrochen, und nach der zitierten zweizeiligen Strophe über das Klagen folgt nur noch die letzte Strophe mit vier Zeilen (also: 5,6,7,2,4). Formal führt dieser dem Umschlag folgende Sprung in der Strophenlänge also nicht *an* den Anfang, sondern

---

[7] Metamorphosen, 10. Buch, 40.
[8] Vgl. Mythos Orpheus 1997.

vor den Anfang zurück. Daß der Umschlag im Zeilenschema eine Art Zäsur darstellt, wird zudem dadurch betont, daß die letzte Strophe mit einem ›Aber‹ beginnt:

> »Aber wie Orpheus weiß ich
> auf der Seite des Todes das Leben,
> und mir blaut
> dein für immer geschlossenes Aug.«

Die Veränderung in der Wiederaufnahme des Motivs aus der ersten Strophe bringt hier also keine Variation, sondern eine Verkehrung, die mit dem »aber« angezeigt ist. Ist im selben Zuge aus dem Spiel ein Wissen geworden, so wird die Dialektik von Leben und Tod nun von der anderen Seite her betrachtet, verbunden mit einer Rückübertragung der Ausgangsmetapher, dem Spiel auf den Saiten des Lebens. Diese ist durch den Tausch von a und e angezeigt: eine Substitution der *Saiten* durch die *Seite*, eines materiellen Trägers des kunstvollen Spiels also durch einen Aspekt oder Betrachtungswinkel. Blickt man nun vom Ende, vom Wissen von »der Seite des Todes«, auf den Anfang, das Spiel auf den »Saiten des Lebens«, zurück, dann tut sich zwischen beiden Strophen ein Abgrund auf: hier die Hoffnung auf ein Leben im Wissen um den Tod, im poetischen Bild vom ›Blauen‹[9] des für immer geschlossenen Auges zum Ausdruck gebracht, dort die Metapher für eine Kunst, deren Spiel sich auf das Material des Lebens bezieht und dabei den Tod hervorbringt. Das Schema der Strophenlänge, mit dem der letzten Strophe ein Platz vor der ersten Strophe zugewiesen wird, deutet also darauf hin, daß dem Zitat der Orpheus-Mythe und dem Vergleich der eigenen Stimme mit dem Spiel des Orpheus immer schon ein Wissen um die seiner Kunst eingeschriebene Dialektik von Leben und Tod vorausgeht und vorausgehen muß.

Insofern betont Bachmanns Gedicht den prekären Ort von Orpheus' Gesang, einer Transformation von Klage in Kunst, an der Schwelle von Leben und Tod. Zu beachten ist dabei, daß in der Ovidschen Überlieferung[10] der Klagegesang von Orpheus in einem mehrfachen Verhältnis zum Tod steht. Zunächst, nachdem ihm

---

[9] Auch das eigentümliche Verb ›blaut‹ zitiert Celan, und zwar sein Gedicht »Sand aus den Urnen«.
[10] Hier zitiert nach Ovid 1981, 224–252.

»die Neuvermählte« noch vor der Ankunft des Hochzeitsgottes durch einen Schlangenbiß »ins Schattenreich« entrissen wurde, wendet er sich mit seinem Gesang, einer Mischung aus Liebesschmerz und Klage, an die »Herren der Schatten« und fleht sie an, den übereilten Tod Eurydikes rückgängig zu machen. Daß er dies in die Bitte kleidet, sie bloß zu leihen, nicht zu schenken, ist insofern nicht so erstaunlich, als in den Ovidschen »Metamorphosen« das Leben aus dem Anorganischen entsteht und dahin zurückkehrt, ohnehin also als Unterbrechung und Aufschub des Todes gilt. So geht auch Orpheus in seiner Klage davon aus, daß wir, »alles Sterbliche, was entsteht,« in die unterirdische Welt zurückfallen.[11] Als Orpheus die Götter mit seinem Gesang derart überwältigt, daß sie zu weinen beginnen, in ihrem Tun innehalten und ihm seine Bitte nicht abschlagen können, knüpfen sie an ihre Gabe nur die eine Bedingung: er dürfe sich nach der Geliebten, wenn er sie aus dem Totenreich ins Leben zurückführt, nicht umwenden. Nach Orpheus' Verfehlung dieser Bedingung, die ihn mit der paradoxen Wirkung seiner Liebe konfrontiert – denn es ist sein unaufschiebbares Begehren, sie zu sehen, das ihren ›zweiten Tod‹ herbeiführt –, wird er in einen Zustand von Entsetzen und Versteinerung versetzt, sieben Tage lang »von Trauer entstellt«. Danach hebt er zu erneuter, offensichtlich aber zu einer anderen Klage an.

Statt sich an die Götter zu wenden, klagt er nun *über* sie, d.h. über ihre Grausamkeit. Mit diesen Gesängen, die von weiteren verfehlten oder tödlichen Liebesgeschichten, von anderen Metamorphosen am Übergang von Leben und Tod, Natur und Kunst erzählen,[12] zieht er jetzt die Wälder, Tiere und Steine in seinen Bann. Dieser stein-erweichende Gesang ist nun nicht mehr ein schlichtes Zusammenspiel von Wort und Saitenspiel; vielmehr erinnert seine Beschreibung an eine komplexere Form von Harmonie,[13] wie sie auch aus anderen Ursprungsmythen der Kunst be-

---

[11] Metamorphosen, 10. Buch, 19.
[12] Einer seiner Gesänge betrifft die Pygmalion-Mythe, in der aus einer Abkehr von den realen Frauen die Entstehung von Kunst als Liebesverhältnis berichtet wird. Andere Gesänge betreffen Verwandlungen von Menschen in Steine oder Pflanzen als Effekt verfehlter oder verbotener, immer aber tödlicher Liebe.
[13] Heraklit, Fragment 51, vgl. dazu Weigel 1997, 252 (dort Anm. 11).

kannt ist.¹⁴ Jetzt entlockt er seinem Instrument verschiedene Töne, die »obwohl sie nicht gleich klangen, zusammenpaßten«¹⁵. Erst diese (zweite) Form der Klage also bezeichnet den Übergang zur Kunst, zur *polyphonie*. Im Unterschied zu jeder quasi-natürlichen Entstehung des Gesangs aus der Klage, wie sie noch der erste Teil der Orpheus-Mythe nahelegen könnte, ist dieser Übergang nach dem ›zweiten Tod‹, einem Wissen um die Unumkehrbarkeit des Sterbens, angesiedelt. Eignet diesem Übergang eine Abwendung von den Göttern, so geht daraus zugleich eine andere Hoffnung hervor, die sich auf die Wiederbelebung der ›toten Natur‹ oder einer Sprache der Dinge richtet. Und es ist genau dieser Moment, auf den der Aufbau von Bachmanns Gedicht, die Entstellung des Spiels auf den »Saiten des Lebens« in das Wissen um die »Seite des Todes« sich bezieht, als Voraus-Setzung des Vergleichs zwischen Dichtung und Orpheusscher Kunst. »Dunkles zu sagen« situiert die Dichtung damit *nach* einer Enttäuschung des Glaubens, daß der Gesang die Geliebte wiedererwecken könne.¹⁶

Dieses Jenseits ist den beiden mittleren, sich an ein Du adressierenden Strophen, die von einer unmöglichen Liebe und von der Verletzbarkeit eines gespannten Schweigens sprechen, bereits eingeschrieben. Die Entstellung von Liebesmetaphern in Todesbilder, die sich in ihnen ereignet, referiert auf eine Situation, in der auch das Du den »dunklen Fluß« an sich vorbeiziehen sah.

> »Vergiß nicht, daß auch du, plötzlich,
> an jenem Morgen, als dein Lager
> noch naß war von Tau und die Nelke
> an deinem Herzen schlief,

---

¹⁴ Vgl. etwa den Mythos vom Ursprung der Flötenmusik *(pàmphonon mélos)* aus Athenes Nachahmung des ›wirren Klagegesangs‹ der Gorgonen in Pindars 12. Pythischer Ode, wo Athenes Musik auch als »allstimmiger Gesang« beschrieben wird.
¹⁵ Metamorphosen, 10. Buch, 147f.
¹⁶ Der konsequente Bezug auf die Orpheus-Mythe wird auch darin bestätigt, daß die Autorin eine Strophe des Typoskripts, die als dritte plaziert war und den Narziß-Mythos zitiert, in der Buchfassung gestrichen hat: »Du neigtest dich über ihn [den dunklen Fluß], schriest auf/ und batest mich,/ dir mit dem Bogen das Haupt abzutrennen« (Stimmen der Gegenwart, 1952, 53; ebenso Die Literatur, 1.6.1952).

den dunklen Fluß sahst,
der an dir vorbeizog.

Die Saite des Schweigens
gespannt auf die Welle von Blut,
griff ich dein tönendes Herz.
Verwandelt ward deine Locke
ins Schattenhaar der Nacht,
der Finsternis schwarze Flocken
beschneiten dein Antlitz.«

Mit diesem Gedicht wird das mythische Umkehrtabu, das eine popularisierte und zu kurz gegriffene Rezeption der Orpheus-Mythe dominiert,[17] in eine dialektische Umkehrfigur verwandelt, in der ein Ursprungsmythos der Dichtung bearbeitet wird. An die Stelle eines ›natürlichen‹ Ursprungs (der Dichtung aus dem Klagegesang) tritt dabei die Gewinnung von poetischen Bildern aus der verfehlten Liebesrettung als einer Art zweiten Todes. Und erst diese Bilder können Bilder einer Hoffnung sein, die das Wissen, daß der Tod nicht rückgängig zu machen ist, in sich aufgenommen hat: »Die Kunst kommt erst nach dem zweiten Tod« (TPI/174).

Das Orpheus-Gedicht vollzieht damit auch die Verwerfung eines Bildbereichs aus den Jugendgedichten, in dem Klang und Ton als Metaphern für das Wesen oder die Stimmung des lyrischen Ich auftreten, als Daseinsmetaphern also, in denen das Ich in Ein- oder aber Mißklang mit einer natürlichen, göttlichen oder familialen Ordnung erscheint.[18] Wenn Bachmanns Lyrik *nach* dem Or-

---

[17] Zu kurz gegriffen im buchstäblichen Sinne, weil sich die populäre Rezeption nur auf den ersten Teil der Mythe bezieht und die orphischen Gesänge nach dem zweiten Tod Eurydikes nicht mehr berücksichtigt.

[18] So etwa in Gedichten der Zwanzigjährigen aus dem Jahre 1946, z.B. in »Die unirdische Welle« mit dem Anfangsvers »Aus Dunkel kommt, wie schon so oft ein Tönen« (K16/N6170) und »Vor einem Instrument« mit den Anfangszeilen der zweiten Strophe »Ich möchte dich zu meinem Gotte machen,/ weil ich in deinem Klang mich ganz verstehe« (K141/N6175). Und auch in den ersten publizierten Gedichten ist dieses Bildfeld programmatisch aufgenommen, in »Abends frag ich meine Mutter«, in dem eine idyllische Mutter-Kind-Beziehung gestaltet ist, in der der Wunsch des lyrischen Ich, alles zu erzählen, »was an Klängen mich umspielt«, sich an eine Mutter adressiert, die lauschend und träumend trifft, »wie alte Lieder,/ meines Wesens Dur und Moll« (1/10).

pheus-Gedicht dagegen auf Gesang, Klang oder Musiktermini Bezug nimmt, dann geschieht das in differenzierter Weise: als Gattungszitat, Kompositionsprinzip oder über eine spezifische Metapher, die über den Vergleich einzelner, konkreter Figurationen von Sprache und Musik zustande kommt [III.3].

In dem Fragment gebliebenen, undatierten Entwurf »Gedicht an den Leser« taucht der ›Gesang‹ – in einer Geste absoluter Verneinung – noch einmal auf: »Zu dem Gesang, mit dem du ausziehen könntest, um eine Schlacht zu gewinnen, taug ich nicht. Vor Altären ziehe ich mich zurück. Ich bin der Vermittler nicht. Alle deine Geschäfte lassen mich kalt. Aber du nicht. Nur du nicht« (4/307). Damit wird eine laute Dichtung, die sich zum Mittel einer Sache machen ließe, sei sie kriegerisch, religiös oder ökonomisch, aus der Perspektive des Gedichts selbst verworfen. Versteht man den Titel des Entwurfs wörtlich, dann handelt es sich nämlich um eine Abschiedsrede *des* Gedichts, die an *den* Leser adressiert ist.[19] Sie kündet von einem verlorenen Liebesverhältnis – »Du bist mein ein und Alles« –, das wegen verfehlter Erwartungen (des Lesers) vom Gedicht aufgekündigt werden muß. Neben der Instrumentalisierung werden Trost und Tiefsinn als unzumutbare Erwartungen genannt: »Du kamst ja so vertraulich, manchmal plump, nach einem schönfärbenden Wort verlangend; auch getröstet wolltest du sein, und ich wußte keinen Trost für dich. Auch Tiefsinn ist nicht mein Amt.« Der Text reflektiert eine Trennung, die aus der bereits bestehenden Entfernung und aus der Erfahrung, daß das vom Spiegel zurückgeworfene Bild als verkehrt wahrgenommen wird, notwendig geworden ist, eine Trennung, die aber keine ›kalte Abwendung‹ sein soll; denn was bleibt, das ist eine »unstillbare Liebe zueinander«. Dabei erinnern die »Worte für dich«, die vom Ich bzw. vom Gedicht nun unter Trümmern, in Lüften, Eiswind und Sonne gesucht werden, an jene poetischen Bilder am Ende des Orpheus-Gedichts, die erst aus dem Wissen um den Tod gewonnen werden können: »und ich will in deinen Sinnen und in deinem Geist aufspringen wie die Goldadern in der Erde, und durchleuch-

---

[19] In den drei überlieferten Entwurfsvarianten gibt es auch eine mit dem Titel »Gedicht und Leser«, wobei die Veränderung in »Das Gedicht an den Leser« die Beziehung zwischen Sprecher und Adressat spezifiziert (K7238–42/N1682–86, NÖN).

ten und durchschimmern will ich dich, wenn der schwarze Brand, deine Sterblichkeit in dir ausbricht.«

Im Vergleich zu dem Gedicht »Keine Delikatessen«[20], das sich im Gestus der kritischen Abwendung von einer poetischen Ästhetisierung mit dem »Gedicht an den Leser« trifft, klingt das Prosafragment sehr viel ›poetischer‹. Zugleich ist es deutlich ambivalenter, da Gesten der Verneinung und Liebesbekundungen hier nebeneinander stehen und die als notwendig erachtete Verneinung von unverhüllten Sehnsuchtsworten begleitet ist. Aus dem Prosafragment klingt noch nicht jener Ton der Gewißheit, mit dem in »Keine Delikatessen« die Wirkungen poetischer Spracharbeit verworfen werden. In ihm geben vielmehr Abschiedszweifel und -schmerzen den Ton an. Mit seiner Form, einem im Sehnsuchtston gehaltenen Abschiedsmonolog, deutet das Fragment zudem deutlich auf den Prosatext »Undine geht« voraus. Insofern ist es plausibel, es als Vorstufe zu diesem Abschlußtext des Erzählungsbandes »Das dreißigste Jahr« zu betrachten.[21] Somit muß er also *vor* 1961 entstanden sein, andererseits *nach* dem Zeitpunkt, den die Autorin als Abbruch ihres Gedichteschreibens angibt: das Jahr nach der Veröffentlichung ihres zweiten Lyrikbandes 1956.[22] Letztlich nicht zu klären ist dagegen die Vermutung, der Entwurf antworte auch auf Paul Celans »Meridian«-Rede (1960), d. h. auf die darin entworfene Poetologie: das Gedicht, das sich an ein Gegenüber, an einen Anderen richtet.[23]

---

[20] Mit vier anderen Gedichten zusammen 1968 im »Kursbuch« veröffentlicht, deren Entstehung die Autorin selbst datiert hat: »aus den Jahren 1963 und 1964« (K1227/N303, NÖN).

[21] Diese Einordnung wurde erstmals vorgenommen und begründet von Kann-Coomann 1988.

[22] Das Gedicht »Ihr Worte« (1961) sei entstanden, »nachdem ich mich fünf Jahre lang nicht mehr traute, ein Gedicht zu schreiben, keines mehr schreiben wollte, mir verboten habe, noch so ein Gebilde zu machen, das man Gedicht nennt« (GuI 25). Das Interview nimmt Formulierungen vorweg, die dann in das Gedicht »Keine Delikatessen« eingegangen sind, das ja nicht nur eine Abkehr von der Ästhetisierung formuliert, sondern zugleich ein Zeugnis dafür ist, daß Bachmann ab 1963/64 wieder einige Gedichte geschrieben hat [VI.2].

[23] Folgt man dieser Vermutung von Kann-Coomann 1988, dann wäre der Entwurf ziemlich exakt auf Ende 1960/Anfang 1961 zu datieren. Es wäre aber ebenso plausibel, zu vermuten, daß der Entwurf den Versuch einer ersten, mehr literarischen Form von Vorlesung für die Frankfurter Poetikdozentur darstellt. Dann wäre er Ende 1959 entstanden.

In dem Satz, mit dem »Das Gedicht an den Leser« abbricht, wird zwar das Bild vom Stein, der zum Blühen gebracht werden soll, aus Celans »Corona« zitiert: »Es ist Zeit, daß der Stein sich zu blühen bequemt«; zugleich korrespondiert dieser Schluß aber auch mit Bachmanns eigenem Orpheus-Gedicht, das sich mit der Wendung »Dunkles zu sagen« bereits auf »Corona« bezogen hatte. Jedenfalls nimmt die Passage, mit der übrigens die Schreibmaschinenschrift in Handschrift übergeht, noch einmal die Orpheus-und-Eurydike-Szene auf:

»Nachgehen möcht ich dir, wenn du tot bist, mich umdrehen nach dir, auch wenn mir Versteinerung droht, erklingen, ich möchte [das] verbleibende Getier zu Tränen rühren und den Stein zum Blühen bringen, den Duft aus jedem Geäst [?] ziehen.«[24]

Diese Passage, die auch der Entwurf für ein Gedicht sein könnte, ist aber nicht nur in ihren Bezügen zu früheren Gedichten beider Autoren uneindeutig. Daß das Ich sowohl in der Position von Orpheus erscheint (nachgehen, umdrehen) als auch in der seines Spiels (erklingen), ließe sich aus der Redeperspektive des Gedichts selbst erklären. Dabei wird das Umkehrmotiv, das im Orpheus-Gedicht latent bzw. in der Strophenstruktur verborgen blieb, hier explizit benannt und zugleich in eine zweideutige mythische Szenerie verlegt. Denn im Motiv der Versteinerung (die hier der Umdrehenden selbst droht) sind Orpheus-Mythe und biblische Sodom-Episode überblendet.[25] Damit ist der orphische Klagegesang in eine katastrophische Szene versetzt. Wenn das Klangbegehren (mit der signifikanten Wirkung des orphischen Klagegesangs: Er-

---

[24] Der letzte, handschriftliche Absatz ist nicht mit letzter Sicherheit zu entziffern (K7240/N1682, NÖN).

[25] In späteren Entwürfen taucht das Motiv des Umwendens explizit mit Bezug auf die Sodom-Episode auf. So in den Entwürfen zum »Fanny Goldmann«-Roman: »Und Gott sprach, und als sie sich umwandte, erstarrte sie zur Salzsäule« (TP1/120). Und in den Entwürfen zur »Malina«-Figur: »und ich wende mich zurück wie alle Leute, die auf das Geschehen schauen und erstarren, und vielleicht sagt Ihnen ein Engel rechtzeitig, schau nicht zurück, und dann werden Sie Frankfurt nicht sehen, das in Rauch und Schwefelgestank aufgeht« (3/552). Beide Entwürfe stehen im Zusammenhang der »Todesarten« des Literaturbetriebs [VI.6].

weichung von Pflanzen, Tieren und Steinen) und die Versteinerungsdrohung hier in ein und demselben Moment zusammenfallen, dann droht die Versteinerung damit dem Ich/dem Gedicht selbst. Insofern ist der ›zweite Tod‹ hier auf das Gedicht verschoben, als Gefahr, die offenbar untrennbar mit jenem poetischen Begehren verbunden ist, das dem wunderbaren Klagegesang des Orpheus entsprungen ist. Das Fragment überliefert die klarste Antwort auf die Frage, warum Bachmann sich, so unmittelbar nach dem großen Erfolg, von der Lyrik abgewandt hat. Zugleich beschreibt es in Bachmanns Werk die Grenze einer Dichtung, die sich auf den Gesang bezieht, sowie den Übergang zu einer Prosa der Dialogizität.

Der Monolog »Undine geht«, in dem Figuration und Schreibweise aus dem Entwurf wiederaufgenommen und fortgeschrieben werden, formuliert nun allerdings nicht mehr die Abschiedsrede eines Genres, sondern einer bestimmten (mythischen) Kunstfigur. Damit hat sich die Geste des Abschieds von der Gattungsfrage auf den Ort der Kunst verschoben, so daß der Undine-Text eine prinzipiellere poetologische Reflexion unternimmt als der Entwurf. Wer spricht, das ist hier nicht ›das Gedicht‹, sondern ›die Kunst‹, die sich an »die Menschen« richtet. Denn Undine ist, wie die Autorin kommentiert hat, »die Kunst, ach die Kunst« (GuI 46). Ebenso wie im Entwurf wird aber auch hier das Rede-Ich nur im Titel, nicht im Text selbst genannt. Ähnlich wie dort berühren sich im Monolog der Undine Liebesbegehren und poetisches Begehren. Und ebenso wie sich dort Verneinung und Verlangen mischen, spricht das Ich in »Undine geht« sowohl von Abschied und Verneinung – »Ich werde nie wiederkommen«, »Mit mir nicht!« – als auch von Sehnsucht. Bereits in der gegenstrebigen Fügung von Anfang und Ende, in der Spannung zwischen dem Titel »Undine *geht*« und den dazu gegenläufigen Schlußzeilen »Komm. Nur einmal./ Komm«, wird die Zweistimmigkeit des Monologs erkennbar [VIII.2].

Die Dialogizität dieses Prosatextes betrifft also nicht einen Dialog (im Sinne der Kommunikation), sondern die Adressierung an ein Gegenüber, einen Anderen wie auch jene *Diaphonie* (gr. Auseinanderklang), die in der Rede *einer* Stimme hörbar werden kann [IV.4]. Dabei ist der Prosatext keiner Gattung zuzuordnen. Er enthält sowohl narrative Momente als auch etliche lyrische Formelemente wie Wiederholung, Variation und Apostrophe, während der elegische Ton ihn mit dem Klagelied verbindet. Daß »Undine geht« an der Schwelle zwischen Gedicht und Prosa steht, wird auch formal erkennbar, da Anfang und Ende im Versschriftbild gedruckt sind. Da der Text nicht nur auf mythisch-literarische Motive, sondern auch auf philosophische Themen verweist, steht »Undine geht« zugleich aber auch am Übergang von Philosophie und Literatur.

Im Horizont der Geschichte des Undine-Motivs stellt der Text nicht nur die Relektüre eines bekannten Mythos dar, sondern darüber hinaus auch eine Art Gegenstimme oder Widerrede. In den literarischen Überlieferungen, sei es in Fouqués romantischer Erzählung oder in den vorausgegangenen Varianten seit Paracelsus,[26] vereinigt die Figur paradigmatische Momente eines mythischen Wesens, in das sich Anteile von Natur, Weiblichkeit und Kunst mischen. Handelt die Legende davon, daß Undine durch die Verbindung mit einem Mann zeitweilig Menschengestalt annimmt, so verweist das Ephemere dieses Zustands auf den verführerisch-gefährlichen Charakter ihres Wesens, dem kein dauerhafter Ort in der bestehenden Ordnung der Dinge erlaubt werden kann. Als Kunstfigur verkörpert sie damit die Sehnsucht nach dem anderen, das aus der bestehenden Ordnung ausgeschlossen ist.[27] Bei Bachmann wird dieser Status Undines, Teil des Imaginären zu sein, in folgender Passage auf den Begriff gebracht: »Doch vergeßt nicht, daß ihr mich gerufen habt in die Welt, daß euch geträumt hat von mir, der anderen, dem anderen, von eurem Geist und nicht von eurer Gestalt« (2/260).

Der entscheidende konzeptionelle Schritt besteht aber darin, daß Bachmann Undine eine Stimme verliehen hat, so daß der Blick auf Undine, ihre *Beschreibung*, sich in eine Rede von ihrem Ort aus verkehrt. Damit ist »Undine geht« ein Text, der nicht das Verlangen nach und die notwendige Grenzziehung gegenüber dem Anderen zum Ausdruck bringt, sondern aus dem Wissen um dessen Bedeutung geschrieben ist: Voraussetzung zu sein für den Bestand der herrschenden Sprache, Geschlechter- und Arbeitsverhältnisse. Als Gegenrede zum mythischen Bild komponiert,

---

[26] Zur Motivgeschichte vgl. Fassbind-Eigenheer 1994.
[27] Zur »verratenen Wasserfrau« vgl. von Matt 1989, 229 ff.

eignen der Stimme Undines doch alle imaginären und poetischen Attribute der Figur: ihre Herkunft aus dem Wasser; ihr transitorisches Wesen, das durch die Lichtung als Begegnungsort mit dem Menschen-Mann-Ungeheuer-Geliebten symbolisiert wird; ihr Ruf, der als geisterhafte Musik oder als Schmerzton, Klang, Lockung bezeichnet wird; die Tatsache, daß sie »zu keinem Gebrauch bestimmt« ist, und ihre Klage darüber, daß sie den großen Instanzen »zum Opfer gebracht wird«, sowie ihr »unmenschliches Gedächtnis«, das nichts vergessen kann. Insofern ist es eine Stimme der Kunst, eine poetische Stimme, die hörbar wird, die aber zugleich alles Wissen über die Funktion der Kunst zur Erhaltung der bestehenden Kultur in sich aufgenommen hat, womit der Text das Wissen der Philosophie mit der Sprache der Kunst verbindet. Auf der Folie der »Dialektik der Aufklärung« gelesen, thematisiert der Undine-Monolog auf diese Weise nicht nur die Struktur des »Festgelegten« und die bei Adorno/Horkheimer kritisierte Dynamik der Selbsterhaltung. Über die Möglichkeiten, die sich durch die Verkehrung der Redeperspektive eröffnen, gelingt es ihm zugleich auch, den ideologiekritischen Gestus des philosophischen Diskurses zu überschreiten. Keine Rede *über* das Andere oder Ausgeschlossene, sondern eine Rede des Anderen, in dessen Stimme nun auch dessen Sprach- und Bedeutungsvielfalt nachgeahmt werden kann. Auf diese Weise tritt die Gegenstimme der Undine – wie schon das »Lächeln der Sphinx« – aus einer binären Logik heraus: nicht als Opposition zur Hans-Stimme definiert, die noch im Anti-Gestus auf seine Sprache verwiesen bliebe, sondern von einem ganz anderen Ort aus und in einem differenten Bedeutungsmodus sprechend. In ihm haben Erkenntnis und Sehnsucht gleichermaßen Platz.

Wo eine Aufklärung der Aufklärung dergestalt in poetischer Sprache Gestalt gewinnt, kann auch die Ambivalenz und Dialektik »von allem Bestehenden« Anerkennung finden. Weder wird das Begehren denunziert, durch das die Gestalt der Undine erst hervorgebracht wurde, noch wird ein eindeutiges oder gar ein einseitig negatives Bild der Hans-Welt entworfen, mit dem das Bild des Anderen ja notwendigerweise idealisiert würde. So wird der Kritik an den Redensarten und an den Spielregeln im Verhältnis zu den »Menschenfrauen« auch die Bewunderung für ein bestimmtes Vermögen der Menschen (des naturwissenschaftlichen und technischen Wissens z. B., 261 f.) an die Seite gestellt. Diese Ambivalenz klingt bereits in der Adressierung der Anfangszeile an: »Ihr Menschen! Ihr Ungeheuer!« Erinnert diese Anrede an Hölderlins »Ungeheuer ist viel. Doch nichts/ Ungeheuerer als der Mensch«[28], so schwingt darin die doppelte Konnotation von ungeheuer/lich mit im Sinne von gewaltig und ›wie ein Monster‹. Und im Hinblick auf eine Theorie des Weiblichen hat Bachmann mit diesem Text bereits eine Differenzierung zwischen den mythischen Konstruktionen von ›Weiblichkeit‹ und dem sozialen Status von Frauen innerhalb der Ordnung der Geschlechter (in den Passagen über das Verhältnis der »Männer« zu den »Menschenfrauen«) vorweggenommen, wie sie später etwa von Julia Kristeva entwickelt wurde[29] – eine Differenzierung, die in der mehr als ein Jahrzehnt *nach* »Undine geht« entstandenen ›Frauenliteratur‹ zunächst vergessen wurde.[30]

Dem mehrdeutigen Blick auf die Hans-Welt entspricht in Bachmanns dialogischem Monolog eine Vielfalt des Tons. Die Rede der Undine besteht nämlich nicht nur aus Klage und Sehnsucht, sie spricht auch von Gelächter und Erschrecken, von Staunen und Bewunderung. Am dominantesten sind aber Schmerz- und Sehnsuchtston, mit denen die Rede einer poetischen Sprache der Liebe angehört, für die Bachmann in ihrer Prosa einen ganz eigenen Ton gefunden hat. Die Figur der Umkehr gegenüber den literarischen und philosophischen Intertexten, den »Undinen«-Erzählungen und der »Dialektik der Aufklärung«, die diese spezifische Gegenstimme erst hervorbringt, wird dabei für die Konzeption ihrer Prosa von zentraler Bedeutung werden. In der Komposition des Romans »Malina«, in dem das Ich sich ebenfalls als ›Andere‹ gegenüber dem ›Herrn der Erzählung‹ sieht, gleichsam als ›Anderes

---

[28] »Antigonä«, 2. Akt, 1. Stasimon.
[29] So in der Unterscheidung zwischen dem Status der Frauen *im* Symbolischen, jenem ›Effekt Frau‹, der in deren Funktion als stumme Stütze des Systems besteht, die selbst nicht in Erscheinung tritt und über keine eigene Sprache verfügt, einerseits und einer semiotischen Textpraxis, die mit der *chora* des präödipalen, mütterlichen Körpers korrespondiert, andererseits (Kristeva 1982, 231–272).
[30] Etwa in einer Remythisierung der Literatur von Frauen als ›weibliche Literatur‹ oder als ›écriture féminine‹. Zur Gegenwartsliteratur von Frauen vgl. Weigel 1987.

des Einen‹, gewinnt die Konstellation eine noch komplexere Gestalt. Insofern bezeichnet in der Genese von Bachmanns Schreiben »Undine geht« tatsächlich einen wichtigen Umschlagmoment: einen gleichzeitigen Umschlag von der Dichtung *und* von der Philosophie in eine Prosa, in die lyrische und theoretische Momente aufgenommen werden.

2. »Erklär mir, Liebe«: Sprache der Liebe – Sprache der Lyrik

Wurde auf dem Weg, der von Orpheus zu Undine führte, die Stimme der Kunst als Liebessprache hörbar und die Dichtung als Klage- und Sehnsuchtsgesang einer verfehlten oder unmöglichen Liebe, so ist damit der unlösbare Zusammenhang von Liebe und Poesie angesprochen. Immer schon werden Dichtung und Liebe als sich gegenseitig hervorbringend gedacht: sei es, daß die Dichtung dem Eros entspringt, wie in Platons:»jeder ein Dichter, den Eros trifft«[31], sei es, daß, wie im Minnesang und in der Amor-Theologie der italienischen Renaissancelyrik, die Liebe sich überhaupt nur in Form poetischer Lobpreisung artikuliert, oder sei es in der berühmten Goetheschen Beschreibung einer Entstehung des Reimklangs aus einem Liebkosen der Worte, wie im »schönen« Sprechen Helenas im »Faust«: »Ein Ton scheint sich dem andern zu bequemen,/ Und hat ein Wort zum Ohre sich gesellt,/ Ein andres kommt, dem ersten liebzukosen.«[32] Sprachphilosophisch gewendet, taucht dieser Gedanke in der Moderne z. B. in Benjamins Theorie von ›Eros und Sprache‹ wieder auf, in der Figuren von Unmittelbarkeit und (Wieder-)Erkennen als Momente eines sprachgewordenen Eros verstanden werden.[33] Und seit Roland Barthes' »Fragments d'un discours amoureux« (1977) liegt in Form einer

---

[31] Platon, Symposion, 19c.
[32] Goethe, Faust, Zweiter Teil, V. 9369–71.
[33] So im Essay über Karl Kraus, in dem Benjamin auch das Verhältnis von Klage und Anklage diskutiert, vor allem aber gegen jede Vermischung und Übertragung von Sexualität ins Geistige (etwa im Konzept ›geistiger Schöpfung‹) argumentiert und dagegen seine Überlegungen zum Eros in der Sprache stellt. Vgl. dazu ausführlicher das Kap. VII in Weigel 1997.

Serie von Sprachszenen, literarischen und diskursiven Figuren ein strukturales Porträt der ›Liebe‹ vor: einer Vorstellung, die aus der Literatur geboren ist und die in immer schon codierten, in Literatur und Kunst überlieferten Bedeutungsfiguren wiederholt und wiederbelebt wird. Das Vorhaben Barthes', mit seinem Buch einer Entwertung der Liebessprache entgegenzuwirken, hat Bachmann nicht nur mit dem Undine-Text vorweggenommen: »Für mich stellt sich nicht die Frage nach der Rolle der Frau, sondern nach dem Phänomen der Liebe – wie geliebt wird. [...] Liebe ist ein Kunstwerk« (GuI 109), wie sie 1971 in einem Interview formuliert hat.

Die wenigen großen Liebesgedichte von Ingeborg Bachmann gehören zu den schönsten Beispielen ihrer Lyrik. Dabei gibt es nicht sehr viele wirkliche Liebesgedichte. Im ersten Gedichtband von 1953, in dem zwar das Motiv der Liebe hier und dort auftaucht, gibt es allenfalls eines, sofern man das eine Gedicht *über* die Liebe gelten lassen will, in dem die Liebe im tradierten Bild des Reigens als (falsches) Spiel beschrieben ist, das die je Einzelnen überdauert (»Reigen«, 1/35). Erst in dem Band »Anrufung des Großen Bären« (1956) nimmt die Sprache der Liebe einen größeren Raum ein, allerdings auch hier nicht im Sinne eines Ausdrucks individueller Befindlichkeit, sondern als Inventar poetischer Rede und kulturell codierter Sprachformeln. In mehreren Gedichten werden überlieferte Bildfelder, Mythen, Sprachgesten und rhetorische Figuren der ›Liebe‹ zitiert, durchquert, z. T. aufgebrochen und entstellt. Dies wird bereits in der Komposition des Bandes lesbar, wenn man der von der Autorin getroffenen Anordnung und Reihenfolge folgt. Etwa in der Mitte von Teil II des dreiteiligen Buches steht das Gedicht »Erklär mir, Liebe«, mit dem die Erklärungsbedürftigkeit der/von Liebe thematisch wird. *Vor* dieser Apostrophe an die Liebe stehen zwei Gedichte, in denen geläufige Liebesmetaphern und -mythen zitiert werden: »Nebelland« (erstveröffentlicht 1954) und »Die blaue Stunde« (1955).

»Die blaue Stunde« führt drei bekannte Modelle aus dem Repertoire tradierter Liebesmythen vor, die über dazugehörige, nach Geschlecht und Alter unterschiedene ›typische‹ Rollen gekennzeichnet sind: die Liebe als Gabe und als Aufschub von Altern und Tod in der ersten Strophe, die als Rede eines alten Mannes gestaltet ist; die Liebesschwur-Forderung durch den jungen Mann, die in Form einer rhetorischen Frage auftritt; und die Liebe als Wunder(bares), die dem Schweigen des Mädchens zugeordnet ist. Aufgrund der Diskrepanz dieser Imaginationen kann es keinen gemeinsamen Fluchtpunkt geben, so daß eine gegenseitige Liebe ins Nirgendwo verlegt ist. Das davor plazierte Gedicht »Nebelland« referiert dagegen auf den poetologischen Einsatz der Liebe als Metapher – über sie kommt die Semantik von Reinheit/Unreinheit ins Spiel –, wenn im Bild der ›treulosen Geliebten‹ der Gegensatz der poetischen zur gemeinen Sprache »für alle« gestaltet wird: »Treulos ist meine Geliebte,/ [...] sie küßt in den Bars mit dem Strohhalm/ die Gläser tief auf den Mund,/ und es kommen ihr Worte für alle« (1/106). Eine solche Form von Sprachkritik funktioniert letztlich über einen sexuellen Anspielungseffekt, der sich jener prekären Übertragung von ›Geist und Sex‹ verdankt, die Benjamin in seinem Kraus-Essay kritisiert hatte. Die zweizeilige Schlußstrophe von »Nebelland« notiert dabei eine Störung (in) der metaphorischen Übertragung, insofern hier die Differenz zwischen Bild und Materialität offengehalten ist: »Nebel*land* hab ich ge*sehen*,/ Nebel*herz* hab ich ge*gessen*« (H.v.m.).

In dem poetologischen Gedicht »Tage in Weiß«, das als zweites auf »Erklär mir, Liebe« folgt, wird dieses Motiv wieder aufgegriffen, nun aber explizit als paradoxaler Anspruch einer poetischen Sprache: Paradox nämlich von Natursprache und Kunstanspruch (»Weizenhaar« und »Spiegel aus Eis«), von Reinheit (Name der Unschuld, das unbeschriebene Land) und Vergänglichkeit (der Untergang des Kontinents und das Totenhemd). Die »englischen Grüße« – ikonographisches Bild ›unbefleckter Empfängnis‹ und Metapher für die Idee von Dichtung als einer engelsgleichen Verkündigung – stehen hier im kontrastreichen Nebeneinander zu einer Liebe »bis zur Weißglut«. In ihr hat die ins Extrem getriebene Farbe Weiß, Chiffre der Reinheit, sich gleichsam verkehrt: »Ich liebe. Bis zur Weißglut/ lieb ich und danke mit englischen Grüßen./ Ich hab sie im Fluge erlernt.« Die spezifische ›Schönheit‹ der Lyrik, die sich einem solchen Paradox verdankt, wird hier im Schlußbild vom Schwanengesang gefaßt, der von fern hörbar ist.[34] Einer Durchquerung des Bildfeldes Weiß entspringt in die-

---

[34] Wegen des Albatros-Zitats (5. Strophe) wurde »Tage in Weiß« bisher vor allem in bezug auf Baudelaires »L'Albatros« gelesen. Vgl. etwa Oelmann 1980, 16f.

sem Gedicht eine schillernde Vielfarbigkeit, durch die die tradierte Hochzeitsmetapher (der Dichtung), auf die der Titel referiert, in eine sterbende Metapher verschoben wird: der Schwanengesang Europas bringt ein fern hörbares Echo hervor: »Ich lebe und höre von fern seinen Schwanengesang!«

Dabei fällt auf, daß die Regelmäßigkeit der Strophenform hier vollständig aufgebrochen ist. Obwohl vom ersten zum zweiten Gedichtband eine klare Bewegung hin zur gebundenen Rede, im Sinne von Reim und Versmaß, zu beobachten ist,[35] ist sie für die Liebesgedichte gerade gegenläufig. Folgt der »Reigen« einer sehr schlichten Regelförmigkeit (mit drei vierzeiligen Strophen und abgeschwächtem, teils identischem Kreuzreim), so verdichtet sich in »Nebelland« die regelmäßige Form (fünf siebenzeilige Strophen) im Schlußakzent jener zweizeiligen Schlußstrophe, die, einer Coda gleich, die Themaspannung, den Abgrund der Metaphorisierung, als Differenz von Bild und Material zusammenfaßt. Und das Gedicht »Die blaue Stunde«, ein Triptychon der Liebesmythologie, erhält seine Gleichförmigkeit aus drei zwölfzeiligen Strophen im Paarreim. Mit dem Gedicht »Erklär mir, Liebe« aber ereignet sich nicht nur ein Bruch in der geläufigsten Formel aus dem Archiv der Liebessprache, der Liebeserklärung, sondern auch ein Bruch in der Form. Dominieren bis dahin in dem Gedichtband regelmäßige Strophenschemata, so öffnet er sich nun in eine andere Kompositionsordnung. Begegnen auch schon im ersten Band einige komplex gebaute Strophenschemata, so sind sie im zweiten Band deutlicher als Bruch der gebundenen Form erkennbar, da sie nicht als schlichte Abwesenheit von Reim und Versmaß erscheinen. Vielmehr ist in ihrer Anordnung eine Figur der Überschreitung nachgebildet.[36]

---

[35] In einer quantitativen Analyse kommt Ulrich Thiem zu dem Ergebnis, daß sich in »Die gestundete Zeit« nur zwei durchweg gereimte Gedichte finden, in »Anrufung des Großen Bären« aber mehr als die Hälfte der Gedichte (Thiem 1972, 246f.).

[36] Eine Veränderung in der Schreibweise ihrer Gedichte hat die Autorin selbst in einem schönen Bild festgehalten, wenn sie Joachim Moras im Juni 1954 ihre Freude darüber mitteilt, daß ihm »gerade die letzten Gedichte etwas wert schienen – ich meine die Lieder und vor allem das Spiel, weil mir dabei so war, als hätt ich die Schwimmweste verloren und ging doch nicht unter« (Bachmann an Moras am 16.6.1954, DLM).

Die Rhetorik des Titels »Erklär mir, Liebe« bringt durch den Gestus der Apostrophe und jenes Innehalten, das durch das Komma bewirkt wird, eine Vieldeutigkeit ins Spiel, die die Formel der Liebeserklärung buchstäblich aufbricht. So entsteht aus dem syntaktisch gebrochenen Sprechakt ›Liebeserklärung‹ eine andere Bedeutung von Erklärung, die Erklärungsbedürftigkeit im Diskurs *über* die Liebe. Dennoch bleibt die Aufforderung doppelt lesbar, weil das unerwartete Komma im Titel als Substitut eines möglichen Artikels (Erklär mir *die* Liebe) gelesen werden kann. Dadurch wird um so mehr betont, daß sich die Aufforderung zur Erklärung an die Liebe selbst adressiert. Auf diese Weise plaziert der Titel die Liebe in der Spannung zwischen Adressat und Gegenstand, zwischen der Erwartung, zu erklären, was denn eigentlich die Liebe sei, und der Aufforderung an die Personifikation der Liebe, (sich) zu erklären – wobei die Stelle des ›was‹ offenbleibt. Diese Leerstelle wird erst in der vorletzten Strophe wieder aufgenommen: »Erklär mir, Liebe, was ich nicht erklären kann«.

Diese Supplémentierung des Titels erfolgt aber erst, nachdem die zweimalige Titelwiederholung – jeweils als Einzelvers und somit als deutliche Zäsur zwischen längere Strophen plaziert – durch einen anderen Einzelvers ersetzt wurde, der damit an die Stelle des refrainartigen Titelmotivs getreten ist: »Ein Stein weiß einen andern zu erweichen!« Dieser Satz, der die wunderbare Wirkung des orphischen Klagegesangs assoziiert und diese im Verhältnis der Steine untereinander vorfindet, bildet die Grenzziehung zwischen zwei Lesarten der Titelaufforderung: davor die Adressierung an die personifizierte Liebe, danach die Ergänzung durch das *Was*, die nun die Liebe auch als Gegenstand des Dialogs einführt. Davor wird die Liebesapostrophe durchgespielt, indem in vier längeren Strophen, einem Hymnus durchaus ähnlich, verschiedene tradierte Bildfelder aus der europäischen Liebeslyrik zitiert oder erinnert werden: so zu Beginn der Gruß als Initiationsszene der Amor-Theologie, der radschlagende Pfau und die gurrende Taube als gängige Naturvergleiche, der Erdbeerstrauch als Metonymie des (u.a. aus François Villons Gedichten bekannten) Erdbeermunds und die Umspielung bekannter Metaphern einer beredsamen Natur: »Wasser weiß zu reden,/ die Welle nimmt die Welle an der Hand,/ im Weinberg schwillt die Traube, springt und fällt.«

Die Ergänzung des Titelsatzes erfolgt also erst, nachdem die

Belebung der Natur als lyrische Wirkung der Liebe in ihr Extrem, den wunderbaren orphischen Gesang, gesteigert wurde, also ins Unerklärliche umgeschlagen ist. Damit nun kommt ein fundamentaler Zweifel zur Sprache, der Gegensatz bzw. die Unvereinbarkeit von Intellekt und Liebeszustand, von »mit Gedanken Umgang haben« und ›Liebes kennen und tun‹ oder ›vermißt werden‹. Die Antwort auf diese Befragung fällt, mit dem Verweis auf einen anderen Geist, derart kryptisch und unvollständig aus – »Du sagst: es zählt ein andrer Geist auf ihn …« –, daß die Erklärungsforderung des Titelsatzes daraufhin negiert werden muß: »Erklär mir nichts.« Die Lesart des Titels als Frage nach dem Gegenstand der Liebe und seiner Erklärung führt also zum Umschlag in die Negation der Aufforderung. Was dieser Negation noch folgt, ist nur noch das vielzitierte Bild des Salamanders: »Ich seh den Salamander/ durch jedes Feuer gehen./ Kein Schauer jagt ihn, und es schmerzt ihn nichts.« Hierbei handelt es sich um ein Bild jenseits des Vergleichs, das eine unbestimmt bleibende Differenz zum Ausdruck bringt. In welchem Verhältnis das Ich zum Salamander steht, aber bleibt offen. Es ist gleichsam ein Bild im Namen der Liebe, das der Erklärung entgegen steht, und »ein Beweis zu nichts« (4/303). Das Strophenschema (mit Strophenlängen von 9 1 6 7 1 4 1 5 4 Versen) bildet eine dialektische Komposition, da die dritte einzeilige Strophe, die den Titelrefrain ersetzt, eine Ergänzung des Motivs einleitet, die zugleich dessen andere Seite hervorkehrt, was wiederum den Umschlag in die Negation einleitet. Das Durchspielen der ›Erklärung‹ im doppelten Wortsinn führt auf diese Weise zum Durchstreichen der diskursiven Bedeutungskomponente, durch die eine ganz andere Sprache der Liebe gerettet wird, eine Bildlichkeit jenseits von Metapher und Vergleich.[37]

Steht dieses Gedicht in einem erkennbaren Dialog mit dem Bildarchiv der Liebeslyrik, so nehmen die »Lieder auf der Flucht«,

---

[37] Die Negation einer Erklär- oder Begründbarkeit der Liebe ist ein häufiges Motiv, z. B. in »Ein Schritt nach Gomorrha«: »Liebe. Da keiner es sich zu übersetzen verstand« (2/209), und in dem Gedicht »Liebe: Dunkler Erdteil« mit dem Vers »und er verwirft und wählt dich ohne Grund« (1/158). In den Telephongesprächen von »Malina« wird das Motiv über das Wortspiel mit gewählt – erwählt fortgeschrieben [X.5].

die den Band abschließen, diesen Dialog auch thematisch auf. In Untersuchungen zum intertextuellen Feld, in dem Bachmanns Gedichte stehen, wurden neben den Celan-Zitaten immer wieder zahlreiche Bezüge zur Dichtung der ›klassischen Moderne‹ nachgewiesen, besonders zu Rilke, Trakl, Benn, Lasker-Schüler und Loerke.[38] In diesem Kontext wurden u. a. die »Lieder auf der Flucht« als tendenziell widersprechende Antwort auf Rilkes »Sonette an Orpheus« gedeutet.[39] Über diese Intertextualität zur Moderne hinaus kommunizieren die Liebesgedichte Bachmanns aber mit einer sehr viel älteren Tradition, die im abschließenden Liederzyklus auch ausdrücklich genannt wird. Dessen Motto zitiert eine Terzine über das harte Gesetz der Liebe *(»Dura legge d'Amor!«)* aus Petrarcas »I Trionfi«. Dieser Bezug ist nicht zufällig, denn die Arbeit an der Fertigstellung des Gedichtbandes fällt in die Zeit eines intensiven Studiums der klassischen lateinischen und italienischen Literatur, z. B. der Lektüre von Vergil, Horaz, Catull, Properz, wie Ingeborg Bachmann im Dezember 1955 in einem Brief mitteilt.[40] Im September des darauffolgenden Jahres ist sie noch immer damit beschäftigt und inzwischen bei Tasso, Ariost und Dante angelangt: »und das auf den römischen Straßen aufgelesene Italienisch verwandelt sich in ein erleseneres«[41]. Daß auch beim Lesen des Erlesenen einiges aufgelesen wurde, zeigt das Motto der »Lieder auf der Flucht«. Der Zyklus referiert auf verschiedene Momente einer mit dem Namen Petrarcas angedeuteten Tradition. Während der Titel an die Form der Canzone erinnert, wird im Schlußlied das Dichtungskonzept der »Trionfi« explizit zitiert und umgeschrieben. Aber auch die Dominanz des Allegorischen in Bachmanns Liebesgedichten stellt diese in Bezug zur italienischen Amor-Theologie – und darüber hinaus im Lied VII zur biblischen Allegorese des Hohen Liedes.

---

[38] Vgl. besonders die Arbeiten von Thiem 1972 und Oelmann 1980.

[39] Vor allem die Schlußstrophe mit dem »Lied überm Staub danach« als Antwort auf Rilkes »Einzig das Lied überm Land/ heiligt und feiert« (Rilke 1996, 250). Vgl. auch Oelmann 1980, 32 f. u. 70 f., ebenso Böschenstein 1981, 263.

[40] 23. 12. 1955 aus Klagenfurt an Joachim Moras. Sie hole jetzt »ein andres Rom« nach, wozu sie an Ort und Stelle nie recht gekommen sei (DLM).

[41] 8. 9. 1956 aus Klagenfurt an Hermann Kesten (HKM).

Daß Petrarca für sie nicht zum ›toten‹ Inventar gehört, sondern zu jenen Stimmen aus der Vergangenheit zählt, deren Unmittelbarkeit eines ersten Ausdrucks durch den erstarrten Zusammenhang des Allegorischen hindurch hörbar wird, hat Bachmann 1961 im Nachwort zu ihren Übersetzungen von Gedichten Giuseppe Ungarettis betont, zu dessen Ahnen sie auch Petrarca und Leopardi zählt: »Sie haben das erste Erzittern über all das, was sie erfuhren und was ihnen widerfuhr, in die italienische Sprache gebracht. ›Ed io pur vivo!‹ heißt es bei Petrarca. Das war ein erster Schmerz, ein erstes Ausbrechen, erstes Aussprechen« (1/620). Die von weit her kommende Liebessprache erscheint hier als das zurückliegende eruptive Ereignis einer Übertragung von Erregungen in Worte. Jeder Wiederholung dieser Sprache aber, jeder *imitatio*, ist der Status der ersten Artikulation verstellt; um so deutlicher steht sie am Abgrund zwischen den codierten Zeichen und der »Lava« der Leidenschaften, zwischen den »Schwüren« und den »verschlossenen Körpern«. Im Lied VI der »Lieder auf der Flucht« heißt es dazu:

> »Unterrichtet in der Liebe
> durch zehntausend Bücher,
> belehrt durch die Weitergabe
> wenig veränderbarer Gesten
> und törichter Schwüre –
>
> eingeweiht in die Liebe
> aber erst hier –
> als die Lava herabfuhr
> und ihr Hauch uns traf
> am Fuß des Berges,
> als zuletzt der erschöpfte Krater
> den Schlüssel preisgab
> für diese verschlossenen Körper –« (1/141)

Was in diesen Strophen Gestalt gewinnt, ist die Heterogenität zwischen der Lehre der Sprache (Bücher, Gesten, Schwüre) und einem Zustand des Getroffenseins – zwischen *Studium* und *Punctum*, wie man mit Roland Barthes sagen könnte.[42] Doch schreibt Bach-

---

[42] Barthes 1985, 33 ff.

mann diese weder im Stereotyp einer Antithese von ›Geist und Körper‹ fest, noch folgt sie irgendwo der naiven Illusion einer unmittelbaren, gar ›authentischen‹ Sprache des Körpers. Statt dessen sind ihre Gedichte, ohne einen Diskurs *über* die Liebe zu führen, selbst Lehren, insofern sie die Veränderbarkeit der Sprachgesten erproben und einer »durch zehntausend Bücher« tradierten Liebessprache wieder uner*hörte* Töne abzugewinnen suchen. Dabei entwickelt sie einen eigensinnigen, subtilen Umgang mit deren Bildgedächtnis, indem in einer Durchquerung und Umschrift der Metaphern und allegorischen Strukturen die Materialität und Sterblichkeit der Körper *und* der Bilder akzentuiert wird.

Bereits mit dem Motiv der Flucht im Titel des Liederzyklus wird eine Gegenbewegung zum Triumphzug Petrarcas formuliert, sie verdichtet sich noch einmal nahezu programmatisch im Schlußlied XV zu einer Widerrede zum poetischen Konzept der »Trionfi«:

»Die Liebe hat einen Triumph und der Tod hat einen,
die Zeit und die Zeit danach.
Wir haben keinen.

Nur Sinken um uns von Gestirnen. Abglanz und Schweigen.
Doch das Lied überm Staub danach
wird uns übersteigen.« (147)

Mit Ausnahme von *fama* (Ruhm) und *pudicitia* (Keuschheit, die in Form der paradoxen Vorstellung einer reinen, poetischen Sprache auch Gegenstand des Gedichtes »Tage in Weiß« war) treten hier alle Allegorien aus Petrarcas »Trionfi« wieder auf. Während sich dort aber in der Abfolge von Amor, Keuschheit, Tod, Ruhm, Zeit und Ewigkeit, über den Sieg des jeweils nachfolgenden personifizierten Begriffs über den vorausgegangenen, eine Aufhebung von Liebe und Tod in der Ewigkeit ereignet,[43] wird die Dramaturgie bei Bachmann rematerialisiert. Anstelle der ewigen Kunst, die Tod und Zeit überdauert, steht bei ihr »das Lied überm Staub danach«.

---

[43] Die letzten Worte des Epilogs der »Trionfi« sind denn auch »dort oben«. In der Übersetzung von Förster ist dieser Zug noch verstärkt, wenn er den »Triumphus Aeternitatis« mit »Triumph der Gottheit« übersetzt (Petrarca 1833, 376).

In der ersten Strophe von Lied XV, in der »die Zeit danach« als Übersetzung für *aeternitas* an die Stelle der Ewigkeit getreten ist, wird der Fluchtpunkt der »Trionfi« von einem Ziel in eine Zäsur, in ein Danach, umgeschrieben. Zudem wird jener blinde Fleck von Aufhebungsfigur und allegorischem Schema benannt, mit dem bei Petrarca vom Subjekt der Liebe abgesehen wird: »Wir haben keinen.« Und in der zweiten Strophe, die den Schluß zugleich von Lied XV, Zyklus und Buch bildet, wird das ›uns übersteigende‹ Lied wörtlich *über* dem Staub, über den materiellen Resten des Vergangenen, und zudem in einem Umfeld von sinkenden Sternen, Abglanz und Schweigen plaziert. Das Lied von Liebe und Tod kann also seine Voraussetzungen, die Sterblichkeit und den Untergang von Liebe und Zeit, nicht vergessen machen; dessen Spuren bestimmen seinen Ort »überm Staub danach«.

Der Schauplatz für Triumph und Untergang der Liebe in dem aus fünfzehn Liedern bestehenden Zyklus »Lieder auf der Flucht« ist eine erstarrte Urlandschaft aus dem Bildrepertoire des ›Südens‹: topographisch die vom Winter belagerte Stadt Neapel,[44] topologisch eine entstellte imaginäre Szenerie, in der die erstarrten Südmetaphern buchstäblich von Eis und Schnee überzogen sind und der Winter mit seinen weißen Blitzen unter den Liedern aufräumt (Lied I–IV). Während sich in Lied V eine (sommerliche) Wiederbelebung ankündigt, bricht in Lied VI plötzlich das Motiv der Liebe in den Text ein, und zwar in Form der bereits zitierten Ungleichzeitigkeit zwischen der Lehre der Sprache und den Körpern. Es eröffnet sich nur die Möglichkeit einer tastenden Bewegung im Dunkeln: »Wir traten ein in verwunschene Räume/ und leuchteten das Dunkel aus/ mit den Fingerspitzen.« Das folgende, in der Mitte des Zyklus plazierte Lied VII ist einem Hymnus der Liebe gewidmet: »Innen sind deine Augen Fenster/ auf ein Land, in dem ich in Klarheit stehe«, »Innen ist dein Fleisch melonen-

---

[44] Mit Anspielungen auf die reale Geographie Neapels, s. die Gebiete Posilip und Vomero und das Kloster Camaldoli aus der Umgebung Neapels (Lied IV). Konkreter Anlaß für das Bild des winterlich-eisigen Neapel ist der Aufenthalt Anfang 1956 in der Wohnung Via Bernardo Cavallino, die Bachmann mit H.W. Henze teilte und von wo sie »mit klammen Fingern« von den Widrigkeiten einer ungeheizten Wohnung in einem der kältesten neapolitanischen Winter des Jahrhunderts schreibt (Brief v. 16.2.1956 an Moras, DLM).

licht,/ süß und genießbar ohne Ende.« Mit der Dominanz des Sinnlichen in der allegorischen Ausschmückung aller Vorzüge der/s Geliebten referiert dieses Lied deutlich auf das »Hohelied Salomos«, dessen allegorische Struktur sich genau umgekehrt zu jener der »Trionfi« verhält. Im Unterschied zu einer Aufhebung des Konkreten im Triumphzug steht hier die sinnliche Qualität der Bilder derart im Vordergrund, daß die Allegorese des biblischen Liebeslieds (als Verhältnis Gottes zum Volk Israel) stets eine sekundäre Lektüre bleibt. Anstelle des allegorischen Schemas, dessen Wirkung Benjamin als Mortifikation und Entseelung des Körperlichen beschrieben hat, steht hier die Allegorie als eine »erregende Schrift«[45]. Die Mittelstellung dieses Liedes wird ferner durch seine regelmäßige, fast spiegelbildliche Strophenform (mit Strophenlängen von 2 5 2 8 2 5 Versen) betont, die sich auch als musikalische Struktur entziffern läßt. Sie ahmt die Form des Rondos nicht nur im Strophenschema nach, sondern auch durch die Anapher »Innen sind« oder »Innen ist« am Versanfang, die sich insgesamt achtmal wiederholt.[46] Das letzte mit dieser Wendung einsetzende Bild erinnert noch einmal von ferne an das Orpheus-Motiv, an die Überwindung des Todes durch den Gesang der Liebe, hält es mit den drei Punkten, in die die Strophe ausläuft, aber als Wunschbild offen: »Innen sind deine Knochen helle Flöten,/ aus denen ich Töne zaubern kann,/ die auch den Tod bestricken werden ...«

Da das folgende Lied VIII mit drei Punkten beginnt, also gleichsam aus einem Bereich des Ungewissen, in den der letzte Vers des vorausgehenden Liedes eintaucht, wieder aufsteigt, kann es als Ausdruck und Wirkung der dort beschworenen Zaubertöne gelesen werden. Erde, Meer und Himmel, d.h. der Kosmos einer Natursprache, deren sich die Sprache der Liebe so gerne bedient, wird darin zunächst als ›von meinen Worten umklammert‹ und von ›meinen Lauten heimgesucht‹ beschrieben. Die Erde als belebte Natur (rastlos, mit unbekannten Kraftketten und bleiernen Giften) ist durch diese Bedeutungsklammer zugleich unter- und aufgegangen, wie die letzte Strophe sagt: »untergegangen im Meer/ und aufgegangen im Himmel/ die Erde!« – Mit dem darauffolgen-

---

[45] Ursprung des deutschen Trauerspiels (Benjamin 1980, I.1/352).
[46] Vgl. auch Thiem 1972, 174.

den Lied bricht das Unglück wieder in den Text ein: »Unglück!«, unübersehbar als Einzelvers und Mitte zwischen zwei dreizeiligen Strophen plaziert. In den Liedern, die nun folgen, dominiert ein melancholischer Ton, der an den Klageton der Canzonen und Sonette jener Amor-Theologie erinnert, die aus der Szene einer unmöglichen oder vergangenen Liebe entsteht.[47] Hier erscheinen Fall und Ende der Liebe als Verenden, Widerruf, als »Leiter ins Nichts« und als (Todes-) Urteil des lyrischen Ich (X–XII). Damit verstummt auch die Sprache der Natur (»Stimmlos das Meer«), und das Ich wird in einen Zustand extremer Gegensätzlichkeit versetzt, der den Wunsch der Selbst-Aufhebung evoziert. »Ich bin noch schuldig. Heb mich auf./ Ich bin nicht schuldig. Heb mich auf.« und »Erlöse mich! Ich kann nicht länger sterben« (XIII). Das vorletzte Lied schließlich malt das Wunschbild jenes Gesangs aus, der nach dem Tod hörbar wird, und zwar als Entstehung einer Musik, die mit der Auflösung einhergeht: »ein Wohlklang schmilzt das Eis./ O großes Tauen!« Wo nun Silben, Wort und Kaskaden aus Oleander, Akaziengrün und Wand entstehen, mündet diese Bewegung in reine Musik: »Die Becken füllt,/ hell und bewegt,/ Musik.« Die Gleichursprünglichkeit dieser Musik mit der Auflösung (dem Tauen und Schmelzen) deutet auf ihren ›flüssigen‹, ephemeren Charakter, der sie zu keinem Konzept von ›Ewigkeit‹ tauglich macht. Das wird in der bereits zitierten poetischen Widerrede zu den Triumphzügen in den beiden Schlußstrophen noch einmal poetologisch reflektiert. Es ist das einzige der »Lieder auf der Flucht«, das die Strophenform der »Trionfi«, merkwürdig entstellt, aufnimmt: zwei analog geformte Terzinen, deren Verslänge aber nach unten abfällt, womit gegenüber der Apotheose in Petrarcas Fluchtpunkt »dort oben« in Form und Schriftbild eine Umkehr gestaltet ist.[48] Diesem mehrfachen ›Abfall‹ ist eine doppelte Gegenbewegung eingeschrieben. Während dem Triumph von Liebe, Tod, Zeit und Zeit danach unser Mangel entgegensteht – »Wir haben keinen« –, steht dem Abwärts der Sterne das »über« des Liedes entgegen: jenes uns übersteigende Lied überm Staub danach, mit dem die Denkfigur der Aufhebung

---

[47] Vgl. Petrarca 1997. Zur Amor-Theologie vgl. Warning 1983.
[48] Die abfallende Verslänge strukturiert die Strophenform des gesamten letzten Teils, der Lieder XII bis XV.

rematerialisiert und in eine sehr konkret beschriebene Raum-Zeit-Figuration umgeschrieben ist.

3. Komposition: zur musikalischen Logik der Gedichte

Die Rezeption von Bachmanns Lyrik hat sich stets überwiegend auf deren Bildsprache konzentriert, während Struktur und Logik ihrer poetischen Formsprache durchwegs zuwenig Berücksichtigung gefunden haben. Es sollte jedoch deutlich geworden sein, daß sich in der Art und Weise, wie die Dichterin mit Strophenschema, Reim und Versform umgeht, musikalische und philosophische Strukturen berühren. Wenn nämlich vom ›Musikalischen‹ ihrer *Lyrik* gesprochen werden kann, dann weniger im Sinne von Rhythmus, Klang und Auflösung der Bedeutung in den reinen Laut oder das ›Fließen der Signifikanten‹, weniger also im Sinne jenes ›Semiotischen‹, das als Einbruch ins Symbolische der Sprache wirksam wird und dessen Artikulationsweisen Julia Kristeva exemplarisch an der Dichtung Mallarmés untersucht hat. Das Musikalische von Bachmanns Dichtung betrifft viel eher die Komposition, die Organisation von geformten Bedeutungsfiguren, eine Arbeit am Material vorhandener Denk- und Sprachmuster, die sich auf Verfahren wie Thema, Wiederholung und Refrain, wie Reihe, Zäsur und Intervall stützen kann, aber auch auf Schritte wie Substitution, Supplément, Antithese und Umkehr, die sich z.T. mit logischen Figuren überkreuzen. Das Schema der Strophenformen spielt dabei eine augenfällige Rolle, insofern in seinem Medium, das im Schriftbild lesbar wird, Entsprechungen zwischen einzelnen Strophen hergestellt werden können, die begrifflich benennbaren, logischen Figuren wie Analogie, Gegensatz, Kehrseite oder Umschlag gleichen. Insofern scheint in Bachmanns Literatur die Distanz zwischen Philosophie und Lyrik noch geringer zu sein als die zwischen Lyrik und Prosa.

Die Autorin hat ihre Beziehung zur Musik einmal »hoffnungslos« genannt. Für sie sei die Musik der Literatur überlegen; in ihr zeige sich »das Absolute«, das sie nicht erreicht sehe in der Sprache, »also auch nicht in der Literatur« (GuI 85). In diesem Kommentar aus dem Jahr 1971 läßt sich jene Unerreichbarkeit des ›Absoluten‹ wiedererkennen, die die Autorin zehn Jahre zuvor in der

Erzählung »Das dreißigste Jahr«, in der Bibliotheksszene als Kopfschlag des *homo philosophicus*, narrativ gestaltet hatte [II.6]. Insofern treffen sich Referenzen auf philosophische und musikalische Strukturen in ihrer Literatur in ein und demselben Punkt, im Verweis nämlich auf ein im Modus der Wortsprache nicht Darstellbares.[49] Das ›Absolute‹: was die Philosophie ohne Erfolg zu ihrer Profession gemacht hat, wird statt dessen von der Musik erreicht, ohne daß dies aber in Worte übersetzt, ›gesagt‹ werden könnte, während die Literatur auf ihre eigenen Sprachmodi verwiesen ist, in denen zumindest ›davon‹ gesprochen werden kann – z.T. auf dem Umweg über die Musik. Was aber den Diskurs über das Verhältnis der Künste betrifft, so hat Bachmann eine wechselseitige Attribuierung durch die je andere Kunst generell verworfen und ihre eigenen theoretischen Überlegungen über »Musik und Dichtung« (1959) gegen die Vorstellung von »poetischen Inhalten« in der Musik oder von »Wortmusik« in der Dichtung abgegrenzt. Diese Abgrenzung hat sich später eher noch verstärkt, wenn Bachmann in ihren schriftlichen Statements für ein Filmporträt 1973 formuliert: »Es gibt keine musikalische Lyrik, es gibt keine musikalische Prosa, Musik ist etwas ganz anderes.«[50]

Diese Ablehnung gilt einer Betrachtungsweise, in der Gedichte aufgrund ihres Tonfalls, ihrer Klangfarbe, Melodie o. ä. als musikalisch charakterisiert werden. Bezieht eine solche Charakterisierung sich im Grunde auf einen gemeinsamen Ursprung von Gesang und Dichtung als Form gestalteter, rhythmisierter und modulierter Lautperioden, so wird doch die klangliche Dimension der Sprache dabei, indem sie als musikalisch definiert ist, implizit aus der Dichtung ausgegrenzt und als eine der Dichtung fremde, uneigentliche Qualität bezeichnet. Die Ablehnung ›musikalischer Lyrik‹, die sich aus diesem Zusammenhang erklärt, schließt jedoch nicht aus, daß die Sprache der Lyrik auf einzelne, spezifische Formelemente oder Figuren der Musik Bezug nimmt,

---

[49] Vgl. dazu Adorno »Über das gegenwärtige Verhältnis von Philosophie und Musik« (1953): »In den utopischen und zugleich hoffnungslosen Anstrengungen um den Namen [das Absolute als Laut] liegt die Beziehung der Musik zur Philosophie, der sie eben darum in ihrer Idee unvergleichlich viel näher steht als jede andere Kunst« (Adorno 1986, Bd. 18, 154).
[50] K8271c/N2354 (NÖN).

eine Möglichkeit, von der Bachmanns eigene Lyrik bereits in der Titelgestaltung vielfältig Gebrauch macht: mit Titeln wie »Thema und Variation« und »Psalm« im ersten Gedichtband, mit »Lieder von einer Insel«, »Schwarzer Walzer« und »Lieder auf der Flucht« im zweiten Band sowie »Aria I« und »Aria II« (beide 1957 und ausdrücklich für eine Henzesche Vertonung geschrieben). Aufgrund der Tatsache, daß etliche Termini in der Nomenklatur der Musik aus der Rhetorik und Poetik übertragen wurden, nicht zuletzt der grundlegende Begriff der Harmonie, aber auch Begriffe wie Thema, Motiv oder gar Dialog, ist der Rücktransport der damit benannten Figuren in die Lyrik nicht überraschend. Er bringt aber, auf dem Umweg über die Sphären der Musik, eine zusätzliche Konnotation ins Spiel, die sich gegenüber der genuin literarischen Bedeutung als Differenz auswirkt. Das trifft für »Thema und Variation« zu, ein Titel, der die in der Musik dominante Umgangsweise mit einem Thema für sich in Anspruch nimmt: das Durchspielen eines tragenden Formteils qua Abwandlung und nicht qua Abhandlung. Mit dem Zitat einzelner Musik*genres* wie Walzer oder Arie wird dagegen das damit jeweils benannte Gedicht in den Erwartungshorizont einer bestimmten Sparte (wie Tanz oder Oper) und der damit verbundenen Aura gestellt oder aber, wie beim Psalm, einer sakralen Sphäre zugeordnet, die dann im Text selbst zumeist destruiert oder enttäuscht wird.

Beim »Schwarzen Walzer« taucht schon die Farbe Schwarz jenen Tanz, der sonst als Chiffre geselliger Unbeschwertheit und emotionaler Beschwingtheit gilt, in eine dunkle, schattige Atmosphäre, die die ganze Venedig-Szenerie des Gedichts beherrscht. Der Rhythmus der Gondeln in den dunklen Kanälen Venedigs, der im Text nachgeahmt wird, läßt das Bild einer Liebesreise mit Namen Venedig (dargestellt auch im Schema zweizeiliger Strophen mit Paarreim) als verdunkelte Imagination erscheinen, als ein »Pas de deux«, der sich in einen schwarzen Walzer verkehrt hat. Anders im Gedicht »Psalm«. Hier verdoppelt sich das Titelzitat einer religiösen Liedform, indem der Text mit einem *parallelismus membrorum* einsetzt, mit jener Versform, die aus einer sprachlich-logischen Zusammengehörigkeit zweier Halbverse gebildet ist und die traditionell den Psalm kennzeichnet: »Schweigt mit mir, wie alle Glocken schweigen!« Nach diesem Auftakt wird die Psalm-Versstruktur verlassen, um die Verderbtheit religiöser Rituale und

Wege (Schwüre, Sakramente, Himmelswege) sowie die Unmöglichkeit biblischer Redeweisen in der Gegenwart, »in der Nachgeburt der Schrecken«, zur Sprache zu bringen, den Psalm als Konvention also durchzustreichen.[51] Häufiger als derartige explizite Gattungszitate finden sich in Bachmanns Gedichten Referenzen auf Tonlagen und Sprachgebärden, die in Form musikalischer Gattungen zum Archiv kulturell tradierter Pathosformeln gehören, wie z. B. der Bittgesang oder der Lob- und Preisgesang. So bezieht sich der Sprachgestus im dritten der »Lieder von einer Insel« auf die Litanei, während der erste Teil von »Erklär mir, Liebe« und das Gedicht »An die Sonne« auf die Hymne referieren.

Eine Sonderstellung unter den unterschiedlichen Musikzitaten der Gedichte bildet »Enigma« mit der Widmung »Für Hans Werner Henze aus der Zeit der Ariosi«. Das Gedicht ist, wie es in einer Kommentar-Notiz der Autorin heißt, »eine Antwort auf Ariosi, meraviglioso fior del nostro mare«,[52] auf Henzes Stück »Ariosi« (1963) mit Vertonungen von Tasso-Gedichten, aus denen Bachmanns Notiz auch zitiert, und insofern ein persönlich adressiertes Musikrätsel.[53] »Enigma« stellt also eine Momentaufnahme dar aus dem Dialog Bachmanns mit dem Komponisten Henze und der über ein Jahrzehnt andauernden Zusammenarbeit mit ihm, aus der ein Ballett, zwei Opern, eine Arienvertonung und weitere nicht abgeschlossene Vorhaben hervorgegangen sind, in die beide ihre je eigene Kunstsprache eingebracht haben. Daß die Autorin die Musik als eine überlegene, die Worte übersteigende und überdauernde Sprache betrachtet hat, ist auch in dem Henze gewidmeten Gedicht zum Ausdruck gebracht: »Du sollst ja nicht weinen,/ sagt eine Musik.// Sonst / sagt/ niemand/ etwas« (1/171). Aus ihrem Dialog mit dem Komponisten hat Bachmann, wie sie selbst betont, nicht zuletzt präzise Kenntnisse über die Gesetze der Musik ge-

---

[51] Gegenüber Trakls »Psalm«-Gedichten, in denen eine morbide Bildsphäre mit Toten und »traurigen Engeln« mit »gebrochenen Flügeln« vorherrscht, kann es für Bachmann in ihrer Zeit nicht mehr den Ausblick auf »Gottes goldene Augen« geben, die sich schweigsam »über der Schädelstätte öffnen« (Trakl 1983, 33).
[52] K1227/N303 (NÖN).
[53] Das Gedicht »bezieht sich auf die Peter Altenberg-Lieder von Alban Berg und auf die 2. Symphonie von Mahler« (K1171/N442, NÖN). Vgl. ausführlicher zu diesem Gedicht Caduff 1998, 134 ff.

wonnen: »weil er mir so sehr geholfen hat Musik zu verstehen. Und ich kann natürlich etwas was andere Schriftsteller nicht können: Partituren lesen, ich kann mitgehen. Ich weiß, was komponieren ist.«[54]

Besonders der zweite Gedichtband, dessen Entstehung in die Zeit der intensivsten Zusammenarbeit mit Henze fällt,[55] trägt deutliche Zeichen eines Wissens um die Möglichkeiten der Komposition, um die Zusammensetzung und Anordnung geformter Einheiten, aus denen eine Bedeutung jenseits des Gesagten entsteht. Neben den bereits erwähnten, augenfällig komponierten Strophenschemata, in denen eine regelmäßige Strophenform (einheitliche Zeilenlänge und Reimschema) durch komplexere Strukturen ersetzt wurde, kann hierfür das Gedicht »Rede und Nachrede« als Beispiel stehen. Aufgrund des Strophenschemas – zehn Strophen mit 5 4 4 4 3 3 4 4 4 5 Zeilen, von denen die Verslänge der dreizeiligen, in der Mitte stehenden Strophen die anderen deutlich überragt – gliedert sich der Text in drei Teile, von denen der erste und dritte spiegelbildlich korrespondieren, sich also umgekehrt entsprechen.[56] Auf diese Weise dialogisieren die Strophe I und X sowie je eine der Strophen II bis IV mit einer der Strophen VII bis IX, was jeweils auch in der sympathisierenden, überwiegend entgegengesetzt konnotierten Bildlichkeit zum Ausdruck kommt. Während diese Teile einem sprachkritischen Modell folgen, stellt der mittlere, im Strophenschema deutlich herausgehobene Teil den Einbruch einer sprachtheoretischen Reflexion dar, die eher auf die Benjaminsche mimetische Sprachphilosophie Bezug nimmt [IX.3]. Im ebenfalls spiegelbildlichen Strophenschema des Gedichts »An die Sonne« – neun Strophen mit 5 4 3 2 1 2 3 4 5 Zeilen – markiert der Einzelvers in der Mitte dagegen einen Moment, der die Steigerungsbewegung des Schönen (schöner, viel schöner, zu weit Schönerem) sistiert und ad absurdum führt. Während der erste Teil die poetischen Universalchiffren ›schön‹ und ›Sonne‹ in einer Figur sich gegenseitig befördernder Aufwärtsbe-

---

[54] K8271a/N2352 (NÖN).

[55] Im Sommer 1953 hat Bachmann sich auf Einladung Henzes bei ihm auf Ischia aufgehalten; die erste Jahreshälfte 1956, zeitweilig auch noch in den Jahren 1957 und 1958 haben beide in Neapel zusammen gewohnt.

[56] Vgl. dazu auch Thiem 1972, 175.

wegung zeigt, bei gleichzeitigem Abfall der Verszahl der Strophen, negiert der einzige Einzelvers jede Steigerungsmöglichkeit: »Nichts Schönres unter der Sonne als unter der Sonne zu sein...« Insofern also das Bild ›unter der Sonne‹ hier keine Übertragung mehr zuläßt, bricht mit diesem Vers die metaphorische Stellung der Sonne als Zentrum einer poetischen Sprache unter dem Gesetz der Schönheit in sich zusammen. Im zweiten Teil des Gedichts ist die schöne Sonne neben anderes Schönes gestellt, womit sie nun, jedem Vergleich und ihrer Einkörperung in hymnisches Pathos enthoben, auch zum Anlaß und zur Apostrophe von Klagetönen werden kann. Wird im Einzelvers in der Mitte des Gedichts die Bedeutung der Sonne gleichsam ›auf die Füße gestellt‹, so eröffnet sich damit die Möglichkeit einer Lyrik, in der die Sprachgesten von Freude- und Klagelied gleichermaßen an die Sonne gerichtet werden können.

Erweisen sich in einer solchen Lektüre ihre Gedichte eher als Lesetexte denn als Sprechtexte, so sind die komplexen Strophenschemata in Bachmanns Gedichten dabei weder als rein musikalische noch als rein logische Strukturen zu begreifen. Das ganz eigensinnige Strophenschema ihrer Lyrik wird im Schriftbild zur lesbaren Signatur einer kompositorischen Arbeit, die in der Anordnung von Sprachfiguren und -perioden eine spezifische, dialektische Umgangsweise mit dem Repertoire von Bild- und Denktraditionen entwickelt. Das kompositorische Vermögen nimmt darin gleichsam eine mittlere Stellung ein, weil erst aus ihm, d. h. aus der Musik, »nicht aber aus dem Sprachlaut unmittelbar, die Schrift erwächst«[57]. Diese dialektische Lösung im Verhältnis von Sprache, Musik und Schrift, mit der Benjamin eine Polarität zwischen dem Laut, verstanden als sinnliche Komponente der Sprache, und der Schrift als Bedeutung zu überschreiten suchte, beschreibt exakt die Struktur der Bachmannschen Lyrik. Die Musik hat darin gerade nicht die Funktion, »Widerpart der sinnbeschwerten Rede«[58] zu sein, sie bildet vielmehr einen anderen Modus des Bedeutens, in den jenseits der begrifflichen Rede logische Figuren Eingang finden.[59] Damit kommt hier aber der

---

[57] Ursprung des deutschen Trauerspiels (Benjamin 1980, I.1/388).
[58] Ebenda, 385.
[59] Vergleichbar jener Logik der Traumsprache, die Sigmund Freud in sei-

Schrift die Rolle einer Lösung in dem vieldiskutierten Verhältnis von Sprache und Musik zu.

4. Die Stimme der Musik in der Dichtung

Daß auch bei Bachmann die Schrift im Spiele ist, wenn sie über das Verhältnis von Sprache und Musik reflektiert, wird bereits in ihrem ersten Text deutlich, der sich ausdrücklich der Musik widmet. In dem Prosastück »Die wunderliche Musik« (1956) bildet der Abschnitt über »Partituren« den theoretisch dichtesten Teil. Das Merkmal des Wunderlichen, das der Musik schon im Titel zugeschrieben wird, verweist auf die Spur einer Ver- und Bewunderung, die in die Arbeit an diesem Text eingegangen ist. Geschrieben im Frühjahr 1956 in Neapel, in einer Zeit, in der Henze und Bachmann an einem ersten gemeinsamen, aber gescheiterten Opernprojekt arbeiteten,[60] verdichtet sich in dem Text der Versuch, die Musik in einer eigentümlichen Stellung zwischen Konvention und Wunder zu verorten. Obwohl Bachmann bereits 1953 einen Text für Henzes Ballettpantomime »Der Idiot« geschrieben hatte, bezeichnet der Text »Die wunderliche Musik« eine Art Musikinitiation in ihrem Werk. Diese wurde nicht zuletzt durch ein Ereignis ausgelöst, das in ihren Texten vielfältige Spuren hinterlassen hat: die »La Traviata«-Inszenierung von Visconti mit Maria Callas in der Mailänder Scala, die Bachmann zusammen mit Henze auf ihrer gemeinsamen Reise nach Neapel im Januar 1956 besuchte. In ihren »Notizen zum Libretto« (im Programmheft zur Aufführung der Oper »Der junge Lord«, 1965) schildert sie aus nahezu zehnjähriger Distanz diesen Besuch als ein Ereignis,[61] das ihre »Einstellung

---

ner »Traumdeutung« als spezifische, der Bildersprache des Traums entsprechende ›Rücksicht auf Darstellbarkeit‹ beschrieben hat. Vgl. das Kapitel »Die Darstellungsmittel des Traums« in Freud 1969–1979, II/309 ff.

[60] Es handelt sich um das Opernprojekt »Belinda«, »die Geschichte eines aus dem neapolitanischen Proletariat aufsteigenden Filmstars. Wir wollten, kindlich wie wir waren, Maria Callas für die Sopranrolle« (Henze 1976, 50). Vermutlich ist das Projekt identisch mit dem Fragment eines Librettos im Nachlaß (K 8061–8171, NÖN), vgl. dazu Spiesecke 1993.

[61] Die exakte Datierung dieser Erinnerung »im Jänner 1956« ist auch durch die Korrespondenz belegt, u. a. an Joachim Moras und durch eine Post-

gegenüber der Oper überhaupt« grundlegend veränderte: vorher »Herablassung bis zur Gleichgültigkeit« und danach »ein besessenes Interesse für diese Kunstform, in einen anhaltenden Eifer, sie neu zu sehen und endlich zu begreifen« (1/433).

Obsession und der Wunsch, eine Kunstform zu begreifen, sind gleichermaßen in den Text über die wunderliche Musik eingegangen, der das Ereignis der Musik wie mit einem ›fremden Blick‹ beschreibt, eine Art ethnologisches Porträt der Musik als einer kulturellen Inszenierung. Es besteht aus vierzehn Abschnitten, die – die Stationen einer Aufführung nachahmend – die Szenen und Akteure eines Musikabends präsentieren: von Vorbereitungen, Garderobe, Zuhörern, Ohren, Dirigenten, Sängern, Ballett und Partitur über Termini des Musikdiskurses wie alte und neue Musik und die Musikstädte als Foren eines konventionalisierten Musikbetriebs bis hin zu einem »Blatt für Mozart« und der abschließenden Frage »Was aber ist Musik?«, die die Unmöglichkeit einer pauschalen Definition signalisiert. Das ›Prosastück‹[62], das aufgrund seiner Form als Folge in sich selbständiger, in Ton und Motiv verbundener Stücke auch als ›Text-Suite‹ bezeichnet wurde,[63] folgt keinem etablierten literarischen Genremuster. Es läßt sich am ehesten mit den Denkbildern aus Benjamins »Berliner Kindheit um Neunzehnhundert« vergleichen: einzelne, in sich abgeschlossene Monaden, aus deren Serie ein Bild des Ereignisses mit Namen Musik entsteht. Und ebenso wie dort wird auch hier der Zauber der Szenen durch den analytischen Blick auf die Zusammenhänge nicht zerstört. Im Unterschied zu einer Ideologiekritik etwa, der es um den ›Scheincharakter des bürgerlichen Musikbetriebs‹ ginge, gelingt es Bachmann, dessen Konventionalisierung darzustellen, ohne die Faszination durch die Musik zu zerstören. Bereits der erste Abschnitt situiert die Musik symbolisch – mit dem Bild der Palmen, die aus den Kübeln ausbrechen wollen, und dem Hinweis auf die Herkunft der Instrumente und des Publikums aus den Wäldern (4/45) – auf der

---

karte, die Henze und Bachmann gemeinsam an Alfred Andersch geschickt haben und die emphatisch von der Begeisterung über die »Traviata«-Inszenierung spricht (DLM).

[62] So bezeichnet die Autorin selbst den Text in dem Brief, in dem sie das Manuskript ankündigt (Bachmann an Moras, 30. 4. 1956, DLM).

[63] So Wolfgang Hädecke in Koschel/Weidenbaum 1989, 125.

Schwelle zwischen Natur und Kultur, zwischen Wildnis und Zivilisation. Und auch in den folgenden Szenen blitzen, durch den ritualisierten Ablauf auf dem Schauplatz Musikbetrieb hindurch, immer wieder archaische oder magische Momente auf: mit dem Winseln und Wehklagen beim Stimmen der Instrumente, den ungebändigten Körperbewegungen des Dirigenten oder seiner Charakterisierung als Magier.[64] Zudem werden jene imaginären Strukturen benannt, die das Musiktheater als Ort kollektiver Wünsche am Leben erhalten: die »körperlosen Stimmen« der Sänger, die »absoluten« Gesten der Tänzer und die »auf einem Ton« stehende Tänzerin.

Im zweiten Teil dann geht es stärker um das Gedächtnis der Musik, um die Überlieferung und um den Musikdiskurs. So wird in einer buchstäblichen Lektüre der Konzepte ›alte und neue Musik‹ die Mode als Regulativ von Kanon und Erneuerung beschrieben. Jenseits aber solcher Moden zeigt »Ein Blatt für Mozart«[65] die Möglichkeit, beim Hören der alten Musik stets von neuem von jener Dimension berührt zu werden, von der die Sprache der Philosophie nur als ›von den letzten Dingen‹ zu reden weiß. Diese Passage berührt zugleich die unmittelbare Wirkung sakraler Musik in der Gegenwart, auch jenseits religiöser Kontexte:

»Zieh deine schönsten Kleider an; dein Sonntagskleid oder dein Totenhemd. [...] Das große Spiel, das schon einmal gewonnen worden ist, beginnt wieder, wo die Hügel sich um den großen braunen Fluß mit seiner unverständlichen Sprache von Schöpfungstagen her lagern. Du ahnst, um welchen. [...]
Es sind aber die gefallenen Engel und die Menschen voll von dem gleichen Begehren, und die Musik ist von dieser Welt.
Die reinste, bitterlichste und süßeste Musik ist nur die vollkommene Variation über das von der Welt begrenzte, uns überlassene Thema.
Du hörst, über welches.« (56f.)

---

[64] Diese Passagen erinnern z. T. an das Paganini-Porträt in Heinrich Heines »Florentinische Nächte«, wo das Personal des Konzerts sich in der Imagination des Erzählers plötzlich in dionysische Gestalten verwandelt.

[65] »Das Stück über Mozart« habe ihr die größten Schwierigkeiten, »sehr viel Freude und Kummer«, gemacht. »Ich bin ganz krank deswegen, denn ich hätte es so gern dabei gehabt« (Bachmann an Joachim Moras, 30.4.1956, DLM).

Hier ist in literarischer Form ihr späteres Statement vorweggenommen, daß sich in der Musik das Absolute zeige, das von der Sprache nicht erreicht werden könne. Dabei verortet Bachmann die Musik an der Schwelle zum Gedächtnis. »Denn ein Maß der von Menschen für Menschen gemachten Musik ist die Möglichkeit, erinnert zu werden.« ›Musik‹ beginnt also genau dort, wo das Zusammenspiel von Klängen und Stimmen eine erinnerbare und reaktualisierbare, d.h. eine kulturelle Gestalt angenommen hat. Das Gedächtnis der Musik wird in dem Prosastück von zwei Seiten beleuchtet. Einerseits kann die Musik zum Gedächtnis der Gefühle werden, denen aufgrund ihres nichtmateriellen Charakters keine eigene Form und Sprache eignet:

> »Die Gefühle haben Wandergestalten. Sie ziehen von einer Brust in einen Klang – oder in ein Wort oder Bild – und nehmen wieder die erste Gestalt an in einer anderen Brust. In der allerschwersten Musik trägt jeder Klang eine Schuld ab und erlöst das Gefühl von der traurigsten Gestalt. Es gibt nur wenig von ihr.« (54)

Damit wird die Musik als Aufschreibesystem[66] der Gefühle betrachtet, durch das diese an der Geschichte teilhaben, als Medium also, mit dem die Gefühle vom Natur- in den Kulturzustand übergehen können. Andererseits hat die Musik – als realisierte, erklingende und gehörte – selbst einen ephemeren Charakter und bedarf einer anderen Sprache, um notiert, tradiert und wiederholt gespielt werden zu können. Im Abschnitt »Partituren«, der sich dem Notationssystem der Musik widmet, erörtert Bachmann das komplizierte Verhältnis zwischen Ton und Zeichen, zwischen der Sprache der Musik, die gerade nicht im Zeichen aufgeht, und der codierten Notenschrift, die klaren Regeln folgt. Aufgrund dieser Differenz wird das Schriftbild der Notation nicht als Abbild der Musiksprache verstanden, sondern als ›Entsprechung‹ gefaßt: »die Musik ist eine Sprache, der hier ein Schriftbild entsprechen will. [...] Das Schriftbild verrät uns wohl die Musik, aber nicht, was die Musik uns sagt.« Und den Abschnitt über die Partitur abschließend, entwirft sie eine kleine Theorie über das Aufschreibesystem der Musik, an der die präzis beschriebene Dialektik zwi-

---

[66] Zum Begriff des Aufschreibesystems vgl. Kittler 1985.

schen den ungleichzeitigen Momenten von Überdauern/ Absterben und Erklingen/ Vergehen besticht:

»Die Musik bleibt unwirklich als Bild und vergeht in der Zeit, in der sie wirklich erklingt. Aber sie kann auch die Zeichen nicht stellen, wenn sie nicht schon erklungen ist vor einem inneren Ohr. Sie tut einen lebendigen Sprung auf das Blatt, auf dem sie festgehalten, zum Zeichen abstirbt, und sie tut einen tödlichen Sprung vom Papier ins Leben.« (52)

Im Unterschied zu dieser differenzierten Theorie über das Verhältnis von Sprache, Musik und Schrift muß dagegen angesichts der letzten Frage »Was aber ist Musik?«, die einem Seins- oder Wesensdiskurs angehört, jeder Antwortversuch entgleiten. Anstelle einer Antwort läßt der letzte Abschnitt denn auch aus der Ausgangsfrage immer nur neue Fragen entstehen. Es folgen sieben Absätze, die mit einem Fragepronomen beginnen, unterbrochen von zwei Absätzen, in denen die leiblichen Signaturen einer Erregung beschrieben sind, die das musikalische Begehren als Form eines Liebesbegehrens erscheinen lassen: »Du vernimmst ihr herrliches Wort und trägst ihr dein Herz an dafür.« Oder: »Auf deinen Wangen stehen Rosen, aber dein Mund ist weiß geworden, als hätt' er Dornen zerdrückt.« Was daraus folgt, ist eine Zurückweisung der Forderung, die Frage nach dem Was des Gehörten zu beantworten. »Was hörst du noch, weil du mich nicht hören kannst, wenn die Musik zu Ende ist?/ Was ist es?!/ Gib Antwort!/ ›Still!‹/ Das vergesse ich dir nie.« Während das Prosastück letztlich jede Definition und jede Antwort darauf, *was* die Musik sei und uns sage, unterläuft, gibt es doch eine eigene, literarische Antwort auf die Musik. Insofern ist »Die wunderliche Musik« kein Text *über* das Verhältnis von Literatur und Musik, sondern ein dialogischer Text, der sich an die Musik adressiert.

Geschrieben wurde der Text für die Zeitschrift »Jahresring«, für den Band 1956/57, in dem auch Theodor W. Adornos Aufsatz über »Musik, Sprache und ihr Verhältnis zum gegenwärtigen Komponieren« erschien, dessen erster Teil »Fragment über Sprache und Musik« sich um eine grundlegende Klärung bemüht. Im Anschluß an den tradierten kunstphilosophischen Diskurs über die Ähnlichkeit und Differenz der Künste, in dem seit Lessings »Laokoon« zwischen den Darstellungsmodi eines Nebeneinanders in räumlicher Dimension (Malerei) und eines Nacheinanders in der Zeit (Dichtung, Musik) unterschieden wird, formuliert Adorno darin absolute Sätze über die Musik: »Musik ist sprachähnlich.« Und: »Sprachähnlich ist sie als zeitliche Folge artikulierter Laute, die mehr sind als bloß Laut.«[67] Gestützt auf die Benjaminsche Theorie der Sprachmagie,[68] grenzt Adorno die Sprache der Musik von jeder Zeichensprache ab. Das Gesagte lasse sich von der Musik nicht ablösen, denn bei ihr handle es sich um einen ganz anderen Typus Sprache als um ›meinende Sprache‹. »Was sie sagt, ist als Erscheinendes bestimmt zugleich und verborgen.« Andererseits wird Musik als Sinn- und Strukturzusammenhang bewertet und von »der bloßen Sukzession sinnlicher Reize« unterschieden. Denn obwohl sie auf eine ›intentionslose Sprache‹ ziele und der Idee des Namens folge, bewege sie sich doch nicht in einem Jenseits von Bedeutung. Intentionen sind in der Musik, so Adorno, aber »nur als intermittierende. Sie verweist auf die wahre Sprache als auf eine, in der der Gehalt selber offenbar wird, aber um den Preis der Eindeutigkeit, die überging an die meinenden Sprachen.« Die Sprachähnlichkeit der Musik wird von Adorno also in ihrer Entfernung von einer urteilenden, als Zeichensystem organisierten Sprache zusammengefaßt. Damit könnte seine Beschreibung der Musik aber ebensogut als Charakterisierung einer Sprache der Literatur oder Poesie gelesen werden.[69]

---

[67] Adorno 1986, Bd. 16, 251–256, hier 251.

[68] Hat Benjamin den Gegensatz zwischen der Arbitraritätsthese und der Sprachmystik in eine historische Dialektik überführt, indem er nach der Ablösung der paradiesischen magischen Sprache der Namen durch die Zeichensprache im »Sündenfall des Sprachgeistes« davon ausgeht, daß am Fundus der semiotischen Seite augenblicksweise Momente von Ähnlichkeit aufblitzen können, so entwirft Adorno für die Musik dazu das Pendant einer negativen Dialektik: die momenthaft erscheinende Intention wird durch Negation in der Musik integriert. »Musik als Ganze empfängt die Intentionen, nicht indem sie sie zu einer abstrakteren, höheren Intention verdünnt, sondern indem sie im Augenblick, da sie zusammenschießt, zum Anruf des Intentionslosen sich anschickt« (Ebenda, 254f.).

[69] Das hier noch abwesende Moment der Schrift tritt in einem Aufsatz von 1965 hinzu, der als Pendant zu dem über Musik und Sprache »Über einige Relationen zwischen Musik und Malerei« spricht und deren Annäherung über einen, in der Moderne zunehmenden Schriftcharakter beider Künste definiert (Adorno 1986, Bd. 16, 628–641).

Drei Jahre später veröffentlicht Ingeborg Bachmann einen Essay über »Musik und Dichtung« (4/59–62),[70] in dessen Titel sie bereits die Leerstelle aus Adornos Aufsatz aufnimmt, die Beziehung nämlich zwischen *dichterischer* Sprache und Musik.[71] An ihrem Text springt als erstes die Sprachgebärde ins Auge, mit der er einsetzt, um jede Möglichkeit eines Meisterdiskurses zu verwerfen: »Über Musik, über Dichtung, über ihrer beider Wesen, muß man beiseite sprechen. Das vorlaute Reden darüber sollte aufhören«. Das Recht, sich im »abseits« dennoch über diese Zusammenhänge »Gedanken zu gestatten«, begründet sie gleichsam historisch, mit der Mutmaßung nämlich, »daß sich etwas von Grund auf ändern könnte, daß nichts beim Alten bleibt«.[72] Gegen diese Änderung, daß nämlich nach einer langen Geschichte enger Beziehungen die beiden Künste heute »auseinanderzutreten scheinen«, richtet sich ihr leidenschaftliches Plädoyer für eine neue Vereinigung. Zunächst erörtert sie jene Kriterien der (neuen) Musik, die eine Distanz zur Sprache motivieren könnten: den Vorstellungen von Reinheit und Ausdrucksaskese könne die »verschuldete Sprache« nicht genügen, und die Eigentümlichkeiten der menschlichen Stimme schienen den technischen Ansprüchen der Musik nicht mehr gewachsen zu sein. Diese angeblichen Nachteile der Musik werden in ihrem Plädoyer in Vorteile verkehrt. Denn durch ein Zusammengehen mit der Dichtung habe die Musik an deren Erfahrungen teil: an der Erfahrung der Sprachlosigkeit und der Wiederkehr aus diesem Niemandsland. In einer Wendung gegen einen

---

[70] Erstveröffentlicht in »Musica Viva«, München 1959, 161–166.

[71] Unter den zahlreichen Titeln Adornos, die sich in Bachmanns Privatbibliothek befanden, sind etliche der musikphilosophischen Schriften, z.B. »Versuch über Wagner« (1952), »Klangfiguren. Musikalische Schriften I« (1959), »Mahler. Eine musikalische Physiognomik« (1960), »Impromptus. Zweite Folge neu gedruckter musikalischer Aufsätze« (1968), (PBB).

[72] Adorno muß solche Wendungen als Idiosynkrasie einer ›typisch Bachmannschen Schüchternheit‹ interpretiert und die darin verborgene Kritik am Meisterdiskurs übersehen haben. Als er nämlich versuchte, »Fräulein Bachmann« für den Komponisten Steuermann als Librettistin zu gewinnen, glaubte er im Brief an sie Argumente »gegen Anfälle akuter Schüchternheit« aufbieten zu müssen. Und auch in seinem Briefwechsel mit dem Komponisten Steuermann spricht er von »ihrer sehr erratischen und scheuen Art« (Adorno/Steuermann 1984, 63 u. 68) [IX.2].

ästhetischen Purismus und eine damit verbundene Geschichtsferne spricht Bachmann sich hier explizit für eine *musique engagée* aus:

> »Miteinander, und voneinander begeistert, sind Musik und Wort ein Ärgernis, ein Aufruhr, eine Liebe, ein Eingeständnis. Sie halten die Toten wach und stören die Lebenden auf, sie gehen dem Verlangen nach Freiheit voraus und dem Ungehörigen noch nach bis in den Schlaf.« (4/61)

Umgekehrt wird für die Dichtung der Gewinn eines Zusammengehens mit der Musik darin gesehen, daß jede einzelne (national begrenzte) Sprache »durch Musik ihrer Teilhabe an einer universalen Sprache wieder versichert werden« könne. Der Mythos der Musik als einer ›reinen Sprache‹ wird in diesem Essay also durch die Idee einer ›universalen Sprache‹ ersetzt, durch die Überlegung, daß die Musik die »letzte Sprache *aller* Menschen nach dem Turmbau«[73], nach der babylonischen Sprachverwirrung, darstellt. Auch wenn die Dichtungen »für sich« weiter bestehen, erhalten sie durch die Musik »ein kostbares zweites Leben in dieser Verbindung«.[74]

Die Möglichkeiten einer Vereinigung von Musik und Dichtung werden dabei nicht über den Topos der Sprachähnlichkeit begründet, sondern über den Rhythmus. Dazu muß noch erwähnt werden, daß die Autorin, bevor sie zu ihrem eigentlichen Thema kommt, gleichsam *en passant* diesen Topos streift, um – gegenüber Adornos absolutem Satz über den zeitlichen Artikulationsmodus von Musik als Aspekt ihrer Sprachähnlichkeit – eine Präzisierung anzubringen: die radikale Verschiedenheit ihrer Zeitlichkeit, die der gemeinsamen Artikulation in derselben Dimension eingeschrieben ist. Aus ihrem Argument, gegenüber dem strengen Zeitmaß der Musik sei »die Dauer einer Silbe [...] noch in den Ketten des Metrums vage«, spricht ihre konkrete Erfahrung aus der Ar-

---

[73] Ursprung des deutschen Trauerspiels (Benjamin 1980, I.1/388, H.v.m.)
[74] Darauf, daß das Thema sich auch in der Schreibweise des Essays niederschlägt, reagiert z.B. Joachim Moras, wenn er bewundert, wie Bachmann es nur fertigbringe, »ein rein diskursives Thema mit Sprachenergien zum Blühen zu bringen, als wäre es ein Gedicht« (Moras an Bachmann am 15.4.1959, DLM).

beit an einem Libretto: die schwierige Korrespondenz zwischen den Atemlängen und Ruhepunkten in der Sprache und dem exakten *timing* der Musik.[75] Während in ihrer ersten Arbeit für Henze, dem »Monolog des Fürsten Myschkin zu der Ballettpantomime ›Der Idiot‹«, die Sprache in die Zwischenräume zwischen Musik und Tanz und in der Form von Zäsur und Übergang an die Stelle der Musik tritt, ist die Stimmführung in den Libretti zu »Prinz von Homburg« (1960) und »Der junge Lord« (1964) auf eine Korrespondenz mit dem Musikrhythmus hin gestaltet, als Zusammenspiel mit der Musik und Polyphonie der Stimmen:

> »Das Faszinierende und zugleich Schwerste beim Schreiben für die Oper sind für mich die Überlappungen von Texten, und der gleichzeitige Ablauf von kontradiktorischen, variierten oder zur Deckung kommenden Textstellen. Daß die Personen so oft, vom Duett bis zum Ensemble, nicht nacheinander, sondern miteinander, gegeneinander und nebeneinander zu Wort kommen, ist eine den Schreibenden erregende Besonderheit der Oper.« (1/434)

So Bachmann in ihren »Notizen zum Libretto«, in denen sie die Oper übrigens auch »lyrisches Theater« und nicht wie üblich Musiktheater nennt, womit sie ihre Texte zu Henzes Musik also als Lyrik auffaßt.

Sind diese Erfahrungen nicht zuletzt Voraussetzungen für die subtile Stimmführung ihrer Prosa, besonders im dritten Kapitel von »Malina«, so motivieren sie auch die Bedeutung des Rhythmus im Plädoyer für die Vereinigung der Künste in »Musik und Dichtung«. Mit Bezug auf Hölderlins Satz, der Geist könne sich nur rhythmisch ausdrücken, heißt es: »Musik und Dichtung haben nämlich eine Gangart des Geistes. Sie haben Rhythmus, in dem ersten, dem gestaltgebenden Sinn.« Deshalb führt ein Weg von der einen zur anderen Kunst, darum »vermögen sie einander zu erkennen.« Das erinnert an jenen Eros, den Benjamin in sprachlichen Momenten des Wiedererkennens erblickt hatte. Die Vereinigung der Künste wird von Bachmann, nicht nur im Bild des Erkennens und nicht nur in dem der Umarmungen, ohnehin als Liebesverhältnis entworfen.

---

[75] K8271b/N2353 (NÖN), s. auch die »Notizen zum Libretto« (1/434).

Die Medien dieser Beziehung sind Gesang und Stimme. Als Bild für die Vorstellung, wie »die Musik ein Wort aufhebt und es durchhellt mit Klangkraft«, greift der Essay dabei auf ein Bild zurück, das bei Bachmann mit dem Geschick des Orpheus-Motivs verbunden ist: das Bild vom Stein, der zu blühen beginnt. Der blühende Stein steht hier jedoch nicht für die *Wirkung* des Gesangs, sondern für ihn selbst, als Bild für das von der Musik erhobene, erklingende Wort. Die Schlußpassagen des Essays, die diese Perspektive im Hinblick auf die Stimme reflektieren, sind in einem durchaus emphatischen Gestus der menschlichen Stimme in ihrer »hoffnungslosen Annäherung an Vollkommenheit« gewidmet. Sie solle nicht länger als Mittel begriffen werden, »sondern als der Platzhalter für den Zeitpunkt, an dem Dichtung und Musik den Augenblick der Wahrheit miteinander haben«. Platzhalter, das bedeutet hier Stellvertreter für einen Moment, der als unerreichbar und vollkommen zugleich bewertet wird. Wird die Stimme damit als Substitut für den Augenblick vollkommenen Erkennens bewertet, in dem Wahrheit und Liebe zusammenfallen, so verbindet sich mit ihr zugleich die Hoffnung einer Rettung der Gefühle im Augenblick ihres Untergangs: »wer würde da – wenn sie noch einmal erklingt, wenn sie für ihn erklingt! – nicht plötzlich inne, was das ist: Eine menschliche Stimme.« Kam am Ende des Prosastücks über die wunderliche Musik eine Stimme zu Wort, die jede Bestimmung der Musik zurückwies, so steht hier am Schluß die Emphase für eine Stimme, die durch die Klangkraft der Musik ›zu blühen beginnt‹, für eine erklingende Stimme. Aus ihrem Dialog mit dem Diskurs über das Verhältnis der Künste, der üblicherweise im Fahrwasser der Sprachähnlichkeit verläuft, gewinnt Bachmann für sich also ein anderes Konzept: den emphatischen Begriff einer Stimme, die erklingt. Diese wird in der weiteren Schreibarbeit, die fast ausschließlich[76] Prosaarbeit sein wird, zu einer der wichtigsten Chiffren in Bachmanns Poetologie werden, zunächst in »Undine geht«.

Vom Schluß des Essays »Musik und Dichtung« führt eine verborgene Verbindung zu jenem Initiationsereignis zurück, das ihre Obsession und ihren Willen, die Oper zu begreifen, motiviert hatte: zur »Traviata« der Maria Callas. Ihr ist ein Fragment geblie-

---

[76] Mit Ausnahme der späten Gedichte und der beiden Libretti.

bener Text gewidmet, der vermutlich nach »Undine geht« entstanden ist und in der Werkausgabe unter dem Titel »Hommage à Maria Callas« zu finden ist (4/342f.). Die Callas war für Bachmann nicht nur die Verkörperung dieser Stimme, sondern der Kunst schlechthin. In einem zweiten Entwurf zum Callas-Text[77] schildert sie den Besuch in der Scala als Augenblick, in dem »eine Bewegung, eine Stimme, ein Wesen, alle zugleich, diesen Ruck in mir zustandekommen liess, [...] ich hörte sie zum erstenmal«. Während der Hinweis auf die Scala-Szene, die Bachmann statt dessen in die »Notizen zum Libretto« aufgenommen hat, in dem postum publizierten Callas-Fragment fehlt, korrespondiert dieses sowohl mit dem Essay über »Musik und Dichtung« – etwa in der Feststellung, das wichtigste sei »ihr Atemholen, ihr Aussprechen« – als auch mit dem Undine-Monolog und der ihm zugehörigen Formel »die Kunst, ach die Kunst«:[78]

> »Ecco un artista, sie ist die einzige Person, die rechtmäßig die Bühne in diesen Jahrzehnten betreten hat, um den [Zuhörer] unten erfrieren, leiden, zittern zu machen, sie war immer die Kunst, ach die Kunst, und sie war immer ein Mensch, immer die Ärmste, die Heimgesuchteste, die Traviata. [...]
> Sie war der Hebel, der eine Welt umgedreht hat, zu dem Hörenden, man konnte plötzlich durchhören, durch Jahrhunderte, sie war das letzte Märchen.«

In dieser Callas-Monade verdichten sich die verschiedensten Aspekte einer Vereinigung von Musik und Dichtung; in ihr ist sowohl das Gedächtnis der Musik als auch ihre Funktion als Träger von Erregungen und Leidenschaften in eine Stimme eingegangen, die von einer Person verkörpert wird. Gerichtet gegen die im öffentlichen Diskurs übliche Bezeichnung der Callas als »Stimmwunder«, die Bachmann zu Beginn ihrer Hommage zurückweist,

---

[77] Abgedruckt ist der titellose Entwurf, ergänzt um den Titel eines zweiten Entwurfs, der im Nachlaß überliefert ist (K7270–1/N664–5, NÖN). Zum Problem der Datierung sowie ausführlicher zum Zusammenhang des Entwurfs vgl. Caduff 1998, 106ff.

[78] Aufgrund einzelner Überschneidungen mit dem genannten Essay, den Frankfurter Vorlesungen, dem Undine-Monolog und den Notizen zum Libretto ist anzunehmen, daß der Entwurf nach 1961 und vor 1965 entstanden ist [VIII.2].

hat die Sängerin in ihrem Text einen Körper zurückerhalten – womit auch dem Mythos der »körperlosen Stimmen« widersprochen wird, den die Autorin auf dem Schauplatz der wunderlichen Musik bereits im Bild körper- und hirnloser Vögel karikiert hatte: »Einmal werden sie [die Sänger] sich in Goldammern verwandeln und sich den überflüssigen Ballast ihrer Körper und Hirne unter die Federn stecken.« (50)

5. »Die Zikaden«: ein philosophisch-musikalisches Gedicht

Derartige, nahezu körperlose Stimmen ohne Erinnerung – als Anderes der menschlichen Stimme – bilden das Titelmotiv in Bachmanns zweitem Hörspiel »Die Zikaden« (1955).[79] Es bezieht sich auf den von Platon überlieferten Zikadenmythos, der im Hörspiel von der Erzähler-Stimme als Wissen um die archaische, nichtmenschliche Herkunft dieser Musik eingebracht wird und der in einer Art mythisch-philosophischen Kommentars das Geschehen auf der Insel einrahmt. Ansonsten werden die Zikaden im Text bloß dreimal erwähnt, davon zweimal nur mit *dem* Teil des Mythos, der die Botschaft an die Menschen formuliert, sie sollten sich in der Mittagsstunde, anstatt in Trägheit einzuschlummern, vom Gesang der Zikaden zum Gespräch verleiten lassen,[80] ein Gebot, das von Robinson erinnert wird, der aber in seiner Abschirmung gegen die Welt später selbst die Zikaden nicht mehr hören will. Das dritte Mal ist es Benedikt, der Redakteur der Inselzeitung, der, kurz vor dem Schlußkommentar des Erzählers den Zikadenmythos zu erinnern beginnt, sich aber unterbricht, da seine Profession ihm dessen Lehre, die von den Kosten des Vergessens handelt, verbietet. Der Erzähler dagegen, der sich am Ende als jemand zu erkennen gibt, der selbst einmal »einer von ihnen«, d. h. von denen, die auf der Insel Zuflucht suchen, gewesen sei, zitiert in seinem Schlußkommentar den voll-

---

[79] 1954, im Jahr nach dem ersten Gedichtband, geschrieben und vom NWDR Hamburg produziert (Ursendung: 25.3.1955, mit der Musik von H. W. Henze).

[80] Platon, Phaidros, 259a.

ständigen Mythos, der Auskunft über Herkunft und Bedeutung des Zikadengesangs gibt:

»Denn die Zikaden waren einmal Menschen. Sie hörten auf zu essen, zu trinken und zu lieben, um immerfort singen zu können. Auf der Flucht in den Gesang wurden sie dürrer und kleiner, und nun singen sie, an ihre Sehnsucht verloren – verzaubert, aber auch verdammt, weil ihre Stimmen unmenschlich geworden sind.« (1/268)

In Platons »Phaidros« (259b–d), aus dem diese Legende zitiert ist, wird dieses Einmal-Mensch-gewesen-Sein der Zikaden weiter spezifiziert: es waren Menschen vor der Zeit der Musen. Als mit den Musen dann der Gesang erschien, seien einige von den vormusischen Menschen von dieser Lust so sehr entzückt worden, daß sie Speise und Trank vergessen hätten und gestorben seien. Das daraus entstandene Geschlecht der Zikaden wurde von den Musen mit der Gabe ausgestattet zu singen, ohne einer Nahrung bedürftig zu sein; zugleich erhielt es die Aufgabe, nach dem Tod zu den Musen zu kommen und ihnen zu künden, wer von den Menschen jede von ihnen verehre. Besonders erwähnt werden dabei Kalliope und ihre nächstfolgende Schwester Urania, »welche vornehmlich unter den Musen über den Himmel und über göttliche und menschliche Reden gesetzt, die schönsten Töne von sich geben«. Ihnen verkünden die Zikaden, welche Menschen philosophisch leben und ihre Art Musik ehren.[81] Das von Sokrates angemahnte Gebot eines philosophischen Gesprächs, an das die Zikaden zur Mittagsstunde erinnern, wird also bei Platon in der nachgetragenen Erzählung über die Herkunft der Zikaden mythisch begründet.

Da Mnemosyne bekanntlich die Mutter der Musen ist, sind es also archaische menschliche Wesen aus einer Zeit vor dem Gedächtnis gewesen, die die Lust der von den Musen erzeugten Gesangskunst gleichsam mißverstanden, sich vollständig an diese Lust verloren und auf diese Weise unmenschlich wurden. In das Geschlecht der Zikaden verwandelt, wurden sie zu reinen Sängern und zu Boten der Musen, die diesen nun von jenen Menschen kün-

---

[81] Ebenda, 259d, zit. nach der Übersetzung Friedrich Schleiermachers, ergänzt durch Franz Susemihl (Platon 1991, Bd. VI, 95).

den, die im Unterschied zu ihnen selbst eine andere Art Musik ehren, eine Musik, die mit einem philosophischen Leben zusammenstimmt. In Platons Zikadenmythos wird damit die Musik als Kunst und als Teil einer philosophischen Art zu leben von einem erinnerungs- und körperlosen, einem nichtmenschlichen Gesang unterschieden. Es soll noch daran erinnert werden, daß Kalliope, die hier als Hüterin einer philosophischen Musik auftritt, auch die Mutter von Orpheus ist, dem Erzeuger eines Klagegesangs und einer Musik, die erst nach der Erfahrung einer Unumkehrbarkeit des Todes ihre wunderbare Wirkung entfaltet hat [III.1]. Der Zikadengesang wäre damit ein vororphischer Gesang, dem genau diese Erfahrung mangelt, da er ihr vorausgeht.

Im Hörspiel nennt der Erzähler den Gesang der Zikaden einen »wilden, frenetischen Gesang« und ein »Geschrei aus trockenen Kehlen«. Die ergänzende Lektüre von Platons Zikadenmythos hat dabei zeigen können, daß Bachmann in ihrem knappen, verdichteten Zitat dennoch das Grundmuster seiner Deutung übernommen hat. Außer der kleinen, aber signifikanten Hinzufügung, daß in ihrer Version die Zikaden über dem Gesang nicht nur Essen und Trinken, sondern auch zu lieben vergessen haben, folgt ihr Text genau der sokratischen Erzählung im »Phaidros«. Das Gebot, das der Erzähler ihres Hörspiels formuliert und mit der Erzählung vom Schicksal der Zikaden begründet, lautet nämlich: »Such nicht zu vergessen! Erinnre dich! Und der dürre Gesang deiner Sehnsucht wird Fleisch.« Dieses Gebot folgt auf sein in Form einer rhetorischen Frage formuliertes Resümee, das er aus der Geschichte von den auf die Insel Geflüchteten zieht: »Oder willst du dir die Welt erlassen und die stolze Gefangenschaft?« Der Zikadenmythos wird hier also als eine ältere Weisheit eingeführt, die der Erzähler erinnert, um seine Lehre aus dem Inselgeschehen philosophisch zu kommentieren. Es ist ein »erschrocken« erinnertes Wissen, ausgelöst am Ende des Hörspiels durch den losbrechenden wilden Gesang der Zikaden, der hörbar wird, als eine Musik verklingt, »die wir schon einmal gehört haben«, wie der Erzähler sagt. Damit steht am Ende eine Situation, in der eine verklingende Musik und der wilde Gesang der Zikaden geschieden sind, welche im Einsetzen der Musik zu Beginn des Hörspiels noch ununterscheidbar waren. Der Text beginnt nämlich mit der Stimme des Erzählers, der von einer erklingenden Musik kündet, einer »Musik ohne Melodie, von keiner Flöte, keiner Maultrommel gespielt«, die im Sommer aus der Erde kommt, »erhitzte rasende Töne, zu kurz gestrichen auf den gespannten Saiten der Luft, oder Laute, aus ausgetrockneten Kehlen gestoßen«, ein nicht mehr menschlicher, wilder, frenetischer Gesang. Unterbrochen von Musik fährt er fort: »Wir hören die Musik wieder auf einer Insel.«

Wenn die Szenen, die auf der namenlosen Insel spielen, nach dieser Einleitung einsetzen, dann wird der dort vernehmbare Gesang, der aus den Stimmen der auf der Insel Zuflucht Suchenden entsteht, als Wiederkehr oder Wiederholung einer alten archaischen Musik eingeführt, einer Musik, deren Herkunft erst am Ende erinnert wird. Die Nähe der Fluchtsehnsüchte zu einer zikadischen Existenz wird in einer Äußerung Robinsons explizit, in der er den Klang der Zikaden mit dem vergleicht, »wie es manchmal in mir zu klingen beginnt«, und fortfährt: »Wenn die Stille eintritt, sind Hunger und Durst unspürbar; die Briefe können nicht mehr gelesen werden. Die Antwort bleibt aus. Es klingt so, wenn ich mich aus allen Umarmungen löse für eine andere Glückseligkeit« (1/261). Diese andere Glückseligkeit wird damit als eine Art innerer Zikadengesang gedeutet, der sich einem Vergessen überlassen möchte. Insofern kommt zum Schluß des Hörspiels die Erinnerung in doppelter Weise ins Spiel: als Erinnerung eines philosophisch-mythischen Wissens, das u. a. von der Bedeutung der Erinnerung für die Musik kündet und den Mangel benennt, der dem Lockruf und den Sehnsuchtsstimmen der Insel anhaftet. Er betrifft die Verkennung, die einer imaginären Glückseligkeit einhergeht, welche im Vergessen gründet. Das Zitat eines von der Philosophie überlieferten mythischen Wissens hat damit die Funktion einer Allegorese für die Lektüre des Inselgeschehens. Obwohl dieses Wissen erst am Ende benannt wird, strukturiert es doch von Beginn an die gesamte Darstellung und ist bereits in die Inszenierung der Inselstimmen eingegangen. Aufgrund dieser Komposition und Stimmführung wird das Hörspiel selbst als eine Art Musik erkennbar, die dem philosophischen Musengebot in Platons Zikadenmythos zu entsprechen sucht.

Als Szenario von Stimmen weist das Hörspiel sich bereits im Personenregister aus, das im Unterschied zu den beiden anderen Hörspielen Bachmanns mit »Die Stimmen« und nicht »Die Personen« überschrieben ist. Die Stimmen sind also nicht unbedingt als

Repräsentanz personaler Instanzen zu verstehen. Im Aufbau der »Zikaden« bildet die Erzählerstimme, die sich zehnmal zu Wort meldet, eine Art Rahmen für die Situierung und Kommentierung des Geschehens. In der Wiederholungsstruktur dieses Gerüsts sind die dazwischengeschalteten zehn Szenen seriell angeordnet: dreimal eine Dialogszene zwischen Robinson und dem Gefangenen und siebenmal eine Szene, in der sich eine je andere Figur an die Stimme Antonios adressiert. Unterbrochen werden die einzelnen Abschnitte durch »Musik«, zu der es in der einleitenden Regieanweisung heißt, sie solle nicht als »Musikbrücke verwendet werden, sondern nahtlos unter- und eingelegt werden«.[82]

Die Szenen mit Antonio werden identisch eingeführt: erstens durch eine Art Überschrift, die von Antonios »herrlicher«, den Erzähler unterbrechender Stimme, wie die neueste Meldung vom Zeitungsverkäufer, ausgerufen wird: »Mrs. Brown läuft Wasserski!«; zweitens durch einen refrainartig wiederholten Dialog von drei Zeilen, die fragende Anrede der jeweiligen Figur an »Antonio?«, die dieser mit »Ja, Mrs. Brown.« bzw. einem der anderen Namen erwidert, was mit »Es ist gut, Antonio« quittiert wird. Die erst danach beginnenden Szenen werden derart als Serie von Varianten ein und derselben Struktur lesbar. Aufgrund dieser Reihenform aus Refrain und je anderen Zwischenteilen wurde die Form des Hörspiels mit der des Rondos verglichen.[83] Mag die Komposition der Szenen an die Rondostruktur erinnern, so lassen sich auch Assoziationen zu anderen Genres herstellen. So könnte man das Hörspiel wegen der zwischen den Gesprächsszenen jeweils erklingenden Musik sowie dem beabsichtigten »Eindruck von leichter

---

[82] Sie sei gespannt auf die Musik, schreibt Bachmann im selben Brief, in dem sie Joachim Moras den Sendetermin mitteilt (12. 3. 1955, DLM). Die ausdrückliche Zurückweisung der Bedeutung der Musik in ihrem Hörspiel als »Musikbrücke« bezieht sich auf einen *terminus technicus* bzw. eine etablierte Praxis im literarischen Hörspiel der vierziger und fünfziger Jahre, in dem der Musik eine »dienende« Funktion zugeschrieben wurde. Zum Musik- und Tonkonzept in Bachmanns Hörspielen vgl. ausführlicher Caduff 1998, 139–154.

[83] »Der periodische Bau des Hörspiels mit der mechanischen Wiederholung seiner Elemente entspricht dem Prinzip der Symmetrie und Imitation im Bau eines Musikrondos. [...] Es ist ein Rondo mit zwei Themen« (Kolago 1988, 158 u. 162).

Ironie« ebensogut als Singspielparodie oder aber aufgrund des Inselszenarios, einem fern vom Alltag gelegenen Wunschort, auch als moderne Ekloge beschreiben.[84] Die Serie der Wunschszenen, in denen die verschiedenen Stimmen sich abwechselnd mit ihren Sehnsüchten an Antonio richten, erinnert andererseits an ein Dialogstück wie Schnitzlers »Reigen«. Der eigene Ton des Hörspiels aber kommt erst durch die Art und Weise zustande, wie hier die Muster klassischer Genres mit denen zeitgenössischer Massenmedien, wie Pathosformeln utopischer Literatur mit Trivialmythen überblendet werden. So beschwört der Gefangene in seiner Robinson-Erzählung – »Es war einmal eine Insel« – die Insel mit dem Mörike-Zitat »Du bist Orplid, mein Land!«, bezeichnet sein Traumland also mit einem jener Namen, aus denen der Zauberatlas der Literatur besteht, den Bachmann in ihrer Frankfurter Vorlesung über die Magie der Namen untersuchen wird [VII]. Und der Erzähler berichtet, daß die Fremden, die auf der Insel Zuflucht suchen, »sie für ein Stück Erde höherer Ordnung halten«, während das Gegenstück dazu, die kleinere, vorgelagerte Gefängnisinsel, durch ein Transparent als »Ort der Erlösung« ausgewiesen ist.[85]

Am deutlichsten wird diese Überlagerung aber durch die Präsentierung des Sehnsuchtsreigens als Artikelserie aus dem »Inselboten«, einem von Benedikt redigierten Einmannblatt, das von Antonio ausgetragen und ausgerufen wird: die Geschichten von den Inselwünschen also als Artikelserie der Provinzpresse. Seine Stellung als Bote, die Panstunde, zu der er das Blatt austrägt, die Tatsache, daß er dem Redakteur des »Inselboten« die Geschichten der Flüchtigen zuträgt, sowie der Hinweis auf »Antonios herrliche Stimme«, die »die Nachrichten und Meldungen mit dem barbarischen Zauber alter Jagdrufe« erfüllt, rücken Antonios Stimme

---

[84] Der britische Autor Wystan Hugh Auden, den Bachmann von Ischia her gut kannte, nannte sein »Age of Anxiety« ein Gesprächsstück in sechs Teilen, im Untertitel »A Baroque Eclogue«. In deutscher Übersetzung wurde sein Text 1951 mit dem Titel »Zeitalter der Angst. Ein barockes Hirtengedicht« veröffentlicht. Die Szenerie von Bargesprächen, die in Traumbilder übergehen, hat als Anregung sichtlich Spuren in Bachmanns Hörspiel »Der gute Gott von Manhattan« hinterlassen [IV.3].
[85] Eine sarkastische Referenz auf das Schriftband über dem Eingangstor zu Auschwitz: »Arbeit macht frei«.

deutlich in die Nähe des Zikadenmythos. Zudem kennt seine Stimme nur ein um den Namen des jeweiligen Adressaten ergänztes »Ja« oder ein »Nein« (mit einer Ausnahme: als er dem Jungen Stefano, der vor dem gefürchteten Elterngericht wegen eines Schulzeugnisses geflohen ist, sagt, er solle nach Hause gehen). Aber es ist nicht seine Stimme selbst, die vergißt, sie wird vielmehr zur Verlockung und zur Adresse der Vergessenswünsche und Sehnsüchte der anderen.[86] Sein Ja zu ihren Phantasien wird jeweils an dem Punkt durch ein Nein unterbrochen, an dem die anderen in ihm die leibhaftige Verkörperung ihrer Wünsche sehen und ihn an die Stelle dessen stellen wollen, das ihnen mangelt: die Jugend (Mrs. Brown), der verlorene Sohn (Mr. Brown), die Idee eines heroischen Kunstkonzepts, nach dem die Kunst einem Opfer entspringt (Salvatore, der Maler), die Märtyreridee vom Verzicht auf eine Herrschaftsrolle (Prinz Ali), die zeitlose Schönheit und Unsterblichkeit (Jeanette) und ein als Naturrecht begründetes »eigenes Recht« (Stefano). Am Ende dieser Serie ist es der Redakteur des Inselboten, Benedikt, genannt Benedetto, der sich an die Stimme Antonios wendet, womit die Serie der »Wunschszenen« wieder in die Produktion von Zeitungsgeschichten mündet: »Fangen wir also an. Schreiben wir: Robinson kehrt heim ...« Die Antonio-Szenen sind somit als Serie von Wunschbildern lesbar, deren Imaginäres sich alter Mythen und der Trivialmythen der Massenmedien bedient.

Davon zu unterscheiden sind die drei Gesprächsszenen zwischen Robinson und dem Gefangenen, die vor, nach und genau in der Mitte der sechs Wunschszenen mit Antonio plaziert sind. Durch sie wird dem Sehnsuchtsreigen ein dialektisches Deutungsmuster hinzugefügt, das den Inseltopos buchstäblich als kursierende Münze im kollektiven Imaginären diskutiert und die beiden Seiten dieser Medaille beleuchtet. Werden diejenigen, die mit dem Schiff auf der Insel ankommen, als Fremde bezeichnet, »mit Gesichtern, in die viele Grenzübertritte gestempelt sind«, so zitiert ihre Charakterisierung zugleich die bekannte Daseinsmetapher

---

[86] Damit ist er eine Art Gegenfigur zu Undine. Beide verlocken die Menschen mit ihrer Stimme, im Unterschied aber zum »unmenschlichen Gedächtnis« der Undine scheint Antonios Stimme jenseits des Gedächtnisses zu stehen.

des Schiffbruchs: »Denn es sind noch immer die Schiffbrüchigen, die auf Inseln Zuflucht suchen.«[87]

Die Ambivalenz, die so universellen Metaphern wie Schiffbruch und Insel innewohnt, wird in dem Hörspiel aber durch die Konzeption der Insel-Verdoppelung reflektiert, die vor allem in den Gesprächen zwischen Robinson und dem Gefangenen zur Sprache kommt. Sind es diese Gespräche, mit denen die beiden dem Gebot nachkommen, sich in der Mittagsstunde beim Gesang der Zikaden zu unterreden anstatt zu schlummern, so werden sie im ersten ihrer Dialoge als Repräsentanten zweier komplementärer Konzepte von Freiheit und Gefangenschaft vorgestellt, die den widersprüchlichen Inseltopos bilden, insofern ihre zwei Fluchten einander entsprechen: ein der Gesellschaft Entflohener, der in seiner Imagination einer Freiheit von allen sozialen Bindungen befangen ist, und einer, der aus der Gefangenschaft geflohen ist und sich nun in Freiheit wähnt. Während nämlich Robinson dem Gefangenen vorhält, daß man sich der Strafe nicht entziehen könne, erwidert ihm der, man könne sich nicht der Welt entziehen. Im zweiten Gespräch artikuliert Robinson, dessen Name ihn bereits in die Tradition einer Suche nach der reinen, unschuldigen ›Natur‹ stellt, seine Sehnsucht nach einer Rückkehr zum Naturzustand im Wunsch, die Buchstaben zu verlernen, damit jede Nachricht und jeder Brief unschädlich wäre – ein Wunsch, den Bachmann wenige Jahre später mit dem Anti-Erziehungskonzept in der Erzählung »Alles« noch einmal explizit thematisieren und verwerfen wird. Hier wird dieser Wunsch mit den Worten des Gefangenen, »man wird nicht so rasch zum Analphabeten«, konterkariert. Im dritten ihrer Gespräche werden die »zwei Flüchtlinge« noch einmal hinsichtlich ihres je unterschiedlichen Status im Welttheater differenziert: die Geschichte des einen wird, indem er als »verlorener Sohn« bezeichnet wird, in einen zeitlosen, biblischen Kontext gestellt, und der andere, der von sich sagt, er sei der Welt nie verlorengegangen – »sie hat mich nur versetzt, transferiert auf den Außenposten« –, definiert sich als ausgegrenzter, aber dazu-

---

[87] Hans Blumenberg hat den Schiffbruch als »Paradigma einer Daseinsmetapher« untersucht (Blumenberg 1979). Zur literarischen Motivgeschichte des Schiffbruchs im Hinblick auf die »Zikaden« vgl. Erika Tunner: Die Unvermeidbarkeit des Schiffbruchs (in: Koschel/Weidenbaum 1989, 417–431).

gehöriger Bestandteil der Welt. Während derjenige, der das reale Gefängnis erfahren hat, dem Freiheitsdiskurs Robinsons einen Zerrspiegel vorhält, führt seine eigene Lage zur Desillusionierung einer »unschädlichen« Welt im Naturzustand, einer Welt ohne Schuld. Es ist auch der Gefangene, in dessen Blick die Bedeutung der Mittagsstunde sich in die »wesenloseste Stunde auf den Inseln« verkehrt. Da sieht man die »Trümmer einer Illusion«.

Wenn die Szenen mit Robinson und dem Gefangenen als Kommentierung der Daseinsmetaphern von Insel und Schiffbruch gelesen werden können, insofern ihre Gespräche die im Inseltopos verborgenen Bedeutungen reflektieren, dann wird für das Hörspiel »Die Zikaden« eine ähnliche Komposition erkennbar wie in den Schemata einiger Gedichte Bachmanns: die Kombination zwischen dem Durchspielen einer variierten Bildreihe (die Wunschszenen mit Antonio) und der dialektischen Durchführung eines Themas (Insel/Gefängnis), eine Komposition, die hier allerdings zusätzlich durch die Allegorese des philosophischen Zikadenmythos verklammert ist. Gegenüber der Komposition der Gedichte, in der sich musikalisches und logisches Vermögen berühren, ist hier allerdings die Musik selbst zum Thema und materialiter zum Bestandteil des Textes geworden. In ihm wird noch einmal der Mythos eines ursprünglichen Naturklangs von einer Musik unterschieden, deren menschliches Maß nicht nur im Gedächtnis der Musik, sondern auch in einer Transposition des Mythos in eine philosophische Betrachtungsweise gründet.

Im Hinblick auf den Inseltopos stellt das Hörspiel zugleich auch eine Auseinandersetzung Bachmanns mit speziell räumlichen Daseinsmetaphern dar (wie Flucht, Exil, Ausfahrt, Hafen u.ä.), die ihre eigenen frühen Gedichte und auch noch den ersten Gedichtband »Die gestundete Zeit« dominieren [V.1]. Ihre Dekonstruktion eines *locus communis* der ›Glückseligen Inseln‹ findet dabei übrigens in eben dem Jahr statt, in dem sie auch den Versuch zum Entwurf einer konkreten Raumutopie, einer in den Raum projizierten Wunsch- oder Idealvorstellung am Beispiel der Stadt Rom, abbricht [IX.3] und statt dessen das Bild der Stadt als Gedächtnisschrift zur Darstellung bringt [II.5].

IV.
Lektüre, Intertextualität, Polyphonie: Liebesstimmen

In einem Brief an Siegfried Unseld nennt Bachmann sich einen »rasenden Leser«[1]. Das berührt einen zentralen Aspekt ihres Selbstverständnisses auch als Autorin. Das Lesen als Zwang, als Droge, Sucht, Laster oder schlicht Lebensnotwendiges durchzieht ihre Literatur ebenso wie ihre Kommentare in zahlreichen der Interviews. Dabei geht es ihr aber gerade nicht um Einfluß. Deshalb verwahrt sie sich immer wieder gegen Fragen nach Vorbildern, Lieblingsschriftstellern und Einflüssen von Philosophie- und Literaturgeschichte auf ihr Schreiben – »Aber ich habe nie beim Schreiben von Gedichten an Ludwig Wittgenstein gedacht« (GuI 83)[2] –, um das Lesen als Ereignis dagegenzusetzen. Anstelle einer Ordnung der Bibliothek oder eines Kanons von Autornamen der ›Weltliteratur‹ betont sie die Obsession für das Lesen selbst wie auch die Magie von Worten, Sätzen und Gedanken, deren Ursprung durchaus in Vergessenheit geraten sein kann. Als Echo der Lektüre werden solche Worte – einzelne Wendungen, Titel oder Namen – in ihren eigenen Texten hörbar. Denn wie beim Echo, dessen Identität mit dem Original in der entstellten Wiederholung zerstört ist und dessen Herkunft im Verborgenen bleibt, sind die Lektürespuren und Zitate, die sich in Bachmanns Literatur finden, nur selten Auseinandersetzungen mit dem Ganzen der damit vergegenwärtigten Werke. Außer in den wenigen Rezensionen finden sich nur in ihren Essays (Beiträge über Wittgenstein, Proust, Musil und Simone Weil) Kommentare, die sich auf die ›Einheit eines Werks‹ beziehen oder durch die Systematik eines Autornamens organisiert sind. Dabei hatten die in den fünfziger

---

[1] Brief an Siegfried Unseld v. 12.3.1969 (SVF).
[2] Ähnlich auch in GuI 43, 45, 125.

Jahren entstandenen Rezensionen überwiegend den Charakter reiner Brotarbeit, während die Ende der sechziger Jahre geschriebenen Besprechungen, die eher dem rasenden Lesen entsprungen sind, mehrheitlich unfertig und unveröffentlicht blieben. Statt dessen bildet die Erinnerung an Gelesenes eine faszinierende Dauerspur in ihrem Schreiben.

Wenn man unter Intertextualität[3] den Verweis eines Textes auf einen oder mehrere *bestimmte* (d.h. identifizierbare) andere Texte versteht, sei es in Form von Nachahmung, Überlagerung, Umschrift, Transposition, Dialog o.ä., dann ist diese in Bachmanns Literatur nur zuweilen anzutreffen, am deutlichsten in der Referenz auf Hofmannsthals »Der Schwierige« in den Altenwyl-Szenen von »Malina« und in der Fortschreibung von Joseph Roths Kapuzinergruft in der Erzählung »Drei Wege zum See« [VII.5]. Schließt man in die Intertextualität allerdings Textverfahren einer – entstellenden – Nachahmung von Genres, Redeweisen, Diskurstypen und Jargons ein, dann trifft das einen charakteristischen Zug ihrer Schreibweise, von der Autorin selbst einmal als eine Art »zweiter Beleuchtung« oder »barmherziger Ironie« benannt.[4] Ebenso häufig aber begegnet in ihrem Schreiben eine Spielart der Intertextualität, die in der Kopräsenz zahlreicher Stimmen aus unterschiedlichsten Texten besteht, sei es in Form von Zitat oder Anspielung, als Nachhall von Lektürespuren oder Polyphonie, ähnlich wie Roland Barthes den Intertext charakterisiert und ihm im Bild der Sirene auch Züge einer Verführung zuschreibt: »Der Intertext ist nicht unbedingt ein Feld von Einflüssen; vielmehr eine Musik von Figuren, Metaphern, Wort-Gedanken; es ist der Signifikant als *Sirene*.«[5]

---

[3] Zur Differenzierung verschiedener Varianten von Intertextualität, zusammengefaßt unter dem Begriff des Hypertexts und beschrieben als »Palimpseste« bzw. »Literatur auf zweiter Stufe« vgl. Genette 1993.

[4] In einem Nachlaßblatt: »Alle Milieus haben in einer oder in mehr Hinsichten etwas ungemein Groteskes, eine lächerliche Seite, auch bei Bauern und Arbeitern, auch überall, wo einfache, gebundene Formen ins Auge fallen, ist ein Bruch da, ein[e] zweite Beleuchtung möglich, einer gerechten, barmherzigen Ironie offenbar« (K7955/N2035, NÖN).

[5] Barthes 1978, 158.

1. Das Bildnis der Autorin als rasende Leserin: zwischen Bibliothek, Sucht und Katheder

Das erste Kapitel des Romans »Malina« enthält die Parodie eines Interviews, das den Jargon der öffentlichen Rede über Schriftsteller nachahmt, wobei die Nähe zu einigen der Dokumente aus der Sammlung von Interviews, die die Autorin hat über sich ergehen lassen, verblüfft. Insofern läßt sich das fiktive Interview auch als maskierter Kommentar zu den tatsächlich erlebten Befragungen lesen. Der Clou dieser »Malina«-Szene, in der ein Herr Mühlbauer von der »Wiener Nachtausgabe« mit der Ich-Erzählerin, einer Schriftstellerin, ein Interview führt, besteht darin, daß seine Fragen ausgespart bleiben, sich aber aus den ebenso irritierten wie den Fragesteller irritierenden Antworten mühelos erschließen lassen. Indem die Fragen durch Punkte ersetzt sind, wird deren Formelhaftigkeit um so krasser herausgestellt. Es sind Fragen nach dem gegenwärtigen Schreibprojekt, nach ihrer Entwicklung, Herkunft, Lieblingsbeschäftigung, nach dem ›Auftrag‹ des Schriftstellers, nach ihrer Meinung über die heutige Jugend – und nach ihrer Lektüre. Aufgrund seines Fragedispositivs, das auf Identitätssicherung und die Fixierung einer Biographie ausgerichtet ist, aber auch durch die Benutzung des Tonbandgeräts als Apparat der Spurensicherung fügt sich sein Interview in das Muster des Erkennungsdienstes, während die Leser dieser Szene auf die Entzifferung der lückenhaften Aufzeichnungen *ihrer* Stimme verwiesen sind.[6]

Das Mühlbauer-Interview ist eine derjenigen Szenen, an denen sich die viel zuwenig beachtete satirische Qualität von Bachmanns Schreiben sehr gut studieren läßt. Hier gelingt ihr eine *parôdia* im ursprünglichen Sinne, indem sie ein realexistierendes Genre vorführt und gleichzeitig mit der Gegenstimme ihrer *persona*, der Maske einer Schriftstellerin, die erwartete Rollenrede durchkreuzt, um auf diese Weise jene Antworten in die Öffentlichkeit zu schmuggeln, die jedes reale Interview ebenso stören würden wie das Mühlbauersche in »Malina«. Die zahlreichen ›Störungen‹ sind dort als Unterbrechungen notiert, die entweder aus Gesten

---

[6] Zu Bachmanns für ihre Zeit ausgesprochen avancierter Medientheorie vgl. hier X.5.

Mühlbauers (Abwinken) oder aus seinem Hantieren mit dem medialen Aufzeichnungsapparat Tonband (stoppen, Band wechseln, löschen) bestehen. Während Mühlbauer löscht, was sein Konzept sprengt – »(Herr Mühlbauer stoppt und fragt, ob er das letzte Stück löschen dürfe, er sagt ›löschen‹ und er löscht schon.)« –, bleibt das Gelöschte für die Leser des Romans entzifferbar. Da kurz vor dem Bandlöschen vom Brand und vom täglichen Brennen die Rede war, erhält das Löschen hier mehrfache Konnotationen. Mit dem Löschen der materiellen Spur der aufgezeichneten Stimme wird auch jene flammende Rede und erregte Stimme gelöscht, die in den Antworten des Ich hörbar ist. Bachmann nutzt hier also die satirische Schreibweise als Möglichkeit, zu artikulieren, was sich für sie auf andere Weise – im Diskurs der massenmedial verfaßten Öffentlichkeit und als Repräsentantin der Gegenwartsliteratur im Literaturbetrieb – nicht sagen läßt.

So weist die Stimme der Schriftstellerin in »Malina« – ebenso wie schon die Rednerin der Frankfurter Vorlesungen zehn Jahre zuvor, ganz gegenläufig aber zur zeitgenössischen Debatte um die politische Funktion von Schriftstellern[7] – z. B. den ›Auftrag‹ als Ansinnen eines »Höheren« zurück, ähnlich wie Benjamin eine solche Vorstellung als Anmaßung eines »göttlichen Mandats« kritisiert hatte.[8] Und ihr Herkommen aus dem ›Hause Österreich‹, einem nach-katastrophischen Ort jenseits der Geschichte, wird – ebenso dissonant zum Zeitgeist um 1970 – als Freiheit von den Gesetzmäßigkeiten und Zwängen »wirklicher Länder« diskutiert. Auf die Frage nach der Lektüre aber – »Antwort: Bücher? Ja,

---

[7] Zu Bachmanns Stellung zu ›1968‹ vgl. hier VII.4. und VII.5.

[8] Eine radikale Kritik am Begriff des ›Auftrags‹ in bezug auf den Schriftsteller formuliert Walter Benjamin in seinem Essay »Goethes Wahlverwandtschaften«, und zwar in expliziter Frontstellung gegen das heroisch-mythische Autorkonzept von Friedrich Gundolf und dem George-Kreis: Dem Dichter »wird, gleich dem Heros, sein Werk als Aufgabe von ihr [der George-Schule] zugesprochen und somit sein Mandat als göttliches betrachtet. Von Gott aber kommen dem Menschen nicht Aufgaben sondern einzig Forderungen, und daher ist vor Gott kein Sonderwert dem dichterischen Leben zuzuschreiben. Wie denn übrigens der Begriff der Aufgabe auch vom Dichter aus betrachtet unangemessen ist. Dichtung im eigentlichen Sinn entsteht erst da, wo das Wort vom Banne auch der größten Aufgabe sich frei macht« (Benjamin 1980, I.1/159).

ich lese viel, ich habe immer schon viel gelesen.« – folgt keine Leseliste. Vielmehr wird eine Leseszene präsentiert, die das Lesen von seiner materiellen und körperlichen Seite her beschreibt (als Tätigkeit z. B. nach Lage, Haltung und Tempo) und es als Sucht bewertet:

»Ich lese am liebsten auf dem Fußboden, auch auf dem Bett, fast alles liegend, nein, es geht dabei weniger um die Bücher, es hat vor allem mit dem Lesen zu tun, mit Schwarz auf Weiß, mit den Buchstaben, den Silben, den Zeilen, diesen unmenschlichen Fixierungen, den Zeichen, diesen Festlegungen, diesem zum Ausdruck erstarrten Wahn, der aus den Menschen kommt. Glauben Sie mir, Ausdruck ist Wahn, entspringt aus unserem Wahn. Es hat auch mit dem Umblättern zu tun, mit dem Jagen von einer Seite zur anderen, der Flucht, der Mittäterschaft an einem wahnwitzigen, geronnenen Erguß, es hat zu tun mit der Niedertracht eines Enjambements, mit der Versicherung des Lebens in einem einzigen Satz, mit der Rückversicherung der Sätze im Leben. Lesen ist ein Laster, das alle anderen Laster ersetzen kann oder zuweilen an ihrer Stelle intensiver allen zum Leben verhilft, es ist eine Ausschweifung, eine verzehrende Sucht.« (3/93)

Wenn das Lesen hier als Sucht erscheint, dann geht es dabei nicht so sehr um die sprichwörtliche »Lust am Text«[9], sondern um den »gefährlichen Moment, welcher allem Lesen zugrunde liegt«[10]: um den plötzlichen Einbruch von Bedeutungen, die den Leser unvorbereitet treffen, eine unwiderstehliche Anziehung auf ihn ausüben, eine unerklärliche Unmittelbarkeit herstellen und ihn auf Dauer besetzen. Die fiktive Schriftstellerin faßt diesen Moment als Schock:

»Ja, ich lese viel, aber die Schocks, die nachhaltigen Ereignisse sind ein einziger Blick auf eine Seite, eine Erinnerung an fünf Worte auf Seite 27 links unten: Nous allons à l'Esprit. Sind Worte auf einem Plakat, Namen auf Hausschildern, Titel von Büchern, die ungekauft in einem Schaufenster zurückbleiben [...].« (94)

---

[9] Vgl. Barthes 1974.
[10] Benjamin, Passagen-Projekt (Benjamin 1983, V/578).

So ist also nicht nur vom erregenden Ereignis des Lesens die Rede, sondern durchaus auch vom Gelesenen, allerdings weniger in Begriffen von Inhalt oder Thema.

Dieses einem Schock ähnliche Getroffensein durch einzelne Worte kann als ein Fortwirken von Sprachmagie in einer verschuldeten Welt verstanden werden. Denn diese Art von Magie hat nichts mit Unschuld oder einem paradiesischen Zustand *vor* der Erkenntnis zu tun. Im Gegenteil: zwar bekennt die Schriftstellerin im Mühlbauer-Interview, sie habe eine Schwäche für Analphabeten, dies aber gerade, weil sie das andere ihres eigenen Zustands verkörperten: »im Zustand der Unschuld zu sein, ist begreiflicher für einen Menschen, der dem Laster des Lesens verfallen ist«. Es geht Bachmann also ausdrücklich um eine Sprachmagie jenseits des ›Sündenfalls des Sprachgeistes‹, um eine Situation, in der die Geschichte in die Sprache eingegangen ist und die Sprache ein Archiv des kollektiven Gedächtnisses darstellt:

»Ich werde Ihnen ein furchtbares Geheimnis verraten: die Sprache ist die Strafe. In sie müssen alle Dinge eingehen und in ihr müssen sie wieder vergehen nach ihrer Schuld und dem Ausmaß ihrer Schuld.

(Zeichen der Erschöpfung bei Herrn Mühlbauer, Zeichen der Erschöpfung an mir.)« (97)[11]

Einzelne sprachliche Wendungen, die im Zusammenhang eines Lesens, das ein erregendes Ereignis ist, als Schocks wirken, entsprechen solchen Erinnerungsbildern, die blitzartig aus den Dauerspuren des Gedächtnisses auftauchen, – oder aber Zitaten, die, aus dem Zusammenhang gebrochen, mit Affekten besetzt und in die eigene Schrift eingetragen, zum Datum der Erregung werden. Jenseits von Kontinuität, Kanon und Erbe berühren sich Gelesenes und eigene Schrift im Zitat. Genauso hat Benjamin das Zitat in

---

[11] Daß diese Interview-Szene als Ich-Maske der Autorin lesbar ist, wird auch dadurch evident, daß der Satz »Die Sprache ist die Strafe« wortgleich am Ende ihrer Rede zur Verleihung des Anton-Wildgans-Preises (1972) steht. Darin heißt es nicht im Hinblick auf das Lesen, sondern auf das Schreiben: »Es ist ein Zwang, eine Obsession, eine Verdammnis, eine Strafe« (4/295), womit einmal mehr die Zirkulation von Lesen – Schreiben als Grundlage von Bachmanns Poetologie kenntlich wird.

der Figur einer gleichzeitigen Teilhabe an Ursprung und Zerstörung zu fassen versucht:

> »Vor der Sprache weisen sich beide Reiche – Ursprung sowie Zerstörung – im Zitat aus. Und umgekehrt: nur wo sie sich durchdringen – im Zitat – ist sie vollendet. Es spiegelt sich in ihm die Engelsprache, in welcher alle Worte, aus dem idyllischen Zusammenhang des Sinnes aufgestört, zu Motti in dem Buch der Schöpfung geworden sind.«[12]

Steht diese kleine Theorie des Zitats im Zusammenhang seiner Theorie von Eros und Sprache, die den Momenten des Eros *in der* Sprache gewidmet ist, so sind es für Benjamin vor allem Reim, Widmung und Zitat, die gleichsam zu sprachlichen Liebes- oder Erregungsfiguren werden. Auf diesem Hintergrund erhellen sich Bachmanns Äußerungen zu ihrer eigenen Zitierpraxis, die sich zwischen Rettung, Erregung und Faszination bewegt. Die Rettung einer fremden Zeile in den eigenen Text versteht sie selbst als ein – der Musik abgeschautes – sprachliches »Verhältnis zur Vergangenheit«:

> »hier und da erinnre ich mich an eine früh gehörte Zeile, an einen Ausdruck, und wenn mir etwas sehr gefällt, wenn ich meine, es müsse ›gerettet‹ werden, dann verwende oder variiere ich einen Ausdruck, gebe ihm einen neuen Stellenwert. Das ist also, wenn Sie so wollen, ein Verhältnis zur Vergangenheit, ein Arbeitsverhältnis, das zum Beispiel in der Musik seit jeher vorkommt.« (15.9.1965, GuI 60)[13]

---

[12] Benjamin, Karl Kraus (Benjamin 1980, II.1/363).

[13] Auffällig ist, daß Henze, wenn er das Zitieren als eigenes Verfahren erläutert, dieses wiederum über eine Beschreibung der Musik als Sprache tut und die Literatur als Vorbild nennt: »Was ich öfters in Instrumentalmusiken getan habe: an bestimmten Stellen durch Zitate Wegweiser setzen. Denkwegweiser, mittels derer der Hörer in die richtige Richtung hört und denkt. Zitieren ist ein Faktor in der Strategie meiner Arbeit, bei der davon ausgegangen wird, daß Musik einer Sprache gleicht, einer Sprache, von deren semantischen Gesetzen wir noch wenig wissen. Die Literatur hat eine Tradition, in der die Ideen, Sätze, Wortbildungen von Dichtern aus vergangenen Zeiten in das Heute übertragen werden, wo sie in neuem Licht wiedererstehen und neue Zusammenhänge herbeiführen« (Henze 1976, 240).

Bei der Erwähnung einzelner solcher Fälle von ›Rettung‹ in den Interviews springen Ausdrücke von Faszination ins Auge, die einem Liebesverhältnis nahekommen. So erläutert Bachmann zu den Gedichten von Gaspara Stampa, der sie ein Genie der Liebe zuspricht: »Diese Gedichte sind einfach unglaublich schön, ich habe in meinem Buch daraus einen Satz zitiert: ›Vivere ardendo e non sentire il male‹ – dieses Glühendleben und das Böse nicht fühlen« (GuI 110). Und mit Bezug auf Flaubert heißt es, »ich verwende nur Sätze, die ich gern selbst geschrieben hätte.›Mit meiner verbrannten Hand schreibe ich über die Natur des Feuers‹« (22.3.1971, GuI 71).[14] Insofern charakterisiert Bachmann ihre Zitate als Fundstücke, die etwas zum Ausdruck bringen, das dem eigenen Denken und den eigenen Leidenschaften entspricht, so daß diese literarischen Funde dem eigenen Leben zu entspringen scheinen. So jedenfalls in dem Interview, dem auch die Flaubert-Passage entstammt und in dem sie Dieter Zilligens Vorstellung vom philologischen oder Bildungszitat (als Zuhilferufen von »jemand Größeren«) zurückweist:

> »Es gibt für mich keine Zitate, sondern die wenigen Stellen in der Literatur, die mich immer aufgeregt haben, die sind für mich das Leben. Und es sind keine Sätze, die ich zitiere, weil sie mir so sehr gefallen haben, weil sie schön sind oder weil sie bedeutend sind, sondern weil sie mich wirklich erregt haben. Eben wie Leben.« (22.3.71, GuI 69)

Der Widerspruch, in dem diese Äußerung auf den ersten Blick zu jener über die Schönheit der Gedichte Gaspara Stampas zu stehen scheint, löst sich im zweiten Blick auf. Zu Stampa heißt es nämlich

---

[14] In einem Nachlaßblatt zur Lektüre von Flauberts »Education sentimentale« wird die Faszination für einen einzelnen Satz von »unglaublichem Charme«, gerade inmitten einer eher schleppenden Lektüre des ganzen Buches, reflektiert: »Aber eine Stelle von unglaublicher Kraft entdeckt, ein Satz zwischen Sätzen, der alles über die banale und so wichtige Annäherung zw[e]ier Personen etwas sagt: [...] Wunsch, das zu benutzen, damit es nicht liegen bleibt. Immer eine Fu[r]cht, seit jeher, dass manche Sätze verschwinden, die mir grossartig vorkommen, also Plagiat aus seltsamen Gründen. Zugleich Übereinstimmung der Entdeckung mit einer, die ich selbst wahrscheinlich schon halbformuliert in mir liegen habe.../ Bei Flaubert: C'etait la premiere fois qu'ils ne parlaient pas des choses insignificantes« (K7981/N1860, NÖN).

auch, ihr Schreiben habe »etwas Verbrennendes«. Werden deren Gedichte vor allem über dieses ›Verbrennende‹ schön, so geht es nicht um eine meßbare Schönheit, nicht um äußeres Gefallen. Insofern trifft sich auch diese Art Faszination wieder mit der Erregung als Bedingung des Bachmannschen Zitats.[15] Die *trouvaille* der betreffenden Texte beschreibt sie selbst als eine Art Zusammenstoß: »Deswegen glaube ich weniger an Einfluß als an Affinitäten. Man stößt nicht ganz zufällig mit den Büchern zusammen, die für einen die wichtigsten werden« (GuI 125).

In den genannten fiktiven und realen Interviewszenen erfahren wir also weniger über Bachmanns Bibliothek als über die Bedeutung der Lektüre für ihr Schreiben. Dagegen aber tendieren die philologischen Verfahren der Sicherung von Intertextualität in der Bachmann-Forschung überwiegend wieder zur Rekonstruktion der Bibliothek, um in der Folge die berühmten »Bachmann und ...«-Titel hervorzubringen. Ergäbe die Zusammenstellung der Autornamen, die Bachmann in ihren Texten und in den Interviews erwähnt,[16] allein schon eine so beachtliche Bibliothek, daß die Literaturwissenschaft noch eine Weile zu tun hätte, um die jeweiligen Bezüge einzeln zu untersuchen, so hat Bachmann in ihrem Roman »Malina« dieser Art Spurensicherung eine phantastische Bibliotheksszene entgegengehalten und damit einmal mehr einen Kommentar zur Rezeption ihres Werks vorweggenommen. Ein nächtlicher Gang der Ich-Erzählerin in ihre Bibliothek, ausgerechnet auf der Suche nach Kochbüchern, die dort selbstverständlich fehlen, gerät zur *tour d'horizon* durch einige *Titel* philosophischer und belletristischer Weltliteratur, von Kant über Leibniz, Sartre, Freud, Balzac, Proust, Marx, Engels und Lenin zu Aristoteles, und damit zur Parodie auf die Belesenheit ihrer literarischen Figur (3/80ff.).

Ordnung und Umfang der Bibliothek vermögen aber wenig über die Wirkungen der Lektüren im Schreiben zu sagen. Denn

---

[15] Ausführlicher zum Zusammenhang von Zitat und Lektüre bei Bachmann, Celan und Benjamin vgl. Weigel in Böschenstein/Weigel 1997, 231–249.

[16] In den Interviews sind es z.B. Balzac, Beckett, Bernhard, Bloch, Büchner, Flaubert, Handke, Heidegger, Hölderlin, Kafka, Kraus, Lenin, Leopardi, Marx, Musil, Proust, Rilke, J. Roth, G. Stampa, Tolstoi, Trakl, Wittgenstein (in alphabetischer Reihenfolge).

diese lassen sich nicht mit der Kategorie der ›Lieblingsschriftsteller‹ entziffern, wie die Schriftstellerin Bachmann in einem Interview kontert:

> »Ich habe keine Lieblingsschriftsteller, auch nicht unter den Außenseitern der Literatur, mit deren Erwähnung man noch einigen Staat machen könnte, weil Leute gern Namen hören, die sie kaum kennen oder noch nie gehört haben. Mit Tolstoi, Balzac, Leopardi etc. möchte ich niemand langweilen. Die Liste nach dem ›etc.‹ müssen Sie sich sehr lang denken, mit noch vielen Namen drauf aus vielen Jahrhunderten, die jeder kennt.« (Januar 1963, GuI 43)

Solange die reale Bibliothek der Schriftstellerin Ingeborg Bachmann der Forschung versperrt ist [S. 24], wird diese lange »Liste nach dem etc.« ohnehin auf Zufallskenntnisse und Entdeckungen angewiesen sein – oder aber auf den Eintritt in ihre virtuelle Bibliothek, den Bachmanns Schriften erlauben. Interessanter als der Katalog der Bibliothek, als die reine Titelliste also, wäre ohnehin die Entzifferung von Bachmanns Lesespuren, der Erregungsspuren ihrer Lektüre.

Als gelehrte und ›gebildete‹ Leserin glaubte Bachmann sich einzig in einer ihr fremden und ungeliebten Situation präsentieren zu müssen, in der Rollenrede der »Frankfurter Vorlesungen«, in der sie als erste Dozentin der neugegründeten Gastdozentur für Poetik an der Universität Frankfurt/Main im Wintersemester 1959/60[17]

---

[17] Es war die erste deutsche Einrichtung dieser Art, geschaffen nach dem Vorbild der Oxforder Professur für Dichtung, die einst T. S. Eliot, damals W. H. Auden innehatte, initiiert von dem ehemaligen Rektor und Anglisten Helmut Viebrock und finanziert zunächst vom S. Fischer Verlag. Nach der Zustimmung zur Einrichtung einer Stiftungs-Gastdozentur durch den Akademischen Senat (13. 5. 1959) lud der Rektor Prof. Viebrock am 15. Juni die Berufungskommission ein, zu der Prof. Adorno, Dr. Bermann-Fischer, Prof. Hartner und Prof. Kunz gehörten und die sich noch im Sommer entschied, Bachmann einzuladen (nach Auskunft von Dr. Eberhard Fahlke aus den Akten des Rektors der Johann Wolfgang Goethe-Universität Frankfurt/M., Brief v. 2. 7. 1996). Die Vorlesung war unter dem Titel »Poetik. Fragen zeitgenössischer Dichtung« angekündigt und traf in eine Situation, in der die Germanistik praktisch verwaist war, da Walter Höllerer gerade Frankfurt verließ. Die fünf Vorlesungen fanden zwischen dem 25. 11. 1959 und dem 24. 2. 1960 statt.

auftrat. Zu einer Zeit also, als die ›Poetikvorlesung‹ noch nicht zu jener Institution geworden war, in der Schriftsteller heute vorwiegend ihr eigenes Schreiben poetisch reflektieren, leitete Bachmann die an sie gestellten Erwartungen aus Vorstellungen ab, die sie mit dem Redeort des Professors verband – und empfand die damit verbundene Aufgabe primär als Last. Jedenfalls ist in den Briefen dieser Zeit von ihrer »unseligen Vorlesungsarbeit«[18], von Verzweiflung und Kopfschmerzen die Rede.[19] Ohne Vorbild und offensichtlich auch noch ohne Klarheit über den gewünschten Grad der Integration dieser Veranstaltung in den normalen Lehrbetrieb, trat die Autorin also auf eine dramaturgisch offene Bühne und mußte den Ton für das Genre erst (er)finden. Auf diese Weise hat sie mit ihrer Art des Sprechens den deutschen Typ der Poetikvorlesung nicht unwesentlich geprägt[20]: als Intervention in den wissenschaftlichen Diskurs, die sich radikal vom Ort und von der Sprache einer Autorin herschreibt.[21]

In ihrer Einführung zur ersten Vorlesung verwirft Bachmann unter dem Titel »Fragen und Scheinfragen« denn auch als erstes die Redeposition der Lehre und die etablierten Schlagwortfragen, die im literaturkritischen Diskurs von Tagespresse, Akademien, Kongressen und im Rundfunk üblich seien:

> »So vielerlei Neugier da ist – so vielerlei Enttäuschung ist möglich, und all dies mag uns vorläufig zur Entschuldigung dienen für die falschen Hoffnungen, die Sie sich machen und die ich mir mache, indem ich, Mut fassend, meine, daß sich von diesem Lehrstuhl aus zwar *nichts lehren*, vielleicht aber *etwas erwecken* läßt – ein Mitdenken von der Verzweiflung und der Hoffnung,

---

[18] Brief vom November oder Dezember 1959 an Wolfgang Hildesheimer (AKB).

[19] Brief vom 6. 11. 1959 an Hermann Kesten. Und im Brief v. 29. 12. 1959 an Kesten schreibt sie: »Ich möchte nie wieder Professor sein, besonders keiner, der ohne donna di servizio zwischen Haushalts- und Universitätsproblemen zerrissen wird und daneben noch schreiben will. In diesem Beruf ist es wirklich besonders günstig, ein Mann zu sein« (HKM).

[20] Obwohl die Poetikvorlesungen heute seltener einen Blick auf die ›zeitgenössische Literatur‹ als Ganzes wagen, sondern sich meist auf die je eigene konzentrieren.

[21] Vgl. dazu auch von der Lühe 1982.

mit der einige wenige – oder sind es schon viele? – mit sich selber und der neuen Literatur ins Gericht gehen.« (4/182f., H.v.m.)

Ebenso grenzt sie sich von den »weniger lärmigen, weniger attraktiven Fragen« der Literaturwissenschaft und deren Nomenklatur ab, die sie polemisch als Rettungsring bezeichnet. Ihre Kritik an den Grundoperationen etablierter Literaturbetrachtung – an den Kategorien von Entwicklung und Fortschritt in der Literaturhistorie, an den Stichworten zur Einordnung von Autoren und Werken, am Kriterium der Qualität (als isoliertes, vom ideologischen Gehalt absehendes Werturteil)[22] – diese wissenschaftskritische Haltung darf allerdings nicht als Abweisung von Theorie mißverstanden werden. Im Gegenteil, sie betont das Denken, ein »unausweichliches Denken«, und die Notwendigkeit von Theorie für die Literatur (am Beispiel Prousts) und spitzt dies zu in dem Satz: »Die Spezialisten, die Experten mehren sich. Die Denker bleiben aus.« In der letzten Vorlesung konzentriert sie ihre Kritik an der Disziplin auf die Gegenstandsbestimmung der Literaturwissenschaft selbst, auf »dieses ominöse Wort ›Literatur‹, diese bereitwillig umgreifende Bezeichnung für eine scheinbar klare Sache«. Der Begriff ›Literatur‹ wird dabei von ihr, in einer Art Diskurskritik *avant la lettre*, die die ›Kritik der Germanistik‹ nach 1968 vorwegnimmt, als Konstruktion eines Kontinuums, als »Indizienkette von Werken« und als imaginäre Einheit charakterisiert: »Sie ist ein Wunschbild, das man sich zurechtkorrigiert, in dem man Fakten stehenläßt und andere ausmerzt« (257). Und polemisch qualifiziert sie die Kanonbildung als Literaturfriedhof und als komplementäre Praxis von »Denkmalpflege der Literatur« und Ausschlußterror, mit dem ganze Teile der Literatur für eine Zeit unter Acht und Bann geworfen würden. Flauberts »Narren Bouvard und Pécuchet« mit ihrem gescheiterten Versuch, im Archiv der Wissenschaften universelle Sicherheit zu finden, werden dabei als literarische Gewährsmänner ihrer Wissenschaftskritik herbeizitiert. Diese mündet in dem Ernst Robert Curtius entlehnten Satz:

---

[22] Vieles davon mag heute nicht mehr revolutionär klingen. 1959 aber, als die innergermanistische Methodenkritik noch kaum entwickelt war, sah das anders aus.

»Die moderne Literaturwissenschaft – d. h. die der letzten fünfzig Jahre – ist ein Phantom.«

Daß die Zunft darauf nicht nur freundlich reagierte, läßt sich denken. Die Lektüre der zeitgenössischen Berichterstattung über die Vorlesungen legt dabei die Vermutung nahe, daß die Radikalisierung von Bachmanns Kritik am Fach, die im Abstand zwischen der ersten und der letzten Vorlesung auffällt, nicht zuletzt durch ihre Erfahrung mit den Studierenden motiviert war. Offenbar waren, besonders in den an die öffentlichen Vorlesungen anschließenden Seminarsitzungen, die Erwartungen der »Studenten, germanistischen Wissensstoff anzuhäufen«[23], und die Sprech- und Denkweise der Dichterin unversöhnlich aufeinandergeprallt: Unverständnis und zunehmende Abwehr auf Seiten der Studierenden, Ratlosigkeit und beharrlicheres Schweigen auf Seiten Bachmanns. Während die Presseartikel nach der ersten Vorlesung meist positiv gehalten sind,[24] konstatieren die abschließenden Berichte zur Gesamtveranstaltung eine gescheiterte Kommunikation:

> »Ihre Vorlesungen, die das Prädikat ›Einmalig‹ verdienen, scheinen vergessen zu sein, sobald die Studenten den Seminarraum betreten. Schon die erste Frage, die aufgeworfen wird – und das war in allen Seminarsitzungen zu beobachten – zerstört die Atmosphäre, die von der Vorlesung hätte herübergerettet werden sollen.«[25]

Trotz ihrer Gegenstellung zur Literaturwissenschaft sind die Vorlesungen diejenigen Texte Bachmanns, in denen ihre Lektürepraxis dem systematischen Studium und der Ordnung der Bibliothek am nächsten kommt. Die Anzahl an Autornamen und Titeln, mit denen sie aufwartet, ist gewaltig und wirkt wie ein Puffer zur Abfe-

---

[23] Bachmann-Dozentur. Übernimm ein Amt. In: Der Spiegel, Nr. 17, 20.4.1960, 52 (Schardt 1994, 458 ff., hier 460).
[24] Z. B. Günther Rühle: Dichterin auf dem Lehrstuhl. Erste Vorlesung der Dozentin für Poetik an der Frankfurter Universität. In: Stuttgarter Zeitung, 27.11.1959; Hans Schwab-Felisch: Das Experiment von Frankfurt. Ingeborg Bachmann liest »Poetik« in der Universität. In: FAZ, 27.11.1959 (Schardt 1994, 453 f.)
[25] Ruth Tilliger: Alles blieb ungesagt. Ingeborg Bachmann und die Frankfurter Dozentur für Poetik. In: Deutsche Zeitung, 8.3.1960 (Schardt 1994, 454 ff., hier 457).

derung ihrer Autorität. Nahezu das ganze Archiv der klassischen Moderne und einiges darüber hinaus wird von ihr ins Spiel gebracht,[26] womit sie zugleich ein Spiel mit der herrschenden Macht-Wissens-Ökonomie treibt, Amt und Autorität annimmt, aber für eine abweichende, ins Fach intervenierende Rede nutzt. So stellt sie an den Anfang der zweiten Vorlesung ein ansehnliches Archiv von Autornamen der (europäisch-amerikanischen) lyrischen Moderne, um sich im folgenden dann nur mehr einzelnen Gedichten aus der deutschsprachigen Nachkriegslyrik ausführlicher zu widmen. Und obwohl sie sich auf den Anspruch einer systematischen Betrachtung einläßt und in der dritten Vorlesung sogar eine an Textbeispielen entwickelte Typologie von Ich-Formen im modernen Roman präsentiert, betont sie immer wieder die Kehrseiten dieser Art des Lesens, so wenn sie beispielsweise bemerkt, daß es ihr leid werde, ein Ich wie das Proustsche »so schnell verlassen zu müssen«. Und in der vierten Vorlesung über Namen wird eine ausgreifende und subtile Erörterung der Namenspraxis und -verweigerung in Kafkas Literatur mit der Bemerkung beendet: »Aber es liegt mir fern, Kafka-Exegese zu treiben.« Ihre Vorlesungen wechseln also zwischen Übersicht und innehaltendem Lesen, zwischen Gelehrsamkeit und Faszination, zwischen *studium* und *punctum*, d.h. einer literarhistorischen Betrachtung und dem diese unterbrechenden, bestechenden Moment der Lektüre.[27] Sie enthalten eine Reihe kleiner Monaden der intensiven Lektüre einzel-

---

[26] In den fünf Vorlesungen werden folgende Autornamen erwähnt (in Klammern gesetzt, wenn nur durch Titel-, nicht Namensnennung) oder eingehender besprochen bzw. zitiert (diese kursiv gesetzt): Apollinaire, Aragon, Auden, Hugo Ball, Balzac, Baudelaire, *Beckett*, Benn, Bloch, Alexander Blok, Brecht, Brentano, *Breton*, Broch, J. Burckhardt, Calderon, *Celan*, (Cervantes), *René Char*, Churchill, Cicero, *Céline*, Curtius, Dante, *Dostojewski*, *Eich*, Eichendorff, Eliot, Eluard, *Enzensberger*, *Faulkner*, *Flaubert*, Freud, de Gaulle, George, (Gervinus), *Gide*, *Goethe*, Gogol, Goldoni, Gòngora, Grillparzer, *H.H. Jahnn, Joyce, Hebbel*, Heidegger, G.R. Hocke, *Hofmannsthal*, Homer, Ionesco, *Kafka, Kaschnitz*, Kierkegaard, Kleist, Karl Kraus, T.E. Lawrence, Majakowski, *Th. Mann*, Marinetti, Marino, Marx, *Mauriac, Henri Miller*, Mörike, Montale, *Musil*, Nietzsche, Pasternak, *Proust*, Rilke, (Rimbaud), Saint-Exupéry, Shakespeare, Stifter, *Svevo*, Dylan Thomas, *Tolstoi*, Ungaretti, Vico, *Nelly Sachs*, Simone Weil, Wittgenstein.

[27] Zum Verhältnis von Studium und Punktum vgl. Roland Barthes über die Photographie (Barthes 1985, 33–36).

ner Titel, die Auskunft geben über Bachmanns Umgang mit ausgewählten Autoren der Moderne wie z. B. Proust, Joyce, Kafka, Musil, Svevo, Céline und den deutschsprachigen Lyrikern ihrer Zeit. Gegen die imaginäre Konstruktion einer Gesamtheit der ›Literatur‹ betont sie dabei deren Unabgeschlossenheit, die sich mit jeder Lektüre als einem »lebendigen Urteil« verändere.

2. Bachmann als Leserin Musils und Prousts

Die Abgrenzung gegenüber ›Exegese‹ oder Interpretation ist ein Gestus, der Bachmanns Haltung nicht erst am Ort gelehrter Rede in der Universität prägt. Er fällt auch in den Zeitschriften- und Radioessays auf, mit denen sie in den fünfziger Jahren einen wichtigen Beitrag zur (Wieder-)Aneignung der Moderne nach deren Abbruch durch den Nationalsozialismus geleistet hat. In einer Besprechung der Neuherausgabe von Kafkas »Amerika«-Roman durch Max Brod (1950, S. Fischer Verlag) im Hessischen Rundfunk am 9. 12. 1953 heißt es z. B.:

> »Doch wir wollen uns nicht verführen lassen, den zahllosen Urteilen über die dichterische Qualität Kafkas und den zahllosen Deutungen seines Œuvres noch ein Urteil und noch eine Deutung hinzuzufügen. Die erste Stille nach dem ›Pro und Contra‹-Lärm der ersten Nachkriegsjahre können wir nützen, um ihn wiederzulesen.« (4/321 f.)

Sie versteht ihre Beiträge also eher als Werbung oder Verführung zur Lektüre, als Versuch, die von ihr geliebten Bücher aus dem Verschwinden oder Vergessen zu retten und ihnen ein erneutes Nachleben zu ermöglichen. So bringt sie in dem Radioessay über Proust 1958 ihr Befremden über das mangelnde Interesse am Autor zum Ausdruck, das durch Vorurteile verstellt sei, was mit dem Schreiben einer Redaktion an sie belegt wird, in dem es heißt, man müsse von einem gewissen »Vorurteil gegen Proust als exklusiven, dekadenten, schwer lesbaren und auf alle Fälle längst überholten Schriftsteller, der im Grunde nur stilistische Probleme stelle«, ausgehen. Während (womöglich aufgrund dieser Erklärung) ein geplanter Proust-Aufsatz für die entsprechende Zeitschrift nicht zustande kam, hat Bachmann diese Erfahrung als Voraussetzung der

Proust-Wirkung in Deutschland in ihren Radioessay mit aufgenommen.[28]

Damit teilt sie die Einschätzung einer Verspätung, wie sie 1955 von Karl Markus Michel und Helmut Krapp in der Zeitschrift »Akzente« programmatisch formuliert wurde: »Unsere Situation steht unter dem Zeichen des Zuspät: zuspätes come back von Kafka, Proust, Musil, Karl Kraus; zuspäte Adaption der großen ausländischen Literatur zwischen den Weltkriegen...«[29] Zumindest für drei der genannten Namen hat Bachmann das ihre zum ›come back‹ beigetragen. Dabei folgen ihre Beiträge, wie schon im Fall von Kafkas »Amerika«, zeitlich jeweils den Neuausgaben der modernen Klassiker auf dem westdeutschen Buchmarkt der Nachkriegszeit: so folgt 1954 der Essay über Musil der Publikation der ersten Gesamtausgabe von »Der Mann ohne Eigenschaften« (1952, Rowohlt Verlag)[30] und 1958 der über Proust dem Abschluß der siebenbändigen Übersetzung der »Recherche« durch Eva Rechel-Mertens (Suhrkamp Verlag 1952–57).[31] 1954 widmete die erste Nummer der von Höllerer und Bender neubegründeten Zeitschrift »Akzente« (H. 1, Februar 1954) ihren literaturkriti-

---

[28] Offenbar hat Bachmann, deren Beitrag über Proust am 13.5.1958, während ihrer dortigen Tätigkeit als Dramaturgin, im Bayerischen Rundfunk gesendet wurde, zunächst vorgehabt, in einer Zeitschrift etwas über die »Recherche« zu schreiben, wie aus einem Nachlaßblatt hervorgeht: »Vor kurzem erhielt ich einen Brief von einer Redaktion, für die ich einen Proustaufsatz sch[r]eiben soll, und mir mit grosser Offenheit schrieb:/ Als ich diesen Passus etwas befremdet gelesen hatte, befremdet weil ich diese[s] Buch sehr kenne und [um es] gleich zu sagen, bewundre. Aber ich wusste nun, dass ich von andren Vorausset[z]unge[n] ausgehen musste, nämlich dass P[ro]ust[s] Werk in Deutschland nur noch fast unbekannt ist« (K8003/N2489, NÖN).

[29] Noten zum Avantgardismus. In: Akzente, H. 5, 1955, 400f.

[30] Mit dieser von Adolf Frisé edierten ersten Gesamtausgabe nach der Erstausgabe (2 Bde. 1930/33 und Bd. 3 1943 postum von der Witwe Musils publiziert) wurde eine Neuentdeckung Musils nach 1945 eingeleitet, die sich in zunehmenden Zeitschriftenbeiträgen vor allem in der zweiten Hälfte der fünfziger Jahre zeigt.

[31] Nach der nach drei Bänden 1930 abgebrochenen ersten Übersetzung ist dies die erste vollständige Übertragung ins Deutsche, nachdem sich schon Ende der vierziger, Anfang der fünfziger Jahre in deutschsprachigen Zeitschriften der Schweiz, Österreichs und Westdeutschlands ein erneuertes Proust-Interesse abgezeichnet hatte.

schen Teil Musils *opus magnum*, mit Beiträgen von K. M. Michel, Walter Boehlich und Bachmann.[32] Deren Text »Ins tausendjährige Reich« ist die Kurzfassung und der Kern eines fragmentarisch überlieferten Radioessays, der im gleichen Jahr in einem ›Nachtstudio‹ gesendet wurde.[33]
Musil ist derjenige Autor, dessen Lektüre die dauerhaftesten Zeichen in Bachmanns Werk hinterlassen hat, vom Anfang der fünfziger Jahre bis in die Konzeption der »Todesarten«-Romane hinein. Es sei der erste Autor des 20. Jahrhunderts, den sie in frühen Jahren gelesen habe, mit fünfzehn oder sechzehn (d. h. in der ersten Hälfte der vierziger Jahre), und der einen »ungeheuren Eindruck« auf sie gemacht habe, wie sie mehrfach erklärt (GuI 56, 124).[34] Ausgehend von der Diagnose, daß Musils Werk des längeren vom Buchmarkt verschwunden war, stellt der umfangreichere Radiobeitrag zunächst die Entstehungsgeschichte von »Mann ohne Eigenschaften« zwischen Wien und dem Genfer Exil und dessen biographische Bezüge vor, um ihn dann als Werk einer »taghellen Mystik« und als Roman zu werten, über den der Autor einen »Riesenschatten des Untergangs« gelegt habe. Hier versucht Bachmann, etliche Aspekte von Musils Roman zu vermitteln, u. a. das erzählerische Verfahren der Parallelaktion, die Favorisierung des Möglichkeitssinns gegenüber dem Wirklichkeitssinn, das Problem der Schreibweise zwischen Essay, Aphorismus und innerem Monolog, die Konzeption der Liebe als Ausnahmezustand, als Verlangen nach einem anderen Zustand und Verneinung der herrschenden Ordnung, deren Scheitern als Utopie sowie den Zusammenhang von Liebe und Krieg. Dagegen konzentriert sich ihr kurzer »Akzente«-Beitrag auf zwei Momente: die Erörterung dieses »etwas theoretisch anmutenden Unternehmens« und die Musilsche Theorie der Liebe:

---

[32] Während K. M. Michel vor allem stilkritisch argumentiert, greift Boehlich ähnliche Aspekte wie Bachmann auf, wenn er sich für die Mystik und Erlösungssehnsucht im Roman interessiert und die Figur der Clarissa sowie den Zusammenhang von Liebe und Krieg thematisiert.

[33] Sendedatum und Sender sind laut Werkausgabe unbekannt, können aber auf April oder Mai 1954 bestimmt werden, da Joachim Moras in einem Brief vom 14.4.1954 an Bachmann schreibt, er habe das »Nachtstudio über Musil« angekündigt gesehen und sei gespannt darauf (DLM).

[34] Vgl. dazu die Urszene vom versperrten Zugang zur Musil-Straße, hier Kap. VI.3.

»Der Weg des Denkens, den Ulrich einschlägt, fällt mit dem Weg der Liebe zusammen. Was von Ulrich und seiner Schwester Agathe, in der er die schattenhafte Verdoppelung seiner selbst zu finden glaubt, erzählt wird, ist nicht eine Liebesgeschichte, sondern die ›letzte Liebesgeschichte‹, weniger ein Versuch des Anarchismus in der Liebe als ein Versuch, die Leidenschaft mit dem Grund aller Leidenschaft eins werden zu lassen, der einmal Gottesleidenschaft genannt wurde.« (4/26)

Mit dieser Beschreibung ist zugleich ein Leitmotiv ihres eigenen Schreibens formuliert: die Liebe als Mysterium, in dem sich erotisches Begehren und die Sehnsucht nach Offenbarung treffen. Die Autorin wird viele Figuren erfinden, die diesem Begehren folgen, meist Solitäre, seltener Paare (so wie Jan und Jennifer in »Der gute Gott von Manhattan«), bis sie das Verhältnis von Denken und Liebe in »Malina« als ungleichzeitige Gleichzeitigkeit und als Triade konzipieren wird: mit Malina, der mit seiner Gleichgültigkeit als später Nachfolger des Manns ohne Eigenschaften erscheint und für die Ich-Figur eine Art Bruder-Doppelgänger darstellt, während die Position des Geliebten auf einen dritten fällt, mit Namen Ivan [X.3].

Zusätzlich zur Beschreibung Ulrichs als Mann ohne Eigenschaften, dem alles »herzlich gleichgültig« ist, gibt es noch viele andere Passagen des Musil-Essays, von denen kommunizierende Röhren zu späteren literarischen Texten Bachmanns führen.[35] Die auffälligste und bekannteste ist das Gedicht »Isis und Osiris«, das die Autorin des Musil-Essays im Anschluß an das Motiv des »anderen Zustands« als Variation auf das Thema der Geschwisterliebe anführt und dessen letzte zwei Verse – mit kleinen Abweichungen – zum Losungswort der Geschwister Martin und Franza im »Franza«-Fragment werden: Statt »Unter« zitiert der Essay korrekt »*Aller* hundert Brüder dieser eine/ Und er ißt ihr Herz, und sie das seine.« Neben dem Zitat einzelner Sätze, Motive und Szenen[36]

---

[35] So weist sich der Protagonist der Erzählung »Das dreißigste Jahr« etwa in seinen Tagebucheintragungen als Leser u.a. von Robert Musil aus.

[36] Vgl. dazu Bartsch 1980, Strutz in Koschel/Weidenbaum 1989, 402–417, Gutjahr in Strutz/Kiss 1990, 139–158 und Rußegger in Göttsche/Ohl 1993, 315–327.

wird der Autor Musil auch Gegenstand von Bachmanns Schreibinteresse bleiben. Das belegen die Hörspielbearbeitungen von »Die Schwärmer« (Juni 1956) und »Vinzenz und die Freundin bedeutender Männer« (Juni 1958), die sie für den Bayerischen Rundfunk erstellt hat,[37] ebenso wie der direkte Anschluß an Musils Utopiebegriff in der fünften Frankfurter Vorlesung.

Bei den Lektüren Bachmanns, die einem Liebesverhältnis ähneln, geht es nicht selten auch thematisch um die Liebe, wie bei Musil so auch im Falle Prousts. Dort geht ihre Leseleidenschaft vom französischen Original aus. Im Dezember 1956, in einem Brief aus Paris an Siegfried Unseld in Frankfurt, beschreibt sie sich, nachdem sie gerade den vorletzten Band der »Recherche«, »Albertine disparue«, auf französisch beendet hat, als »unersättlich« und hebt die Wirkung Prousts von der von Joyce ab: »Mit Joyce war mir das nie möglich, da hat's immer nur zur Achtung, aber nie zum plaisir gereicht.«[38] Ist aus dieser ›bloßen‹ Achtung gegenüber Joyce immerhin eine sehr schöne Passage über sein Namensspiel – über die in Sinn und Laut verrückbaren Namen und die Art und Weise, wie der Autor von »Ulysses« mit den Namen seiner Figuren Karussell fährt – in ihrer Vorlesung über den »Umgang mit Namen«[39] hervorgegangen,[40] so kehrt das *plaisir* der *lecture* im Falle Prousts ganz direkt im *plaisir* als Thema ihres Textes über ihn wieder (4/162). Und im März des nächsten Jahres wünscht sie sich von Unseld den Band »Sodom und Gomorra« aus

---

[37] Vgl. dazu Christian Rogowski: »Lauter unbestimmte Größen«. Zu Ingeborg Bachmanns Hörspielbearbeitung der »Schwärmer« von Robert Musil. In Strutz/Kiss 1990, 191–210.
[38] Brief an Siegfried Unseld v. 1.12.1956 (SVF).
[39] Das Thema der Vorlesung selbst ist aus der Lektüre der »Recherche« entstandenen, wie Bachmann sagt (4/253). Und tatsächlich befindet sich im Nachlaß ein Proust-Exzerpt, in dem Passagen zur Bedeutung des Namens zusammengestellt sind (K8615/N2648–K8618/N2651, NÖN).
[40] Und dies zu einer Zeit, als die deutsche Joyce-Rezeption, die nach der Zäsur der Nazizeit erst in der zweiten Hälfte der fünfziger Jahre mit einer langsamen Wiederaneignung begann, noch sehr rudimentär entwickelt war. Erst Ende 1960 löste Arno Schmidt, der noch 1957 in einem FAZ-Artikel verkündet hatte, die Deutschen wüßten »noch nicht, was der Ulysses ist«, mit einer Deutung von »Finnegans Wake« eine Debatte in der »Zeit« aus. Und »Akzente« widmete 1961 H. 2 einem Joyce-Schwerpunkt.

der gerade abgeschlossenen deutschen Ausgabe.[41] Etwas mehr als ein Jahr darauf, am 13. 5. 1958, wird dann ihr Proust-Essay im Bayerischen Rundfunk gesendet,[42] der zu Recht als »unbekannter Höhepunkt« der zeitgenössischen Proust-Rezeption gewertet wurde.[43] Er ist eine Hommage an »ein hartes, tragisches und revolutionäres Buch, das die Tradition nur fortsetzen kann, weil es mit ihr bricht« (4/157). Die Autorin selbst rechtfertigt ihr Vorhaben im Gestus eines Understatements, wenn sie sagt, sie wisse den ausgezeichneten vorliegenden Arbeiten über Proust – und sie nennt die von E. R. Curtius (1925), Walter Benjamin (1929)[44] und Günter Blöcker (1957) – zwar nichts hinzuzufügen, wünsche aber, »das Buch von dem Makel des Snobismus, des Ästhetizismus und Klassizismus zu befreien«. Tatsächlich geht ihre Lektüre sowohl über die von ihr genannten Untersuchungen als auch über die im gleichen Jahr publizierten »Proust-Kommentare« von Adorno hinaus.[45] Eher stehen ihre Ausführungen über die »Recherche« in der Vorlesung über »Das schreibende Ich« im Horizont der Proust-Rezeption von Curtius, Benjamin und Adorno. Dort geht es nämlich um das Proustsche Ich der Erinnerung in seinem Umgang mit der Zeit und der Vergegenwärtigung vergangener Orte und Gestalten über flüchtige sinnliche Wahrnehmungen. Die Tatsache allerdings, daß das geradezu kanonische Motiv der *mémoire involontaire* in Bachmanns Proust-Lektüre überhaupt keine Rolle

---

[41] Brief an Siegfried Unseld v. 16.6.1957 (SVF).

[42] Zum Ende ihres Münchner Aufenthalts also und ihrer Arbeit als Dramaturgin beim Bayerischen Rundfunk November 1957 bis Mai 1958. Insofern deckt sich die Angabe in der oben genannten parodistischen Bibliotheksszene in »Malina«, »Proust gelesen in München bis zum Morgengrauen und bis die Dachdecker in das Mansardenzimmer hereinbrachen« (3/81), mit der realen Zeit von Bachmanns Vorbereitung auf den Proust-Beitrag.

[43] So Gerhard R. Kaiser 1993, 329.

[44] Wiederabgedruckt in der zweibändigen Ausgabe von 1955.

[45] Da die »Proust-Kommentare« Adornos erst in H. 6 der »Akzente« 1958, also im letzten Heft des Jahres, erschienen, kann Bachmann sie zur Zeit der Arbeit an ihrem Beitrag nicht gekannt haben – es sei denn, sie hätte zufälligerweise deren vorausgegangene Sendung am 7.4.1958 im Hessischen Rundfunk gehört. Vermutlich aber kannte sie die kleineren Anmerkungen Adornos zu »Im Schatten junger Mädchenblüte« und »In Swanns Welt«, die in der Jahresschau des Suhrkamp Verlages »Dichten und Trachten« 1954 und 1957 erschienen waren (Adorno 1974, 669–675).

spielt, läßt sich durch die historische Situation ihrer Lektüre erklären. An die Stelle der *mémoire involontaire* ist in einer Geschichte nach 1945 die Erinnerung aus oder als Zwang getreten, wie z.B. in der Eingangspassage der Erzählung »Das dreißigste Jahr«, die das Erwachen mit einer zwanghaften Erinnerung verbindet [I.1]. Auch in ihrem Proust-Essay spielt diese Variante des Erwachens bereits eine Rolle. Werden die Momente des Glücks in der »Recherche« hier mit dem bekannten Begriff der Kontemplation gefaßt, so betont Bachmann den schmerzhaften Charakter des Erwachens aus einem Stillstand dieser Art des Erinnerns: »gleich darauf wird das Erwachen den Schmerz zurückbringen und die Hölle wieder da sein.« Erinnerung und Erwachen sind damit integriert in ihre Deutung der »Recherche« als ›pandämonisches‹ Werk. Stehen nämlich bei den anderen von ihr genannten Rezipienten die spezifische Proustsche Poetik von Erinnerung und Bildersehnsucht sowie dessen Gesellschaftsanalyse des Snobismus im Mittelpunkt der Betrachtung, so radikalisiert Bachmann diesen Zusammenhang in ihrem Essay 1958, indem sie den blinden Fleck des Dämonischen in der Rezeption, das »Sakrileg« der »sexuellen Inversion«, zum Ausgangspunkt ihres Textes macht.

Unter dem Titel »Die Welt Marcel Prousts – Einblicke in ein Pandämonium« entwickelt ihr Text eine Lektüre, in der der Baron de Charlus als »Großmeister von Sodom« und Albertine, die »im Mittelpunkt von Gomorra steht«, als Hauptfiguren der »Recherche« erscheinen, der der Autor, wie Bachmann hervorhebt, ursprünglich als Ganzes den Titel »Sodom und Gomorra« habe geben wollen. Es gebe viele Möglichkeiten, das Buch zu lesen; eine aber sei, »in das neue Inferno einzutreten, das dieses Buch enthält, die Höllenkreise, in denen Prousts Menschen, hier und jetzt verdammt, leben« (157). Denn Proust, der die Homosexualität nicht habe idealisieren wollen, sondern sie im Gegenteil als Krankheit mit Folgen sozialer Art betrachtet habe, sei es darauf angekommen, »das Phänomen neu zu untersuchen«. Die Invertierten bildeten in Prousts Buch, so Bachmann, ein Beispiel für den Typ des gehetzten, umstellten Menschen, für den »homme traqué«, und für die latente Revolte des einzelnen gegen die Gesellschaft. Insofern löst sie den merkwürdigen Widerspruch einer Pathologisierung der Homosexualität bei gleichzeitiger Faszination in Prousts Darstellung in der These auf, daß die Situation der Invertierten in der »Recherche«, aufgrund der Zuspitzung ihrer Erfahrung, einen Blick auf die Problematik der Liebe überhaupt erlaube:

> »Die *dämonisierte* Sphäre um Charlus hat ihr Analogon in der *gewöhnlichen*, denn eine beherrschende Idee in Prousts Werk und Welt ist die Idee von der vergeblichen Suche des Menschen nach Freuden, nach ›plaisir‹. [...]
> Die Invertierten lassen uns nur, in noch *höherem Maß*, die Unmöglichkeit unseres Begehrens begreifen, da sie sich auf der Glücksuche noch wahnhafter verhalten, als wir es im *allgemeinen* schon tun.« (162, H.v.m.)

Aufgrund ihrer philosophischen, erkenntnistheoretischen Lektüre und ihrer Würdigung theoretischer Implikationen poetischer Arbeit gelingt es Bachmann, die Darstellung der Homosexualität in der »Recherche« als Erkenntnisperspektive freizulegen, als Blick auf die Glücklosigkeit der Liebe im allgemeinen, auf die Liebe als Katastrophe und Verhängnis: die Darstellung der Homosexualität also nicht als anderes der Norm, sondern die partikulare Erfahrung des gesellschaftlich Tabuisierten als Möglichkeitsbedingung für die Wahrnehmung des Allgemeinen. Es ist genau diese Perspektive, in der ihre eigene Erzählung »Ein Schritt nach Gomorrha« an Proust anschließt, wenn die durch den Verführungsversuch Maras mit ihren eigenen unklaren Sehnsüchten konfrontierte Charlotte in der möglichen Geliebten ein Spiegelgeschöpf erkennt und sich ihr in der Imagination einer möglichen, anderen Liebe – »Wenn sie Mara liebte, würde alles sich ändern« – ein genauerer Blick auf die ›gewöhnliche‹, ihr bekannte Liebeserfahrung offenbart: »Mara würde sie sich unterwerfen können, sie lenken und schieben können« (2/201).

Zweifellos wird das tragische Liebeskonzept Prousts von Bachmann als eines bewertet, das den Erfahrungen in der Moderne adäquat ist. »Er kommt zu einer tragischen Liebesauffassung, auf die uns bisher der Blick verstellt war.« Die Glücklosigkeit der Liebe wird von der Autorin mit Proust u. a. aus dem »Krieg aller gegen alle« erklärt, aus den »Macht- und Positionskämpfen, zu denen der Einzelne in der Gesellschaft dauernd gezwungen wird« und die sich auch im Intimen einnisten und dort Formen erniedrigender Leidenschaft hervorbringen – das grausame Gesetz der Liebe:

»Alle Liebenden bei Proust lieben eigentlich Menschen, die ihrer nicht würdig sind und oft tief unter ihnen stehen. [...]
Alle Liebe ist glücklos, und unter ihrem grausamen Gesetz geraten die Liebenden in ein Räderwerk von Angst, Eifersucht und Lüge und einen Schmerz, den Tod und Abwesenheit noch nicht zu heilen vermögen.« (4/163)

Dabei sei es genau dieser Schmerz, aus dem die Möglichkeit zur Erkenntnis, zum Verstehen, Unterscheiden und zur Kunst entstehe. Insofern auch sieht Bachmann in Prousts großem Buch nicht nur kein unpolitisches Buch, sondern »mehr als eine Gesellschaftskritik«. Sie möchte es als »eine Gesamtschau der ›conditio humana‹« verstanden wissen.

Allerdings ist diese ›conditio humana‹ weit entfernt von einem geschichtslosen Begriff universeller Menschlichkeit. Vielmehr wird die Proustsche Gesamtschau aus der spezifischen historischen Perspektive des Nachkriegs erklärt. Aus ihr auch gewinnt die »Recherche« für Bachmann ihre eigentümliche Gegenwärtigkeit. Aus dem Rückblick des letzten Bandes, in dem »uns Proust, der Autor, mit Marcel Proust, dem Ich des Romans, in das Paris des Ersten Weltkriegs« führt, deutet sie die Korrespondenzen zwischen der dämonischen Sphäre der Liebe und dem Krieg, der in alle Sphären und Orte eindringt und derart zum allgemeinen Gesellschaftszustand geworden ist. Die Bordellszene in der »Wiedergefundenen Zeit« wird ihr dabei zur Allegorie einer Gesellschaft, der die Zeichen des Krieges eingeschrieben sind und in der sie die eigene wiederzuerkennen meint:

»Wenn Proust uns die Hauptfiguren mit den Stigmen, die der Krieg ihnen aufdrückte, noch einmal vorgeführt hat, kommt die Nacht. Eine Nacht, in der der Erzähler unversehens in ein Pariser Bordell gerät. [...]
Für den allgemeinen Irrsinn steht dieser besondere. Für das große Pandämonium das kleine [...]
Nach diesem makabren Nachtausflug wird das Kriegsende in ein paar kurzen Spiegelungen abgefangen, in Äußerungen, Nachrufen und Erwägungen, die den Jüngeren von uns erscheinen, als wären sie nicht nach dem Ersten Weltkrieg, sondern nach dem Zweiten geschrieben worden, in einer Denkweise, die

uns glauben läßt, daß das Durchschauen der Fakten der Prophetie überlegen ist.« (173 ff.)

Dieses Wiedererkennen der eigenen Gesellschaft in Prousts Darstellung des Kriegsendes 1918 wird in »Malina« wieder aufgegriffen, wenn Bachmann dort im dritten Kapitel die Nachkriegsgesellschaft in Umkehrung des Bildes als ›universelle Prostitution‹ darstellen wird.

Doch nicht nur dieses Motiv, auch die Kunsttheorie Prousts, wie Bachmann sie in ihrem Essay 1958 deutet, wird in »Malina« wiederaufgenommen. Bemerkenswert hierfür ist die Charakterisierung der Proustschen Darstellungsweise als Bestandsaufnahme eines Positivisten, die allerdings mit Realismus im herkömmlichen Sinne nichts gemein hat. Denn Bachmann schreibt ihr die größere Fähigkeit zu, etwas vom Mysterium der Menschen und Dinge zutage zu fördern, nicht durch Vision oder Prophetie, sondern durch die Haltung eines Übersetzers »jener Wirklichkeit, die sich ihm in der Zeit gezeigt hat und die in ihm existierte«. Das ›in der Zeit‹ bedeutet, daß sich dieses Bild der Wirklichkeit nicht von einem herausgehobenen, neutralen oder übergeordneten Standort ergibt, sondern erst dem Vergehen der Zeit, dem Altern des Ich und seiner Bewegung »dem Tod entgegen« entspringt. Insofern kann Bachmann die Kunst mit Proust als »wahres Jüngstes Gericht« beschreiben, denn erst vom Ort des Jüngsten Gerichts her, in dem Untergang und Rückschau zusammenfallen, ist der Blick auf das Ganze möglich.

Bei diesem Untergang geht es Bachmann nicht um den einen – tragischen – Tod, sondern um das Vergehen, Altern und Sterben, um den Untergang des Ich in seinen vielfältigen Existenz- und Ausdrucksweisen, den Modi seiner Leidenschaft: um den Untergang des liebenden Ich also, der der Übersetzung des Lebens in Kunst einhergeht.

»Das Ich, das Albertine liebte, ist gestorben, als es sie zu lieben aufhörte, und das Ich, das die Herzogin von Guermantes liebte, als es sie zu lieben aufhörte. Er war nicht länger das Wesen, das solcher Leidenschaften und Leiden fähig war, sondern eines, das eine Arbeit vor sich sah, die um jeden Preis getan werden mußte. Das Grauen davor hat jedes andere abgelöst.« (177)

So die Deutung der Autorin, deren Kommentare besonders im letzten Teil ihres Essays mit den Zitaten im Originalton Prousts eine Art Dialog oder Wechselgesang bilden, in dem feine Nuancen und Differenzierungen hörbar werden. So läßt die Autorin im Anschluß an ihren Kommentar über das Ende des liebenden Ich in der Arbeit des Schreibens den Autor Proust selbst zu Wort kommen, um das von ihm im letzten Band formulierte Gesetz der Kunst zu zitieren:

»Ich aber behaupte, das grausame Gesetz der Kunst besteht darin, daß die Wesen sterben und daß wir selbst sterben und dabei alle Leiden bis auf den Grund ausschöpfen, damit das Gras nicht des Vergessens, sondern des ewigen Lebens sprießt, der derbe, harte Rasen fruchtbarer Werke, auf dem künftige Generationen heiter, ohne Sorge um die, die darunter schlafen, ihr ›Déjeuner sur l'herbe‹ abhalten werden.« (177)

Dieses tragische Kunstkonzept, das die Konversion von Leiden in Werke und damit eine ästhetische Pathosformel im buchstäblichen Sinne formuliert, erhält durch den Schluß von Bachmanns Essay einen messianischen Deutungsakzent. Um darauf hinzuweisen, daß »dieser Positivist und Mystiker, für den nur die Welt der Kunst absolut war und der sich aus der Gefangenschaft hier keinen Ausblick und keine Hoffnung erlaubte«, in sein Buch dennoch Zeichen der Hoffnung eingetragen hat, zitiert sie aus der Begräbnisszene des Schriftstellers Bergotte im Band »Die Gefangene« das tröstliche und hoffnungsvolle Bild, wie in der Trauernacht in den Schaufenstern seine »jeweils zu dreien angeordneten Bücher wie Engel mit entfalteten Flügeln« wachten und als »Symbol der Auferstehung dessen, der nicht mehr war«, erschienen.[46]

Es sollte deutlich geworden sein, daß die Klammer von Bachmanns Proust-Lektüre durch den Zusammenhang zwischen dem ›grausamen Gesetz der Liebe‹ und dem ›grausamen Gesetz der Kunst‹ gebildet wird und daß es genau dieser Zusammenhang ist, der den Kern ihrer Affinität zu Prousts *opus magnum* darstellt.

---

[46] Gerhard R. Kaiser interpretiert die Akzentverschiebung Bachmanns gegenüber Proust als »Ausbruch aus dem Verhängniszusammenhang« in Richtung von Utopie (Kaiser 1993, 352). Es handelt sich aber m. E. eher um ein messianisches Bild, in dem Erlösung und Ende verkoppelt sind [IX.3].

Wird dieser Zusammenhang in der Erzählung »Undine geht« in einer mythischen Figur verkörpert, so ist er in »Malina« konstitutiv für die Erzählkomposition des Romans. Dabei ist auffällig, daß Bachmann das Proustsche Gesetz der Kunst bereits im Kommentar ihres Radioessays in eine dialektische Figur umschreibt und vom Verhältnis zwischen Leben und Kunst zur Struktur und Konzeption des Werks selbst verschiebt, womit die Hermetik einer ästhetischen Pathosformel wieder aufgebrochen und in eine poetische Praxis übersetzt wird. So kommentiert sie Prousts grausames Gesetz der Kunst mit einer eigenen Theorie über die Dialektik von Anfang und Ende, da sein Werk mit einem Satz schließe, der, dessen Anfang vorbereite: »Das Ende ist ein Beginn geworden. Das letzte Wort kommt vor dem ersten.« Diese Idee, daß das Ende Voraussetzung des Beginnens sei, hat sie nicht nur, wie im vorigen Kapitel gezeigt wurde, in der Kompositionslogik der eigenen Dichtung bereits erprobt, sie wird auch die Erzählkomposition in »Malina« bestimmen: das Verschwinden des leidenschaftlichen Ich als Voraussetzung für das Überleben der Erzählstimme Malinas. Insofern bildet die unmerkliche Verrückung des Proustschen Gesetzes der Kunst in ihrem Kommentar eine Monade des mehr als ein Jahrzehnt später ausgearbeiteten Romankonzepts. Wie ein fernes Echo des Proust-Essays klingt dort im poetologischen Prolog, der die Voraussetzungen des Romans reflektiert, der Satz: »weil mir keine Wissenschaft dabei auf die Finger sehen und draufklopfen kann, hänge ich meinen Anfang mit einem Ende zusammen« (3/26).

3. Kritik der Gewalt und Fragmente einer Sprache der Liebe: »Der gute Gott von Manhattan«

Anfang und Ende bilden auch eines der Leitmotive in dem ebenfalls im Mai 1958 erstgesendeten Hörspiel »Der gute Gott von Manhattan«, allerdings in einem sehr subtilen Spiel von Bedeutungen. Für das Paar Jan und Jennifer, dessen Auffahrt in den Himmel der Liebe als Aufstieg in das oberste Stockwerk eines Hotels in Manhattan vorgeführt wird, bedeutet die Liebe Anfang und Ende der Welt. Außer sich vor Liebe und ohne Halt in der Welt der alltäglichen Ordnung, bedeutet ihnen die Liebe alles, kommt sie einer zweiten Schöpfung, einem selbstgeschaffenen Paradies gleich, wie in der Überlagerung ihrer Worte durch eine biblische Sprache kenntlich wird: »Das ist der Anfang und das Ende, das Alpha und Omega ...« In der Situation einer Liebesekstase steht die Formel ›bis ans Ende‹ dagegen für ein unstillbares Begehren, das keine Befriedigung kennt und dessen endlose Sehnsucht gerade deshalb nur im Bild des Abgrunds und Endes zum Ausdruck kommen kann: »Bei dir sein möchte ich bis ans Ende aller Tage und auf den Grund dieses Abgrundes kommen, in den ich stürze mit dir. Ich möchte ein Ende mit dir, ein Ende. Und eine Revolte gegen das Ende der Liebe in jedem Augenblick und bis zum Ende« (1/316f.). Diese Passage ist Teil der Szenen zwischen den Geliebten, die jeweils in die Rahmenhandlung einer Gerichtsverhandlung eingeblendet sind, sukzessive deren Liebesgeschichte vergegenwärtigen und als Fragmente einer Sprache der Liebe lesbar sind. Sie bewegen sich auf deren Eskalation und Sprengung im Zustand wahnsinniger Liebe zu, dem Phantasma einer *unio mystica*.

Aus der Perspektive der juridischen Dialoge zwischen dem Richter und seinem Gegenspieler, dem Guten Gott, in denen der Fall von Jan und Jennifer in Rückblenden rekonstruiert wird, erhalten Anfang und Ende eine andere Bedeutung. Zunächst – »GUTER GOTT So fing es an./ RICHTER Es sieht nach Ende aus.« – wird im Mißverstehen zwischen den beiden Stimmen angedeutet, daß bereits im Beginnen einer leidenschaftlichen Liebe deren Ende bzw. das Ende der Liebenden angelegt ist. Während die Aufspaltung der Gerichtssprache in die zwei Richter- und Ordnerfiguren erst am Ende des Hörspiels aufgelöst wird, wenn der Dialog zwischen dem Richter und seinem Angeklagten, dem Guten Gott, von ihnen selbst als ein und derselben Ordnung angehörig erkannt wird, sprechen sie zunächst von verschiedenem: der Richter von Beweisen, Motiven, Tatsachen und Erhebungen, die eine Serie von Attentaten betreffen, der Gute Gott dagegen »von einem Grenzübertritt. Von etwas, das Sie und ich nicht erwogen haben.« Wo der Richter also vom Ende des jungen Mädchens spricht, interessiert der Gute Gott sich für Anfang und Ende der Liebesfälle, die er im doppelten Sinne des Wortes verfolgt. Er ist als Angeklagter nämlich zugleich der Erzähler der Liebesgeschichte von Jan und Jennifer, des »letzten Falles«. Mit vollem

Recht kann er auch als ›Urheber‹ angesprochen werden, insofern er den Fall geschaffen hat *und* den Richter über ihn aufklärt, indem er dessen Verlauf erzählt. Als solcher beharrt er auch auf einem System, wenn er dem Richter empfiehlt: »Fangen Sie mit dem Anfang an oder mit dem Ende! Bringen Sie ein System in die Befragung.« Dabei hebt sich seine Rolle als Angeklagter im Verlauf des Hörspiels immer mehr in seiner Rolle als Erzähler des Falls einer außerordentlichen Liebesgeschichte auf. Deren Rekonstruktion und Exekution treffen sich in *einem* Punkt: der Detonation der Bombe, die der Vernichtung dieser Liebe gilt, indem sie die Geschichte zwischen Jan und Jennifer beendet. Insofern ist die rätselvolle Titelfigur dieses Hörspiels tatsächlich dessen zentrale Figur. Da sich die Handlungen von Liebesmord und Erzählung der Fallgeschichte in ihm treffen, verkörpert er eine doppelte Urheberschaft.

Wieder einmal können hier aus der Beleuchtung späterer literarischer ›Lösungen‹ konzeptionelle Aspekte des Stücks deutlicher hervortreten. Während es im Roman »Malina«, in dem es auch um einen Mord an der Liebe geht, der Erzähler sein wird, dessen Überleben aus der Tötung des Geliebten *in* der Liebenden und deren damit einhergehendem Verschwinden hervorgeht, ist es hier der Geliebte, der überlebt, während der Erzähler und Mörder der Geliebten in ein und derselben Figur verkörpert ist. Im Hörspiel gibt es also ein eindeutiges Opfer, die weibliche Geliebte, und die Figur eines eindeutigen Mörders, der als Repräsentant des Logos im doppelten Sinne erscheint, insofern er die gesellschaftliche Vernunft ebenso wie die erzählerische Ordnung vertritt, während die Selbstrettung des Geliebten den Charakter eines Liebesverrats[47] hat. Jan habe seinen Liebesschwur gebrochen und sich »gerettet«, wird in der Verhandlung festgehalten. Im Unterschied dazu ist die Diagnose des Mordes, mit der der Roman »Malina« endet, keiner Person zuzuordnen; vielmehr ist der Mord dort einem komplexen, dialektisch dargestellten Vorgang geschuldet, bei dem die Stimme des leidenschaftlichen Ich – und mit ihm Zeichen und Name des Geliebten – verschwindet, um das ordentliche Erzählen einer Geschichte zu ermöglichen.

Mit der Entscheidung für den Titel »Der gute Gott von Man-

---

[47] Zur Literaturhistorie des Liebesverrats vgl. von Matt 1989.

hattan«, die Bachmann relativ spät getroffen hat, wurde die zentrale Stellung der Figur des Guten Gottes gegenüber der Liebesgeschichte hervorgehoben. Denn das Hörspiel präsentiert ja eine Art Doppelgeschehen: zum einen die Rahmenhandlung der Gerichtsszenen, den Dialog zwischen Richter und Angeklagtem, und zum anderen die eingeblendeten Stücke einer Fallgeschichte ›wahnsinniger Liebe‹. Zwischen beiden Orten der Handlung kommunizieren die Eichhörnchen, die vom Guten Gott als »mein Nachrichtendienst, die Briefträger, Melder, Kundschafter, Agenten« bezeichnet werden, die also Medien im eigentlichen Sinne darstellen. Außerdem stehen zwischen beiden Schauplätzen und Strängen des Geschehens die Stimmen, in der Regieanweisung als »monoton und geschlechtslos« attribuiert, die Satzfetzen und Redensarten der öffentlichen Sprache hersagen und als Stimmen aus den technischen Medien wie Radio, Reklame u. ä. verstanden werden können. Stellen sie für das Liebespaar eine Art Zeichenwelt dar, die eine Umwelt repräsentiert, der es sich immer mehr entzieht, so sind es zugleich Rudimente von Aussagen, die der vom Guten Gott erkämpften leidenschaftslosen Welt angehören. Dabei handelt das Hörspiel von einem doppelten Skandalon. Das eine besteht in Figur und Agentur des Guten Gottes, der ein Büro zur Ausfahndung und Verfolgung von Liebespaaren unterhält und mit Unterstützung seiner Agenten, der Eichhörnchen, deren Vernichtung betreibt, um die alltägliche Ordnung aufrechtzuerhalten, die »Ordnung für alle und für alle Tage, in der gelebt wird jeden Tag«. Das zweite Skandalon betrifft die Begegnung zwischen Jan und Jennifer, deren ›Reise ins Paradies der Liebe‹ von Anbeginn Zeichen von Gewalt eingeschrieben sind, Zeichen, die darauf hindeuten, daß diese Geschichte für die Geliebte den Verlauf einer Passionsgeschichte nehmen wird, und deren Aufenthalt in der »Gegenzeit« bzw. im anderen Zustand einer leidenschaftlichen Liebe Momente von Unterwerfung und Zerstörung enthält. Der Modus ihrer Liebe ist nämlich nicht nur von außen bedroht, durch den Geheimdienst der Liebesvernichtung, dem der Gute Gott vorsteht, sondern entwickelt auch aus einer inneren Dynamik heraus seine eigene Destruktivität.

In dieser Thematisierung der Spannung zwischen dem Zustand einer ekstatischen Liebe und dem Wunsch nach Dauer wurden wiederholt Bezüge zu Bachmanns Musil-Lektüre gesehen. Der

Hotelaufenthalt des Paares, der als selige Auffahrt erscheint – »JENNIFER *in das Fluggeräusch hinein, selig* Auffahrt! Was für eine Auffahrt!«[48] – und damit auf eine religiöse Aufladung der Liebesszenen anspielt, wird so mit dem Nachlaßstück »Reise ins Paradies« aus dem »Mann ohne Eigenschaften« in Verbindung gebracht, das auch in Bachmanns Musil-Essays eine wichtige Rolle spielt.[49] Und tatsächlich läßt sich die Geschichte von Jan und Jennifer z. T. als Fallgeschichte für die dort formulierte Erkenntnis lesen: »Liebe als Verneinung, als Ausnahmezustand, kann nicht dauern. Das Außer-sich-sein, die Ekstase währen – wie der Glaube – nur eine Stunde« (4/27). Allerdings sind die Szenen, die Musils Konzept der Liebe als ›anderen Zustand‹ zitieren, nicht nur durch die Praxis des Guten Gottes konterkariert, sie werden auch durch die Sprache der Liebenden selbst durchkreuzt. In ihnen hat sich das ›grausame Gesetz der Liebe‹ aus Bachmanns Proust-Lektüre in die Idee vom anderen Zustand eingeschlichen, vor allem in jenen Momenten, in denen die Selbstunterwerfung Jennifers mit Beherrschungsgesten Jans kommuniziert.

Es geht in »Der gute Gott von Manhattan« nämlich nicht einfach um die Opposition zwischen dem Gesetz alltäglicher Ordnung oder Normalität (der Gute Gott) und der Liebe (Jan und Jennifer), die in der Rezeption gern als Zustand von Utopie, anarchischer Freiheit u. ä. gewertet wird. Gegen eine solche Interpretation steht schon, daß sich die Geschichte zwischen Jan und Jennifer von Anbeginn nach festen Regeln und nahezu zwangsläufig entwickelt, nach einem eigenen Gesetz, das aus sich selbst heraus schrille Töne einer Dissonanz und deutlich gewaltsame Momente produziert. Es geht im Hörspiel also nicht um den Gegensatz von Gesetz und Liebe, sondern um zwei verschiedene Gesetze: erstens um das vom Guten Gott vertretene Gesetz der alltäglichen Ordnung, das seine blutigen Voraussetzungen in der Vernichtung jener Wahnsinnsstoffe hat, »die alles zersetzen und die Welt in Frage stellen«, und das sich damit als Gesetz der Welt oder weltliches Gesetz ausweist, und zweitens um das Gesetz der Liebe, dem das Paar in seinem Begehren folgt, das in der Leidenschaft erlebte

---

[48] Auffahrt ist die weniger gebräuchliche Bezeichnung für Christi Himmelfahrt.
[49] Vgl. Strutz in Koschel/Weidenbaum 1989, 402–417; auch Reinert 1983.

Außer-sich-Sein oder die dämonische Seite der Liebe in einen dauerhaften Zustand zu überführen,[50] was nur in der Imagination eines übernatürlichen Zustands zum Ausdruck kommen kann, im Phantasma eines gottähnlichen Liebesmysteriums. Mit diesem Zusammenspiel zweier Gesetze mußte sich die Bedeutung des Musilschen ›Ausnahmezustands‹ aber notwendig verschieben. Weil diesem selbst eine eigene Gesetzmäßigkeit innewohnt und weil andererseits die Normalität des Alltäglichen, wie in der mörderischen Agentur des Guten Gottes dargestellt, ebenfalls Merkmale eines Ausnahmezustands enthält – jenes Ausnahmezustands, in dem wir leben und der die Regel ist[51] –, ist der Begriff des Ausnahmezustands aus ihrem Musil-Essay hier für Bachmann nicht mehr zu halten.

Und so erweist sich ihre Bewertung der Liebesgeschichte im Hörspiel, die die Autorin in ihrer Dankesrede zur Verleihung des Hörspielpreises der Kriegsblinden im März 1959 selbst vorgenommen hat, als äußerst präzise im philosophischen Sinne. Dort heißt es nämlich: »Aber das ist ein Grenzfall. Aber das geht zu weit.../ Nun steckt aber in jedem Fall, auch im alltäglichsten von Liebe, der Grenzfall, den wir, bei näherem Zusehen, erblicken können und vielleicht uns bemühen sollten, zu erblicken« (4/276). Während nämlich die Rede vom Ausnahmezustand eine Vorstellung von Normalität unterstellt, bedeutet die Diagnose des Grenzfalls, der im Alltäglichsten steckt, die Verwerfung einer einfachen Opposition von Ausnahme und Regel. An die Stelle dieses Gegensatzes tritt mit dem Begriff des Grenzfalls für Bachmann eine Bewegung hin »zum Äußersten«. Mit dieser Akzentverschiebung trifft sich die Tatsache, daß Bachmann im Hörspiel zwar das Konzept des ›anderen Zustands‹ zitiert (1/317), diesen aber mit einem Grenzübertritt in Verbindung bringt und den Begriff des Ausnahmezustands hier nicht wieder aufgreift. Ansonsten hätte sie nämlich zwei Formen des Ausnahmezustands, die darin aufeinandertreffen, unterscheiden müssen: den der ekstatischen Liebe zwischen Jan und Jennifer, die sich göttlich wähnt, und jene

---

[50] Zu dieser Dialektik der Liebe vgl. den kunstphilosophischen Essay Walter Benjamins über »Goethes Wahlverwandtschaften« (Benjamin 1980, I.1/125–201, hier vor allem 186 ff.).
[51] Über den Begriff der Geschichte (Benjamin 1980, I.2/697).

Form, die der gewaltsamen Herstellung der herrschenden Ordnung dient und die vom Guten Gott repräsentiert wird.

Die Rolle des Guten Gottes wird aber noch komplexer, wenn man das Verhältnis zwischen ihm und dem Richter, wenn man also die offensichtlich zweistimmige Rede im Gerichtssaal genauer betrachtet. Wenn der Gute Gott, der zunächst als Angeklagter vor den Richter tritt, zum Schluß von diesem entlassen wird, dann deshalb, weil der Richter erkennt, daß er mit ihm im Bunde ist und ein und dieselbe Ordnung vertritt – was die »wir«-Rede des Guten Gottes schon vorher antizipiert. Durch dessen Fallgeschichte sind jedoch jene Opfer zur Sprache gekommen, die für die Herstellung der Ordnung notwendig, die aber in deren Aufrechterhaltung als Rechtsordnung vergessen sind. Nur durch die Tätigkeit der Titelfigur gibt es das ›es‹ oder ›etwas‹ nicht mehr, das aus der Ordnung, die auch der Richter vertritt, ausgeschlossen sein muß:

»GUTER GOTT Weil ich es ausgerottet und kaltgemacht habe. Ich habe es getan, damit es Ruhe und Sicherheit gibt, auch damit Sie hier ruhig sitzen und sich die Fingerspitzen betrachten können und der Gang aller Dinge der bleibt, den wir bevorzugen.
RICHTER Es gibt nicht zwei Richter – wie es nicht zwei Ordnungen gibt.
GUTER GOTT Dann müßten Sie mit mir im Bund sein, und ich weiß es nur noch nicht. Dann war es vielleicht nicht beabsichtigt, mich außer Gefecht zu setzen, sondern *etwas zur Sprache zu bringen*, worüber besser nicht geredet werden sollte. Und zwei Ordner wären einer.« (319, H.v.m.)

Wenn also die Fallgeschichte des Guten Gottes, seine Tat und deren Erzählung, etwas zur Sprache bringen und gleichzeitig die Existenz des Richters sichern, dann betrifft dies die verborgene Vorgeschichte oder Voraussetzung jener Ordnung, die auch der Richter vertritt. Daß der Gute Gott vor dem weltlichen Gericht dessen verschwiegene Vorgeschichte zur Sprache bringt, erklärt seine Gestaltung als mythische Figur. Als solche verkörpert er jene mythische Gewalt, die der Herstellung des Rechts bzw. der Rechtsetzung innewohnt: »Es geschah nur Recht.« Den Namen Gottes verdient die Figur des Angeklagten somit als Urheber einer Ordnung, deren blutiger Akt der Recht*setzung* vergessen ist, während die Erhaltung des Rechts einer menschlichen Institution überantwortet ist.[52] Nur die ironische Anrede des Richters als »Euer Gnaden« erinnert noch an Herkunft und Voraussetzung seiner Rechtsordnung.[53]

Zu dieser Stellung des Guten Gottes paßt auch das Motiv von Heimlichkeit und die Darstellung seiner Agentur als Geheimdienst. Und es ist genau dieser Aspekt, der mit dem Begehren des Paares korrespondiert und die beiden partiell zu Komplizen der eigenen Beseitigung macht. Die Botschaft, die ihnen durch die Eichhörnchen-Briefträger übergeben wird und die geheime Vernichtungspolitik des Guten Gottes sichert, »Sag es niemand«, richtet sich nämlich an eine richtige Adresse: an den Wunsch des Liebespaares nach Heimlichkeit und Verborgenheit in der Intimität. So korrespondieren im Hörspiel zwei Formen der Verbergung oder Heimlichkeit, die der gewaltförmigen Herstellung von Ordnung und die der Liebe. Damit trifft hier das ›grausame Gesetz der Liebe‹ auf das ›grausame Gesetz‹ nicht der Kunst, wie im Proust-Essay, sondern der Gesellschaft und des Lebens. Denn die Tötung der leidenschaftlichen Liebe dient hier nicht dem Überdauern des Werks, sondern der Aufrechterhaltung der Ordnung und dem Überleben des Subjekts, letzteres in Gestalt der ›Rettung‹ Jans dadurch, daß er »rückfällig« wird und in die Alltagswelt zurückkehrt. Im Hörspiel sind es nur die teuflischen Eichhörnchen, die dem grausamen Gesetz der Kunst frönen, wenn sie im Unterschied zur mörderischen Vernunft ihres Auftraggebers in Folterphantasien schwelgen, in ihrem Theater »grausige Spektakel in den schönen Worten, die unsere Dichter dafür gefunden haben«, vorführen und die berühmtesten Liebespaare der Weltlitera-

---

[52] Zur Analyse dieses Zusammenhangs von mythischer rechtssetzender und juristischer rechtserhaltender Gewalt vgl. Walter Benjamin: Zur Kritik der Gewalt (Benjamin 1980, II.1/179–203).

[53] Als der väterliche Freund Hermann Kesten in seiner Reaktion auf das Hörspiel genau diesen Themenkomplex nicht versteht, mehr Detailtreue »auch im Phantastischen« einklagt und Bachmann die Spezifika der amerikanischen Rechtsprechung vorhält (z.B. daß kein Mörder ohne Anwalt dem Richter gegenübertreten würde und daß ein Mordprozeß vor ein Geschworenengericht käme), reagiert sie in einer ihr typischen Weise. Weder widerspricht sie, noch unternimmt sie den Versuch, ihren Text zu erklären, sondern sie schweigt. Auf Kestens Brief vom 26.5.1958 ist jedenfalls keine Antwort belegt; der Briefwechsel setzt sich erst im Frühjahr 1959 fort (HKM).

tur auf eine Höllenfahrt schicken. In ihrer Inszenierung erscheint die Geschichte von Jan und Jennifer als bruchlose Fortschreibung eines grausigen Liebestheaters. – Wenn also Spuren von Bachmanns Lektüren in die Arbeit am Hörspiel eingegangen sind, dann gewiß nicht nur solche aus ihrer Musil-, sondern ebenso aus der Proust-Lektüre, die auch zeitlich mit der Arbeit am Hörspiel zusammenfällt, und der Lektüre Benjamins.

Signifikanter als der Nachweis solcher Bezüge ist aber Bachmanns Entscheidung für den endgültigen Titel, die die komplexe Figur des Guten Gottes in den Rang einer Titelfigur erhebt und deren zentrale Rolle verstärkt. Während der langwierigen Arbeit am Hörspiel bezeichnete die Autorin es wiederholt noch als »Manhattan-Ballade«, so z.B. in einem Interview am 24. Januar 1957: »Es handelt sich dabei um eine balladeske Liebesgeschichte« (GuI 24). Im selben Monat teilt sie Hermann Kesten mit, sie schreibe gerade »weiter an der Manhattan-Ballade«[54]. Und noch im September desselben Jahres, als sie die Arbeit am Hörspiel abschließt, kurz vor ihrem Aufbruch nach München zur Arbeit als Dramaturgin, hat sie keinen anderen Titel gefunden: Das Hörspiel, von dem sie seit drei Jahren rede, werde endlich fertig. Aber sie habe noch keinen Titel, »und am Ende wird es zu meiner Verzweiflung doch Manhattan-Ballade heissen, obwohl wir doch alle sehr dagegen waren«[55]. Die Zeitangabe (drei Jahre) ist ein Hinweis auf die lange Entstehungszeit. Unverkennbar in das Hörspiel eingegangen sind direkte Eindrücke der USA-Reise von Juli und August 1955, als sie an einer Sommerakademie in Harvard teilnahm. Knapp ein Jahr nach dieser Reise hat sie in Neapel, wo sie während der ersten Hälfte des Jahres 1956 lebt, an der Wand ihres Zimmers eine Karte von Manhattan hängen, wie sie dem Freund Siegfried Unseld schreibt, der mit ihr in Harvard war.[56] Von Neapel aus hatte sie im April 1956 auch mehrere Gedichte an den »Merkur« geschickt, von denen sich vier »auf Amerika beziehen«, wie sie dem Redakteur Moras erläutert.[57]

---

[54] Brief aus Rom an Kesten v. 16.1.1957 (HKM).
[55] Brief aus Rom an Kesten v. 3.9.1957 (HKM).
[56] Brief aus Neapel an Siegfried Unseld v. 8.6.1956 (SVF).
[57] Brief aus Neapel an Joachim Moras v. 30.4.1956 (DLM). – Es handelt sich um folgende Gedichte: »Tage in Weiß«, in dem vom Schwanengesang des

Die Einarbeitung konkreter Eindrücke aus New York und Boston in das Hörspiel entspricht dem für ihre Literatur signifikanten Verfahren, reale Orte, Gebäude und Dinge durch eine imaginäre Topographie zu überlagern [VII]. In diesem Fall sind es die Straßen, Wolkenkratzer und der Central Park von Manhattan, die berühmten New Yorker Taxis und die für Europäer merkwürdig graue und wenig grazile Spezies der amerikanischen Eichhörnchen, die Bachmann in teuflische Sekundanten des Guten Gottes verwandelt hat. Von ihnen heißt es im Hörspiel: »Es soll Länder geben, in denen diese Nagetiere scheu und unschuldig sind; aber sie sehen gemein und verdorben aus bei uns, und es heißt, sie seien mit dem Bösen im Bund.« Das Theater, auf dem die Eichhörnchen in ihrer Freizeit die bekanntesten Liebesgeschichten der Welt aufführen, steht im Central Park, der Wohnsitz des Guten Gottes ist Ecke 63. Straße und Fifth Avenue in der Nähe des Zoos, die Begegnung des Paares ereignet sich auf dem Grand Central Bahnhof, und ihre Auffahrt geschieht in der räumlichen Vertikalen, von einem ebenerdigen Zimmer im Stundenhotel über den siebten und 30. bis zum letzten, 57. Stock im Atlantic Hotel. In der Inszenierung des Schauplatzes, »New York City, den ... August, neunzehnhundertund ... fünfzig«, zitiert Bachmann bekannte Bilder des Manhattan-Mythos[58] und der Stadtliteratur der Moderne im Umkreis einer ›Symphonie der Großstadt‹. Die indianische Etymologie von Ma-na Hat-ta, was himmlische Erde bedeutet, wird zum Drehpunkt der Janusgestalt New Yorks, der »Stadt der Städte«: einerseits »Bettlerstadt«, in der alles zum Himmel stinkt, andererseits wütender Hymnus »auf die Arbeit, den Lohn und größren Gewinn«. Dieser aus Versatzstücken des Banalen zusammengesetzte Schauplatz verwandelt sich in den Ort eines Mysteri-

---

alten »Kontinent[s] dort drüben« die Rede ist, »Harlem« mit dem »Regenblues«, »Reklame«, dessen kursiv gesetzte Verse an die ›Stimmen‹ im Hörspiel erinnern, und ›Toter Hafen‹ mit der »Wasserwelt aus den Entdeckerzeiten«.

[58] Bauschinger gibt eine Übersicht über die deutsche Manhattan-Literatur nach 1945 und verweist auf mythische und reale Bezüge. Dabei vermutet sie, daß auch die Idee der Bombenattentate auf eine reale Vorlage zurückgeht, auf jenen »mad bomber von Manhattan,« einen kleinen, arbeitslos gewordenen Angestellten, »der gerade in den fünfziger Jahren wieder sein Unwesen trieb« (Bauschinger 1975, 383).

ums, wenn er durch die Anspielungen auf biblische Topoi für das Paar zum Schauplatz einer Liebe als Passion wird.

Die Inszenierung der Stimmen, die für die Gattung des Hörspiels tragend ist, gehorcht in »Der gute Gott von Manhattan« nicht nur den Möglichkeiten phonischer Dramaturgie, sie ist zugleich auch bedeutungstragendes Element der unterschiedenen Dialogstrukturen. Die Polyphonie im materiellen Sinne einer Mehrstimmigkeit wird dabei zugleich als Textverfahren genutzt, in dem verschiedene Bedeutungen dialogisieren. Das Hörspiel ist als mehrstimmige Komposition von vier Sprachspuren zusammengesetzt, von denen drei – Richter und Guter Gott, Jan und Jennifer, die Eichhörnchen Billy und Frankie – jeweils als Dialog, die nichtpersonalen Stimmen der Medien dagegen monologisch organisiert sind. Dabei sind letztere und die Gespräche zwischen den Eichhörnchen jeweils in einer Tonlage gehalten, die eine je bestimmte Sprechweise charakterisiert: dort die Sprachformeln medialer Öffentlichkeit, hier die teuflische Lust des Nachrichtendienstes. Die monotonen Stimmen, die die Redeweisen und Satzfragmente sprechen, sind – ähnlich einem Chor – zwischen die Szenen der Hörspielhandlung gesetzt. Im Unterschied zu dieser Gleichförmigkeit sind die Dialoge im Gerichtssaal und in der Liebesgeschichte durch einen Wechsel von Dissonanz und Übereinstimmung gekennzeichnet. Während aber der Dialog zwischen Richter und Gutem Gott eindeutig vom Modus der Gegenrede zu einer immer hörbareren Übereinstimmung verläuft, gibt es im Dialog der Geliebten abrupte Wechsel zwischen harmonischem Duett und schriller Dissonanz.

Diese Wechsel folgen den Regeln einer Liebessprache, die zwischen den Modi einer Hingabe und einer »Vereinbarung auf Distanz« schwankt. In der Abfolge der Szenen zwischen Jan und Jennifer hat Bachmann nicht nur jenes strukturale Porträt der Liebessprache vorweggenommen, das Roland Barthes in seiner Rettung der »Fragmente einer Sprache der Liebe« 1977 beschrieben hat[59]. Sie hat diesem Porträt zugleich die von ihm eher vernachlässigten Dissonanzen eingeschrieben, die einer asymmetrischen, geschlechtsspezifisch organisierten Dialogizität dieser Sprache geschuldet sind. Dabei kommt nicht zufällig dem männlichen Part

---

[59] Vgl. Barthes 1984, 15 u. 21.

die Rolle zu, vorzubauen – »pas d'histoire« –, beständig den bevorstehenden Abschied zu beschwören, die Geliebte zu prüfen, ihr die Sätze und Spielregeln vorzugeben und sie zu unterwerfen. Beide greifen auf ein geschlechtsspezifisch aufgeteiltes Repertoire von Formeln und Bildern einer Liebessprache zurück, auf dessen Regelförmigkeit mehrfach hingewiesen wird. So kann Jan der Geliebten beispielsweise den Text des Briefes zitieren, den er ihr nach seiner Rückkehr schreiben wird, während sie nur daran interessiert ist, ob er ihr »wirklich« schreiben werde. Und er ist es auch, der ihr entgegenhält, daß ihm das Vokabular geläufig sei – für verschiedene Fassungen eines Bekenntnisses über die eigene Liebesbiographie. Doch diese Codes der Liebessprache hindern die beiden nicht an ihrer wahnsinnigen Himmelfahrt ins Mysterium. Als solches erleben sie jenen Zustand, in den sie im höchsten Stock des Hotels eintreten und der als poetische Wechselrede gestaltet ist, in der die auch gewaltsame Überschreitung der Körper- und Ich-Grenzen der beiden imaginiert wird. Was danach folgt, ist der Schwur einer Liebe auf Dauer, gleichzeitig mit einem Abschied, der die wartende Jennifer allein dem Hotelzimmer – und der Bombe – überläßt. Die Rückkehr Jans in die Ordnung dagegen ist als Szene in einer Bar inszeniert, in der die zuvor als Chor zwischen den Dialogszenen hörbaren Stimmen plötzlich aus dem Radioapparat kommen und auf diese Weise in das Geschehen integriert sind. Wenn die modernen Chorstimmen nicht mehr ungleichzeitig zum Liebes- und Gerichtsdialog zu hören sind, sondern aus einem massenmedialen Unterhaltungsapparat, ist damit der dramaturgische Fluchtpunkt angezeigt, in dem die verschiedenen Handlungsstränge zusammenlaufen, alltägliche Ordnung und Überleben. »Er war gerettet. Die Erde hatte ihn wieder. Jetzt wird er längst zurück sein und bei schlechter Laune und mit mäßigen Ansichten lange leben.«

Von Anfang an und auch in der Begründung zur Verleihung des Hörspielpreises der Kriegsblinden[60] wurde das Hörspiel einerseits als schwer zugänglich bewertet, andererseits dessen Qualität als poetisch-sprachliches Kunstwerk betont. Seine philosophische Komplexität dagegen wurde kaum je zur Kenntnis genommen.

---

[60] Zur Preisverleihung, zur Zusammensetzung der Jury und den Bewertungen vgl. Reinert 1983, 127–190.

Das Urteil schwerer Zugänglichkeit ist vom Publikum allerdings nicht bestätigt worden, denn es handelt sich um eine jener Publikationen Bachmanns, die bei den Lesern außergewöhnlich erfolgreich waren,[61] wogegen sich die Literaturkritik damit besonders schwertat. Auffällig ist die Dominanz der Liebesgeschichte in der Rezeption, hinter die die Gerichtsszenen vollständig zurücktreten. Die Lektüre dieser Szenen ist dabei besonders durch die immer wieder gestellte Frage, *wer* der Gute Gott sei, durch den Versuch einer allegorischen Entschlüsselung also, blockiert.[62]

4. Polyphonie:
Erzählstimmen zwischen Dialog und Dialogizität

Im Nachlaß Bachmanns ist das Fragment einer Liebesgeschichte überliefert, die in manchem der Binnengeschichte des Hörspiels, der wahnsinnigen und zerstörerischen Liebe zwischen Jan und Jennifer, ähnelt. Auch das Schwanken zwischen den Titeln »Geschichte einer Liebe« und »Prozeß einer Liebe« stellt diese Entwürfe in die Nähe des Hörspiels, so daß die abgebrochene Erzählung als Vor- oder Parallelarbeit zum Hörspiel betrachtet werden muß.[63] Dabei handelt es sich um einen Grenzfall im konkreten Wortsinn: um die Geschichte eines Paares, das sich regelmäßig in einem Grenzort zwischen Italien und Österreich trifft – »So hat die Geschichte einen Schauplatz wie jede« (TP1/51) – und dabei weniger einer Verliebtheit als einem schwer definierbaren Verlan-

---

[61] Bis 1979 erreichte das Hörspiel als Buchfassung eine Auflage von insgesamt über 226 000. Zu den Verkaufszahlen und -rhythmen vgl. den Anhang von Reinert 1983, 248 ff.

[62] Als besonders absurd erscheint aus dem historischen Abstand heutiger Betrachtungsmöglichkeit die Debatte über die Frage »War das Hörspiel der Fünfziger Jahre reaktionär?«, in der Wolf Wondratschek 1970 Bachmanns Hörspiel wegen der Liebesgeschichte eine Reproduktion bürgerlicher Ideologie vorhält (In: Merkur, H. 261–272, 1970). Die Enge einer politischen Literaturkritik nach 1968 erweist ihre eigene Tragik gerade in der Unfähigkeit, zu lesen und die radikalere Gesellschaftskritik des Hörspiels und seine philosophischen Implikationen überhaupt wahrzunehmen.

[63] K7843–56/N1475–87, 1708,1941 (NÖN), abgedruckt unter dem Titel »Geschichte einer Liebe« in TP1/47–62.

gen folgt. Mischen sich darin Leidenschaft und Todestrieb, so wird dieses Verlangen nach dem Äußersten auch hier mit der Imagination von Ende und Vernichtung verbunden. Die Topoi von ›Ende‹ und ›Weiter‹ bezeichnen dabei ein fragloses und unerklärliches Getriebensein, das sich jeder Verankerung im Sozialen entzieht. »Wir wollten also keine Zukunft, sondern eine Gegenwart, keine Ersparnisse, sondern eine Ausgabe, keine Kinder, sondern den Tod, den Wahnsinn. Und den Wahnsinn bis zum Tod.« Die Unmöglichkeit, ein derartiges Todesverlangen aus der Perspektive eines Ich zu erzählen, wird dabei in den Entwürfen durch eine signifikante Verschiebung in der Erzählform erkennbar. Von den überlieferten Entwurfsfassungen beginnen nämlich zwei mit dem Satz »*Wir* wollten im Wahnsinn und im *Glück* enden« und zwei mit der Variante »*Sie* wollten im Wahnsinn und im *Tod* enden« (H.v.m.).

Die Verschiebung vom Glück zum Tod, mit der jenes der Leidenschaft eingeschriebene Todesverlangen ausdrücklich und gleich zu Beginn als Hauptthema der Erzählung gesetzt wird, scheint notwendig eine Verlagerung der Erzählperspektive von der ersten zur dritten Person nach sich zu ziehen – mit dem Effekt einer größeren Distanz in der Organisation des Verhältnisses zwischen Erzähler und Schreibender. Daneben sind in den überlieferten Entwürfen weitere Experimente mit der Erzählform erkennbar, so etwa das Spiel mit verschiedenen Namen für die beiden Figuren, die entweder Pietro und Ich, Tonio und Sofia, Tonio und Alda oder Aldo und Justine heißen. Außerdem gibt es den Versuch, die Geschichte als Vergangenheit, die im Dialog eines Ehepaares erinnert wird, zu gestalten, oder aber allgemeine Reflexionen über die Unerzählbarkeit von Leidenschaft einzuflechten: »Eine Leidenschaft, was ist das, das ist vielleicht genau so schwer nachzuzeichnen wie Zeit und Ort, hinzuschraffieren, wenn die damalige Zeit und der damalige Ort sich schon so aufheben in reine Bezeichnungen.«

Beim Vergleich dieser Erzählung mit dem Hörspiel »Der gute Gott von Manhattan« werden dagegen weiterreichende konzeptionelle Schritte lesbar, die eine radikale Zäsur gegenüber jeder realistischen oder gar autobiographischen Lesart bewirken. Für die erzählerische Darstellung dieses Grenzfalls von Liebe hat Bachmann nicht nur das Motiv der Grenze, sondern auch das der Reise genutzt, indem sie eine Geschichte von Grenzbegegnungen erzählt, die sich aus einer regelmäßigen Bewegung zweier Personen aufeinander zu ereignen; es wird also gleichsam narrativ die Geschichte einer Reise in ein dämonisches Paradies nachgeahmt. Der Schauplatz des Grenzorts und die jeweilige Reise dorthin – er aus Venedig, sie aus Wien kommend – symbolisieren dabei die Ausklammerung der sonstigen Lebenszusammenhänge und jeder Form von intersubjektiver Übereinstimmung, die geradezu die Voraussetzung jener Leidenschaft bildet, der die Qualität einer Erlösung zukommt: »Aber ich drängte mich zu ihm wie zu dem einzigen Erlöser aus meinem Gefängnis von Wünschen, […] er war kein Mensch für mich, nur ein Mann.« Unterstützt wird der Status dieses Grenzfalls zudem durch eine Sprachfremdheit, die als Spielfeld von Hoffnung bezeichnet wird, »die nicht existiert hätte, wenn wir die gleiche Sprache gehabt hätten und einander zu beurteilen fähig gewesen wären«. Erst über die Verfehlung von Verständigung, über die Abwesenheit von Urteil und Kommunikation in der Fremdheit der Sprachen wird diese also zum Spielfeld einer Liebessprache.

»Sie wurde wieder die Fremde und er wieder der Fremde für sie, sie bemerkten, wenn sie sich Zärtlichkeiten sagten, wieder, daß sie keine gemeinsame Sprache hatten, sie einander nur annäherten, sie mit einem hoffnungslosen Akzent und er, verloren in der Geläufigkeit seiner eigenen, mit der er sie nicht ganz erreichte. Sie spielten um diese Sprachgrenzen herum mit erfundenen Worten, mit einer Liebessprache, mit Seufzern, im Schmerz und im Genuß.« (TP1/57)

Ferne und Fremdheit als Möglichkeitsbedingungen eines wahnsinnigen Verlangens, die in der »Geschichte einer Liebe« zu den Grundbausteinen der Erzählform gehören und Personal, Schauplatz und Plot bestimmen, sind im Hörspiel dagegen in eine poetische Kunstform übertragen, deren Überlagerung von banaler und magischer Sprache eine Gleichzeitigkeit von konkretem und imaginärem Schauplatz (New Yorker Hotel und Auffahrt ins Mysterium) gestaltet. Haften den Figuren auch hier noch Momente von kultureller Fremdheit an, da Jan aus der alten und Jennifer aus der neuen Welt kommt, so ist die Verfehlung von Verständigung dagegen vom Motiv der Fremdsprache auf eine andere Art sprachlicher

Fremdheit verschoben, insofern sie als Differenz im Begehren und als Dissonanz einer zweistimmigen Liebessprache kenntlich wird. Der Vergleich der Darstellungen eines ganz ähnlichen Motivs im Erzählfragment und im Hörspiel zeigt, daß es Bachmann in den fünfziger Jahren nur durch den Sprung in eine andere Gattung möglich war, sich von einer realistisch-beschreibenden Mimesis zu entfernen, während ihre weitere Arbeit an Schreibweise und Komposition sehr deutlich dem Versuch gilt, das Durchstreichen realistischer Erzählmuster in die Prosa, ja in das Erzählen selbst hereinzuholen. Die markantesten Zäsuren in ihrer Poetologie sind also nicht nur durch die Aufgabe der Gattungen Gedicht und Hörspiel bestimmt, sondern durch Veränderungen *in der Prosa* selbst: zum einen durch komplexere Lösungen im Umgang mit der Erzählperspektive und zum anderen durch die Ausbildung einer Schreibweise der Dialogizität und Polyphonie.

Diese Veränderungen zeigen sich am signifikantesten im Feld der Liebessprache, wo sie als Verschiebung von einem dialogischen Genre, der Briefform, hin zu einer der Liebessprache inhärenten Dialogizität beschreibbar sind. Zu den postum veröffentlichten Jugendschriften zählen die »Briefe an Felician«. Die Liebesbriefe, datiert zwischen Mai 1945 und Mai 1946, sind an einen Geliebten adressiert, der mit den Formeln Lieber, Herzliebster, Du lieber Mann, Geliebter und einmal mit dem Namen Felician angeredet wird.[64] Durch diese Anredeformeln und die wiederholte Bezeich-

---

[64] Obwohl die Datierungen der Briefe (z.B. Vellach, 16. Mai 45/19. September 1945, Innsbruck/Arzl, 8.X.45/Radnig, 27.V.) mit einer biographischen Schwelle Bachmanns, ihrem Studienbeginn nach Kriegsende in Innsbruck (Wohnort war Arzl) im Wintersemester 1945/46, übereinstimmen, tragen die Briefe deutliche Züge einer Literarisierung, nicht nur weil aus ihnen keine tatsächliche postalische Sendung wurde, sondern auch weil sich viele Passagen der Form von Tagebuch und Gedicht nähern. Sprache und Bildwelt teilen sie ohnehin mit der großen Menge von Jugendgedichten, die ähnlich datiert sind (zwischen 1942 und 1949, die größte Anzahl jedoch zwischen Sommer 1944 und Sommer 1946). Der Brief, der an Felician adressiert ist, zitiert aus einem im Nachlaß überlieferten Gedicht, das ebenfalls einem Felician gewidmet ist, die ersten zwei Verse (K304/N6223, NÖN). – Die Tatsache, daß im Nachlaß ein weiteres Felician gewidmetes Gedicht existiert, bei dem die Widmung »An Hfr. Perkonig« dreifach durchgestrichen und durch die Widmung »Für Felician« ersetzt wurde (K9/N6228), hat Inge von Weidenbaum zum Anlaß einer biographischen Lesart genommen, um im

nung als Herr gewinnt der Adressierte die Bedeutung einer Instanz, die in sich den Herrn und Geliebten vereinigt und in die Nähe einer gottähnlichen Position rückt, während das liebende Ich, eingespannt in Ideologeme von Pflicht und Treue, sich als unterlegen und opferbereit darstellt.[65] In der Kombination der Sprachformeln ›Ich bin‹ und ›vor Dir‹ wird deutlich, daß die »Briefe an Felician« weniger die Adressierungen einer Liebe als vielmehr Selbsterklärungen des schreibenden Ich *vor* einer Instanz darstellen. Im Zeichen einer vermeintlichen Dialogstruktur betrifft die Differenz zwischen Ich und Du hier den Abstand innerhalb einer Hierarchie. Die Unterwerfung Jennifers unter Jan in dem mehr als ein Jahrzehnt später entstandenen Hörspiel ist dagegen einer Differenz geschuldet, die einer gemeinsamen Liebessprache eingeschrieben ist. Sie betrifft eine Bedeutungsverschiebung, die sich an den gewöhnlichen Worten im Zuge ihrer emotionalen Aufladung ereignet. Dadurch werden die Worte des Anderen zu Zeichen für den Wunsch nach Anerkennung, für das Begehren, vom Anderen begehrt zu werden. Diesen Vorgang hat Bachmann in einer Aufzeichnung als »Spielmöglichkeit« der Sprache reflektiert, die einem »ausgezeichneten Zustand« entspringt:

»Ein Mensch, der sich verliebt, fühlt ja selber sehr rasch, wie er in eine andre Sprache übersiedelt.

Das einzige erstaunliche an dieser Sprache ist vielleicht, dass

---

Adressaten der »Briefe an Felician« den Schriftsteller und Hofrat Josef Friedrich Perkonig zu vermuten, der als Lehrer an der Lehrerfortbildungsanstalt in Klagenfurt unterrichtete, in der Bachmann nach der Matura im Winter 1944/45 einen Kurs besuchte (von Weidenbaum 1996 und von Weidenbaum in Böschenstein/Weigel 1997, 25). Nach einer Durchsicht der vielen Jugendgedichte im Nachlaß, unter denen auch andere Widmungen zu finden sind (z.B. an einen Arthur Lea, Innsbruck 14.IX.45, K265/N5556), scheint mir Felician eher der Name für die imaginäre Figur eines Geliebten zu sein, in dem sich jugendliche Wünsche und Phantasien verdichten, die auf verschiedene männliche Figuren gerichtet gewesen sein mögen. Wenn man den poetischen Charakter der Briefe anerkennt, macht es ohnehin keinen Sinn, eine literarische Figur mit einer historischen Person zu identifizieren.

[65] Auch sonst teilt dieser Text der Achtzehn- bis Neunzehnjährigen jene Versatzstücke christlicher Tugendmoral und idyllischer Landschaftsbilder, von denen einige der frühen Erzählungen [I.6] wie auch viele der unveröffentlichten Jugendgedichte aus diesen Jahren zeugen.

die Sätze eine *Bedeutungsversch[i]ebung* durchmachen. [...] es ist schwer, ohne sich Stimmen v[o]rzustellen, die Worte werden plötzlich ein wenig *verrückt*, sie werden unterirdisch genährt.« (H.v.m.)[66]

Sind es häufig also Stimme oder Tonfall, die diese Art der Bedeutungsverschiebung anzeigen, so gilt es in der Literatur Verfahren zu finden, die derartige Verrückungen oder Verschiebungen in der Schrift nachahmen: eine Schreibweise der Modulierung verschiedener Stimmlagen sowie deren Zusammenklang oder Dissonanz, eine Schreibweise der Dialogizität. Im Unterschied zum Dialog im Sinne der Kommunikation meint Dialogizität (im Sinne Bachtins) die Adressierung an ein fremdes Wort, die mit der bezeichnenden Funktion der Sprache einhergeht und darin mit hörbar ist, oder umgekehrt die Zeichen einer fremden Stimme, die in der einen/eigenen Sprache mitsprechen. »Das Wort darin ist zweifach gerichtet: auf den Gegenstand der Rede als ein gewöhnliches Wort und auf das andere Wort: die fremde Rede.«[67] Wenn Bachmann genau in diesem Sinne von einer Literatur spricht, die auf ein Du gerichtet ist,[68] schließt das den Monolog nicht aus. Wie die Stimme Undines zeigt, ist Dialogizität und die Adressierung einer Sprache des Begehrens gerade auch in einer extrem monologischen Gattung wie der Klagerede möglich, ohne die Differenzen zum Adressaten zu verbergen. Dabei sind es in Bachmanns Œuvre neben den Liebesszenen zwischen Jan und Jennifer die Telephonsätze sowie die Gespräche zwischen Ich und Malina in »Malina«, die am augenfälligsten einem solchen Verfahren der ›Dialogizität‹ entsprechen.

Die Entwicklung einer Schreibweise der Dialogizität hängt bei Bachmann nicht von der Entscheidung für die Erzählperspektive zwischen erster und dritter Person ab, sie hängt aber damit zusammen. Auf diesen Zusammenhang verweist der berühmte Autorkommentar zur Erzählkonzeption des »Malina«-Romans, der zu den meistzitierten Sätzen in der Bachmann-Forschung zählt:

---

[66] K7986/N883 (NÖN).
[67] Bachtin 1985, 107.
[68] Z.B. in der Rede zur Verleihung des Hörspielpreises der Kriegsblinden (4/275f.) oder in dem Fragment »Das Gedicht an den Leser« (4/307f.) [III.1].

»Für mich ist das eine der ältesten, wenn auch fast verschütteten Erinnerungen: daß ich immer gewußt habe, ich muß dieses Buch schreiben – schon sehr früh, noch während ich Gedichte geschrieben habe. Daß ich immerzu nach dieser Hauptperson gesucht habe. Daß ich wußte: sie wird männlich sein. Daß ich nur von einer männlichen Position aus erzählen kann. Aber ich habe mich oft gefragt: warum eigentlich? Ich habe es nicht verstanden, auch in den Erzählungen nicht, warum ich so oft das männliche Ich nehmen mußte. Es war nun für mich wie das Finden meiner Person, nämlich dieses weibliche Ich nicht zu verleugnen und trotzdem das Gewicht auf das männliche Ich zu legen« (9.4.1971, GuI 99f.).

Die Konstruktion der männlichen *Haupt-*, nicht Erzählfigur Malina wird von der Autorin also als Möglichkeitsbedingung für ein Erzählen genannt, in dem das weibliche Ich zu seinem Recht kommt und zugleich die Erfahrung berücksichtigt wird, nur von der männlichen Position aus erzählen zu können. Ist der »Malina«-Roman tatsächlich ja nahezu vollständig aus der Perspektive eines weiblichen, namenlosen Ich erzählt, so bedeutet das, daß sich dieses Ich dabei teilweise an den männlichen Erzähler adressiert. Indem es das Wissen um dessen Instanz in die eigene Stimme aufnimmt, sind (weibliches) Ich und (männliches) Er also in eine komplexe Dialogizität eingebunden.[69]

In der Genese der »Todesarten«-Romanentwürfe steht die Erfindung der Figur Malina dabei eindeutig im Zusammenhang der Einsicht, daß ein Erzählen aus der Perspektive eines Haß-, Rache- oder Opfer-Ich nicht möglich ist. Im Kontext der Entwürfe um die Figur der Fanny Goldmann entspringt die Erfindung der Erzählfigur Malina der Notwendigkeit einer neutralen, ja indifferenten Erzählhaltung und dient der Überwindung des Requiemtons, vor allem eines *dies irae* des Erzählens [VI.6] – ähnlich, wie auch der Bruder-Erzähler Martin das Ich in den Entwürfen zum Wüstenbuch und Franza-Roman ablöst. Um aber dem neutralen Erzähler nicht einmal mehr von vornherein das Feld zu überlassen, geht ihm in »Malina« die Stimme des leidenschaftlichen Ich voraus.

---

[69] Zur dialogischen Schreibweise in »Malina« vgl. auch Kohn-Waechter 1992. Ausführlicher zur Komposition von »Malina« vgl. hier X.3.

Nicht immer war wie im Falle der »Todesarten« die Schwelle zwischen erster und dritter Person automatisch mit einem Wechsel des Geschlechts verbunden. Zwar stimmen in sehr vielen von Bachmanns Erzählungen dritte und männliche Person in der Erzählposition »er« überein, so in den meisten frühen Erzählungen und in vielen der Erzählfragmente aus den fünfziger Jahren. In ihnen kristallisiert sich dabei jene namenlose Erzählposition mit der Bezeichnung ›einer‹ heraus, die die Titelerzählung von »Das dreißigste Jahr« bestimmt.[70] Doch gab es auch eine weibliche Variante der dritten Erzählposition, z. B. in einigen Erzählversuchen der fünfziger Jahre,[71] in der Erzählung »Ein Schritt nach Gomorrha« aus »Das dreißigste Jahr« (1961) und in einigen Fragmenten der »Todesarten«. Auf diese Erzählposition kommt Bachmann dann in den Erzählungen des Bandes »Simultan« (1972) zurück, die sie als undramatische Seitenstücke zum »Todesarten«-Projekt verstanden wissen wollte. Sie sollten zunächst den Titel »Die Wienerinnen« tragen, wie die Autorin im Entwurf zu einem Klappentext ausführt:

> »Die Wienerinnen sind mein hommage an etwas, das ich sehr vernachlässigt habe, also an die Frauen, die auch existieren, während ich mich beschäftige mit den Kontroversen, den Ideen, den Männern also, die sie haben, in diesen letzten Jahrzehnten.« (TP4/16)

Diese Geschichten der Wienerinnen sind aus der Perspektive von Elisabeth, Franziska, Miranda und Beatrix erzählt, wobei die Titelerzählung über die Dolmetscherin, die einen Wechsel zwischen ›sie‹ und ›er‹ gestaltet, gleich zu Beginn darauf aufmerksam macht, daß auch hier Dialogisches im Spiele ist. Bachmanns Hinweis auf das Vernachlässigte bedeutet aber, daß sie mit der Sie-Form hier eine Erzählperspektive einnimmt, die in ihrer sonstigen Prosa eher eine marginale Rolle gespielt hatte.

---

[70] Diese Erzählposition begegnet u. a. in den Erzählfragmenten um die Figur Eugen (TP1/35), um einen Heimkehrer (44) und eine Krankenhausszene (83 ff.), die damit sämtlich zu den Vorarbeiten im Umkreis der Erzählungen »Das dreißigste Jahr« gehören.

[71] Z. B. in den Entwürfen um die Figur der Anna [I.5] und in dem Entwurf einer Erzählung »In Ledas Kreis« (TP1/39ff.).

Am kompliziertesten und vielfältigsten ist ihr Umgang mit der ersten Erzählperson. Doch ist diese nicht unbedingt an eine weibliche Stimme gebunden, wie die Erzählungen »Jugend in einer österreichischen Stadt«, »Alles«, »Unter Mördern und Irren« und der zweite Teil von »Ein Wildermuth« belegen. Eher umgekehrt, denn »Undine geht« bildet in dem Band »Das dreißigste Jahr« ja die Ausnahme einer weiblichen Ich-Erzählstimme, und diese ist bekanntlich nicht auf eine Person, sondern auf ein Kunstwesen gemünzt. Doch ist in diesem Prosaband, besonders in der Titelerzählung, die Eindimensionalität einer rein personalen Erzählsituation durchkreuzt, indem mit dem Spiel zwischen den Positionen von er, du und ich eine Mehrstimmigkeit in die Erzählung eingetragen wird. Auf dem Hintergrund von Bachmanns Typologie des schreibenden Ich im Roman der Moderne, die sie in ihrer dritten Vorlesung in Frankfurt vorgestellt hat, ist diese Mehrstimmigkeit als Effekt einer Schreibweise der Erinnerung lesbar. Sie nähert sich dem Proustschen Ich an, ist von ihm aber radikal unterschieden, da die Stimme der Erinnerung in »Das dreißigste Jahr« den Namen eines Ich ohne jede Gewähr erhält: einer. Tatsächlich bildet also das Ich, sofern es nicht die Erzählperspektive einer fiktiven Person wie etwa in »Alles« oder »Undine geht« gestaltet, sondern das Ich der Erinnerung, den blinden Fleck in Bachmanns Prosa. Erst in »Malina« ist es möglich geworden: als Stimme eines weiblichen Ich, dem aber jede erkennungsdienstliche Identität entzogen ist. Damit haftet dieser Erzählposition noch etwas von der Unmöglichkeit und dem Tabu an, auf die die Autorin immer schon gestoßen war, wie das Beispiel des oben zitierten Erzählversuchs »Geschichte einer Liebe« zeigen konnte. Durch die Metamorphose der ersten Erzähl*person* in eine Stimme ohne Identitätsgewähr und personale Einheit kann sie zum Medium eines polyphonen Romans werden, dem auch Töne der Dissonanz eingeschrieben sind.

Die Dissonanz als Kunstmittel einer ›angespannten Dialogizität‹[72] mußte von der Autorin erst in der eigenen Schreibarbeit entdeckt werden. In einem Zeugnis aus ihrem Philosophiestudium, in ihrem Alfred-Weber-Referat aus dem Jahre 1948 [II.4], ist noch im abwertenden Gestus und im Sinne der Kritik an einer vermeint-

---

[72] Bachtin 1985, 124.

lichen Geschichtsferne Kleists von der »schrillen Dissonanz der Penthesilea« die Rede.[73] Ein Jahrzehnt später hat sich ihr Verhältnis zu Kleist längst in eines ihrer leidenschaftlichen Lektüren verwandelt: »Ich bewunderte und liebte Kleist«, wie sie 1960 in ihrem Kommentar zur »Entstehung eines Librettos« über »Der Prinz von Homburg« schreibt. Das Beispiel Kleist kann noch einmal zeigen, daß auch im Verhältnis zur Literatur, das sich als Liebesverhältnis darstellt, Fremdheit eine nicht unbedeutende Rolle spielt: die Fremdheit der Sprache und die Fremdheit, die aus der historischen Distanz erwächst. So weiß die Autorin hier zu berichten, daß sie das Stück nur einmal auf der Bühne gesehen habe, und zwar in französischer Sprache: »Man mußte das Stück lieben. Aber konnte man das Stück noch lieben, wenn Brandenburg wieder Brandenburg war und bei dem Kanonendonner, der den Prinzen zurück ins Leben ruft, sich die schlimmsten Assoziationen einstellten?« (1/369)

Der Vorbehalt gegenüber dem Schluß von Kleists »Homburg« und dessen politischen Implikationen setzt ein Urteilen voraus, das aus einem vermeintlich eindeutigen Verstehen entspringt, wie es in der eigenen Sprache gemeinhin unterstellt wird, in der Fremdsprache aber entzogen ist. Insofern ist es nicht zufällig, daß Bachmann eine Lösung aus dem Dilemma – »das Bedenken gegen den Text selbst und das Bedenken, ihn zu verändern« (373)[74] – im Anschluß an das Benjaminsche Konzept vom Nachleben der Werke sucht, indem sie ihre Übersetzung von Kleists Text in ein Libretto in Analogie zur »Aufgabe des Übersetzers« – und zu Benjamins Theorie von der Erlösung des Originals in der Übersetzung[75] – versteht. Auf diesem Umweg, einer indirekten Analo-

---

[73] K777/N6005 (NÖN).

[74] Tatsächlich hatte Bachmann während der Arbeit am Libretto zunächst den ihr politisch anstößigen Schlußsatz des »Homburg«, »in Staub mit allen Feinden Brandenburgs«, abzuändern versucht, wie aus der Korrespondenz mit Joachim Moras hervorgeht. Moras, der in »Homburg« ein unglaubliches Gedicht, nicht eine Tragödie sieht, argumentiert, daß die Zeit den Schluß um seinen Sinn gebracht habe, aber Bachmann den Text durch ihre Änderung noch einmal um seinen Sinn bringen würde. Dabei erkennt er eine verbleibende Unsicherheit in der Frage an, wie der Text, »eine Vaterlandsapotheose in einer Welt vor Hitler«, heute zu deuten sei (Brief Moras' an Bachmann v. 27.8.1958, DLM).

[75] Die Aufgabe des Übersetzers (Benjamin 1980, IV.1/14f. u. 19f.).

gie zwischen Übersetzung und Übertragung in Musik, gelingt es ihr, auch die eigene Erfahrung mit dem Hören des Textes in einer fremden Sprache in die Arbeit am Libretto mit einzubringen. Die Modifikationen an Kleists Text werden so mit dem Wunsch begründet,

> »die Dichtung so unbeschädigt wie möglich der Musik zu übergeben – nicht zum Gebrauch, sondern für *ein zweites Leben* in der Musik und mit der Musik. [...]
> Die Rechtfertigung, wenn davon die Rede sein soll, kann nur von der Musik kommen. In dem neuen Werk, der Oper, *erlöst* ja der Komponist den ›bearbeiteten‹ Text zu einer neuen Gestalt, einer neuen Ganzheit.« (1/372f., H.v.m.)

Die Transposition des Textes in ein anderes Medium, die der Übersetzung in eine andere Sprache ähnlich ist, betont die Haltung einer Lektüre, der es um das Nachleben geht, also weniger darum, die Werke in ihrer Zeit darzustellen, als »in der Zeit, da sie entstanden, die Zeit, die sie erkennt – das ist die unsere – zur Darstellung zu bringen«[76]. In einem Brief an einen anderen Kleist- und Benjamin-Leser, an Peter Szondi, in dem sie auf dessen »Versuch über das Tragische« antwortet, betont Bachmann denn auch dasjenige, »was von uns in ihnen [den Werken] aufgerufen wird«[77]. Das Wort aufrufen verweist darauf, daß auch die Lektüre ein Zitieren ist, nicht eines anderen Textes, sondern eines eigenen Textes im anderen.

Brief Ingeborg Bachmanns an Peter Szondi, 20.6.1961, Rom:

Gerne möchte ich Ihnen sagen, daß mich Ihr »Versuch über das Tragische« sehr betroffen hat und weiter beschäftigt. Mein Interesse an solchen Studien ist sonst eher lahm und lau, und ich bin so unbescheiden zu glauben, daß es weniger an mir als an den Studien liegt, gerade weil mich die besten und schönsten, die die Literatur nach sich gezogen hat – und die sind ja dann Teil der Literatur – empfindlicher gemacht haben, nicht nur für die

---

[76] Literaturgeschichte und Literaturwissenschaft (Benjamin 1980, III/290).
[77] Brief Bachmanns an Peter Szondi v. 20.6.1961 (DLM).

Werke und was oft durchgängig in ihnen vorliegt, sondern auch für das, was von uns in ihnen aufgerufen wird. Ihre Arbeit ist eine schöne und genaue Arbeit, eine sehr inspirierte vor allem, für die Genauigkeit sich erst lohnt.

Zudem freut mich auch ein Detail sehr – daß Sie unter den Beispielen die »Familie Schroffenstein« haben, die mir, als ich sie vor einem halben Jahr wiederlas, den Atem verschlagen hat, der genialen Konzeption wegen.

Es ist so heiß in Rom, daß man die Feder nur mit Anstrengung festhalten kann, und drum sage ich nur noch, daß ich Sie beglückwünsche zu dem Buch und ihm gute Leser wünsche.

V.

Übertragungen – Konversionen zwischen Leben und Schreiben

metaphora, gr. = Übertragung
conversio, lat. = Umwandlung

Die Generation, der die Autorin Bachmann angehört, hat lange Zeit die deutschsprachige Nachkriegsliteratur geprägt. Der paradigmatische Charakter ihrer Erfahrungsgeschichte gründet in der schlichten Tatsache, daß einige Daten der je individuellen Biographie dieser Generation mit zeithistorischen Zäsuren zusammenfallen. Für die 1926 in einer österreichischen Provinzhauptstadt geborene Ingeborg Bachmann fiel das Ende ihrer Kindheit mit dem Anschluß Österreichs an Nazideutschland zusammen, während sie das Kriegsende ein Jahr nach Ablegung der Matura erlebte. Durch dieses Ineinanderfallen von Kriegsende und Adoleszenz, von Studienbeginn (im Herbst 1945) und politischem ›Neubeginn‹ fand ihre Suche nach einem eigenen intellektuellen Ort in der Zeit der ›Wiederherstellung‹ einer unabhängigen österreichischen Kultur und der Reorganisation bzw. Restauration von Kulturbetrieb und akademischen Institutionen statt. Ihre Etablierung als Autorin und der Aufbau des prominenten Bachmann-Bildes in der Öffentlichkeit ereigneten sich in der zweiten Hälfte der fünfziger Jahre, zeitgleich also mit der Konsolidierung des Literaturbetriebs und mit der Formierung der Gruppe 47 als dessen repräsentativer Institution in der BRD. Und seit Bachmanns Debüt bei dem Treffen in Niendorf 1952, spätestens seit der Verleihung des Preises der Gruppe an sie 1953 in Mainz, war ihr Autorname an den der Gruppe 47 gekoppelt. Der Schuldzusammenhang jedoch, der deutsche und der anders gelagerte österreichische, bildet die Matrix für die Koinzidenz von individueller Erfahrung und Geschichte. Dies betrifft nicht nur die Diskurse über ein ›Sprechen nach Auschwitz‹, sondern auch die Bilder und die verschwiegeneren Spuren im kollektiven Gedächtnis der Nachgeschichte von Krieg, Nationalsozialismus und Shoah. Die Genese ihrer Schriftstellerposition ist auf diese Weise in den Vorgang einer mehrfachen Übertragung eingebunden: einerseits der Übertragung von Erfahrung in Literatur, zum anderen der genuin poetischen Form von Übertragung, die jeder Bildersprache zugrunde liegt, und schließlich der Übertragung von Literatur in eine Markt- und Öffentlichkeitsform, die dem Schreiben als Profession einhergeht. Bevor die Genese einer ›freien Schriftstellerin‹ rekonstruiert wird, soll daher die spezifische Metaphorik der Bachmannschen Erfolgsdichtung untersucht werden, um dann jene Texte aus ihrem Werk zu Wort kommen zu lassen, in denen sie die problematische Konversion von Leben und Kunst, von Denken und Beruf, von Imagination und Alltag selbst thematisiert hat.

1. Die Landkarte der Nachkriegslyrik: Topologie und Topographie

Die Kühnheit der Metaphorik in den frühen Gedichten Bachmanns, die gleichwohl den Bezug auf die jüngsten geschichtlichen Erfahrungen nicht aussparten, sondern diese in eine überhistorische, von Zeichen des Katastrophischen und der Vernichtung entstellte Bildlandschaft aufhoben, hat nicht wenig zum Erfolg der ›Dichterin‹ bei ihrer Lesung in Niendorf beigetragen. In der deutschen Nachkriegsliteratur hatte es das nicht gegeben: eine Lyrik, die weder Pathosformeln noch den Traditionsbezug auf die klassische Moderne scheute und dabei ein Bewußtsein zum Ausdruck brachte, das sich als Synthese von Schuld- und Opferbewußtsein darstellt. Die Gedichte Bachmanns weichen der historischen Erfahrung des Jüngstvergangenen nicht aus, das macht ihren vielbesprochenen direkten und harten Klang aus, sie schreiben die Leid- und Zerstörungsbilder zugleich aber in einen Ewigkeitszusammenhang ein. Auf diese Weise bringen sie eine kollektive Nachkriegsmentalität zum Ausdruck, die als Verfassung einer Todesbestimmtheit qua Geschichte erscheint: »Unsere Gottheit,/ die Geschichte, hat uns ein Grab bestellt,/ aus dem es keine Auferstehung gibt« (»Botschaft«, 1/49).

Bilder von Tod und Sterblichkeit, die die moderne Lyrik immer schon dominieren, werden hier in die Unausweichlichkeit eines Todesdenkens gesteigert, das das Leben von Anfang an bestimmt: »Ich bin das Immerzu-ans-Sterben-Denken« (»Hinter der Wand«, 15). Während die Todes- und Sterbensbilder im Hinblick auf verschiedene, möglicherweise unvereinbare Rollen in der Geschichte indifferent bleiben, läßt sich als strukturierende Topologie dieser Gedichte ein Zugleich von Ortlosigkeit und Fesselung bzw. totaler Determinierung durch die Zeit ausmachen. So wird die Herkunft eines lyrischen Ich – im Singular oder aber im Plural – in mehreren der 1952 vorgelesenen Gedichte aus der Genealogie eines immerwährenden, sich fortzeugenden Schuldzusammenhangs abgeleitet, aus dem sich eine Stellung außerhalb der Menschheit und der Sprache, außerhalb des Symbolischen oder eines sozialen Raums also, begründet. »Wann begann die Schuld ihren Reigen,/ mit dem ich von Samen zu Samen schwamm?« (»Wie soll ich mich nennen?«, 20) Und:

>»Wer weiß, ob wir nicht schon um Gott geflogen,
>weil wir pfeilschnell schäumten, ohne ihn zu sehen
>und unsere Samen weiterschleuderten,
>um in noch dunkleren Geschlechtern fortzuleben,
>jetzt schuldhaft treiben?
>
>Wer weiß, ob wir nicht lange, lang schon sterben?«
>(»Menschenlos«, 19).

Die Verbannung *in die* Zeit, von der im selben Gedicht gesprochen wird – »Wir, in die Zeit verbannt/ und aus dem Raum gestoßen« –, erscheint damit als eine Art zweiter, aber verkehrter Vertreibung aus dem Paradies: Verbannung in die Zeit als Verbannung aus der Gemeinschaft der Menschen als historischer Subjekte, die für ihren Ort in der Zeit selbst verantwortlich wären. Insofern ist ein Leben, das diesen Namen verdiente und hier im tradierten Bild des Herzens Gestalt gewinnt, auch nur außerhalb der Zeit möglich: »Fall ab, Herz, vom Baum der Zeit« und »Zwischen gestern und morgen schwingt es,/ lautlos und fremd,/ und was es schlägt,/ ist schon sein Fall aus der Zeit« (31).

Im Unterschied zur »gestauten Zeit«, wie sie im zeitgenössischen Bild vom »Glücklosen Engel« (1958) Heiner Müllers erscheint,¹ gleicht das Verbanntsein in die Zeit in Bachmanns frühen Gedichten eher einer Schicksalsmetapher. Dadurch wird der Status des Schuldhaften in ein Opfergefühl eingehüllt. Das Titelgedicht des ersten Lyrikbandes bringt mit der »auf Widerruf gestundete[n] Zeit« einen für den Nachkriegsdiskurs symptomatischen Zusammenhang zur Sprache: die beliebte und entlastende Konvertierung von Schuld in Schulden.² Durch die Attributierung der Zeit als »gestundet« steht sie ja anstelle der Schulden und wird so in den Kontext einer Abwicklung der von den Eltern ererbten Schuld gestellt. Es ist ein Leben im ›dunklen Winkel‹ und außerhalb der Geographie, aus dessen Perspektive nun auch die Thematisierung von Vernichtung nicht zufällig völlig unspezifisch gerät:

»Weißt du, Mutter, wenn die Breiten und Längen
den Ort nicht nennen, daß deine Kinder
aus dem *dunklen Winkel der Welt* dir winken?
[...] Vom Lot abwärts geführt,
nicht in Richtung des Himmels, fördern wir
Dinge zutage, in denen Vernichtung wohnt und Kraft,
uns zu zerstreuen. Dies alles ist ein Beweis
zu nichts und von niemand verlangt.«
(»Beweis zu nichts«, 25, H.v.m.).

Die Kraft zur Zerstreuung, die hier in einer Figur der Gleichzeitigkeit an jene Vernichtung gekoppelt ist, welche in den zutage geförderten Dingen wohnt, ist die einzige und genau diejenige Bewegung, die die Totalität der Zeitgebanntheit aufzubrechen vermag. Insofern sind die Aufbruchsbilder, die diese Gedichte entwerfen, nicht selten Bilder der Flucht, z.B. »Sieh dich nicht um./ Schnür deinen Schuh« (37). Metaphorisch verdichtet ist dieser Aufbruch im Bild der Ausfahrt aus dem Hafen aufs Meer und über Grenzen, ein topographisches Szenario, das eine Reihe der frühen Gedichte verbindet.

»Kein Hafen wird sich öffnen« (»Vision«, 18) und »Die Häfen

---

¹ Als Erstarrung jener geschichtsphilosophischen Konstellation, die in Benjamins »Begriff der Geschichte« als Ungleichzeitigkeit von Kontinuum und Katastrophe beschrieben ist (Müller 1982, 87).
² Zu dieser Diskursfigur und ihrem Zusammenhang mit dem Problem der Wiedergutmachung vgl. Weigel 1996.

waren geöffnet. Wir schifften uns ein« (21), das bereitliegende »Sonnenschiff im Hafen« (»Die große Fracht«, 34) und jener »Hafen, wo Wiederkehr nicht zählt« (»Nachtflug«, 52) – all diese Bilder einer geschichtlich unbestimmten Topographie sind gebildet aus *der* Welt, *dem* Kontinent und *dem* Himmel. Hafen, Insel, Grenze und Brücke sind dabei Schwellenorte, die dem Wunsch nach Zerstreuung, heraus aus einer zeitlich bedingten Bannung, eine poetische Gestalt geben. Als Tropen sind es Daseins- oder Existenzmetaphern,[3] Orte, die für eine universalisierte, gleichsam anthropologische Grunderfahrung stehen, die auch explizit zur Sprache kommt: »der großen Weltangst Kind« (15). Die Abwesenheit einer spezifischen Geographie[4] – »Die Welt ist weit und die Wege von Land zu Land,/ und der Orte sind viele, ich habe alle gekannt« (22) – und allgültige Zeitangaben wie Tag, Nacht, Abend, gestern, morgen bilden die dominante Landkarte eines großen Teils jener Gedichte, die vor und im ersten Lyrikband »Die gestundete Zeit« (1953) publiziert wurden, also sämtlich noch aus der Wiener Zeit stammen: Ortlosigkeit bzw. Unbestimmtheit der Verortung als kollektives Zeitschicksal.

Wie sehr Bachmann mit diesem Ton die Mentalität einer ganzen Generation traf, belegt deren Porträt, das Milo Dor in einer von ihm herausgegebenen Anthologie noch ein Jahrzehnt später unter den Titel »Die Verbannten« (1962) gestellt hat. Die Standortbestimmung seines Vorworts ergibt sich aus dem prekären Zusammenspiel einer sehr eindeutigen Eingrenzung der Autorengruppe – Autoren, die zumeist nach 1945 in Österreich debütierten, von Bachmann über Lavant, Busta, Aichinger, Haushofer und Fritsch bis Celan – mit einer vollständigen Nivellierung differenter Positionen in der Nachgeschichte des Krieges. Denn er nimmt für alle gleichermaßen den Begriff der Überlebenden in Anspruch:

»Dieses Buch könnte auch ›Die Überlebenden‹ heißen; es vereinigt die Arbeiten jener Generation, die den letzten Weltkrieg überlebt hat. Es ist die Generation der damals Achtzehn- und

---

[3] Existenzmetapher (Heinrich 1995, 13), Daseinsmetapher (Blumenberg 1979).
[4] Als Ausnahme müßte hier das Bild von »Deutschlands Himmel« aus dem Gedicht »Früher Mittag« genannt werden.

Zwanzigjährigen, die am stärksten gefährdet waren und die den totalen Fronteinsatz, die Bomben und den Rückzug, die Gefängnisse und die Lager aller Art wie durch ein Wunder überlebt haben. Sie haben die Brutalität der anderen und die eigene Ohnmacht erfahren und sind dann, aus dem Krieg zurückgekehrt, daran gegangen, sich aus Trümmern, Glassplittern und Traum eine Heimstatt zu bauen.«[5]

Der in Budapest geborene Autor, der selbst während des Krieges als Oppositioneller von den Nazis in ein Wiener Arbeitslager verbracht worden war, stellt seine spezifische Erfahrung hinter das Identitätskonzept einer Generation von ›Überlebenden‹ zurück, in die die ehemaligen Soldaten ebenso integriert werden wie die Remigranten und überlebende Juden. Die derart konstruierte einheitliche ›Identität‹ wird durch ein zweites Erleiden, die Verstoßung durch die geliebte Stadt Wien bzw. durch die etablierte österreichische Kultur, quasi zu einer doppelten Opferposition gesteigert, die die Kollektivfigur der Verbannten motiviert. Dor profiliert damit die Selbstdefinition einer Generation, die im Kindesalter, also unzweifelhaft unfreiwillig, in den ›Anschluß‹ und den Krieg geriet und die nach 1945 die Spuren der Zerstörung nicht aus ihrem Denken und Schreiben ausblenden wollte, sich mit den Überlebenden der Verfolgung identifizierte und derart zum Störenfried einer Restaurationskultur der Totalverdrängung wurde. »Heute leben sie in Paris, Rom, Hamburg oder Lenggries im Exil, sie leben in der ländlichen Verbannung oder mitten in Wien in einer Art ›innerer Emigration‹.« Dieses von Dor in dankenswerter Klarheit formulierte Selbstverständnis wirkte für die Kinder der Täter und für die im Österreich der Nazizeit Aufgewachsenen wie ein Schirm vor der Wahrnehmung eigener Verwicklung und mag erklären, warum eine Auseinandersetzung damit von Vertretern dieser Generation, wenn überhaupt, erst so spät in Angriff genommen wurde.

Neben ausgewählten Gedichten aus beiden Lyrikbänden ist von Bachmann in Milo Dors Anthologie das 1957 entstandene Gedicht »Exil« aufgenommen, das die Textsammlung einleitet. Hier ist die skizzierte Landkarte der frühen Gedichte durch die abso-

---

[5] Dor 1962, 7.

lute Metapher⁶ des Exils ersetzt.⁷ Anstelle der Häfen als Bild der Verbannung steht nun das Exil selbst als Topos eines vollständigen Ausschlusses, eines Ausschlusses aus der Gemeinschaft der Lebenden: »der ich unter Menschen nicht leben kann« (1/153). In einem Entwurf zum Gedicht ist der Vorgang der problematischen Übertragung eines konkret-historischen Ortes in eine Universalmetapher noch lesbar. Darin ist der zunächst gewählte Titel »Der ewige Jude«, mythische Metapher des ewigen Exils, die aus der historischen Vertreibung gewonnen wurde, durchgestrichen und durch den Titel »An einer Straßenecke«, eine Existenzmetapher aus dem Repertoire der Moderne also, die das Gefühl, ausgeschlossen zu sein, zum Ausdruck bringen soll, ersetzt.⁸ Allerdings ist die fehlende Behaustheit in der Welt der Lebenden hier durch eine andere Behausung, die in der Sprache, kompensiert: »Ich mit der deutschen Sprache/ dieser Wolke um mich/ die ich halte als Haus/ treibe durch alle Sprachen«. Im Schlußvers dieses Gedichts erscheint die Sprache sogar als Rettung, wenn nicht als Auferstehung für die Toten: »In hellere Zonen trägt dann sie den Toten hinauf!« War die poetische Landschaft der früheren Gedichte zunächst aus Orten gebildet, die keine Realreferenz beanspruchen, so sind jene Orte nunmehr durch die Sprache selbst – als *der* Ort metaphorischer Behausung – abgelöst.

Doch noch einmal zurück zu den frühen Gedichten. Wenn man das beschriebene Bildfeld der Orte dort im Horizont von Gaston Bachelards »Topo-Analyse«⁹ betrachtet, in der Raumbilder, im

---

⁶ Absolute Metaphern nennt Hans Blumenberg solche, die »sich gegenüber dem terminologischen Anspruch als resistent erweisen, nicht in Begrifflichkeit aufgelöst werden können« (Blumenberg 1960, 11).

⁷ Vgl. dazu auch Sparr in Böschenstein/Weigel 1997, 176–188.

⁸ Entwurf in schwer lesbarer Handschrift. Die Tendenz der Exilmetapher zur Nivellierung historischer Differenzen wird hier besonders deutlich in der Formel »Jude im Christen versteckt wie der Christ im Juden« (K7755/ N6150, NÖN).

⁹ Bachelard bezieht sich in seiner »Poetik des Raumes« zwar vor allem auf Beispiele für glückliche, gepriesene oder geliebte Räume, d.h. auf »Topophilie«; doch können die topo-analytischen Lektüren, in denen er die Darstellung des sogenannten inneren Lebens in räumlichen Bildern untersucht, auch für andere, negativ oder ambivalent konnotierte Räume unternommen werden (Bachelard 1975).

Sinne des Gedächtnisses, als verdichtete Zeit untersucht werden, dann könnte man von einer Entstellung der tradierten Raummetaphorik sprechen: Anstelle des Raums als verdichteter Zeit dominiert hier eine Zeitbannung in Raum- und Ortlosigkeit. Denn die Aufhebung in die Dimension des Ewigen und Immerwährenden bedeutet ja letztlich eine Auflösung von Zeit; nicht verdichtete Zeit als Gedächtnisform also, sondern Mythisierung von Erinnerung, wodurch die Geschichte als Naturzusammenhang erscheint. Die Art und Weise, wie die Autorin später poetische Verfahren der Enthistorisierung ihrer frühen Lyrik bearbeiten wird, läßt sich am besten an der absoluten Metapher des Exils studieren, die in der »Simultan«-Erzählung »Drei Wege zum See« mit Hilfe der Gestalt Trottas, eines ›wirklich‹ Exilierten, korrigiert wird [VII.5].

Allerdings wird bereits im ersten Lyrikband »Die gestundete Zeit« die mythische Landkarte nicht nur durch Momente der Liebessprache durchkreuzt [III.2], sondern auch durch einige Gedichte, deren Ortsnamen sich wohl nicht zufällig auf reale Orte beziehen oder als Erinnerungsbilder realer Reisen ausweisen. Die Komposition des Bandes verstärkt diese Durchkreuzung, indem sie auf die existenzmetaphorische »Ausfahrt«, die den Band eröffnet, als zweites das England- und als fünftes das Paris-Gedicht folgen läßt. »Abschied von England« (1/30) erinnert die kurze London-Reise der Autorin zu Beginn des Jahres 1951 und reflektiert die Erfahrung eines verfehlten Aufenthalts, bei dem das fremde Land gleichsam ein Nicht-Ort geblieben ist: »Ich habe seinen Boden nie betreten.« Dabei bleibt die Apostrophe des Gedichts zweideutig, es adressiert sich an das Land und zugleich womöglich an einen fernen Geliebten. Man könnte es auch so lesen, daß die Besetzung durch die Liebe – Glück, Abschied und Ungesagtes – eine Art Abwesenheit während der Anwesenheit im Land bedeutete: »War ich je hier?« Das »Paris«-Gedicht geht auf den der London-Reise unmittelbar vorausgegangenen Paris-Aufenthalt bzw. auf den Besuch bei Paul Celan Ende 1950 zurück.[10] Darin wird andererseits der Hölderlinsche Gegensatz zwischen den ›im Licht wandelnden seeligen Genien‹ und ›uns, denen auf keiner Stätte zu ruhn

---

[10] Zu den Paris-Gedichten »im Geheimnis der Begegnung« Celans und Bachmanns vgl. den Beitrag von Corina Caduff in Böschenstein/Weigel 1997, 151–166.

gegeben ist‹,[11] verkehrt in den Gegensatz zwischen ›uns im Licht‹ und den ›Verlorenen unten‹. Andererseits ist der konkrete Ort der Metro und ihrer Schächte in »Paris« durch eine Topik überlagert, die als Gegensatz von Nacht – Tag und unten – oben strukturiert ist. Und so wird hier erstmals eine Perspektive entworfen, die das Wir des Gedichts nicht als Kollektiv von Verlorenen begreift, sondern es im Gegenteil von den »Verlorenen« absetzt: »Auf das Rad der Nacht geflochten/ schlafen die Verlorenen/ in den donnernden Gängen unten,/ doch wo wir sind, ist Licht.« Zwar wird die Stellung im Licht in den folgenden Strophen gebrochen, doch wird das Leid, das auch ›uns‹ trifft, dennoch von dem der anderen, denen in der Nacht, abgesetzt:

> »Auf den Wagen des Lichts gehoben,
> wachend auch, sind wir verloren,
> auf den Straßen der Genien oben,
> doch wo wir nicht sind, ist Nacht.« (33)

Insgesamt wird im zweiten Gedichtband Bachmanns die existenzmetaphorische Landschaft ihrer frühen Lyrik durch eine konkretere Topographie abgelöst, die sich in der »Gestundeten Zeit« verschiedentlich schon andeutet. Der Weg nach Süden, der dort eine tradierte Italien-Ikonographie auf die Probe stellen wird, ist hier noch als »Fluchtweg nach Süden« bezeichnet, der »uns nicht,/ wie den Vögeln, zustatten« kommt. So wird in »Herbstmanöver« die touristische Reise in den Süden in ideologiekritischer Manier als Flucht aus einer von der Vergangenheit überschatteten Zeit gewertet:

> »[...] Laßt uns die
> unbeantworteten Briefe an das Gestern vergessen!
> Die Zeit tut Wunder. Kommt sie uns aber unrecht,
> mit dem Pochen der Schuld: wir sind nicht zu Hause.
> Im Keller des Herzens, schlaflos, find ich mich wieder
> auf der Spreu des Hohns, im Herbstmanöver der Zeit« (36).

---

[11] Vgl. Hyperions Schicksalslied: »Ihr wandelt droben im Licht/ Auf weichem Boden, seelige Genien/ [...] Doch uns ist gegeben,/ Auf keiner Stätte zu ruhn« (Hölderlin 1992, Bd. 1, 744 f.).

Die nahezu programmatische Aussage »Ich sage nicht: das war gestern«, mit der das Gedicht beginnt, wirkt wie eine Willens- und Absichtserklärung, die die Flucht- und Aufbruchsbilder der anderen Gedichte durchstreicht.

Sehr viel komplexer strukturiert ist das Gedicht, das den ersten Gedichtband abschließt, »Große Landschaft bei Wien«. In ihm stoßen Auswegsverlangen und Liebessehnsucht auf einen spezifischen Ort, »wo die Welt/ ausblieb und wenig Heiterkeit war«, einen Ort, dem die Zeichen der Geschichte eingeschrieben sind: »Schauplatz vielvölkriger Trauer«, »gerettet ist keiner, getroffen sind viele«. Die Landschaft vor der Stadt, die sich zur Steppe hin öffnet, Szenario von Volksvergnügen (angedeutet durch Tänze und Riesenrad) und von Liebesgeschichten, ist immer schon von Verfehlungen und vom Ende gezeichnet – »Nirgends gewährt man, wie hier, vor den ersten Küssen/ die letzten« –, und sie ist von Entzauberung bedroht, einer Entzauberung, die sich vor allem gegen einen Traum von Reinheit richtet:

> »Wunder des Unglaubens sind ohne Zahl.
> Besteht ein Herz darauf, ein Herz zu sein?
> Träum, daß du rein bist, heb die Hand zum Schwur,
> träum dein Geschlecht, das dich besiegt, träum
> und wehr dennoch mystischer Abkehr im Protest.
> Mit einer andern Hand gelingen Zahlen
> und Analysen, die dich entzaubern.
> Was dich trennt, bist du. Verström,
> komm wissend wieder, in neuer Abschiedsgestalt.« (60)

Doch dieses Gedicht thematisiert nicht nur ein kollektives Unschuldsphantasma, es ist auch als Kommentar zur Erstbegegnung Bachmanns mit Celan im Nachkriegs-Wien lesbar, insofern es eine Dissonanz reflektiert, die der Beziehung der beiden Dichter durch die objektive Unvereinbarkeit ihrer historischen Erfahrungen von Anbeginn anhaften mußte [VIII.2]. Die Ent-Täuschung eigener Unschuldsposition, der eigene Fall, ist dabei auf dem Schauplatz einer gefallenen Stadt situiert, auf einem Schauplatz, der die bekannten Sinnbilder eines zweitausendjährigen Wien-Mythos als verdorbene Bilder aufruft: »Versteppung, Ende des Limesschutzes, Unglauben, der das Kirchenschiff Marias am Gestade wirkungslos macht, Verkehrung des Mahnmals der Pestsäule in die Absage an

Zeit.«[12] Im Strophenschema des Gedichts sticht ein isoliert stehender Vers hervor, der – wie eine Barriere anmutend – den ersten Teil mit vier fünfzeiligen Strophen vom zweiten Teil trennt, dessen Strophen zwischen sechs und zehn Zeilen variieren:»Asiens Atem ist jenseits.« Dieser Vers, der im Gedicht die Schwelle zwischen Jahrmarktsszenario und kulturgeschichtlichem Schauplatz (geographisch zwischen Wiener Prater und den östlichen Donauauen bei Carnuntum vor der Stadt)[13] bezeichnet, evoziert ein Jenseits, das als Chiffre einer Topographie gelesen werden kann, die Bachmanns Literatur erst später einholen wird: das *Jenseits von Wien*, das hier mit dem Namen Asien benannt wird.

Bevor sie aber *diese* Region aufsuchen wird [VII.1], öffnet sich die Lyrik der Italien-Topographie (im Band »Anrufung des Großen Bären«, der 1956, drei Jahre nach ihrem Aufbruch nach Italien, erscheint) öffnet sich also einem »Süden«, dessen Bezeichnung als »erstgeborenes Land« für das Bild der Dichterin sprichwörtlich geworden ist. Das Gedicht mit dem gleichnamigen Titel allerdings gestaltet eine destruierende Durchquerung mythischer Südbilder, aus der erst nach Vipernbiß, »Grausen im Licht« und Erdbeben ein »zum Schauen erwacht[es]« Ich entsteht. In Anspielung an den Wiedergeburtsmythos der Goetheschen Italienreise bedeutet »mein *erst*geborenes Land« eine Abgrenzung zum Bildungsreisekonzept und ist durch den zweideutigen Bezug zugleich als Urszene gestaltet: gleichursprüngliche Entstehung von Land und Ich.

Die Erfahrung zugefallenen Lebens (120) und die Durchkreuzung klassischer Italien-Mythen, Sehnsuchtston und Entzauberung halten sich in den Italien-Gedichten des Bandes die Waage. Insofern präsentieren sie nicht eigentlich Ideologiekritik, denn jene Sehnsuchtsmomente, die Orten wie Venedig, Rom oder Apulien anhaften, werden nicht denunziert. Da die Reise ins Land mit der Ankunft im imaginären »Süden« niemals zur Deckung kommen kann, kann sie die Figur der Sehnsucht auch nicht in sich auf-

---

[12] Böschenstein 1981, 259.
[13] Wie im Rom-Essay referiert das Gedicht auf herausgehobene Orte des Reiseführers von Wien: Das Riesenrad verweist auf den Prater, das Limesgefühl auf die römischen Ausgrabungen im 40 Kilometer östlich von Wien an den Donauauen gelegenen Carnuntum, der Säulenfuß bezieht sich auf die Pestsäule am Graben, Maria am Gestade auf die gleichnamige Kirche in der Salvatorgasse.

heben. Trotz Reise, Annäherung und direkter Anschauung differieren die Ortsnamen der Dichtung gegenüber den identischen geographischen Namen. Für ihr Gedicht »Apulien«[14] hat Bachmann das in einem abgebrochenen Kommentarentwurf selbst ausgeführt:

> »Natürlich war ich in Apulien; aber ›*In Apulien*‹ ist etwas andres, löst das Land auf in Landschaft, und führt sie zurück auf das Land, das gemeint ist. Es gibt wunderschöne Namen für die Ursprungsländer, die versunkenen und die erträumten, Atlantis und Orplid. ›Apulien‹ ist ein wunderschöner Name – ich glaube nicht, daß sich jemand entschließen könnte, Le Puglie zu sagen, das italienische Wort trifft es nicht, es ist geographisch.« (4/305)[15]

Und auch wenn womöglich ein konkretes Anschauungsbild, der Blick der im Zug Vorbeifahrenden auf Olivenhain und Mohnfeld, das Initialbild für das Gedicht gewesen sein könnte, löscht das Schreiben doch gerade diesen Moment aus, wie Bachmann kommentiert, die damit die Zäsur gegenüber dem geographischen Ausgangspunkt der poetischen Landschaft betont. Die konkrete Reise oder die reale Anwesenheit vor Ort werden damit als abgeschnittener, vergessener Ursprung der imaginären Topographie qualifiziert.

Insofern geht es nicht um den Gegensatz von Bild und konkretem Ort, vielmehr zitieren Bachmanns Italien-Gedichte die Pathosformeln der Italien-Ikonographie – »Venedig, gepfählt und geflügelt, Abend- und Morgenland!« (1/131) – und überschreiben diese kulturellen Erinnerungsformeln mit subjektiven Wahrnehmungs- und Erinnerungsspuren. Am deutlichsten wird das vielleicht im Gedicht »Brief in zwei Fassungen« (126f.), in dem das Bildtableau von »Rom im November abends« eine Art Grundlage bildet, auf der die Gefühle des lyrischen Ich – »der Abschied ohne

---

[14] Vgl. dazu auch Luchsinger 1996, 77ff.

[15] Die Nähe der Argumentation zur Frankfurter Vorlesung über Namen legt die Vermutung nahe, daß es sich bei dem Fragment um einen Vorlesungsentwurf handelt und Bachmann womöglich zunächst vorhatte, entsprechend des Anspruchs einer ›Poetikvorlesung‹, ihr eigenes Schreiben zu kommentieren. Der Entwurf bricht mit dem – wohl unmöglichen – Versuch einer Selbstinterpretation ab.

Kränkung ist vollzogen« – eingetragen werden können, ähnlich der »Spiegelschrift der Hufe«, die ins Pflaster taucht. Oder in dem Gedicht »Scherbenhügel«, in welchem dem prominentesten Platz der Toten in der Topographie Roms, dem Testaccio, erneut verstummte Worte und Tränen »anvertraut« werden können: »O Aufgang der Wolken,/ der Worte, dem Scherbenberg anvertraut!« (111)

Auch die Bestandteile einer nahezu kosmischen Topographie aus Land, Seen, Fluß, Erde, Himmel und Meer werden jetzt in eine poetische Topographie umgeschrieben, deren Status einer erfundenen Landkarte, »aus Worten gemacht« (4/240), mitreflektiert wird: »(Hab ich sie nicht erfunden, diese Seen/ und diesen Fluß! [...] Nimm dein feurigstes Gespann,/ fahr diesen Erdball ab, roll mit den Tränen/ die Welt entlang! Dort kommst du niemals an«, so der in Klammern gesetzte Kommentar in »Von einem Land, einem Fluß und den Seen« (1/91). Zudem geht es nicht mehr um Aufbruchsformeln, sondern um die Erinnerung und Reflexion von Aufbrüchen, die mit dem Zitat mythischer Vorbilder – »Die Lose ähneln sich, die Odysseen« (84) – auf ihre Muster hin befragt werden und aufgrund der Perspektive sprachlich ihren *paradigmatischen* Charakter signalisieren: »Von *einem*, der das Fürchten lernen wollte/ und fortging aus dem Land, von Fluß und Seen« (84, H.v.m). In diesem Zusammenhang erhält auch die gegenüber früheren Gedichten auffällige Zurücknahme des ›Ich‹ bzw. die differenzierte Handhabung von Stimmführung, Perspektive und Adressierung ihre Bedeutung. Die Topographie der Gedichte konstituiert sich aus einer tradierten mythischen Topologie, die immer schon imaginär strukturiert ist; so wird das Repertoire der poetischen Landkarte selbst zum Raum einer textuellen Bewegung. Insofern kommen etliche Gedichte aus »Anrufung des Großen Bären« jenem »Zauberatlas« sehr viel näher, von dem Bachmann in der Frankfurter Vorlesung sprechen wird.

Das Faktum, daß die Dichterin sich dennoch entschieden hat, die Gattung der Lyrik zu verlassen, läßt sich nicht nur mit ihrem Gedicht »Keine Delikatessen« (1963) kommentieren, in dem sie die poetischen Effekte einer Ästhetisierung beklagt, wenn von der Ausstaffierung einer Metapher, von »Wortopern« und vom Einsehen »mit den Worten« und »dem ungereinigten Schluchzen« gesprochen wird. Ihre Entscheidung erhellt sich auch durch eine Wendung aus ihrer Vorlesung über Gedichte (Ende 1959), die mit einer Besprechung von Paul Celans Band »Sprachgitter« (1959) endet. Diese Plazierung wird damit begründet, daß Celan mit seinem neuen Lyrikband »ein neues *Gelände* begeht. Die *Metaphern* sind völlig *verschwunden*, die Worte haben jede Verkleidung, Verhüllung abgelegt, kein Wort fliegt mehr einem anderen zu, berauscht ein anderes« (4/216, H.v.m). Diese Veränderung führt Bachmann auf eine »schmerzliche Wendung« und auf eine äußerst harte »Überprüfung der Bezüge von Wort und Welt« zurück, aus der ein »unverschlüsseltes« Sprechen erwachsen sei. Dies sei »dem möglich, der von sich sagt, daß er wirklichkeitswund und wirklichkeitssuchend mit seinem Dasein zur Sprache geht«, womit sie die Schlußwendung aus Celans Bremer Dankrede von 1958 nahezu wörtlich zitiert.

Bemerkenswert an ihren Überlegungen ist hier die Bezeichnung einer metaphernlosen Dichtung als Gelände, womit das Gedicht, aus dem alle Metaphern verschwunden sind, selbst als (sprachliche) Topographie betrachtet wird. Dies entspricht der Vorstellung, die Celan ein Jahr später in seiner »Meridian«-Rede theoretisch entwickeln wird. Unter dem Titel der »Toposforschung« entwirft er dort die Perspektive des »absoluten Gedichts«, das zwar nicht existiere, als Anspruch oder Frage aber in jedem Gedicht enthalten sei: »Und das Gedicht wäre somit der Ort, wo alle Tropen und Metaphern ad absurdum geführt werden wollen.«[16] Die Bilder, von denen die Lyrik lebt, wären insofern gerade nicht solche, die für eine universelle Zirkulation geeignet sind. Dazu Celan: »Und was wären dann die Bilder? Das einmal, das immer wieder einmal und nur jetzt und nur hier Wahrgenommene und Wahrzunehmende.«[17] Insofern wären es zwar nicht einzigartige Bilder, wohl aber Bilder einer einzigartigen, augenblicklichen Wahrnehmung, Bilder, die einem »Jetzt der Erkennbarkeit« (Benjamin) entspringen. Das Gedicht als Ort, das sich der Verwerfung der Tropen und Metaphern verdankt und schließlich anstelle der Topologie einen »Meridian« begründet, ist Fluchtpunkt von Celans Toposforschung, die er auf einer dem Bachmannschen Zauberatlas sehr verwandten Landkarte betreibt:

---

[16] Celan 1986, 3/199.
[17] Ebenda.

»Ich suche das alles mit wohl sehr ungenauem, weil unruhigem Finger auf der Landkarte – auf einer Kinder-Landkarte, wie ich gleich gestehen muß.

Keiner dieser Orte ist zu finden, es gibt sie nicht, aber ich weiß, wo es sie, zumal jetzt, geben müßte, und ... ich finde etwas! [...]

Ich finde etwas – wie die Sprache – Immaterielles, aber Irdisches, Terrestrisches, etwas Kreisförmiges, über die beiden Pole in sich selbst Zurückkehrendes und dabei – heitererweise – sogar die Tropen Durchkreuzendes –: ich finde ... einen *Meridian*.«[18]

Es geht damit um eine Dichtung, die anstatt die Namen geographischer Orte in metaphorische Bedeutungen zu übertragen, die Tropen und Metaphern im Atlas der Literatur durchkreuzt und sie auf diese Weise im Meridian der Sprache verortet: das Gedicht bzw. die literarische Sprache selbst als – immaterielle – Topographie. Wenn Bachmanns Spracharbeit in ihren Gedichten sich auf dem Weg zu einer solchen Topographie befand, so haben offenbar die Resultate ihr selbst dennoch nicht genügt.

2. Arkadien:
Literarisches zum Problem der Konvertierbarkeit

In einer Passage der Titelerzählung von »Das dreißigste Jahr« polemisiert der Erzähler gegen die Geltung von Gedanken, die aus einer Aneignung »alles Mitteilbaren« erwachsen sind. Er wendet sich gegen gemietete Ansichten und gepachtete Bilder und bringt dabei die Währungsmetaphorik ins Spiel:

»Ich wollte, ich könnte all denen, die an ihre einzigartigen Köpfe und die *harte Währung ihrer Gedanken* glauben, zurufen: seid guten Glaubens! Aber sie sind *außer Kurs* gesetzt, diese *Münzen*, mit denen ihr klimpert, ihr wißt es nur noch nicht. *Zieht sie aus dem Verkehr* [...] Gebt zu, daß ihr nur ein *von den Alten möbliertes Land* bewohnt, daß eure Ansichten nur gemietet sind, gepachtet die Bilder eurer Welt. Gebt zu, daß

---

[18] Ebenda, 202.

ihr, wo ihr *wirklich bezahlt*, mit eurem *Leben*, es nur jenseits der Sperre tut, wenn ihr Abschied genommen habt von allem, was euch so *teuer ist* [...] und nur von dort aus den eigenen Weg und eure Fahrt antretet, von imaginierter Station zu *imaginierter Station*, Weiterreisende, denen es um Ankommen nicht zu tun sein darf!« (2/103f., H.v.m.)

Werden in dieser Passage einerseits abgeschliffene Redewendungen aus dem Wortfeld von Ökonomie und Geld – wie z.B. etwas verdienen, mit/für etwas bezahlen, teuer sein etc. – in ihrer Wortwörtlichkeit genutzt, so wird darin andererseits die Teilhabe des Denkens und der Imagination an der allgemeinen Zirkulation thematisiert. Diese Überlegungen gehen aber über den verbreiteten kulturkritischen Diskurs über den sich wandelnden Zeitwert von Ansichten hinaus, und zwar durch die Kategorie des ›Mitteilbaren‹, d.h. durch ihre Bezugnahme auf sprachtheoretische Aspekte. Dort nämlich, wo die Sprache die Form »alles Mitteilbaren« (103)[19] annimmt, tritt sie in die Zirkulation ein und wird so, wie das Geld, dem jeweils festgesetzten Kurs unterworfen.

Die Formulierung von der ›wirklichen‹ Bezahlung mit dem Leben, mit der zunächst ein Gegensatz von Währung und Leben assoziiert werden könnte, erweist sich auf den zweiten Blick aber als Kritik an einer Aufspaltung zwischen der ›Bewohnung des Alten‹ und einem ›Leben im Imaginären‹. Das bedeutet, daß der Verzicht auf die Annullierung der Währung überkommener Gedanken, Ansichten und Bilder mit dem Entwurf eines ›Lebens‹ kompensiert wird, das im Imaginären angesiedelt ist und dem Muster einer Lebensreise folgt, das in derselben Erzählung dekonstruiert wird [I.1]. In der Währungsmetapher verbirgt sich hier eine Kontinuitätskritik, eine Kritik am Fortbestand des Denkens der ›Alten‹, dessen Kurs durch die Verweisung des ›Lebens‹ in imaginäre Bereiche abgestützt wird. Auf diese Weise wäre der emphatische Topos des ›Lebens‹ vom Erzähler also als Möglichkeitsbedingung für das Klima einer Kontinuitätskultur beschrieben. Bedeutet dies nun, daß das Postulat, die außer Kurs gesetzten Münzen sollten

---

[19] Vgl. das Verhältnis von Unmittelbarkeit und Mitteilbarkeit in Benjamins Sprachtheorie; erst die Mitteilbarkeit macht die Sprache zum Zeichen, das zirkulieren kann (Benjamin 1980, II.1/156).

aus dem Verkehr gezogen werden, auch die Aufforderung einschließt, das Leben in die Etablierung einer anderen Währung einzubringen und es derart ebenfalls in die Zirkulation eintreten zu lassen?

Ausgehend von dieser Passage zeigt sich beim nochmaligen Lesen, daß sich das Motiv von Währung und Kurs wie auch das Thema des unmöglichen Tausches oder der gestörten Äquivalenz – z. B. zwischen Traum und Beruf, Philosophie und Leben, Ordnung und Liebe, Leben und Kunst, Ding und Metapher – in zahlreichen Texten Bachmanns findet, die in den fünfziger Jahren entstanden sind. Man denke an »Ein Geschäft mit Träumen« oder »Der Schweißer«, aber auch an »Undine geht«. Die Erzählung »Auch ich habe in Arkadien gelebt« (1952) nimmt für diesen Zusammenhang einen prominenten Platz ein, erkennbar darin, auf welche Weise Bachmann hier das Motiv der Währung in die symbolische Topographie ihrer frühen Erzählungen einschreibt – als fehlender Wechselkurs nämlich zwischen *hier* und *dort*: »Aber die Währung zwischen hier und dort ist noch immer eine andere« (2/40).

Die Erzählung beginnt mit einer Abschiedsszene. Bereits zu Beginn sind in die arkadische Ikonographie einer elegischen Erinnerung an den verlorenen *locus amoenus* allerdings Zeichen eines Verfalls eingebrochen, Symptome einer Zerstörungsgeschichte, die die arkadische Naturlandschaft entstellen: faule Beeren, hungrige und frierende Schafe und graslose Bergwiesen. Die Metapher der Sonnenstrahlen, auf denen in Arkadien die Hirtenkinder einst glücklich wandelten, bildet dann den Ausgangspunkt für den Sprung in die Gegenwart: »Auf silbernen Geleisen – zwei letzten Sonnenstrahlen – trug mich der Zug fort. In der Nacht erreichte ich die Grenze.« An dieser Stelle fallen der erzählerische und der metaphorische Ort eines Übergangs in eins. Die Metapher als sprachlicher Ort der Übertragung hat bei der Aktualisierung des Naturbildes, seiner Übertragung in eine industrielle Gegenwart, beim Sprung vom idyllischen Bild der Sonnenstrahlen zum realen Transportmittel Momente des Plötzlichen in sich aufgenommen. An der Grenze angekommen, wird dieser Sprung in eine Welt der modernen Zirkulation als Barriere wirksam:

»Die Zollbeamten beschlagnahmten mein Gepäck, und als ich mein Geld umwechseln wollte, bedeutete man mir, daß hier eine andere Währung galt. Bedauerlicherweise war zwischen meiner Heimat und den anderen Ländern kein Abkommen getroffen worden, das einen Kurs festsetzte. Also war auch mein Geld wertlos.« (38)

Das »auch« deutet hier schon an, daß nicht nur das Geld wertlos geworden ist, vielmehr wird – wie sich im weiteren Verlaufe des Textes zeigt – alles, was der Ich-Erzähler hier, am neuen Ort, leisten und erwerben kann, in der Heimat keine Geltung haben. Ist der Aufenthalt *hier* für den Erzähler von persönlichem und materiellem Erfolg gekrönt, von immer neuen Versprechen, Aufgaben und Bestätigungen, bleibt doch in diesem Land das »Bild des unbekannten Meeres« für ihn in der stets gleichen Entfernung. Die Reise dorthin schiebt er immer wieder auf, weil er sich sagt, »daß mir diese Reise noch immer bliebe und daß sie mir im Augenblick nichts eintragen konnte, nichts, was ich nicht schon besäße«. Gestört wird dieses Leben in einer Erfolgsordnung nur durch Töne, die der Erzähler von Zeit zu Zeit, stets aber zur Unzeit vernimmt, »in Augenblicken, in denen ich keine Zeit habe«: die Töne einer Flöte, typisches Attribut der Elegie, eine zerrissene Melodie, ein »von großer Entfernung geschwächter Ruf« oder ein Glockenton, Zeichen also für eine bereits vergessene Sehnsucht, die sich mit Partikeln aus dem Erinnerungsbild Arkadiens, dem Bild eines nun vollkommenen Arkadien, mischen. Dabei wird die Tatsache betont, daß der Maßstab für den Erfolg hier einerseits in Besitz und Ertrag und andererseits in der symbolischen Bedeutung des Eigennamens besteht, zugespitzt noch einmal im Resümee über das Verhältnis zwischen »Heimat« und »hier«:

»Hier werde ich manchmal um das Geheimnis des Erfolges befragt, und ich könnte euch sagen, daß es mir gelänge, bis ans Meer zu kommen und allen Straßen und allen Wassern der Welt meinen Namen einzuschreiben, wenn mir die Hoffnung bliebe, daß ich am Ende der Tage heimkehren könnte und die staunenden Hirten, die Hügel und Bäche meiner Heimat den Besitz begriffen und würdigten, den ich erworben habe. Aber die Währung zwischen hier und dort ist noch immer eine andere.« (39f.)

Das arkadische Bild der Heimat, ein aus der Perspektive des Abschieds, von hier aus gesehen nunmehr verklärtes, von den Symptomen des Verfalls und der Zerstörung gereinigtes Bild, ist mit dem Erworbenen, das sich in Besitz und im symbolischen Kapital des Namens rechnet, nicht kompatibel.

Eine biographistische Lesart könnte in dieser Erzählung nun leicht bekannte Daten aus der Lebensgeschichte Bachmanns wiederentdecken und den Text als Thematisierung und Bearbeitung des öffentlichen Erfolges der ihrer Kärntner Heimat entfremdeten Schriftstellerin interpretieren. Doch ist die Erzählung zu einer Zeit entstanden, da die Autorin durchaus noch nicht von dieser Art »Erfolg« heimgesucht worden war. Geschrieben für die Hochschulbeilage der Monatsschrift für freie Akademiker »Morgen« mit dem Titel »Der Student«, wurde der Text im April 1952 veröffentlicht, noch vor dem Durchbruch als Dichterin und bevor sich die Türen vieler publizistischer Organe in der Bundesrepublik für Bachmann öffneten. Adressiert an ein studentisches Publikum, bezieht sich die Erzählung auf den für das Genre einschlägigen Topos von einer Antithese zwischen Ideal und Beruf. Allerdings wird das in dieser Tradition übliche, klischierte Werteschema zwischen dem hehren ›Geist‹ und dem schnöden Reich der ›Notwendigkeit‹ durch das Motiv der Währung durchbrochen, das zugleich die Modernität der Erzählung ausmacht. Vergleicht man den Schauplatz der Arkadien-Erzählung mit der Szene des Über-den-Fluß-Setzens in Bachmanns Erstveröffentlichung »Die Fähre«, dann springt eine deutliche Verschiebung in Topographie und Symbolisierung ins Auge. Gegenüber der bei Kriegsende noch in Kärnten entstandenen »Fähre« [I.4] ist jetzt die Grenze an die Stelle der Flußallegorie und die Währung an die Stelle der zwischen drüben und hier wechselnden Frau in der mythisch-symbolischen Flußlandschaft getreten. Allerdings hat sich durch den fehlenden Kurs der Wechsel zwischen beiden Orten der Topographie jetzt von einem *Trans*-*port*problem (die Weigerung des Fährmanns, die Frau überzusetzen) in ein *Wert*problem verwandelt. Das im Fähren- und Flußbild noch verdeckte Thema der Konvertierung und Zirkulation ist nun im Währungsmotiv explizit geworden. Und aufgrund des nicht festgesetzten Kurses ist die Konvertierbarkeit unterbrochen und die Rückkehr blockiert.[20] Indem aber zwischen *dort* und *hier* durch das Motiv der Währung zugleich auch eine Äquivalenzbeziehung hergestellt wird, sind beide Sphären in *eine* Zirkulation eingebunden, sind sie nicht unabhängig voneinander oder gar autonom.

Wenn man die Erzählung als Allegorie auf das Verhältnis von Kunst und Beruf oder auf das Verhältnis von dichterischer Einbildungskraft und Kulturbetrieb liest, dann wird darin gerade nicht eine Sphäre autonomer Kunst gegen das Schreiben als Beruf ausgespielt, vielmehr stehen beide in einem dialektischen Verhältnis. Aus dem Rückblick erst wird der verlassene Ort zur Idylle, deren Unvergleichbarkeit mit den hiesigen Werten gerade den Fortbestand des Hier sichert; als Gegenbild hält die arkadische Heimat die hiesige Ordnung aufrecht. Doch wiederum, wie in »Das Lächeln der Sphinx«, geht Bachmanns Erzählung nicht in einer solchen Parabel auf. Das wird erkennbar, wenn man genauer untersucht, in welcher Art und Weise sich ihre Erzählung auf den Arkadien-Mythos bezieht.

Der Titel »Auch ich habe in Arkadien gelebt« zitiert die spätestens seit Goethes »Italienischer Reise« fest etablierte Deutung der Formel *Et in Arcadia ego* als Erinnerung an ein vergangenes, glücklicheres Leben an einem schönen Ort. Mit dem Abschiedsmotiv zu Beginn wird dabei auf die elegische Variante dieser Tradition angespielt, die stärker als Goethe den Status Arkadiens als verlorenes Land betont. Doch die Symptome des Verfalls im Eingangsbild strafen den Titel bereits Lügen, so daß der Abschied weniger als Verlust denn als Möglichkeitsbedingung eines Gewinns erscheint. Mit der Charakterisierung des neuen Landes (freundliche, hilfsbereite Menschen, Erfolg und Bestätigung) scheint sich das Verhältnis zwischen dort und hier gleichsam verkehrt zu haben und das Hier zu einem neuen, modernen Glücksort aufzusteigen. Dazu paßt auch, daß der babylonische Ruf, der der Stadt dieses Landes vorausgeeilt war, sich beim Näherkommen zerstreut. »Einige Chronisten dieser Stadt sprachen die Vermutung aus, daß sie sich auf den Ruinen des alten Babylon erhebe, aber ihre beglaubigte Geschichte schien mir blaß und nichtig vor ihrer Gegenwart.« Das heißt aber nicht, daß die Erzählung einen umgekehrten Arkadien-Mythos mit einer Vertauschung der Orte präsentierte;

---

[20] Zum Motiv der versperrten Rückkehr vgl. Erdle 1997.

viel eher entwickelt sie eine Verkehrung des Arkadien-Topos, insofern sich das aus Versatzstücken einer bukolischen Natur zusammengesetzte Glücksbild in ein Todesbild verwandelt. Dabei stellt diese Verwandlung Arkadiens in ein Todesbild eine in der Überlieferung der Formel *Et in Arcadia ego* verdrängte Bedeutung wieder her, die in der Titelvariante (der Goethe-Tradition) verschwunden war. In einer Studie zur Ikonographie des Arkadien-Mythos und der Inschrift *Et in Arcadia ego* hat Erwin Panofsky zeigen können, daß die Übersetzung »Auch ich habe in Arkadien gelebt« sowohl eine Fehlübersetzung als auch das Vergessen jener Bildtradition einschließt, aus der die Formel stammt. Als *inscriptio* ist sie auf vielen Bildern mit der Darstellung von Totenkopf und Sarkophag kombiniert, so daß sie als eine Aussage verstanden werden muß, die aus der Perspektive des personifizierten Todes formuliert ist: »Die Wendung Et in Arcadia ego läßt sich noch immer so verstehen, daß sie von dem personifizierten Tod ausgesprochen wird.«[21] Wird diese Bedeutung bei Panofsky aus dem Kontext eines emblematischen Text-Bild-Verhältnisses abgeleitet, so wird sie zusätzlich durch eine grammatikalisch korrekte Übersetzung gestützt: auch bzw. selbst in Arkadien gibt es mich (bzw. bin ich, d. h. der Tod). Der Satz wird damit zur Erinnerungsformel an die Sterblichkeit oder den Tod, die selbst in Arkadien nicht abwesend sind. Vom falsch tradierten Zitat »Auch ich habe in Arkadien gelebt« als Titel ausgehend, schreibt Bachmann mit ihrer Erzählung den auf die Gegenwart bezogenen Arkadien-Mythos also in jene verdrängte Linie der Arkadien-Ikonographie wieder ein, die ein *memento mori*, eine Erinnerungsszene an den Tod, darstellt.

In Bachmanns Erzählung vollzieht sich die Verwandlung von einem Glücks- in ein Todesbild auf dem Wege einer nahezu unmerklichen Verschiebung jener arkadischen Bilder, die durch Flötenton und Melodie hervorgerufen werden, und zwar in einer zweifachen Wiederholung dieser Szene. Ereignen sich Wiederholung und Entstellung der Bilder gleichzeitig, so sind die Sehn-

---

[21] Panofsky argumentiert, daß die Verdrängung des Todes aus der Arkadien-Ikonographie besonders in der kontinentalen Malerei seit der Renaissance zu beobachten ist, während sich in England ein Wissen über die ursprüngliche Bedeutung der Formel erhalten habe (Panofsky 1975, 363).

suchtstöne – als Auslösungsmomente von Erinnerungsbildern –
in eine Gedächtnisfigur eingebunden. In der ersten dieser beiden
Szenen tragen die durch den Ruf evozierten, die buchstäblich hervor*gerufenen* schönen Bilder, in denen die Erinnerung an den ver-
lassenen Ort wiederkehrt, deutliche Züge einer Verklärung:

> »und mir ist, als käme er (der Ruf) von den *herbstlichen Hü-
> geln*, die ans *Blau eines makellosen, frühen Himmels* grenzen.
> Oder ist es der *Ton der Glocken*, mit denen die *weißen Lämmer*
> ans Gebüsch streifen, wenn sie den Weg ins Tal nehmen? Oder
> rührt es vom Summen der *silbrigen Strahlengeleise*, die zu den
> Hütten am Bach führen und von dort geradewegs in den *Son-
> nenball* münden, der wie ein großer, versinkender *Bahnhof* alle
> Züge in den Himmel *heimholt*?« (39, H.v.m.)

In die Serie der tradierten sprachlichen Versatzstücke einer bukolischen Dichtung, die allerdings schon mit dem Attribut der
Makellosigkeit zu gefrieren drohen, bricht am Ende mit dem
»Bahnhof« eine Störung ein. Die mit der ›Heimholung‹ verbundene Verkehrung ins Unheimliche wird dann in der leicht veränderten Wiederkehr der Bilder in der Wiederholung der Szene
manifest. Der Ruf, den der Erzähler hört, scheint ihm diesmal aus
seinem eigenen, über ihm zusammenschlagenden Herzen zu kommen: »und mir ist, als [...] zöge der makellose Himmel in mich ein,
um mich zu töten.« In der Fortschreibung der wiederholten Erinnerungsbilder ist dann der Erzähler selbst an die Stelle der
»weißen Lämmer« getreten: »Oder ist es der Ton einer Glocke, die
ich trage«. Und während die silbrigen Strahlengeleise sich in sprü-
hende verwandelt haben, hat sich ihr Summen zu einem Dröhnen
gesteigert. Auch mit dem Sonnenball ist eine Veränderung vor sich
gegangen, wenn er zu einem zerfließenden geworden ist; und statt
der Züge sind es nun die Wanderer, die heimgeholt werden:

> »Oder rühren diese Klänge vom Dröhnen der im Abendglanz
> sprühenden Geleise, die mich an die Hütte am Bach tragen und
> von dort geradewegs auf den zerfließenden Sonnenball, der wie
> ein riesiger, versinkender Bahnhof alle Wanderer in den Him-
> mel heimholt.« (40)

Mit diesem Schlußbild der Erzählung ist der Topos der Heimat,
sofern er in der Gegenwart die Stelle eines arkadischen Ortes ein-

nimmt, vollends unheimlich geworden. Schon dadurch, daß die Vorstellung der Heimkehr auf das »Ende der Tage« datiert war, waren die Hügel der Heimat als elysische Felder erschienen, der Ort der Herkunft also als Todeslandschaft; doch erst durch die Heimholung wird das Unheimliche manifest. Das schöne Bild einer *Heimat* und die Vorstellung einer *Heimkehr* haben sich – über die *Heimholung* – ins Unheimliche entstellt.[22]

In dieser Bewegung einer Entstellung des Heimlichen ins Unheimliche zitiert das Bild der »weißen Lämmer«, der Unschuldsschafe, eine Formel aus dem Diskurs über den Schuldzusammenhang nach 1945. Wurden die frierenden und hungrigen Schafe, von denen der Erzähler einst Abschied genommen hat, aus der Perspektive der neuen Ordnung in weiße Lämmer verklärt, so begründet sich aus dieser Verklärung jene Angst, die im Text über das Zeichen der »zitternden Brust« und über die Angst, vom makellosen Himmel getötet zu werden, zur Sprache kommt. Die Angst entspringt hier also nicht den Phänomenen der Zerstörung selbst, sondern deren Verleugnung, sowie dem – erst aus dem Rückblick konstruierten – Entwurf einer unschuldigen Heimat. Insofern ist es wohl auch nicht zufällig, daß sich die Entstellung der Heimat-Bilder ins Unheimliche über einschlägige Formeln aus dem ›Auschwitz‹-Narrativ vollzieht: Gleise, Bahnhof, Züge, d. h. Symptome bzw. Erinnerungssymbole einer vergessenen Schuld. Für die Metaphorik dieser Erzählung ist dabei bemerkenswert, daß es eine der Ästhetik der »Plötzlichkeit«[23] entstammende Metapher ist, der Sprung der Naturmetapher in die Industrie (die Übertragung der silbernen Geleise von Sonnenstrahlen in Zuggleise), die den sprachlichen Ausgangspunkt bildet, über den im Schlußbild ein in der Eingangsszene noch verborgenes Moment des Schocks nun deutlich hervorbricht. Im selben Moment verkehren sich an diesem Ort die Metaphern in Symptome einer verdrängten Schuld.

---

[22] Zu dieser Verkehrung des Heimlichen ins Unheimliche vgl. Sigmund Freud: Das Unheimliche (1919). In Freud 1969–1979, IV/241–274.

[23] Vgl. Bohrer 1981. Er beschreibt das Plötzliche als Zeitmodus eines mit Historie nicht mehr identischen Augenblicks, eines Bruchs in der Geschichte also.

3. Übertragungen: Metaphern und Konversionen

Die Arkadien-Erzählung, in der die Genese einer im Schuldzusammenhang entstellten Metaphernsprache lesbar wird, kann somit auch als sehr früher, literarischer Kommentar Bachmanns zur Debatte über eine Dichtung nach ›Auschwitz‹ gelesen werden. Auch wenn dieser Kommentar vermutlich im Jahre 1952 für sie selbst den Status eines noch nicht bewußten Wissens hatte, d. h. noch nicht auf den Begriff und in einen poetologischen Diskurs eingebracht werden konnte, ist er doch nicht weniger bedeutsam. Das Problem einer Kunst nach 1945, die Frage der schönen Bilder und der Naturmetaphern in der Nachkriegsliteratur werden in diesem Text – und das gilt es hervorzuheben – nicht auf ein Gattungsproblem bezogen, wie es lange Zeit in einer banalisierenden Rezeption des Adornoschen Satzes über ›Gedichte nach Auschwitz‹ geschah. Bachmanns Text zielt sehr viel zentraler auf die Metaphernsprache und auf die Umgangsweise mit tradierten poetischen Topoi. Und dies wird nicht als moralisches Thema behandelt, sondern als Problem einer unmöglichen Konvertierung. Ein Jahrzehnt später wird Bachmann in ihrer Vorlesung über Gedichte die Entstellung der Metaphern als »Ruck« diskutieren, als Ruck, der der historischen Zäsur in Erkenntnis und Sprache notwendig folgen muß. Am Beispiel des Wortes Gasmaske erörtert sie dort die veränderte Bedeutungsaufladung konkreter Dinge in der Geschichte als Voraussetzung ihres metaphorischen Gebrauchs: »und sehen Sie, in welch andre Beleuchtung die Gegenstände gerückt sind, die [die] Zerschlagung einer ganzen delirierenden Ästhetik signalisiert« (4/206). Durch das Jüngstvergangene in eine andere Beleuchtung gerückt, hat sich der metaphorische Kurs der Dinge und Worte verändert. Einige Dinge sind gar vollends als Metaphern außer Kurs gesetzt – wie weiter unten an der Problematik von Günter Eichs Umgang mit dem Bild eines geschlossenen Waggons in seinem Hörspiel »Träume« gezeigt werden soll.

Daß in Bachmanns Gedichten das Motiv der Währung oder der Konvertierbarkeit kaum begegnet, ist nicht verwunderlich. Da die lyrische Sprache weitgehend mit metaphorischen Übertragungen operiert, wird das Hinüberwechseln zwischen heterogenen Bedeutungsfeldern in der Metapher überbrückt und im Sprachbild verdichtet. Insofern also die metaphorische Sprache der Lyrik

Übertragungen *praktiziert*, verdeckt sie das damit verbundene Problem der Konvertierung eher, als daß sie es thematisierte. Es sei denn, das Gedicht bewegt sich an die Grenze der Lyrik, hin zu jenem »absoluten Gedicht«, das Paul Celan in seiner Meridian-Rede postuliert hat: »Und das Gedicht wäre somit der Ort, wo alle Tropen und Metaphern ad absurdum geführt werden wollen.«[24]
Wo in den Gedichten Bachmanns das Motiv von Geld oder Währung dennoch begegnet, steht es eher im Zusammenhang einer allgemeinen Kulturkritik, etwa einer Kritik am Scheinzusammenhang der »Kulturindustrie«[25], wie z. B. in dem Gedicht »Herbstmanöver« (1952)[26], in dem von »wertlosem Sommergeld in den Taschen« die Rede ist und das Zusammenspiel einer industriellen Traumbilderproduktion mit der Kultur des Vergessens thematisiert wird:

»Laßt uns eine Reise tun! Laßt uns unter Zypressen
oder auch unter Palmen oder in den Orangenhainen
zu verbilligten Preisen Sonnenuntergänge sehen,
die nicht ihresgleichen haben! Laßt uns die
unbeantworteten Briefe an das Gestern vergessen!« (1/36)

Das Gedicht steht in zeitlicher Nähe zur Entstehung der Erzählung und des Hörspiels »Ein Geschäft mit Träumen« (beide 1952) und deckt sich auch in einigen Motiven mit diesen Texten über die Nichtäquivalenz von Traum und Geld, von Arbeit und Zeit. Als erstes Hörspiel der Autorin ist »Ein Geschäft mit Träumen« während ihrer Arbeit beim Wiener Rundfunksender »Rot-Weiß-Rot« entstanden (gesendet am 28.2.1952). Die Perfektion ihrer dramaturgischen Anweisungen, der Einsatz von Geräuschen, Musik, Lautstärke, Hall und Filter sowie die Stimmenführung von Hintergrund und Hauptfiguren belegen ihre professionellen Erfahrungen mit dem Medium Rundfunk und dem Genre Hörspiel.[27]

---

[24] Der Meridian, 1960 (Celan 1986, 3/199) [V.1].
[25] Zum Begriff der Kulturindustrie vgl. das Kapitel »Kulturindustrie. Aufklärung als Massenbetrug« in »Dialektik der Aufklärung« (Horkheimer/Adorno 1969, 108–150).
[26] Erstveröffentlichung im NWDR Hannover 3.11.1952. Aufgenommen in den ersten Gedichtband »Die gestundete Zeit« (1953).
[27] Die Praxis der ›Geräuschkulisse‹, die für das literarische Hörspiel der Nachkriegszeit typisch ist, wird von Bachmann selbst später eher kritisch

Vergleicht man ihr Hörspiel mit dem ein Jahr zuvor gesendeten »Träume« von Günter Eich, das als »Geburtsstunde des Hörspiels« gefeiert wurde,[28] dann fallen an seinem Text die schlichte Dramaturgie und die geringe Nutzung der medialen Möglichkeiten des Tongenres auf. Der dialogische Wechsel der Stimmen von drei bis sieben Figuren, aus dem die fünf Traumszenen bei ihm jeweils gestaltet sind, wird regelmäßig durch Verse abgeschlossen, die die Moral der vorausgegangenen Szene formulieren. Stützt diese einfache Dialogform offensichtlich die Hermetik jener Schreckensszenen, die das Panorama einer existentiellen Bedrohung darstellen, so korrespondiert diese geschlossene Form mit einer Entwertung des Konkreten, dienen die je konkreten Szenen doch einer *gleichnishaften* Darstellung der Bedrohung durch die universelle menschliche Verfallsgeschichte.[29] Dabei zeigt sich eine für die deutsche Nachkriegsliteratur typische *Irrealisierung* im Umgang mit den Verbrechen des Nazismus. Eine Deportationsszene – eine Familie im abgedunkelten, verschlossenen, fahrenden Waggon erinnert sich daran, wie sie »abgeholt« wurde –, eine Szene also aus der realen Maschinerie der ›Endlösung‹, wird als Metapher einer existentiellen Gefangenschaft des Menschen genutzt: »Denke daran, daß der Mensch des Menschen Feind ist/ und daß er sinnt auf Vernichtung«, so lautet die abschließende Moral.[30] Während diese Botschaft die Szene in ein allgemein menschliches Phänomen auflöst, erscheint die Erinnerung an die realen Opfer, die Juden, nur mehr im Zeichen eines verschobenen Symbols, im Bild der »gelben Blume«. Muß diese Hörspielszene als durchaus typisch für eine dominante Nachkriegsästhetik gelten, so zeigt sie zugleich die zentrale Bedeutung der Metaphernpraxis für die kollektive Verdrängung und Irrealisierung des Geschehenen nach 1945 gerade aus deutscher Perspektive.

---

gesehen (GuI 37). Zu dem Hörspiel vgl. auch Caduff 1998, 139–154, ferner Marianne Schuller: Hörmodelle. Sprache und Hören in den Hörspielen und Libretti. In Bachmann 1984, 50–57; und Neva Slibar: »Das Spiel ist aus« – oder fängt es gerade an? Zu den Hörspielen Ingeborg Bachmanns. In Bachmann 1995a, 111–122.

[28] Zum Hörspiel der Nachkriegszeit vgl. Ohde 1986, besonders 472.

[29] Heinz Schwitzke deutet Eichs Hörspiel als »zentralen und beängstigenden Entwurf, der den Anspruch erhebt, Gleichnis unserer ganzen heutigen Existenz zu sein« (Schwitzke 1963, 304).

[30] Eich 1991, 358.

Doch zurück zu Bachmanns Hörspiel »Ein Geschäft mit Träumen«. Ihr Text setzt einen ungeplanten Stadtbummel des Büroangestellten Laurenz in Szene, dessen Leben sich üblicherweise in Arbeit und Sparen erschöpft. In einer Straßenszene, inmitten einer Vielfalt von Stimmen, die verschiedenste Angebote anpreisen, landet er in einem Traumladen, in dem der Verkäufer ihm einige der Träume aus seinem Angebot vorführt: einen Angsttraum, in dem einer bekannten Traumsymbolik (Tunnel, Flucht, Blut) Erinnerungszeichen der jüngsten Geschichte (Bomben) hinzugefügt sind, und Wunschträume aus stereotypen Tagtraumbildern, in denen Machtwünsche (der Büroangestellte in der Rolle des Generaldirektors) und sexuelles Begehren (das Bild der Sekretärin Anna als seine Sklavin, Anna inmitten erotischer Klischeebilder: weißes Schiff, Matrosen, Wasser und Anna als Nixe) in Aggression umschlagen. Dabei werden die Träume wie laufende Filmbilder präsentiert, die nur bei Dunkelheit sichtbar sind, so daß Laurenz einen Teil davon verpaßt, als zwischendurch das Licht angeschaltet wird. Da dieser Film weiterläuft, auch ohne daß er hinschaut, ist seine empörte Reklamation »Es ist mein Traum« als Täuschung entlarvt. Damit wird das Thema des Traum*ladens*, d.h. der massenhaften Fertigung von Traumbildern, unterstrichen. Doch erst am Ende des Hörspiels wird der Konflikt des »Geschäfts mit Träumen« evident, in dem Moment nämlich, als es ums Bezahlen geht und der Verkäufer mitteilt, daß man die Träume nicht mit Geld, sondern nur mit Zeit bezahlen könne: »Sie müssen mit Zeit bezahlen. Träume kosten Zeit, manche sehr viel Zeit. Wir haben einen Traum – vielleicht darf ich ihn Ihnen zeigen –, für den wir ein Leben verlangen.« Über diese vom Verkäufer formulierte Moral von der Geschichte des Traumladens wird der Büroangestellte, der sich im Zahlungsmittel Zeit als zahlungsunfähig zu bekennen gezwungen sieht, da er ja arbeiten muß, gleich auch noch praktisch belehrt. Denn über dem Anschauen der Träume ist es Morgen geworden – und er kommt erstmals zu spät zur Arbeit.

Im Sinne einer etablierten Kulturkritik wird in diesem Hörspiel das Zusammenspiel von Arbeitsmoral und der Warenform von Träumen in der ›Kulturindustrie‹ durch die Moral der Geschichte gestört, daß man Träume nicht kaufen kann. Damit wird implizit die Zeit als ›echter Wert‹ über das Geld als Scheinwert gestellt. So gelesen, hat das Hörspiel Teil an dem kulturkonservativen Diskurs darüber, was man alles für Geld nicht kaufen könne, ein Diskurs, der selbst schon zum Stereotyp geworden ist. Thematisch fällt dieses erste Hörspiel der Autorin, indem es in einer relativ schlichten Botschaft aufgeht, damit hinter die perfekte technisch-formale Umgangsweise mit dem Genre zurück. Das mag die Autorin dazu bewogen haben, den Stoff noch einmal zu bearbeiten, diesmal als Erzählung.[31] Im November 1952 vom NWDR Hannover gesendet, erscheint diese Erzählung der Autorin selbst aber »doch nicht gut genug« für den Druck, wie sie im Dezember den Herausgebern des »Merkur« mitteilt, denen sie den Text im August zugeschickt hatte, nun aber zurückzieht.[32] Dabei konzentriert der Text der Ich-Erzählung den Konflikt auf die Beziehung zwischen Arbeit, Geld und Traum. Er verzichtet ganz auf die Büro- und Straßenszenen, von deren akustischem Ambiente das Hörspiel über weite Strecken lebte, und fügt eine Schlußpointe hinzu, die auf die Differenz von Tag- und Nachttraum verweist. Die Erzählung setzt beim Eintritt in den Laden ein und betont mit der Darstellung der in den Regalen lagernden Träume den Warenstatus des Angebots, während die Traumbilder selbst in sehr geraffter Form geschildert werden. Dagegen wird jene Störung, die durch die Mitteilung des Verkäufers ausgelöst wird, Träume seien nur mit Zeit bezahlbar, in der Erzählung fortgeschrieben: mit der Verzweiflung des Erzählers über sein unbezahlbares Begehren und mit seiner Fixierung auf den Anna-Traum, durch den der geregelte Gang seines Alltags gestört und er in Schlaflosigkeit gestürzt wird. Als er, erneut zum Traumladen getrieben, ihn nicht wiederfindet, verfällt er aus einer permanenten »zitternden Unruhe« in die Ruhe eines tiefen Schlafs und einer wochenlangen Krankheit, »ich hatte viel Zeit, schmerzlose und traumlose Zeit« (2/47), und erhält, als er danach zur Arbeit zurückkehrt, seine Kündigung, um nun über *zu viel* Zeit zu verfügen. Am Ende dieser Erzählung ist also die

---

[31] In der Werkausgabe heißt es, das Hörspiel sei nach der gleichnamigen Erzählung entstanden (vgl. 4/661). Die Umstände der Entstehung ebenso wie die Texte sprechen aber dafür, daß das Hörspiel zuerst entstanden ist und erst dann die Erzählung.
[32] Briefe von Bachmann v. 29.8. und 11.12.1952 an Moras und Paeschke (DLM).

schlichte Moral bzw. Botschaft des Hörspiels durchgestrichen. Zwar gilt auch in der Erzählung, daß man Träume nicht kaufen kann, aber die dagegen gesetzte Äquivalenz von Zeit und Traum ist zugleich komplizierter geworden, denn daß Träume Zeit kosten, heißt noch lange nicht, daß man mit Hilfe von Zeit auch über Träume verfügen könne. Die »schmerzlose und traumlose Zeit« und die Erregungen des Erzählers bringen die Unmöglichkeit einer Äquivalenz ins Spiel, die mit der Heterogenität zwischen Begehren, Sehnsucht, Erregung und allem Meßbaren zu tun hat. Es ist nämlich das Begehren des Erzählers, das nicht konvertierbar ist. Während die Traumbilder dieses Begehren zumindest darzustellen vermögen, in welch entstellter Form auch immer, zeichnet sich die Traumsprache doch bekanntlich dadurch aus, daß sie mit Entstellungen, Verschiebungen und Verdichtungen arbeitet.[33] Gegenüber dem Hörspiel betrachtet die gleichnamige Erzählung den Traum also nicht nur ideologiekritisch, sondern auch hinsichtlich seiner Bedeutung als Sprache des Unbewußten; sie nimmt den Traum also ernster. Und der Bezug auf den ökonomischen Diskurs im Titelmotiv des ›Geschäfts mit‹ geht hier über eine Kritik monetärer Beziehungen hinaus, um ähnlich wie in der Arkadien-Erzählung das strukturelle Problem eines (unmöglichen) Tausches zwischen Differentem zur Sprache zu bringen.

Einen späteren Nachfolger hat der Angestellte aus dem »Geschäft mit Träumen« im Schweißer gefunden, dem Protagonisten einer Erzählung, die zu Bachmanns Lebzeiten unveröffentlicht geblieben ist und vermutlich aus der Entstehungszeit des Prosabandes »Das dreißigste Jahr« stammt, in dessen Leitmotiv – das Verhältnis von Philosophie und Leben – sie sich thematisch einfügt. Der Held dieser Erzählung, »der Mann«, ist durch die zufällige Lektüre von Nietzsches »Fröhlicher Wissenschaft« plötzlich dem Lesen und der Philosophie verfallen. So zufällig und plötzlich er auf die Philosophie stößt, so zwanghaft entwickelt sich seine Lektüre. Das Buch ist buchstäblich eine *trouvaille*, denn er findet es unter dem Kneipentisch; doch läßt es ihn, nachdem er einige Zeilen gelesen hat, nicht mehr los. Und fortan kann er nichts anderes mehr tun als lesen, ohne daß er das, was mit ihm geschehen ist,

---

[33] Vgl. dazu Freud: Traumdeutung (Freud 1969–1979, II).

auf den Begriff bringen könnte: »Aber mir ist *das* mit dem Buch passiert« (2/70, H.v.m.). »Der Mann« erscheint wie die Verkörperung jener ›Lesewut‹, vor deren Gefahren die ›ungebildeten Stände‹ ebenso wie die Frauen von den Volksaufklärern seit dem 18. Jahrhundert immer wieder gewarnt wurden. Denn der Diskurs über die ›Lesewut‹, in dem es um die Bändigung unkontrollierbarer Nebenerscheinungen der Leseerziehung ging, stellt eine Art Vorläufer der modernen Kritik an der Kulturwarenindustrie dar. Für den Gegenspieler des lesenden Mannes in Bachmanns Erzählung, den Arzt, der sich »früher einmal« für Bücher interessierte, hört dieses Interesse notwendig auf, »wenn man im Leben steht«. Im Kontrast zum Arzt, für den die Bücher nun zum bildungsbürgerlichen Attribut herabgesunken sind, ist für den Schweißer das Lesen zur Obsession geworden, bedeutet es für ihn gleichsam das Leben. Dabei wird in der Beschreibung das Lesen als Tätigkeit betont, geht es weniger um das ›was‹ als um den leiblichen, materiellen Vorgang selbst:

> »Er las noch einmal in dem Buch, er las besonders die Stellen, die von jemand unterstrichen worden waren mit Bleistift. Diese Stellen taten es ihm an, [...] Der Mann las und las, indem er die Lippen bewegte; manchmal geriet er heftig in Bewegung, und dann fuhren die Worte in ihn wie Geister, fingen an, ihr Wesen in ihm zu treiben. Er stöhnte wollüstig, sein Kopf schmerzte, seine Augen brannten, obwohl er gute abgehärtete Augen hatte, an das blaue sternhelle Licht gewöhnte Augen. [...] Er konnte Stahl verschmelzen, das hatte er gelernt, und nun machte er sich daran, Buchstaben, Silben zu verschmelzen in seinem Hirn, und in ihm selber war das blauweiße Licht, in dem man vor Licht nichts sah.« (2/64)

Diese Szene weist voraus auf die Leseszene in dem bereits besprochenen Mühlbauer-Interview von »Malina« [IV.1]. In der Erzählung scheint der »gefährliche Moment, welcher allem Lesen zugrunde liegt«[34], wörtlich genommen. Ebenso wie der Richter Wildermuth durch eine Namensähnlichkeit aus dem Konzept gebracht wird, bewirken die Buchstaben und Silben auch beim Protagonisten dieser Erzählung eine Störung bzw. einen Unfall. Im

---

[34] Benjamin 1982, V.1/578.

Falle des lesenden Schweißers endet er, nach dem Zusammenbruch aller seiner bürgerlichen Lebensumstände, tödlich. »Die fröhliche Wissenschaft« hat sich für ihn über die Leseobsession in eine schmerzhafte verwandelt.

Dabei weiß die Autorin offenbar nur zu gut, wovon ihre unveröffentlichte Erzählung handelt. Und ähnliches wie fürs Lesen gilt auch für das Schreiben; es ist für sie ein Zwang. Der ausbleibende Zwang, Gedichte zu schreiben, bei gleichzeitigem Dichtungsvermögen, ist denn auch eine der Begründungen dafür, warum sie aufgehört habe, Gedichte zu schreiben:

> »Und es wird eben keine Gedichte mehr geben, eh' ich mich nicht überzeuge, daß es wieder Gedichte sein müssen und nur Gedichte, so neu, daß sie allem seither Erfahrenen wirklich entsprechen. – Schreiben ohne Risiko – das ist ein Versicherungsabschluß mit einer Literatur, die nicht auszahlt.« (Januar 1963, GuI 40)

Das Aufhören, von dem sie hier spricht, datiert 1957, als nach Erscheinen ihres zweiten Gedichtbandes »Anrufung des Großen Bären« (1956) nur noch wenige Gedichte entstanden waren, die dann nur mehr vereinzelte Nachzügler fanden: das 1961 entstandene, Nelly Sachs gewidmete Gedicht »Ihr Worte«, und dann erst in den Jahren ab 1964 wieder eine kleine Serie. Das Aufhören fällt also exakt mit dem Moment des großen Erfolgs bei der Literaturkritik zusammen, als ihre Lyrik sich in nahezu ungeteilter Anerkennung *auszahlte*. Ihre Entscheidung »aufzuhören« und der daraus abgeleitete Begriff einer Literatur, die aus einem Zwang entsteht, implizieren damit eine Verwerfung genau jener Konvertierung, die den Regeln des Literaturbetriebs entspricht.

4. Zur Genese einer ›freien Schriftstellerin‹: zwischen Österreich und der Bundesrepublik

Im Frühsommer 1953 entscheidet sich Ingeborg Bachmann, soeben 27 geworden, eine Existenz als ›freie Schriftstellerin‹ zu wagen. Noch ist ihr erstes Buch nicht erschienen. Der Start in diese zweifelhafte Freiheit und zugleich der Aufbruch aus Wien werden ihr durch mehrere Rundfunkaufträge ermöglicht, u. a. einen Hörspielauftrag von Ernst Schnabel (NWDR), und durch den Preis der ›Gruppe 47‹. Die Szenen, in denen sich diese Genese einer freien Schriftstellerin darstellt, erscheinen dabei merkwürdigerweise wie eine Nachahmung jener Geschichte, die sie in ihrer Arkadien-Erzählung bereits vorweggenommen hatte.

»2000 Mark für Lyrik« titelte die »Frankfurter Rundschau«, als sie am 29. Mai 1953 über das Treffen der Gruppe 47 und die Vergabe des Preises an Bachmann berichtete.[35] Das »für« im Titel des Zeitungsberichts, die Präposition zwischen Geld und Lyrik, stellt ein Tauschverhältnis her; es verweist auf die Bedeutung der Gruppe 47 als zentralen Umschlagplatz im Literaturbetrieb der Bundesrepublik. Im sechsten Jahr ihres Bestehens zeichnete sich für die Politik des Literaturmanagements, wie sie vom Gruppenchef Hans Werner Richter betrieben wurde, bereits ein deutlicher Erfolgskurs ab. Die Anwesenheit von Kritikern gehörte ohnehin zum Gruppenritual, spätestens seit Niendorf 1952 waren auch die Rundfunkanstalten präsent.[36] Und die Verlage bekundeten mehr und mehr Interesse, schickten Lektoren und stifteten das Preisgeld. Diesen Marktwert der Gruppentreffen hatte Bachmann gleich bei ihrem Debüt erfahren, als sie im Rahmen der Lesungen, die Schnabel im Anschluß an das Niendorfer Treffen veranstaltete,[37] im NWDR Hamburg am 27. Mai 1952 elf Gedichte lesen konnte (TuB 439f.), für die sie mit 300 DM für ihre Begriffe fürstlich entlohnt wurde: »Ich bekam 300 Mark an der Kasse, ich dachte, man habe sich geirrt in der Summe, und ging zurück zu dem Schalter, aber der Mann sagte es stimme, es waren 300 Mark gemeint, und [ich] verdiente soviel nicht in einem Monat« (4/325). So erinnert sie nahezu ein Jahrzehnt später in ihrem Fragment gebliebenen Text über die Gruppe 47. Der Monatsverdienst, auf den sie hier anspielt, betraf ihre Anstellung beim Wiener Rundfunksender »Rot-Weiß-Rot«, bei dem sie seit Frühjahr 1951, zuerst in

---

[35] Der zum vierten Mal verliehene Preis der Gruppe – vor Bachmann hatten 1950 und 1951 Günter Eich und Heinrich Böll je 1000 DM erhalten, Ilse Aichinger 1952 bereits 2000 DM – war diesmal vom Rowohlt Verlag und vom Südwestfunk gestiftet worden.

[36] Ernst Schnabel hatte das Erholungsheim des NWDR und einen Bus zur Verfügung gestellt, der die Teilnehmer von München quer durch die Republik zum Tagungsort kutschierte.

[37] Vgl. Akademie der Künste 1988, 195.

der Nachrichtenabteilung, dann in der Kulturredaktion gearbeitet hatte, jene Stellung also, die sie nach etwas mehr als zwei Jahren aufgab, um sich ganz dem eigenen Schreiben widmen zu können. Die Existenz als freie Schriftstellerin, die Bachmann ab 1953 anstrebt, heißt, frei zu sein von Arbeiten, die nun den Status von ›Nebentätigkeiten‹ erhalten, um sich in die Abhängigkeit vom Literaturbetrieb zu begeben mit seinen materiellen und symbolischen Gesetzen, die den Marktwert eines Autornamens regeln.

»Am liebsten möchte ich ganz als freie Schriftstellerin leben und vielleicht nach Deutschland kommen«, so wird die Autorin im Bericht der Münchner »Abendzeitung« vom 13. Juni 1953 über eine dortige Lesung zitiert. Diese Lesung beschließt eine Deutschland-Reise, die sich an die für Bachmann so erfolgreiche Mainzer Tagung der Gruppe 47 (22. bis 24. Mai) anschloß und auf der sie mit mehreren Rundfunksendern und Publikationsorganen Aufträge verabreden konnte. Die »Abendzeitung« berichtet:

»Kurz vor ihrer Rückkehr nach Wien, wo sie bei der Sendegruppe Rot-Weiß-Rot als ›Script-Editor‹ mit dem Rotstift Sendungen redigiert, besuchte die 26jährige Lyrikerin München. […] Durch Hans Werner Richter kam sie zur ›Gruppe 47‹, auf deren letzter Tagung sie mit ihren schönen Gedichten über die Werke von Walter Jens siegte. Das Tempo, mit dem sich nun die westdeutschen Sender auf Ingeborg stürzten, war für sie so atemberaubend wie die damit verbundenen materiellen Schätze. Der NWDR bezahlt ihren Italienaufenthalt, damit sie in Ruhe ein Hörspiel schreiben kann. Frankfurt und München erteilten Aufträge für Nachtstudiosendungen. Fast alle Sender brachten Gedichte, für die, wie sie zugibt, sie selbst nicht immer die beste Interpretin ist. Im Juli will sie nun nach Italien fahren, um dort ihr unter heimatlosen Menschen in einem Pariser Hotel spielendes Hörspiel ›Die Straße der vier Winde‹ anzufangen.«

Gleichlautende Auskünfte über ihre Pläne und Aufträge gab sie auch in einem Interview mit dem Bayerischen Rundfunk vom 10. Juni (GuI 9f.). Bei den erwähnten Nachtstudios handelt es sich vermutlich um die überlieferten Radioessays über Robert Musil [IV.2] und Ludwig Wittgenstein [II.3]. Dagegen erhielt sie in Frankfurt nicht nur vom Rundfunk einen Auftrag. Vielmehr muß sie, »aus Deutschland zurück«, den »Merkur«-Redakteuren, die drei ihrer Gedichte abdrucken wollten,[38] mitteilen, daß eines davon, »Nachtflug«, bereits den »Frankfurter Heften« versprochen sei,[39] wo im Juli desselben Jahres auch ihr Wittgenstein-Essay erschien.

Knapp ein Jahr erst war es her, daß sie, sich auf eine Empfehlung von Dr. Siegfried Melchinger berufend, dem »Merkur« einige ihrer Texte zugeschickt hatte,[40] während sie nun bereits die Aufteilung ihrer Gedichterstdrucke unter verschiedene Zeitschriften regeln mußte. Daß sich beim Rundfunk das Problem der Erstveröffentlichung für Gedichte nicht stellt, so daß diese sich dort mehrfach ›auszahlen‹ können, macht einen wichtigen Aspekt der Attraktivität dieses Mediums aus, wogegen die Literaturzeitschriften für die Perspektive, als »freie Schriftstellerin [zu] leben«, offensichtlich nicht erwähnenswert scheinen. Für die literarische Reputation sind sie dafür um so bedeutsamer. Das Hörspiel aber, das Bachmann in Italien zu schreiben beabsichtigte, ist nicht zustande gekommen, zumindest nicht in diesem Jahr. Statt der »Straße der vier Winde« schrieb sie ein Jahr später das Hörspiel »Die Zikaden«, dessen Szenerie und Personal noch an den genannten Plan erinnern, nur daß das Hotel in Paris durch die Insel als Schauplatz eines Reigens von Wunschszenen ersetzt wurde. Die Musik zu den »Zikaden« schrieb Hans Werner Henze, für dessen Ballettpantomime »Der Idiot« die Autorin in ihrem ersten Italiensommer einen Text geschrieben hat. Henze, den sie im Jahr zuvor auf der zweiten von ihr besuchten Tagung der Gruppe 47 (im Oktober 1952 auf der Burg Berlepsch) kennengelernt hatte, war vor ihr im Frühjahr desselben Jahres nach Italien aufgebrochen, um sich auf Ischia niederzulassen, wo nun auch Bachmanns Leben als ›freie Schriftstellerin‹ begann.

Insofern trat die Insel nicht nur an die Stelle des Pariser Hotelzimmers, wo die Autorin Ende 1950 tatsächlich einige Monate verbracht hatte, sondern auch an die Stelle des Deutschland-Plans.

---

[38] Es handelt sich um »Nachtflug«, »Alle Tage«, »Fall ab, Herz«; über »Nord und Süd« sei man sich noch nicht klar (Brief der Redaktion an Bachmann v. 13.5.1953, DLM). Im Oktoberheft des »Merkur« erscheinen dann »Fall ab, Herz«, »Alle Tage«, »Psalm« und »Reigen«.
[39] Brief Bachmanns an Moras v. 13.6.1953 (DLM).
[40] Brief von Bachmann v. 29.8.1952 (DLM).

»Deutschland«, das ist im Bericht der »Abendzeitung« eine Chiffre für die Perspektive, als »freie Schriftstellerin [zu] leben«, weniger ein realer Aufenthaltsort. Der Name Deutschland bezeichnet für Bachmann gleichsam die Urszene ihrer Stellung als freie, d. h. professionelle Schriftstellerin – und ihres Aufbruchs von Österreich nach Italien, des örtlichen Wechsels von Wien erst nach Ischia, dann Anfang 1954 nach Rom. Im Rückblick scheint all ihre Literatur, zumindest alle durch die Medien präsentierte und verbreitete Literatur, in Deutschland ihren Anfang genommen zu haben. In der Erinnerung werden für die Schriftstellerin Literaturbetrieb und Deutschland identisch. So jedenfalls liest sich der abgebrochene Bericht über ihren ersten Besuch in der Bundesrepublik anläßlich des Niendorfer Gruppentreffens. Den Text, der aus dem Nachlaß erstmals in der Werkausgabe veröffentlicht wurde,[41] hatte Bachmann als Beitrag zum »Almanach der Gruppe 47« (1962), der anläßlich des fünfzehnjährigen Jubiläums der Gruppe herausgegeben wurde, 1961 zu schreiben begonnen, allerdings nicht abgeschlossen und auch nie veröffentlicht.[42] Von dem Hamburger NWDR-Besuch, der im Anschluß an das Niendorfer Treffen stattfand, entsteht darin folgendes Bild:

> »In Hamburg ging das Treffen weiter, man spielte Bänder vor, eine Funkoper, ›Der Landarzt‹, es gab also Funkopern. Ein Feature, es gab also Features, ein Hörspiel ›Träume‹, es gab also solche Hörspiele, und dies ›das gibt es also‹ ist auch nicht mehr nachzuvollziehen in der Erinnerung, wie die Neuigkeiten, Freundschaft, eine Wolke von Freundschaft, Lachen, Ernst, jetzt schon *verklärt*, längst *modifiziert*, längst *verschoben*.« (4/325, H.v.m.)

Die Verklärung im rückblickenden Abstand von einem Jahrzehnt dürfte hier auf die Freundschaften gemünzt sein, ist doch die Gruppe für Bachmann in der Zwischenzeit nicht mehr als Medium der Medien, sondern nur mehr wegen ihres Geselligkeitswerts von Interesse. Die Verschiebung bezieht sich dagegen eher auf die For-

---

[41] Der Abdruck in der Werkausgabe enthält einige Kürzungen. Deshalb wird der Entwurf im folgenden an den betreffenden Stellen aus dem Manuskript im Nachlaß zitiert (K7253–54/N1947–48, NÖN).
[42] Die Datierung des Fragments erstmals bei Briegleb 1997.

mel »das gibt es also«, auf den Neuigkeitswert jener Hörfunkgenres, die sie im NWDR kennengelernt habe. Tatsächlich nämlich waren Hörspiel und Feature für Bachmann damals keineswegs ein Novum gewesen. Ein Vierteljahr vor dem NWDR-Besuch im Februar 1952 war ja bereits ihr erstes eigenes Hörspiel im Wiener Sender »Rot-Weiß-Rot« gesendet worden. Und auch der Umgang mit verschiedenen Genres und Sendeformen des Rundfunks war ihr nicht unbekannt, denn sie hatte für den Wiener Sender u. a. eine Hörfunkfassung von Franz Werfels Novelle »Der Tod des Kleinbürgers« und eine Übersetzung und Funkbearbeitung von Thomas Wolfes Drama »Mannerhouse« erarbeitet.[43] Durch die Verschiebung wird die Hamburg-Szene aber zum Erinnerungsbild für die Formel »das gibt es also«, zur Szene der erstmaligen Begegnung mit einem derartigen Angebot, zur Urszene eines Eintritts in die Fülle und Vielfalt des Literaturbetriebs, wie er vom norddeutschen Rundfunksender repräsentiert wurde. Und wieder, wie bei der Erinnerungsszene über die Entdeckung von Wittgenstein in den Kellern Wiens [II.3], schildert ihr Text keine Vergangenheit des Faktischen, sagt er nicht, ›wie es denn eigentlich gewesen ist‹. Vielmehr beschreibt er jene Bedeutung, die dem Hamburger Rundfunkbesuch aus der *Nachträglichkeit* zugeschrieben werden muß; in ihr wird die Teilnahme am Treffen der Gruppe 47 und alles daraus Folgende zum Entreebillett zu den Agenturen des deutschen Literaturbetriebs.

Alles, was Niendorf vorausging, wird durch diese Urszene in den Status einer *Vorgeschichte* versetzt. Dabei erhält diese Abgrenzung zwischen Vorgeschichte und Geschichte *der* Bachmann ihre besondere Brisanz durch die Aspekte nationaler Spannungen und kultureller Ungleichzeitigkeiten, die ihr durch den Übertritt über die österreichisch-deutsche Grenze eingeschrieben sind. Bei ihrem Debüt in der Bundesrepublik konnte die sechsundzwanzigjährige Österreicherin in Wien auf einen wenn auch bescheidenen Erfolg literarischer Anfänge zurückblicken: auf die Veröffentlichung ihrer Erzählungen im Feuilleton verschiedener Zeitungen [I.3] und die Publikation der ersten Gedichte in einer Literaturzeitschrift, beides noch vor Abschluß des Studiums.[44] Zur gleichen

---

[43] Ausgestrahlt am 4. März 1952 (4/665).
[44] Zur materiellen Notlage der Studenten vgl. Bachmanns Artikel »Werkstudenten« in: Der Optimist (Wiener Studentenzeitung), 14. 2. 1948, 3 f.

Zeit hatte sie begonnen, Rezensionen und Beiträge für Zeitschriften zu schreiben, was belegt, daß sie sich auch auf ein Alltagsgeschäft der Literaturkritik, eine Verbindung von Broterwerb und Schreiben also, eingestellt hatte – als Brücke oder Umweg zur Existenz einer ›freien Schriftstellerin‹.[45]
Nach der Promotion im März und der kurzen Vertretung einer Assistentenstelle war sie im Oktober 1950 nach Paris zu Paul Celan aufgebrochen und war von dort aus Ende des Jahres nach London weitergereist, wo sie bei der Zwillingsschwester von Ilse Ai-

---

[45] Die erste mir bekannte Rezension aus Bachmanns Feder ist die zu einer Heidegger-Studie aus dem Jahre 1949 [II.3]. Besprechungen literarischer Bücher erschienen in der Wiener Zeitschrift »Wort und Wahrheit. Monatsschrift für Religion und Kultur«, in der Januar-Nr. 1952 über »Kindheit in Cordoba« von José Orabuena, in der August-Nr. 1952 über Heinrich Bölls »Der Zug war pünktlich«, in der Dezember-Nr. 1952 über Thea Sternheims Roman »Sackgassen« und in der Januar-Nr. 1953 über Alfred Momberts »Der himmlische Zecher«. – Weitere Artikel aus dieser frühen Zeit sind nicht ermittelt. Allerdings heißt es in der »Biographischen Notiz« im »Lynkeus« Ende 1948 über die Philosophiestudentin im siebten Semester, sie sei »Mitarbeiterin verschiedener Zeitschriften (›Film‹, ›Turm‹ u.a.)« und sie arbeite »an einem Buch über die literarischen Nobelpreisträger«. – Beim »Film« handelt es sich um »Die österreichische Illustrierte Zeitschrift«, die von 1946 bis 1949 erschien; die biographische Notiz könnte sich auf einen mit I.B. unterzeichneten, einseitigen Artikel in der Nr. 30, 1948 beziehen, der anläßlich des 30. Todestages von Egon Schiele erschien und unter dem Titel »Frauen um Schiele« ein kleines biographisches Porträt des Künstlers vorstellt. Ansonsten konnten in den erhaltenen Jahrgängen keine Beiträge von Bachmann ermittelt werden. Dafür ergab sich ein anderer Fund: der Chefredakteur der Zeitschrift hat den Namen Josef B. Malina. Das heißt nicht, daß dieser Redakteur irgend etwas mit Bachmanns literarischer Figur zu tun habe, sondern ist lediglich ein Beleg für ihre Begegnung mit diesem Namen. – »Der Turm« war eine von 1945 bis 1948 erscheinende österreichische Monatsschrift für Kultur mit konservativ-religiösem Profil, die von der »österreichischen Kulturvereinigung« herausgegeben und vom Kulturreferenten der Volkspartei, Egon Seefehlner, redigiert wurde (Wischenbart 1983, 15–19). In Deutschland ist Seefehlner (1912–1997) bekannter durch seine Tätigkeit als Intendant der Deutschen Oper in Berlin, wo er in den sechziger und siebziger Jahren zunächst Gustav Rudolf Sellner vertrat und dann dessen Nachfolger wurde. – Das erwähnte Buch über die literarischen Nobelpreisträger ist nicht zustande gekommen; möglicherweise handelte es sich um den Plan einer literaturwissenschaftlichen Dissertation, bevor Bachmann sich für die Dissertation in Philosophie entschieden hatte und 1949 mit den Studien dazu begann [II.3].

chinger wohnte. Von dieser Reise ist nur bekannt, daß Bachmann am 21.2.1951 bei einer Veranstaltung der ›Anglo-Austrian Society‹ in London las und daß sie offensichtlich versucht hat, zu Ludwig Wittgenstein Kontakt aufzunehmen, der in Cambridge lebte – ohne Erfolg. Wittgenstein war krank und starb wenig später im April 1951. Stellt diese Reise eine Art Suchbewegung nach dem akademischen Abschluß dar, so hat Bachmann nach ihrer Rückkehr im Herbst 1951 eine Anstellung beim Wiener Rundfunksender »Rot-Weiß-Rot« angenommen, zunächst als reine ›Brotarbeit‹, da sie im Sekretariat begann und erst nach einigen Monaten in die Redaktion wechseln konnte. »Rot-Weiß-Rot« war der Sender der amerikanischen Besatzungsbehörden,[46] der im Kontext des österreichischen Nachkriegsrundfunks eine herausragende Stellung einnahm, da er ein »Radio neuen Typs«[47] vertrat: mit Jazz, klassischer Musik (z.B. Übertragung der Salzburger Festspiele), mit viel Kultur- und Literatursendungen, aber auch Diskussionssendungen mit Hörerbeteiligung, in denen unter dem Schutz der Besatzungsmacht jede Kritik an den bestehenden Verhältnissen und der österreichischen Politik möglich war. Während die anderen westlichen Besatzungsmächte ihre Rundfunkstationen früher zurückgaben, behielten die Amerikaner den Wiener Sender »Rot-Weiß-Rot« bis 1955, d.h. bis zum Abschluß des Staatsvertrags,[48] und übernahmen, als die Regierung versuchte, über eine Politik der Rundfunkgebühren Druck auszuüben, auch die Finanzierung selbst. Das Konfliktfeld um die Reorganisation des Rundfunks war geprägt durch die Interessengegensätze zwischen den Ländern (d.h. föderative Rundfunkautonomie) und der Bundesregierung (d.h. Proporzsystem der Koalitionsparteien) sowie zwischen nationalen österreichischen Belangen und den Alliierten und äußerte sich z.B. in der Konkurrenz zwischen »Radio Wien« und RWR Wien im Kampf um die Verteilung der Gebühren und die Genehmigung von Werbesendungen. In diesem komplexen Feld hatte der amerikanische Sender eine starke Posi-

---

[46] Ihre Briefe aus dieser Zeit tragen den Stempel der »Alliierten Zensurstelle Z.1, 69 l«.
[47] Vgl. Feldinger 1990, 9.
[48] Die RWR-Stationen Linz und Salzburg wurden etwas früher zurückgegeben.

tion und konnte relativ unabhängig ein modernes Informations- und Unterhaltungsprogramm entwickeln. Auch das liberale Arbeitsklima in der Seidengasse Nr. 13 hob sich vom konservativen Gesellschaftston der österreichischen Nachkriegsgesellschaft ebenso deutlich ab wie von der herrschenden Atmosphäre eines Verdrängungskonsenses, in der die Entnazifizierungspolitik weniger als halbherzig betrieben wurde.[49] Eine Anstellung beim RWR aber ging für die Mitarbeiter nicht ohne Konflikte ab, da sie auch Gegenstand von Neid und nationalistisch gefärbten Konkurrenzverhältnissen war. Nicht nur weil die Mitarbeiter des RWR Wien höher dotierte Dienstverträge hatten, wurde bei der Auflösung bzw. Übergabe des Senders 1955 aus der Redaktion zunächst niemand von anderen Rundfunksendern des Landes übernommen.[50] Doch zu dieser Zeit war Bachmann nicht mehr in Wien, sondern in Italien oder auf einer anderen Station ihrer 1953 beginnenden ›Wanderjahre‹.

In der Wiener Vorgeschichte der Schriftstellerin hatte die nahezu zweijährige Arbeit beim Rundfunk sie nicht daran gehindert, sich eine gewisse literarische Anerkennung zu erwerben und Kontakte zu Literaten und Intellektuellen zu pflegen. Im Kreis um Hans Weigel hatte sie Ilse Aichinger kennengelernt und 1949, in dem Jahr, in dem die Reihe ihrer Erzählungen im Feuilleton und die ersten Gedichte im »Lynkeus« erschienen, war sie aus ihrem Studentenzimmer in der Beatrixgasse Nr. 26 in die Gottfried-Keller-Gasse Nr. 13 umgezogen, in die Wohnung von Elisabeth von Liebl und deren Mann, einem Kulturredakteur, wo sie einen gesellschaftlichen und kulturellen Treffpunkt vorfand. Als Hans Weigel im Auftrag der ›Gesellschaft für Freiheit und Kultur‹ 1951 das erste Jahrbuch »Stimmen der Gegenwart« herausgab, mit dem die junge Generation österreichischer Literatur repräsentiert werden sollte, nahm er, neben Texten von Ilse Aichinger, Milo Dor, Paul Celan, Marlen Haushofer, Jeannie Ebner u. a., Bachmanns Erzählung »Die Mannequins des Ibykus« auf.[51] Im zweiten Jahrbuch

---

[49] Zum Problem einer Kontinuität zum Nazismus und der Entnazifizierung der Medien vgl. die empirische Untersuchung über Biographien österreichischer Nachkriegsjournalisten von Friedrich Hausjell (1985).
[50] Feldinger 1990, 150.
[51] Im Unterschied zu der biographischen Notiz im »Lynkeus« drei Jahre

1952 war sie dann mit dem Gedichtzyklus »Ausfahrt« und im dritten mit einem Auszug aus dem Hörspiel »Ein Geschäft mit Träumen« vertreten. Diese Profilierung als Vertreterin der ›jungen österreichischen Literatur‹ wurde durch ihre Teilnahme an einer Kulturtagung in St. Veit im Oktober 1952 bestätigt. Unter der Rubrik »Aus den Werken junger Autoren« wird Bachmann in der Berichterstattung über die Kulturtagung als Lyrikerin besprochen.[52] Eine erste Resonanz in Form einer Besprechung war Anfang 1952 zu verzeichnen gewesen, und zwar als Reaktion auf ihre Wolfe-Übersetzung und auf ihr Hörspiel.[53] Und im Juni desselben Jahres erschien in Österreich das erste Porträt, das ihren *Eigen*namen als *Autor*namen etablierte. In einem kurzen Artikel der »Neuen Wiener Tageszeitung« unter dem Titel »Ingeborg Bachmann« wird das »Frl. Dr. phil.« eingangs in die »vielversprechende Schar *unserer* jungen *Dichterinnen*, die in Oesterreich in erstaunlicher Dichte *herangewachsen*« sind, eingereiht (18.6.1952, H.v.m.).[54] Danach wird eine Summe ihrer Leistungen gezogen: Veröffentlichungen in Anthologien, ihre Arbeit für den Funk, u.a. die »literarische Sensation« der Wolfe-Realisation und das eigene Hörspiel, und schließlich der Roman »Stadt ohne Namen«, »für den sich schon einige Verleger interessiert erklärten, aber noch nicht abgeschlossen haben. Eine reiche Bilanz also für eine vielversprechende Fünfundzwanzigjährige«.

Bemerkenswert an diesem Porträt ist, daß es kurz *nach* Bachmanns vielbeachtetem Debüt als ›Dichterin‹ bei der Maitagung der Gruppe 47 in Niendorf und nachdem in der westdeutschen Presse ihr Name mehrfach herausgestellt worden war erschien, ohne daß dieser Erfolg auch nur mit einem Wort erwähnt würde. Als indirekte Reaktion auf dieses Ereignis weist sich der Artikel jedoch sowohl durch die betonte Inanspruchnahme nationaler Zugehörig-

---

zuvor heißt es jetzt, dem Typus einer Anthologie junger Schriftsteller gemäß: »Schriftstellerische Tätigkeit seit 1947; Gedichte und kurze Prosa in Zeitungen und Zeitschriften. Ein fertiger Roman liegt vor.«

[52] Artikel über »Die Kulturtagung in St. Veit« in: Die Neue Zeit, Graz, 14.10.1952, 5.

[53] Vgl. Hotz 1990, 35f.

[54] In der Klammer werden die Namen von Christina Busta, Ilse Aichinger, Vera Ferra, Friederike Mayröcker, Christine Sarant, Irene Kutscha, Erika Danneberg genannt.

keit mit dem Possessivum »unsere« als auch durch jene Formulierung aus, mit der die Autorin als ›bereits Entdeckte und Geförderte‹ reklamiert wird: »sie alle wurden ja schon ›irgendwie‹ entdeckt und gefördert«. Eine Geste nachgetragener Anerkennung und ›Heimholung‹, mit dem Ziel, den Abstand zwischen der Reputation im Ausland und ›daheim‹ zu bannen? Erst ein Jahr später, nachdem Bachmann den Preis der Gruppe erhalten hat und die entsprechend prominentere Berichterstattung in der deutschen Presse kaum noch zu übersehen ist, wird dieser Erfolg auch in der österreichischen Presse vermerkt. In einem Artikel der »Salzburger Nachrichten« beklagt Hans Weigel das »österreichische Kulturghetto«, das junge Autoren zu deutschen Verlagen treibe, sowie die bisherige Ignoranz der österreichischen Presse gegenüber den dortigen Ereignissen. Mit Bezug auf die Tagungen der Gruppe 47 heißt es:

> »Auch sie wurden in Wien totgeschwiegen, wo nur Staatsopern- und Staatsligaklub-Gastspiele die entsprechende Resonanz haben, aber Ilse Aichingers (1952) und Ingeborg Bachmanns (1953) Triumphe bei der ›Gruppe 47‹ nicht oder nur unzureichend zur Kenntnis genommen wurden. In Deutschland aber waren diese und andere junge Österreicher Schlagzeilenobjekte der Kulturteile und Stars der Rundfunkgesellschaften.«[55]

Hier deutet sich ein Konflikt an, der symptomatisch ist für die Situation der österreichischen Nachkriegskultur, in der diejenigen einheimischen Autoren, die in dem forcierter wiederaufgebauten Verlags- und Literaturbetrieb der BRD zu Ansehen gelangten, nicht selten als Abtrünnige betrachtet wurden. Später, wenn die ›junge Dichterin‹ mehrfach zum *poeta laureatus* ausgezeichnet worden ist, werden die ›Förderer‹-Legenden um das Vorrecht der Erstentdeckung konkurrieren, ein österreichisch-deutscher Literaturstreit besonderer Art [VI.2].

Eine Nachwirkung dieses Konflikts auf die längst erfolgreiche Autorin zeigt sich noch in ihrer Reaktion auf die Mitteilung von Hermann Kesten Anfang 1959, daß er (gemeinsam mit Kästner und Friedenthal) vorgeschlagen habe, sie zum Mitglied des deut-

---

[55] Der Große Wettlauf. Neue Autoren sind gefragt wie noch nie. In: Salzburger Nachrichten, 18./19.7.1953, 12. Kultur und Roman.

schen PEN zu wählen. Möglich sei das, weil der österreichische PEN, trotz der Empfehlung seines Präsidenten Csokor, es abgelehnt habe, sie aufzunehmen.[56] Zusammen mit ihrem Dank für diese Initiative trägt Bachmann eine für ihr damaliges öffentliches Renommée bemerkenswerte Bitte vor: ob im Falle der Wahl in der Formulierung zum Ausdruck kommen könnte, daß sie sich nicht selbst beworben habe, »damit in Österreich nicht die irrige Meinung entstehen kann, ich hätte mich von Österreich abgewendet; das würde man ja nur allzu gern glauben, um sich nie mehr etwas vorwerfen zu müssen«[57]. Durch die Entfremdung vom österreichischen Kulturbetrieb aufgrund des Erfolgs in einem Land wie der Bundesrepublik, das ihr als historisch-politischer Ort jedoch fremd bleiben wird und von dessen Literaturbetrieb sie sich aufgrund der dort sichtlich mangelnden Sensibilität im Umgang mit der Vergangenheit teilweise abgestoßen fühlt, findet sich Bachmann so gleichsam in einem Niemandsland wieder.

Dabei verkompliziert sich der deutsch-österreichische Konflikt durch einen verschwiegenen Untergrund, der mit der unterschiedlichen Stellung jüdischer Remigranten und Überlebender im Literaturbetrieb der frühen Nachkriegszeit beider Länder zusammenhängt. Im Unterschied zur BRD, wo die Exilliteratur nach 1945 kaum wahrgenommen wurde[58] und jüdische Remigranten und Autoren sich im Betrieb eher zurückhielten,[59] nahmen in Wien

---

[56] Brief Kestens an Bachmann v. 1.3.1959 (HKM). In der Begründung, die Kesten als Kopie mitschickt, heißt es: »Ingeborg Bachmann gilt mit Recht heute für einen der besten deutschen lebenden Lyriker, für eine Dichterin von Rang und Ruhm, der in Deutschland anerkannt wird, weniger in Österreich, wo sie der österreichische PEN-Club, zum Kummer seines Präsidenten F. Th. Csokor, abgelehnt hat, trotz der wärmsten Befürwortung durch Csokor. Ich schlage also diese ausgezeichnete junge Dichterin für den PEN-Club der deutschen Bundesrepublik vor.«

[57] Brief Bachmanns an Kesten v. 7.3.1959 (HKM). Noch 1971, nach der Publikation von »Malina«, notiert sie Zeichen von Abwehr, wenn sie Johnson von einer Wienreise schreibt: »In Wien weigern sich Buchhandlungen, das Buch ins Fenster zu stellen« (Bachmann an Johnson am 8.6.1971, UJF).

[58] Zur Nichtrezeption der Exilliteratur nach 1945 vgl. Briegleb 1991.

[59] Selbst in der Gruppe 47 spielten sie trotz der literarischen Bedeutung z.B. von Aichinger, Hildesheimer, später Fried und Weiss keine Rolle als Manager und Wortführer (mit Ausnahme vielleicht der als Kritiker teilnehmenden Reich-Ranicki und Hans Mayer, deren Stimmen bei den Treffen starkes

nach Kriegsende zurückgekehrte jüdische Autoren wichtige Rollen im Kulturbetrieb ein. Von den Wiener Literaturzeitschriften, in denen Bachmann Ende der vierziger/Anfang der fünfziger Jahre publizierte, hatten zwei jüdische Herausgeber: »Lynkeus«, herausgegeben von Hermann Hakel (Jahrgang 1911), der nach seinem Exil, nach mehreren Jahren in italienischen Internierungslagern und einem dreijährigen Palästina-Aufenthalt, 1948 nach Wien zurückgekehrt war, und »Stimmen der Gegenwart«, herausgegeben von Hans Weigel (Jahrgang 1908), der nach Jahren des Schweizer Exils gleich nach Kriegsende 1945 wieder nach Wien gekommen war. Beide verstanden sich als Präceptoren der jungen Literaturszene und haben entscheidend zum Wiederaufbau der Wiener Nachkriegskultur beigetragen. Das machte die Situation für eine junge österreichische Schriftstellerin, die sich gerade ihres historischen Ortes bewußt zu werden begann, nicht unbedingt einfacher. Bemühungen um intellektuelle Unabhängigkeit und um Selbstbehauptung gegenüber der paternalistischen Fürsorge von selbsternannten ›Förderern der jungen Literatur‹[60] mußten dabei objektiv durch das problematische Verhältnis zwischen Österreichern und Remigrierten überlagert und belastet werden. Damit war für die Autorin Bachmann ihre Stellung im Literaturbetrieb von Anbeginn durch eine Überkreuzung mehrerer problematischer Konstellationen geprägt. Sowohl die Konkurrenz zwischen dem österreichischen und westdeutschen Literaturbetrieb als auch die Konflikte zwischen einer jungen Schriftsteller*in* und wesentlich älteren Literaturmanagern, die ohnehin das prekäre Zusammenspiel von Beziehung und Beziehungen im Literaturbetrieb berühren, wurden durch das sensible Verhältnis zurückgekehrter jüdischer Autoren zu Deutschen und Österreichern in der Nachgeschichte der Nazizeit überlagert [IX.2].

Bei der Emigration 1953 aus Wien – womöglich war es auch eine Flucht vor bzw. ein Ausbruch aus den skizzierten Konflikten – führt für Bachmann der Weg zur ›freien Schriftstellerin‹ insofern

---

Gewicht hatten). Der spezifische Ort jüdischer Autoren in der Nachgeschichte des Krieges wurde allerdings nicht thematisiert und wenn dies geschah, wie bei der Lesung Celans, abgewehrt [VIII.3].

[60] So die Formel, die in den biographischen Porträts von Hakel und Weigel immer wieder anzutreffen ist.

in zwei entgegengesetzte Richtungen: auf die reale Reise nach Italien, während sie ihre Publikationen an den westdeutschen Literaturbetrieb richtet. In der Frankfurter Verlagsanstalt wird noch im selben Jahr ihr erster Gedichtband »Die gestundete Zeit« (1953) erscheinen, und in den folgenden Jahren erhält sie nicht nur etliche Aufträge von Rundfunkanstalten (vor allem NWDR, BR und HR), sie wird auch Autorin etlicher Kulturzeitschriften, z. B. »Merkur«, »Frankfurter Hefte«, »Akzente«, »Jahresring«, »Westermanns Monatshefte«, »Neue Rundschau«.

5. Schriftstellernöte,[61] Wortauftritte,[62] Wanderjahre[63]: die Schriftstellerin in der Gruppe 47 und im Literaturbetrieb

Obwohl der erste Deutschland-Besuch für sie den Zutritt zur literarischen Bühne symbolisiert, wird der Autorin das Land immer suspekt bleiben. Im Rückblick 1961 bringt sie die zwiespältigen Eindrücke zu Papier, die sich mit ihrer ersten Reise zur Gruppe 47 verbanden. In dem abgebrochenen Text darüber, wie sie unter die Deutschen fiel, »Deutschland, das ferner schien als jedes andre Land«, beschreibt sie ihre »gemischten Gefühle« aus Furcht und Neugier vor dem unbekannten Land und dem Zusammentreffen mit Unbekannten. Der Text gerät ihr zur Erinnerungsszene an die Begegnung mit dem Ort einer Hoffnung, der etwas Unheimliches anhaftet. Zunächst überwiegt der Eindruck des Unbeschwerten, vor allem im Kontrast zu einem (österreichischen) »wir«:

»Wir waren alle Mitte zwanzig, notorisch geldlos, notorisch hoffnungslos, zukunftslos, kleine Angestellte oder Hilfsarbeiter, einige schon freie Schriftsteller, das hieß soviel wie abenteuerliche Existenzen, von denen niemand recht wußte, wovon sie lebten, von Gängen aufs Versatzamt jedenfalls am öftesten.
Es scheint, daß wir in Wien alle ziemlich wenig zu lachen gehabt haben, denn sonst wäre meine stärkste Erinnerung nicht

---

[61] Der Begriff ist dem Bd. V der von K. Briegleb herausgegebenen Heine-Ausgabe entnommen (Heine 1968 ff., 7).
[62] »Wortauftritte sind der Anstoß für Gedichte« (GuI 78).
[63] So Bachmann in bezug auf ihre reisende Existenzweise (GuI 22).

die, eine verwandelte Ilse Aichinger zu sehen, bald angesteckt worden zu sein von etwas, das Jungsein, Lachen, Gelöstsein in einem war, Ansteckung durch Hoffnungen, durch mehr Weite, und das Unbekümmertsein, so daß meinetwegen der Bericht weniger wie einer über ein Zusammentreffen mit einer literarischen Gruppe klingt, es auch am wenigsten war, sondern eine kurze Spanne ›Jugend‹.« (4/324)

In diese Szenerie eines *savoir vivre*, Bild der Ungezwungenheit im Umgang und der Improvisation von Reise, Unterbringung, Gesprächen und Festen, bricht in ihren Text plötzlich etwas anderes ein: »Am zweiten Tag wollte ich abreisen, weil ein Gespräch, dessen Voraussetzungen ich nicht kannte, mich plötzlich denken ließ, ich sei unter deutsche Nazis gefallen, am darauffolgenden Tag.«[64] Hier bricht ihr Text ab und setzt noch einmal neu an. In der Wiederholung verschwinden die »deutschen Nazis« nun in einer Lücke, da sich jener plötzliche Gedanke, der mit der Rede von den deutschen Nazis auftaucht, nicht in die Erzählung über die hoffnungsvolle erste Teilnahme an einer lustigen, erfolgreichen und erfolgversprechenden Gruppe integrieren läßt, ebensowenig in die Gattung des Beitrags zu einem Jubiläumsband, wie ihn H. W. Richter bei der inzwischen hochgeschätzten Autorin erbeten hat. Der Neuansatz in Bachmanns Text übergeht die Störung und läßt ein Rätsel stehen, den Abreisewunsch, der inmitten der heiteren Szene vollkommen unmotiviert dasteht: »Am zweiten Tag wollte ich abreisen, am dritten Tag las ich ein paar Gedichte vor.« Das »wollte ich abreisen«, das stehenbleibt und so die Auslassung im Text vertritt, ist Störung genug, um zum alsbaldigen Abbruch des ganzen Berichts zu führen, der mit der Szene eines nicht enden wollenden Geredes ausläuft: »Diese Tagung hat kein Ende genommen, zwei Tage später trafen sich wieder einige Teile der [Gruppe] in Frankfurt, dann wieder ein Teil in München, und immer wurde geredet [...]«. Der Erzählstruktur des Berichts ist auf diese Weise die Bedeutungsfigur eines Schocks eingeschrieben, der plötzliche Einbruch eines in das Bewußtsein nicht integrierbaren Gedankensplitters. Damit verrät das in der Schublade der Autorin gebliebene Fragment Anzeichen einer traumatischen Störung in ihrer

---

[64] K7254/N1948 (NÖN).

Beziehung zum deutschen Literaturbetrieb, deren Thematisierung im Jubiläumsbericht keinen Ausdruck finden konnte. Vor den meisten Kollegen – und vor sich selbst? – verborgen gehalten, gehen diese Störungen statt dessen in ihre literarischen Texte ein und finden in deren Personal und Szenerie ihren Widerhall.

In der Korrespondenz mit dem Gruppenchef Richter,[65] der sie um einen Beitrag für den Almanach bittet, und zwar für die Rubrik ›zum ersten Mal bei der Gruppe 47‹ – »Du kannst schreiben, wie du willst, journalistisch, literarisch, spöttisch, kritisch, wie du willst«[66] –, sträubt Bachmann sich nicht nur gegen einen eigenen Beitrag, sondern meldet auch Bedenken gegen das ganze Unternehmen an. Sie warnt vor einer Fixierung, vor einer Historisierung oder Grablegung und plädiert dafür, die Gruppe solle lieber in hundert Mißverständnissen und verkannt weiterleben.[67] Was sie befürchtet, ist der Verlust an Unbefangenheit und Lebendigkeit – genau das also, was sich in ihrem schriftlichen Versuch dann tatsächlich auch ereignet.

Das einzige, was von ihren Befürchtungen und Andeutungen dem Verstehen Richters zugänglich ist, ist die Angst vor einer Fixierung, denn die betrifft das oberste Dogma seiner Gruppe: die Offenheit bzw. den Programmsatz, ›die Gruppe ist kein Verein und hat keine Mitglieder‹! Und so versucht er ihre Bedenken zu zerstreuen, indem er sich selbst beruhigt, daß auch *nach* einer Dokumentation über fünfzehn Jahre Gruppe 47 niemand wissen werde, »wer gehört nun eigentlich dazu und wer nicht« – obwohl er im selben Atemzug betont, daß er »die Clique« erhalten wolle,[68] und obwohl er in seinem Anfragebrief, mit dem er gleichzeitig auch zur Tagung in der Göhrde (27. bis 29. Oktober 1961) einlädt, betont hatte, daß diesmal vorwiegend »Alt-Gruppe-47er« lesen würden. Mit dem Wort »Clique« benennt Richter auch den Geselligkeitswert, um dessen Verlust es Bachmann offensichtlich vor allem geht. In den Jahren seit ihrem Debüt nämlich hat sich das Verhältnis umgekehrt: während die Gruppe damals für sie ein Sprungbrett zum Durchbruch war, speist sich das Profil der

---

[65] Vgl. dazu auch Briegleb 1996 und Briegleb 1997.
[66] Brief H.W. Richters v. 6.9.1961 (AKB).
[67] Brief Bachmanns an Richter v. 17.9.1961 (AKB), s. Richter 1997, 361.
[68] Brief H.W. Richters v. 24.9.1961 (AKB), publiziert in Richter 1997, 359f.

Gruppe inzwischen z.T. aus *ihrer* literarischen Reputation. Die Werbung Richters um einen Beitrag für den Almanach stellt jetzt den Versuch dar, sich einen glitzernden Namen ans Revers zu heften, deshalb: »schreib, wie du willst«. Daß Bachmann sich dieser Vereinnahmung für die Zwecke einer Gruppenwerbung und der Einverleibung in das Dokument einer Selbstfeier entzogen hat, signalisiert bereits eine (vielleicht noch zögernde) Distanzierung. Möglicherweise hat aber die Störung in ihrem abgebrochenen Erinnerungstext ihr den längst bestehenden Abstand bewußt gemacht und ihre Entfernung von der Gruppe beschleunigt. Die Tagung in der Göhrde wird jedenfalls das vorletzte Treffen sein, an dem die Autorin teilnimmt, die seit 1952 nahezu regelmäßig dabei war. Schon hier liest sie, zum Tagungsabschluß und außerhalb des Rituals, nur jenes »einsame Gedicht«, das sie nach dem Erzählungsband und der Poetikdozentur, ihren ganz großen Erfolgen, geschrieben hat: »Ihr Worte«. Noch einmal kommt sie zum Treffen im Oktober 62 in Berlin, nimmt sogar besonders engagiert teil an der Zusammenkunft mit der »Oberhausener Gruppe«, die im Anschluß an die Lesungen stattfindet und in der es um die Kooperation zwischen Autoren und Filmern geht. Es ist die Zeit, in der sie plant, zusammen mit Egon Monk einen Film zu drehen. Danach jedoch bleibt sie den Treffen fern, beteiligt sich wohl noch an einigen politischen Erklärungen von Kollegen aus der Gruppe oder plant mit einzelnen eigene Projekte. Doch verlieren sich ihre Spuren in der Geschichte der Gruppe 47 allmählich, ohne ausdrückliche Verabschiedung.

Anzeichen einer inneren Distanznahme der Autorin hat es schon vorher gegeben, wie beispielsweise in ihrer Korrespondenz mit Wolfgang Hildesheimer deutlich wird: Im Briefwechsel mit dem befreundeten Schriftsteller fällt, neben einem radikal offenen Austausch über Schreibprobleme [IX.2], zuweilen eine ganz eigene ironische Anspielungsrede auf,[69] in der eine übereinstimmende Fremdheit gegenüber Habitus und Struktur der Gruppe zum Ausdruck kommt. Wurde von verschiedener Seite der dort vorherrschende Gesprächston mehrfach schon als ›Landserton‹ charakterisiert, so stellt die privatsprachlich codierte Ironie in der

---

[69] Vgl. dazu auch den von Hildesheimer selbst veröffentlichten Brief Bachmanns an ihn aus dem Sommer 1957 in: Der Freibeuter, H. 27, 1986.

Korrespondenz zwischen Hildesheimer und Bachmann die derart charakterisierte Mentalität eindeutig in den Kontext einer deutschtümelnden Vereinskultur und nationalistischen Ideologie. So ist, wenn es um die Gruppe 47 geht, gelegentlich vom Schul- oder Turnverein und von treudeutscher Gesinnung die Rede. 1956 schreibt Bachmann in einem Brief, mit dem sie eine München-Reise ankündigt, sie werde Anfang März »in die Ortsgruppe München« kommen[70], und wenig später bittet sie Hildesheimer, er möge »Turnvater Richter« sagen, daß es ihr nicht möglich sei, »den Sportkurs in Grünwald bei München zu besuchen. Gern hätte ich eine Gymnastiknummer vorgeführt.«[71] Und etwas harmloser, nämlich in bezug auf den zunehmenden Medienrummel um die Treffen der Gruppe 47, spricht sie vom bevorstehenden Ereignis in der Göhrde 1961 als »Lüneburger Literaturkonzert«. Der plötzliche Einfall der »deutschen Nazis« in ihren 1961 versuchten und abgebrochenen Erinnerungstext für den Jubiläumsband schließt also an vorausgegangene Eindrücke an und verdichtet ihre »gemischten Gefühle« gegenüber der Gruppe in einer vereindeutigenden Bezeichnung.

Aus der Perspektive von 1961, als die Gruppe 47 für Bachmann nur noch als Ort der Zusammenkunft mit einzelnen Freunden *in ihr*, nicht aber als Medium der literarischen Öffentlichkeit von Interesse war, erklärt sich, daß im Erinnerungstext das eigentliche Ereignis ihres Debüts, der Wortauftritt, der ihre Karriere als Dichterin beförderte, in wenigen knappen Sätzen abgehandelt wird:

»[...] am dritten Tag las ich ein paar Gedichte vor, vor Aufregung am Ersticken, ein unfreundlicher Schriftsteller las sie nochmals laut und deutlich vor, einige Herren sagten [etwas] dazu und nachher kam ein Herr, der sagte, ich solle am nächsten Tag in Hamburg dasselbe nochmals im Rundfunk lesen.« (4/325)[72]

---

[70] Brief Bachmanns an Hildesheimer v. 11.2.1956 (AKB).

[71] Brief Bachmanns an Hildesheimer o.D. (AKB); er bezieht sich auf den Grünwalder Kreis, den Richter im Kontext der Anti-Atombewegung 1956/57 initiiert und geleitet hat.

[72] Anstelle der Konjektur »ein *freundlicher* Schriftsteller«, die die Werkausgabe für die Verschreibung »anfreindlicher« im Manuskript gibt, wurde hier »unfreundlicher« gewählt (K7254/N1948, NÖN).

Das vielbeschriebene und -beschworene Gruppenritual, die gegenseitige Spontankritik, die den Lesungen folgte und zu der die jeweils Lesenden sich nicht äußern durften, schrumpft hier in eine subtil-ironische Formel zusammen: »einige Herren sagten etwas dazu«. Wenn man eine der wenigen aufgezeichneten Diskussionen der Treffen nachliest, die Debatte, die der Lesung von Bachmanns Gedicht »Liebe: Dunkler Erdteil« beim Treffen in Niederpöcking (September 1957) folgte,[73] dann zeigt sich, daß sie mit dieser Formel zugleich alle Peinlichkeiten elegant übergeht, indem sie ausläßt, *was* zu ihren Gedichten gesagt wurde. Damit antwortet ihr Text in ironischer Weise auch auf die Berichte anderer über ihr Debüt, die kaum etwas zu ihren Gedichten äußern, um statt dessen ihre Erscheinung und ihre Person in den Vordergrund zu stellen, Berichte, die die immer gleiche Litanei von der scheuen, verschlossenen, attraktiven jungen Frau singen, der bei der ersten Lesung Stimme und Bewußtsein versagten.

Mit der Titelstory, die der »Spiegel« im August 1954 Bachmann widmete, ein einmaliges Ereignis in der Nachkriegsliteratur, war sie dann eine im doppelten Wortsinn ›gemachte‹ Schriftstellerin. Um öffentliche Beachtung brauchte sie sich fortan nicht mehr zu sorgen, viel eher lernte sie sie fürchten und fliehen. Dafür war ihr Bild bereits im zweiten Jahr nach ihrem Debüt in der deutschen Öffentlichkeit erstarrt und zur Kenntlichkeit entstellt: die scheue, flirrende Erscheinung mit der »dichterischen Kraft, die sich ebenso unaufdringlich wie unüberhörbar erhebt«[74], als Personifikation der *poeta* schlechthin.

Mit dieser zweischneidigen öffentlichen Bedeutung und damit, daß sich für Bachmann die Türen zu den Redaktionsstuben geöffnet hatten, waren jedoch noch lange nicht die Voraussetzungen für die Existenz als ›freie Schriftstellerin‹ gegeben – trotz einer nicht geringen Produktivität. 1971 erinnert sie sich:

»Ich habe fast zu früh aufgehört mit der festen Arbeit, schon 1953. Weil ich damals einmal 1000 Mark als Honorar bekam,

---

[73] Ausschnitte sind abgedruckt in: Akademie der Künste 1988, 87f.
[74] Bachmann. Stenogramm der Zeit. In: Der Spiegel, 18.8.1954, 26. Vgl. die ausführliche Analyse des Artikels bei Hotz 1990, 43–62.

habe ich halt gedacht, davon könnt' ich ein ganzes Leben leben. Aber das ging nur kurze Zeit gut, und dann nahm ich wieder eine Nebenarbeit an.« (GuI 112)

Mit dieser Nebenarbeit meint sie ihre Tätigkeit als Italien-Korrespondentin für »Radio Bremen« (Juli 1954 bis Juni 1955) und für die »Westdeutsche Allgemeine Zeitung« (November 1954 bis September 1955).[75] Sie sichert ihr eine minimale materielle Basis, um sich in Rom niederzulassen, wo sie zu Beginn des Jahres 1954 zunächst in einer einfachen Behausung in der Via Ripetta Nr. 226 lebt und im Frühjahr in eine kleine Wohnung an der Piazza della Querica Nr. 1 umzieht. Im Juni schreibt sie an Joachim Moras, daß sie noch lange in Rom bleiben wolle, »obwohl es sehr schwierig ist und vielleicht ungeschickt [überschrieben über ein durchgestrichenes: verrückt], denn es ist finanziell nicht zu machen«, und daß sie manchmal überlege, »ob es nicht besser wäre, nach Deutschland zu gehen«.[76] In dem »Merkur«-Redakteur hat Bachmann jemanden gefunden, der sich nicht nur ihrer literarischen Interessen, sondern auch der finanziellen Probleme annimmt. Neben dem »Merkur« schlägt er ihr den neugegründeten »Jahresring« als Publikationsort vor, einen vom Kulturkreis des BDI (Bundesverband der deutschen Industrie) herausgegebenen Almanach, und freut sich, als er ihr mitteilen kann, daß sie für den Literaturpreis vorgesehen ist, der von diesem Kulturkreis vergeben und ihr am 16./17.5.1955 in Stuttgart verliehen wird.[77] Es ist das zweite Mal, daß Bachmann in den auch materiellen Genuß eines Literaturpreises kommt. Da das Geld nicht lange reicht, bemüht sich Moras ein Jahr später, bei einzelnen Personen aus dem Umfeld des BDI-Kulturkreises, für Bachmann eine finanzielle Unterstützung *ad personam* zu erwirken. Seine »Hilfsaktion« zieht sich zwar hin, doch

---

[75] Es handelt sich um Berichte über das politische Klima und Skandale in Italien und über außenpolitische Tendenzen, seltener über Kulturelles. Die Zeitungsartikel erschienen unter dem Pseudonym Ruth Keller. Beides, Radiobeiträge und Zeitungsartikel, sind wieder zugänglich (RR).

[76] Brief Bachmanns v. 6.6.1954 (DLM).

[77] In verschiedenen Chroniken ist dieser Preis auf Mai 1954 datiert. Zwar hat Moras auch schon im »Jahresring« 1954 etwas von Bachmann abgedruckt, aber aus der Korrespondenz mit ihr geht eindeutig hervor, daß sie den Preis erst im Mai 1955 erhalten hat.

im August kann Bachmann ihm schreiben, daß eine (vermutlich einmalige) Geldsendung auf dem Weg zu ihr ist.[78]

In den fünfziger Jahren zieht sich also deutlich ein Motiv des – meist fehlenden – Geldes durch die Korrespondenz der ›freien Schriftstellerin‹. Glücklicherweise kommen weitere Preise. Anfang 1957 wird ihr der Förderpreis des Bremer Literaturpreises verliehen, im März 1959 der Hörspielpreis der Kriegsblinden[79], im Herbst 1961 der Kritikerpreis, im Herbst 1964 der Georg-Büchner-Preis, Ende 1968 der Große Österreichische Staatspreis und im Mai 1972 der Anton-Wildgans-Preis der Österreichischen Industrie. Dieser Preissegen, der sich in einer schönen Regelmäßigkeit einstellt, zwischen 1953 und 1961 im Abstand von zwei, dann von drei bis vier Jahren, hilft zwar oft aus der ärgsten Geldklemme, kann aber nicht das Überleben sichern. Die Geldpausen zwischen Nebenarbeit und Preisen gleichen Zeiten einer vagabundierenden Existenz, ohne festen Wohnsitz. Jedenfalls muß Bachmann im Sommer 1955 die Wohnung in Rom aufgeben, lebt nach der Rückkehr von der USA-Reise (im Juli)[80] vier Monate in Kärnten bei der Familie, erwägt Ende 1955 die Möglichkeit, nach Wien zu ziehen,[81] macht relativ konkrete Pläne, um für ein Jahr nach Griechenland zu gehen,[82] geht statt dessen aber ab Frühjahr 56 wieder zu Henze nach Neapel, lebt im Herbst wieder in Kärnten und hält sich zum Jahresende, nach Besuchen in Berlin und München, in Paris auf. Von dort aus schreibt sie, sie suche »ein Dach«[83]. Erst Anfang 1957 kann sie wieder eine Wohnung in Rom mieten,

---

[78] Brief Bachmanns an Moras v. 19.8.1956 (DLM).

[79] Der Hörspielpreis der Kriegsblinden ist zwar nicht mit einem Geldpreis verbunden, wirkt sich aber auf das Renommee und auch verkaufsfördernd aus.

[80] Wo sie an dem von Henry Kissinger organisierten internationalen Seminar der ›Harvard Summer School of Arts and Sciences and of Education‹ in Cambridge (Mass.) teilnimmt: Von dieser Reise datiert u.a. die Freundschaft mit Siegfried Unseld.

[81] Am 14.11.1955 teilt sie Joachim Moras mit, daß sie während »ein paar Wiener Tagen« sogar versucht habe, sich nach einer Wohnung umzusehen »für später, aber die Stadt hat mich zu sehr angestarrt. Ich bin krank geworden, rasch nachhause gefahren« (DLM).

[82] Briefe an Moras v. 14.11.1955 und 23.11.1955 (DLM), Bachmann erwähnt auch anderen gegenüber diesen Plan.

[83] Brief an Siegfried Unseld v. 2.12.1956 (SVF).

diesmal in der Via Vecchiarelli Nr. 38, als ihr gerade die Nachricht über den Bremer Literaturpreis ins Haus flattert: »Wahrscheinlich ist selten ein Preis so gelegen gekommen ...«, sagt sie in einem Interview mit Gustav René Hocke im Januar 1957 (GuI 22). Doch auch bei dieser zweiten Niederlassung in Rom reicht es nur bis zum Herbst, dann muß sie sich noch einmal entschließen, eine ›Nebenarbeit‹ anzunehmen, als Dramaturgin beim Bayerischen Rundfunk in München, wo sie ein Dreivierteljahr (von Oktober 1957 bis Mai 1958) leben und arbeiten wird,[84] bevor sie wieder nach Neapel und Ende 1958 dann nach Zürich zu Max Frisch zieht. Mit ihm gemeinsam kann sie 1961 auch in Rom eine Zweitwohnung mieten, ein Glück, das allerdings nur von sehr kurzer Dauer ist.[85] Durch den überraschenden Auflagenerfolg von »Der gute Gott von Manhattan« (1958), die Poetikdozentur im Wintersemester 1959/60 und den Verkauf des Erzählungsbandes »Das dreißigste Jahr« (1961)[86] geht es finanziell allmählich bergauf, so daß Bachmann im Herbst 1961 an Richter schreiben kann, sie benötige keine Reisekosten für das Treffen der Gruppe 47, denn sie verdiene kurioserweise mit dem neuen Buch Geld.

---

[84] In Briefen an Hermann Kesten wird das Ungeliebte dieses Aufenthalts kraß zum Ausdruck gebracht. Vor der Abreise aus Rom spricht sie von der kommenden »Zwangsarbeit« in München, bittet darum, weiterhin zu den Römern gezählt zu werden, »denn zu den Münchnern möchte ich, ohne den Deutschen zu nahe treten zu wollen, nie gezählt werden« (3.9.1957). Nach Ankunft dort findet sie »fast alles und fast jedes deprimierend« (16.10.1957), und bald schützt sie sich durch den Kauf eines Grammophons und viel Mozart »vor Germanien« (Neujahrskarte 1958, alles HKM).
[85] Die mit Frisch zusammen gemietete Zweitwohnung in der Via Giulia Nr. 102 in Rom hat Bachmann offensichtlich nur für eine sehr kurze Zeit bewohnt. Ende November 1960 teilt sie aus Zürich mit, daß sie kurz in Rom gewesen sei, um »unsere Übersiedlung in drei Wochen vorzubereiten,« (23.11.1960 an Moras, DLM), aber erst im April 61 meldet sie sich von dort aus der Via Giulia 102. Doch schon ab Juni 1961 lautet ihr Absender regelmäßig Via de Notaris 1, obwohl sie erst am 31. Mai an Unseld geschrieben hat, daß sie und Frisch »gerade siedelten«, nachdem sie endlich das Gewünschte gefunden hätten, »mit genug Rom und zwei Schreibzimmern, die weit genug auseinander liegen« (SVF); 1963 dann haben sich gleichsam verkehrte (Wohn-)Verhältnisse eingestellt, insofern Bachmann in Uetikon wohnt, in dem von ihr nicht besonders geliebten Zürich, während Frisch in Rom geblieben ist.
[86] Vgl. dazu Hotz 1990, 111 ff.

Durch die Schreibpause nach dem »Dreißigsten Jahr« verschlechtert sich in den folgenden Jahren die finanzielle Situation für Bachmann allerdings wieder erheblich, so daß sie das Stipendium der Ford Foundation für einen einjährigen Berlin-Aufenthalt annehmen muß und im April 1963 nach Berlin geht, wo sie zunächst in der Akademie der Künste lebt und nach einigen Monaten in eine Wohnung in der Königsallee 35 umzieht.[87] In einem 1970 entstandenen, Fragment gebliebenen Essay über Witold Gombrowicz, der zur gleichen Zeit wie sie Gast der Ford Foundation war [VII.3/IX.1], wird das Moment von Unfreiwilligkeit reflektiert, das dieser Sorte Geldes, auch für sie selbst, anhaftet:

> »[...] wir waren beide die ersten Gäste der Ford Foundation und wahrscheinlich auf ähnliche Weise *dankbar und undankbar*. Was ich *erraten konnte*, aber nicht beweisen kann, ist, daß Gombrowicz dieser kleine Geldregen, der ihm zum erstenmal erlaubt hat, nach soviel Jahren, ohne die täglichen Sorgen zu leben und unter halbwegs erträglichen Umständen zu leben, *wenig geheuer* war, und zwar vielleicht weniger der Skrupel wegen, die weder er noch ich hatten, denn sie wären höchst unangebracht gewesen in einem Augenblick, in dem man *kein Dach über dem Kopf* hat – ich glaube also *erraten* zu haben, daß dieses Geld seine Integrität und seine Art zu leben nicht berührt hat, es war ihm angenehm, aber wie so oft, sind Annehmlichkeiten, für die man dankbar sein müßte, mit ungeheuerlichen Veränderungen verbunden.«(4/326, H.v.m.)

Die Schleife, die ihr Satz zwischen dem zweimaligen »erraten« beschreibt, betrifft nicht nur den Schriftstellerkollegen; das Gesagte scheint auch *pro domo* gesprochen zu sein. Das ›wenig Geheure‹ bzw. das ein wenig Ungeheure, das schon in ihrem Bericht über die Gruppe 47 zur Sprache kam, ist in diesem Textentwurf vom Land auf das Geld verschoben, allerdings auf jenes Geld, das den Aufenthalt im Lande erzwingt. Zurück in Rom, ihrem Wunschort, kann Bachmann dem Berliner Freund Uwe Johnson gegenüber

---

[87] Ende 1963 schreibt sie an Szondi, Berlin bestehe für sie »nurmehr aus dem Grunewald«, das sei eine Notwehr »oder der erste vernünftige Anfang« (Bachmann an Szondi am 21.12.1963, DLM). Zu ihrer Beziehung zu Berlin vgl. VII.3.

Berlin als aufoktroyierten Aufenthaltsort bezeichnen. Einen solchen Oktroi, der aus der Bindung eines erzwungenen Lebensort an das Geld erwächst, hat Bachmann nur während ihrer Berliner Zeit akzeptiert; danach ist sie zu der schon einmal (1953 beim Eintritt in die Existenz als freie Schriftstellerin) gewählten Lösung zurückgekommen, zur Trennung zwischen Lebensort und Publikationsort: Rom und Deutschland.

Die Wohnung, die sie Anfang 1966 in der Via Bocca di Leone Nr. 60 bezieht, um beim vierten Anlauf endlich in Rom seßhaft zu werden, wird von ihr emphatisch als »la mia casa« bezeichnet. Auf diese Situation spielt sie an, wenn sie es im Brief an Johnson als ›fixe Idee‹ bezeichnet,

> »nach Rom gehen zu wollen. [...] Und ich habe mich in diese Stadt so verbissen, nicht weil ich sie, was nur halb stimmt, sehr liebe, sondern weil sie mir dreimal genommen worden ist auf die unwürdigste Weise, und weil man von einem Ort nicht loskommt, in dem man soviel investiert hat.«[88]

Wenig später schreibt sie an ihn, sie baue starrköpfig an dieser Wohnung: »Hätt ich früher gelebt, so wäre ich mit Befestigungsarbeiten an einem Castell beschäftigt.«[89] Und tatsächlich wird ihre nächste und letzte Bleibe einem Castell ähneln, die Wohnung in der Via Giulia Nr. 66, in die sie im Herbst 1971 umzieht. Doch während dieser Römischen Jahre seit 1966 – es ist nach der Studienzeit in Wien das erste Mal, daß sie wieder längere Jahre in einer Stadt lebt – stellen sich auch die Geldsorgen wieder ein.[90] Zwar

---

[88] Brief Bachmanns v. 24.1.1966 an Johnson, zit. nach Johnson 1974, 63 f.

[89] Brief Bachmanns vom Sommer 1966, zit. nach Johnson 1974, 64.

[90] Offensichtlich sind dem Freund Bachmanns Geldsorgen bekannt – und aus der eigenen Lage vertraut, denn Uwe Johnson reagiert spontan auf einen »Spiegel«-Artikel, in dem Bachmann in jene Geldschickeria eingereiht wird, die die Altstadt Roms in Besitz genommen habe. Am 15.5.1970 schickt er ihr den Durchschlag eines Leserbriefes, mit dem er gegen den Artikel »Rom. Reiche im Getto« protestiert, sowie die Antwort des Magazins, daß sein Brief leider nicht abgedruckt werden könne (UJF). In dem »Spiegel«-Artikel, in dem Häuserspekulationen angeprangert werden sowie die Vertreibung der Armen und der Juden (sic!) aus dem alten Ghetto, in das nun »Künstler, Literaten und Filmvolk, aber auch Diplomaten, Beamte der internationalen Organisationen und reiche Ausländer« einzögen, heißt es u.a.: »Die öster-

konkurrieren die Zeitschriften und Verlage jetzt um die Autorin,[91] und sie erhält eher zu viele Anfragen für Texte und Beiträge zu verschiedensten Anthologien und Gedenkbänden, etwa zu Brecht, Nelly Sachs, R. A. Schröder und Ernst Bloch, doch nimmt sie nur weniges davon an, anderes bleibt unfertig in der Schublade,[92] und auch verabredete Rezensionsaufträge von größeren Zeitschriften werden nicht fertiggestellt.[93] Offenbar sah die Schriftstellerin sich in diesen Jahren sogar genötigt, auf ungewöhnliche Weise zu Geld zu kommen, wie ein Konvolut mit Werbetextentwürfen für Olivetti, das sich im Nachlaß befindet, belegt.[94]

Eine Ausnahme in der Finanzmisere der ›freien Schriftstellerin‹ bildet die Zusammenarbeit mit Henze. Seine Oper »Der junge Lord«, für die Bachmann das Libretto geschrieben hat, wird im April 1965 in Berlin mit großem Erfolg uraufgeführt, so daß Schallplatten- und Fernsehaufzeichnungen wie auch Inszenierun-

---

reichische Dichterin Ingeborg Bachmann (»Anrufung des Großen Bären«) kaufte sich ein Appartement in der Via Bocca di Leone, der Löwenmaulstraße« (Der Spiegel, H.20, 1970, 177).

[91] So verbindet der »Merkur«-Redakteur Hans Paeschke, nachdem dort seit dem Tod von Joachim Moras im April 1961 von ihr nichts mehr erschienen ist, 1966 seine Anfrage nach Gedichten – er habe von einer Lesung von Gedichten in Zürich gehört – mit einer Erinnerung an »Anciennitätsrechte« (Brief v. 21.1.1966), worauf Bachmann mit einem interessanten Versprecher antwortet, wenn sie die Anciennitätsrechte zunächst als *letzte* Rechte versteht, dann das letzte durchstreicht, durch »ältere Rechte« ersetzt und fortfährt, daß sie »die Vorstellung, daß es nicht nur mit den Gedichten ein Kreuz ist, sondern auch mit den Herausgebern, noch niedergeschlagener [mache]. Lösung sehe ich also keine, und das beste ist wohl, ich behalte meine Blätter in der Mappe« (Brief v. 23.1.1966, DLM). Sie wird die betreffenden Gedichte dann 1968 im »Kursbuch« veröffentlichen.

[92] Vgl. die vielen Entwürfe in der Abteilung »Vermischte Schriften« im vierten Band der Werkausgabe: über Brecht, Bernhard, Plath u.a.

[93] So sollte sie für den »Spiegel« 1967 eine Besprechung über Georg Groddeck schreiben, hat sich dafür auch intensiv mit Groddeck beschäftigt, sich entlegene Publikationen besorgt, wie die Korrespondenz mit dem Suhrkamp Verlag belegt, ihren Beitrag aber nicht abgeschlossen. Und im selben Jahr wollte »Die Zeit« eine Besprechung zu Leo Lipskis »Piotrus«; auch diese ist unfertig geblieben.

[94] Zusammen mit der dazugehörigen Korrespondenz, vgl. den Brief der Mailänder Niederlassung der Schreibmaschinen-Firma Olivetti über eine *collaborazione* vom 24.10.1966 (K 8225–47/N 1542–1560, 845–848 NÖN).

gen an zahlreichen anderen Orten folgen, verbunden mit einem stetigen Zufluß von Tantiemen. Das meiste andere aber bleibt Lese- und Schreibarbeit, die sich nicht ›auszahlt‹, ebensowenig wie die langjährige Arbeit am »Todesarten«-Projekt, dessen Publikation immer weiter aufgeschoben wird. Als Bachmann 1966 den Wunsch hegt, sich wegen verschiedener Differenzen vom Piper-Verlag zu lösen, bei dem sie seit der »Anrufung des Großen Bären« (1956) unter Vertrag ist, stellt sich dieser Wunsch aus der Perspektive der Autorin vor allem als Geldproblem dar, weil sie beim Verlag hoch verschuldet ist.[95] Erst der Verkaufserfolg von »Malina« (1971) befreit sie aus dieser Lage und macht sie wirklich zur freien Schriftstellerin, bald zwei Jahrzehnte nach dem Aufbruch in diese Existenz.

Daneben geht es um die symbolische Bedeutung des Namens und die Verwandlung des *Eigen*namens in den *Autor*namen. Diese mißt sich sowohl an der öffentlichen Präsenz und Anerkennung wie auch an der Reputation, die mit nichtmateriellen Ehrungen, Mitgliedschaften und institutionellen Funktionen verbunden ist. Anfang der sechziger Jahre, auf dem Höhepunkt ihrer Prominenz, wird der Name Bachmanns durch eine Reihe literarischer Ereignisse symbolisch aufgewertet. Seit 1957 bereits korrespondierendes Mitglied der Deutschen Akademie für Sprache und Dichtung, wird sie jetzt in den PEN-Club der BRD aufgenommen und 1961 zum Mitglied der Berliner Akademie der Künste ernannt, kurz nachdem sie die erste Poetikdozentur in Frankfurt innehatte [IV.1]. Fand diese Veranstaltung schon vor vollem Hörsaal und mit enormer Presseresonanz statt, so folgt im selben Jahr eine vielbeachtete Medieninszenierung: Vor eineinhalbtausend Zuhörern bzw. Zuschauern und bei laufenden Fernsehkameras wird am 13.11.1960 in der Berliner Kongreßhalle die internationale Lesereihe »Literatur im technischen Zeitalter«[96] mit der »gegenwärtig gepriesensten Lyrikerin der deutschen Sprache«[97] eröffnet. Dieses Medienereig-

---

[95] Sie hat auf eine Romanoption Vorauszahlungen in einer Höhe von insgesamt 10 000 Mark erhalten und ist vertraglich verpflichtet, dem Verlag ein Romanmanuskript zu liefern [X.1].
[96] Veranstaltet von Walter Höllerer (TU Berlin), zusammen mit dem SFB. Die Veranstaltung wurde am 19.11.1961 vom SFB gesendet (TuB 481f.)
[97] Dunkle Magie der Lyrik. Berlin: Ingeborg Bachmann eröffnete Lesereihe. In: Hamburger Abendblatt, 14.11.1961.

nis bildet zugleich den dramaturgischen Schauplatz für die Übergabe des Kritikerpreises an sie (für »Das dreißigste Jahr«),[98] womit die Schriftstellerin nun auch zum Fernsehstar avanciert ist.

Den Symbolwert des Namens in der öffentlichen Zirkulation von Meinungen erfährt Bachmann vor allem dadurch, daß die Nachfrage nach ihrer Unterschrift unter verschiedene Erklärungen steigt. Daß mit der Bedeutung ihres Namens auch ihr Urteil Gewicht erhält, haben die anderen vor ihr erkannt, während ihr offensichtlich erst recht spät klar wird, daß sich der Spieß umdrehen läßt und die Politik *mit* ihrem Namen auch in eine Politik *der* Namen umgemünzt werden kann. So schlägt sie 1971 beispielsweise Uwe Johnson für den Georg Büchner-Preis vor,[99] der diesem tatsächlich im Herbst desselben Jahres verliehen wird. Meist hat Bachmann es aber vorgezogen, auf ganz unspektakuläre Weise dort ihren Einfluß geltend zu machen, wo ihr Urteil nicht erst durch den Symbolwert des Namens versilbert werden mußte. Seit ihrer Beteiligung am Sommerseminar der Harvard University etwa wird sie von Henry Kissinger geschätzt und immer wieder um personelle Vorschläge für mögliche Einladungen gebeten, eine Anfrage, der sie auch wiederholt nachkommt.[100] Außerdem engagiert sie sich für die Publikation noch unbekannter Autoren, wie z.B. Fleur Jaeggy, deren Manuskript sie z.B. an Hildesheimer schickt, ihn um sein Urteil bittet und zugleich überlegt, welchen Verlag sie dafür interessieren könnte.[101] Doch wirklich obsessiv betreibt Bachmann eine Politik der Einflußnahme nur in Form einer *Lektüre*politik. So bombardiert sie ihren Freund und späteren Verleger Siegfried Unseld in manchen Jahren mit Titeln aus der französischen und italienischen Literatur, die sie dem Verlag zur Übersetzung vorschlägt. Selbst während der intensiven Arbeit an den »Todesarten« unterbricht sie ihre ›Lesewut‹ nicht. Und als dem Verleger die Sichtung des ausländischen Buchmarktes einmal

---

[98] Schon die Verleihung des Hörspielpreises der Kriegsblinden an sie war vom Fernsehen übertragen worden, NDR 17.3.1959 (TuB 481).

[99] Brief Bachmanns an das Staatsministerium Baden-Württemberg v. 1.6.1971 (SVF).

[100] 1957 z.B. schlägt sie Martin Walser vor und koordiniert ihren Vorschlag mit Unseld (Brief v. 27.12.1957, SVF); 1959 empfiehlt sie Wolfgang Hildesheimer (Briefe Bachmanns an Hildesheimer vom 21.3. und 22.5.1959, AKB).

[101] Brief Bachmanns an Hildesheimer v. 20.7.1969 (AKB).

offenbar über den Kopf gewachsen ist, schlägt sie kurzerhand vor, ihm die Begutachtung der »italienischen und französischen Dinge« abzunehmen, denn sie sei ein »rasender Leser«.[102] Das schließt alle Genres und Sparten von Lektüre ein: Philosophie, Geschichte, Literatur von der Antike bis zur Moderne – und Kriminalromane. So zirkulieren beispielsweise zwischen ihr und dem Freund Uwe Johnson paketeweise Bücher, vorzugsweise Krimis.[103] Denn, wie schon erwähnt, das Lesen als Zwang bildet eine Dauerspur im Leben der Autorin [IV.1]; es speist die Zirkulation von *écriture – lecture* und bildet so die Matrix für jene Genese einer ›freien Schriftstellerin‹, die mit vielfältigen Störungen, Blockaden und Aufschüben verbunden war.

---

[102] Brief Bachmanns v. 12.3.1969 (SVF).
[103] Einer davon hat sich in Johnsons Nachlaß erhalten. In seiner Bibliothek findet sich ein Exemplar von Dick Francis: Jede Wette auf Mord, Kriminalroman, Ullstein 1970. Auf dem Cover steht in der Handschrift von Ingeborg Bachmann: »Der ist gut! I.B.« (UJF).

VI.

Die Biographie als Anathema

„Über Person und Lebensverhältnisse des Dichters […] weiß der Biograph nur weniges zu melden. Wir verlieren nicht viel durch solchen Mangel an Notizen, die gewöhnlich bei den Frau Basen der Nachbarschaft aufgegabelt werden." Diese Äußerung Heinrich Heines[1] liest sich wie ein vorweggenommener Kommentar zu jener Sparte der germanistischen Bachmann-›Forschung‹, die sich – mangels zugänglicher Zeugnisse und mangels philologischer Recherchen – ihr Bild der Autorin mit einer bemerkenswerten methodischen Unbekümmertheit aus Mitteilungen zusammensetzt, die mit Vorliebe von Freunden und Kollegen erfragt werden, nach bewährter Küchenmathematik: der Mittelwert aller von anderen überlieferten Bilder ergibt das ›wahre‹ Bild einer Person.[2] Sowenig aber Bachmanns Literatur ihre Lebensgeschichte abbildet, sowenig kann diese aus den Aussagen anderer Autoren, Freunde oder ›Zeitzeugen‹ rekonstruiert werden. Diese können zwar als Sprecher des damaligen Zeitgeistes oder eines aus der je eigenen Perspektive kolorierten Bachmann-Bildes, nicht aber der Person gelten. Das grundlegende methodische Dilemma jeder Biographie, die Unmöglichkeit einer postumen Konstruktion der Lebensgeschichte einer anderen Person, wird im Falle Bachmanns noch dadurch verstärkt, daß in der öffentlichen Imagebildung »der Bach-

---

[1] Cervantes Don Quixote (Heine 1968 ff., Bd. 4, 155).
[2] »Da autobiographische Aufzeichnungen und Briefe Ingeborg Bachmanns bis zum Jahr 2023 versiegelt sind, hat der Verfasser über 20 Freunde und Bekannte der Bachmann in Österreich, Italien und Deutschland befragt und ihre Aussagen gegeneinander *abgewogen* und ausgewertet«, heißt es beispielsweise auf dem Cover von Hapkemeyers Projekt, im Vorgriff auf eine (noch nicht mögliche) Biographie »Entwicklungslinien in Werk und Leben« vorzulegen (Hapkemeyer 1990, H.v.m.).

mann«[3] das literarische Interesse von Beginn an durch die Neugier für die Person, mehr noch für die Frau, überlagert wurde und daß die Autorin ihre Person mit Hilfe äußerster Diskretion und Verborgenheit zunehmend vor dieser Art öffentlicher Zudringlichkeit zu bewahren trachtete. Aufgrund eines extremen Zusammenspiels von Mythisierung und Nichtwissen hat sich in der Rezeption ein Phantombild von Bachmann in ihrer ›Biographie‹ etabliert. Gebildet aus kurzschlüssigen Gleichsetzungen von Literatur und Leben und aus Anekdoten unterschiedlichster Provenienz, setzt sich diese Mischung aus Wunsch- und Abwehrbildern, wenigen gesicherten Daten und vielen Spekulationen, als Biographie bezeichnet, in der Bachmann-Forschung fort, einem quasi-natürlichen Vorgang gleich. Dem steht auf der anderen Seite bei der theoretisch avancierteren Literaturwissenschaft eine vollständige biographische Abstinenz gegenüber, die zur Herauslösung von Literatur aus jeglicher, historisch und subjektiv spezifischen Erfahrung tendiert. Dieser Status biographischer Aspekte als Verworfenes der Theorie, als buchstäbliches Abjekt, einerseits und die biographistischen interpretatorischen Kurzschlüsse andererseits haben von zwei Seiten her die Biographie zum Anathema im doppelten Sinne werden lassen, zum Tabuthema und zum Fluch, der auf einer Rezeption liegt, in der die Lektüre der Texte weitgehend ausfällt.

1. Biographische Mythen und Konstruktionen

»Ja, die Angaben zur Person sind immer das, was mit der Person am wenigsten zu tun hat« (GuI 81). Mit diesem Einwand antwortet die Autorin 1971 einem ihrer Interviewer auf die Bitte um biographische Angaben. Was die herrschende Literaturkritik mit dem Begriff der *Person* verbindet, wird in der Fortsetzung der Frage beispielhaft deutlich: »Wann und wo sind Sie geboren, wo groß geworden?«[4] An diese Frage nach der *Herkunft* schließen sich solche

---

[3] Vgl. dazu die systematische Untersuchung der Zeitungsberichte über Bachmann von Hotz (1990).

[4] Das Interview von Ekkehart Rudolph am 23. März 1971 (GuI 81–92) hat hier exemplarischen Charakter. Es ließen sich zahlreiche andere Interviews mit der gleichen Fragestruktur anführen.

nach dem Studium, dem Einfluß von Wittgenstein, nach dem Anfang ihres Schreibens, nach ihrer ersten Publikation und nach der Rolle der Musik an, um erst dann auf einzelne ihrer Texte zu sprechen zu kommen. Diesem stereotypen Fragemuster, das den Wunsch nach der schlüssigen Erklärung eines Werks aus der Herkunft, der geistigen Bildungsgeschichte und den – philosophischen bzw. literarischen – ›Einflüssen‹ eines Schriftstellers zum Ausdruck bringt, hat Bachmann im Mühlbauer-Interview ihres »Malina«-Romans eine subtile Karikatur gewidmet [IV.1]. Dabei können die gesammelten »Gespräche und Interviews« (1983), denen die Autorin sich tatsächlich hat stellen müssen, es an Komik streckenweise durchaus mit dem fiktiven Interview im Roman aufnehmen. Zugleich sind diese Interviews aber auch das Zeugnis einer unermüdlichen rhetorischen Anstrengung, mit der die Autorin die an sie gerichteten Fragen kritisch bis ironisch kommentiert und sie zu unterlaufen oder zu verwerfen trachtet.

Nur zu Beginn ihrer öffentlichen Karriere hat die Sechsundzwanzigjährige ein einziges Mal einen kurzen Text geliefert, der das gängige Muster einer Schriftstellerbiographie bedient. Die zwei Seiten »Biographisches«, die sie für eine Hörfunkaufnahme beim NWDR, Studio Hannover, am 3.11.1952 (TuB 441) geschrieben hat, folgen exakt dem geforderten Bauplan der Textsorte. Aus der »Jugend in Kärnten«, mit der der Text beginnt, leitet sich der »Weg aus dem Tal« im zweiten Abschnitt ab, dem im dritten eine Erklärung darüber folgt, wie sie »zur Literatur gefunden« habe, während im vierten Abschnitt die weiteren Lebensstationen aufgezählt und im fünften die »Frage nach Einflüssen und Vorbildern« mit einschlägigen Namen aus dem Kanon der Weltliteratur beantwortet werden, um im letzten Abschnitt beim Telos dieses biographischen Aufbaus anzulangen, beim Schreiben von Gedichten (4/301f.). Exakt der gleichen »Gliederung ihres Werdegangs«[5] folgen später die Epochen- bzw. Kapiteleinteilungen biographisch orientierter Sekundärliteratur in der Bachmann-Forschung.[6] Bachmann selbst dagegen hat sich fortan dem Genre des ›Biographischen‹ verweigert – aufgrund der Erfahrungen mit dem öffentlichen Umgang mit ihrer ›Person‹ und aufgrund der Reflexion

---

[5] Beicken 1988, 30.
[6] Vor allem Beicken 1988 und Hapkemeyer 1990.

darüber, auf welche Weise sie als junge Autorin den Erwartungsnormen einer Schriftstellerlaufbahn erlegen war. In dem im Nachlaß überlieferten fragmentarischen »Versuch einer Autobiographie«, den sie abgebrochen und nicht veröffentlicht hat,[7] kommen im Rückblick die »verzeihlichen Lügen« ihrer früheren biographischen Konstruktion zur Sprache, in der sie meinte, »es den andern oder mir oder einer Instanz schuldig zu sein, etwas von Eluard, Apollinaire und Eliot und Yeats zu sagen, in Wien waren diese Namen damals noch sehr exklusiv nach der Tabula Rasa einer allgemeinen Unwissenheit«. Hatte die biographische Konstruktion der soeben entdeckten Dichterin 1952 auf einen Bedeutungsbedarf geantwortet, um ihr damals noch schmales Werk mit einer gewichtigeren Lesebiographie abzusichern, so folgen die biographischen Konstruktionen von *anderer* Seite eher einem Erklärungsbedarf, der der Sinnsicherung eines ›Gesamtwerks‹ unter dem Autornamen Bachmanns dient.

Nun ist zwar jede Biographie Gegenstand einer Konstruktion, insofern aus verschiedensten schriftlichen und mündlichen Überlieferungen, aus Selbst- und Fremdzeugnissen, aus Briefen, Dokumenten und oft anekdotischen Überlieferungen das Bild einer ›Person‹ und ihrer ›geistig-seelischen Entwicklung‹ gewonnen wird, insofern also die oft zufälligen, immer aber bruchstückhaften Spuren eines Lebens in einen Lebenslauf übersetzt werden, der als möglichst kohärente, sinnvolle Entwicklung erscheint. Für die Schriftstellerbiographie wird diese Konstruktion aber zumeist durch ein zirkuläres Erklärungsmodell im Verhältnis von Biographie und Werk ergänzt: Werden dabei literarische Aussagen – in einer Eins-zu-eins-Identifikation mit der Person des Schriftstellers – gerne herangezogen, um die Lücken biographischer Informationen zu füllen, so wird *vice versa* die Biographie ebenso gern bemüht, um Mehrdeutigkeiten oder Rätsel im literarischen Text aufzulösen und diese ›Lösung‹ in einer biographistischen Interpretation zu sichern. In diesem Zirkelschluß dient die Biographie

---

[7] K7996–98/N849,850,1954 (NÖN). Der Entwurf ist nicht datiert; es ist aber zu vermuten, daß er um 1960 entstanden ist, da an einer Stelle auf »Jugend in einer österreichischen Stadt« (erstveröffentlicht 1959) verwiesen wird und der Text dasselbe Schriftbild aufweist wie der 1961 entstandene Entwurf über die Gruppe 47 [V.5].

vor allem der Beruhigung einer ›Angst vor dem Text‹, die sich bei der Lektüre von Literatur einstellt, die mit Textpraktiken der Polyphonie, der vielfachen Verweise, Zitate und mit der Überblendung unterschiedlicher Bedeutungsebenen operiert. Dabei scheint diese Angst vor der Literarizität von Texten eine *déformation professionnelle* zu sein, an der ausgerechnet Philologen relativ häufig leiden. Die Bachmann-Rezeption ist eine Fundgrube für derartige Bändigungen der Literatur mit den Mitteln des ›Biographischen‹. Dem Ausfall von Lektüre, d.h. der Entzifferung von Komposition, Szenen, Bildern, narrativen Strukturen und anderen Bedeutungsfiguren entspricht eine Mißachtung der literarischen Gestaltung, der sprachlichen Arbeit an den Spuren und Archiven der Erinnerung, Erfahrung und Wahrnehmung. Da für Bachmanns Prosa das Zugleich von konkreten Geschichten und einer Reinszenierung von Vorstellungen, Denkweisen und Gedächtnisformeln kennzeichnend ist, gleicht eine biographische Deutung dieser Literatur einem mehrfachen Reduktionismus: der Reduktion des Textes auf erzählte Begebenheiten und deren sekundäre Reduktion auf ›biographisches Material‹, was tautologisch mit der Feststellung von »unverkennbar autobiographischen Elementen« legitimiert wird.[8] Er folgt der illusionären Vorstellung, es sei aus dem Werk »als Gehalt herauszuholen, was zuvor die Person hineinsteckte«[9] – obwohl die Verwendung von Romanepisoden als Material für ein biographisches Porträt den literarischen Text erst als Biographie in erster Person setzt: als Auto-Biographie.

Aus Bachmanns Schriften sind es die Erzählung »Jugend in einer österreichischen Stadt« und Teile aus »Malina«, die am häufigsten als biographisches Material herhalten müssen, und das, obwohl gerade der Roman eine Dekonstruktion des tradierten Gattungsmusters einer Autobiographie als Entwicklungs- und Bildungsroman des Erzählers vornimmt [X.3]. In Autorkommen-

---

[8] Vgl. etwa Beicken 1988, 25. Diese Monographie steht hier exemplarisch für eine biographistische Methode, da sich in ihr alle Verfehlungen dieser Methode verdichten, nicht nur die Kompilation des Kapitels »Kindheit und Jugend« aus Mitteilungen (von Familie und Freunden) und Zitaten aus Bachmanns Literatur, sondern selbst die unbefragte Übernahme fremder (literarischer) Darstellungen, wie die von Max Frisch, als Data einer Bachmann-Biographie.
[9] Adorno: Zu einem Porträt Thomas Manns (Adorno 1974, 336).

taren hat Bachmann wiederholt den Roman von einer Autobiographie im üblichen Sinn abgegrenzt (GuI 71) und betont, daß kein Lebenslauf und keine Geschichte erzählt werde (GuI 73): »Eine Autobiographie würde ich es nur nennen, wenn man darin den geistigen Prozeß eines Ichs sieht, aber nicht das *Erzählen von Lebensläufen, Privatgeschichten* und ähnlichen Peinlichkeiten« (GuI 88, H.v.m.). Genau darauf aber wird der Roman in einer biographischen Auswertung reduziert. Obwohl die Autorin also durch wiederholte deutliche Gesten den ›autobiographischen Pakt‹[10] mit den Lesern aufgekündigt hat, in dem mehr noch als durch formale Elemente die autobiographische Lektüre eines Textes gründet, wurden ihre Texte immer wieder dafür benutzt, sich ihre Person »innerlich zu machen«[11].

Genauso häufig und unbekümmert wie Bachmanns Literatur werden fremde Darstellungen als biographisches Material verwendet, seien es Erinnerungsporträts im Muster von ›Ingeborg Bachmann und ich‹, Texte mit dokumentarischem Anspruch wie etwa H. W. Richters Geschichte der Gruppe 47 oder auch literarische Texte, vornehmlich Max Frischs Erzählung »Montauk«. Daß Bachmann sich über ihre Beziehung zu Frisch nicht geäußert hat, hat nicht verhindern können, daß ihre Biographen diese Beziehung genauestens zu kennen und durchschaut zu haben meinen, so etwa, wenn ein ganzes Kapitel von Beickens Bachmann-Monographie auf Auszügen aus dem »Bekenntnis-Büchlein ›Montauk‹«[12] und aus zusätzlichen Mitteilungen von Frisch aufgebaut wird. Damit setzt sich in der germanistischen Rezeption eine Verfügung über Bachmanns Geschichte fort, wie sie durch Zeitgenossen, durch Texte von Kollegen und der Literaturkritik vorbereitet war – und zwar in der bekannten Variante einer Verfügung überwiegend männlicher Verfasser über eine Schriftstell*erin*. Von den Ursprüngen ihres öffentlichen Bildes an, beginnend mit den Presseberichten der Jahre 1952 bis 1954, hat dabei das Interesse an ihrer Erscheinung, an ihren Gewohnheiten, Vorlieben und immer mehr auch an ihren intimen Beziehungen die Aufnahme ihres Werks

---

[10] Lejeune 1994.
[11] Benjamin: Wider ein Meisterwerk (Benjamin 1980, III/256).
[12] So Joachim Kaiser über das Frisch-Buch in seinem Bachmann-Porträt (Kaiser 1985, 38).

verstellt. Diese für weibliche Autoren nahezu gesetzförmige Erfahrung der Entwertung ihrer Literatur durch eine zweifelhafte Anteilnahme an ihrer persönlichen Lebensführung, eines Verschwindens der intellektuellen Person hinter dem Glamourbild der Dichterin, hat Bachmann 1971 mit einer strikten Trennung zwischen Autorfunktion und ›Leben‹ beantwortet:

> »Ich nehme Stellung, wenn es mir richtig erscheint, zu politischen, gesellschaftlichen Verhältnissen oder zu den Unglücken der einzelnen, wenn ich gerade in der Nähe bin. Nicht zu meinem Leben. Denn ich habe zu schreiben. Und über den Rest *hat man zu schweigen.*« (GuI 77, H.v.m.)

Und diesem Schweigegebot ist sie in ihrem Leben so konsequent gefolgt, daß sie vor allem Spuren einer unmöglichen Biographie – Zeugnisse für deren Unmöglichkeit – hinterlassen hat. Doch in zahlreichen Porträts, Nachrufen und Erinnerungen anderer wird diese Praxis des Selbstschutzes, noch einmal psychologisierend, als eine Idiosynkrasie gedeutet, als eine der Person eigentümliche Neigung zu Verrätselung und Geheimnistuerei.

Was derart bestenfalls als Diskretion gewertet wird, berührt eine von der Autorin praktizierte Ethik exklusiver Freundschaften. Diese äußert sich in sensiblen sprachlichen Strategien des Umgangs mit der Adressierung des anderen, mit Namen von Freunden und persönlichen Belangen, wie sie in ihrer brieflichen Korrespondenz begegnen.[13] Diese stehen im Zusammenhang einer magischen Bedeutung von Namen und Personenstandsbezeichnungen[14] für die Integrität von Person und Ort, ein Zusammen-

---

[13] Bemerkenswert ist etwa ihre Rhetorik der Anrede. So heißt es in einer Korrespondenz, die durch Vertrautheit und Achtung gekennzeichnet ist, stets »lieber Herr Johnson«, zu der Ehefrau Johnsons dagegen »liebe Elisabeth«, zu Peter Szondi ebenfalls »lieber Herr Szondi«, dagegen in einer Korrespondenz, in der nichts Bedeutsames mitgeteilt wird, z.B. »lieber Hans« (Werner Richter), und beim Merkur-Redakteur dauert es Jahre vom »sehr geehrte Herren« über »lieber Joachim Moras« oder »lieber Doktor Moras« zu »lieber Jochen«. Und wenn die Briefschreiberin über Dritte sprechen muß, dann tut sie das häufig ohne Nennung der Namen, oft mit Umschreibungen, Anspielungen oder Initialen.

[14] Nach der Hochzeit ihres Bruders schreibt sie z.B. an Uwe Johnson, daß der Platz für eine Mss. Bachmann nun besetzt sei (8.7.1971, UJF).

hang, der in den Briefszenen von »Malina« zur Sprache kommt [X.5]. Mit dem Gebot zur Wahrung des Briefgeheimnisses und einer buchstäblichen Exklusivität in der dialogischen Beziehung zum jeweiligen Briefpartner kreiert die Schreibende eine Vereinbarkeit von Nähe und Distanz, ein Zugleich von Vertrautheit und Integrität. Gute Freunde, wie etwa Henze und Johnson, haben diese von Bachmann geübte Praxis exklusiver Gespräche schon früh der biographischen Neugier entgegengehalten, indem sie auf den zweifelhaften Status persönlicher Überlieferungen hingewiesen und in diese Relativierung auch ihre eigenen Kenntnisse der ›Person‹ Bachmanns einbezogen haben. Henze z.B. in einem Interview 1986:

»Außerdem weiß ich auch gar nicht viel. Denn Frau Bachmann hielt unter ihren Freunden auf eine strenge Trennung. Sie hielt nichts von Gruppenbildung. Deswegen glauben heute auch viele, die sie gekannt haben, die einzigen zu sein, die in Sachen Bachmann wirklich zuständig sind.«[15]

In ähnlichem Sinne, ebenfalls mit Hinweis auf die von Bachmann praktizierte Trennung ihrer verschiedenen Freundschaften, hat Uwe Johnson seinen Briefwechsel mit ihr vor biographischen Auswertungen bewahrt.[16] Gerade ihre vertrauten Freunde also haben nie in Anspruch genommen, ›Zeugen‹ ihrer Biographie zu sein und sich statt dessen als immer nur partiell Eingeweihte verstanden – womit größte Skepsis gerade gegenüber allen auskunftsfreudigen ›Freunden‹ geboten ist.

Tatsächlich hat Bachmann viele Spuren ihrer persönlichen Geschichte verwischt, in vorausschauender List gegenüber der biographischen Recherche als einer akademischen Variante privater Neugier. Dabei schließt gerade die Suche nach der ›wahren Person‹, die viele Biographen bewegt, an eine Frage an, die bereits die Zeitgenossen brennend zu interessieren schien und die unter dem

---

[15] »Wenn die Sprache versagt«. Hans Werner Henze im Gespräch mit Regina Aster. In: Profil, Nr. 26, 23. Juni 1986, 50f. In seiner Autobiographie, in der Bachmann eine zentrale Rolle spielt, thematisiert Henze dann vor allem auch die Bedeutung, die sie für *ihn* gehabt hat, ohne den Anspruch eines Bachmann-Porträts zu erheben (vgl. Henze 1996).
[16] Brief Johnsons auf die Anfrage einer Bachmann-Verehrerin v. 29.8.1980 (UJF).

Topos der ›gespielten Hilflosigkeit‹ das Thema von Selbstinszenierung als ein Leitmotiv in der Bachmann-Rezeption etabliert hat.[17] Fast durchweg äußerten sich Kritiker und Freunde irritiert über eine in ihren Augen unvereinbare Mischung aus Öffentlichkeitsscheu und Anerkennungswillen, Schüchternheit und Energie, Hilflosigkeit und Souveränität – oder mit welchen Vokabeln sonst man jene Haltung bezeichnete, die von den darob Irritierten als doppelte Botschaft interpretiert wurde. Was sich in dieser Debatte über ›Echtheit versus Gespieltheit‹ einer sogenannten weiblichen Hilflosigkeit ausspricht, ist die tiefe Verunsicherung eines durch die Begegnung mit der Person offenbar vielfach mobilisierten männlichen Beschützerbegehrens sowie eine dadurch wiederum motivierte weibliche Konkurrenzlage.[18] Wenn der Anblick von Hilflosigkeit einen ›Stärkeren‹ auf den Plan ruft und dieser dann plötzlich wähnt, einem Spiel aufgesessen zu sein, so drohen sich die Rollen gefährlich zu verkehren. Dabei folgt das Spiel mit den Maskeraden der ›Weiblichkeit‹ einer banalen, unter den herrschenden Geschlechterverhältnissen jedoch unumstößlichen Regel: nur um den Preis der Einsamkeit darf eine intellektuelle, dazu noch kreative und umfassend belesene Frau auf Gesten verzichten, mit denen sie eine Anerkennung der sozialen Geschlechterrollen und eine Bereitschaft zur Unterwerfung signalisiert. Dabei zeitigen diese Gesten in der Sphäre des Geselligen noch die geringsten Folgen. Ob Ingeborg Bachmann sich in ihren letzten Jahren für den Preis der Einsamkeit ›entschieden‹ hat, das ist eine Frage, auf die sie allein Antwort geben könnte – womöglich aber selbst sie nicht. Die strukturelle Erfahrung einer im doppelten Wortsinn unmöglichen weiblichen Position auf der öffentlichen Bühne[19] teilte

---

[17] Zusammenfassend dazu Kaiser 1985, 37.

[18] Vgl. etwa die deutlichen Gesten der Reserve gegenüber ›weiblichen‹ Attributen und dem Lebensstil Bachmanns, die in der Rhetorik einer Schilderung dessen, was *man* ihr alles übel nahm, vorgetragen werden, im Nachruf von Hilde Spiel: Keine Kerze für Florian. In: Merkur, Dezember 1973, 1195–1198 (in Schardt 1994, 478–482). In Spiels Text kommt jene tradierte Norm zum Ausdruck, die eine Verbindung von weiblicher Intellektualität und Attraktivität als skandalös bewertet, mit der impliziten Erwartung, kluge *und* schöne Frauen müßten wenigstens ›in Sack und Asche‹ gehen, wenn nicht als ›graue Mäuse‹ auftreten.

[19] Vgl. dazu Kristeva 1982, 266.

sie mit anderen Intellektuellen, z. B. mit Hannah Arendt: »Mir ist, als müßte ich mich selbst suchen gehen. Kein Erfolg hilft mir über das Unglück, ›im öffentlichen Leben‹ zu stehen, hinweg.«[20] Obwohl in den Fünfzigern und Sechzigern die mediale, öffentliche Ausstellung des Privaten und Intimen noch nicht die gegenwärtige Dimension erreicht hatte, hat nicht zuletzt diese Erfahrung, die sie mit Bachmann teilte [IX.1], Arendt zur Ausarbeitung ihrer Philosophie einer »Vita activa« und der strengen Differenzierung zwischen einer öffentlichen Sphäre und einem Bereich des Privaten motiviert, der wesentlich durch das Merkmal der »Verborgenheit« gekennzeichnet ist:

> »Das zweite, wesentlich nicht-private Merkmal des Privaten hat mit seiner Verborgenheit zu tun, damit, daß die eigenen vier Wände der einzige Ort sind, an den wir uns von der Welt zurückziehen können, nicht nur von dem, was in ihr ständig vorgeht, sondern von ihrer Öffentlichkeit, von dem Gesehen- und Gehörtwerden. [...] Die elementarste Bedeutung dieser beiden Bereiche (des privaten und des öffentlichen) besagt, daß es Dinge gibt, die ein Recht auf Verborgenheit haben, und andere, die nur, wenn sie öffentlich zur Schau gestellt werden, gedeihen können.«[21]

Schriftsteller aber operieren an einer prekären Schwelle zwischen beiden Bereichen. Und da es für sie ohne Öffentlichkeit keine Anerkennung ihrer schriftstellerischen Arbeit geben kann, da diese gerade von der öffentlichen Präsenz, also vom »Gesehen- und Gehörtwerden« abhängt, kann die mangelnde Unterscheidung zwischen Autorfunktion und Schriftstellerperson in ihren Folgen so fatal sein für die private Person: als totaler Verlust von Verborgenheit. Die ambivalente Haltung Bachmanns gegenüber der Öffentlichkeit und dem Literatur*betrieb* kann damit auf dem Hintergrund dieser Dialektik von Anerkennungsbegehren und Verborgenheitswunsch als strukturelle Ambivalenz verstanden wer-

---

[20] Hannah Arendt 1955 im Brief an Heinrich Blücher (Arendt/Blücher 1996, 353). Auffällig ist hier der Rahel-Ton, der auf ihr erstes Buch verweist: Rahel Varnhagen. Lebensgeschichte einer deutschen Jüdin aus der Romantik (1959).
[21] Arendt 1981, 68 u. 70.

den. Galten ihre Anstrengungen der Grenzziehung zwischen öffentlicher und privater Person, so mußte ein Projekt wie das Buch Hermann Kestens, das schon mit dem Titel »Meine Freunde die Poeten« die betreffende Grenze verwischt, ihre ganze Vorsicht mobilisieren – mit dem Erfolg, daß er in diesem Fall auf ein Porträt Bachmanns verzichtet hat.[22]

2. Konkurrierende ›Entdecker‹-Legenden

Doch auch die öffentliche Stellung Bachmanns als Schriftstellerin war vor intimen Übergriffen und privatisierenden Vereinnahmungen nicht sicher. Viele Porträts und Erinnerungen allerdings, indem sie das immer wieder gleiche Repertoire von Anekdoten bemühen, lassen indirekt erkennen, daß es ihr zumindest partiell gelungen ist, sich den fürsorglichen Umklammerungen ihrer ›Förderer‹ erfolgreich zu entziehen. »Sie blieb für mich verschollen, in Rom verschollen«, wie z. B. Richter das Verschwinden der Autorin aus seiner Einflußsphäre beklagt.[23] Nach ihrem Tod, als sie sich dazu nicht mehr äußern konnte, setzte dann ein regelrechter Wettbewerb um die Rolle des Förderers und Entdeckers ein, und zwar in jenem deutsch-österreichischen Literaturstreit, dessen Texte nicht selten, unbefragt und ungeachtet ihrer mythischen Erzählstruktur, für bare Münze genommen und als Zeugnisse für die Darstellung von Bachmanns Schriftstellerbiographie verwendet werden.[24]

1974, sieben Jahre nach der letzten Tagung der Gruppe 47 1967 in der Pulvermühle[25], zog Richter für den Bayerischen Rundfunk

---

[22] Das geht aus seinem Brief v. 3.6.1959 an Bachmann hervor, in dem er von der Absicht berichtet, sie in die Neuausgabe von »Meine Freunde die Poeten« (1953, erw. 1959) aufzunehmen, in der Erinnerung an ihre Reaktion, »als ich Sie damals fragte«, aber darauf verzichtet hat. »Denn ich will nicht wegen eines Aufsatzes Ihre Sympathie verscherzen« (HKM). In dem Falle, in dem er nicht darauf verzichtet hat, in »Dichter im Café« (1959), wo er Bachmann u.a. in der Maske einer Ilse Engel auftreten läßt, ist das Ergebnis auch peinlich genug (Kesten 1982, 327, 330ff.).

[23] Richter 1986, 60.

[24] So bei Beicken 1988, aber auch Bartsch 1988, 178.

[25] Zur Rekonstruktion dieser Tagung vgl. Briegleb 1993, 122–130.

sein Resümee »Wie entstand und was war die Gruppe 47?«[26] Ein Jahr nach Bachmanns Tod reklamiert Richter in diesem Text ihre Entdeckung als seine Leistung[27] und schreibt dieser Entdeckung zugleich eine zentrale Stelle in der Gruppengeschichte zu.[28] Am Ende des zweiten Kapitels in diesem Resümee plaziert, leitet seine ›Reise nach Wien‹ im April 1952 in seiner Deutung insofern eine neue Epoche ein, als mit ihr die legendäre Tagung vorbereitet wird. Unter dem Titel »Niendorf, Mai 1952« folgt dann das Szenario der drei Lesungen von Aichinger, Celan und Bachmann, die – wie in der Literaturhistorie längst geschehen[29] – hier noch einmal als Beginn einer ›neuen Poesie‹ und als ›Ende der Kahlschlagperiode‹ bewertet werden (112f.). Der Bericht von der Wien-Reise ist dabei um die Entdeckung Bachmanns zentriert. Der Erzähler begegnet ihr zuerst bei Aichinger, wo sie »offensichtlich zufällig anwesend« ist und fast immer schweigt (103), trifft sie dann zur Vorbereitung seines Interviews mit Hans Weigel in einem Café wieder, wo er die Wartende beobachtet, »nervös, sensibel, schüchtern und scheinbar hilflos« (104). Damit ist die Szene im Sender Rot-Weiß-Rot vorbereitet, wo der Erzähler, allein in einem Vorzimmer auf den verspäteten Weigel wartend, vor sich auf dem Schreibtisch Gedichte liegen sieht – »Ich kann nicht umhin, sie zu lesen« – und beim Lesen das bevorstehende Interview prompt vergißt. Als Bachmann sich auf seine Frage »schüchtern« als Autorin der Gedichte zu erkennen gibt, glaubt er es nicht:

>»Die Gedichte sind für eine Anfängerin zu vollendet, zu ausgereift, in ihrer Weltsicht und Sprache nicht die Gedichte einer jungen Frau, dieser Frau, die da vor mir steht. [...] Ich stecke die

---

[26] Publiziert in erweiterter Fassung in Richter 1979, 41–176. Die Seitenzahlen im folgenden Text beziehen sich auf diese Publikation.

[27] Gruppenintern und nichtöffentlich hatte Richter die Entdeckung Bachmanns auch schon früher für sich reklamiert, so z.B. in einem Brief an Walter Höllerer vom 29.11.1954, in dem er sich als »deren erster Entdecker« bezeichnet, gleichzeitig aber Vorbehalte gegen ihre Dichtung äußert, die »noch zu viel Dämmerung, zu viel aus den dreißiger Jahren« enthalte (Richter 1997, 191).

[28] Zur Dekonstruktion der mythischen Struktur der Richterschen Gruppengeschichte, vor allem hinsichtlich der Konstellation Aichinger – Bachmann – Celan vgl. zuerst Briegleb 1997.

[29] Seit Jens 1961, 129.

Gedichte ein, lese sie zu Mittag nach dem Interview noch einmal und bin überzeugt, *eine Entdeckung gemacht zu haben.* [...] Ich lade Ingeborg Bachmann zur Tagung der ›Gruppe 47‹ in Niendorf an der Ostsee ein, die im Mai, vier Wochen später stattfinden soll. ›Lesen Sie die Gedichte, die ich kenne. Sie werden Erfolg haben‹, sage ich.« (105, H.v.m.)

Obwohl er ihr eben erst begegnet ist, scheint er sie doch schon genau zu kennen: »Sie verbirgt ihre Freude hinter ihrer *scheinbaren,* schüchternen Hilflosigkeit und überspielt sie mit einer Bitte« (H.v.m.), und es folgt *seine* Version ihrer Bitte, auch Celan einzuladen [VIII.3]. Ihr Niendorfer Auftritt kann dann im nächsten Kapitel relativ knapp erzählt werden, da ja nur noch von der Erfüllung seiner Erfolgsverheißung zu berichten ist. Nach der Schilderung ihrer leisen, schließlich verstummenden Lesung, die von jemand anderem fortgesetzt werden muß, heißt es: »Die kritischen Stimmen nach der Lesung sind *ratlos.* Das Wort von einer ›neuen Poesie‹ fällt. Es ist ein *Einbruch,* doch *niemand* wird sich *bewußt,* was dieser Einbruch bedeutet. Ist es das *Ende einer Periode,* der Kahlschlagperiode?« (112f., H.v.m.). Die Rhetorik ist deutlich: hier wird der Gründungsmythos eines bedeutsamen literaturhistorischen Augenblicks geschrieben, bei dem der Erzähler nicht nur dabei war, der ihm vielmehr zu verdanken ist, ihm, der die Bedeutung der entdeckten Autorin erkannte, auch wenn sie damals noch nicht erfaßt werden konnte. Auf dieser Linie, der Förderung einer erahnten Größe, die er nie ganz begreifen wird, setzt Richter die Geschichte seiner Bachmann-Entdeckung fort, als er 1986, zwölf Jahre später, seine Gruppengeschichte noch einmal schreibt, dieses Mal in Form einer Porträtserie.

In der Zwischenzeit hat ihm aber ein anderer ›Präceptor‹ dazwischengefunkt und seinen Anspruch auf Erstentdeckung geltend gemacht, und zwar ausgerechnet derjenige, den er in seiner Szene im Sender ›vergessen‹ hatte. In seiner Sammlung »In memoriam« (1979) räumt Hans Weigel seinem Text über Bachmann einen privilegierten Platz ein und beginnt ihn mit einer konkurrierenden Szene, in der die Entdeckung der Schriftstellerin gegenüber der Richterschen Geschichte fünf Jahre vorverlegt ist: nach Wien ins Josefstädter Theater, wo 1947 ein »junges, höchst unvorteilhaft angezogenes Mädchen«[30] auftauchte, um ihn zu interviewen. Damit ist es *sein* Verdienst, in dieser nichtssagenden Erscheinung bereits das spätere Genie erahnt zu haben, und er kann über das von Richter reklamierte Verdienst der Förderung einer frühvollendeten Dichterin hinaus die Position eines Lehrmeisters und Schöpfers einnehmen, durch dessen Einfluß aus dem unbedarften Geschöpf, das ihm noch ganz unbewältigte Schreibversuche vorlegte, erst die später gefeierte Schriftstellerin entstehen konnte. Wie er die Ausgangssituation gedeutet wissen möchte, das legt er der Figur seines ›jungen Mädchens‹ in den Mund: »die Freundin bedeutender Männer« (14). Ist *seine* Rolle als ›bedeutender Mann‹ damit bereits zu Beginn fixiert, so wird das tradierte Muster des Paares ›Schöpfer – Geschöpf‹ durch die Mitteilung all jener Bemühungen untermauert, die er unternommen hat, um ihren Texten zur Publikation zu verhelfen. In diese Geschichte bricht allerdings dadurch ein tragischer Zug ein, daß sie dennoch seinem Einfluß entschwindet – zunächst durch den Auftritt von Paul Celan, den Hans Weigel sichtlich als Rivalen betrachtet,[31] und schließ-

---

[30] Hans Weigel 1979, 14. Die Seitenzahlen im folgenden Text beziehen sich auf diese Publikation. – Im Nachlaß Bachmanns befindet sich tatsächlich der Entwurf zu einer Besprechung von Weigels Revue »Seitensprünge« (K562–63/N5519–20, NÖN), ein Dokument aus den eher unselbständigen Anfängen von Bachmanns Schreibgeschichte. Dabei wird besonders im Genre der Rezension eine intellektuelle und literarische Unselbständigkeit der etwas über Zwanzigjährigen deutlich. – Es geht hier nicht darum, das Faktum der Unterstützung durch Hans Weigel in Frage zu stellen, sondern um das mythische Muster, das seine Überlieferung ebenso wie die Richtersche strukturiert.

[31] Die Celan-Episode in Hans Weigels Bachmann-Porträt trägt deutliche Zeichen einer Kränkung über die Beeinträchtigung seines Alleinvertretungsanspruchs als Lehrmeister. Zurück von einer USA-Reise, mußte er feststellen: »Auch Ingeborg Bachmann war mit Celan in Kontakt gekommen. Ich kam im September zurück. Ingeborg Bachmann hatte angefangen, Gedichte zu schreiben« (Hans Weigel 1979, 21). Dagegen hat Bachmann tatsächlich, wie der Nachlaß belegt, seit ihrer Jugendzeit Gedichte geschrieben. Auch in dem Celan-Porträt desselben Bandes kommt dieses Rivalitätsgefühl noch einmal zum Ausdruck: »Als ich viel später eine Anthologie österreichischer Gedichte herausgeben sollte, bat ich ihn [Celan] um ein Gedicht und bekam eine Absage. Begründung: mein offener Brief an Ingeborg Bachmann wegen ihres politischen Engagements in der Bundesrepublik. Vielleicht hat er mich von Anfang an nicht gemocht« (ebenda, 37). Daß Celan, den mit Bachmann

lich durch eine andere Konkurrenz mit Namen Deutschland. »Wer und was Ingeborg Bachmann an Deutschland, in Deutschland fasziniert hat, weiß ich nicht. Es hat ihr nicht gut getan« (21). So kann der Autor, in seinem Bemühen um Verständnis, es sich nur mit dem Einfluß »dubioser Freunde« erklären, daß sie »in ein fatales politisches Fahrwasser« geriet (26) und selbst seinen Warnungen kein Gehör mehr schenkte.[32]

Einen häßlichen Nebenschauplatz zum Richter-Weigel-Wettbewerb stellt der haß- und eifersuchtserfüllte Text »Karriere und Gesichter der Ingeborg Bachmann« von Hermann Hakel dar (geschrieben 1974, 1991 aus dem Nachlaß publiziert).[33] Weil er 1948 in seiner Zeitschrift »Lynkeus« vier Gedichte Bachmanns publiziert hatte, versteht er sich als ihr eigentlicher Entdecker, der die frühvollendete Lyrikerin sofort erkannt habe.[34] Dabei geriert sich der fünfzehn Jahre ältere Hakel wie ein Onkel-Liebhaber, dem sein

---

nicht nur eine gescheiterte Liebesgeschichte verband, sondern auch eine Gemeinsamkeit des politischen Engagements im Literaturbetrieb [VIII.3], den *Text* seines offenen Briefes ›nicht gemocht‹ haben könne, kommt dem Gekränkten nicht in den Sinn. Zu dem Brief vgl. die folgende Anm.

[32] Hans Weigel spielt dabei auf seinen »Offenen Brief in Sachen Unterschrift« an, mit dem er 1954 meinte, sich gegen Bachmanns Unterzeichnung einer Erklärung gegen eine geplante atomare Bewaffnung der Bundeswehr wenden zu müssen, das peinliche Zeugnis eines anmaßenden, plump vertraulichen Bevormundungsversuchs, aus dem deutlich die Beleidigtheit eines Zurückgelassenen spricht: »Sag einmal, Inge, was ist Dir da eingefallen? Bist Du ganz und gar von Gott verlassen, daß Du Deine Kompetenzen als Lyrikerin und als Österreicherin derart überschreitest. [...] Aus Deiner Unterschrift geht hervor, daß Dir die strategische Konzeption der bundesdeutschen Regierung nicht paßt. In diesem Falle kannst Du ja als Ausländerin die Konsequenzen ziehen und nach Hause fahren (was Dir übrigens auch sonst recht gut täte). [...] Solange Du aber im Ausland zu Gast bist, mußt Du – noch dazu als Dame – ein Minimum an Takt und Zurückhaltung wahren und darfst Dich nicht in interne Streitigkeiten der Gastgeber einmengen.« In: Forum V/1954, 218.

[33] Selbst der Herausgeber charakterisiert Hakel, der von Kindheit an mit körperlichen Blessuren (Gehbehinderung und Blindheit auf einem Auge) belastet war, als einen Mann voller Verbitterung, Resignation und beleidigter Aggressivität (Hans Raimund in Hakel 1991, 5).

[34] »Sie war in jeder Hinsicht mit zweiundzwanzig Jahren eine fertige Lyrikerin. Meine ganze Leistung bestand darin, das sofort zu erkennen und ihre Verse so bald wie möglich zu publizieren« (Hakel 1991, 201).

rechtmäßiger Besitz in die Arme des Bösen entlaufen ist, sei es die der »halblinken Bande« der Gruppe 47 oder die von Intellektuellenzirkeln und einer Gesellschaft von »arrivierten, meist jüdischen Emigranten und Remigranten«.[35] Die Wunschstruktur dieses Haßporträts wird dagegen in den ebenfalls aus dem Nachlaß publizierten »Impressionen und Träumen« Hakels entzifferbar, in denen sich u. a. eine Traumszene findet mit einem Ich, »ermattet und krank im Spital«, und dem Bild von Ingeborg Bachmann, »groß und unerreichbar« daneben.[36]

Nach der österreichischen Intervention mußte Richter seine eigene Rolle unmerklich verschieben, als er 1986, im Abstand von immerhin zwölf Jahren, seine Gruppengeschichte reformulierte. Die Szene der eigentlichen Entdeckung wird jetzt als Episode in das Aichinger-Porträt eingeschlossen, wo die *Trouvaille* der Gedichte auf dem Schreibtisch im Sender nunmehr als ein von der Autorin ihm absichtsvoll unter die Augen geschobener Fund interpretiert wird.[37] Im Bachmann-Kapitel, das mit der späteren Perspektive gemeinsamer Radfahrten im Grunewald beginnt und sich um die Porträtierung einer ihm nahestehenden, aber immer fremd und rätselhaft gebliebenen Persönlichkeit bemüht, wird seine frühere Entdeckerrolle dann etwas zurückgestutzt und in die des Förderers einer – in Wien – *verkannten* Dichterin umgeschrieben:

»Manchmal sprach sie von ihren Wiener Jahren wie von einer Leidensgeschichte. Sie hatte nicht die Anerkennung gefunden, die sie suchte. [...] ihre Gedichte, von denen nur wenige veröffentlicht waren, hatten keine Resonanz gefunden, nicht die Beachtung, die sie auch nach meiner Ansicht verdienten.« (50)

---

[35] Ebenda, 207 und 211. Dabei ist der Text, der durch eine deutliche Häufung des Personalpronomens erster Person auffällt, nicht zuletzt auch das traurige Dokument eines jüdischen Antisemitismus.

[36] Während das Ich dieser Hakelschen »Impressionen« in einer Szene von 1956 der Dichterin noch herablassend erklärt, »daß ihr zweiter Gedichtband schlechter ist als ihr erster« (Hakel 1995, 196), stammt das Bild der unerreichbaren Bachmann von 1960 (212). 1974, im Jahr der Niederschrift des zuvor zitierten Porträts, hat es sich in das einer Kranken, die sich entzieht, verwandelt (229f.).

[37] Richter 1986, 15. Die folgenden Seitenzahlen im Text beziehen sich auf diese Publikation.

»Zu jener Zeit aber, nach unserer ersten Begegnung, hatte ich *nur ein Interesse: sie zu fördern, ihre Begabung zu unterstützen.* [...] Vier Wochen später, nach unserer ersten Begegnung nahm ich sie mit nach Niendorf, zur Tagung der ›Gruppe 47‹. [...] Ingeborg Bachmann fuhr ihrer Zukunft entgegen, ihrem schnellen Aufstieg. Ich ahnte es, wenn auch unsicher, eine Gewißheit gab es nicht.« (53f., H.v.m.)

In diesem Porträt zieht Richter sich gleichsam zurück auf die – für die Anerkennung der Autorin – so folgenreiche Ahnung einer großen Persönlichkeit, deren Intellektualität und psychische Kompliziertheit jedoch jenseits seiner Verstehensmöglichkeiten liegen: »Ich verstehe nicht alles und gebe mir auch keine Mühe, es zu verstehen« (52). Doch auch ihm ist sie »verschollen«, in diesem Fall »in Rom«. Und so beschreibt, aus dem Blickwinkel der ›Förderer‹, Bachmanns Weg von Wien über Deutschland nach Rom ein *fading*, das allmähliche Entschwinden oder Sich-Entziehen des begehrten Liebesobjekts. Damit wird deutlich, daß der topographischen Figur in der skizzierten Genese einer freien Schriftstellerin [V.4] zugleich eine Logik jener Beziehungen eingeschrieben ist, die im Literaturbetrieb eine subtile Ökonomie institutioneller und persönlicher Abhängigkeiten begründen.

Doch damit war und ist der *concours* nicht beendet, in den sich in der Zwischenzeit noch andere Stimmen eingemischt haben: viele Freunde und Kollegen mit ihren Erinnerungstexten, vor allem aber der Schweizer Schriftsteller Max Frisch mit seiner »Montauk«-Erzählung (1975) zum Thema ›alle Frauen meines Lebens‹, in der er u.a. über das Scheitern seiner mehrjährigen Liaison mit der Autorin schreibt [VI.5], zunächst außer Konkurrenz in der Rolle des Liebhabers – die ihm jüngst allerdings von dem Wiener Literaten Adolf Opel streitig gemacht wurde [VI.5]. In dieser Situation hat Hans Weigel dann noch einen Trumpf ins Spiel gebracht, indem er seinen lang zurückliegenden Liebesroman »Unvollendete Symphonie« (1951) bei der Neuedition 1992 als »Schlüsselroman über die Bachmann und mich«[38] deklariert hat, womit er in der Doppelrolle als Schöpfer und Geliebter natürlich unschlagbar geworden ist. Sprach schon aus seinem »In memo-

---

[38] Hans Weigel 1992, 199.

riam«-Text der Ton gekränkter Eitelkeit, so wird in dem Enthüllungs-Nachwort dieses Motiv manifest. Die alte Kränkung wurde augenscheinlich noch durch sein Schattendasein in der Bachmann-Forschung verstärkt.[39] Seine Behauptung, daß Bachmann von dem Buch »angetan« gewesen sei,[40] dient dabei der Sicherung von ›Authentizität‹ mit Hilfe einer Toten, die in der Zwischenzeit prominent geworden war. Dabei ist dieser Beglaubigungsversuch allerdings in der narrativen Gestaltung des Romans bereits angelegt. Aus der Ich-Perspektive einer jungen Geliebten wird darin nämlich eine Liebesgeschichte erzählt, die vor allem den phantasmatischen Versöhnungswunsch eines aus dem Exil nach Wien zurückgekehrten Juden und dessen Begehren nach einer jüdisch-österreichischen ›Symbiose‹ zum Ausdruck bringt, für die das literarische Liebespaar einstehen muß. Indem der Autor seiner Ich-Erzählerin den Wunsch, »etwas gutzumachen« und »wenigstens in uns diese Versöhnung« zu verwirklichen, in den Mund legt,[41] projiziert er die ›Symbiose‹ in die Geschlechterbeziehung und bringt ein durch die Erzählperspektive merkwürdig entstelltes Wiedergutmachungs-

---

[39] Im Nachwort heißt es: »Ich gebe diesen Schlüssel zum Schlüssel mit umso lachenderem Behagen preis, als die Bachmann seither das geworden ist, was man in Deutschland derzeit mit dem blöden Wort ›Kultfigur‹ bezeichnet, und als keiner ihrer dortigen Biographen und Essay-Porträtierer es für erforderlich erachtet hat, mich zu befragen« (ebenda, 197).
[40] Ebenda, 199. Dieser Beglaubigungsversuch überspringt die Distanz zwischen dem Ersterscheinen, für die die Aussage sogar denkbar ist, und dem späteren Autoritäts- und Prominenzzuwachs des Namens Bachmann. – Auch die ›Enthüllung‹ über die Existenz von Briefen Bachmanns aus der Zeit der Beziehung zwischen dem achtzehn Jahre älteren Hans Weigel und der Studentin ändert nichts an der Anmaßung eines solchen Beglaubigungsversuchs. Die Bekanntgabe einiger Briefstellen aus dem »zufällig« in Hans Weigels Nachlaß aufgefundenen Konvolut mit Briefen Bachmanns, die sich als Indiskretion aus exklusiver Kenntnisnahme präsentiert, enthüllt am Ende des Artikels mit dem Fingerzeig auf die verborgenen Schätze im Weigel-Nachlaß ihre eigentliche Absicht: »wie und warum wird sich wohl erst klären, wenn der Bachmann-Nachlaß geöffnet und jener von Weigel im Wiener Stadt- und Landesarchiv bearbeitet ist« (Bettina Steiner: Die größte Wegruhe, das stärkste Zuhause. Briefe Ingeborg Bachmanns. In: Die Presse. 14.8.1998, 23).
[41] Hans Weigel 1992, 156. Vgl. dazu die Untersuchung zu Bezügen zwischen Weigels Roman und »Malina«, vor allem unter dem Aspekt der Erzählperspektive (Brüns 1994).

begehren zum Ausdruck. Geschrieben ist der Roman in jenen Jahren, in denen der Autor für die jungen Schriftsteller tatsächlich eine Institution des Wiener Kulturbetriebs darstellte, so daß er als Dokument einer prekären Begehrenskonstellation in der Nachgeschichte des Nazismus gelesen werden kann, der Bachmann mit ihrem Aufbruch aus Wien entflohen ist [IX.2].

Verkörperte Hans Weigel im Nachkriegs-Wien gleichsam den Literaturbetrieb, so reklamiert er im Rückblick gegenüber der damaligen Debütantin eine Doppelposition von persönlicher und literarischer Instanz. Dies läßt im Kontrast die ›Vorteile‹ der Gruppe 47 für die *noch nicht* ›freie Schriftstellerin‹ deutlich werden. Allein aufgrund der Gruppenstruktur fällt die entsprechende Instanz aus. Und als Teilhaberin der Gruppe kann die Autorin sich paradoxerweise dieser leichter entziehen als einer Einzelperson, während sie zugleich intern differenziert zu einzelnen Personen intensivere Kontakte (in den ersten Jahren z. B. zu Andersch, Böll, Eich) und Freundschaften (z. B. Hildesheimer, Johnson, Enzensberger) entwickeln und auch mit einigen von ihnen konkrete Arbeitsvorhaben planen kann. Über Bachmanns Stellung *in der* Gruppe 47 läßt sich somit wenig sagen, ehe man nicht – siehe oben: Trennung der Freundschaften – die Korrespondenz mit *allen* Gruppenmitgliedern gelesen hat. Über ihre Stellung *zur* Gruppe hat sie sich selbst geäußert, und ihre Beteiligung an Aktivitäten der Gruppe ist bekannt [VII.4].

3. Urszenen einer Autorbiographie

In der vielfachen Klage über eine ausstehende Bachmann-Biographie und darüber, daß sich ein großer Teil ihrer Korrespondenz im gesperrten Teil des Nachlasses befindet, wird das methodische Problem einer *Lektüre* von Zeugnissen allerdings verdeckt oder verkannt. Dieses Problem stellt sich erst beim Eintritt in die Archive. So entspricht die von Bachmann gewünschte Grenzziehung zwischen hier Schriften und öffentlicher Stellung und dort der Person bzw. dem ›Leben‹ zwar der Foucaultschen Literaturtheorie des ›Autors‹, in der Autorname und Autorfunktion als Effekt des unter einen Namen gestellten Werks begriffen und von der Person des Schreibenden strikt unterschieden werden.[42] Überhaupt erst aufgrund dieser Unterscheidung kann der Autor als »Angelpunkt« (10) für die Gestaltung eines spezifischen Verhältnisses zwischen Schriftsteller und »fiktionalem Sprecher«, Erzählposition oder -stimmen untersucht werden (22). Ist diese Autorfunktion beim Umgang mit den *publizierten* Schriften Bachmanns eine klar faßbare Größe, so wird jedoch spätestens im Archiv die Grenze zwischen literarischem Text, Entwürfen, Aufzeichnungen und persönlichen Dokumenten fließend. Eine Lösung liegt nun nicht in der säuberlichen Unterscheidung verschiedener Textsorten, um aus den schriftlichen Hinterlassenschaften der Autorin das ›biographische Material‹ auszusondern; biographisches Material als *faktum brutum* gibt es nicht. Vielmehr muß jeglicher Typus hinterlassener Texte *gelesen* und hinsichtlich der Situation, der Adressierung und der Präfiguration seiner Bedeutung entziffert werden, die Texte der Autorin ebenso wie die der anderen, literarische ebenso wie Briefe, Interviews, Porträts und Erinnerungen.

Das gilt auch für die Selbstaussagen der Autorin. Die Form, in der Bachmann, nachdem sie sich der Gattung des (Auto-)Biographischen verweigert hat, über ihre eigene Geschichte Auskunft gegeben hat, verdient eine genauere Einlassung. Vor allem in den Interviews läßt sich beobachten, wie an die Stelle autobiographischer Auskünfte Erinnerungsszenen treten, in denen Erfahrungen, die für ihre Geschichte als Autorin von besonderer Bedeutung sind, in einem symbolischen Szenario dargestellt werden: als *Urszenen* ihrer *Autor*biographie. Zwei dieser szenischen Erinnerungsbilder wurden in den vorausgegangenen Kapiteln schon erwähnt: der Fund von Wittgensteins Buch in den Kellern Wiens bzw. in den Kellern der Wiener Nationalbibliothek als Szene, in der Bachmann 1973, im Blick zurück also, ihre Entdeckung Wittgensteins und die Erarbeitung einer vom ›Wiener Kreis‹ abweichenden Wittgenstein-Lektüre dargestellt hat [II.3], sowie der Besuch beim Nordwestdeutschen Rundfunk 1952 unter dem Motto »das gab es also« als Begebenheit, in der die Erstbegegnung mit den ungeahnten Möglichkeiten des Hörfunks für die Literatur szenisch geschildert ist, im Entwurf über die Gruppe 47 [V.5]. Diese Erinnerungsszenen entsprechen in ihrer Struktur – mit den zentralen

---

[42] Foucault: Was ist ein Autor? In: Foucault 1979, 7–31. Die folgenden Seitenzahlen aus dieser Ausgabe.

Modi von Nachträglichkeit und szenischer Darstellung – jenen Urszenen des Gedächtnisses, wie sie die Psychoanalyse beschrieben hat.[43] Im Gegensatz zu einer historisierenden Narration, im Unterschied zur Rekonstruktion vergangener Begebenheiten mit dem ohnehin immer verfehlten Ziel, zu erzählen, ›wie es denn eigentlich gewesen ist‹, präsentieren die Urszenen Erinnerungsbilder, die aus dem Kontinuum einer Lebensgeschichte herausgebrochen sind. Erst aus der Nachträglichkeit, aufgeladen und beleuchtet also durch spätere Erlebnisse und Situationen, erscheinen sie als Ursprungsmomente spezifischer, psychisch besetzter Erfahrungen, als Ursprünge einer für das Subjekt bedeutsamen Konstellation in der eigenen Geschichte. Dabei meint Ursprung nicht unbedingt Anfang, eher Entspringen im Benjaminschen Sinne oder Emergenz, den Moment, in dem ein bedeutsames Datum der Lebens- oder Autorgeschichte kenntlich wird oder Gestalt gewinnt. Derartige Urszenen können sich nämlich ebenso auf ein Verschwinden, auf ein Ende beziehen. Besonders in den Interviews der letzten Jahre (1970 bis 1973) finden sich zahlreiche solcher Szenen wie auch in einigen Statements, z.B. für eine Anthologie von Rom-Porträts und in dem Skript für den Film, den Gerda Haller im Juni 1973[44] mit ihr produziert hat: als ob Bachmann mit diesen Erinnerungsszenen ihrem Medienbild die eigene Bedeutung ihrer Autorgeschichte habe entgegensetzen wollen. Manchmal sind diese Erinnerungsszenen durch sprachliche Formeln markiert: »das gab es also«, »das erste Gedicht« oder »Ende der Kindheit«. Diese Sprachformeln entsprechen aber nicht dem Titel oder der *subscriptio* in einer emblematischen Bildstruktur, und im Unterschied zur Tradition der *ars memoriae* formulieren sie auch nicht jene Aussagen, die durch die *imagines agentes* vertreten werden. Vielmehr bezeichnen diese Formeln eine Scharnierstelle zwischen Diskurs und Erinnerungsbildern; es sind sprachliche Rudimente aus dem Archiv der öffentlichen Rede über einen Gegenstand, die

---

[43] Vgl. den Artikel »Urszenen« in Laplanche/Pontalis 1972, 576 f.

[44] Ingeborg Bachmann in ihrem erstgeborenen Land (gesendet vom ORF am 20.10.1973, TuB 493); im Nachlaß befindet sich neben dem »Buch zum Film von Gerda Haller« (K8253–65/N2330–42, NÖN), aus dem Auszüge veröffentlicht sind (GuI 143–146), ein Konvolut mit Statements, die die Autorin offenbar für den Film geschrieben hat: Ingeborg Bachmann in Rom, im Juni 1973 (K8266–8274/N2343–2351, NÖN).

in die Gedächtnisspuren des Subjekts hineinragen und spezifische Erinnerungsbilder mobilisieren.

Beispielsweise die vielzitierte Erinnerung an jenen Moment, in dem ›Ende der Kindheit‹ und ›Anfang der Erinnerung‹ zusammenfallen, bezeichnet durch den Einmarsch von Hitlers Truppen in Klagenfurt.

»Es hat einen bestimmten Moment gegeben, der hat meine Kindheit zertrümmert. Der Einmarsch von Hitlers Truppen in Klagenfurt. Es war etwas so Entsetzliches, daß mit diesem Tag meine Erinnerung anfängt: durch einen zu frühen Schmerz, wie ich ihn in dieser Stärke vielleicht später überhaupt nie mehr hatte. Natürlich habe ich das alles nicht verstanden in dem Sinn, in dem es ein Erwachsener verstehen würde. Aber diese ungeheure Brutalität, die spürbar war, dieses Brüllen, Singen und Marschieren – das Aufkommen meiner ersten Todesangst. Ein ganzes Heer kam da in unser stilles, friedliches Kärnten.« (24.12.71, GuI 111)

Das Szenario des Einmarsches steht hier als Erinnerungsbild, in dem eine Verbindung zwischen dem ›Anschluß‹ Österreichs an Nazideutschland und der Zerstörung der Kindheit dargestellt wird, in dem also der Verlust der *nationalen* Unschuld mit dem Ende der *kindlichen* Unschuld koinzidiert. Als Ursprung der Erinnerung, als Anfang eines Wissens um den eigenen historischen Ort ist diese Szene schmerzbesetzt und wird mit Wahrnehmungen von Aggressivität und mit Todesangst verknüpft. Der »Moment« kennzeichnet einen Einbruch, eine Zäsur, mit der eine nicht selbst herbeigeführte historische Verwicklung beginnt. Dabei ist dieser Erinnerungsmoment eher als *Datum* (im Celanschen Sinne)[45] denn als historische *Datierung* zu verstehen: als Unterbrechung eines Kontinuums und als Augenblick in der Geschichte, von dem sich die Erfahrung der Autorin herschreibt. Das Datum des Einmarsches ist also Schauplatz einer schmerzhaften Erinnerung, von der die Dauerspuren ihrer Schreibarbeit ausgehen und angetrieben werden.

Der »bestimmte Moment« bezeichnet den Einbruch Hitlerdeutschlands in die ›Heimatstadt‹, die damit den Status eines Kind-

---

[45] Celan 1986, 3/196.

heitsortes verliert. Kann es in derartigen Erinnerungsszenen niemals um eine historisierende Rekonstruktion gehen, so greift jede Interpretation dieser Szene zu kurz, in der diese als pure Darstellung eines historischen Ereignisses verstanden wird, und zwar jenes einen, datierbaren Tages, an dem Hitler im April 1938 Klagenfurt besetzt hat. Wenn gegen die Faktizität dieser Erinnerung ein Bericht von Ingeborg Bachmanns Mutter eingewendet wurde, nach dem ihre Tochter am Tage der Besetzung im Krankenhaus gelegen habe,[46] so daß die Elfjährige dieses konkrete Ereignis nicht unmittelbar habe miterleben können, so geht diese Interpretation von einer Voraussetzung aus, die den Charakter von Erinnerungsszenen verfehlt. Auch wenn die Elfjährige den ersten Tag der Besetzung Klagenfurts durch die Nazis nicht »miterlebt« haben sollte, wird sie leider dennoch genügend andere Gelegenheiten gehabt haben, das Szenario der Hitlertruppen im besetzten, ›angeschlossenen‹ Land zu sehen. Insofern ist die Erinnerungsszene als Beschreibung einer historischen Erfahrung nicht weniger stimmig. Denn es steht ja weder zur Debatte, daß das Mädchen, das Ingeborg Bachmann einmal war, der Erfahrung einer aggressiven Präsenz von Hitler-Truppen habe entgehen können, noch ist strittig, daß durch den ›Anschluß‹ die Kindheit des Mädchens zerstört wurde. Der in der Szene hervorgehobene Augenblick des Einmarsches beschreibt somit den Schmerz einer gewaltsamen Zäsur in einem doppelten Sinne: durch die äußere Gewalt des Einmarsches und durch die dem Kind, im Zuge der Nazifizierung Österreichs, aufoktroyierte Verwicklung in eine historisch-objektive Schuldposition. So kann der Titel ›Zertrümmerung der Kindheit‹ wohl kaum als Dramatisierung gewertet werden.

Besonders aber, wenn der Autorin die unmittelbare Anschauung des Einmarschtages in ihrer Heimatstadt tatsächlich fehlen sollte, jenes »ersten Tages« als symbolträchtige Szene des ›Anschlusses‹, die Dramaturgie von Hitlers Rede mit der jubelnden

---

[46] So als Feststellung in der »chronologischen Biographie« (Sauthoff 1992, 291), als Bewertung einer »nachträglichen Stilisierung« (Hapkemeyer 1990, 17) und als »rückblickende Rede« aus einem später entstandenen Geschichtsbewußtsein (von Weidenbaum: Ist die Wahrheit zumutbar? In Böschenstein/Weigel 1997, 23–28). – Nach Auskunft des Bruders befand sich die Familie an dem betreffenden Tag auf einem Skiausflug (Brief Heinz Bachmanns v. 19.9.1997).

Menge und den aufmarschierenden Verbänden von Nazisympathisanten, ist es um so plausibler, daß sie ihr Erinnerungsbild als Urszene strukturiert. In ihr werden Dunkelstellen in der individuellen Erinnerung mit Bildern aus dem kollektiven Gedächtnis überblendet. Auf die Struktur dieser Gedächtnisfigur, in der, wie Freud entwickelt hat, das Kind »die Lücken der individuellen Wahrheit mit prähistorischer Wahrheit ausgefüllt hat«[47], spielt das Erinnerungsbild in seiner Rhetorik ja deutlich an, wenn die Autorin das Kollektivklischee von »unserem stillen, friedlichen Kärnten« zitiert und damit das Bild von der unschuldigen Provinz in die Sphäre kindlicher Unschuld und Unwissenheit – in die Sphäre eines unschuldigen Bewußtseins[48] – verweist, die durch den Einmarsch Hitlers zerstört wurde.

Die Provinz als Ort einer Begrenzung von Erfahrung und Wissen kommt in einer anderen Szene zum Ausdruck, die den Titel Musil-Straße trägt und von einer blockierten Passage erzählt. Robert Musils Name besetzt einen Ursprung in Bachmanns Lektüregeschichte, denn sie hat mehrfach geäußert, er sei der erste Autor des 20. Jahrhunderts gewesen, den sie gelesen und der sie beeindruckt habe (GuI 56, 124) [IV.2]. Von Musil handelt die Episode einer verhinderten früheren Begegnung mit seinem Roman und das Erinnerungsbild eines Mangels:

> »Und dann passierte mir etwas Sonderbares bei meinem letzten Besuch in Klagenfurt. Ich habe in meiner Kindheit in Annabichl gewohnt, in der Durchlaßstraße. Das ist in der Nähe der Pischeldorfer Straße. Wenn wir als Kinder spielten, sind wir immer nur das Stück bis zum Durchlaß gegangen, und jetzt wollte ich einmal sehen, was nach dem Durchlaß kommt. Zu meiner Überraschung gibt es dort einen kleinen, unscheinbaren Weg, der sich, wohl erst seit kurzer Zeit, Robert-Musil-Straße nennt.« (1.5.65, GuI 56f.)

---

[47] Freud, Vorlesungen zur Einführung in die Psychoanalyse (Freud 1969–1979, I/362).
[48] Aus der Nachträglichkeit eines historisch aufgeklärten Bewußtseins kommentiert Bachmann damit auch das eigene Bewußtsein, wie es in ihrer (unveröffentlichten) Jugendlyrik zum Ausdruck kam, so etwa in dem Gedicht »An Kärnten«, wo es u.a. heißt: »Todwund von fremder vernichtender Hand/ heiliges herrliches Heimatland« (K234/N5727, NÖN).

Diese kleine Erzählung einer profanen Erleuchtung enthält ebenfalls Momente aus der Vorgeschichte der Autorin, geht es doch um das intellektuelle Klima ihrer Herkunft, das durch das verschüttete Erbe einer exilierten Moderne gekennzeichnet ist. Für das Kind, aufgewachsen in einer Provinzstadt im ›Anschluß‹-Österreich, gab es in den Signaturen des Ortes keinen Zutritt – keinen »Durchlaß« – zu dem in Klagenfurt geborenen Schriftsteller. Denn »erst seit kurzer Zeit«, lange nach 1945, ist ihm in Form des Straßennamens ein öffentliches Gedenken zuteil geworden.

Dabei gibt es in den Erinnerungsszenen Bachmanns eine deutliche geographische Dialektik ihrer Herkunft. In ihr wird die *Begrenzung* Klagenfurts durch die *Grenzlage* Kärntens, speziell des Gailtals, aus dem ihr Vater kommt, aufgesprengt. Erinnert wird dies im Bild von der Kindheit an der italienischen Grenze (GuI 65) oder im Dreiländereck: »1926 in Klagenfurt [...] geboren, an der Grenze: in einer Gegend, die wir das Dreiländereck nennen – zwischen Slowenen, Italienern und deutschsprachigen Österreichern« (GuI 81). Steht diese ›Herkunft‹ immer wieder für ihre Affinität zur italienischen Kultur ein – beispielsweise gibt sie zu ihrem Leben in Italien den Kommentar, sie sei »wenige Kilometer von der italienischen Grenze aufgewachsen. Italienisch war meine zweite Sprache; obwohl es natürlich erst im Verlauf der Jahre wirklich meine zweite Sprache geworden ist«[49] –, so verschieben sich nach ihrer Polen-Reise im Mai 1973 die Akzente dieser Topographie und verdichten sich in dem Statement »Ich bin eine Slawin«: »Ich war vor kurzem in Polen, zum ersten Mal und ich habe wieder bemerkt wo ich hingehöre. Denn ich bin ja eine Slawin und Slawen sind anders und wir haben mit den Italienern eines gemeinsam.«[50] In einem weiteren Statement wird dann ihr Lebensweg als Umweg und Rückkehr zum Ursprungsort skizziert. Dieser ist auf diesem Umweg, der zugleich der Weg einer kulturgeschichtlichen Reformulierung des »Dreiländerecks« ist, zu einem andern Ort, zum Ort des Anderen geworden: »Denn ich bin über Prag nach Wien zurückgekommen. Das war mein Weg und so habe ich begriffen.«[51]

---

[49] Buch zum Film von Gerda Haller: »Ingeborg Bachmann im erstgeborenen Land«, Sequenz 1 (K8255/N2332, NÖN).
[50] Ingeborg Bachmann in Rom, Juni 1973, 2 (K8268/N2345, NÖN).
[51] Ebenda, 12 (K8273/N2350, NÖN).

Auf dieser Art Rückkehr hat Wien somit seine Kehrseite hervorgekehrt: die kulturellen Ränder vom versunkenen ›Haus Österreich‹ [VII. 1. u. 5].

Dieses Szenario von Umweg und Rückkehr steht im Zusammenhang einer Erinnerung an »das letzte Gedicht«.[52] Durch diese Formel sind zwei der Statements verbunden, die Bachmann im Juni 1973 für den von Haller produzierten Film aufgeschrieben hat. Eines steht unter dem Titel »Ich werde nie wieder ein Gedicht schreiben« und verdichtet eines der Leitmotive ihrer Interviews, das ›Aufhören‹, noch einmal im Bild einer klaren Zäsur:

> »Ich habe schon seit sehr vielen Jahren, ungefähr seit meinem 30igsten Jahr, so heißen meine ersten Geschichten, aufgehört Gedichte zu schreiben. Es gibt nur noch ein einziges Gedicht danach und das ist ›Böhmen liegt am Meer‹, aber es ist nicht ein Gedicht, das ich für mich beanspruche, ich glaube nicht einmal, daß ich es geschrieben habe, ich kann es manchmal nicht glauben, denn wenn ich es könnte, würde ich meinen Namen wegnehmen und darunter schreiben ›Dichter unbekannt‹. Es ist für alle und es ist geschrieben von jemand, der nicht existiert.«[53]

Aus einer faktischen Zäsur in der Schreibgeschichte der Autorin – denn sie hatte 1957 tatsächlich aufgehört, Gedichte zu schreiben, und mit Ausnahme des 1961 geschriebenen, Nelly Sachs gewidmeten »einsamen Gedichts«[54] erst 1964, nach sieben Jahren Unterbrechung, wieder einige Gedichte geschrieben[55] –, aus dieser Zäsur wird in der Erinnerung die Urszene eines Aufhörens, das sich in einem *einzigen, letzten* Gedicht verdichtet. Die Formel vom letzten Gedicht bedeutet hier, daß alle anderen ›Nachzügler‹ unwichtig sind und gleichsam vergessen werden können. Zugleich soll mit diesem letzten Gedicht ihr Autorname als Lyrikerin durchgestrichen und in einer imaginären Autorschaft aufgehoben werden: »Dichter unbekannt«. Verweist das Ende der Lyrik durch dieses

---

[52] Zur Urszene des *ersten* Gedichts und des Verhältnisses von Musik und Literatur vgl. Caduff 1998, 67 ff.
[53] Ingeborg Bachmann in Rom, im Juni 1973, 10 (K 8279/N 2356, NÖN).
[54] So Bachmann im Brief v. 17. 9. 1961 an H.W. Richter (AKB).
[55] Neben den sechs in der Werkausgabe publizierten gibt es noch etliche Gedichte aus dieser Zeit im Nachlaß, von denen jetzt einige auch publiziert wurden (LG).

Erinnerungszeichen aus dem Lesebuch ›unterm Hakenkreuz‹[56] indirekt auf den Diskurs über das Versagen einer Lyrik nach 1945, so fallen die Zurücknahme des eigenen Autornamens und eine verallgemeinerte Urszene zusammen: »Es ist *für alle* und es ist geschrieben von jemand, der nicht existiert.« Der ›Tod des Autors‹, ein für die Moderne generell diagnostiziertes Phänomen, erhält hier eine spezifische gattungs- und kulturgeschichtliche Kontur: als Beendigung ihrer im Umfeld der Nachkriegsliteratur ausgezeichneten Lyrik und als Ende der ›Dichterin‹ Bachmann.

Daß der Figur des *Endes* aufgrund der Rede über das ›letzte Gedicht‹ aber auch eine Differenz zur Figur des *Aufhörens* eingeschrieben ist, in der ihre Schreibgeschichte bereits erstarrt war, wird im folgenden Statement mit der Überschrift »Böhmen liegt am Meer« erkennbar. In ihm erläutert Bachmann die Entstehung und den Shakespeare-Bezug ihres Gedichts. Dabei erscheint dieses ›letzte Gedicht‹ nun als Ende in einer letztmöglichen Form, d.h. als Vollendung – nicht im klassischen Sinne eines ästhetischen Höhepunkts, sondern im messianischen Sinne von Zu-Ende-Bringen, dem zugleich ein gänzlich *anderes* entspringt. Damit fällt der ›Tod des Autors‹ in Bachmanns Statement mit dem messianischen Ende einer Lyrikgeschichte zusammen:

»Obwohl ich gedacht habe es sei schon am Ende, habe ich dann doch noch ein Gedicht geschrieben. Aber das war nur noch ein Nachzügler. Und heute bin ich froh, daß ich es geschrieben habe, aber damit ist es endgültig zu Ende. Und es ist für mich das Gedicht, zu dem ich immer stehen werde. Es ist gerichtet an alle Menschen, weil es das Land ihrer Hoffnung ist, das sie nicht erreichen werden. [...] Deswegen hört für mich dort auch alles auf. Es ist deswegen auch das letzte Gedicht was ich geschrieben habe. Ich würde nie wieder eines schreiben, weil damit alles gesagt ist.«[57]

---

[56] Das bezieht sich auf die berühmte Legende, die Nazis hätten den Autornamen Heinrich Heines unter der »Loreley« getilgt und durch die Formel »Dichter unbekannt« ersetzt. Zwar ist die historische Evidenz dieser Überlieferung ungeklärt, doch ist das für den Zusammenhang hier nicht relevant.

[57] Ingeborg Bachmann in Rom, Juni 1973, 11 f. (K8272–73/N2349–50, NÖN).

Was aber wird aus der Schreibenden, wenn »Böhmen liegt am Meer« für das Ende steht, mit dem alles gesagt sei? Auch aus dieser Frage erklärt sich, warum in dieser Urszene vom Ende die eigene Existenz – »jemand, der nicht existiert« – und der eigene Name – »würde ich meinen Namen wegnehmen« – zurückgenommen werden müssen. Wegen der Ähnlichkeit von Autor- und Eigennamen, weil beide allzu leicht verwechselt werden können, muß die Schriftstellerin sich und ihren Namen aus dem Ende heraushalten: um das Weiterleben der Person aus dem Ende der Dichter-Autorschaft zu retten. Diese Bedeutung erhellt sich auch aus einer anderen Überlegung im Zusammenhang der Rede über das ›Aufhören‹. Es sei nichts Ungewöhnliches, wenn ein Schriftsteller aufhöre, Gedichte zu schreiben. In der Literaturgeschichte gebe es dafür etliche Beispiele, z. B. Rimbaud und Hofmannsthal; und mit Bezug auf den letzteren:

> »Und seine erbärmlichsten und grausamsten Kritiker haben gesagt: dieser Mann hätte sich umbringen sollen mit 25 oder 28 Jahren und dann wäre er ein großer Dichter gewesen. [...] Ich habe es immer für furchtbar grausam gefunden, daß man einen Menschen aburteilt und ihn zum Tod verurteilt.«[58]

Mit dem Nachdenken über diese tödlichen Folgen, die die Gleichsetzung oder Verwechslung von Autor und Person haben können, hat Bachmann ihre Haltung modifiziert. Das Schweigegebot über das Leben, »über den Rest hat man zu schweigen«, wird nun durch eine andere Geste überboten, durch die Zurücknahme des Namens: d. h. Rettung der Person aus der Verwicklung des Autor(namen)s in ein Ende.

---

[58] Ebenda, 9 (K8271d/N2355, NÖN). Ähnlich Heinrich Heine in den »Florentinischen Nächten« in bezug auf Rossini: »Es ist ein Vorurteil, wenn man meint, das Genie müsse früh sterben« (Heine 1968ff., Bd. 1, 570). Auch der hier sehr spezifische Topos des letzten Gedichts, dem die Arbeit an einer anderen Prosa entspringt, kann auf Heines Schriften bezogen werden, etwa auf seine literarhistorische Positionierung in den »Geständnissen«: »Ich weiß, es war das ›letzte freie Waldlied der Romantik‹, und ich bin ihr letzter Dichter: mit mir ist die alte lyrische Schule der Deutschen geschlossen, während zugleich die neue Schule, die moderne deutsche Lyrik, von mir eröffnet ward. Diese Doppelbedeutung wird mir von den deutschen Literarhistorikern zugeschrieben« (Heine 1968ff., Bd. 6/I, 447).

Im Roman »Malina«, der vor den Statements für den Haller-Film entstanden war, hatte Bachmann dieselbe Figur in eine literarische Konzeption übertragen: die Übergabe der Erzählung an die a-personale Instanz Malinas bei gleichzeitiger Namenlosigkeit der Ich-Stimme, deren Erregungen jedoch im Text weitgehend den Ton angeben [X.3]. Durch dieses Szenario wird eine mögliche Identifizierung zwischen Autorin und Ich-Erzählerin durchtrennt, wird am Ende des Romans noch einmal mit einer starken Geste der ›autobiographische Pakt‹ aufgekündigt.

4. Hinterlassenschaften, Nachrufe und Befangenheiten

»Ich möchte das Briefgeheimnis wahren. Aber ich möchte auch etwas hinterlassen« (3/327). Dieser Kommentar des namenlosen Ich in einer der Schlußszenen des Romans »Malina« kann gleichsam als Entwurf einer Poetologie gelesen werden, die mit der Aufkündigung des autobiographischen Paktes jedoch nicht auf den Wunsch nach einer Hinterlassenschaft verzichtet. Der Satz kommentiert die Suche des Ich nach einem Versteck für seine Briefe, und zwar kurz vor seinem Verschwinden in der Wand, »solange ich noch mit an der Herrschaft bin«, kurz bevor also das Ich Malina die Rolle des Erzählers und somit das Feld der Überlieferung überlassen haben wird. Diese Suche unterbricht die Serie der wiederholten und gescheiterten Ansätze zum Verfassen eines Testaments, womit das derart zu Hinterlassende in einen möglichen ›testamentarischen‹ Umgang mit der Schrift[59] interveniert. Die Formulierung »*etwas* hinterlassen« signalisiert dabei deutlich, daß dieses schwer in einem der bestehenden Register von Hinterlassenschaften zu fassen ist, daß es jedenfalls nicht im Sinne einer Botschaft oder ›geistigen Erbschaft‹ verstanden werden soll. Die versteckten und vor Malina geheimgehaltenen Briefe sind vielmehr ein Hinweis darauf, daß der Geschichte, wie sie vom Erzähler überliefert sein wird, verborgene Korrespondenzen eingeschrieben sind. Über die Lesbarkeit des Romans entscheidet damit die

---

[59] Vgl. dazu Derridas »Grammatologie«, in der der testamentarische Charakter des Graphems auf die Absenz und den Tod des darin Repräsentierten verweist (Derrida 1974, 120).

1. Pierre Puvis de Chavannes, L'espérance 1 (1872), Baltimore, Walters Art Gallery, [Kapitel I]

2. Pierre Puvis de Chavannes, L'espérance 2 (O. J.), Paris, Musée d'Orsay, [Kapitel I]

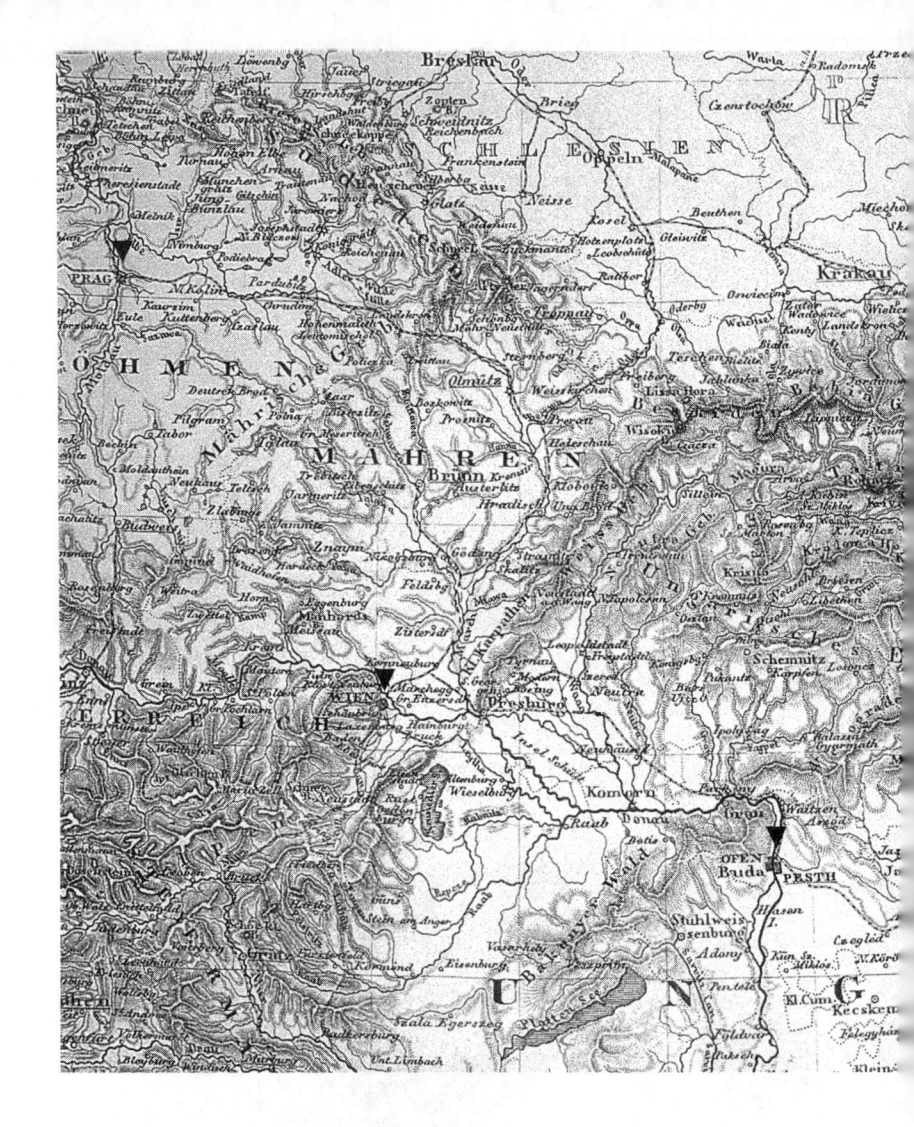

»Wo zwischen der Moldau, der Donau
und meinem Kindheitsfluß alles einen Begriff von mir hat.«
Bachmann, »Prag Jänner 1964«

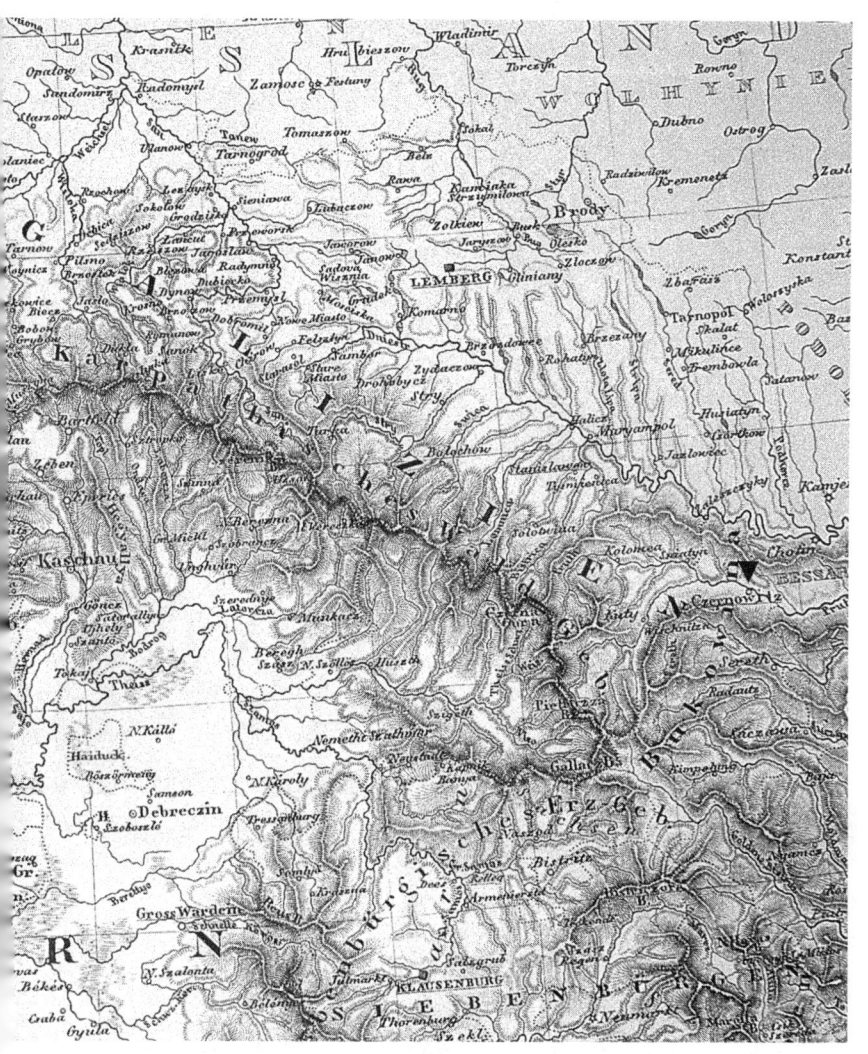

3. Landkarte von Galizien (Ausschnitt), [Kapitel VII]

Die imaginäre Topographie von Bachmanns Poetologie entsteht aus einer *télescopage* der Geographie, der Figur einer Verschachtelung: zwischen dem Dreieck Wien–Prag–Gailtal/Kärnten (siehe »Prag Jänner 64«) und dem Dreieck Wien–Gailtal/Kärnten–Czernowitz (via Budapest) in den »Todesarten«-Romanen.

4., 5. »Ivans Haus mit der Nummer 9 und den beiden Löwen aus Bronze am Tor.« (3/14), [Kapitel VII und X]

6. »… und im Dunkeln sogar durch den Stadtpark, in dem die finsteren schwarzen Riesenfalter kreisen und die Akkorde stärker zu hören sind unter dem kranken Mond, es ist wieder der Wein im Park, den man mit Augen trinkt …« (3/320), [Kapitel VII und X]

spezifische Haltung der Lektüre, d.h. die Frage, ob die Leser sich auf eine Entzifferung von Spuren einstellen oder es auf die Entschlüsselung von ›Briefgeheimnissen‹, von intimen Zeugnissen also, abgesehen haben. Mit dieser Szene hat die Autorin einen poetologischen Kommentar zum Problem der Hinterlassenschaften formuliert, der, insofern er hier auf einen Roman gemünzt ist, erst recht und verstärkt für nichtpublizierte Texte der Autorin Geltung beanspruchen dürfte.

Nach dem Tod eines Schriftstellers verkomplizieren sich die Probleme im Umgang mit Leben und Werk erheblich. Einerseits wird er nun in diversen Genres zum Gegenstand von Schriften anderer Autoren, wird also in Nachrufen und Porträts, in Erinnerungen an Begegnungen und in Anekdoten, in Biographien und Untersuchungen selbst beschrieben und zur Literatur, ohne Möglichkeit der Entgegnung oder des Protests. Andererseits verwischt sich die Grenzziehung zwischen Werk und Lebensspuren, insofern der Autor nicht mehr selbst seine Publikationen autorisieren und damit nicht mehr jene Texte, die publiziert werden sollen, von den Aufzeichnungen, Entwürfen und Notizen unterscheiden, nicht mehr die für das Publikum bestimmten von den intimen Texten trennen kann. Diese Differenzierungsaufgabe fällt nun in die Hände einer heterogenen Personengruppe, die arbeitsteilig und oft kontrovers oder gar miteinander konkurrierend agiert: Erben, Verleger, Editoren, Literaturkritiker und -wissenschaftler. Auch die Leser tragen das Ihrige dazu bei, indem sie entworfene Bilder und Legendenbildungen goutieren oder bestimmte Mythen über Schriftsteller und Werk favorisieren. Es geht also um die Frage des Umgangs mit den ›Hinterlassenschaften‹ – in der doppelten Bedeutung des Wortes: als Nachlaß (im konkreten und juristischen Sinne) und als Vermächtnis im Sinne einer intellektuellen Summe der Schriften. Insofern wird der Nachlaß von Schriftstellern fast regelförmig zum Zankapfel divergierender Auffassungen vom Vermächtnis.

Als Ingeborg Bachmann siebenundvierzigjährig an den Folgen eines Brandunfalls starb, hatte sie im Unterschied zu ihrer Ich-Figur im Roman zuvor keine Gelegenheit gehabt, ihre Hinterlassenschaften zu ordnen und etwa den literarischen Teil von demjenigen zu trennen, den sie unter das Briefgeheimnis hätte stellen wollen. Nach ihrem Tod fiel damit anderen die Aufgabe zu, die Konvolute der nachgelassenen Schriften, Aufzeichnungen, Dokumente und Bücher zu ordnen und bislang unpublizierte Texte zum Druck auszuwählen und vorzubereiten. Und so teilt ihre Hinterlassenschaft das Schicksal der meisten Nachlässe; sie wurde zum Objekt der Begierde und des Streits konkurrierender Interessen und Ziele zwischen Erben, Freunden, Literaturbetrieb und Philologie. Das Ziel der fünf Jahre nach Bachmanns Tod publizierten, von den Freundinnen aus Rom, Koschel und von Weidenbaum, edierten Werkausgabe bestand darin, möglichst rasch neben den bekannten Buchveröffentlichungen die verstreuten Schriften, Hörfunksendungen und unveröffentlichten Fragmente zugänglich zu machen. Die Ausgabe hielt, gerade unter den kleinen Entwürfen, Notizen und Besprechungen, manche Überraschungen bereit; die Sensation aber waren zweifellos die Fragmente zu den »Todesarten«, aus denen die Herausgeberinnen zwei Komplexe zusammengestellt hatten: »Der Fall Franza« und »Requiem für Fanny Goldmann«. Besonders diese beiden Roman-Fragmente, im Verbund mit und als Ergänzung zu »Malina«, sorgten für die Popularität der Ausgabe und für die (Wieder-)Entdeckung Bachmanns im Lichte der neuen ›Frauenliteratur‹. Als Höhe- und Endpunkt von Bachmanns Literatur betrachtet, geriet aber nun alles andere zur Vorgeschichte der »Todesarten«, diese aber zum Maßstab und Fluchtpunkt ihres Werks. Im Fahrwasser dieser Erfolgsgeschichte wurde die Handschriftenabteilung der Wiener Nationalbibliothek zur Pilgerstätte für die akademische Leserschaft Bachmanns. Aufgrund der vielen Anfragen, Besuche und Kopieraufträge mußten sich die Mitarbeiter am Josefplatz, Hüter Tausender kostbarer Inkunabeln und Autographen, in den Achtzigern, den Konjunkturjahren der Bachmann-Forschung, zeitweilig als reines Bachmann-Archiv vorkommen. Erheblich zurückgehen wird die Nutzung des Nachlasses durch die neue, umfangreiche Edition des »Todesarten«-Projekts (TP), in der nicht nur Vorstufen und Entwürfe zu diesem großen Buchprojekt publiziert sind, sondern auch zahlreiche andere Texte, die der Genese und dem Umfeld der »Todesarten« zugeschlagen und in die Edition aufgenommen wurden [X.1]. Zu befürchten steht, daß durch diese Edition die Stellung der »Todesarten« als Hauptwerk Bachmanns noch einmal bestärkt wird.

Der Geschichte dieser – durch den Transformationsriemen des Feminismus und das Interesse an einer ›weiblichen Ästhetik‹ beschleunigten – Aneignung ging aber nach dem Tod Bachmanns im Oktober 1973 zunächst ein anderer Diskurs voraus, in dem die männlichen Stimmen deutlich dominieren: eine kaum zu übersehende Zahl von ›Würdigungen‹, d. h. Nachrufe, Porträts, persönliche Erinnerungen und auch literarische Darstellungen. Dabei gehören Nachrufe einem Genre an, dem gegenüber Bachmann selbst die größten Vorbehalte hegte, wie ihr Kommentar zur Aufforderung, zum Tode von Witold Gombrowicz einen Nachruf zu schreiben, in einem Brief an Uwe Johnson belegt: »und ausserdem ist sowieso jeder Nachruf zwangsläufig eine Indiskretion.«[60] Doch dieser ›Zwangsläufigkeit der Indiskretion‹ aus dem Wege zu gehen, haben die meisten Verfasser von Nachrufen auf den Tod Bachmanns sich gar nicht erst bemüht. Fast alle entwerfen das Bild einer Person, deren »stets schon bedrohte und fragile Existenz«[61] geradezu unausweichlich auf diesen tragischen Tod zusteuerte, wobei eingeflochtene Zitate aus ihrer Lyrik dazu beitragen, Existenz und Dichtung kurzzuschließen. Diese Engführung von Leben und Werk scheint sich dabei als Lösung anzubieten, um einem Dilemma zu entkommen, der Versuchung nämlich, ihren Tod im Zusammenhang jener Feuermetaphern zu besprechen, die in ihrer Literatur ebenso vielfältig wie durchgängig begegnen: »Niemand sollte, denke ich, Ingeborg Bachmanns fürchterliche Todesart allzu hurtig mit ihrem geplanten Romanzyklus ›Todesarten‹ in Verbindung bringen und in ihrem Werk Anspielungen auf und Ahnungen über den Feuertod suchen.«[62] Und doch kommt fast kein Nachruf ohne diesen Zusammenhang aus.

Das Unbegreifliche ihrer Todesumstände – der Brandunfall in ihrer Wohnung, die umfangreichen Verbrennungen ihrer Haut, die verspätete Einlieferung ins Krankenhaus, wo sie drei Wochen später an den Folgen der Brandverletzungen starb – hat immer wieder verschiedene Seiten zu Spekulationen veranlaßt, die letztlich darauf zielen, einen Grund oder Schuldigen zu finden, um auf diese

---

[60] Brief Bachmanns an Johnson, 18. 5. 1970 (UJF). Über die Differenzen zwischen Johnson und Bachmann, die Erfahrungen mit Gombrowicz und Arendt betreffend, vgl. IX.1.
[61] Harald Hartung in: Frankfurter Rundschau, 18. 10. 1973 (Schardt 1994, 468).
[62] Heinrich Böll in: Der Spiegel, 22. 10. 1973 (Schardt 1994, 472).

Weise die Sinnlosigkeit dieses Sterbens abzuwehren.[63] Demgegenüber wird in den Nachrufen ein anderer, symbolischer Versuch der Sinngebung sichtbar. Über die Vergegenwärtigung und die zumeist unmittelbar nachfolgende Zurückweisung einer Koinzidenz zwischen ihrem Tod und den Feuer- und Todesbildern in ihrer Literatur kommt zwar das Erschrecken zum Ausdruck, wird jedoch im Bild eines ›Lebens zum Tode‹ sogleich wieder stillgestellt. »Wer über den Tod Ingeborg Bachmanns etwas sagen will, kann an der Art und den Umständen dieses Todes kaum vorübergehen. [...] Aber es fällt schwer, in seinen Details nicht etwas Zeichenhaftes zu sehen«, so Hartung, in dessen Nachruf dieses Erschrecken noch am deutlichsten zur Sprache kommt und die damit verbundene Irritation explizit diskutiert wird. Nach dem Zitat einiger einschlägiger Verse erinnert er sich der Gefahr, »Leben und Kunst zu vermischen«, und fährt fort:

»Die Zumutung, diese *Verse* im Zusammenhang eines realen *Todes* lesen zu sollen, ist nicht gering und kann hier nicht gemindert werden. Ingeborg Bachmann hat, in den Stärken und Schwächen ihres Werkes, aber wohl auch durch ihre Existenz, solche Zumutung dargestellt. So resultiert der Schock dieser Verse nicht aus irgendwelcher planer Wortwörtlichkeit, so als wären es buchstabengenau eingetroffene Prophezeiungen. Der Schock rührt daher, daß diese Verse, gerade in der an die Entstehungszeit gebundenen Stilisierung, den Blick freigeben auf das, was das *Leben* und *Schreiben* der Bachmann ausgemacht hat.«[64]

---

[63] Neben der naheliegenden Skepsis gegenüber einer ausreichenden medizinischen Versorgung (etwa der Vorsorge gegenüber Infektionen und einer Beeinträchtigung der inneren Organe), die wie stets Gegenstand kontroverser Bewertungen und Perspektiven ist, wurden auch Spekulationen angestellt, die den Unfall in einen Mord oder Selbstmord umdeuten wollten. H.W. Henze berichtet selbst in seiner Autobiographie, wie das Unfaßbare von Bachmanns Tod und die Verzweiflung ihn dazu brachten, Anklage gegen Unbekannt zu erheben (Henze 1996, 399ff.). Die Legende vom Selbstmord paßt sich dabei am besten ein in das Muster eines tragischen ›Lebens zum Tode‹. Zum Bericht über die Todesumstände vgl. Christine Koschel/Inge von Weidenbaum: Ingeborg Bachmanns Tod. Ein Unfall. Protokoll der Umstände ihres Sterbens. In: Süddeutsche Zeitung, 30.12.1980.
[64] Harald Hartung, a.a.O., 466f. (H.v.m.).

Das Erschrecken über die sich aufdrängende und unbezweifelbare Ähnlichkeit zwischen den leiblichen und den literarischen Szenen und Bildern, als hätte ihr eigener Körper sich gleichsam dem Imaginären angeglichen, bezieht sich auf eine notwendige Irritation angesichts sich einstellender Passagen wie dieser aus dem Roman »Malina«:

> »Ich muß aufpassen, daß ich mit dem Gesicht nicht auf die Herdplatte falle, mich selber verstümmle, verbrenne, denn Malina müßte sonst die Polizei und die Rettung anrufen, er müßte die Fahrlässigkeit eingestehen, ihm sei da eine Frau halb verbrannt. Ich richte mich auf, glühend im Gesicht von der rotglühenden Platte, auf der ich nachts so oft Fetzen von Papier angezündet habe, nicht etwa um etwas Geschriebenes zu verbrennen, sondern um Feuer zu bekommen für eine letzte und allerletzte Zigarette.« (3/334f.)

Die »Zumutung«, die von solcher Nähe der tödlichen Ereignisse zu den literarischen Szenen ausgeht, wird in den meisten Nachrufen im Paradigma einer »Vermischung von Leben und Kunst« gedeutet, um so in einer Logik wechselweiser Begründung dem Mangel an Sinn, der diesem Tod anhaftet, zu begegnen. Dies geschieht in der Regel über eine signifikante Verschiebung des Themas: vom Zusammenhang zwischen *Tod* und Werk zur Einheit von *Leben* und Werk. So kann dem Tod nun indirekt, vermittelt über die Darstellung eines unmöglichen Lebens, doch noch eine Bedeutung zugeschrieben werden. Als sei ihr Tod konsequenter Fluchtpunkt eines Schreibens und einer Existenz, für die es ein Überleben immer weniger zu geben schien. Und für das Bild dieser Existenz wird nun auf die bekannten Klischees zurückgegriffen: lebensuntüchtig und scheu, am Alltag gescheitert, ruhelos und eigentlich immer auf der Flucht, hilflos und mit einer ständigen Gebrochenheit, sich im Leben wie im Schreiben stets im Extremen, am Rande des Lebbaren aufhaltend.[65] Für diese Person war schon vor ihrem Tod eigentlich kein Platz im Leben, da »hier eine schrieb, die [...] nicht ganz zu Hause war in dieser Zeit, in dieser

---

[65] Vgl. dazu neben den genannten Texten von Hartung und Böll auch die Nachrufe von Axel Hecht, Ingeborg Drewitz, Horst Bienek, Erich Fried, Hilde Spiel (Schardt 1994).

Welt«[66]. Aufgrund dieser nachträglichen Ausbürgerung aus der Welt der Lebenden wäre die Tote damit – nach ihrem realen Tod – an ihrem ureigensten Ort angelangt: ›nicht in dieser Welt‹.

Mit dem Porträt einer weltenthobenen, tragischen Figur schließen die Nachrufe an das Medienbild der gefeierten Dichterin aus den fünfziger Jahren an, so daß vom Ende her, unter weitgehender Auslassung oder ausdrücklicher Marginalisierung der Prosa, das Leben der Dichterin in ihrer frühvollendeten Dichtung aufgehoben ist. Vom Ende her wird Bachmann wieder dem beliebten Dichtermythos unterworfen, nach dem die Größe der Kunst immer mit einer Tragik des Lebens bezahlt werden muß. Als habe ihr romangerechter Tod dem Literaturbetrieb zurückgegeben, was sie ihm eineinhalb Jahrzehnte zuvor mit ihrer Weigerung, weiterhin die Rolle der *poeta assoluta* zu spielen, entzogen hatte. Und noch ehe den Texten Bachmanns ein Nachleben vergönnt war, war die Bilanz ihres ›Vermächtnisses‹ bereits formulierbar: »Von ihrer Prosa [...] werden wahrscheinlich nur einige Kurzgeschichten bleiben. [...] Von ihren Gedichten wird voraussichtlich viel mehr bleiben, verdient jedenfalls zu bleiben.«[67] Oder in etwas eloquenterer Weise der Literaturhistorie ins Stammbuch diktiert: »Sie hätte aufhören können, nach den Gedichten, nach den Hörspielen. Ihr Platz in der Literaturgeschichte war ihr sicher. Früh verstummt und makellos: So wie das die Deutschen lieben.«[68] Dieses Bild Bachmanns in dem skizzierten Nachrufporträt der Dichterin scheint nicht durch die darin gleichzeitig absolvierte Rhetorik der Bildkritik gestört zu werden, etwa durch die obligatorische Feststellung, daß man Bachmann bereits zu Lebzeiten zum Mythos, zur Legende oder zum »toten Standbild«[69] gemacht habe. »Daß in

---

[66] Ingeborg Drewitz in: Der Tagesspiegel, 18.10.1973 (Schardt 1994, 469).
[67] Erich Fried in: Die Zeit, 26.10.1973 (Schardt 1994, 474).
[68] Horst Bienek in: FAZ, 18.10.1973 (Schardt 1994, 472).
[69] Das »tote Standbild« bzw. die »makellose, die vollendete Legende« ist für Hilde Spiel, deren Nachruf darin vom Muster der anderen abweicht, der Ausgangspunkt, an der Makellosigkeit zu rühren und ihre Vorbehalte zu formulieren. Die ›Zumutung‹, von der Hartung sprach, erhält bei ihr eine Abwandlung, wenn sie sich gegen eine noch den Tod einschließende »poetische Lebensführung« der Kollegin wendet. Daß die deutlichen Ressentiments des Textes in einer Konkurrenzhaltung gründen, kommt an jenen Stellen explizit zur Sprache, wo Spiel Bachmann eine »ichbezogene, ichbesessene Prosa«

der Ikonisierung einer lebenden Person eine schrittweise Tötung versteckt sein kann, müßte gerade an ihr deutlich werden.«[70] Gegen diese Abtötung im Bild wird in den Nachrufen eine andere Todesart aufgeboten, wenn das Erschrecken über die Todesart in den Sinn eines tragischen ›Lebens zum Tode‹ umgeschrieben wird. Während die meisten Nachrufporträts mehr oder weniger deutlich durch den Hinweis auf eine persönliche Bekanntschaft geprägt sind – »wir, die wir sie gekannt haben, wissen...«[71] –, umschreiben sie doch zugleich eine auffällige Leerstelle. Kaum je bemühen sie sich nämlich um die Darstellung eines intellektuellen Profils der Autorin. In dem vielzitierten Motto Heinrich Bölls, »Ich denke an sie wie an ein Mädchen«,[72] kommt, im Gestus väterlicher Freundschaft, eine bemerkenswerte Abwehr zum Ausdruck. Die Bannung der Autorin in eine imaginäre Unschuld (im doppelten Sinne) ist Effekt der offensichtlichen Zumutung, Weiblichkeit und Intellektualität in *einer* Person zu begegnen. Wenn es eine Tragik der *Arbeits*bedingungen Bachmanns gegeben hat, dann war es diejenige einer permanenten Konfrontation mit genau dieser Abwehr einer weiblichen Intellektualität im kulturellen Zusammenhang und die damit verbundene permanente Kränkung.

Somit ist unmittelbar nach ihrem Tod jenes Phantombild vollendet, das fortan durch die Literatur geistern und die fortdauernde Befangenheit gegenüber ihrer Literatur, vor allem gegenüber den philosophischen und theoretischen Implikationen ihrer Prosa, bewirken wird. Fünf Jahre später hat Peter Horst Neumann in »Vier Gründe einer Befangenheit« diese in bemerkenswerter Offenheit zur Sprache gebracht. Doch geht sein Text zugleich mit ebenso bemerkenswerter Unbekümmertheit mit dem Begriff des Grundes um. Statt nämlich die Gründe einer Befangenheit, einer Haltung der Rezeption also, zu reflektieren, nennt er tatsächlich deren Gegenstände: der hohe Rang der Lyrik

---

vorhält, während »andere Dichterinnen, älter freilich als sie«, penibel waren, niemals aus der Rolle fielen, sich keine Blöße gaben »und keine Prosazeile aus der Hand, deren sich ein Vers hätte schämen müssen« (Schardt 1994, 478 ff.).
[70] Böll (Anm. 62), 472.
[71] Ebenda, 473.
[72] So die Überschrift, die einen Satz aus dem letzten Absatz seines Artikels aufnimmt.

Bachmanns, eine Prosa, die dem nicht nahe komme, die Weiblichkeit der Dichterin und ihr Sterben.[73] So werden die in der Rezeption wirkenden Blockaden, die einer Lektüre im Wege stehen, lediglich wiederholt, bilanziert und festgeschrieben und deren Kritik oder Befragung zugleich abgewehrt.

5. Erinnerungstexte zwischen Trauer und Inbesitznahme

Es gibt wenige Ausnahmen von diesem Muster der Nachrufe; diese bestätigen allerdings von der anderen Seite her, daß das Interesse am intellektuellen Profil der Autorin den beschriebenen Diskurs automatisch außer Kraft setzt. »Ich habe nicht aufgehört, die geistige Gestalt dieser Frau vor Augen zu haben, sie ist mehr und anderes als der bare ›Text‹«, so Jean Améry am Ende seines Textes »Am Grabe einer unbekannten Freundin«[74], für den er den Modus von Subjektivität und ganz persönlicher Abschiedsworte beansprucht. Das ›Persönliche‹ zielt hier aber gerade nicht auf die Person; es ist vielmehr Ausdruck einer spezifischen Lektüregeschichte und Korrespondenz, die in einer ähnlichen Haltung gegenüber der Geschichte gründet. Dabei betont Améry ihr gegenüber ein »Gefühl der Schicksalsgemeinschaft«, obwohl »sie und ich doch verschiedenen Generationen angehörten und sie im Vergleich zu mir das Brot der Fremde unter nicht weiter dramatischen Umständen gegessen hat«. Sein Text berichtet davon, wie er in der faszinierten Lektüre von »Simultan« [VII.5] plötzlich auf Bachmanns Lektüre seiner eignen Arbeit über die Tortur traf:

»Alsbald stieß ich an jene Stelle, an der sie von einem in ›Belgien lebenden Österreicher mit französischem Namen‹ sprach, der etwas über die Tortur geschrieben hatte. Sie habe erst dem Mann schreiben wollen, habe es aber dann unterlassen, denn, so fragt sie sich: ›Was hätte ich ihm schreiben können?‹«[75]

---

[73] Die beiden letzten Aspekte nennt er »die personale Botschaft des Werkes«, die ersten beiden Gründe literarisch-artistischer Art. In: Merkur, H.11/1978 (Koschel/Weidenbaum 1989, 218).
[74] Weltwoche, 24.10.73 (Koschel/Weidenbaum 1989, 202).

Da sein Vorhaben, ihr zu schreiben, wie er mitteilt, ebenfalls unterblieb, stellt er seinen Nachruf jetzt an die Stelle des nicht geschriebenen Briefes. Tatsächlich aber hat er, wenn er ihr vielleicht auch keinen Brief geschrieben hatte, andere Wege einer Sendung gewählt, um ihr nach seiner intensiven Lektüre von »Simultan« nicht nur eine Antwort zu schicken. Seine öffentliche Antwort bildet eine Rezension,[76] seine persönliche Antwort besteht in der Gabe seines Buches »Jenseits von Schuld und Sühne. Bewältigungsversuche eines Überwältigten« (1970) mit der Widmung »Für Ingeborg Bachmann mit vielen guten Wünschen. Jean Améry. Bruxelles, Sept. 72«.[77] Amérys Abschiedsworte sind damit Teil einer nichtbrieflich geführten Korrespondenz, die mit Bachmanns Adressierung seines Buches in der Erzählung »Drei Wege zum See« begann.

Eine ganz andere Form von Abschied und Erinnerung hat Uwe Johnson mit seinem Buch »Eine Reise nach Klagenfurt« gewählt, das im Herbst 1974 zum ersten Todestag Bachmanns erschien.[78] Obwohl seine Haltung gegenüber der zweifelhaften Form des Nachrufs durch seine Parodie, den Nachruf auf die eigene Person zu Lebzeiten unter dem Titel »Dead Author's Identity in Doubt; Publishers Defiant« (1970),[79] belegt ist, hat Johnson doch bei anderen Freunden das Genre nicht vollkommen gemieden und sich

---

[75] Ebenda, 201. Auffällig ist, daß Améry hier die Figurenrede Elisabeths in Bachmanns Erzählung – »Sie wollte diesem Mann schreiben, aber sie wußte nicht, was sie ihm sagen sollte« (2/421) – durch die Perspektive der Autorin ersetzt: »ich«.

[76] Die Weltwoche, 8. 11. 1972 (Schardt 1994, 176–179). Es ist eine der klügsten zeitgenössischen Besprechungen, in denen Améry auch die Vorwürfe anderer Kritiker, vor allem diejenigen des ungenannten Reich-Ranicki, zurückweist.

[77] Es handelt sich um die Taschenbuchausgabe des 1966 erstveröffentlichten Buches. Das Widmungsexemplar ist in der Deckelinnenseite und im Nachsatzblatt von Bachmann dicht beschrieben (Pichl 1993, 386.).

[78] Geschrieben in einer Zeit der größten Bedrängnis, in der es um den erwarteten Abschluß der »Jahrestage« ging: »Dies ist das Jahr, in dem muss ich mich abschneiden von dem Unternehmen Jahrestage. Und wenn ich wenigstens bei dieser Stange bliebe! Nein, fast zwei Monate habe ich verbraucht für bloss hundert Seiten über Ingeborg Bachmann in Klagenfurt und Ingeborg Bachmann in Rom; wie war mein Verleger sauer über diese Auskunft! Er brauche das Buch: sagte er kalt. Als ob ich es nicht brauchte.« Uwe Johnson an Hannah Arendt, 9. 5. 1974 (Johnson 1994, 252).

[79] In Johnson 1988, 28–37, deutsche Übersetzung 38–49.

darin ähnlich persönlich geäußert wie Améry. Am eindrücklichsten zeigt dies sein Nachruf auf Hannah Arendt 1975, den er unter das Motto »Mir bleibt nur, ihr zu danken« gestellt hat [IX.1].[80] Im Falle Bachmanns aber entschied er sich in seiner ›offiziellen‹ Rede (als Vizepräsident der Akademie der Künste Berlin bei der dortigen Gedenkveranstaltung für Bachmann am 4.11.1973) für die knappste Auflistung ihrer intellektuellen Geschichte und ihrer literarischen Veröffentlichungen und stellte diesen ›Nachruf‹ an den Anfang seines ihr gewidmeten Buches, nicht ohne ihr bereits erwähntes Briefzitat über die zwangsläufige Indiskretion eines jeden Nachrufs als Motto voranzustellen. Und obwohl er zu den vertrautesten Freunden der Schriftstellerin zählte und seit 1961 mit ihr in einem regen Briefwechsel stand, hat er diese Nähe nicht zu einem ›biographischen Porträt‹ genutzt. Seine »Reise nach Klagenfurt« ist vielmehr eine Recherche von Erinnerungsspuren, die gerade und vor allem dem ihm Unbekannten gilt. Während der zweite Hauptteil über Bachmanns Aufenthalte in Rom an persönliche Kenntnis und intensive Korrespondenz anschließen kann – zusammen mit Frau und Tochter hatte er im Sommer 1970 in Bachmanns Wohnung in der Via Bocca di Leone Ferien verbracht, während sie sich in Klagenfurt aufhielt –, erkundet der erste Hauptteil den Ort ihrer Herkunft, dem er sich als Fremder nähern muß.

Dieser Blick eines Fremden, angewiesen auf Auskünfte des Verkehrsverbandes, auf Befragungen und historische Recherchen, der in der Einleitung thematisiert wird, symbolisiert eine Perspektive, die jede Annahme einer Kenntnis und Nähe zur Person vermeidet und statt dessen die Differenzen in Erfahrung und Herkunft zum Ausgangspunkt macht. Damit wird der imaginäre Kurzschluß zwischen einer Bekanntschaft mit der Person und dem Wissen um sie, mit dem viele der Nachrufe operieren, bereits im Ansatz zerstört. Die Perspektive des Fremden auf einer Reise, die der Autor vom 29. Oktober 1973, wenige Tage nach der Beerdigung, bis zum 1. November nach Klagenfurt und zu Bachmanns Grab unternommen hat, schafft also die notwendige Fremdheit für eine Spurensuche, die auf jede Vereinnahmung verzichtet, welche mit einer vermeintlichen Vertrautheit und Nähe operierte. Daß diese Kon-

---

[80] Zum Tod von Hannah Arendt (Johnson 1988, 74–77).

zeption dem Autor nicht ganz leichtgefallen ist, wird in einer Bemerkung Hannah Arendt gegenüber deutlich. Anfang März 1974 schreibt er, er sei »verhakt in einer Sache«, die er »Ingeborg Bachmann zuliebe schreiben möchte, bin auch jetzt nicht heraus. Die Erinnerung der Lebenden stellt sich zu oft als Gegenwart neben die Schreibmaschine.«[81] Das sich aufdrängende Erinnerungsbild der Lebenden also als Störung in der Recherche über die Schriftstellerin und die historische Person.

Diese Recherche läßt sich im ersten Teil »Klagenfurt« von einigen Texten Bachmanns leiten, neben der bekannten und bereits beschriebenen Erinnerungsszene über den Einmarsch Hitlers ist es vor allem »Jugend in einer österreichischen Stadt«. Aus dieser Erzählung werden einzelne Passagen zitiert, um anschließend die darin erwähnten Orte und Ereignisse aufzusuchen. Auf diese Weise geht Johnsons Buch von einer Lektüre in eine historische Spurensuche über. Da diese notwendig auf die Differenz zwischen den Erinnerungsbildern der Autorin und den heute sichtbaren Zeichen des Vergangenen stößt, verwandelt sie sich unmerklich in eine Archäologie der politischen Topographie Klagenfurts vor und nach 1945. Eine Rekonstruktion des Straßenbildes und der Ereignisse beim Einmarsch Hitlers im April 1938, die Volksabstimmung über den ›Anschluß‹, die reichsdeutschen Lehrpläne, die auch für das Ursulinengymnasium galten, Straßenumbenennungen, die Presselandschaft und Buchpublikationen während der NS-Zeit, die Statistik der Luftangriffe im Krieg und die der Gefallenen, all das sind Bilder der Klagenfurter Geschichte, die durch Johnsons Recherche aus dem Tableau von Erinnerungsaufnahmen und magischen Kindheitsszenen in Bachmanns Erzählung hervorgetrieben werden. Anstatt also ihre Herkunft biographisch verfügbar zu machen, nimmt Johnsons Text eine Historisierung ihrer literarischen Erinnerung vor. Ragt diese Recherche auch in den zweiten Teil »Rom« hinein, so wird dieser doch durch die Korrespondenz aus und über Rom moduliert: wechselnde und uneinheitliche Blicke auf den Aufenthaltsort der Schriftstellerin, unterbrochen und gegliedert durch Zitate aus ihren Briefen und Texten, u. a. den Rom-Essay, manchmal nur einzelnen Zeilen oder Worten, beantwortet durch Auszüge aus Johnsons Brieferzählun-

---

[81] 3.3.1974 (HAW).

gen während seiner Ferien in der Wohnung in Rom. So kommt es zu Spiegelungen und Kontrastierungen nicht nur zwischen Klagenfurt und Rom, sondern auch zwischen differenten Wahrnehmungen Roms.

Was Uwe Johnson mit dieser Konzeption vor allem vermieden hat, ist jede Inanspruchnahme eines ›Wir‹, jede Rede *über* ›sie‹ und jedes Pathos einer sogenannten Annäherung an eine Person. Vielmehr läßt er Bachmanns Stimme in einem Text sprechen, der verschiedene Schauplätze ihrer Erfahrung (re-) konstruiert. Daß diese Schreibweise bewußt gewählt wurde, um jede biographische Neugier und die strukturelle Indiskretion eines Nachruf-Porträts zu unterlaufen, erläutert Johnsons Kommentar gegenüber Hannah Arendt:

> »Was Frau Bachmanns privates Leben angeht, so hätte ich mir nicht vorstellen können, darauf hinzudeuten. [...] Es ist wahr, sie hat mir etwas gezeigt, Trennungen, Aussichten auf Heirat, dergleichen. Aber sie hat es mich bloss sehen lassen, es war for my eyes only, das blieb grundsätzlich abgemacht. Es blieb ja auch sicher, was sie von einem erfahren hatte. Die Gesten unserer Freundschaft haben sich fortgesetzt in diesem Buch, da war also ein ›Weitersagen‹ undenkbar.«[82]

Wenn er betont, daß sich die Gesten ihrer Freundschaft in dem Buch fortsetzen, dann ist »Eine Reise nach Klagenfurt« vor allem ein Buch des Andenkens eines Freundes, mit dem er die Bachmannsche Ethik der Freundschaft[83] anerkennt.

Das Zeigen ohne die Notwendigkeit des Sagens (und Weitersagens) als Form des Vertrauens ohne falsche Vertraulichkeiten be-

---

[82] 30.8.1974 (HAW).
[83] Angesichts der Dokumente dieser Freundschaft ist es unverständlich, warum der Johnson-Biograph Bernd Neumann auf dunkle Andeutungen nicht glaubt verzichten zu können, wenn er schreibt, daß Johnson während seines Aufenthaltes in der Villa Massimo eine »weit ins Privatime gehende Nähe zu einer anderen berühmten Schriftstellerkollegin auf[baute]: Ingeborg Bachmann« (Neumann 1994, 447). Spielt seine Andeutung hier mit der sprachlichen Verschiebung vom ›Privaten‹ zum ›Intimen‹, so bleibt seine Darstellung der Korrespondenz ebenso unpräzise. Überhaupt ist seine Biographie durch eine symptomatische Mischung aus Detailpositivismus und spekulativen Deutungen gekennzeichnet.

schreibt sehr treffend die Korrespondenz Bachmanns und Johnsons. Begegnet waren sie sich beim Treffen der Gruppe 47 im Oktober 1959 in Elmau, wo Johnson zum ersten Mal dabei war. Und seit dem Aufenthalt Johnsons 1962 in der Villa Massimo datiert ein regelmäßiger Briefwechsel. Dieser betrifft oft auch literaturpolitische Projekte, an denen beide beteiligt waren, wie etwa das Vorhaben einer internationalen Zeitschrift [VII.4], wobei er aber auch gelegentliche Differenzen im Urteil oder Verhalten nicht ausschließt [IX.1]. Die Kontinuität des Vertrauens in der Korrespondenz ist aber um so bemerkenswerter, als Johnson zugleich ein enger Freund von Max Frisch war, den er (zusammen mit dessen neuer Partnerin Marianne Oellers) ebenfalls in seinem Rom-Jahr kennengelernt hatte.[84] Während in anderen Fällen der Bruch mit Frisch, nach dem relativ kurzen und sporadischen Zusammenleben in den Jahren 1958 bis 1962, für Ingeborg Bachmann auch den Verlust alter Freunde bedeutete – wie z.B. im Falle von Alfred Andersch[85] –, muß Uwe Johnson das Kunststück einer Loyalität nach beiden Seiten hin

---

[84] Bei den Treffen der Gruppe 47 war nämlich Max Frisch nie dabei. Während seines Zusammenlebens mit Bachmann, als Frisch häufiger in ihre literarischen und intellektuellen Beziehungen eingeschlossen wird, lädt H.W. Richter ihn zum Treffen ein, so z.B. 1960 (Richter 1997, 305) und 1961 in die Göhrde, wo er es allerdings Bachmann überläßt, die Einladung weiterzugeben oder nicht (»Falls Du es für richtig hältst, Max Frisch in meinem Namen einzuladen [...] nur wenn Du es wünschst.« 24.9.1961, AKB).

[85] So verabschiedete Bachmann sich beispielsweise von der Familie Andersch, als Frisch zusammen mit seiner neuen Frau in deren unmittelbarer Nachbarschaft sein Haus baute. In einer Karte an Gisela Andersch vom 14.4.1964 dankt Bachmann für die »guten Erinnerungen an alte Zeiten« und schreibt, es berühre sie seltsam, »dass ich Euer Tal nie mehr sehen soll« (DLM). – Alfred Andersch zählte zu den ältesten Freunden aus dem Kreis der Gruppe 47; in der von ihm herausgegebenen Buchreihe »Studio Frankfurt« war Bachmanns erster Lyrikband erschienen. Die Korrespondenz mit ihm in den Fünfzigern hat einen deutlich familiären Ton, ohne intellektuelle Themen zu berühren. Zum Erscheinen von »Das dreißigste Jahr« gratuliert Andersch der Autorin, lobt die Sprache, deutet aber zugleich Distanz an, wenn er in vielen Punkten »mit der Anlage« ihrer Kritik nicht einig geht. (Brief Alfred Andersch an Bachmann, 25.8.1961, DLM). – Ob sie selbst etwas von der z.T. gehässig geäußerten Parteilichkeit von Andersch mitbekommen hat oder ob er diese nur anderen wie H.W. Richter gegenüber äußerte, weiß man nicht. Ein Beispiel dieser Haltung ist der Brief an Richter vom 22.7.63, in dem er sich über eine Einladung Enzensbergers, Bachmanns und Johnsons zu einer

gelungen sein – und das selbst in der Rolle des Lektors. Denn neben Martin Walser war er entscheidend am Lektorat von »Malina« beteiligt, wobei Bachmann seine Einwände bereitwillig angenommen hat.[86] Und als Frisch seine »Montauk«-Erzählung fertiggestellt hatte, bat auch er Johnson, das Manuskript gegenzulesen.[87] Johnsons Mitwirkung an diesem Buch, das sich als realbiographisches Dokument des Lebens seines Autors ausgibt und die beteiligten Personen mit ihren echten Namen auftreten läßt, ist nur mit einer Unparteilichkeit erklärbar, die soweit geht, daß für verschiedene Freunde auch unterschiedliche Gebote Geltung haben.[88]

Dabei läßt die Erzählung von Max Frisch jegliche Reflexion über die Tradition, Form und Problematik autobiographischen Schreibens vermissen, auch wenn er seinem Text ein Zitat Montaignes voranstellt. Der damit zitierte rhetorische Bescheidenheitsgestus in der Wendung an den Leser, es sei nicht billig, daß er seine Muße »auf einen so eitlen und geringfügigen Gegenstand verwende«, wird durch die Behauptung, »denn ich bin es, den ich darstelle« ohnehin aufgehoben.[89] Dieses Versprechen eines Einblicks in die Privatheit einer ›öffentlichen Person‹ kann immer auf die Neugier des Publikums rechnen, um so mehr, als in »Montauk« eine ›moralische Instanz‹ der Gegenwartsliteratur die Summe der eigenen Frauengeschichten zieht, und in diesem Falle noch mehr, insofern eine Geschichte der ›öffentlichen Anteilnahme‹ am ›Fall

---

Leningrader Konferenz über den modernen Roman empört, lieber Frisch dort sehen möchte und zu intervenieren versucht, um eine Einladung an sich selbst und an Richter – damit »ein gestandener Mann« dabei sei – zu erreichen. Dabei geriert er sich als Diplomat, »denn das Erscheinen einer westdeutschen (sic!) Delegation in L. hätte ja sehr sorgfältig geplant werden müssen« (Richter 1997, 461).

[86] Im Nachlaß von Johnson befinden sich Korrekturfahnen von »Malina« mit zahlreichen Anstreichungen. Den größten Teil des Lektorats hat er aber direkt in Frankfurt im Verlag vorgenommen (s. Brief Ingeborg Bachmann an Uwe Johnson v. 14.1.71, UJF).

[87] Neumann 1994, 716.

[88] In seinem Kommentar zu »Montauk« betont Johnson, was die Leser, besonders die Biographen, zumeist vergessen: daß der Erzähler »seine Sicht ausdrücklich als seine Version reklamiert (womit er das Vorgebrachte in seiner Wahrheit beschränkt auf ihn allein)« (Johnson 1976, 449).

[89] Frisch 1981, 5. Die folgenden Seitenzahlen im Text beziehen sich auf diese Ausgabe.

Bachmann-Frisch‹ vorausgegangen war. Die Erzählsituation von »Montauk« orientiert sich im Formalen sichtlich an der topographischen Erinnerungsstruktur von Bachmanns Erzählung »Drei Wege zum See«, in der eine gegenwärtige Liebesgeschichte die Erinnerungsbilder und -spuren vergangener Männerbeziehungen aktualisiert [VII.5]. Ohne aber die gedächtnistheoretischen Implikationen aus »Drei Wege zum See« zu übernehmen, reduziert sich die Erzählsituation bei Frisch auf das einfache Modell einer gegenwärtigen Begebenheit, ein Wochenende mit der New Yorkerin Lynn auf Long Island im Mai 1974 (Erzählzeit), in deren Vergegenwärtigung jeweils Erinnerungen an die Frauen aus dem Leben des Ich/Autors in Form von vergangenen Episoden eingebettet sind. So gerät die autobiographische Darstellung von »Montauk« zu einem schlichten Bekenntnistext im Muster ›neuer Subjektivität‹, wie sie in den Siebzigern zuhauf veröffentlicht wurden – mit dem entscheidenden Unterschied des prominenten Autornamens. Die hohe Meinung, die die Literaturkritik sich größtenteils über diesen Text gebildet hat, läßt sich nur durch eine Identifikation mit der Erzählhaltung dieses Resümees von Beziehungen und Affären und mit dem Liebesleid eines alternden Mannes erklären.

Die Passagen, die Ingeborg Bachmann betreffen, müssen auf dem Hintergrund der Vorgeschichte eines Literaturskandals gelesen werden, als indirekter Kommentar also zu dem Gerücht, der Autor habe sein Zusammenleben mit Bachmann z.T. als Vorlage für seinen Roman »Mein Name sei Gantenbein« (1964) verwendet,[90] sie sei deswegen gekränkt gewesen und diese Kränkung sei als Motiv in ihr großes Prosaprojekt der »Todesarten« eingegangen. Frischs Darstellung in »Montauk« erhält dadurch – zumal zwei Jahre nach dem Tod der Betroffenen – den Anspruch eines letzten ›authentischen‹ Wortes, gleichsam einer letztgültigen Version. Und genau in dieser Weise sind seine Bachmann-Passagen in »Montauk« auch rezipiert worden: entweder nämlich, wie bereits erwähnt, als biographische ›Information‹ über die Beziehung oder aber als Beglaubigung des autobiographischen Charakters seines »Gantenbein«-Romans: »Montauk« also als nachträglicher ›Klar-

---

[90] Ohne dieses Gerücht wäre m.E. niemand auf die Idee gekommen, das Buch so zu lesen; für Außenstehende enthält der Roman keine erkennbaren Spuren, die auf Bachmann hindeuten.

text‹ zur Fiktionalisierung in »Gantenbein«. Abgesehen davon, daß das merkwürdige Vorhaben, aus literarischen Texten den »tatsächlichen autobiographischen *Gehalt*« oder die »autobiographischen *Informationen*«[91] ermitteln zu wollen, sich notwendigerweise in die Nähe zur Kriminalistik begibt und so zur germanistischen Privatdetektei wird,[92] operiert es mit einem Zirkelschluß. Da diese Untersuchungsfrage an »Montauk« schwer anzulegen ist, insofern der Text sich selbst bereits als autobiographische Information ausgibt, brauchen die anderen literarischen Texte nun nur noch mit »Montauk« verglichen zu werden, um einmal auf relativ schnellem und einfachem Wege zum Ziele zu gelangen. Und so wird denn auch der eine literarische Text, »Montauk«, gerne als Beleg für den autobiographischen Gehalt des anderen Textes, des Romans, herangezogen.[93]

Eine Analyse von Frischs Redeweise über Bachmann in »Montauk« ist dagegen weitgehend ausgeblieben. Dabei ist seine Art der Präsentation ihrer Gestalt weit sprechender für jenes über das Individuelle hinausgehende Drama eines Künstlerpaares, in dem die Frau intellektuell überlegen ist, als alle Spekulationen über das Vorgefallene. Und abgesehen von dem, was Bachmann selbst als »Privatgeschichten und ähnliche Peinlichkeiten« bezeichnet hat (GuI 88), ist es *dieses* Drama, das für die Schriftstellerin so folgenreich gewesen ist. Die erste Erwähnung Bachmanns in »Montauk« geschieht namenlos, gleichwohl ist sie auf den ersten Blick identifizierbar: »Die Frau, die ich damals liebte, hatte Philosophie studiert und über Wittgenstein geschrieben, promoviert über Heidegger« (48). Diese zunächst neutral erscheinende Feststellung gerät aber sofort in den Kontext eines Ressentiments gegenüber einer belesenen, philosophisch gebildeten Frau und Dichterin, das in dieser Szene allerdings auf einen Dritten verschoben wird, auf den alten Freund und Förderer des Autors. Wird diesem, als W. benannt, im Unterschied zu den beschriebenen Frauen das Recht auf Anony-

---

[91] Albrecht 1989, 9 u. 41. (H.v.m.).

[92] So heißt es bei Monika Albrecht in bezug auf ihre Deutung von »Malina«, daß sie »wie ein Detektiv die in Malina gelegten Spuren« verfolge (Albrecht 1989, 71).

[93] Vgl. Albrechts Kapitel über »Ingeborg Bachmann im Werk Max Frischs«, z. B. ebd., 49.

mität zugestanden, so sind das Befremden über die Intellektuelle, die Konfrontation mit der eigenen Unkundigkeit und die damit verbundene Erfahrung männlicher Unterlegenheit auf diesen anderen Mann projiziert, der zuvor als Autorität für den Erzählenden eingeführt wurde – nur daß W. im Unterschied zum Erzähler seine Ignoranz zum Teil nicht einmal bemerkt. Der Erzähler bleibt hier in der Position des Beobachters, der aber die entstehende Atmosphäre von Unbehagen und Peinlichkeit notiert. Nachdem erläutert wurde, daß W. »das« (d. h. das mit dem Philosophiestudium) nicht wissen konnte, ihren Namen zwar schon gehört hatte, aber ihr poetisches Werk nicht kannte, heißt es unvermittelt: »Auch sie hatte Mühe, sich vor W. zu entfalten; auch der TRACTATUS LOGICUS, den W. nicht kannte, hatte Mühe.« Da auf diese Weise die Feststellung, daß *er* Mühe hatte, unausgesprochen bleibt und nur durch das »auch« ihrer Mühe zur Sprache kommt, erscheint *seine* Mühe als automatischer Effekt der über sie berichteten Fakten: Philosophiestudium, bekannter Name und poetisches Werk, womit die zunächst neutrale Feststellung nun in einen Vorbehalt umgewandelt ist. Im Fortgang der Szene wird dieser Vorbehalt dann expliziter: »Ich schwieg, um nicht als Halbkundiger zu stören. Philosophiekenntnis von einer Frau, die mit mir lebte, das ging ihm offensichtlich nicht ein; W. fühlte sich in unsrer Wohnung nicht wohl. Trotz Champagner.« Selbstverständlich haben alle Leser bereits bemerkt, daß das Unbehagen nicht mit der Wohnung, sondern mit »der Frau« zu tun hat, vor der der Freund sich auch noch, gerade indem er versucht zu glänzen, als literarischer Banause präsentiert.

»Niemand führte das Wort. Da die Frau zwar nicht in dieser Stunde, aber durch ihre Bücher offenbar den Anspruch erhob, eine Dichterin zu sein, reizte es W., sich über Dichtung zu äußern, nicht fragend, sondern sicher, obschon er, wie wir hörten, in letzter Zeit fast nicht zum Lesen komme wegen der Katalogisierung der Sammlung. Sicher war Hölderlin für ihn größer als Hans Carossa, immerhin blieb Hans Carossa für ihn ein Dichter. Die Frau, die sich dazu nicht äußerte, erkundigte sich nach seiner Sammlung und warum W. sie uns nicht zeigen wolle, nein, auch nicht einmal ihr. [...] Von einem Dritten hörte ich, daß W. sich wunderte, wie der Frisch zu einer solchen Gefährtin gekommen sei.« (49)

Diese indirekte Rede über Bachmann in der Urszene der Einführung ihrer Person in den autobiographischen Text von Frisch[94] ist sehr viel aufschlußreicher als die später folgenden Passagen – die knappe über das Kennenlernen in Paris (90f.), die längere über das Hin und Her von Anziehung und Flucht (141–151) und die kurze über das Geld (181f.) –, in denen Frisch *seine* Version der Beziehung in einer deutlichen Rede *über sie* formuliert und öffentlich kundtut. Denn in der ersten, über einen Dritten vermittelten Vorstellung ihrer Person wird jene Mischung aus Unbehagen und Ressentiment sichtbar, die den bereits zitierten Neumannschen »Gründen« einer Befangenheit der Rezeption durchaus ähnlich ist. Das Unbehagen männlicher Unterlegenheit angesichts einer weiblichen Intellektuellen erfährt auch hier eine Entstellung und wird als ›Grund‹ auf »die Frau« verschoben, die derart den Status einer Verursacherin erhält. In die späteren Passagen von »Montauk« ragen solche Entstellungen noch mit einzelnen und gern zitierten Sätzen hinein. Beispielsweise: »In ihrer Nähe gibt es nur sie, in ihrer Nähe beginnt der Wahn« (142). Aufgrund der syntaktischen Lücke der Perspektive, d.h. durch die zweimalige Auslassung des »für mich«, läßt der Satz auch eine Lesart zu, in der »sie« als Verursacherin des beschriebenen Zustands erscheint. Eine syntaktische Realisierung *dieser* Lesart, etwa »In ihrer Nähe gibt es *für sie* nur sie, in ihrer Nähe beginnt *ihr* Wahn«, würde deren Unsinnigkeit und Psycho-Logik allerdings sofort erkennbar werden lassen. Die Rhetorik männlicher Selbstkritik und die Statements über die eigene Tendenz zur Literarisierung des Lebens, die den Text von »Montauk« durchziehen, wirken nicht als Infragestellung des Authentizitätsanspruchs, sondern haben eher die Aufgabe,

---

[94] Daß Max Frisch hier über ein eigenes Unbehagen spricht, wird aus der ganzen Szene deutlich. Diese Unsicherheit betraf realiter nicht nur Bachmann, sondern auch deren intellektuelle Gesprächspartner, wenn diese den Versuch unternahmen, Frisch in die Kommunikation einzuschließen. Deutlich unsicher reagiert Frisch beispielsweise auf die Zusendung von Peter Szondis »Versuch über das Tragische«; so verbindet er den Glückwunsch zum Buch mit der Bemerkung, sein Kopf sei »Denken nicht sehr gewohnt, umso dankbarer bin ich, dass Sie mich – durch die Kunst Ihrer Formulierungen – doch weithin folgen lassen. [...] dass ich meinen schon krankhaften Ekel vor dem Lesen (das ist wahr) vergesse« (Brief Max Frischs an Peter Szondi v. 29.6.1961, DLM).

den Wahrheitsanspruch zu beglaubigen. Und so hat Max Frisch, indem er selbst ein Stück seiner ›Biographie‹ konstruiert hat, die Arbeit jener akademischen Biographen vorweggenommen, für die ohnehin keine Gattungsdifferenz zwischen Autobiographie und Biographie zu existieren scheint.

Kürzlich aber wurde Max Frisch in der postumen publizistischen Verwertung einer Liaison mit der bekannten Schriftstellerin und im Genre des Realbiographischen weit übertroffen, und zwar durch einen jüngeren Konkurrenten, der die fehlende Prominenz seines Autornamens durch eine buchstäbliche Spekulation mit dem Sensationsgehalt intimer Enthüllungen und die aufwendige Verpackung in ein Buch mit edlen Kunstphotos meinte ausgleichen zu müssen, durch Adolf Opels »Ingeborg Bachmann in Ägypten« (1996). Während das Buch sich als authentische Darstellung einer gemeinsamen Ägypten-Reise im Jahre 1964 präsentiert und in der Form chronologischer Aufzeichnungen, die dem Reiseverlauf folgen, das Genre eines Reisetagebuchs nachahmt, kann der Verfasser sich allerdings auf keinerlei *eigene* Dokumente von dieser immerhin mehr als dreißig Jahre zurückliegenden Reise stützen. Sein »wiedergefundener Kalender aus dem Jahre 1964« enthält, wie er selbst schreibt, nur wenige Aufzeichnungen, die allein äußere Daten betreffen,[95] und über Photos verfügt er auch nicht, da ihm wundersamerweise zu Beginn der Reise die Kamera abhanden gekommen ist (47). Diesem Mangel weiß er aber dadurch auszuhelfen, daß er sich auf literarische Texte Bachmanns stützt, aus denen er z. T. auch zitiert. Spricht er den Entwürfen und Fragmenten zum »Fall Franza« bzw. zum »Franza-Buch« schlicht den Charakter authentischer Reiseaufzeichnungen zu, die er dann als Material für die Konstruktion eines eigenen Reisetagebuchs verwenden kann,[96] so will er umgekehrt einzig mit seiner Person

---

[95] Opel 1996, 69. Die folgenden Seitenzahlen im Text beziehen sich auf dieses Buch.

[96] Dieses Verfahren wird vom Verfasser als Schonung und Diskretion ausgegeben, indem er angibt, in seinem Buch nur von dem zu berichten, was Bachmann in ihren Aufzeichnungen selbst »schriftlich festgehalten« habe: »Was sich in den betreffenden Nachlaßblättern finden oder nicht finden wird, soll die Entscheidung darüber bringen, wie weit Persönliches und Intimes – wie die Begebenheit mit Alkis und Costas am Vorabend unserer Abreise aus Athen – heute preisgegeben werden darf. Zu meiner Überraschung

und seinem Buch den ›autobiographischen Gehalt‹ der betreffenden Texte Bachmanns verbürgen. Zwar ist die literarische Arbeitsweise von Bachmann, die sich an den zahllosen Entwürfen zu den verschiedenen »Todesarten« studieren läßt, gerade dadurch gekennzeichnet, daß sie die Indizien autobiographischer Begebenheiten und die Anspielungen auf reale Personen tilgt und die Erzählung von Begebenheiten überhaupt immer mehr durch paradigmatische Erfahrungen überblendet. Doch nehme man einmal hypothetisch an, daß Opels Behauptungen für sich Gültigkeit beanspruchen könnten –, in diesem Falle wäre sein Ägypten-Buch bestenfalls überflüssig, weil wir dann bereits über eine weitaus passioniertere Beschreibung derselben Reise verfügen: die von Bachmann selbst.

6. »Todesarten« des Literaturbetriebs: »Requiem für Fanny Goldmann«

Den literarischen Kommentar zu einer solchen Ausbeute der anderen Person für den publizistischen Erfolg und für die Erzielung symbolischen ebenso wie finanziellen Kapitals[97] hat die Autorin in einem Teil ihrer »Todesarten«-Entwürfe vorweggenommen: in jenen Aufzeichnungen und Szenen, die sich um die Figur der Fanny Goldmann gruppieren. Sie betreffen das Motiv der Beraubung eines weiblichen Lebens durch den Schriftsteller bzw. die

---

hat sie selbst das alles schriftlich festgehalten, kaum verfremdet, wenn auch von Griechenland nach Ägypten transponiert und für den mit ihrer Lebensgeschichte Unvertrauten nicht sofort als autobiographisch zu erkennen« (66).

[97] Die nachträgliche Ausbeute einer Beziehung zur bekannten Schriftstellerin zielt ja sowohl auf die symbolische Aufwertung des eigenen Autornamens als auch auf den beabsichtigten Verkaufserfolg des Buches, der vor allem mit den sexuellen ›Enthüllungen‹ spekuliert. Sie kann aber auch direkt in klingende Münze umgesetzt werden, wie Opels Verkauf der an ihn adressierten Bachmann-Briefe belegt, angeboten zur Versteigerung im Buch- und Kunstantiquariat F. Dörling am 13.6.1987. Im Buch selbst drängt sich die Absicht zur symbolischen Aufwertung des eigenen Autornamens allein schon durch die zwanghafte Nennung zahlreicher Prominentennamen auf, mit denen der Ich-Erzähler auf der Reise zusammenkommt.

»Opfer der Literatur«[98] und münden in eine grundlegende Kritik am Literaturbetrieb. Die Erzählversuche und Romanentwürfe zu diesem Themenkomplex bestehen aus einer Reihe »allertraurigster Geschichten« (TP1/370) zum Thema »Literatur und Verbrechen« (388), die in der Werkausgabe als Fragmente zu »Requiem für Fanny Goldmann« und »Entwürfe zur Figur Malina« veröffentlicht sind und in der Neuedition der »Todesarten« um etliche Aufzeichnungen aus dem Nachlaß ergänzt wurden.[99] All diese Entwürfe, die Bachmann nicht zum Abschluß gebracht hat, sind nicht eigentlich Fragmente, sondern Schreibanläufe und Erzählmonaden, aus deren rhizomartigem Geflecht[100] sich immer neue thematische Akzente und narrative Verdichtungen herauskristallisieren und die alle abgebrochen wurden, um mit »Malina« einen neuen Anfang für das geplante, mehrbändige Romanprojekt zu setzen [X.1].

Es ist unbezweifelbar, daß in den erzählten Geschichten und beim Personal zahlreiche Referenzen auf reale Personen zu finden sind, daß germanistische Privatdetektive in diesem Material also fündig werden können. So dürfte es nicht schwerfallen, in bestimmten Begebenheiten, Konstellationen und in Attributen oder Teilaspekten einiger auftretender Figuren Anspielungen auf diverse Personen, Kollegen und Fälle zu finden, denen die Autorin realiter begegnet ist,[101] wobei »Die gestohlenen Jahre« und die Affäre zwischen Eka Kottwitz und dem »bedeutenden Prosaisten« mit dem sprechenden Namen Jung am direktesten auf die Frisch-Episode anspielen. So mögen diese Erzählversuche, wie narrative Prosa ja zumeist, von individuellen Erfahrungen der Schriftstellerin *ausgehen*, doch gehen sie ja gerade nicht darin *auf*. An den genannten Entwürfen läßt sich vielmehr Bachmanns Kompositions-

---

[98] Von der »Literatur und ihren Opfern« spricht Bachmann schon in der ersten Vorlesung in Frankfurt/M. (4/187).
[99] Abgedruckt im ersten Band der Edition (dort als Teil von »Eugen-Roman II«, beginnend mit »Die gestohlenen Jahre«, 117–169), als »Requiem für Fanny Goldmann« (285–333) und als »Goldmann/Rottwitz-Roman« (335–452).
[100] Zum rhizomatischen Schreiben vgl. Deleuze/Guattari 1977.
[101] Und zwar nicht nur Frisch und Opel, sondern auch Personen aus der frühen Wiener Zeit wie Aichinger und Celan, Hans Weigel und Hakel, aber auch aus der Gruppe 47 wie Johnson, Handke u.a.

und Arbeitsweise sehr gut studieren: die Art und Weise, wie sie verschiedene Geschichten und Figuren in Korrespondenz zueinander treten läßt, mehrere Gestalten in eine Figur verdichtet, umgekehrt eine in unterschiedliche auffächert und wie sie Konkret-Individuelles ins Paradigmatische hinüberspielt – mit dem Effekt, daß gerade kein Archiv von identifizierbaren Einzelfällen im kriminalistischen Sinne entsteht, sondern in der Bewegung von Wiederholung und Abweichung ein Spiel von Ähnlichkeiten und Differenzen, in dem sich Strukturen und kulturelle Muster darstellen.

Eine Beziehung, die in Varianten und mit Verzweigungen wiederkehrt, ist die vom jungen, »angehenden Romancier« Toni Marek, der aus dem zweijährigen Zusammenleben mit der zehn Jahre älteren Fanny Goldmann den Stoff für sein Buch gemacht hat.

> »Das Buch handelte von ihr, so sagte sie sich, er hatte sie zwei Jahre gekannt und dann nicht mehr, [...] sie hatte ihm in zwei Jahren das wirklich alles erzählt. [...] und sie war beraubt, ausgeraubt mit allen ihren Sätzen aus 700 Nächten und Tagen, [...] wo war ihr Leben, hier war es.« (3/514f.)

Dieser Aspekt der Enteignung von Leben und Intimität für die Produktion von Literatur, auch als Räuberei, als Indiskretion und Hochverrat oder als »Entjungferung [...] auf dem Papier« bezeichnet, wird zum einen um jenes Zusammenspiel von Beziehung und Beziehungen erweitert, in dem Liebesgeschichten den Zugang zu den Möglichkeitsbedingungen des Erfolgs erleichtern, und zwar dadurch, daß Fanny als etablierte Schauspielerin gestaltet ist, die Toni Marek sowohl die nötigen Verlagskontakte als auch den Eintritt in die gute Gesellschaft verschafft: »und als er bei Fanny reüssiert hatte, war dies der erste große erleichternde Triumph, sie schien ihm der Schlüssel zu sein zu dem Wien, in das er nicht hatte eindringen können« (3/496). Ein anderer Aspekt betrifft die direkte Zu- oder Mitarbeit der Frau, von deren Lektürekenntnissen der angehende Schriftsteller profitiert. Seine Produktion also beruht auf der Voraussetzung, daß sie ihm *alles* gibt; das Produkt hält sie in Händen, nachdem er sie verlassen hat und mit einer jüngeren Frau zusammenlebt. In einer Variante – diesmal sind es Aga Rottwitz und der Bestsellerautor Jung – geht es um seine Bewunderung für und seinen Haß auf »ihr Vielwissen«, z.B. daß sie »ungefähr in sechs Literaturen sich gründlich auskannte, Erstausgaben sammelte und von jeder Reise aus Paris und Zürich mit Büchern zurückkam, von denen er nicht einmal wußte, daß es sie gab« (TP1/432).

Sind etliche dieser Szenen aus der Perspektive der Beraubten und Gekränkten geschrieben, so erscheint das Beschriebenwerden im buchstäblichen Sinne als destruktive leibliche Erfahrung: als gewaltsame Schrift am Körper der Frau, eine nicht wieder zu tilgende Einschreibung, die – wie ein Stigma – bei wiederholter Erregung wiederkehrt und die Frau damit ausweglos an diese Schrift bindet:

»Da hielt sie inne, weil sie auf ihrem Körper etwas schreiben fühlte, sie zog ihr Hemd herauf und versuchte ihren Körper zu sehen, auf dem Schriftzüge entstanden, Stigmen, und sie wußte sofort, daß es sein Name war, der fleckig auf ihrer Haut erschien, brennende Auf- und Abstriche setzte. Unter diesem aufflackernden Namen brachte sie die Zeit zu, [...] Trotzdem kamen die Stunden wieder, mit den Strömen und der Schrift, und sie wußte, sie war Toni Marek jetzt verfallen, mehr, weitaus mehr als zu der Zeit, in der sie ihn gekannt hatte.« (TP1/134f.)

Mit der Struktur einer unausweichlichen Wiederkehr der Male, die das Beschriebenwerden am eigenen Leibe hinterlassen hat, entsprechen einige der Goldmann-Episoden einer traumatischen Erinnerungsfigur im Freudschen Sinne.[102] Das Motiv der Aufzeichnung von Zerstörungen am Körper der Frau geht auch in die Konzeption der Entwürfe um den »Fall Franza« ein; dort allerdings ist die Vorstellung vom Stigma, die ja durchaus problematische Assoziationen zu christlichen Märtyrerbildern zitiert, durch das Symptom ersetzt, verbunden mit einer Reformulierung der Opferposition im Kontext einer Topographie des *kulturellen* Gedächtnisses [IX.4]. Ein anderes Bild für die tödliche Wirkung des Buches – diesmal auf den Vorgang des Lesens bezogen – hat Bachmann mit der Geschichte vom chinesischen Buch gefunden, »von dem jedes Blatt vergiftet war, so daß der Leser, am Ende, tot

---

[102] Vgl. die Erörterung des Wiederholungszwangs als Figur eines traumatischen Gedächtnisses in »Jenseits des Lustprinzips« (Freud 1969–1979, III/213–272).

zusammenbrach. So war sie zusammengebrochen, so war jede Seite vergiftet gewesen, die sie nach Stuttgart empfohlen hatte« (TP1/324).[103] Beides sind Versuche, die leibliche Tötung, die der Verwandlung des Lebens in ein Buch einhergeht, in einem literarischen Bild zur Darstellung zu bringen.

Zugleich sind die genannten Bilder zur Dialektik von Buch und Tod auch Versuche, den individuellen Fall der Fanny Goldmann in ein kulturelles Muster einzufügen. Erzählerisch geschieht das u. a. dadurch, daß die Geschichte der Fanny Goldmann mit der anderer ›Fälle‹ verknüpft wird oder in andere verschoben oder mit diesen überblendet wird: die Erzählung von »der kleinen Malina«, der Schwester Malinas, die bei einem mit ihrem Partner unternommenen Bootsausflug in Griechenland durch einen Hai ums Leben kam, und die Geschichte der Eka Rottwitz im Rollstuhl, die versucht hatte, sich mit einem Sturz aus dem Fenster das Leben zu nehmen – beides ›Fälle‹, angeregt durch Funde aus Zeitungsberichten, die Bachmann in die permanente Reinszenierung und Neubesetzung ihrer Fallgeschichten einbezogen hat.[104] Eine weitere Verlagerung der Fanny-Geschichte ins Exemplarische geschieht durch die Zitate prominenter ›Fälle‹ aus der Literaturgeschichte. Bilden diese, als Gruppe zusammengefaßt, in Fannys Bücherregal eine »Geschädigtenecke«, so wird mit dieser Sammlung, einer Serie einschlägiger Namen (die Duse, Gräfin Tolstoi und Lady Byron) unter dem Titel »Opfer der Literatur«, zugleich ein Paradigma gebildet. Mit ihm hat Bachmann eines jener Theoreme vorweggenommen, das in der feministischen Literaturkritik der achtziger Jahre eine zentrale Rolle spielen sollte: die ›Tötung

---

[103] Dazu die Überlieferung von Marie Luise Kaschnitz: »I.B. erzählte mir, daß eine Episode ihres neuen Buches von einer chinesischen Geschichte angeregt sei« (Kaschnitz 1992, 135).

[104] Die Geschichte von der kleinen Malina ist angeregt durch den Unfall der österreichischen Schriftstellerin Helga Pohl, von der »Die Presse« am 4.6.1963 berichtete (TP1/601). Und die Geschichte von der Frau im Rollstuhl erinnert an den spektakulären Fall der langjährigen Fernsehsprecherin des NDR (Petra Krause-Nettelbeck). Diese hatte sich 1961 einundzwanzigjährig aus dem Fenster gestürzt und war seitdem querschnittsgelähmt. Ihre außergewöhnliche Beliebtheit verkehrte sich nach der Heirat mit dem Filmkritiker Uwe Nettelbeck 1964 und der Geburt von zwei Töchtern in eine ihr Privatleben bedrängende Publizität.

des Weiblichen in der männlichen Kunstproduktion«. Daß der Verbrauch des Weiblichen, sei es in Gestalt von Arbeit, Sorge und Kreativität, sei es als Vorlage, Stoff, Materialität oder in der direkten Transformation des Lebens in Kunst, eine der Voraussetzungen männlicher Kunstproduktion ist, ist seither an zahlreichen Fällen aus der Kunst- und Literaturgeschichte untersucht worden. Edgar Allan Poes Erzählung »Das ovale Porträt« wurde dabei zur Allegorie einer Figuration, in der die Frau in eben dem Moment stirbt, in dem das Kunstwerk vollendet ist: »Und nicht sehen *wollte* er, wie die Farben, die auf die Leinwand er auftrug, den Wangen derer entzogen waren, die da neben ihm saß.«[105]

Das Fortwirken dieses Musters inmitten der Gegenwart und des modernen Literaturbetriebs ist Ausgangspunkt von Bachmanns Goldmann-Erzählungen. An den überlieferten Textbruchstücken wird dabei eine Bearbeitung erkennbar, die darauf zielt, die Fixierung des Romanentwurfs an den konkreten Einzelfall und die Perspektive der Gekränkten und Beschriebenen, inklusive ihrer Todes- und Rachephantasien, zu überwinden.[106] Letztere wurde ja mit der Titel-Idee »Requiem für...« besonders betont, die die musikalische Form der Totenmesse zitiert, in der mit der Sequenz des *Dies irae* auch die Stimme des Zorns eine Ausdrucksmöglichkeit findet. Die Gefahr aber, daß der Ton eines Requiems allzu leicht in den eines Lamentos umkippt, mag die Bearbeitungstendenz erklären, die an den Fragmenten ablesbar ist. Sie weist auf *drei* wichtige konzeptionelle Verschiebungen hin: neben der Bildung eines *Paradigmas* »Opfer der Literatur« sind es die Einführung der *neutralen* Erzählfigur Malina sowie die Ausweitung des Themas zur Kritik des Literaturbetriebs *insgesamt*.

Die Erzählposition »leidenschaftlicher Gleichgültigkeit« ist es, mit der es gelingt, ein Verfallensein an die Opfer- und Kränkungsgeschichte aufzulösen. In einem kürzeren Entwurf an den Namen Martin geknüpft – »Dann fiel ihm ein: ich bin von leidenschaftlicher Gleichgültigkeit. Was für eine Voraussetzung ist das und wofür ist sie gut« (TP1/330) –, wird die Gleichgültigkeit zur Formel, aus der die Figur Malina entsteht: »er ist leidenschaftlich

---

[105] Poe 1984, Bd. 2/300.
[106] Vgl. dazu das Fragment in diesem Kontext: »Ich habe Angst zu schreiben, weil ich hasse« (TP1/166).

gleichgültig« (337). Malina wird eingeführt als Schriftsteller, den ein vor zehn Jahren veröffentlichtes Buch »weder ins Licht noch in die Verdammung gestürzt hatte« (3/530), womit ihm also eine gleichsam indifferente. Haltung zukommt. Erzählerisch übernimmt er eine dialogische Funktion, etwa in Gesprächen mit anderen über den Literaturbetrieb. In diesen Gesprächen können nicht nur die ›Fälle‹ thematisiert, sondern auch geläufige Diskursmuster beleuchtet werden. Oder Malina erhält die Rolle des Beobachters und Kommentators:

> »Ein Beobachter dieser Jahre und ihrer Sitten käme zur Beschreibung von Tragödien, die tatsächlich stattfinden, während unsere Erzähler uns weismachen wollen, daß nichts mehr stattfindet oder sich alles, was stattfindet, als zu langweilig und unwichtig erweist, um berichtet zu werden.« (TP1/398)

So wird Malina zu einem »wirklichen« Sammler. Er sammelt »monströse Geschichten, die zum Tode führen«, »Geschichten mit letalem Ausgang« zum Thema »Literatur und Verbrechen«; das seien meist geheime Geschichten, für die man nicht weit gehen müsse, um sie zu suchen, wenn man nicht blindlings an ihnen vorübergehe. Doch das, wofür Malinas Haltung »gut ist« (s. o.), hat auch hier schon eine Kehrseite. Sie betrifft die Dunkelstellen seines Erzählens: »Denn das Wichtigste habe ich ausgelassen« (TP1/406). In einer anderen Passage heißt es:

> »Die dämmrigen Stellen im Erzählen. Malina erklärt Jonas, warum nicht an jeder Stelle genau gesagt wird, was jeder tut oder sagt oder denkt oder begreift oder fühlt etc. Es hängt nicht damit zusammen, daß Malina an dieser Stelle weniger weiß, sondern daß das Erzählte, am Erzählen haftend, seine Dunkelstellen, seine Obskuritäten hat, […] in uns selber ist es taghell bis dunkel mit allen Schattierungen, oder in die Dunkelheit dringt ein Scheinwerfer, und dem entsprechend haben die Vorgänge, alles betreffend, ihre ›sonnigen‹, hellen, ›naheliegenden‹ Stellen bis zu ihren tiefen Verwirrungen, ihrem Halbgewußten, nicht Gewußten. Es gibt keine Perspektive, nur die Totale, und nach deren Verlust, dem Abdecken der Stellen, die Augen.« (TP1/431f.)

Die Erfindung der Figur Malina hat also mit der Suche nach einer Erzählperspektive zu tun, die sowohl jenseits der Opferperspektive als auch jenseits der Totale situiert ist. In »Malina« wird Bachmann eine Konzeption hierfür gefunden haben, für die eine weitere Idee dieser Entwürfe ausschlaggebend ist: der Einfall, Malina als Doppelgänger zu gestalten, abgeleitet vom ägyptischen *Ka*, der Bezeichnung eines Doubles, wie es in magischen Kulturen vorkommt. »Abgesehen ›davon‹, daß ich keinen Doppelgänger habe, weil ich selbst der von jemand bin« (TP1/399). In »Malina« wird die Autorin die Konzeption noch um eine Verkehrung weiterdrehen und insofern komplexer gestalten; dort läßt sie Malina nicht als *alter ego* des Ich, sondern das Ich als *Anderes* der Figur Malina auftreten [X.3].

Hier aber, in den Entwürfen zum Thema »Literatur und Verbrechen«, ermöglicht die mit Malina eingeführte Erzählperson die Darstellung einer Situation, in der die verschiedenen Geschichten sich überkreuzen. In der erzählten Zeit, der Gegenwart einer Frankfurter Buchmesse, beobachtet er nämlich das zufällige Zusammentreffen von Personen, deren Vergangenheit das Geflecht der verschiedenen Geschichten ausmacht (3/527f., 541f. u. 547f.): die Buchmesse als Verdichtungsort aller Beteiligten. Hier zeigt sich der Buchhandel als »Menschenhandel« und »Literaturstrich«, in den nicht nur die aufstrebenden Schriftsteller, sondern auch die Verleger ebenso wie die Großfürsten der Kritik und Feuilletonchefs verwickelt sind.

> »[...] und wenn dies hier in Frankfurt auch nur eine kleine unendlich beschränkte Welt ist, die sich zwar für wichtig hält, so gehe ich doch verwundert durch, wie durch ein Schlachthaus, und während man unter anmutigen Neckereien, Witzeerzählen, Abmachungen, Artigkeiten und Bosheiten alle gleichzuwalzen scheint, vergesse ich doch nicht [...] das nackte Entsetzen, die Schreie, das Schluchzen, der brutale Handel, die Fußtritte, die die Opfer der Literatur haben einstecken müssen, unter dem Druck der Zahlen, der Summen, der Auflagen, des Prestiges, [...] des skrupellosesten Ehrgeizes«. (3/548)

Und in diesem Gesamtpanorama gibt es nun nicht nur weibliche Opfer der Katastrophen, die sich im Umfeld von Büchern ereignen, wie der Hinweis auf den Fall eines Plagiatvorwurfs zeigt:

»Sie werden sich noch an Geberer erinnern, der vor zwei Jahren gestorben ist, ein schwerkranker Mensch, den eine Hyäne des Plagiats beschuldigt hat, und mit ihren zwangsneurotischen Handlungen es schließlich soweit gebracht hatte, daß er immerzu meinte, sich verteidigen zu müssen, obwohl kein vernünftiger Mensch ein Wort von den Anschuldigungen glaubte, bis jemand, der nun überhaupt keine Ahnung hatte, einen Fall witterte und den öffentlich austragen wollte.« (3/547 bzw. TP1/351 f.)[107]

Die Literaturwissenschaft ihrerseits setzt die herrschenden Literaturverhältnisse fort und verdoppelt sie, indem sie, anstatt sich des »Leichenhaufens der Literaturgeschichte« anzunehmen, seminaristisch »über Bräute, Briefe, Privatangelegenheiten« verhandelt (TP1/368). So lautet Bachmanns Kritik an einer germanistischen Privatdetektei und an der biographischen Neugier in ihrer Funktion als Schirm vor der Auseinandersetzung mit der strukturellen Gewalt von Literaturproduktion und -distribution, die einmal mehr als vorausschauender Kommentar zur Rezeption ihres eigenen Werks gelesen werden kann.

Diese generelle Kritik am Literaturbetrieb wird in etlichen Entwürfen gebrochen durch das Leitmotiv der deutsch-österreichischen Literaturverhältnisse in der Nachgeschichte von Nazismus und Anschluß. Auf diese Weise wird auch die Außenperspektive der Kritik aufgelöst, denn in die so beleuchtete Geschichte sind ja alle Beteiligten verwickelt. Aus der Szenerie ›Wiener Schriftsteller in Frankfurt bei der Buchmesse‹ kommt dabei eine doppelte Kritik zur Sprache: die Kritik an der raumgreifenden Präsenz und Lautstärke der Deutschen oder an ihren Gebärden von Großspurigkeit – »Im übrigen war Jonas schon dahinter gekommen, daß die Deutschen meist weit weniger wußten, aber was sie wußten, plakatierten sie, man sah sie förmlich herumlaufen mit Kenntnissen und Theorien« (TP1/348) – ebenso wie die Kritik an einem Zugleich von Verlagsbeziehungen und Abgrenzungsgebärden bei den Österreichern – »so hatten sie doch alle die Taktik gemeinsam, prinzipiell nicht zuzugeben, daß sie irgendetwas von diesen Deutschen gelesen hatten, oder gar von deren Wichtigkeit etwas wüß-

---

[107] Dieser »Fall« spielt deutlich auf den Skandal des Plagiatvorwurfs Claire Golls gegen Paul Celan an [VIII.3].

ten« (3/537). In den Szenen des Ausgangsdramas zwischen Fanny Goldmann und Toni Marek entzündet sich der Haß gegenüber den Deutschen vor allem an der neuen Geliebten Toni Mareks, Karin Krause, deren Name und Herkunft in einer historischen Topographie symbolisch verortet wird: »geboren im Jahre 1939, also auf tausendjährig« (3/516) oder: »Zu Karin selber; ein Tausendjähriges Reichskind, Durchhaltekind, Volk-ohne-Raum-Kind, hübsch, unterm Hitlerbild gezeugt, dafür konnte nun das Kind nichts« (TP1/312). In der Ausweitung der Thematik, durch die die Kritik am Literaturbetrieb in den historischen Kontext der Nachkriegsliteratur gestellt wird, geht es dann um die Nachwirkungen des Anschlusses (stets in der Formel von den »sieben Jahren«) in der jüngsten Nachkriegszeit. In diesem Horizont erweisen sich die österreichischen Distanzierungsgesten gegenüber den Deutschen als *verspätete* Abgrenzung, als nachgeholte Haltung einer in der Vergangenheit gegenüber Hitlerdeutschland versäumten Distanz, als Kompensation des eigenen Versäumnisses. Das zeigt sich beispielsweise in jener Episode, in der Fannys früherer Mann Goldmann, jüdischer Kulturoffizier der amerikanischen Besatzungsmacht in Wien, beim Versuch, etwas über Fannys Familie während der sieben Jahre Nazizeit herauszubekommen, aufgeben muß.

»Und von den Tanten war übereinstimmend über die Deutschen und Nazis im eigenen Land nur zu erfahren, daß sie einfach furchtbar gewesen seien, aber Goldmann verstand nach einiger Zeit, daß dieses furchtbar mehr Ausdruck einer Indignation über schlechte Manieren als der Ausdruck des Schauderns war.« (TP1/355)

In den verschiedenen Erzählversuchen durchquert das »Thema Deutsche« (3/540) insofern die Skala von einer direkten Haßrede über die Darstellung ›typischer‹ Gesten bis hin zur Diskurskritik. Die Funktion nationaler Konkurrenz im deutsch-österreichischen Literaturverhältnis wird dabei als Symptom der Nachgeschichte des Nazismus – und des ›Anschlusses‹ – beschrieben und als Atavismus bewertet. Damit ist eine schlichte Täter-Opfer-Dichotomie hinfällig geworden, und die Darstellung der »Todesarten« bedarf einer komplexeren und komplizierteren Komposition.

VII.
Topographische Poetologie

Topographische Schreibweisen enthalten die Möglichkeit, Zeit und Geschichte im Raum darzustellen. Das zeitliche Nacheinander des Erzählens und das Kontinuum des Fortgangs im Begriff der Geschichte können darin aufgebrochen werden, um statt dessen eine Gleichzeitigkeit von Jetzt und Gewesenem herzustellen. Insofern werden literarische Orte oft auch als Formen verdichteter Zeit verstanden.[1] Im Unterschied aber zur Kategorie des ›Chronotopos‹, mit der räumliche Darstellungsweisen von Zeit im Roman (z. B. in der Reisefigur) befragt werden,[2] geht es bei der ›Topographie‹ eher um die Signaturen der Orte, um die ihnen zugeschriebenen Bedeutungen. Dabei kann die Vergangenheit *in der Gegenwart* in Orten nur dann zur Darstellung kommen, wenn diese als Gedächtnis*schauplätze*, über die Einschreibung von Dauerspuren, zur Schrift geworden sind. Das kann sich auf konkrete Landschaften, Gebäude, Räume und geographische Orte beziehen ebenso wie auf mythische und literarische Schauplätze.

Orte spielen nicht nur in der Geschichte der Schriftstellerin Bachmann eine wichtige Rolle, Orte strukturieren auch ihre Poetologie und Schreibweise. Dabei entspricht die Landkarte ihrer Literatur nur zum Teil dem »Zauberatlas«, den sie in ihrer Vorlesung über den »Umgang mit Namen« erwähnt, jener Landkarte, die »sich nur an wenigen Stellen mit den Karten der Geographen« deckt. Da Orte in der Vorlesung über ihre Namen ins Spiel kommen, werden sie dort in erster Linie unter sprachtheoretischen Aspekten bedeutsam. Es geht um die Magie und die Aura, die den Namen, als Ursprung jeder Benennung, anhaften. Das Netz der Dichtungsorte enthält, so Bachmann, »Länder, die sich schwerlich

---

[1] Vgl. dazu Bachelard 1975.
[2] Vgl. dazu Bachtin 1986.

finden auf den käuflichen Karten, Orplid und Atlantis, und andere, die gibt es wohl, wie Illyrien, aber Shakespeares Illyrien deckt sich nicht damit«. So gibt es »hundertmal Venedig, aber immer ein anderes«. Der Zauber dieser Ortsnamen eignet sowohl den Phantasieorten und U-Topoi als auch jenen real existierenden Orten, deren *poetische* Situierung sich von der Karte der Geographen ablöst. Für letztere gilt die Formel, die alle Sehnsuchtsorte als Wunschbild für die Rückkehr zu einem nie Gewesenen ausweist: »dort waren wir schon immer oder noch nie« (4/239).

Während Phantasie-Orte in Bachmanns eigener Literatur nur relativ selten begegnen, ist deren Zauberatlas eher aus dem Netz einiger realer Ortsnamen gebildet. Das auffälligste Beispiel dafür ist wohl Kagran, ein Vorort im Nordosten Wiens, der in der »Legende der Prinzessin von Kagran« in »Malina« mit einer märchenhaften Bedeutung überblendet wird und das reale Gebiet auf diese Weise mit dem imaginären »Ungargassenland« verbindet, das sich ebenfalls auf eine reale Straße im Stadtplan Wiens bezieht. Häufiger aber als solche Verzauberung, magische Besetzung oder auratische Aufladung von realen Orten findet sich in Bachmanns Werk die Lektüre einer Topographie als Schauplatz des Gedächtnisses, am ausdrücklichsten im Rom-Essay [II.5] und im Berlin-Essay [VII.3]. Geht es dort um das kulturelle und kollektive Gedächtnis, so sind der Topographie der Erzählung »Drei Wege zum See« kulturelle *und* individuelle Erinnerungsspuren eingeschrieben [VII.5]. In der Lyrik dagegen tritt die Differenz zwischen erfundenen und realen Orten hinter das Problem ihrer Metaphorisierung zurück. Bei der Verwandlung von Lebensorten, geographisch identifizierbaren Orten individueller und historischer Erfahrung, in poetische Orte vervielfältigt sich deren Bedeutung: sie werden zu symbolischen Schauplätzen, durch mythische oder imaginäre Orte überlagert oder aber in Tropen, in poetische oder rhetorische Figuren transformiert.

In den vorausgegangenen Kapiteln spielten verschiedene Orte und Schauplätze bereits eine zentrale Rolle. Zunächst ging es um die Flußlandschaft, ein aus der konventionellen Heimatdichtung bekannter Schauplatz. Er verbindet die in ästhetischer und ideologischer Hinsicht noch unselbständigen Jugendschriften Bachmanns mit ihren ersten veröffentlichten Erzählungen 1949, in denen er als allegorisches Schema ihr narratives Grundmuster bildet.

Erst in der »Heimkehr nach Galicien« (des Franza-Projekts) wird die Autorin in den sechziger Jahren diesen Schauplatz wieder aufsuchen und ihn einer revidierten Lektüre unterziehen, um einige Breitengrade nach Osten verschoben. Denn der Fluß ihrer Kindheit, die Gail, und das »Dreispracheneck« fallen hier mit dem östlichsten Gebiet des ehemaligen ›Vielvölkerstaates‹, mit Galizien, zusammen. Diese Rückkehr zum Gedächtnis der Kindheit, die partiell schon mit der Erzählung »Jugend in einer österreichischen Stadt« unternommen wurde, wird als Voraussetzung für die Konstruktion jener verschobenen Herkunftstopographie erkennbar, in der sich die 46jährige Autorin mit dem Satz »Ich bin eine Slawin« verortet [VI.3]. Von dem für diese kulturgeschichtliche Verschiebung ebenso bedeutsamen Umweg über Prag zeugen vor allem das Böhmen-Gedicht und die (z. T. unveröffentlichten) Prager Gedichte, die 1963/64, nach dem proklamierten Ende ihrer Lyrik also, entstanden sind. Die Akzentuierung einer nach Süden und Osten orientierten europäischen Topographie deutete sich aber bereits in der poetischen Landkarte der beiden Gedichtbände an: Vor allem in den Italien-Gedichten fallen Topologie und Topographie zusammen [V.1]. Daß Arkadien, traditioneller Topos bukolischer, idyllischer Dichtung und insofern als verlorener ästhetischer Ort dem U-Topos poetischer Landkarten durchaus verwandt, in Bachmanns Erzählung von 1952 durch Zeichen von Verfall und Verderben entstellt ist, entspricht der Tatsache, daß die lyrische Metaphorik, die ihren Erfolg begründete, bereits alle Zeichen einer historisch bedingten Zerstörung in sich aufgenommen hat. Während aber ihre frühe Lyrik sich relativ ungebrochen aus einem Bildregister enthistorisierter, nahezu kosmologischer Räume speist, reflektiert die Arkadien-Erzählung die Übertragung/Metapher als Problem mangelnder Konvertierbarkeit. Dabei wird eine tradierte ästhetische Topographie in der Nachkriegssituation ins Unheimliche verkehrt [V.2. u. 3].

Die Stadt Wien, Studienort und lange Jahre von Bachmann verworfener, zuletzt jedoch erwünschter Aufenthaltsort,[3] ist im

---

[3] Bei einer Wien-Reise im Mai 1971 werden Gesten einer Wiederannäherung an die Stadt deutlich. So schickt sie an Paeschke am 22.5.1971 eine Postkarte mit einem Gruß aus »meiner Stadt« (DLM), schreibt am 25.5.1971 an Johnson, »Wien ist noch schöner und seltsamer als ich befürchtet hatte«

Prosaband »Das dreißigste Jahr« Ausgangspunkt für das Zerbrechen des allegorischen Schemas. In ein allegorisches Textverfahren mit komplexer Zeit- und Ortsstruktur überführt [I.2], wird die Stadt Wien in der Schreibweise dieser Prosa nun als ein Erinnerungsort »jenseits des Lustprinzips« kenntlich [VII.2]. Andere Aufenthaltsorte, wie Ischia oder Manhattan, tauchen dagegen als imaginäre Schauplätze in den Hörspielen wieder auf. Nach Wien aber wird Bachmann vor allem mit ihrem großen Romanprojekt zurückkehren, als Schauplatz der Überblendung durch ein imaginäres Land: das Ungargassenland, in das sich sichtlich Partikel früherer Topographien, der Flußlandschaft ebenso wie einer osteuropäisch verschobenen Rückkehr zur Herkunft, mischen.

1. Prag, ein Wintermärchen: »Heimkehr« nach Böhmen

Nach 1957, dem ersten Jahr nach der Publikation des zweiten Lyrikbandes, in dem sie noch relativ viele Gedichte veröffentlicht hat (vgl. 1/150–161), ist Bachmann nur noch sehr vereinzelt mit neuen Gedichten an die Öffentlichkeit getreten, eher in Lesungen oder im Hörfunk, selten im Druck. Dabei ist die Hälfte der so publizierten Gedichte durch eine persönliche Adressierung oder Widmung motiviert – und eine Widmung bedeutet »Gefühle unter einen Namen stellen«[4]: so 1961 »Ihr Worte« an Nelly Sachs, 1965 »Wahrlich« für Anna Achmatowa, 1966 »Enigma« für Hans Werner Henze. Neben diesen und dem als Ästhetikkritik berühmt gewordenen »Keine Delikatessen« sind es nur noch die Gedichte »Prag Jänner 64« und »Böhmen liegt am Meer«, die von der Autorin selbst zur Publikation autorisiert wurden. Aus dieser Eingrenzung gewinnt Bachmanns eigene Bewertung von »Böhmen liegt am Meer« als ihr »letztes Gedicht« [VI.3] einige Plausibilität. Die letzte Publikation von vier Gedichten im »Kursbuch 15« (1968) kam dabei nur zustande, um diese Zeitschrift zu unterstützen,

---

(UJF), und berichtet Unseld am 8.6.1971 von einem Wohnungsangebot: »ich bin immer mehr für Wien, die Kärntner Einöde habe ich schon begraben« (SVF). Offensichtlich haben sich diese Pläne aber zerschlagen, denn statt nach Wien zieht sie im Oktober in Rom in eine andere Wohnung [V.5].
[4] Benjamin 1980, II.1/362.

dessen Herausgeber und Gründungsgeschichte sich Bachmann verpflichtet fühlte; in einem Kommentarentwurf zur Veröffentlichung aber schreibt sie: »Die Gedichte sind in den Jahren 1963 und 1964 entstanden. Der Autor hatte keinen Wunsch, sie zu veröffentlichen. Er hält auch heute noch diese Veröffentlichung für nicht richtig.«[5]

Das Szenario desjenigen Gedichts, das Bachmann durch die Attributierung als »letztes« deutlich heraushebt, entspringt einer Konstellation, in der eine reale Reise nach Prag mit der Lektüre von Shakespeares »Wintermärchen« zusammenfiel.[6] Zum Entstehungskontext gibt es folgenden Hinweis der Autorin:

> »Man hat mich gefragt und es war natürlich eine große Ehre, aber ich habe es abgelehnt, ob ich ein Gedicht schreiben könnte, stellvertretend für die deutsche Literatur, für das Shakespeare-Jahr in Stratford-on-Avon. Ich habe geschrieben: Nein, das kann ich nicht. Dann ist mir etwas aufgefallen, nur ein einziger Satz von Skakespeare, nämlich: ›Böhmen liegt am Meer‹. Nun gibt es einen Streit zwischen Shakespeare und einem seiner allergescheitesten Zeitgenossen, Johnson, der ihm vorgeworfen hat, er sei ungebildet, ein schlechter Dichter, er wisse nicht einmal, dass Böhmen nicht am Meer liegt. Wie ich nach Prag gekommen bin, habe ich gewußt, doch Shakespeare hat recht: Böhmen liegt am Meer.«[7]

Einer der Entwürfe zum Gedicht trägt noch die Zeichen dieses Anlasses: »Zum 400. Geburtstag von einem, den es gibt oder nicht gibt«[8], die Widmung zum 400. Geburtstag des Renaissancedramatikers, dessen im Lexikon eingetragene Lebensdaten (1564–1616) ebenso wie seine historische Existenz bis heute nicht eindeutig verbürgt sind.[9] Die aus der Nachträglichkeit erzählte Entstehungs-

---

[5] K1226/N290 (NÖN).
[6] Die Ortsangabe von III/3 in Shakespeares »Wintermärchen« lautet: »Böhmen; eine wüste Gegend am Meer«.
[7] Ingeborg Bachmann in Rom, im Juni 1973, 11 (K8272/N2349, NÖN).
[8] K1198/N214 (NÖN).
[9] Die methodische Dummheit einer »literaturpsychologischen Deutung«, die die Texte Bachmanns nur als Material für die Diagnostizierung von »schizoidem Erleben« und »Verfolgungswahn« mißbraucht, weil sie in ihren Interpretationen selbst wahn- und zwanghaft darauf fixiert ist, in allen mög-

szene steht im Zusammenhang von Bachmanns Erzählung über ihre »Heimkehr. Und zwar nicht die Heimkehr in einem direkten Sinn, sondern in einem weiteren« – über ihre Rückkehr nach Wien auf dem Umweg über Prag [VI.3]. Die Reise nach Prag, die Bachmann von Berlin aus im Januar 1964 tatsächlich unternommen hat,[10] führte sie an einen Ort, der durch die vorausgegangene Shakespeare-Lektüre[11] bereits mit Bedeutung aufgeladen war. Daß dieser Lektürefund eines jener Zitate bildet, das die Autorin anhaltender zu faszinieren vermochte, belegt auch der im Nachlaß überlieferte Erzählentwurf »Ein seltsamer Klub«.[12] Darin wird die Namensbetonung der Titelfigur Eugen (Eug*en* und nicht *Eu*gen) aus der Analogie zu »Prinz Eugen der edle Ritter« abgeleitet. Das trägt zur Verzauberung der Figur als »Prinz aus Böhmen« bei, die vor allem aber auf die Lektüre des »Wintermärchens« zurückgeführt wird: »Eugen sagte: Ja, Böhmen liegt am Meer, und damit ist auch schon alles gesagt« (TP1/94). Bevor jedoch ein verzauberter Prinz in Bachmanns Literatur wiederauftauchen wird, bevor er der Ich-Figur im »Malina«-Roman in der Kagran-Legende wiederbegegnen wird, muß Böhmen für die Autorin selbst in einen verschobenen Herkunftsort umgeschrieben werden.

Das Gedicht »Böhmen liegt am Meer« und das ebenfalls im Kontext der Prag-Reise entstandene Gedicht »Prag Jänner 64« gestalten die Reise an einen fremden Ort als Rückkehr zum – kulturgeschichtlich verschobenen – Ort eigener Herkunft. Der Text bildet also im buchstäblichsten Sinne die poetische Realisierung jener Sehnsuchtsfigur, die als ›Rückkehr zu einem nie Gewesenen‹

---

lichen Texten Bezüge zur Frisch-Geschichte aufzudecken, wird auf die Spitze getrieben, wenn Susanne Bothner die Shakespeare-Widmung verkennt (obwohl sie zwei Seiten vorher den Autorkommentar zur Entstehung zitiert hat) und im Muster einer kruden Laienpsychologie die Widmung als Beweis dafür anführt, »wie unerträglich schizoidem Erleben Alleinsein ist« (Bothner 1986, 328.).

[10] Nach Auskunft von Adolf Opel zusammen mit ihm, vgl. Opel 1986. Belegt ist die Reise durch eine Postkarte an Uwe Johnson (UJF).

[11] Denn die Anfrage um den Beitrag der Autorin dürfte ja einige Zeit vor dem Shakespeare-Jahr 1964 ergangen sein, was auch mit Bachmanns Hinweis auf die Entstehungszeit 1963/64 übereinstimmt.

[12] Dessen Entstehung wird von den Herausgebern auf die Jahre 1962/63 datiert.

immer schon in den verschiedensten Figuren verdichtet wurde und die in diesem Fall zwei dafür einschlägige Momente verknüpft: fremde Kultur und Kindheit. In dem Gedicht »Prag Jänner 64« wird diese Rückkehr als Wiedergewinnung der Sprache beschrieben – einer fremden Sprache, die der eigenen ähnlich ist, eines sprachlichen Klangs also im Zusammenspiel von Ähnlichkeit und Fremdheit. Situiert ist diese Sprachgewinnung in einer Topographie, in der Prag, Wien und Kärnten, metonymisch ersetzt durch die Flüsse Moldau, Donau und Kindheitsfluß, gleichsam ineinandergeschoben sind – *téléscopage*[13] in der Geographie (Abb. 3):

> »Seit jener Nacht
> gehe und spreche ich wieder,
> böhmisch klingt es,
> als wär ich wieder zuhause,
>
> wo zwischen der Moldau, der Donau
> und meinem Kindheitsfluß
> alles einen Begriff von mir hat.« (1/169)

Diese imaginäre Topographie ist hier nicht allein an eine Magie der Namen selbst geknüpft, die dem »Zauberatlas« der Dichtung entstammt, sie ist darüber hinaus mit einem nichtinstrumentellen Sprachverständnis verbunden, so etwa in einer Verkehrung der Redewendung ›einen Begriff von etwas haben‹: nicht das Ich hat hier einen Begriff von den Dingen, sondern »alles« hat einen Begriff von ihm, dem Ich. Das Subjekt des Gedichts wird also eher von der Sprache hervorgebracht, als daß die Sprache von ihm (als Mittel) gebraucht würde. Ein bestimmter Augenblick, in dem eine magische Gedächtnisformel – das Zitat »Böhmen liegt am Meer« – und eine gegenwärtige Wahrnehmung zusammenfallen, ermöglicht diese Szene, deren wiedergewonnene Sprache als Wiederkehr einer ›entstellten Ähnlichkeit‹[14] gelesen werden kann. Die so entworfene Topographie bewegt sich längst jenseits der Metapher, nämlich im Bereich des dialektischen Bildes, das Benjamin als dasjenige definiert hat, »worin das Gewesene mit dem Jetzt blitzhaft zu einer Konstel-

---

[13] Als Téléscopage bezeichnete man im 19. Jahrhundert die Form, in der bei den ersten Eisenbahnunfällen die Züge ineinandergeschoben waren.

[14] So ein Terminus von Walter Benjamin, vgl. Weigel 1997.

lation zusammentritt«[15]. Im Fortgang des Gedichts korrespondiert der Rückblick auf die eigenen »Schattenjahre« mit dem Erinnerungsbild, in dem morgens »über den Hradschin«, Sinnbild einer vor- und gegenhabsburgischen böhmischen Geschichte, die »Schneeschaufler aus der Tatra/ mit ihren rissigen Pranken/ die Scherben dieser Eisdecke gekehrt«. Damit haften dem Bild des ›gebrochenen Eises‹ durchaus Zeichen des Gewaltsamen an, wenn schließlich äußerer und innerer Schauplatz zusammenfallen: »Unter den berstenden Blöcken/ meines, auch meines Flusses/ kam das befreite Wasser hervor.« Den Abschluß bildet ein einsamer Vers: »Zu hören bis zum Ural.« Nicht nur in seiner isolierten Stellung im Prag-Gedicht, das ansonsten aus zwei- bis sechszeiligen Strophen besteht, erinnert der Vers an seinen Vorgänger in der »Großen Landschaft bei Wien«: »Asiens Atem ist jenseits.« Die jetzt hörbare Sprache mutet damit wie ein spätes Echo oder wie eine Antwort an auf den ein Jahrzehnt zurückliegenden Vers, in dem der Atem Asiens jenseits, vermutlich also unhörbar war.

Die überlieferten Entwürfe zum Gedicht,[16] die gerne benutzt werden, um Unsicherheiten in der ›Interpretation‹ zu klären, sollen hier statt dessen herangezogen werden, um zu zeigen, welche Varianten die Autorin im Zuge ihrer sprachlichen *Arbeit* am Text verworfen hat. Mit den drei Titelvarianten »Von heute auf morgen«[17], »Auferstehung«[18] und »Seit jener Nacht«[19] etwa hat Bachmann solche sprachlichen Formeln fallengelassen, die der Szene den Status eines Erweckungs- oder Wiedergeburtserlebnisses zugeschrieben hätten. Ebenso hat sie einen anderen Gedichtentwurf

---

[15] Passagen-Projekt (Benjamin 1982, V.1/576).

[16] In die Veröffentlichung der Entwürfe und Fassungen zu den letzten Gedichten (LG) wurden nur die zu den drei anderen im »Kursbuch« erschienenen aufgenommen, die zu »Prag Jänner 64« aber leider nicht.

[17] K1185/N274 (NÖN); dies scheint der erste Entwurf zu sein, weil hier noch eine andere Reihenfolge der Strophen zu finden ist, deren spätere Abfolge durch Zahlen am Rand markiert ist.

[18] K1184/N312 (NÖN).

[19] Etwa K1189/N321(b) und K1187/N379 (NÖN); dies scheint die vorletzte Fassung zu sein, denn sie stimmt im Wortlaut mit der veröffentlichten überein, hat aber »Prag, Jänner 1964« noch als Zeit- und Ortsangabe in Klammern unter die Strophen gesetzt, während ein handschriftlicher Zusatz diese Zeile nach oben, unter den Titel, versetzt.

aufgegeben, der mit dem Titel »Wenzelsplatz« im Nachlaß zu finden ist. Hier ist zwar bereits die Idee des Wiederfindens der eigenen Herkunft in der fremden Stadt gestaltet, der Entwurf mündet allerdings in einer Sackgasse, nämlich konkret in einer Gasse und sinngemäß in einer Szene, in der Ankunft und Herkunft, Vergangenheit und Leben sich differenzlos in einem Moment treffen:

»[...] Ich habe meinen kleinen Rauch
vor dem Mund und biege ein und komme lebendig an
in eine Gasse, die weit[er] unten in meiner Vergangenheit endet
und mein Leben ist.   in der meine Herkunft ist.«[20]

Wird in diesem lyrischen Versuch der Gang in die eigene Vergangenheit mit dem Gang vom Wenzelsplatz in eine Gasse zu einsinnig identifiziert, so belegt das die notwendige Arbeit an der Topographie, in der verschiedene Schauplätze ineinandergeschoben oder übereinandergeblendet werden – eine Topographie, in der Böhmen poetisch ans Meer verlegt ist. Das Shakespeare-Zitat kann insofern als Motto eines poetologischen Verfahrens verstanden werden, das Bachmann in ihren veröffentlichten Prager Gedichten erprobt hat und das sie in der Prosa fortschreibt, die in den nachfolgenden Jahren entstanden ist, etwa durch die Überblendung von Wüste und Berlin, Galizien und Kindheitslandschaft, Wien und Ungargassenland.

Liegengelassen hat Bachmann auch einen Versuch mit dem Titel »Jüdischer Friedhof«, der sich auf den berühmten Prager Friedhof bezieht, einen Ort, der als Pathosformel einer ›versunkenen Kultur‹ längst in den Diskurs von Reiseführern und Kulturgeschichten eingegangen und aus seiner ikonologischen Erstarrung kaum noch zu befreien ist. Die Krypten, die buchstäblich vergrabenen, verdrängten Erinnerungen an die deportierten und ermordeten Juden, die in der Topographie der Stadt Prag (der sechziger Jahre) verborgen sind, werden durch die Pathosformel des alten Friedhofs, mit dem sich Sentiments einer vormodernen jüdischen Kultur verbinden,[21] eher perfekter abgedichtet als lesbar gemacht.

---

[20] K7716/N371 (NÖN) = LG 23.
[21] Der Friedhof, der im 15. Jahrhundert angelegt wurde, ist bereits im 19. Jahrhundert, als dort keine Begräbnisse mehr stattfanden, zu einer ›historischen Sehenswürdigkeit‹ geworden.

Diese Verfehlung wird im Gedichtentwurf angesprochen: »trauerlos, Wer den Ausgang erreicht, hat nicht den Tod,/ sondern den Tag im Herzen.«[22]

Im Gedicht mit dem Titel »Böhmen liegt am Meer« ist die Topographie einer verschachtelten Geographie Voraussetzung für ein poetisches Verfahren, mit dem Bedeutung und Gebrauch absoluter Metaphern umgeschrieben werden, hier die ›Grenze‹ und der ›Grund‹. Absolute Metaphern, in denen das Moment der ›uneigentlichen Benennung‹ fehlt, gehen, insofern sie der Entstehung des philosophischen Diskurses aus den sogenannten Ursprungstropen angehören,[23] auf Sprachfiguren zurück, in denen Begriff und Bild (noch) nicht auseinandergefallen sind. Bewegen sich absolute Metaphern also jenseits der Aufspaltung von Philosophie und Poesie, so wird ebenso häufig, wie im philosophischen Diskurs von ihrem bildlichen Charakter abstrahiert wird, in poetischen Texten von ihrer philosophischen Bedeutung abgesehen. Im Kontrast zu derartigen Aufspaltungen in logischen Begriff hier und metaphorisches Bild dort gelingt Bachmann in ihrem Böhmen-Gedicht eine Arbeit am Zusammenspiel von Figurativem und Literalem, von Bedeutung, Bildlichkeit und Buchstäblichkeit. In ihren frühen Gedichten stand die ›Grenze‹ im Kontext einer existentiellen Landkarte, zu der auch die beliebte Formel der ›Grenzüberschreitung‹ gehört, der, obwohl zum Stereotyp verkommen, gern der Mythos des Radikalen angedichtet wird. Im Böhmen-Gedicht geht es nun um den Ort des Gedichts selbst, in dem Ich, Wort, Meer und Land, d. h. Subjekt, Sprache und Welt aneinander angrenzen:

»Grenzt hier ein Wort an mich, so laß ich's grenzen.
Liegt Böhmen noch am Meer, glaub ich den Meeren wieder.
Und glaub ich noch ans Meer, so hoffe ich auf Land.« (1/167)

Wird die Grenze hier als Verbindung und Trennung zwischen Wort und Ich ins Spiel gebracht, so geht es dabei um die Dialektik in der Verknüpfung von Heterogenem. Daß diese sich nicht auf die Figur eines Gegensatzes reduzieren läßt, belegt z. B. die Verwer-

---

[22] Ebenda, auf dem Blatt stehen beide Entwürfe, oben »Wenzelsplatz«, unten »Jüdischer Friedhof«.
[23] Vgl. dazu Derrida: Weiße Mythologie (Derrida 1988, 205–258).

fung eines Verses, der sich in einem Entwurf findet und Schuld und Unschuld, d.h. Begriffe, die demselben Bereich angehören, »angrenzen« läßt.[24] In der veröffentlichten Fassung verbindet das Angrenzen nur Heterogenes. Da Wort und Welt niemals zur Deckung kommen, zielt das Vertrauen in die Worte nicht auf ihre Referenz oder Repräsentation von Wirklichkeit, sondern auf ihre Wirkung als *poiesis*, auf sprachliche Kreation. Diese Funktion der Sprache bedeutet, daß das Ich sich niemals im Besitz von Welt und Sprache befindet, sondern immer in die Stellung des Angrenzens verwiesen bleibt, eine Position, die *wenig* und *alles* zugleich berührt: »Ich grenz noch an ein Wort und an ein andres Land,/ ich grenz, wie wenig auch, an alles immer mehr« (168).

Vieldeutiger noch ist das Wortfeld des ›Grundes‹,[25] in dem sich im Abstand bzw. Abgrund zwischen dem materiellen Grund (dem, worauf man geht und steht) und dem logischen Grund (im Sinne der Ursache) eine ganze Serie von Redewendungen eingespielt hat. Zunächst wird im Böhmen-Gedicht die Formel vom ›guten Grund‹ wörtlich genommen und in einen begehbaren Grund – Ursprung jeder Begründung – rückverwandelt: »Sind hier die Brücken heil, geh ich auf gutem Grund«. Von hier aus ist der Wunsch, »Ich will zugrunde gehn« wegen der etymologischen Ableitung von ›zugrunde gehen‹ aus ›im Wasser versinken‹ doppelt lesbar: als doppelter Wunsch, ›zu*grunde*zugehen‹ und ›*zum* Grunde zu gehen‹. Zumindest ist dem Wunsch eine sprachliche Störung eingeschrieben, durch die er mehrfach semantisierbar ist. Die Durchquerung der vielfältigen Kombinations- und Deutungsmöglichkeiten des Wortes ergibt im folgenden ein Wissen, das alle Spielarten des Grundes in sich aufgenommen hat.

---

[24] »wie die Schuld, die an die Unschuld grenzte,« z.T. gestrichen, handschriftlich überschrieben. Das Blatt macht den Eindruck eines Erstentwurfs zum Böhmen-Gedicht (K1195/N213, NÖN = LG 101).

[25] Mit der Bedeutung des Grundes hat Bachmann sich wiederholt auseinandergesetzt. Erzählen wird, so wird immer wieder betont, erst über den Verzicht, einen Grund für etwas zu suchen, möglich, über den Verzicht einer Begründung bzw. logischen Erklärung (vgl. 2/93 und TP1/171). Und am Ende der ersten der »Frankfurter Vorlesungen« steht der programmatische Satz: »Denken Sie nicht aus *einem* Grund, das ist gefährlich – denken Sie aus vielen Gründen« (4/198). Vgl. auch die Intertextualität zu Heideggers »Satz vom Grund« in »Malina« [X.5].

»Zugrund – das heißt zum Meer, dort find ich Böhmen wieder.
Zugrund gerichtet, wach ich ruhig auf.
Von Grund auf weiß ich jetzt, und ich bin unverloren.«

Die Bedeutung des ›Unverlorenen‹ ist erst durch eine Durchquerung des Verlorenseins – am Grund der Dinge und am Grund, dort wo man im Meer auf Land stößt, – zustande gekommen [VIII.2]. Die ›verlorene Liebesmüh‹, von der in der ersten Strophe die Rede ist – »Ist Liebesmüh in alle Zeit verloren, verlier ich sie hier gern« –, erhält von hier aus, der durch die Negation von ›verloren‹ veränderten Bedeutung von ›unverloren‹, zudem eine zusätzliche Konnotierung.[26] Die folgende Referenz auf Shakespeare stellt das »Böhmen liegt am Meer« dann in den Kontext einer poetischen Topographie, in der sich Lachen und Weinen mischen und die Sprache nicht in eindeutige Genres aufgespalten ist.

Auch hier erhellen die verworfenen Verse aus den Entwürfen wiederum die Konzentration auf ein bestimmtes Verfahren, in diesem Fall die Arbeit am Verhältnis von Bild und Begriff. Entfallen sind dabei die Adressierung an einen Geliebten – »zugrund – das ist ein Du, so bin ich unverloren« – und eine ganze Strophe, in der es um den Geliebten bzw. den, »der mich nach Böhmen begleitet hat«, ging.[27] Damit ist das Liebesmotiv – mit Ausnahme des Verses über die gern verlorene Liebesmüh – im Böhmen- und im Prag-Gedicht vollständig hinter die poetische Topographie zurückgetreten. Diese beschreibt eine bedeutsame Schwelle zwischen der Lyrik und der Prosa Bachmanns. Die Rolle des »letzten Gedichts« kommt dem Böhmen-Gedicht nämlich in zweifacher Weise zu: Im Rückblick auf die erste Hälfte der fünfziger Jahre ist das dortige Nebeneinander von lyrischer Metaphernsprache und philosophischem Diskurs nun im Gedicht aufgehoben. Zugleich sollte das

---

[26] Die Unmöglichkeit eines Urteils über die Liebe als Grund, zugrunde gerichtet zu sein, umspielt auch ein spätes Gedicht Heinrich Heines, in dem die Stimme der Vernunft mit der Klagstimme der Träume im Streit liegt. In der letzten Strophe heißt es über die Klagstimme, die dich bezichtigt, »Du habest mich zugrund gerichtet«: »Sie hat in meines Herzens Grund/ Mit ihren Akten sich geflüchtet –/ Nur eins bleibt im Gedächtnis mir,/ Das ist: ich bin zugrund gerichtet« (Zum Lazarus, aus den Gedichten von 1853/54, Heine 1968ff., Bd. 6.1/205f.).
[27] K1196/N213a (NÖN) = LG 103.

hier entwickelte Verfahren im Umgang mit Topographischem wegweisend für die Schreibweise der Prosa werden, auf die die Autorin sich von jetzt an ausschließlich konzentrieren wird.

2. »Stadt ohne Gewähr«: Städte als Gedächtnisschauplätze

Städte sind in Bachmanns Schriften die herausragenden Schauplätze einer Gedächtnistopographie, in der die Bilder aus dem Unbewußten der Kultur mit den Erinnerungsspuren des Subjekts korrespondieren. Wie bereits am Rom-Essay gezeigt, kann die Autorin sich dabei auf Walter Benjamin beziehen, der in der »Berliner Chronik« schreibt, »daß das Gedächtnis nicht ein Instrument zur Erkundung der Vergangenheit ist sondern deren Schauplatz«,[28] womit er Freuds topographische Konzeption des Gedächtnisses auf die materiell gewordenen Überreste der Vergangenheit übertragen hat.[29] In eben dieser Weise kommen in Bachmanns Schriften die Städte Wien, Rom und Berlin in den Blick.[30]

Zunächst aber soll noch einmal ein Blick auf jene Darstellung der Stadt in der Prosa geworfen werden, die der geographischen *téléscopage* in der ›Heimkehr nach Böhmen‹ vorausgegangen war. In der Erzählung »Das dreißigste Jahr« (1961), in der es vor allem und zuerst um Wien geht, erhält diese Stadt eine höchst ambivalente Besetzung: »Stadt ohne Gewähr!« Und im Anschluß: »Laßt mich nicht von irgendeiner Stadt reden, sondern von der einzigen,

---

[28] Benjamin 1980 ff., VI/486.
[29] Zu Benjamins Reformulierung der Freudschen Gedächtnistheorie als Modell der Lesbarkeit von Geschichte vgl. Weigel 1997, 27–51.
[30] Nicht nur in der »Berliner Kindheit«, sondern auch im Baudelaire-Buch und im Passagen-Projekt nimmt dabei die Stadt die prominente Rolle als Schauplatz des Gedächtnisses in der Literatur der Moderne ein: als Traumschrift und Erinnerungsraum, in dem kulturelles und subjektives Gedächtnis aufeinandertreffen. – Die 1950 von Adorno herausgegebene Ausgabe der »Berliner Kindheit um Neunzehnhundert« stand in Bachmanns Privatbibliothek. Und die zweibändige Ausgabe seiner »Schriften« (1955), die sich ebenfalls in ihrer Privatbibliothek befand, enthält das Exposé der Passagen, »Paris, die Hauptstadt des XIX. Jahrhunderts«, und aus dem Baudelaire-Konvolut die Texte »Über einige Motive bei Baudelaire« und »Zentralpark«.

in der meine *Ängste und Hoffnungen* aus so vielen Jahren ins Netz gingen« (2/126, H.v.m.). Dabei wird nicht nur durch die Metapher des Netzes, die in der Eingangsszene der Erzählung für die Erinnerung verwendet wurde – »das Netz Erinnerung« – kenntlich, daß die Stadt diese mehrdeutige Besetzung erst in der Erinnerung erhält. Unmittelbar vorangestellt ist nämlich eine Episode, die von einer Nachtfahrt mit der Eisenbahn, vom Zusammenprall zweier Züge und von einem Traum des Erzählers handelt, in dem die Stadt auf ihn herabstürzte, »mit der Karlskirche voran, mit ihren Palais und Parks und ganzen Straßenzügen«. Der Erzähler, »tödlich erschreckt, von einem Schlag auf den Kopf«, durch einen Koffer, der auf ihn gefallen war, versuchte,

»sich an den Traum von der Stadt zu erinnern, den der Zusammenprall der Züge in ihm ausgelöst hatte oder der dem Ruck vorangegangen war, und es war ihm, als müßte er die Stadt nun nie wiedersehen, aber erinnern würde er sich von nun an für immer, wie sie war und wie er in ihr gelebt hatte.« (126)

Der durch den Zusammenprall der Eisenbahnzüge ausgelöste Schock wird als Zäsur im Wien-Gedächtnis des Erzählers dargestellt; ihm folgt eine unlösbare Bindung seiner Erinnerung an die der Stadt, eine Erinnerung, die seinem Gedächtnis »für immer«, unabhängig von erneuter Anschauung, eingeschrieben ist. Unterstützt durch den Wechsel der Erzählperspektive von der dritten Person zum Ich, brechen die Gedächtnisbilder der Stadt gleichsam in die Erzählung ein und *unter*brechen die Zeit- und Bewegungsstruktur der Darstellung, in der ohnehin das eine Jahr aus dem Kontinuum der ›Lebensreise‹ herausgebrochen ist. In ihr kommt es zur Gleichzeitigkeit einer totalen Besetzung durch die Bilder der Stadt und der Möglichkeit, sich von ihr zu entfernen: »Laßt mich etwas von ihrem Geist hervorkehren aus dem Staub und ihren Ungeist dem Staub überantworten! Dann mag der Wind kommen und ein Herz hinwegfegen, das hier stolz und beleidigt war!« Einer letzten Invokation gleich, folgt eine Serie bekannter Wien-Zitate, die Apostrophierung der Stadt in Form von Chiffren: »Strandgutstadt!«, »Türkenmondstadt! Barrikadenstadt!«, »Endstadt!«, »Schweigestadt!«, »Stadt der Witzmacher«, »Peststadt mit dem Todesgeruch!«. Mit diesen Chiffren werden, wie schon in »Große Landschaft bei Wien«, verschiedene Episoden aus der Geschichte Wiens assoziiert, und zugleich löst sich formal die Textgestalt in Verse auf, die in die Worte münden: »weil Auferstehung war,/ vom Tod,/ vom Vergessen!« (128)

In einer spezifischen Dialektik von Leben und Gedächtnis ist das ›neue Leben‹, zu dem der Erzähler aufgebrochen ist, hier also einer Auferstehung aus dem Vergessen, einer Erinnerung aus dem Schreck entsprungen. Die »Stadt ohne Gewähr!«, die die Zitierbarkeit jener mit Grauen *und* Vergnügen assoziierten Bilder der Geschichte Wiens einleitet, erinnert dabei an eine ähnliche Formulierung aus Bachmanns etwa zur gleichen Zeit entstandenen Poetikvorlesung über »Das schreibende Ich«, an das dortige Leitmotiv vom »Ich ohne Gewähr«: »eine geträumte Identität [...], eine Chiffre für etwas, das zu dechiffrieren mehr Mühe macht als die geheimste Order« (4/218). Die Szene vom Erwachen aus einem durch ein Zugunglück verursachten Schrecken und die dadurch evozierten Wien-Bilder ist damit als Urszene eines Schockgedächtnisses gestaltet, aus dem der Erzähler als ein anderer hervorgeht.

Diese Szene kommuniziert mit dem Beginn der Erzählung, in der »die Fähigkeit, sich zu erinnern« ebenfalls aus dem Erwachen gewonnen wird, das dort als Vorgang von Auflösung, Auslöschung, Vernichtung *und* Gestalt- bzw. Personwerdung dargestellt ist. Das Erwachen, »Schulfall des dialektischen Denkens« (Benjamin), ist also keine Existenz- oder Entwicklungsmetapher, sondern es umschreibt einen zeit-räumlichen Moment, eine Schwelle, die den Zugang zu beiden Bereichen, zu den Ausdrucksmöglichkeiten der Traumarbeit und zu den Reflexionsmöglichkeiten des Wachzustands eröffnet:

> »Er erinnert sich nicht wie bisher, unverhofft oder weil er es wünschte, an dies und jenes, sondern mit einem schmerzhaften Zwang an alle seine Jahre, flächige und tiefe, und an alle Orte, die er eingenommen hat in den Jahren. Er wirft das Netz Erinnerung aus, wirft es über sich und zieht sich selbst, Erbeuter und Beute in einem, über die Zeitschwelle, die Ortschwelle, um zu sehen, wer er war und wer er geworden ist.« (2/94)

Die Intertextualität dieser Szene ist vielfältig. Die Konstitution eines Subjekts aus der »Fähigkeit, sich zu erinnern« bezieht sich auf die Proust-Passage in der schon erwähnten Vorlesung über

»Das schreibende Ich«, in der Bachmann hervorhebt, daß das Ich in der »Recherche« nicht als Handlungsträger die Hauptrolle habe, sondern wegen »der Begabung des Ich zur Erinnerung – dieser Qualität wegen und keiner anderen«. Das Moment des »schmerzhaften Zwangs« der Erinnerung wie auch die Wiederholungsstruktur der Erzählung beziehen sich dagegen auf Freuds Schrift »Jenseits des Lustprinzips«, in der er die Gedächtnisfigur des ›Traumas‹ vor allem über den Wiederholungszwang entwickelt.[31] Die Arbeit des Unbewußten ist hier nicht, wie in der »Traumdeutung«, vom Prinzip der Wunscherfüllung geleitet, sondern durch Ereignisse in der Vergangenheit bestimmt, die nicht in das Bewußtsein integriert werden konnten, sondern erst in der Nachträglichkeit psychischer Umarbeitung ihre Bedeutung erhalten.

Dabei wiederholt sich in der Erzählung die Szene des Erwachens aus der Eingangspassage nicht nur im Erwachensschock im Zug; der »Schlag auf den Kopf« dort wiederholt andererseits auch den Schlag »inwendig im Kopf« beim Gedanken-Flug »aufs Letzte« hin in der Bibliotheksszene [II.6], während das Zugunglück sich wiederum im Auto-Unfall in der Schlußpassage der Erzählung wiederholt. Szenen des Erwachens, des Schreckens, des Schlags auf den und im Kopf sowie Unfälle ergeben eine Serie von Wiederholungen, die sich als Figur eines vielgestaltigen *Erinnerns aus dem Schmerz* darstellt. Sie verbindet »Das dreißigste Jahr« nicht nur mit dem Thema von Freuds Trauma-Essay, sondern auch mit dessen Darstellungsweise bzw. narrativer Struktur.[32] Aus einer Serie sehr unterschiedlicher Szenen und Kapitel wird nämlich in Freuds Text jene Gedächtnisfigur gebildet, die er unter den Titel »Jenseits des Lustprinzips« stellt: neben einer literarischen Szene (von Tasso) und dem berühmten Fort-Da-Spiel des Kindes steht dort auch der Unfall, der jenen Anfang einer Historie von Trauma- und Schocktheorien berührt, mit dem die Medizin im 19. Jahrhundert durch die ersten Eisenbahnunfälle mit dem Phänomen kon-

---

[31] Freud 1969–1979, III/229 ff.

[32] Nicht nur ist Bachmanns intensives Interesse für Freud durch eine umfangreiche Freud-Abteilung in ihrer Privatbibliothek bezeugt; auch ihr Interesse für seine Schreibweise ist belegt durch einen Rundfunkessay zum Thema »Freud als Schriftsteller« (1963), dessen Manuskript leider verschollen ist (vgl. 4/407).

frontiert wurde. Die damals als *téléscopage* bezeichnete Form der ineinandergeschachtelten Züge taucht dabei bemerkenswerterweise in der ›Sprache des Unbewußten‹ als traumatische Bedeutungsfigur wieder auf [IX.4/X.4].[33]

Das soll hier deshalb nicht unerwähnt bleiben, weil in der Art und Weise, wie Bachmann Städte als Gedächtnisschauplätze liest, zwischen dem Rom-Essay, gestaltet als Serie von Bildern des kulturellen Gedächtnisses, und dem Berlin-Essay, einem Panorama aus »variablen Krankheitsbildern«, nicht nur der Abstand von Italien und Deutschland liegt. Dazwischen steht auch die Erzählung vom »dreißigsten Jahr«, mit der Schock, Schmerz und Wiederholung in Bachmanns Arbeit am literarischen Gedächtnis einbrechen. Insofern bezeichnet diese Erzählung auch hierfür eine Schwelle: sie beschreibt ein erschrecktes Erinnern, gestaltet aber noch nicht den Symptomkörper einer entstellten Topographie (Berlin-Essay) oder die imaginäre, aus einer verschachtelten Geographie gewonnene Topographie (wie im Böhmen-Gedicht und in der danach geschriebenen Prosa).

In dieser späteren Prosa, vor allem in der langjährigen Arbeit am Romanprojekt, verändert sich der Schauplatz Wien noch einmal erheblich gegenüber der Erzählung. Ihre Schreibsituation an den »Todesarten« hat die Autorin selbst im Statement eines Fernsehporträts als Doppelleben bezeichnet, das sich als signifikante Aufspaltung zwischen den beiden bedeutsamsten Städten ihrer Geschichte, Wien und Rom, darstellt:

»Das schwer Erklärliche ist aber, daß ich zwar in Rom lebe, aber ein Doppelleben führe, denn in dem Augenblick, in dem ich in mein Arbeitszimmer gehe, bin ich in Wien und nicht in Rom. […] denn ohne diese Distanz könnte ich es [Wien] mir nicht für die Arbeit vorstellen.« (29.5.1969, GuI 65, vgl. TuB 488)

Die Distanz zum realen Ort erscheint 1969 als Möglichkeitsbedingung einer Ortsvorstellung im Imaginären. Drei Jahre später verstärkt die Autorin diese Feststellung, wenn sie sagt, daß sie »Malina« nie geschrieben hätte, wenn sie in den Gassen des 3. Bezirks, »in meinem ›Ungargassenland‹, umhergegangen« wäre (GuI 107). Auf dem Zauberatlas ihrer Literatur bezeichnet das »Ungar-

---

[33] Ausführlicher zur »Téléscopage im Unbewußten« vgl. Weigel 1999.

gassenland« somit den Fluchtpunkt eines topographischen Begehrens, das, wie jedes Begehren, seine Intensität gerade aus der Abwesenheit gewinnt und, indem es seine Sehnsucht an die Namen heftet, in Formen der Sprachmagie und Liebessprache zum Ausdruck kommt. Die langjährige Inkubationszeit zur Konstruktion des Ungargassenlands ist dabei durch einen Entwurf aus dem Nachlaß belegt, der mit 12. August 1962 datiert ist (die Autorin hielt sich zu der Zeit in Uetikon/Zürich auf):

»Über dem Stadtplan von Wien liegen, wie ein Ertrinkender, ein Sehnsüchtiger, der nicht mehr weiß, wohin eine Sehnsucht geht. Die Namen vor allem sind es, das Röntgenbild der Stadt, die mich verrückt machen vor Sehnsucht. Ich möchte wissen wie Neustift aussieht und Alt-Erlaa, wie jeder Bezirk aussieht, wie er riecht, das möchte ich wissen, und zugleich weiß ich nicht, wie ich dort je wieder sein könnte. Aber die Namen, die Namen, es gibt keine Namen, die so auf mich wirken. Daneben hält nur noch Eleusis stand und Olympia.« (TP1/166)

Unmögliche Anwesenheit, nicht denkbarer Aufenthaltsort und Namenssehnsucht bilden hier eine signifikante Dialektik, die der Liebessprache nachgebildet zu sein scheint. Ebenso bedeutsam wie die räumliche Distanz scheint für den konkreten Schreibvorgang andererseits aber auch die Anschauung des realen Ortes zu sein, der Bezug ihres imaginären Landes, das zwischen den Hausnummern sechs und neun der Wiener Ungargasse lokalisiert wird, zu einem sinnlich wahrnehmbaren Ort. Davon spricht Bachmanns Bemerkung in einem Brief nach der Rückkehr von einer Wien-Reise 1970 an Uwe Johnson, zu guter Letzt habe sie noch das wichtigste Haus für ihr Buch gefunden, »auch samt einigen Details«.[34] Jenseits des Gegensatzes von realem und fiktivem Ort entsteht die imaginäre Topographie also aus einer Transformation konkreter Plätze und Ortsnamen in Bilder und Schauplätze des Gedächtnisses.[35]

---

[34] Brief Bachmanns an Johnson v. 12.6.1970 (UJF).
[35] Vgl. dazu auch Bachmanns Statement im Zusammenhang einer Hörfunkbefragung verschiedener Autoren zur »Technik der Imagination« im Januar 1965: Die dichterischen Bilder unterschieden sich von Halluzinationen und Wachträumen, »weil es doch ein dauerndes Versuchen und Ausprobie-

Rom dagegen spielt, seitdem Bachmann sich dort fest etabliert hat, keine Rolle mehr *in* ihrer Literatur, um so mehr aber *für* ihre Literatur, ein Schreibort gerade deshalb, weil die Dauerspuren seiner Topographie sich nicht mit denen ihrer eigenen Geschichte und deren Verwicklungen überkreuzen. In ihrer Darstellung mutet diese Situation wie eine Monade an:

> »Zugegeben, ich habe hier erlernt, mit den anderen auszukommen. Ich habe es wieder erlernt, aber ich gebe auch zu, wenn die Tür zufällt zu dem Zimmer, in dem ich arbeite, dann gibt es keinen Zweifel: Denken ist solitär, Alleinsein ist eine gute Sache.«[36]

Der geschlossene Ort als Schreibort, von dem aus der Raum der anderen Stadt, Wien, geöffnet werden kann, um die verschiedensten Besetzungen einzulassen und auch Zeichen fremder Orte darin aufzunehmen.

Außer Rom und Wien sind die anderen Städte, in denen sich Bachmann (neben der Kindheitsstadt Klagenfurt) wiederholt oder zeitweilig aufgehalten hat, Paris, München, Zürich und Berlin. Paris, als Stadt regelmäßiger Aufenthalte[37] und mehrerer intimer Beziehungen,[38] spielt eine eher marginale Rolle in ihrer Literatur, insofern die Stadt nur in zwei Gedichten (»Paris« und »Hôtel de la Paix«[39]) und in der Erzählung »Drei Wege zum See« auftaucht. War München nur ein zufälliger Wohnort während der ›Brotarbeit‹ beim Bayerischen Rundfunk 1958, so markiert Zürich, wo sie, zusammen mit Max Frisch, von Ende 1958 bis Anfang 1963 mit Unterbrechungen gelebt hat, eine auffälligere Leerstelle. Abgesehen von Bachmanns konsequentem Schweigen über ihr Leben mit

---

ren eben von Gegenständen oder Straßen, Wohnungen und so weiter ist, die ich für meine Personen brauche. Und diese Plätze, von denen ich spreche, die sind nicht unbedingt zu identifizieren mit wirklichen Plätzen, aber sie setzen sich teilweise aus ihnen zusammen« (GuI 52f.).

[36] Statement für die Fernsehsendung: Das literarische Profil von Rom, 26.2.1970 SFB III, TuB 490 (4/341).

[37] Nach Paris gehe sie »nach wie vor«, heißt es beispielsweise in einem Brief an Andersch (o.D., vermutlich Herbst 1958, DLM), was eine Regelförmigkeit der Paris-Aufenthalte zum Ausdruck bringt.

[38] Wohnort Celans, Ort des Kennenlernens von Max Frisch 1958 und Wohnort des Freundes Pierre Evrard in der zweiten Hälfte der sechziger Jahre.

[39] Wo Bachmann bei ihrem Paris-Aufenthalt Ende 1956 gewohnt hat.

Frisch ist diese Leerstelle auch dadurch begründet, daß ihr die Stadt nicht zu einem ›Ort‹ geworden ist. In der Korrespondenz dieser Jahre finden sich immer wieder Bemerkungen, in denen mehr Befremden als Fremdheit zum Ausdruck kommt, am stärksten vielleicht in dem Bericht über einen Schauspielhaus-Besuch, in dem sie Joachim Moras ihre Begeisterung über eine Inszenierung von Brechts »Im Dickicht der Städte«[40] mitteilt. Es sei ein Stück,

> »das auf der Bühne (mehr als beim Lesen) aufgeht wie eine Orchidee, wild und schön und chaotisch, man zittert drei Stunden, weil man wirklich der Explosion einer neuen Sprache beiwohnt, einem Geniestreich, der mich mehr ergriffen hat als all die guten rühmlichen Stücke aus späterer Zeit. Aber das Publikum zittert leider nicht, es sitzt auf seinen Ohren und dreht die Daumen und weiss nicht wohin damit.«[41]

Das Befremden über die Erregungslosigkeit um sie herum wird noch dort formuliert, wo für einmal ein Kontrastbild aufblitzt, im Februar 1963, als der seit 34 Jahren zum ersten Mal zugefrorene See die Stadt verwandelt hat: »diese langweilige stumpfe Gegend hat sich seither in einen Faschingsplatz verwandelt, alle Leute lachen, das fällt am meisten auf, denn sonst lacht hier nie jemand«[42]. Und im Dezember desselben Jahres, als sie sich bereits in Berlin aufhält, schreibt sie von dort an Peter Szondi, der gerade in Zürich ist, es tue ihr leid zu hören, daß es ihm nicht gut gehe: »Ich weiss nicht, ob da Zürich das richtige ist, [...] ich war froh, über die Grenze zu kommen.«[43]

In einem der Entwürfe zur Fragment gebliebenen Rosamunde-Erzählung mit dem Titel »Zärtlich ist die Nacht« haben sich diese Zürich-Bilder aus dem Rückblick in einen Schauplatz des Schreckens verwandelt:

> »Wer hat nicht die Worte Zürich und Thalwil und Meilen mit Schrecken gehört, wer hat nicht, auf diesen staubgesaugten Wie-

---

[40] Es handelte sich um die Inszenierung von Kurt Hirschfeld, die am 3. November 1960 im Zürcher Schauspielhaus Premiere hatte.
[41] Bachmann an Joachim Moras am 23.11.1960 (DLM).
[42] Bachmann aus Uetikon an Uwe Johnson am 5.2.1963 (UJF).
[43] Bachmann an Peter Szondi am 21.12.1963 (DLM).

sen und polierten Bergen, in Abgründe geblickt, die so wenig
sichtbar waren, und die doch einen Menschen aus einem anderen Land in ein Gebrüll ausbrechen ließen [...]. In sie sind manche Worte schon gefahren, vergiftete Pfeile, die niemand mehr
zu verstehen vermag, aber wahrscheinlich ist niemand empfindlicher als ein Ausländer, ein verschlagener ›Exilant‹, ein Hilfesuchender, der eine Einbürgerung nicht nur nicht erwartet,
sondern ihr ebenso mit Entsetzen entgegensieht. [...] Eine Stadt
wie Zürich verursachte ihr solche Schmerzen, daß sie in einer
Tramway oder in einem Taxi so wahnsinnige Kopfschmerzen
bekam, daß sie am ›Parade[platz]‹ ausstieg und Blumen kaufte
und an jemand schickte und plötzlich hilflos zu schreien anfing.« (TP4/41f.)[44]

Ist es der Blick des ›Ausländers‹, der, wo alle nur die glatte Oberfläche sehen, verborgene Abgründe wahrnimmt, ist es sein bzw.
ihr Körper, an dem die Störungen sichtbar bzw. hörbar werden, so
ist der fremde Körper hier gleichzeitig Fremdkörper und Körper
nicht nur subjektiver Symptombildungen. Inmitten der herrschenden Unsichtbarkeit und Spurenlosigkeit wird der Fremde zu
einem stellvertretenden Symptomkörper, an dem die Erinnerungssymbole einer mit gewaltsamer Anstrengung verschwiegenen Geschichte zum Ausbruch kommen: der Fremde also als Symptom- und Fremdkörper, eine Bildstörung im Bild inszenierter
Normalität. Dies Motiv wird die Autorin in die kulturhistorische
Topographie ihrer nachfolgenden Prosa aufnehmen. Doch erst in
der entstellten Topographie Berlins und in der Wüstenreise (Franzas, in der die Reise durch die Wüste als Reise durch die Krankheit
gestaltet ist) werden die Spuren der Geschichte und der Schrecken
des Subjekts zusammentreffen.

---

[44] In der zweiten emendierten Stelle des zitierten Entwurfs heißt es im
Manuskript »Paradestra« und in der Emendation der Herausgeber »Paradestrand«, muß aber wohl Paradeplatz heißen.

3. Trauma Berlin:
Symptomkörper und entstellte Topographie

In Bachmanns Berlin-Essay »Ein Ort für Zufälle« (als Rede mit dem Titel »Deutsche Zufälle« anläßlich der Verleihung des Georg-Büchner-Preises im Oktober 1964 in Darmstadt gehalten) ist es die Topographie der Stadt selbst, die als Symptomkörper dargestellt wird, dessen Zeichen auf eine vergangene Schreckensgeschichte verweisen. Allerdings ist diese Wahrnehmung von Berlin als Symptomkörper der deutschen Geschichte nur aufgrund einer Haltung möglich, die die Autorin »Einstellung auf Krankheit« nennt. Ausdrücklich weist sie in der Einleitung zurück, daß sie über Eindrücke einer Stadt reden wolle. Auch sei das, wovon sie zu sprechen habe, Wahnsinn bzw. Zufälle, die sich »einer Optik und einem Gehör mitteilen, das sich diesem Zufall aussetzt, dem Nachtmahr und seiner Konsequenz«, nicht auf die Teilung der Stadt zurückzuführen; es habe vielmehr mit einem weiter Zurückliegenden zu tun, mit einem »Wiederkommen«, mit der Wiederkehr einer verdrängten Geschichte also:

> »Die Beschädigung von Berlin, deren geschichtliche Voraussetzungen ja bekannt sind, erlaubt keine Mystifizierung und keine Überhöhung zum Symbol. Was sie erzwingt, ist jedoch eine Einstellung auf Krankheit, auf eine Konsequenz von variablen Krankheitsbildern, die Krankheit hervorruft. Diese Einstellung kann jemand nötigen, auf dem Kopf zu gehen, damit von dem Ort, von dem sich leicht hunderterlei berichten ließe, dem aber schwer beizukommen ist, Kunde gegeben werden kann. Ein Kundschafter ist ein Ortsfremder – er ist somit im Vorteil und im Nachteil. Seine Darstellung ist ihm ganz und der Sache nie ganz angemessen. Aber Darstellung verlangt Radikalisierung und kommt aus Nötigung.« (4/279)

Erinnert die für die Darstellung verlangte Radikalisierung hier an den »schmerzhaften Zwang« aus dem »Dreißigsten Jahr«, so ist die Nötigung dem geschuldet, was sich dem Ortsfremden am Schauplatz Berlin aufdrängt. Andererseits ermöglicht Berlin der Autorin die Doppelstellung des Kundschafters: wegen der historischen Verwicklungen nah wie Wien, zugleich aber fern wie Rom, weil es genauso wie dieses nicht Herkunfts-, sondern vorübergehender Aufenthaltsort ist. Ebenso wie das Auf-dem-Kopf-Gehen, als Voraussetzung, um von dem Ort überhaupt Kunde geben zu können, geht der titelgebende ›Zufall‹ auf Büchners Lenz-Erzählung zurück: »Zufälle: ein merkwürdiges Wort, mit dem Büchner die Lenzsche Krankheit behaftet.« Dabei möchte Bachmann die Krankheit, von der *sie* spricht, als Erbschaft eines vorausgegangenen Wahnsinns verstanden wissen, als eine Art transgenerationeller Erbschaft von Erinnerungsspuren:[45] »Der Wahnsinn kann auch von außen kommen, auf die einzelnen zu, ist also schon viel früher von dem Innen der einzelnen nach außen gegangen, tritt den Rückweg an, in Situationen, die uns geläufig geworden sind, in den Erbschaften dieser Zeit.«[46]

Damit wird der Zufall wörtlich genommen, als Zufallen: uns fällt etwas zu. Das bedeutet, daß dieser Zufall nicht im Gegensatz zum Schicksal steht, sondern eine Figur des Gedächtnisses beschreibt, in der verborgene Zeichen des Gewesenen im Heute (plötzlich) sichtbar werden. Im Text der Büchner-Preis-Rede werden diese Zeichen als ›es‹ oder ›etwas‹ benannt und kommen in den Formeln »es ist etwas in Berlin« und »damals« zur Sprache. Der erste Abschnitt der 21 Krankheitsbilder, die das Panorama Berlins als Schauplatz von Symptomen einer verdrängten Geschichte entwerfen, wird gleichsam aus den fragmentierten und wiederholten Versatzstücken der sich widersprechenden Formel ›es ist nichts‹ und ›es ist etwas in Berlin‹ generiert:

»Es ist zehn Häuser nach Sarotti, es ist […] es sind […], ist […], ist auch […], es ist so weit nicht, aber auch nicht so nah, ist – falsch geraten! – eine Sache auch, ist kein Gegenstand, ist tagsüber, ist auch nachts, […] hat nichts zu tun, ja ist, ist vorgekommen, ist aufgegeben, ist jetzt und schon lange, ist eine ständige Adresse, ist zum Umkommen, kommt vor und hervor, ist etwas – in Berlin.« (279 f.)

---

[45] In seiner Studie über den »Mann Moses und die monotheistische Religion« hat Freud den Begriff der archaischen Erbschaft als Fortbestand von Erinnerungsspuren aus dem Erleben früherer Generationen beschrieben (Freud 1969–1979, IX/546). Zum Begriff des »Transgenerationellen« vgl. X.4.

[46] Ernst Blochs »Erbschaften dieser Zeit« in der Ausgabe von 1935, stand in Bachmanns Privatbibliothek (PBB).

Erst im letzten Abschnitt erscheint die Sprachwendung als zusammenhängende, »es ist etwas in Berlin« (292), um sogleich durch die bekannten Beschwichtigungsformeln wieder verworfen zu werden: »Es war eine Aufregung, war weiter nichts. Es wird nicht mehr vorkommen.«[47]

Die 21 »variablen Krankheitsbilder« sind als Überblendung von Krankenhausszenarien und einzelnen Plätzen aus dem Stadtplan Berlins dargestellt, als entstellte Topographie im wörtlichen Sinne: »Die Straßen heben sich um fünfundvierzig Grad. [...] Die ganze Stadt kreist, das Restaurant hebt und senkt sich, bebt, ruckt« (284). Es ist eine Bewegung, durch die eine buchstäbliche *téléscopage* der Architektur entsteht, wenn es z.B. heißt, »Potsdam ist mit allen Häusern in die Häuser von Tegel verrutscht«. Der Text entwirft ein Panorama, in dem die Bilder einer wortwörtlich überquellenden Normalität – die Havel voll Bier, die Spree und der Teltowkanal fließen von Korn über, kuchenfressende alte Frauen bei Kranzler, davor alte Männer, die obszöne Witze machen – umkippen in den Schauplatz einer entstellten Stadtlandschaft. Verkohlte Knöchelchen im Gras und Kamele in märkischer Sandwüste sind Bestandteile dieses aus den Fugen geratenen Schauplatzes, aus dem die Zeichen einer aus dem historischen Bewußtsein der Stadt verdrängten Geschichte hervorbrechen: »Am Knie der Koenigsallee fallen, jetzt ganz gedämpft, die Schüsse auf Rathenau. In Plötzensee wird gehenkt.« Schwindel, Geschrei, Kollaps, einstürzende Decken, Betonsperren, Holzscheite, inwendig versehrte Körper und in Fettpapier gewickelte Leute, das »Programm geht weiter«. Die Befunde der Oberärzte sind Hieroglyphen und die Versicherungen nicht zuständig, da es sich um »ein vorvertragliches Leiden« handelt. Mit diesem Hinweis auf den vorvertraglichen Status nimmt Bachmann einen Topos aus dem soeben erschienenen Konzept des ›Spätschadens‹ auf[48] (der im Franza-Frag-

---

[47] Im Kontrast zu dem leitmotivartigen Satz »Es ist etwas los in Venedig« in Alfred Anderschs Roman »Die Rote« (1960/1972), der sich auf besondere Ereignisse wie Staatsbesuche bezieht (Andersch 1972, 122 u. 132), wird die Formel bei Bachmann auf das Untergründige und Verborgenen im Schauplatz der Stadt bezogen.

[48] »Psychiatrie der Verfolgten« (von Baeyer u.a. 1964, 64ff.). Dabei bezieht sich Bachmann hier gerade auf den versicherungsrechtlichen Kontext, aus dem die Arbeit entstanden ist, in der es um die Bewertung von Folgeschäden

ment explizit zitiert wird) [IX.4] und schreibt ihn in eine Figur des kollektiven Gedächtnisses und ein zeitgeschichtliches Szenario um. Die Krankheitszeichen im Stadtbild werden damit auf zurückliegende, vor dem Vertrag (dem Gründungsakt) zu datierende traumatische Ereignisse der deutschen Geschichte bezogen, sind also als Symptome kollektiver Erinnerungsspuren beschrieben. Damit stellt Berlin denjenigen Schauplatz dar, auf dem das Subjekt auf den historischen Prätext der eigenen Krankheitsbilder zu stoßen vermag – sofern es die Symptome zu entziffern versteht. Die Radikalität dieser Schreibweise, die Nachahmung einer traumatischen Gedächtnisszene, einer Schockfigur, hat bei einigen Zuhörern in Darmstadt offenbar wiederum als Schock gewirkt, wobei sich die kontroversen Reaktionen zwischen Abwehr und Anerkennung aufspalten.[49]

In Bachmanns Vorarbeiten zur Büchner-Preis-Rede ist der Plan für die Berliner Krankheitsbilder deutlich mit dem Plan für ein Wüstenprojekt verwoben, das die Autorin dann davon abgespalten und als eigenes weiterverfolgt hat, mit einer Vorarbeit zum Franza-Projekt also, in dem sie die Reise durch die Wüste schließlich als Reise durch die Krankheit gestalten wird [X.2]. In dem unveröffentlichten Entwurf zum Vorwort einer noch beide Orte, Berlin und Wüste, verknüpfenden Fassung der Rede, erläutert die Autorin ihr Textverfahren einer Gleichzeitigkeit zweier Schauplätze, indem sie vorausschickt,

»daß von Absatz zu Absatz sich zwei Bewegungen überschneiden. Daß ich Sie einerseits nach Berlin transportiere, und im

---

bei Überlebenden der NS-Politik im Zusammenhang von Entschädigungsverfahren geht.

[49] Das belegt z.B. die Korrespondenz des Präsidenten der Akademie, H.W. Eppelsheimer, in der er die Autorin gegenüber Anwürfen von seiten Horst Langes und Oda Schäfers verteidigt. Dabei spricht er von einem Experiment und von dem Wagnis, die Zuhörer der Preisrede mit einem »so schwierigen Text« zu konfrontieren. Die rhetorische Einlassung auf die Einwände verwandelt sich in seinem Antwortschreiben in eine Eloge: Die Rede »paßt zu der dichterischen Persönlichkeit dieser Frau, die mich von Anfang an durch die Reinheit ihres Strebens – die Abwesenheit von allen Nebengeräuschen – stark beeindruckt hat. Mag es für manchen ein Schock gewesen sein« (31.12.1964, Eppelsheimer an Lange, Nachlaß Oda Schäfer und Horst Lange, Monacensia).

nächsten in die Wüste. Wie eines zum andern kommt, in ein Berlin, das nicht von einer Person besucht wird, sondern von einem Delirium, von einer Krankheit könnte man sagen, von schlechten Träumen, und kontrapunktisch ein Ich, dem zuzutrauen ist, daß es sich auf einer Reise befindet, vielleicht weniger auf einer Reise als auf einem Weg der Heilung und in der Unmöglichkeit, verordnete Eindrücke zu haben.« (TP1/181)

Die hier erörterte Bedeutung der Orte in Verbindung zur Krankheit stellt einen wichtigen Schritt zur Konzeption des Franza-Romans dar, in dem es dann Franzas Körper ist, der als Symptomkörper gestaltet wird und durch den auf seiner Reise durch die Wüste Zeichen der verdrängten jüngsten Geschichte ebenso wie der europäischen ›Zivilisation‹ lesbar werden.

Aus den im Nachlaß überlieferten Vorarbeiten und Entwürfen zur Büchner-Preis-Rede[50] läßt sich nicht nur die faszinierende Genealogie der Komposition ablesen; die Blätter zeigen auch die Spuren einer intensiven Arbeit an der Verflechtung und Verdichtung der thematischen wie topographischen Struktur. Der früheste Berlin-Text ist ein Fragment mit dem Titel »Sterben für Berlin«, das von einer Berlin-Reise handelt; vermutlich ist es bereits nach Bachmanns großem Auftritt in der Kongreßhalle (im November 1961) [V.5] entstanden und zählt insofern eher zur Vorgeschichte des Berlin-Essays. Geht es darin u. a. um die Frage, ob Berlin ein besonderer Ort sei, so wird hier bereits das Motiv der »Verwüstung« mit der Idee der Kamele auf dem märkischen Sand verknüpft (TP1/77f.). In einem weiteren Entwurf zu dieser Geschichte eines Arbeitsbesuchs taucht erstmals die Formel auf, die für die Darstellungsweise des Berlin-Essays so wichtig werden sollte: »Es war nichts, könnte man sagen. Es war doch etwas« (TP1/87). Die eigentlichen Vorarbeiten an der Büchner-Preis-Rede werden aber durch die Bezüge zu Büchners Schriften signalisiert – »Lenz bei Oberlin« und »ach, die Kunst« (172). Diese zitieren neben Büchner zugleich Paul Celans Formulierung vom »Weg der Kunst« aus dessen vier Jahre zuvor gehaltener Büchner-Preis-Rede, wobei

---

[50] In der Edition des »Todesarten-Projekts« sind diese zu finden unter den Titeln »Sterben für Berlin« (TP1/70ff.), »Eugen-Roman II« (87ff.), »Ein Ort für Zufälle. Entwürfe und Vorstufen« (169–204).

Bachmann diesen ›Weg‹ ein wenig anders als Celan beschreibt, als Durchquerung einer Krankheit nämlich:

»laßt uns auf dem Kopf stehen, auf einem kunstfernen Weg, der einmal einmünden kann, dort wo wieder Kunst kommt. Hinzukommt, gleich hinzukommt, wenn die ausgebrannten Stellen verheilen, [...] Die Kunst kommt erst nach dem zweiten Tod, nach der zweiten Unschuld.« (174) [III.1]

In diesen, noch in der ersten Person geschriebenen Entwürfen, die u. a. als Bachmanns Kommentar zur Debatte über eine ›Kunst nach Auschwitz‹ gelesen werden können, werden die Zeichen der Krankheit als »Ausdruck einer Niederlage vor der Realität« reflektiert, wird explizit die Bewußtseinslage einer Ahnungslosigkeit nach dem Krieg, in einer Zeit, als »das Überlebenwollen« aufhörte, thematisiert. Zugleich ist hier von der »unerinnerbaren« Herkunft die Rede, während erst durch die Flucht in die Wüste, d. h. nach Deutschland/Berlin, die eigene Herkunft und der eigene Weg neu überdacht werden können.

Berlin wird in diesen Entwürfen als Schauplatz eines entstellten Gedächtnisses kenntlich, an dem es auch der Schriftstellerin selbst möglich wurde, ihre Geschichte im Kontext traumatisierter Erinnerungsspuren der Nachkriegsgeschichte zu lesen. Und erst hier taucht in Bachmanns Werk das Motiv des Traumas erstmals *explizit* auf. Insofern ist das ›Trauma‹ für Bachmann ein Thema der Nach(kriegs)geschichte und ein Phänomen der Nachträglichkeit. Es bezieht sich nicht unbedingt auf katastrophische Ereignisse, deren Intensität es dem Subjekt unmöglich macht, adäquat darauf zu antworten,[51] sondern auf »unerinnerbare« bzw. vergessene Szenen aus der Vergangenheit, denen nachträglich, aufgrund späterer Erlebnisse, ihre traumatische Bedeutung verliehen wird,[52] eine Bedeutung, die erst durch den Aufenthalt an einem historischen Symptomschauplatz wahrnehmbar und lesbar wird. Von hier aus auch wird die eigene Geschichte in der bereits diskutierten Urszene vom ›Ende der Kindheit‹ [VI.3] erinnerbar.

Die spezifische Darstellungsweise von »Ein Ort für Zufälle«

---

[51] Vgl. diese Definition im »Vokabular der Psychoanalyse«, Laplanche/Pontalis 1972, 513.
[52] Ebenda, 516.

läßt sich im Blick auf zeitgenössische Berlin-Texte anderer Autoren noch deutlicher konturieren. Einer der Entwürfe zu Bachmanns Berlin-Text korrespondiert aufgrund einer längeren Passage über den »massierten 20-Pfennigaufstand gegen das Regime« (TP1/234) mit Uwe Johnsons Anfang 1964 veröffentlichter Kritik am »Boykott der Berliner Stadtbahn«.[53] Darin hat Johnson nicht nur die Kalter-Krieg-Ideologie der ganzen Aktion analysiert,[54] indem er nachweist, daß im Effekt die Westberliner sich selbst den größeren (finanziellen) Schaden zugefügt haben. Er hat darin die aktuelle Situation auch in den historischen Zusammenhang der Kriegsfolgen gestellt. Dabei konnte er an seinen drei Jahre älteren Text über die »Berliner Stadtbahn« anknüpfen, in dem er die Besonderheit der deutsch-deutschen Grenze u. a. mit Hilfe der Signaturen des 1882 gebauten öffentlichen Beförderungsmittels in der Stadtgeschichte beschrieben hatte – ein Text, der von der Geschichte eingeholt war, kaum daß er im August 1961 im »Merkur« erschien, ausgerechnet also in dem Monat, in dem die Mauer gebaut wurde. 1964 werden von Johnson die Effekte des Boykotts – durch sie beschädigten die Berliner ihre eigene Stadt – u. a. im Bild der Krankheit gefaßt, so daß der Körper der Stadt hier in der problematischen Tradition organischer Stadt*metaphern* verbleibt:

---

[53] Veröffentlicht in »Die Zeit« v. 10. 1. 1964 (Johnson 1975, 22–37). Auch der Briefwechsel belegt, daß das Engagement für die Berliner Stadtbahn beide Autoren verband. So schreibt Bachmann im Januar 1966, als sie sich, zurück aus Berlin, gerade wieder in Rom etabliert hat, an Johnson in Berlin, das letzte, was ihr gefallen habe, sei die Reise in der S-Bahn nach Ostberlin gewesen (24. 1. 1966, UJF). Auch sonst teilen beide das Interesse an öffentlichen Beförderungsmitteln und Medien; so legt Johnson im Jahre 1970 seinen Sendungen mehrfach Abbildungen historischer Straßenbahnen bei, Bachmann fragt nach einem »Mittel gegen die Nervenkrankheit einer elektrischen IBM-Maschine« und instruiert ihn anläßlich seines Aufenthaltes in ihrer Wohnung in Rom ausführlich über ihre Schreibmaschine.

[54] Der Aufruf zum Boykott der von der DDR verwalteten S-Bahn (die durch ganz Berlin und bis in die Vororte führte und im Vergleich zu anderen öffentlichen Beförderungsmitteln extrem preisgünstig war) war nach dem Bau der Mauer in Berlin (13. 8. 1961) zuerst vom DGB ausgegangen. Mit Parolen wie »Keinen Pfennig für Ulbricht!« und »S-Bahn-Fahrer finanzieren Ulbrichts Stacheldraht« wurde der Boykott zum Instrument einer Politik des Kalten Krieges, und diejenigen, die dennoch mit der S-Bahn fuhren, wurden nicht selten moralisch diffamiert.

»Der Vergleich des Boykotts mit einer Amputation zieht den mit schweren Kreislaufstörungen nach sich.«[55] Während derart die historische Situierung auf der argumentativen Ebene und die Metaphorik der Phänomenbeschreibung auseinanderfallen, bewegen sich Bachmanns Krankheitsbilder von Berlin, als Erinnerungssymbole[56] kollektiver Verdrängungen, jenseits jeder metaphorischen Funktion.

Inwieweit diese Darstellung als Struktur eines traumatischen Gedächtnisses verstanden werden kann, läßt sich durch den Blick auf einen anderen Vergleichstext erhellen. Eine Differenzierung verschiedener Figuren des Traumas, die sich von historisch sehr unterschiedlichen, teilweise entgegengesetzten Orten in der Nachgeschichte von Nazismus, Krieg, Shoah und Exil herschreiben, wird nicht nur im Dialog der Bachmannschen Literatur mit Paul Celan deutlich [VIII]. Sie zeigt sich auch in einem Vergleich ihres Berlin-Essays mit den »Berliner Notizen« (1965) von Witold Gombrowicz, die aus einem Berlin-Aufenthalt desselben Jahres (1963) und desselben Anlasses (Stipendium der Ford Foundation) hervorgegangen sind. War der 1939 aus Polen emigrierte Schriftsteller anläßlich des Berlin-Stipendiums aus seinem Exil in Buenos Aires nach Europa zurückgekehrt, so kommt er – »Bin ich doch ein Pole ... also mit welchen Entsetzen aus der Vergangenheit belastet!«[57] – nach Berlin. Dort trifft er auf eine für seine Geschichte genuine Art der »Schwierigkeit des Erkennens«, die besonders aufdringlich werde, »wenn eine oder mehrere Anomalien einem Ort den Charakter von etwas Verchiffriertem verleihen« (73). Für Gombrowicz ist die Chiffrierung der Topographie also zu einer *Ver*chiffrierung gesteigert, mit der die Lesbarkeit des Ortes grundsätzlich verstellt ist. Berlin erscheint dem Autor als Schauplatz, auf dem er sich permanent von Todeszeichen bedroht fühlt, an dem ihn ständig scheinbar harmlose Sätze anspringen, und zugleich als Ort, an dem man alles unternimmt, um ihn zum Ver-

---

[55] Johnson 1975, 29, auch 33 u. 35.
[56] In den »Studien zur Hysterie« von Freud und Breuer wird das Symptom als Erinnerungssymbol konzipiert, insofern es als körperliches Zeichen eine verdrängte Erregung erinnert (Freud/Breuer 1970, 240).
[57] Gombrowicz 1965, 6. Die folgenden Seitenzahlen im Text beziehen sich auf diese Ausgabe.

zeihen zu verführen. Dabei sieht er die Stadt als Schauplatz eines phantasmatischen Neubeginns, insofern eine neue Generation in Deutschland zwar die Vergangenheit nicht leugnet, selbst davon aber unberührt zu sein vorgibt. An diesem Ort einer Generation, die sich ohne Vergangenheit und Eltern sieht, die von niemandem geboren zu sein scheint, fallen den Besucher böse Träume und traumatische Bilder an; hier wird er von Wiedergängern heimgesucht.

»Um irgendeine Lücke in meinem deutschen Gestammel zu flicken, zitierte ich Goethe: *Hier ist der Hund begraben*, und sogleich gesellte sich mir der begrabene Hund zu, nein, nicht ein Hund, sondern irgendein Altersgenosse, genau solch ein selber, der ja hier irgendwo liegen konnte, in der Nähe, am Kanal, unter Häusern, hier, wo der junge Tod hatte dicht gesät sein müssen im letzten Kampfe. Dieses Skelett steckte irgendwo in der Nähe ... Und gleichzeitig schaute ich auf die Wand und erblickte dort, hoch oben, fast unterhalb der Decke, einen eingeschlagenen Haken, in die nackte Wand eingeschlagen, einsam, tragisch, nichts Schrecklicheres als dieser Haken, dort, eingeschlagen, ein Haken, in die Wand, hoch oben, eingeschlagen, in die nackte Wand.« (89)

Im Modus autobiographischer Tagebuchnotizen geschrieben, bricht in Gombrowicz' Text der Schrecken unmittelbar ein und nimmt aufgrund der Lücken im Ausgesprochenen und in den sichtbaren Überlieferungen die Form eines Phantoms an.[58] Da in einer Kultur, die ihre Herkunft aus einer Tätergeschichte leugnet, überall Gräber und Krypten, begrabene Erinnerungen, vermutet werden müssen, wird dem zurückgekehrten Exilanten jedes Zeichen zum Todeszeichen. Die Topographie Berlins, die für Bachmann als Symptomkörper der deutschen Geschichte lesbar wird, verwandelt sich für Gombrowicz in den Schauplatz eines phantomatischen Gedächtnisses.

In den ersten Monaten ihres Berlin-Aufenthaltes (April 1963 bis Ende 1965) hat Bachmann an den Erfahrungen und dem Blick

---

[58] Zum ›Phantom‹, das im Unterschied zum Trauma u.a. durch den Ausfall der Symptome (im Sinne von Erinnerungssymbolen) und statt dessen durch die Lücke im Aussprechbaren wie auch durch Familiengeheimnisse charakterisiert ist, vgl. Abraham 1991.

des Remigranten unmittelbar partizipiert, als sie, ebenso wie Gombrowicz, in einem Gästeatelier im Haus der Akademie der Künste wohnte und häufiger mit ihm zusammen war. Mehrfach in ihren Entwürfen finden sich Szenen, in denen die Fremdheit, die ihre französische Konversation signalisierte, einschlägige Bemerkungen aus dem Westberliner ›Frontstadt‹-Jargon aktualisiert. In ihm lebten rassistische Ressentiments als Formeln des Nach- bzw. Kalten Krieges fort (z. B. TP1/235). In ihrem Entwurf zum Nachruf auf Gombrowicz 1970 [IX.1] erzählt Bachmann beispielsweise:

> »Eines Tags gingen wir in eine kleine Wirtschaft in Berlin essen, der Kellner dachte, wir verstünden kein deutsch, am Ende sprach ich deutsch mit ihm, und es war einer der vielen Schocks, die sich sehr oft wiederholt haben in Berlin für mich. Es war aber nicht der Kellner, der mir sagte, wir sind doch hier keine Polenwirtschaft. Er sagte etwas anderes, er war vorsichtig, er wußte nicht, wie man uns unterbringen sollte, und ob Ost oder West oder etwas Drittes, aber er sagte etwas Fürchterliches, wir standen beide auf und zahlten sofort und gingen.« (4/327)

Diese Szene vermag die Rede von der Nötigung aus der Vorbemerkung zum Berlin-Essay im Lichte konkreter Erfahrungen zu erhellen: »Aber Darstellung verlangt Radikalisierung und kommt aus Nötigung« (279). In einer Passage aus den Entwürfen wird die Art und Weise, wie sich in dieser Stadt die unfreiwilligen Eindrücke aufdrängen und als Bilder festsetzen, drastisch beschrieben. Obwohl nach Deutschland gekommen ohne das geringste Interesse, »mir die Deutschen zu betrachten und gar festzustellen, wie sie sind«, evoziert der Ort dennoch ein nahezu zwanghaftes Hinschauen:

> »Aber ich betrachte sie. Das ist der quälendste Zustand, in den ich je geraten bin in einem Land. Ich betrachte sie ununterbrochen […]. Ich starre mit einem großen kalten Aug, das schauen und schauen muß, und sie fallen in meine Augen hinein und bleiben da liegen.« (TP1/233)

Wahrnehmungszwang und Darstellungsnötigung, die für die Autorin von den Deutschland-Bildern ausgehen, lassen sich nur dadurch begreifen, daß sie hier auf Eindrücke und Wahrnehmungen stößt, die an verschwiegene Erinnerungen und teilweise unverstandene Zusammenhänge der eigenen Geschichte rühren, weil sie mit ihrer Kindheit im ›Anschluß‹-Österreich korrespondieren. »Aber die Herkunft [...] ist ganz unerinnerbar« (TP1/178).

4. Literatur-Politik: ein deutscher Literaturstreit und das europäische Zeitschriftenprojekt »Gulliver«

Diese in den Entwürfen verbliebenen kommunizierenden Röhren zwischen den ›Krankheitsbildern von Berlin‹ und der eigenen Geschichte können vielleicht etwas von dem merkwürdigen Paradox erklären, daß der Berlin-Aufenthalt, obwohl durch das Stipendium »aufoktroyiert«,[59] für Bachmann dennoch zu einem intensivierten politischen Engagement führte.[60] Dabei befand sie sich im Gespräch und auch teilweise im Einverständnis mit einigen wenigen Kollegen aus dem Kreise der Gruppe 47, wie Enzensberger, Johnson, Grass und Lettau, während sie andererseits zur gleichen Zeit eines ihrer schärfsten Urteile über die Gruppe und die (west-)deutschen Schriftsteller fällte. In einem Interview nach ihrem Verhältnis zur Gruppe 47 befragt, bekundet sie zunächst Befremden über die »törichten Legenden«, von denen die Gruppe umwoben sei:

»Ich höre neuerdings, [...] daß die politische Aktivität, die literaturpolitische Macht womöglich, dieser Gruppe beachtenswert sein soll. Es ist mir nicht aufgefallen. Mir ist höchstens aufgefallen, daß die deutschen Schriftsteller, die sich dem Verdacht aussetzen, radikale, gefährliche Ansichten zu vertreten, fast ausnahmslos derart *gemäßigt denken*, daß sie sich in einem anderen Land, etwa in Italien oder Frankreich, dem Verdacht aussetzen würden, zuwenig zu denken. Ich habe es darum schwer,

---

[59] Bachmann an Johnson am 24.1.1966 (UJF).

[60] Auch in der Korrespondenz wird ein ambivalentes Verhältnis zur Stadt deutlich: manchmal erscheint die Stadt ihr unerträglich, aus der Ferne vermißt sie sie. So heißt es viele Jahre nach dem Berlin-Aufenthalt in einem Brief an Szondi, sie müsse sich Berlin jetzt »aus den Zeitungen herauslesen und das macht es mir immer trauriger« (Bachmann an Szondi am 21.6.1970, DLM).

werde darum immer Mühe haben, trotz des Verständnisses für die Lage, in der Berlin und die beiden deutschen Staaten sind, mich hier an einem politischen Gespräch zu beteiligen.« (25.11.64, GuI 50, H.v.m.)

Diese Bemerkung steht im deutlichen Kontrast zur Geste des Nicht-daran-rühren-Wollens, die noch drei Jahre zuvor ihre zögerliche Reaktion auf H.W. Richters Aufforderung, etwas zum Jubiläumsband der Gruppe 47 beizutragen, bestimmt hatte [V.5].

Ganz ähnlich wie in dem zitierten Interview hatte sie sich in ihrem Statement für Sebastian Haffners Dokumentarfilm »Gruppe 47« (SWF Baden-Baden, 14.1.1964) geäußert.[61] Der Film Haffners reagierte auf eine öffentliche Polemik von konservativer Seite, die in einer Titulierung der Gruppe 47 als »geheime Reichsschrifttumskammer« durch den CDU-Generalsekretär und WDR-Verwaltungsratsvorsitzenden Josef Hermann Dufhues gipfelte,[62] der sich dabei durchaus im Einklang mit einer forschen Diffamierung der Intellektuellen durch andere konservative Politiker wußte. Bachmanns Kommentare zu der öffentlichen Polemik unterscheiden sich deutlich von denen anderer Autoren, die zumeist die Anwürfe gegen die Gruppe zurückweisen, immer wieder darauf beharren, daß die politischen Verlautbarungen, die aus ihrem Kreis entstanden waren, Manifestationen einzelner, nicht der Gruppe, waren, und sich nicht selten auf deren ›politische Harmlosigkeit‹ beriefen. Unter der Dominanz eines Links-Rechts-Musters der Debatte wurde dagegen die prekäre Kontinuität des Vorwurfs zu dem im ›Dritten Reich‹ besonders virulenten Antiintellektualismus zuwenig beleuchtet. Ebenso unterblieb eine Auseinandersetzung mit Gruppenstrukturen, die möglicherweise Anlaß gaben für ein öffentliches Unbehagen gegenüber der schwer greifbaren Rolle der Gruppe 47 und deren nicht unproblematischem Profil im Verhältnis von Literatur und Politik.[63] Als

---

[61] Im Vergleich mit der viel lebhafteren, prononcierteren Debatte in Italien verhielte sich die Gruppe äußerst passiv und viel zu unpolitisch: »Hier kommt man nicht darüber hinaus, auf eine konkrete Situation zu reagieren« (Bachmann in Haffners Dokumentarfilm).

[62] Vgl. dazu Lettau 1967, 503–514.

[63] Allenfalls in einer Kritik ›von links‹, z.B. Hermann Kesten: Der Richter der Gruppe 47. In: Lettau 1967, 320–328.

rein literarische Gruppe deklariert, konstituierte sie sich eben gerade nicht über ästhetisch-literarische Ideen, sondern über eine relativ diffuse ›liberale‹ politische Mentalität und war dabei durchaus zu einem Faktor des Literaturbetriebs und in der Öffentlichkeit zu einer Art moralischer Instanz geworden, die wegen der Leugnung eines institutionellen Charakters nach außen schwer greifbar erscheinen mußte.

Anstatt in den allgemeinen Verteidigungs- und Legitimationsdiskurs einzustimmen, beklagt Bachmann die mangelnde Radikalität der Schriftsteller, die sich der Gruppe 47 zuordnen, nicht mangelnde politische Radikalität, sondern eine mangelnde Radikalität des Denkens! Spricht sie hier einerseits als Schriftstellerin, so engagiert sie sich andererseits zu gleicher Zeit im Medium rechtsstaatlicher Verfahren als *citoyenne*, wenn sie sich nämlich aktiv an einer Klage gegen Dufhues beteiligt. Kaum in Berlin eingetroffen, berät Bachmann bereits im Mai 1963 zusammen mit Johnson und Grass juristische Schritte zur Einreichung einer Klage gegen Dufhues. Auch früher schon war ihr Name unter den Unterzeichnern politischer Manifestationen zu finden, die von einzelnen Schriftstellern aus der Gruppe 47 initiiert wurden, so z.B. unter einem offenen Brief gegen die Atombewaffnung (1954) und einer Erklärung zum Algerienkrieg (1960).[64] Und auch später nimmt sie diese in guter Tradition politischen Engagements von Intellektuellen stehende Sprecherrolle wahr, wenn sie beispielsweise eine Erklärung gegen den Vietnamkrieg, eine andere gegen die Verjährung von Naziverbrechen (beides 1965) und 1972 einen Appell der Berliner Akademie der Künste zur Ratifizierung der Ostverträge unterzeichnet.[65] Jetzt aber, kaum drei Monate in Berlin, geht Bachmann am 10. Juli 1963 gemeinsam mit den Kollegen Grass und Johnson ins Berliner Landgericht, Tegeler Weg 17–20, Zimmer 128, um die Klage gegen Dufhues einzureichen.

Dieses Lehrstück praktischer Staatsbürgerkunde vor Ort und die plötzliche Bekanntschaft mit den deutschen politischen Verhältnissen hat offensichtlich einen Bruch mit ihrer Stillhaltepolitik gegenüber der Gruppe 47 bewirkt, mit der sie zuvor ihre eigene

---

[64] Zur Unterzeichnungspraxis der Schriftsteller der Gruppe 47 vgl. Briegleb 1993, 166f.
[65] Vgl. Lettau 1967, 446–524.

Ambivalenz: innere Distanz und latente Dazugehörigkeit, in der Balance gehalten hatte. Während des Berlin-Aufenthalts entsteht kurzfristig der Impuls, die Rolle der Gruppe eingreifend zu verändern. So jedenfalls läßt sich eine Notiz verstehen, die sich im Nachlaß findet und in der, ausgehend von einer desillusionierenden Diagnose deutscher Verhältnisse, für einen Moment dieser Gedanke auftaucht:

> »Das ist ein Land, das zur Zeit keinen einzigen politischen kühnen Gedanken verdauen kann, weil immer da und dort etwas dem Feind in die Hände spielt, das macht einen furchtbar ungeduldig, in der Doppelposition Betrachter und Mitdenkender. [...] Aber das könnte sich ändern, ändert sich auch schon, und eine immer mögliche Stagnation einer Gruppe wie der Gruppe 47 könnte gesteuert werden.«[66]

Das gemäßigte Denken deutscher Schriftsteller, das sie im Interview beklagt, wird hier als Befangenheit im Muster eines Freund-Feind-Gegensatzes gedeutet, mit dem sich die Ideologie der ›Zwei Blöcke‹ bis in das Denken der Intellektuellen hinein fortsetzt und dort einnistet. Ganz offensichtlich aber hat Bachmann wieder von der Idee Abstand genommen, auf die Gruppe als Institution zu setzen. Jedenfalls hat sie künftig nicht mehr an den jährlichen Treffen teilgenommen und nur noch mit einzelnen Kollegen in intensiverer Verbindung gestanden.

Möglicherweise hat dazu auch das im Frühjahr 1963 sich abzeichnende Scheitern eines Zeitschriftenprojekts beigetragen, in dessen Konzeption und Vorbereitung Bachmann aktiv involviert war. Auf Anfang 1961 datieren die ersten Vereinbarungen dreier prominent besetzter Redaktionsgruppen in Italien, Frankreich und der Bundesrepublik mit den Verlagshäusern Juillard (später ersetzt durch Gallimard), Enaudi und Suhrkamp für eine gemeinsame Kulturzeitschrift mit dem Titel »Gulliver«.[67] Geplant war ein vierteljährlich erscheinendes Organ, das parallel in den drei Sprachen und Ländern erscheinen sollte. Gehörte zur französi-

---

[66] K7960/N2039 (NÖN), der Entwurf, der an dieser Stelle abbricht, ist nicht datiert; aus dem Zusammenhang aber wird deutlich, daß er in der Berliner Zeit entstanden sein muß.

[67] Zu anderen Namensvorschlägen vgl. Fahlke 1990.

schen Redaktionsgruppe ein großer Teil der literarischen und philosophischen Avantgarde des Landes – neben den Exponenten Maurice Blanchot und Dionys Mascolo waren es Robert Antelme, Georges Bataille, Michel Leiris, Maurice Nadeau, Roland Barthes, Michel Butor, Geneviève Serreau und Louis-René des Fôrets –, so war die italienische Gruppe mit Italo Calvino, Alberto Moravia, Pier Paolo Pasolini neben den Sprechern Elio Vittorino und Francesco Leonetti nicht weniger prominent besetzt. Ingeborg Bachmann gehörte neben Martin Walser, Günter Grass und Helmut Heissenbüttel der deutschen Gruppe an, für die als federführender Redakteur zunächst Hans Magnus Enzensberger[68] und ab Oktober 1962 Uwe Johnson zeichnete.[69] War die Zeitschrift weder als rein literarisches noch politisches Organ geplant, so sollte doch gerade die schwierige Frage des Verhältnisses der beteiligten Literaten zur Politik den Zündstoff für Unstimmigkeiten liefern. Aus unterschiedlichen Blickwinkeln sind es mehrfach explizit politische Äußerungen, die für Brisanz sorgen, obwohl dem Engage-

---

[68] Enzensberger hat sich 1962 auf die Insel Tjome in Norwegen und vollständig aus dem Projekt zurückgezogen und 1965, zurück in West-Berlin, statt dessen die Zeitschrift »Kursbuch« gegründet (zunächst Suhrkamp Verlag), die sich im ersten Jahrzehnt ihres Bestehens zum intellektuellen Organ der ›Studentenbewegung‹ entwickeln sollte.
[69] Eine umfassende Rekonstruktion dieses Projekts steht noch aus. Anfragen bei Beteiligten aus der deutschen Gruppe, u.a. bei Enzensberger und beim damaligen, in das Projekt involvierten Suhrkamp-Lektor Walter Boehlich, haben wenig erbracht. Enzensberger verdanke ich den Hinweis auf eine italienischsprachige Dokumentation des Vorhabens, die 1993 von Anna Panicali herausgegeben wurde: Una Rivista Internazionale Mai Pubblicata (Gulliver 1960–1965). Diese enthält eine zusammenfassende Darstellung und einige programmatische Stellungnahmen sowie ausgewählte Teile der Korrespondenz. Die stark interpretierende Art der Kommentierung und der Auswahl der Dokumente ermöglicht jedoch kein umfassendes Bild über die Geschichte der Planung und des Scheiterns, zumal sich in der Darstellung der Streitpunkte das Problem der national konstituierten Gruppierungen, das letztlich auch zum Scheitern geführt hat, noch diskursiv verstärkt, wenn z.B. von ›den Franzosen‹, ›den Deutschen‹ etc. die Rede ist. Noch weniger Konturen gewinnt das Projekt im siebten Kapitel der Johnson-Biographie von Bernd Neumann, »Gulliver oder vom ›Minimum der Solidarität‹«, da hier nur aus einer Perspektive und zudem nicht besonders präzise berichtet wird (Neumann 1994, 469–478). Als Namen für die deutsche Redaktionsgruppe nennt Neumann noch Peter Rühmkorf und Walter Boehlich (470).

ment französischer Intellektueller gegen den Algerien-Krieg 1958 die Bedeutung einer Initialzündung für die Idee dieser internationalen[70] Kulturzeitschrift zugeschrieben wird.[71] Johnson reagierte aber irritiert, als Mascolo in einem Interview mit dem »Observer« im September 1962 die geplante Zeitschrift als »a left wing counterpart« zum »Monat« und zum »Observer« bezeichnete.[72] Andererseits war im September 1961 ein Brief Enzensbergers auf völliges Unverständnis bei den französischen und italienischen Kollegen gestoßen, in dem er auf den Mauerbau reagierte und davon ausging, daß diese neue Situation die deutschen Autoren mit so diffizilen Problemen konfrontiere, daß dadurch ihre Möglichkeiten und ihr Interesse am gemeinsamen Projekt notwendig leiden müßten.[73] Sein Vorschlag, im monatlichen Turnus abwechselnd je eine gemeinsame und je eine nur deutsche Nummer herauszubringen, wurde von den anderen abgelehnt. Unüberwindliche Meinungsverschiedenheiten tauchten dann aber nicht nur über grundlegende Gestaltungsfragen auf, z. B. über die von Blanchot vorgeschlagene Rubrik »Cours des choses/Chronik der Zeit« wie auch über die von ihm propagierte kurze Form. Vor allem angesichts der ersten fertigen Artikel kam es zu unversöhnlichen Kontroversen über Schreibweise und Denkstil. Damit zerbrach ein Projekt, das die Überschreitung der Grenzen nationaler literarischer Öffentlichkeiten zum Ziel hatte, ausgerechnet an unüberwindlichen Differenzen, die sich in den kulturell je eigenen Sprach- und Denkweisen artikulierten.

Die Divergenzen, die sich bereits auf vorausgegangenen Treffen der drei Redaktionsgruppen abgezeichnet hatten,[74] führten wäh-

---

[70] Mit dem Konzept einer *internationalen* Zeitschrift verband sich realiter ein genuin *europäisches* Projekt, wie die Hinzuziehung von Korrespondenten aus Polen (L. Kolakowski) und England (Iris Murdoch) zeigt, mit einer nordamerikanischen Connection (Richard Seaver), vgl. Gulliver 1993, 10.

[71] So jedenfalls in der italienischsprachigen Dokumentation der Planungsgeschichte (Gulliver 1993, 6).

[72] Neumann 1994, 472.

[73] Der Text von Enzensberger ist abgedruckt in der Dokumentation (Gulliver 1993, 41–45).

[74] Die Überlieferungen sind hier nicht einheitlich; die italienische Dokumentation nennt ein Treffen am 19./20. Januar 1963 in Zürich, Neumann eines am 12. März 1963 in Florenz.

rend einer Tagung in Paris (18. bis 20. April 1963), an der von deutscher Seite Johnson, Bachmann und Boehlich teilnahmen, zum Abbruch der Kooperation. Aus einem Protokoll, das Johnson von diesem Treffen angefertigt hat,[75] geht hervor, daß er, offenbar in Übereinstimmung mit seinen deutschen Kollegen, die Texte der französischen Autoren als inakzeptabel bewertet hatte: Die »theoretische Spekulation in den französischen Texten« und deren Schreibweise seien für ein deutsches Publikum unverständlich, andererseits würden politische Gegenstände zu abstrakt behandelt und bildeten nur den Anlaß für allgemeine philosophische Spekulationen. Das Dokument belegt, daß die Ressentiments gegenüber der ›französischen Theorie‹, die im deutschsprachigen Feuilleton der achtziger und neunziger Jahre laut werden sollten, auch vor 1968 bereits wirksam waren und auch damals schon mit dem Vorwurf einer Nähe zur konservativen Philosophie verbunden wurden.[76] So scheint es Johnson nicht unlieb, in seinem Protokoll vermerken zu können, auch Leonetti und Vittorino hätten erklärt, daß »in den französischen Texten eine Entsprechung zu einer konservativen und katholischen Schreibweise in Italien« zu erkennen sei[77] – allerdings ohne daß sie die Beiträge deswegen zurückgewiesen hätten.

Die Konzeptpapiere der Beteiligten lassen erkennen, daß sich das jeweilige Selbstverständnis der Zeitschriftengründer aus sehr unterschiedlichen literarischen Traditionen herschreibt. Enzensbergers Grundsatzpapier ist ganz aus dem Geiste jenes Aufbruchs geschrieben, mit dem Anfang der sechziger Jahre eine junge Schriftstellergeneration die Nachkriegsliteratur überwinden wollte. Er geht von dem in jüngster Zeit zu beobachtenden Auftreten einer Generation von Dreißigjährigen in der deutschen Literatur aus, die durch gewisse politische Gemeinsamkeiten verbunden sei und für die, obschon sie sich keinem der zwei Blöcke zuordnen könne, ein neutraler Ort ausgeschlossen sei. Deren Kritik möchte

---

[75] Ein elfseitiges Manuskript, 29.4.1963 (UFJ), unvollständig abgedruckt in Neumann 1994, 474–478.
[76] Gegen die von Blanchot propagierte kurze Form richtete sich z.B. der Vorwurf einer Verbindung zur »Ernst Jüngerschen Philosophie des Fragments« (Neumann 1994, 473).
[77] Ebenda, 475.

er jenseits des Gegensatzes von »bürgerlicher Kritik« und »marxistischer Scholastik« situiert und zugleich gegen eine die Realität ignorierende Avantgarde abgegrenzt wissen.[78] Maurice Blanchot, der dagegen sehr viel universeller argumentiert und die Internationalität der Probleme betont, schließt in seinem Papier jedoch zugleich an die Geschichte französischer Avantgardebewegungen wie den Surrealismus an, wenn er das Prinzip der Kollektivität propagiert. Für ihn ist eine Zeitschrift das Organ für den Ausdruck einer Doktrin oder einer Gruppe. Vor einem politischen Horizont ginge es darum, die literarischen, philosophischen und sozialen Probleme, die in den einzelnen Sprachen und Ländern auftreten, als gemeinsame bzw. allgemeine zu verstehen.[79] Hier also Verortung in einer nationalliterarischen Tradition, dort der Habitus eines intellektuellen Kollektivs mit dem Anspruch auf Internationalität. So war mit der Bildung dreier nationaler Redaktionsgruppen, mit dem Versuch also, eine kosmopolitische Perspektive aus der Kooperation zuvor national-kulturell organisierter Gruppen zu entwickeln, das Scheitern des Projekts in gewisser Weise vorprogrammiert.

Als Österreicherin und Wahl-Italienerin, damals in der Schweiz ansässig und Mitglied der deutschen Redaktionsgruppe, kann man sich Ingeborg Bachmanns Ort im Projekt nur zwischen allen Stühlen vorstellen. Offensichtlich hat sie nur am letzten Treffen der drei Gruppen in Paris teilgenommen,[80] auf ausdrücklichen eigenen Wunsch,[81] gehörte aber von Anfang an zur deutschen Planungsgruppe[82] und hat sich mit Johnson über das Projekt und mögliche Beiträge brieflich verständigt. In einem Kommentar zu seinen »Neuigkeiten unserer unvergesslichen internationalen Zeitschrift«[83] rät sie im Herbst 1962 zur Behutsamkeit und argumentiert gegen eine Tendenz zur Beliebigkeit. Es müsse »zuerst

---

[78] Gulliver 1993, 41–45.

[79] Ebenda, 28–40.

[80] Am Treffen in Zürich kann sie nicht teilgenommen haben, da sie sich im Januar 1963 in einer Zürcher Klinik aufhielt.

[81] So im Brief an Johnson v. 5.2.1963 (UJF).

[82] So war sie bei dem ersten ausführlichen Gespräch Unselds mit einigen Autoren im Februar 1961 dabei, ebenso beim nächsten Frankfurter Treffen im Oktober 1962 (Neumann 1994, 379, 471).

[83] Johnson an Bachmann am 28.8.1962 (UJF).

einmal der Ton, das Vorzeichen feststehen«, ehe man den Kreis der Autoren weiter öffne, und dabei dürfe es nicht allein um Sympathie gehen. Fast unmerklich wird in diesem Kommentar eine Differenz vermerkt, mit der Bachmann signalisiert, daß sie sich als Teilnehmerin einer deutsch*sprachigen*, nicht einer deutschen Gruppe versteht: wenn heute Klotz, Heckmann, Höllerer und Rühmkorf zur Mitarbeit aufgefordert würden, dann werde sie morgen mit vier Namen kommen, »von Augustin bis Otto Walter«, die auch nicht schlechter und weniger sympathisch seien.[84] Durch die Nennung eines Schweizer Autors signalisiert sie indirekt, daß außer ihr alle anderen Beteiligten aus der Bundesrepublik kommen. Mit einem europäischen Zeitschriftenprojekt verband sich für sie die Verheißung eines Ortes jenseits der belasteten deutsch-österreichischen Literatur- und Verlagsbeziehungen [V.4/VI.2], an dem sie ihre enorme Belesenheit in allen drei Literaturen und ihr Engagement als Übersetzerin[85] und Mittlerin hätte einbringen können. Nach dem Scheitern des Projekts blieben ihr dafür nur andere Wege: Übersetzungsvorschläge[86] an einzelne Verlage in Italien[87] und der Bundesrepublik (vor allem an Unseld), ihre Mitwirkung bei internationalen Dichtertreffen oder ihre Funktion als Jurorin des »Premio Etna-Taormina« (1966).

Auch beim Pariser Treffen der drei Redaktionsgruppen scheint

---

[84] Nachlaßblatt »Uetikon, 1. September. Bemerkungen zu den NEUIGKEITEN:« (K4499/N1634, NÖN).

[85] Vgl. vor allem ihre Übersetzung der Gedichte von Giuseppe Ungaretti. Im Nachlaß finden sich noch eine Reihe von Übersetzungsentwürfen, so z.B. zu Albert Camus' »Der Belagerungszustand« und zu einem Nietzsche-Text von Roberto Calasso, »Fataler Monolog«. Eine Bitte von J.-P. Giraudoux, eines seiner Stücke zu übersetzen, lehnte sie 1968 allerdings »wegen eigener Verpflichtungen« ab (Brief Bachmanns an J.-P. Giraudoux v. 23.12.1968, Monacensia).

[86] So geht auf ihre Vermittlung z.B. die italienische Übersetzung von Thomas Bernhard bei Adelphi und umgekehrt die deutsche Übersetzung von Elsa Morante zurück (Brief Unselds an Bachmann v. 17.12.1968, SVF).

[87] Auch in Italien intensivieren sich, nachdem Bachmann sich 1966 wieder in Rom niedergelassen hat, die Verbindungen zum dortigen Literaturbetrieb und die Freundschaften mit italienischen Intellektuellen. Dazu gehören vor allem die Freundschaft zum Verleger Giangiacomo Feltrinelli sowie zur Schriftstellerin Fleur Jaeggy und deren Mann, dem Verleger Roberto Calasso.

ihr, nachdem Johnson am ersten Tag seine grundsätzliche Ablehnung der französischen Beiträge erläutert hatte und da die betroffenen Autoren sich über Boehlich und die von ihm vorab schriftlich formulierte Kritik besonders echauffiert hatten,[88] die Rolle zugefallen zu sein, einen letzten Klärungs- oder Vermittlungsversuch zu unternehmen. Im Protokoll aus Johnsons Feder klingt das so:

> »Am 19. April erläutert Frau Bachmann, dass die deutschsprachigen Herausgeber keineswegs das Recht beanspruchten, andere nationale Schreibweisen zu zensieren oder zu ändern. Des weiteren, dass wir nicht glücklich werden könnten mit der Uniformität der französischen Texte, die eben wenig Individualität und Eigenart zeigten. Viel lieber sei uns eine Vielfalt persönlicher Auftritte in der Zeitschrift als eben diese Schule, viel lieber ein wirklicher Blanchot als dieser im Banne einer Fragmentideologie.«[89]

Aus den Stichworten, die Bachmann sich für ihr Statement beim Pariser Treffen vorbereitend notiert hat,[90] spricht ein deutlich anderer Ton, nämlich sehr viel eher Trauer und Bedauern über die Differenzen und den Gesprächsverlauf. So spricht sie von einem »tragischen échec«, zeigt sich »sehr unglücklich, daß [eine] derartige Diskussion möglich« sei, und plädiert dafür, »wirklich zu fragen«. Neben der sichtlichen Bemühung um eine andere Gesprächsform konzentriert sie sich auf *einen* konzeptionellen Aspekt, der darauf hindeutet, daß sie sich vor allem an dem von Blanchot vertretenen Kollektivstil und einer Unterstellung der Zeitschrift unter eine Doktrin stößt. So versucht sie, für mehr Verschiedenheit, Individualität und Besonderheit zu werben, sowohl innerhalb der Gruppen als auch in der Behandlung von Themen. Dabei fällt aus dem um Verbindlichkeit und Vermittlung bemühten Ton ihrer Notizen – »Nur Bitte, verschiedene Behandlungen zuzulassen, innerhalb der Gruppe!« – nur ein einziger Satz heraus,

---

[88] Am 1.2.1963 hatte Blanchot die Kommentare von Boehlich als »à la manière de Kulturkritiker et d'idéologues« zurückgewiesen (Gulliver 1993, 79).
[89] Johnson, Protokoll, 3 (UJF).
[90] Es handelt sich um drei Seiten handschriftlicher Notizen, die im Nachlaß erhalten sind: K4503-5/N1189,1187,1185 (NÖN).

dessen Schärfe Empfindlichkeit signalisiert: »Keine Diktatur in der Behandlung von Themen.« Ob dieser zwischen Imperativ und Apotropé changierende Satz nur an Blanchot und seine Kollegen adressiert ist oder nicht ebenso an die Kommentare der deutschen Kollegen, läßt sich aus den Notizen nicht klären. In Richtung der ersteren wird die darin enthaltene Befürchtung bereits durch einen Blick auf die Avantgardetradition, speziell den syndikalistisch-männerbündischen Charakter des Surrealismus, begreiflich, während auf der anderen Seite eine vergleichbare Bewegung in der Literaturgeschichte der Bundesrepublik gerade bevorsteht: der Diskurs über den ›Tod der Literatur‹ im Kontext von ›1968‹ und die anschließenden Organisationsdebatten. Diese werden Bachmann zu einer ähnlich kategorischen Abgrenzung veranlassen. Für den Augenblick rettet sie sich in die ›Individualität‹ und artikuliert im Moment des Scheiterns noch einmal die verspielte Möglichkeit, daß individuelle Schriftsteller sich in einem übernationalen Kontext situieren. Die Notizen enden mit dem Satz: »Wir sind schließlich nicht nur Gruppen, sondern einzelne Schriftsteller.« Mit dem Scheitern des Zusammenschlusses der Gruppen im »Gulliver«-Projekt wird ihr nur mehr der Rückzug auf die Sprache des »einzelnen Schriftstellers« bleiben.

Nach dem Abbruch des Vorhabens wird eine Art Probenummer als Sondernummer der italienischen Zeitschrift »Menabò« Nr. 7 (1964) publiziert, in der auch Bachmanns Text »Tagebuch« erscheint. Der Essay enthält eine polemische Abgrenzung gegenüber einer Kulturpolitik, die sich als staatlich inszenierte ›Versöhnung‹, »Verständigungsrausch und Verbrüderungstaumel« und als »Austausch von Worten und Werten auf Kulturwochen und Musikwochen für die happy few« darstellt. Die Erörterung alternativer Perspektiven eines kulturellen europäischen Dialogs trägt noch die Spuren seiner Entstehung aus den vergeblichen Debatten. Gegenüber dem allzu Familiären des Sprechens in der eigenen Sprache koste das Sprechen zu Distanzierten die größere Anstrengung, es koste

»den Verzicht auf Anspielungen unter Beibehaltung der Mundart, den Verzicht auf die vermeintlich feste Position der einzelnen, die anderswo womöglich gar nicht einleuchtet, auf die Ränge der einzelnen Schriftsteller, auf die Ansprüche aus Rängen. Und es bedeutet damit schon, daß man auch aus der manischen Selbstbezogenheit einer Literatur und ihrem ästhetischen und ideologischen Kontroversenfundus (der so verläßlich zu jeder Literatur gehört!) heraus muß, sich seine Vokabeln noch einmal überlegen muß.« (4/64)

Dabei beruft Bachmann sich auf eine »Eigenart«, die nicht durch (national) Gemeinsames oder Trennendes zu bestimmen sei. Jenseits des Gegensatzes national – international, der im »Gulliver«-Konflikt offensichtlich eine Rolle spielte, diskutiert die Autorin das Problem unterschiedlicher Sprachen als (philosophisches) Verhältnis zwischen der besonderen, konkreten Erscheinung und einer latent bleibenden umfassenderen Sprache, wenn sie die einzelnen Sprachen und die daran gebundenen Leidenschaften als »fruchtbare und eigentümliche Dialekte« verstanden wissen möchte, »mit einer Rücksicht auf eine umfassendere Sprache, die dann freilich niemand zu gründen braucht und sprechen muß«. Der Hinweis auf die Latenz der ›umfassenderen Sprache‹, auf die die einzelnen Sprachen verweisen, ohne aber in ihr aufzugehen, erinnert an Benjamins Sprachtheorie in seinem Übersetzeraufsatz. Darin beschreibt er die Übersetzung als Probe auf die Entfernung der vielen, verschiedenen Sprachen von der – immer verborgen bleibenden – ›reinen Sprache‹, die allen Einzelsprachen zugrunde liegt.[91] Und so mündet in Bachmanns Essay das Leitmotiv des Dialekts, als sprachlicher Modus der »Eigenart«, folgerichtig im Paradigma der (Un-)Übersetzbarkeit und im Plädoyer für eine andere Politik der Übersetzung:

> »Dann soll es, in unserem Beruf, ruhig einmal Mühe kosten, für ein Adjektiv tagelang ein entsprechendes Adjektiv zu suchen in der anderen Sprache. Und dann wird auch nichts verloren sein, wenn einmal für ein Wort kein entsprechendes Wort gefunden wird. Wenn das Vertrauen nur da ist in den Dialekt, in das, was übersetzbar an ihm ist, in das, was unübersetzbar bleibt.« (77)

Diese Überlegungen zum ›Dialekt‹ sind verknüpft mit einer Erörterung unterschiedlicher politischer, ökonomischer und literarischer Europa-Begriffe und deren ideologischer Voraussetzungen.

---

[91] Die Aufgabe des Übersetzers (Benjamin 1980, IV.1/14).

Offenbar erlaubte ihr diese Thematik eine gewisse Distanznahme zu den vorausgegangenen Konflikten, während ein Entwurf zum »Tagebuch«-Text noch deutliche Zeichen einer Affiziertheit durch Thematik und Sprachlage der Kontroversen verrät: »Verlangt nicht um jeden Preis von uns, unser Land darzustellen, wir atmen es sowieso aus, das ist gut genug, schlimm genug.«[92] Thematisch geht es in diesem Entwurf, ebenso wie in der Planungsgeschichte, um den Austausch und Dialog zwischen den drei Literaturen; und ebenso wie der Gruppenstreit verfällt auch dieser Text teilweise in eine Redeweise über »die Deutschen«, über »Italien« und »Paris«.[93] Auf der Folie der Vorgeschichte und im Kontrast zu diesem Entwurf zeigt sich damit, daß die Leitmotive Europa und Dialekt im »Tagebuch« offensichtlich die Funktion hatten, mit einem national determinierten Diskurs im Austausch der Literaturen zu brechen. Der Essay, der mit seinem Bezug auf Begriffe des politischen Diskurses so ganz aus der Schreibweise Bachmannscher Prosa herausfällt, wird erst auf dem Hintergrund der dargestellten Konfliktgeschichte lesbar.

Ansonsten hat die Autorin beharrlich gegen eine Kontaminierung der Literatur durch einen konventionellen Politikbegriff argumentiert, sei dieser an Institutionen, Parteien, Meinungen, an Ideologiekritik oder an linker Gesellschaftsanalyse orientiert. So weist sie in ihren Interviews regelmäßig die Frage nach ihrer Gesinnung oder Meinung zurück – denn »in der Ansicht, in der Meinung [...] regiert die Phrase« (GuI 91)[94], ebenso wie alle Formeln, in denen das politische Denken erstarrt ist, so z.B. die

---

[92] Der zweieinhalbseitige Entwurf trägt die Überschrift »Tagebuch« (K4500/N1636, NÖN).

[93] Diese Erfahrung ist eingegangen in die Arbeit am Berlin-Essay bzw. in die bewußte Reflexion einer Redeweise, die über »die Deutschen« spricht. In einem der Entwürfe zum Berlin-Essay heißt es beispielsweise: »Wenn ich etwas gehaßt habe, dann war es das Feststellen, wie die Leute sind, die Italiener, die Österreicher, die Franzosen. Manchmal hat man ein paar Sätze mitgesagt, es läßt sich scheinbar schwer vermeiden, und in und auf ›Gesellschaften‹ ist es sogar ein unvermeidliches Thema« (TP1/233). Die Erfahrungen mit einem nationalen Diskurs beim Scheitern der Zeitschrift haben also mit dazu beigetragen, daß aus der Büchner-Preis-Rede kein Text *über* die Deutschen, sondern über Berlin als Schauplatz eines entstellten deutschen Gedächtnisses geworden ist.

[94] Vgl. ebenso GuI 44, 118.

Rede von den »Fragen der Zeit« (GuI 61) oder einem »Interesse für Politik«:

> »Aber Interesse für Politik – das klingt ein bißchen wie ›Interesse für Archäologie‹ oder ›Interesse für Astrologie‹ und hat doch etwas ganz anderes zu sein und will es auch sein für jemand, der *nicht* an *das Privatime von Denken* glaubt und auch nicht, daß die Kunst die Kunst ist und die Politik die Politik ist und die Wirtschaft die Wirtschaft. Darüber möchte ich einmal ausführlicher werden, mehr sagen zu diesem Komplex – das kann eine analytische Arbeit werden oder eingehen in ein Buch, das primär gar kein ›politisches‹ Buch zu sein braucht.« (Januar 1963, GuI 43 f., H.v.m.)

»Darüber« ist die Autorin sehr ausführlich geworden, praktisch mit ihrer gesamten Prosa, die seitdem entstanden ist, Prosa, die nicht unter das Schlagwort ›politische Themen‹ zu rubrizieren ist, die sich vielmehr einer Unterstellung unter den Gegensatz von ›Privatem‹ und ›Gesellschaftlichem‹ sperrt[95] und sich statt dessen einer Radikalisierung des Denkens widmet.

Damit entwickelte sich Bachmanns Schreiben gegenläufig zum Trend der ›Politisierung‹ und zu den Parolen oppositioneller Literaten vor und nach 1968. In den Interviews wurde sie nicht müde, ihr Befremden über die unsinnige Rede vom ›Tod der Literatur‹ zum Ausdruck zu bringen,[96] gleichzeitig hat sie sich mehr und mehr aus dem literaturpolitischen Diskurs in Deutschland zurückgezogen. Während sie in den Interviews eher ihr Desinteresse gegenüber der Verwerfung der sogenannten bürgerlichen Literatur formuliert, ist ihre Erregung über diese Entwicklung durch das Bruchstück eines Einspruchversuchs überliefert, 1968, als die linke Totsagung der Literatur sich in propagandistischen Manifestationen verdichtete. Adressiert an Karl Markus Michel, den Autor des Artikels »Ein Kranz für die Literatur« im »Kursbuch« Nr. 15 (derselben Nummer, in der auch fünf ihrer ›letzten Gedichte‹ erschienen) [VI.3], gehört das Bruchstück zum Entwurf eines offenen Briefes, der gegen die Phrasenhaftigkeit der Diskussion polemisiert:

---

[95] Vgl. dazu GuI, 99.
[96] Vgl. etwa GuI, 78, 113, 138.

»Und jetzt legen Sie ihr [der Literatur] einen Kranz hin, der neuen oder der alten Literatur, wem eigentlich, Kafka, Joyce, oder Proust oder Pound und Benn, die waren alle gar nicht sprachlos, sondern vehement, lauter Tollköpfe, wenn Sie wollen, aber sie konnten sich ausdrücken, und heute allerdings kann sich kaum jemand ausdrücken, alles murmelt, das ist wahr, es ist ein grosses Gemurmel, das mir wenig gefällt, oder es gibt die Mauerdichter, aber die nehmen Sie doch auch nicht ernst. Vorwärts für den Sieg, Nieder der Imperialismus, das sind liebe Wünsche, aber es ist schlecht ausgedrückt und schlimmer noch, es lässt sich verwechseln mit allem.«[97]

So lautet jener Teil eines siebenseitigen Entwurfs, der im Nachlaß einsehbar ist,[98] den die Autorin aber nie abgeschickt hat,[99] offenbar weil die Erregung und Polemik soweit mit ihr durchgegangen war, daß sie ihrem Adressaten den Text nicht zumuten wollte. Ihren Kommentar zur politischen Abwicklung der Literatur hat sie statt dessen einem literarischen Text anvertraut, der Erzählung »Drei Wege zum See« (1972), in der sie sich u. a. kritisch mit dem Aufklärungskonzept der Reportage- und Dokumentarliteratur, mit den z. T. obszönen Aspekten einer Zurschaustellung der Opfer oder einer ›Veröffentlichung des Privaten‹ und der gleichzeitigen Verbürgerlichung einstiger Mai-Rebellen auseinandersetzt.

5. »Drei Wege zum See«:
Geisterstimmen einer verschwundenen Kultur in
den Liebesgeschichten einer Heutigen

Der »Ursprung dieser Geschichte liegt im Topographischen«, heißt es in der Vorbemerkung zur Erzählung. Und die Angabe über die Wanderkarte, welcher der Autor »Glauben schenkte«,

---

[97] K7947/N1529 (NÖN).
[98] Der Rest liegt, eben wegen der polemischen Stillage, im gesperrten Teil des Nachlasses.
[99] Karl Markus Michel jedenfalls, der heutige Mitherausgeber vom »Kursbuch«, hat diesen oder einen anderen Brief nicht erhalten und hat auch nie etwas von der Existenz dieses Textes erfahren (Auskunft von K.M. Michel im Brief v. 5.6.1996).

lautet: »Auflage 1968«. Ein Satz in der Schlußpassage – »Nur, wo war der Mai geblieben?« – signalisiert dabei unmißverständlich, daß es sich bei dem Jahr 1968 ebensowenig um eine reine Datierung handelt wie bei den Wegen, die die Wanderkarte verzeichnet, um bloße Geographie. Vielmehr entfaltet der Text, ausgehend von der »Wanderkarte für das Kreuzberglgebiet, herausgegeben vom Fremdenverkehrsamt, in Zusammenarbeit mit dem Vermessungsamt der Landeshauptstadt Klagenfurt, Auflage 1968«, eine Gedächtnistopographie. Die Handlung der Erzählung spielt etwas mehr als zwei Jahre nach den Pariser Mai-Ereignissen von 1968 und liegt insofern unmittelbar vor der Entstehungszeit jener Erzählung, die die Autorin als letzte für den Band »Simultan«, der im Herbst 1972 erschien, geschrieben hat, vermutlich erst Ende 1971, Anfang 1972.[100] Der Text könnte in Länge und Konzeption auch als Kurzroman gelten, bildet aber im wohlkomponierten Band den Abschluß eines Zyklus von Erzählungen. Ihm kommt damit tatsächlich der eigentümliche Status eines ›letzten Textes‹ zu, da die im Anschluß geplante Veröffentlichung der früher begonnenen, aber Fragment gebliebenen Erzählung »Gier« nicht mehr zustande kam, womit »Drei Wege zum See« also derjenige Text ist, der vor Bachmanns Tod als letzter entworfen und auch abgeschlossen wurde.

Das ist insofern verblüffend, als die Erzählung auch thematisch eine Art Resümee darstellt, einen Rückblick auf das Leben ihrer Hauptfigur. Sie erzählt von einem der jährlichen Sommerbesuche der erfolgreichen Photojournalistin Elisabeth Matrei bei ihrem verwitweten Vater, der allein in einem Haus am Stadtrand Klagenfurts lebt, handelt also von einer rituellen Rückkehr an den Ort der Kindheit. Indem das Geschehen aus der Perspektive Elisabeths erzählt wird – eine personale Erzählsituation, die ganz im Blick und den Erinnerungen der Hauptfigur aufgeht, jedoch im Unterschied zur Ich-Rede den Abstand zwischen Erzähl- und Autorposition offen hält –, werden deren Wanderungen durch die Landschaft ihrer Herkunft zum Schauplatz von individuellen und

---

[100] Neben dem Mai 1968 und der Hochzeit von Ingeborg Bachmanns Bruder im August 1971 in London gibt es noch andere zeitgenössische Anlässe, auf die der Text – z.T. chiffriert – Bezug nimmt, den Tod Celans im April 1970 und den Tod Szondis im November 1971.

kulturellen Erinnerungen. Die Tatsache, daß die wiederholten Versuche Elisabeths, auf drei verschiedenen Wanderwegen zum See zu gelangen, alle scheitern, steht symbolisch für die Erfahrung einer blockierten Rückkehr. Während durch dieses topographische Szenario eine Vorstellung von Heimkehr oder gar Heimat verworfen wird, setzt die Durchquerung der (durch Autobahnbaustellen und Tourismusokkupation) veränderten Kindheitslandschaft eine Vergegenwärtigung des Gewesenen in Gang. Auf den *Wander*wegen reflektiert die Hauptfigur ihre *Lebens*wege entlang ihrer Aufenthaltsorte Wien, erstes Paris, New York, gegenwärtiges Paris, erinnert die damit verbundenen beruflichen Stationen wie auch die »verschiedenen Arten von Männern« (2/397), die ihre Geliebten waren. Das Leitmotiv der Wanderwege bedeutet hier also nicht eine Allegorie des Lebensweges [I.1], vielmehr verwandelt erst ihre Zielverfehlung die Wege in Signaturen, aus denen Geschichte(n) lesbar werden. »Der Ursprung dieser Geschichte« liegt also tatsächlich »im Topographischen«.

Die beim Vater-Besuch der Tochter deutlich werdende Diskrepanz zwischen dem Bild einer Karrierefrau, die sich in der ›großen Welt‹ bewegt, und dem Kindstatus, welcher der Rückkehr in das Elternhaus schon mittels der eingefahrenen Sprachgewohnheiten einhergeht – »denn ein ›Kind‹ war zurückgekommen« –, diese Diskrepanz korrespondiert dabei mit weiter reichenden Differenzen zwischen hier/Provinz und dort/Metropole (Paris und New York) wie auch zwischen heute und damals. Und aus der Beleuchtung dieser Differenzen wird ein dritter, eher kulturgeschichtlicher Raum erkennbar, der einer anderen, verlorenen Zeit angehört. Von der Kehrseite betrachtet, verwandelt sich die ›Provinz‹ nämlich in eine ›Peripherie‹ des versunkenen »Riesenreiches«, jenes »Vielvölkerstaates«, dem die historische Bedeutung einer vernichteten Welt in der Sicht Bachmanns gerade von seinen kulturellen Rändern (besonders von Slowenien und Galizien) her zukommt. Sind die Kärntner Wanderwege der Hauptfigur nicht nur Erinnerungswege ihrer eigenen Vergangenheit, so ermöglichen sie auch als Wege einer blockierten Rückkehr erst eine Wahrnehmung, die zu einem ›Jetzt der Erkennbarkeit‹ wird, durch das sich der Blick auf eine ganz andere Topographie eröffnet. Es ist der Blick auf einen Sehnsuchtsort, der sich darüber eröffnet, daß Elisabeth sich damit abfindet, nicht zum See zu gelangen, über ihn hinwegblickt und statt dessen etwas anderes sieht: »sie nahm das Dreiländereck ins Aug, dort drüben hätte sie gerne gelebt, in einer Einöde an der Grenze, wo es noch Bauern und Jäger gab« (444). Dieser Sehnsuchtsblick fällt zusammen mit dem Blick auf den Herkunftsort jenes Trotta, der einst ihr Geliebter war und dessen Bedeutung für ihre eigene Geschichte ihr erst verspätet, zu spät, zu Bewußtsein gekommen ist:

> »Sie schaute auf den See, der diesig unten lag, und über die Karawanken hinüber, wo geradewegs in der Verlängerung einmal Sipolje gewesen sein mußte, woher diese Trottas kamen und wo es noch welche geben mußte, denn einmal war dieser hünenhafte, fröhliche Slowene zu Trotta gekommen.« (422)

Die Sehnsuchtsfigur einer Rückkehr zum Gewesenen, die immer schon imaginär konstruiert ist, speist sich hier aus Legenden und literarischen Überlieferungen. Mit dem Namen Trotta ragt nämlich der Abkömmling einer Vergangenheit, die Literatur geworden ist, in die Jetztzeit der Erzählung hinein. Daß er einem »sagenhaften Geschlecht« entstammt, dem Personal und der Welt von Joseph Roths Romanen »Radetzkymarsch« (1932) und »Kapuzinergruft« (1950), wird nicht nur durch den Ort Sipolje angezeigt, jenen Ort, woher der Ahnherr der Trottas, ein Slowene, stammt, wie es im ersten Absatz von Roths »Radetzkymarsch« heißt. Während diese geadelte Linie der Trottas »längst ausgestorben« ist, »schon 1914«, entstammt Elisabeths Geliebter einer »Nebenlinie«, von der »da unten« noch einige leben. Noch expliziter wird er durch seinen Vornamen Franz Joseph Eugen als Sohn jenes Trotta ausgewiesen, der Protagonist der »Kapuzinergruft« ist und am Ende von Roths Roman, das historisch mit dem Beginn einer »deutschen Volksregierung« in Österreich zusammenfällt und als Jahr des ›Anschlusses‹ 1938 identifizierbar ist, die Frage stellt: »Wohin soll ich jetzt, ein Trotta?...« In Bachmanns Erzählung heißt es im Anschluß an die Rede vom »sagenhaften Geschlecht«:

> »und auch von seinem Vater wußte sie durch ihn, daß der auch wieder einmal die Zeit nicht mehr verstanden hatte und zuletzt fragte: Wohin soll ich jetzt, ein Trotta? als die Welt wieder unterging, für einen Trotta im Jahre 1938, einer von denen, die noch einmal zur Kapuzinergruft gehen mußten und nur wuß-

ten, was ›Gott erhalte‹ heißt, aber vorher alles getan hatten, um die Dynastie Habsburg zu stürzen.« (416)

Wie sie in einem Interview selbst bemerkt hat, läßt die Autorin in ihrer Erzählung nun den Sohn dieses Trotta, der bei Roth 1938 von seinem Vater zu einem Freund nach Paris geschickt worden war, wiederauferstehen: »Bei mir geht sein Leben weiter in den fünfziger Jahren« (GuI 122).[101] Entwirft diese Fortschreibung einer literarischen Figur das Leben eines »wirklich Exilierten und Verlorenen«, der seinem Leben selbst ein Ende setzt, so reicht die Sehnsucht Elisabeths über diese Figur in einen versunkenen Raum zurück, von dem sie durch ihre Liebe zu Trotta zumindest eine Ahnung erlangt.[102] Und da die Topographie der literarischen Habsburg-Welt, in der sich die Trottas bei Roth bewegen, im Dreieck zwischen Wien, Sipolje/Slowenien und Zlotograd/Galizien angesiedelt ist,[103] öffnet sich »Drei Wege zum See« in genau jene

---

[101] Zur genaueren Untersuchung der Intertextualität zu Roths beiden Romanen vgl. zuletzt und systematisch Dippel 1995.

[102] Ähnlich, allerdings hinsichtlich des Geschlechterverhältnisses genau umgekehrt, in der Figurenkonstellation des Franza-Projekts, wo ihr Bruder Martin durch Franza wenigstens »etwas« von der Wüste verstanden hat.

[103] Im »Radetzkymarsch« ist Sipolje der Herkunftsort des Slowenen Trotta, des ›Helden von Solferino‹. Dessen Enkel Carl Joseph, Sohn des in Schlesien dienenden Bezirkshauptmanns Franz Freiherr von Trotta und Sipolje, »ein Österreicher, Diener und Beamter der Habsburger«, verläßt als Leutnant das Ulanenregiment und läßt sich, weil sein Vater ihm ein slowenisches Regiment versagt, in ein Jägerbataillon nah der russischen Grenze versetzen, an der »letzten östlichen Bahnstation der Monarchie«, an die Peripherie also, wo viele Juden leben: »dieses Land war [...] die nördliche Schwester Sloweniens« (Roth 1989, 123). Die Topographie zwischen Wien, Slowenien und Galizien wird auch in der »Kapuzinergruft« wieder aufgenommen, wo Franz Ferdinand, ein slowenisch sprechender, in Wien lebender Großneffe des ›Helden von Solferino‹ – von seinem Vater heißt es, er sei, im Unterschied zu den geadelten Trottas, treu ergebener Diener Franz Josephs, »ein Rebell und ein Patriot« gewesen – seinem slowenischen Vetter, dem Maronibrater Joseph Branco, nach Zlotogrod in Galizien folgt, in den Heimatort von Brancos Freund, dem jüdischen Fiaker Manes Reisiger. Wie sein Verwandter aus dem »Radetzkymarsch« läßt auch er sich bei Kriegsbeginn nach Ostgalizien, »zu den Fünfunddreißigern«, versetzen. Sein Sohn Franz Joseph Eugen taucht in Bachmanns Erzählung ebenso wieder auf wie die Namen Branco und Manes.

imaginäre Topographie, die in der Genese der Bachmannschen Literatur bereits als *téléscopage* von Kärnten und Galizien beschrieben wurde [VII.1, Abb. 3]. Als Gedächtnisschauplatz mit individuellen und kulturellen Signaturen läßt sich der Mottosatz der Erzählung, der Ursprung der Geschichte liege im Topographischen, nun auch auf Elisabeth Matrei beziehen, und zwar im Sinne einer anderen ›Herkunft‹.

Die Genealogie, verstanden als eine quasi-natürliche Ordnung, hat bei den Matreis ohnehin keine Geltung mehr, insofern die Tochter nur als Vater-Tochter erscheint, die bezüglich ihres sechzehn Jahre jüngeren Bruders in einer Rivalität zu ihrer Mutter gestanden hat. Daß die familialen Rollen tatsächlich nicht über die Genealogie, sondern über die jeweilige Konstellation, über Name und Personenstand, zustande kommen, thematisiert der Text vor allem über die Heirat des Bruders. Sein Wechsel vom Bruder der Schwester zum Ehemann von Liz, deren ›richtiger Name‹ Elisabeth diesen Tausch noch unterstreicht, impliziert für die Schwester einen Verlust des ›Bruders‹. Und auch die Genealogie der Trottas stellt keine Alternative dar, erscheinen die Trottas bei Roth doch als eine rein männliche Linie ohne Zukunft. Insofern wird die Genealogie als Herkunftsmodell in Bachmanns Erzählung durchgestrichen und der Ursprung statt dessen im Topographischen gesucht. Sie betrifft den Ort einer Ungleichzeitigkeit, in dem Abkunft und Zugehörigkeit auseinanderfallen:

> »weil sie [die Matreis] von der Peripherie kamen und daher ihr Geist, ihr Fühlen und Handeln hoffnungslos diesem Geisterreich von einer riesigen Ausdehnung gehörten, und es gab nur die richtigen Pässe für sie nicht mehr, weil dieses Land keine Pässe ausstellte«. (399)

Als Person, die sich diesem Geisterreich zugehörig fühlt, hat Elisabeth keinen rechten Ort in der Gegenwart, empfindet sie sich als Fremde »überall«. Die Unzugehörigkeit Trottas wird dagegen sehr viel radikaler beschrieben. Nicht nur, daß er »nirgends« hingehöre; mit der Feststellung, »er sei exterritorial«, zitiert Bachmann den (literarischen) Vater Trottas in der »Kapuzinergruft«: »Ein Exterritorialer war ich eben unter den Lebenden.«[104] Begriff und Status

---

[104] Roth 1996, 184.

des Exterritorialen, die sich nach 1945 erheblich verändert haben, werden aber gegenüber der Rothschen Metapher in Bachmanns Trotta-Figur historisch konkretisiert und somit in einer Weise radikalisiert, die – besonders mit der Formulierung »Land ohne Pässe« – an Hannah Arendts Analyse der Staatenlosen in ihrem Totalitarismus-Buch erinnert.[105]

Wenn Elisabeths Position von der Trottas auch deutlich unterschieden ist, so ist es doch ihr Fremdheitsempfinden, durch das die Stimme Trottas, eine Geisterstimme aus der versunkenen Kultur, für sie hörbar wird – wenn auch zu spät für ihre Liebe. In einer der wiederholten Szenen, in denen sie »zu den Karawanken« hinüberblickt »und weit darüber hinaus«, auf der Suche nach einer nicht mehr existierenden Welt, heißt es, daß ihr von ihm nur mehr Name und Stimme geblieben sind:

> »da ihr von Trotta nichts geblieben war, nur der Name und einige Sätze, seine Gedanken und ein Tonfall. Keine Geschenke, keine vertrockneten Blumen, und nicht einmal sein Gesicht konnte sie sich mehr vorstellen, denn je besser sie ihn verstand, desto mehr verschwand von ihm, was wirklich gewesen war, und die Geistersätze kamen von dort unten, aus dem Süden.« (429)

Ortlos, wie Trottas Stimme ist, spricht sie im Gedächtnistext der Erzählung jedoch ein Wissen aus, das sich die Erinnernde nachträglich zu eigen gemacht hat – verspätet. Obwohl als erste »einzige und große Liebe« der Hauptfigur bezeichnet, wird ihre Begegnung mit ihm doch als verfehlt dargestellt, da er in der Zeit ihrer Liebesgeschichte als Gegenstimme zu ihr auftritt, als Kritiker, dessen Denken und Fühlen mit ihrem radikal unvereinbar ist. Wenn es am Ende auch heißt, »und sie glaubte nur mehr ihrer Stimme und auch den ganz anderen Stimmen ihrer Trottas«, so artikulierte seine Stimme doch zuvor das Contra gegenüber Elisabeths Übereinstimmung mit den Trends der Zeit. Durch die auffällige Dominanz der direkten Rede, mit der Trotta in den Erinnerungsszenen ausführlich zu Wort kommt, gewinnt die Erzählung dialogische Züge. Dabei kann die Dissonanz dieses Dialogs inso-

---

[105] Vgl. das Kapitel »Die Aporie der Menschenrechte« in Arendt 1986, 452–470.

fern nicht aufgehoben oder versöhnt werden, als das ›Verstehen‹ der Trotta-Stimme und seiner Bedeutung für ihre Geschichte erst nach seinem Tod erfolgt. Auf einem ihrer Wanderwege erinnert Elisabeth sich der mehr als zwei Jahrzehnte zurückliegenden großen Liebe:

> »die große Liebe, die unfaßlichste, schwierigste zugleich, von Mißverständnissen, Streiten, Aneinandervorbeisprechen, Mißtrauen belastet, aber zumindest hatte er sie gezeichnet, nicht in dem üblichen Sinn, nicht weil er sie zur Frau gemacht hatte – denn zu der Zeit hätte das auch schon ein anderer tun können –, sondern weil er sie zum Bewußtsein vieler Dinge brachte, seiner Herkunft wegen, und er, *ein wirklich Exilierter und Verlorener*, sie, eine Abenteurerin, die sich weiß Gott was für ihr Leben von der Welt erhoffte, in eine Exilierte verwandelte, weil er sie, erst nach seinem Tod, langsam mit sich zog in den Untergang, sie den Wundern entfremdete und ihr die Fremde als Bestimmung erkennen ließ.« (415 f., H.v.m.)

Mit der so konzipierten Beziehung zwischen Trotta und Elisabeth bearbeitet und korrigiert die Autorin auch die abstrakte Pathosformel eines universellen, metaphorischen Exils in ihrem bereits besprochenen Gedicht »Exil« von 1957 [V.1]. Dabei ist besonders hervorzuheben, wie genau sie hier mit der Situation der Nachgeschichte umgeht. Es ist nämlich nicht allein die *Herkunft* Trottas,[106] durch die seine Stimme für sie wichtig wird. Vielmehr gewinnt diese ›Herkunft‹ ihre Bedeutung erst nachträglich über eine *andere Lektüre*: eines Textes, in dem ein anderer ›wirklich Exilierter‹, ein Überlebender der nationalsozialistischen Judenverfolgung, über seine Erfahrungen der Tortur schreibt. Dabei geht es nicht allein um die Stimme des Opfers und schon gar nicht darum, daß dieser Stimme allein aus ihrem Opferstatus Wahrheit zukäme. Vielmehr betont Bachmann, wenn sie Jean Amérys Essay »Über die Tortur« zitiert [VI.5], gerade die Art und Weise, wie er Zer-

---

[106] Bachmanns Trotta, der aus Slowenien stammt, ist – als ein aus dem ›Anschluß‹-Österreich Exilierter – Franzose geworden und war bei Kriegsende in Deutschland stationiert: »weil ich in dieser französischen Uniform herumlaufen mußte und kaum zwanzig Jahre alt schon ein Sieger war, ausgerechnet ich, ein Trotta, wo wir die geborenen Verlierer sind« (426).

störungserfahrungen beschreibt, und setzt dieses Schreiben von der üblichen Dokumentarpraxis ab.

»Viel später las sie zufällig einen Essay ›Über die Tortur‹, von einem Mann mit einem französischen Namen, der aber ein Österreicher war und in Belgien lebte, und danach verstand sie, was Trotta gemeint hatte, denn darin war ausgedrückt, was sie und alle Journalisten nicht ausdrücken konnten, was auch die überlebenden Opfer, deren Aussagen man in rasch aufgezeichneten Dokumenten publizierte, nicht zu sagen vermochten. Sie wollte diesem Mann schreiben, aber sie wußte nicht, was sie ihm sagen sollte, warum sie ihm etwas sagen wollte, denn er hatte offenbar viele Jahre gebraucht, um durch die Oberfläche entsetzlicher Fakten zu dringen, und um diese Seiten zu verstehen, die wenige lesen würden, bedurfte es einer anderen Kapazität als der eines kleinen vorübergehenden Schreckens, weil dieser Mann versuchte, was mit ihm geschehen war, in der Zerstörung des Geistes aufzufinden und auf welche Weise sich wirklich ein Mensch verändert hatte und vernichtet weiterlebte.

Sie kam nie dazu, diesen Brief zu schreiben, sie vermied nur einige Aufträge, die sie bekam.« (421)

Indem Elisabeth durch ihre Lektüre versteht, worum es Trotta gegangen war, formuliert die Autorin eine bemerkenswerte Einsicht: Ist das Wissen, das aus der Perspektive der Opfererfahrung kommt, der Erfahrung der Herkunft nachträglich, so wird diese doch erst durch die Lektüre der Zerstörungserfahrung eines Überlebenden verstanden. Damit werden – im Unterschied zur Mehrheit jener Literatur von Nichtjuden, die sich mit den Folgen der Shoah und des Nazismus auseinandersetzt – in dieser Erzählung ›Herkunft‹ und ›Opfer‹ nicht identifiziert. Das gelingt Bachmann durch einen Dialog zwischen den Zitaten Roths und Amérys in ihrer Erzählung, in der übrigens niemals von ›den Juden‹ die Rede ist. Statt dessen wird mit dem Hereinragen der Trotta-Topographie, jenes durch die Peripherien eines versunkenen Riesenreichs bezeichneten Raums, in das Gedächtnis der Jetztzeit eine Kultur erinnert, in der die Juden ihren eigenen Ort im ›Vielvölkerstaat‹ wie selbstverständlich einnahmen, wie z.B. der Fiaker Manes Reisiger in Roths »Kapuzinergruft«.

1971 geschrieben, präsentiert Bachmanns Erzählung eine erstaunlich frühe kritische Auseinandersetzung mit dem Dokumentationswahn, mit dem seither vermehrt die ›Zeugenaussagen‹ von Überlebenden aufgezeichnet und archiviert werden. Eine Rede über ›die Juden‹ oder ›die Opfer‹, mittels derer diese in der Nachgeschichte noch einmal zum Objekt gemacht und noch einmal über ihre Herkunft definiert, nicht selten als Opfer exotisiert und auf diesen Status festgelegt werden, wäre dagegen Teil jener von Trotta kritisierten Dokumentations- und Reportagepraxis, die mit dem Ziel, die Leser »wachzurütteln«, die Opfer aller sich ereignenden Katastrophen täglich als Bild ausstellt und den Medienkonsumenten vor Augen führt. Denn das »Allerwichtigste war, daß Trotta Elisabeth unsicher machte in ihrer Arbeit«, und zwar mit Sätzen wie:

> »Glaubst du, daß du mir die zerstörten Dörfer und Leichen abfotografieren mußt, damit ich mir den Krieg vorstelle, oder diese indischen Kinder, damit ich weiß, was Hunger ist? Was ist denn das für eine dumme Anmaßung. [...] man schaut sich doch Tote nicht zur Stimulierung für Gesinnung an.« (417f.)

Neben dieser Kritik an einer Bildpraxis, die im Abbild des Leidens aufgeht, geht es in Trottas Kritik auch um die Gewalt, die ›Aktualität‹ und »Tagesereignisse« über das Denken ausüben. Daß Bachmann hier ihre eigene Kritik an einem Aufklärungs- und Sensationsjournalismus, der die moralische Empörung über die Kriege mit einem heroischen Berufsbild des Photographeneinsatzes im Krisengebiet verbindet, ihrer literarischen Figur in den Mund legt, läßt sich leicht durch Vergleiche mit ihren Interviews belegen, wo sie beispielsweise von einer ›Korrumpierung durch Aktualität‹ spricht.[107]

In der Erzählung erinnert sich Elisabeth anläßlich der Reden Trottas an eine archaische Form des Bilderverbots, der sie auf einer Sudanreise begegnet ist. Dort waren ihr »für alle diese Weißen, weil ja nur die kein Schamgefühl kennen«, die Schilder mit der Aufschrift aufgefallen, daß es verboten sei, »bei hoher Strafe, ›human beings‹ zu fotografieren«. Der Verlust von Scham in der Moderne ist auch Thema in ihrem Roman »Malina«, in dem zugleich deutlich wird, daß Bachmann dies nicht mit einer grundsätzlichen Ablehnung von Medien verbindet. Es geht ihr vielmehr um ein spezifisches Verständnis von ›Öffentlichkeit‹, um den Verlust von

---

[107] Interview mit Ekkehart Rudolph, 23.3.1971 (GuI 92).

Intimität, Privatheit und persönlicher Integrität, dem der Verlust einer Politik im eigentlichen Sinne einhergeht. In »Drei Wege zum See« führt Elisabeth Trottas Kritik – ihre Kontroverse wird durch Bezüge zum Algerien-Krieg historisch situiert – später selbst fort, wenn sie den abstrakten Humanismus der 68er kritisiert, »jenen Liebesausbruch für die Menschheit«, der mit einer Blindheit für die Leiden in der Nähe verbunden ist, oder wenn sie reflektiert, wie auch eine feministisch motivierte ›Veröffentlichung des Privaten‹ den Mechanismen der etablierten Medienöffentlichkeit verfällt. So empfindet Elisabeth angesichts einer eigenen Reportage, ausgerechnet einer preisgekrönten, nur noch Ekel. Dabei handelt es sich um eine Reportage über Abtreibung,[108] »mit allen diesen empörenden Geschichten, die viele Frauen bereitwillig und anklagend ausbreiteten«, in der auch die befragten Ärzte und Juristen »ihr nicht weniger ungenau etwas herzusagen [schienen] als diese Frauen«, mit dem Ergebnis, »daß es wieder einmal ein sehr wichtiges ›Thema‹ war,« aber »eine fürchterliche Anhäufung von fertigen Sätzen«. Damit stellt sie auch jene Variante einer Anklage- und Entlarvungsrhetorik, die sich nach 1968 entwickelte, in die Tradition des von Trotta kritisierten Sensationsjournalismus.

Am Ende der Erzählung, wenn ihre Erinnerungswege in die Gegenwart münden, hat Elisabeth schließlich Trottas Stimme *angenommen* – angenommen im Sinne von akzeptiert. Dennoch ist es ihr wegen der Differenz ihrer Orte nicht möglich, diese vollständig in ihr Denken und Fühlen zu integrieren. Insofern ist von den *anderen* Stimmen der Trottas die Rede, die ausdrücklich von ihrer Stimme unterschieden werden, womit eine Vereinnahmung des *anderen* für das Eigene vermieden wird. In dieser Szene kommt ein Aspekt zur Sprache, der den melancholischen Ton der Erzählung erklärt. Wenn Sigmund Freud die Melancholie von der Trauer dadurch absetzt, daß sie durch eine nicht geglückte Integration der verlorenen, geliebten Person in das eigene Selbst gekennzeichnet ist,[109] dann stellt die Erzählung die Geschichte einer ob-

---

[108] Anlaß für diese Reflexion ist vermutlich der berühmte Artikel »Wir haben abgetrieben«, in dem sich 374 Frauen, darunter so bekannte Schauspielerinnen wie Senta Berger, Sabine Sinjen und Romy Schneider, dazu bekannten, abgetrieben zu haben. In: Stern, Nr. 24/1971, 16–24.

[109] Trauer und Melancholie (Freud 1969–1979, III/193–212).

jektiv begründeten Melancholie dar. Moduliert wird der melancholische Ton durch die Leitmotive der Verluste, des Vergeblichen und des Verspäteten, die vor allem auch die Serie von Elisabeths Liebesgeschichten strukturieren. »Die wirklichen Dinge, die geschehen gar nie oder zu spät.« Mit Ausnahme der als glücklich dargestellten Ehe mit dem Homosexuellen Hugh bewegen sich die wenigen Lieben, die für Elisabeth von unbedingter Bedeutung waren, in der Bahnung der Trotta-Geschichte. Zum einen die »ganz große Liebe« zu Manes aus Zlotogrod, die am Abend der Nachricht von Trottas Tod beginnt, in der Nacht der »Totenmesse«, als ihre Trauer in eine merkwürdige Ekstase übergeht, eine Art Wiederbelebung des Toten im Lebenden, eine Liebe, die insofern auf einem Mißverständnis beruht, von dem der andere allerdings nichts ahnt. Denn »es blieb ihm verborgen, wie ihr Abschied von Trotta und ihre Auferstehung durch ihn und ein Wort wie Zlotogrod ineinandergegriffen hatten«.

Dieses durch eine topographische Sehnsucht Elisabeths intensivierte Liebesbegehren ist auch bei der kurzen Begegnung mit Branco aus Ljubljana im Spiel, dem Vetter Trottas, den sie auf dem Wiener Flughafen trifft. Die Liebesmystik dieser nahezu schweigenden Begegnung liegt in der von ihr nun ausdrücklich gewollten Unmöglichkeit, die Liebesgeschichte zu realisieren. Die Zeitstruktur dieser Szene, ein Augenblick oder Nu, fällt mit dem Nirgendwo eines Transitortes zusammen. In den Entwürfen dazu findet sich der Satz, »daß es keine Geschichte für eine Liebe geben konnte« (TP4/467), in dessen Konsequenz sich Geschichte und Liebe grundsätzlich ausschlössen, mit eben jener Radikalität, mit der Jacques Lacan das ›Begehren‹ aus dem absoluten Mangel ableitet. Alle anderen, besonders die ›unproblematischen‹ Liebesgeschichten, sind für Elisabeth eigentlich ohne Belang, mehr noch, Gleichgültigkeit und Erfolg bedingen einander geradezu: »Ihre zunehmenden Erfolge bei den Männern hatten mit ihrer zunehmenden Gleichgültigkeit zu tun.« Aufgrund aber der kulturellen Bahnungen von Elisabeths Begehren, durch die ihren Liebeserfahrungen über den strukturellen Mangel hinaus eine spezifische, historische Unmöglichkeit eingeschrieben ist, liegt nicht nur der Ursprung der Geschichte im Topographischen, sondern auch der Schmerz: »Es gab überhaupt keine Orte mehr für Elisabeth, die ihr nicht wehtaten«, wie es schon zu Beginn der Erzählung heißt.

Der melancholische Grundton des Textes mag dabei nicht nur durch die erzählte Handlung begründet sein, sondern auch durch die in die Schreibarbeit eingegangenen Anlässe. Sie betreffen die Verluste geliebter bzw. geschätzter Personen, die die Autorin in chiffrierter Form in ihren Text eingetragen hat. So verweist die Nachricht vom Selbstmord Trottas sichtlich auf den Freitod Paul Celans im April 1970, ohne daß die Trotta-Figur damit in diesem ›biographischen Bezug‹ aufginge. Vielmehr hat Bachmann jene persönlichen Erlebnisse, die in ihr Schreiben eingehen, stets bearbeitet, indem sie sie vielfach entstellt und in eine komplexe Inszenierung überführt, die als *paradigmatische* geschichtliche Konstellation lesbar wird. Erst nachträglich, durch den Zugang zu ihrem persönlichen Archiv, lassen sich ihre Privatchiffren entziffern. In »Drei Wege zum See« ist dabei schon durch die Dialogizität von Trotta-Stimme und Améry-Essay eine Vielstimmigkeit der ›anderen‹ Stimmen gestaltet, die u.a. eine Identifikation der literarischen Trotta-Figur mit dem historischen Paul Celan unterbindet. Als geheime Chiffre der Trauer um den Tod Celans steht in der Erzählung jedoch das »BÂTEAU IVRE«, auf das die Hauptfigur am Abend, als sie die Nachricht vom Selbstmord Trottas erfährt, eingeladen ist. Der Name des Schiffs ist mit dem Titel von Rimbauds Gedicht identisch, das sich in Celans Übersetzung »Das trunkene Schiff« (1958) gleich zweimal als Widmungsexemplar in Bachmanns Bibliothek befindet.[110] Ferner ist anzunehmen, daß die Zeitungsnachricht, die Elisabeth »bestürzt« liest und die vom Tod eines Freundes bei Sorrent berichtet, von dem nicht klar sei, »ob es sich um Unfall, Selbstmord oder Mord handle,« durch den Freitod Peter Szondis im November 1971 veranlaßt ist, von dem Bachmann vermutlich durch die Zeitung erfuhr.[111]

---

[110] Ein Sonderdruck aus der Zeitschrift »Estratto da Botteghe oscure«, N. XXI mit der Widmung »Für Ingeborg – Paul (Paris, Juni 1958)« und die Buchfassung, die 1958 im Insel Verlag erschien, mit der Widmung »Für Ingeborg – Paul, Paris, 24.XI.1958« (PBB); ferner findet sich im Bachmann-Nachlaß Celans Manuskript dazu, datiert 8.9.1957 (K8471–80/N8083–8092, NÖN).

[111] »Und da mir Peter Szondi nahe stand in manchen Zeiten, auch in einer der schwierigsten, hat mich sein Tod so tief getroffen«, schreibt Bachmann in einem Brief von ihrer »Malina«-Lesereise aus Deutschland an Siegfried Unseld (27.11.1971, SVF).

VIII.

Der poetische und poetologische Dialog mit Paul Celan

Mit den Zitaten aus Paul Celans Gedichtband »Mohn und Gedächtnis«, die Bachmann der Legende »Geheimnisse der Prinzessin von Kagran« im Roman »Malina« eingeschrieben hat, wurde von ihr selbst eine deutliche Spur gelegt, die zum Dialog ihrer Literatur mit der Celans hinführt. Da seit dem gleichzeitigen Erscheinen der beiden Dichter auf der Bühne des deutschen Literaturbetriebs (Niendorf 1952), spätestens aber, seit dieses Ereignis zu einem symbolischen literarhistorischen Datum erklärt worden war – Walter Jens hatte 1961 daran das Erscheinen einer neuen Lyrik und die Überwindung der Kahlschlagperiode gebunden[1] –, gehörten vergleichende Interpretationen zum festen Bestand der Literaturkritik. Wurden die Celan-Zitate in »Malina« zunächst in diesem Fahrwasser gedeutet,[2] so dauerte es relativ lange, bis deren besondere Chiffrierung als Hinweis auf eine sehr viel weiter reichende Intertextualität verstanden und eine Reihe von Untersuchungen zu diesem »Geheimnis der Begegnung«[3] in Gang gesetzt wurde.[4] Da bekannt war, daß beide sich 1948 in Wien begegnet waren und Bachmann nicht unbeteiligt war an der Einladung Celans zur Lesung bei der Gruppe 47, wurde damit ein weites Untersuchungsfeld eröffnet. Es reicht von der Entzifferung eines faszinierenden Netzes dialogischer Bezüge einerseits bis zum prekären Versuch der Entschlüsselung einer legendären Beziehung andererer-

---

[1] Jens 1961, 150.
[2] So etwa Thiem 1972.
[3] Celan 1986, 3/198. Im folgenden wird aus dieser Ausgabe nur mit Angabe von Band- und Seitenzahl zitiert.
[4] Zum Überblick und Stand dieser Recherchen vgl. die Beiträge in Böschenstein/Weigel 1997.

seits.⁵ Dabei hat die Unmöglichkeit eines Zugangs zum umfangreichen Briefwechsel zwischen Bachmann und Celan, der zu den gesperrten Teilen der beiden Nachlässe gehört, die biographische Neugier und Phantasie eher noch beflügelt, anstatt sich auf die Lektüre der *literarischen* Korrespondenzen, auf die Entzifferung der zahlreichen Zitate, Umschriften, Bezugnahmen und Erwiderungen zu konzentrieren. Denn mit dem »Geheimnis der Begegnung«, eine Formulierung, die auf Celans »Meridian« zurückgeht, meinte dieser nicht eine verborgene, persönliche Beziehung, sondern die Bedingung eines poetischen Begehrens, die Adressierung des Gedichts an ein Gegenüber: »Das Gedicht will zu einem Andern, es braucht dieses Andere, es braucht ein Gegenüber. Es sucht es auf, es spricht sich ihm zu« (3/198). In seinem Verständnis ist das Gedicht also nicht Medium einer geheimen Begegnung, sondern steht selbst in der Begegnung. Die Begegnung ist der Ort des Gedichts, allerdings nur, insofern es die monologische Sprache einer Selbstbefindlichkeit des ›lyrischen Ich‹ überschreitet und sich an ein Anderes/den Anderen adressiert, als »verzweifeltes Gespräch«.

1. Das Kryptogramm im »Malina«-Roman

Die Art und Weise, wie Bachmann die Zitate aus Celans »Mohn und Gedächtnis« in die Schrift ihres Romans eingetragen hat, antwortet auf diese Celansche Poetologie. Daß der relativ späte Zeitpunkt, zu dem Celans Verse in »Malina« eingefügt wurden, dem

---

⁵ Und nur für diese zuletzt genannte Interpretationsweise einer biographistischen Reduktion literarischer Zeugnisse ist durch den Fund des Briefwechsels zwischen Hans Weigel und Ingeborg Bachmann (Mai 1948 bis Mai 1953), in dem auch Bachmanns in dieselben Jahre fallende Beziehung zu Celan thematisiert wird, alles »geklärt«, wie jüngst Bettina Steiner anläßlich ihres ›Enthüllungs‹-Berichts meinte: »Was die Germanistik die letzten Jahre rätseln und 17 Autoren für den Suhrkamp-Verlag nach ›poetischen Korrespondenzen‹ im Werk von Celan und Bachmann suchen ließ, scheint durch die Briefe geklärt« (Bettina Steiner: Die größte Wegruhe, das stärkste Zuhause. In: Die Presse, 14.8.1998, 23). Dem liegt eine vollständige Verkennung von Lektüre zugrunde, in der es nicht um das »Rätsel« geht, ob die beiden Dichter nun ›etwas miteinander hatten‹, sondern darum, auf welche Weise ihre poetische Praxis und ihre poetologischen Reflexionen in einen Dialog miteinander traten.

zitierenden Gedenken nicht im Wege steht, erklärt sich aus der dialogischen Struktur der Romankonzeption insgesamt. Die Legende ist nämlich, wie sich aus der Entstehungsgeschichte von »Malina« ergibt, dem an den Verlag geschickten Manuskriptkonvolut nachgesandt worden (TP3.2/856, 877),[6] so daß Bachmann augenscheinlich während der Arbeit am Buch mit ihren Celan-Zitaten auf seinen Tod im April 1970 reagierte. In den Entwürfen zu »Malina« gab es zuvor nur im Traumkapitel eine mit Cz.[7] chiffrierte Referenz auf den Dichter (TP3.1/98). Mit Hilfe der Celan-Zitate in der hinzugefügten Legende kommt nun seine eigene Stimme zu Wort. Diese literarische Antwort auf den Tod eines Freundes und Autors fügt sich dabei in die spezifische Poetologie von Hinterlassenschaft, die Bachmann mit ihrer »imaginären Autobiographie« (GuI 73) im Unterschied zum traditionellen Konzept des Vermächtnisses entwickelt hat: »Ich möchte das Briefgeheimnis wahren. Aber ich möchte auch etwas hinterlassen.«

Mit diesem Hinweis auf das Zugleich von Hinterlassenschaft und Wahrung des Briefgeheimnisses zielt der Roman auf eine Lektüre, die insbesondere die Entzifferung von *Zitaten*, *Orten*, *Namen* und *Daten* betrifft. Statt diese als Anspielungen zu deuten und in biographische Vorkommnisse zu übersetzen, gilt es, sie als Chiffren zu verstehen, deren Bedeutung in einer solchen, ohnehin unmöglichen Rückübersetzung von Literatur in Leben nicht aufgeht. Wie im Fall anderer Lektürefragen auch, z. B. der Frage der Traumdeutung, hat Bachmann dies in ihrem poetologischen Roman bereits thematisiert. Jahreszahlen etwa werden in »Malina« als Zeichen verstanden, die entgegen einer nachrichten-, gerüchte- oder meinungsförmig organisierten Öffentlichkeit für die Erregungen, die Wünsche und Schocks der Ich-Figur Bedeutung haben: als Zeichen von Erinnerungsspuren, als Momente des Eingedenkens oder, um es mit Paul Celans Worten zu sagen, als Datum. So z. B. in einer Szene, in der beim Hantieren mit alten Zeitungen der bestürzte Blick des Ich auf ein Datum beschrieben wird (3/254). Wenn die germanistische Kriminalistik für das genannte Datum, den 3. Juli 1958, nun herausgefunden hat, daß es sich auf die Erstbegegnung von Frisch und Bachmann in Paris be-

---

[6] So auch schon Kohn-Waechter 1992, 52.
[7] Cz. war Celans Chiffre für Czernowitz.

zieht, so wird damit wenig erhellt, denn daß es sich bei dieser Beziehung um eine für Bachmann mit Schrecken besetzte Erinnerung handelt, wußte man auch so schon. Doch bildet ein solches Verfahren eine Sackgasse, indem es die Lektüre verschließt und vom literarischen Text absieht.[8] Darin wird nämlich das unheimliche Zusammenfallen zweier heterogener Bedeutungen in ein und derselben Zahlenreihe thematisiert, die Koinzidenz zwischen dem Kontinuum der Informationsöffentlichkeit bzw. einer medial konstruierten Kette von Begebenheiten[9] – »Ich bin hinreichend, bin gut, sehr gut, überdurchschnittlich informiert« (255) – und dem damit einhergehenden, aber unvereinbaren Blick auf die Katastrophe im Datum.

Und was den »Umgang mit Namen« betrifft, so gilt auch hier das, was Bachmann in ihrer Vorlesung formuliert hatte: »der Name allein genügt, um in der Welt zu sein« (4/238). Gegen die Funktion von Namen für den Erkennungsdienst, auf den das Personenverzeichnis des Romans anspielt [X.3], ist der Name für das Ich nur im Kontext einer Sprache der Liebe wichtig. Insofern ist es in diesem Fall der Name des *Anderen*, durch den das *Ich* in der Welt ist, durch den es Erlösung und Auferstehung erhofft. Und so erhält der Name Ivans den Status eines Losungsworts und eines Zeichens, in dem das Ich siegen wird (3/31f.).

Als Datum und Losungswort verstanden, unterscheiden sich die Chiffren im Roman von Anspielungen.[10] Sie sind vielmehr als Erinnerungszeichen zu entziffern, die nicht darauf verweisen, ›wie

---

[8] Mit der Identifizierung des biographischen Datums kann bei Albrecht denn auch die Rechenaufgabe »als abgeschlossen betrachtet werden«, mit der irrigen Annahme, das Motiv der »verschwiegenen Erinnerung« in einen genau einzugrenzenden Zeitraum aus der Lebensgeschichte der Autorin übersetzen zu können (Albrecht 1989, 61). Mit dieser Rechenkunst wird die ›verschwiegene Erinnerung‹, die das Andere des Erzählens betrifft, zu einer für die Kritikerin erzählbaren Story. – Noch ärgerlicher die Arbeit von Sauthoff, in der Autobiographie und Roman kurzgeschlossen werden, wenn Paul Celan »in drei unterschiedlichen Figurenvarianten im Roman« *erscheint* (Sauthoff 1992, 201).

[9] »Wo eine Kette von Begebenheiten vor *uns* erscheint, da sieht *er* [der Engel der Geschichte] eine einzige Katastrophe« (Benjamin 1980, I.2/697).

[10] Zum Doppeldeutigen und Dämonischen einer Anspielungssprache und deren Dekonstruktion vgl. Benjamins »Einbahnstraße« und seinen Essay »Karl Kraus«, dazu Weigel 1997, Kap. VII.

es denn eigentlich gewesen ist‹, sondern Zeichen einer nicht erzählbaren, »verschwiegenen Erinnerung« darstellen, um die es im Leitmotiv des Romans, der Unvereinbarkeit von Erinnern und Erzählen, geht. Die verschwiegene Erinnerung betrifft aber nicht verschlüsselte Aussagen, sondern ist der Darstellung in Gestalt einer anderen Sprache eingeschrieben, vergleichbar einer Bilderschrift, die nicht decodiert werden kann, sondern wie die Bilderrätsel der Traumsprache gelesen werden muß. Als Maskierung eines Schreibbegehrens eingeführt, formuliert die Legende der Prinzessin von Kagran eine Geschichte der Ich-Stimme, deren Wunschgestalt sich mit der Erzählung eines unwiederbringlich Vergangenen trifft. Insofern steht die Legende *anstelle* jener verschwiegenen Erinnerung, die als unkenntliche Kehrseite der ›glücklichen Zeit‹ in dieser verborgen ist, wenn die Liebe als Märchenzeit erscheint. Darauf verweist der Prolog: »und ich erinnre mich an nichts mehr aus Märchenzeit«. Eingeführt werden »Die Geheimnisse der Prinzessin von Kagran« dann als eine Inkunabel, aus deren »ungeheuerliche[r] lateinische[r] Jahreszahl« kein Mensch »je klug werden wird. In die Majuskel würde ich mit einer roten Tinte die Blüten vom Türkenbund zeichnen und verstecken könnte ich mich in der Legende einer Frau, die es nie gegeben hat« (3/62).

Der Türkenbund, unter dessen Zeichen auch die Erstbegegnung mit Ivan zu Beginn des ersten Kapitels sich ereignet (28), steht hier als Schibboleth für den Autor von »Gespräch im Gebirg«, aus dessen Gedichten in der unmittelbar folgenden, kursiv gedruckten Legende zitiert wird. Eingewoben in einen Text, der mit dem Zeitgestus »es war einmal« einsetzt, sind die Zitate als Partikel einer im ›Heute‹ nicht erzählbaren Geschichte situiert. Damit ist die Legende als eine im mehrfachen Sinne unmögliche Geschichte eingeführt. Sie erzählt die alte Mär von einer schönen und jungen Prinzessin, die einst mächtig war, nun aber, ihrer Herrschaft beraubt und gefangen, von einem unbekannten Fremden gerettet wird. Dieser erste Teil der Legende ist in eine Frühzeit, in die Zeit ewiger Völkerwanderung, verlegt. War sie der Stimme des Fremden, die sie bestrickt und bezaubert, ohne die Worte zu verstehen, schon bei dieser ersten Rettung verfallen, so gerät die Prinzessin bei der zweiten Begegnung mit ihm vollends in seinen Bann. Bei ihrem Weg entlang der Donau, als sie in die bedrohliche Weiden-Wasser-Landschaft der Donauauen gerät –

dargestellt als eine Art mythischer Topographie, als Gang »an die Grenze der Menschenwelt« und Schwelle zum Totenreich, wo ihr eine Kolonne aus Schattenwesen entgegenkommt[11] –, erscheint ihr ein bezauberndes Licht, das sich als Blume entpuppt, die ihr von der Hand des Fremden entgegengehalten wird. Sie wird in seinen schwarzen Mantel und einen »totenähnlichen Schlaf« gehüllt, und nach dem Erwachen daraus hat sich die bedrohliche Natur beruhigt. »Die Prinzessin und der Fremde begannen zu reden, wie von alters her, und wenn einer redete, lächelte der andere. Sie sagten sich Helles und Dunkles.« Bei ihrem erneuten Abschied entwirft sie, indem sie ihm das »auf der Schwelle des Traumes« Gesehene erzählt, ein Wiedersehen in mehr als zwanzig Jahrhunderten, »sprechen wirst du wie die Menschen: Geliebte...«, wobei der Ort dieser Wiederbegegnung erst kenntlich würde, »wenn du mir die Dornen ins Herz treibst«. Nach dem Abschied, als er »schweigsam seinen und ihren ersten Tod« entwarf, und nach der Rückkehr in ihr Land, »in einer fürchterlichen Stille, denn er hatte ihr den ersten Dorn schon ins Herz getrieben«, fällt sie blutend zu Boden und lallt lächelnd »im Fieber: Ich weiß ja, ich weiß« (3/62–70).

Die in eine Vorgeschichte verlagerte Legende von der Prinzessin und ihrem »Retter«, die eine verbreitete Sexualmetaphorik zitiert und die Gleichzeitigkeit von Hingabe- und Rettungsbegehren im Bild des »Fremden« verkörpert, erzählt vom Wissen um die verschiedenen Tode des Subjekts im Hingabebegehren und im Schmerz der Liebe (totenähnlicher Schlaf und ins Herz getriebener Dorn). Sie erzählt also von einem nahezu mythischen Wissen, das in einer modernen Prosasprache schwerlich zum Ausdruck gebracht werden könnte. Im letzten Teil der Legende sind dem Text einzelne Wörter oder Bilder, Bruchstücke von Zeilen und entstellte Zitate aus Gedichten Celans, überwiegend aus dem Band »Mohn und Gedächtnis« (1952), aber auch aus »Sprachgitter« (1959), »Niemandsrose« (1963) und »Atemwende« (1967) buchstäblich eingeschrieben, wobei sich diese Zitate im Verlauf der Le-

---

[11] Die Landschaft ähnelt derjenigen des Gedichts »Große Landschaft bei Wien«, das mit den Versen beginnt: »Geister der Ebene, Geister des wachsenden Stroms« (1/59). Die Darstellung der Donauauenlandschaft in der Legende zitiert aus der phantastischen Geschichte »Die Weiden« von Algernon Blackwood (TP3.2/937).

gende immer mehr verdichten: schwärzer als schwarz, röter als rot, sie sagten sich Helles und Dunkles, der endlose Ritt, sprechen wirst du wie die Menschen: Geliebte ..., wir werden Karten spielen, ich werde meine Augen verlieren, im Spiegel wird Sonntag sein, wenn du mir die Dornen ins Herz treibst, der Fremde entwarf schweigsam seinen und ihren ersten Tod, sie lächelte aber und lallte im Fieber: ich weiß ja, ich weiß![12]

Der fehlende Autorname, der durch die Chiffre des Türkenbunds aus Celans »Gespräch im Gebirg« vertreten wird, kennzeichnet die spezifische Art und Weise, in der Bachmanns Literatur sich auf die Poesie Celans bezieht. Wird in den fragmentierten Zitaten seine lyrische Stimme in ihrem Text hörbar, so sind deren Entstellungen oder Neuformulierungen Bestandteile eines poetischen Dialogs. Die Wiederholung der anderen Stimme im Sinne eines fernen Echos oder einer anderen Wiederkehr ist Teil einer Dauerspur, die in Form der Dialogizität die Literatur beider Autoren durchzieht. Auch in anderen Szenen »Malinas«, z.B. in den Träumen und den fragmentarischen Entwürfen jenes »schönen Buchs«, das die Ich-Figur für Ivan zu schreiben versucht, finden sich Zitatbruchstücke Celanscher Gedichte: »wir werden tot sein und atmen, es wird das ganze Leben sein« (140).

Die beschriebene Aufnahme der Celanschen Stimme in den Text von »Malina« kann als eine Art Kryptogramm verstanden werden. Denn die Nachricht von seinem Tod in der Seine im April 1970, die Bachmann während der Arbeit am Roman erreichte, wurde von ihr in Form eines (undatierten) Datums in den Roman eingetragen. Eine der traumatischen Traumszenen des zweiten Kapitels, die sich aufgrund ihres Bildregisters und der Räumlichkeit (Abtransport, Lastwagen, Baracken) als Gedächtnisszene in der Nachgeschichte der Shoah ausweist, endet mit einem romaninternen Verweis auf die Legende und mit dem Tod des Geliebten:

> »Kann ich Sie sprechen, einen Augenblick? fragt ein Herr, ich muß Ihnen eine Nachricht überbringen. Ich frage: Wem, wem haben Sie eine Nachricht zu geben? Er sagt: Nur der Prinzessin von Kagran. Ich fahre ihn an: Sprechen Sie diesen Namen nicht

---

[12] Die genaue Aufschlüsselung der Zitate ist der unten folgenden Aufstellung zu entnehmen [420ff.].

aus, niemals. Sagen Sie mir nichts! Aber er zeigt mir ein vertrocknetes Blatt, und da weiß ich, daß er wahr gesprochen hat. Mein Leben ist zu Ende, denn er ist auf dem Transport im Fluß ertrunken, er war mein Leben. Ich habe ihn mehr geliebt als mein Leben.« (195)

Der Roman spricht damit weder *über* die Person Celans noch über seinen Tod. Wird der Tod im Fluß, von dem die Nachricht Kunde gibt, durch die ganze Szenerie des Traumbildes als ›Spätschaden‹ [IX.4], als späte Folge der erlittenen Verfolgungsgeschichte gekennzeichnet, so vermeidet der Text doch zugleich, Auschwitz oder die Opfer zum Thema oder zum Objekt zu machen. Erst das Zusammenspiel von fehlendem Autornamen, Zitat und Datum machen Bachmanns Roman zu einem Kryptogramm, d.h. zu einem Text, in dem Trauer und Gedenken verborgen sind, zu einer Erinnerungsschrift also jenseits von Gedenkritualen und Denkmalen.

Die Bedeutung Celans für »Malina« ist nun keineswegs so zu verstehen, daß Ivan Celan *sei*. Nur in der Sprache des Traumkapitels verdichten sich Merkmale Ivans und des Geliebten – im beschriebenen Barackentraum ist dessen Herkunftsort Pécs derselbe wie der für Ivan im Personenverzeichnis genannte –, während die Traumgestalt des Geliebten u.a. über Zitate und die Chiffre des »siderischen Mantels« bzw. des »sibirischen Judenmantels« auf die Legende von der »Prinzessin von Kagran« und die Gestalt des Fremden darin verweist. Durch diese interne Verweisstruktur ist die Sprache einer Erinnerung an Celan, ohne je seinen Namen zu nennen, in ein Spiel vieldeutiger Korrespondenzen eingewoben, die zwischen der Sprache der heute unmöglichen literarischen Genres (Legende und schönes Buch) und der Sprache des Traums bestehen.

In der Geschichte des literarischen Dialogs zwischen Bachmann und Celan stellt der Roman »Malina« einen Endpunkt dar, der zugleich einen Anfang erinnert. Die Bruchstücke und Zitate, die in »Malina« eingegangen sind, entstammen nämlich zu einem großen Teil jenen 23 Gedichten, die Paul Celan ihr in einem Widmungsexemplar von »Mohn und Gedächtnis« (Zweitauflage von 1954) durch handschriftliche Bezeichnungen »f.D.« zugeeignet hatte.[13] Diese

---

[13] Zu dieser »Enthüllung« vgl. Christine Koschel: Malina ist eine einzige Anspielung auf Gedichte. In Böschenstein/Weigel 1997, 17–22. Das Wid-

Zuschreibung oder Widmung bedeutet, daß Celan einige lyrische Texte, die er zu einem Teil bereits nach Wien mitgebracht hatte,[14] die teilweise in Wien, wo er sich von Dezember 1947 bis Juni 1948 aufhielt, und z. T. danach in Paris entstanden waren, nachträglich an Ingeborg Bachmann adressiert hat. Von diesen, ihr nachträglich und persönlich gewidmeten Gedichten sind fünf sicher in Wien entstanden: »Nachtstrahl«, »Die Jahre von dir zu mir«, »Lob der Ferne«, »Corona« und »Auf Reisen«.[15] Nur diese fünf Gedichte, deren Entstehung in direktem Zusammenhang der Begegnung steht, können also daraufhin befragt werden, inwieweit Momente der Wiener Szenerie in sie eingegangen sind. Bei den anderen 18 Gedichten ist die Geste der handschriftlichen Zueignung vielmehr ein Zeichen der Erinnerung, das den veröffentlichten Texten damit eine zusätzliche, persönliche Bedeutung zuschreibt, die an eine bestimmte Andere, an ein Du adressiert ist. Eignet der Widmung stets das Moment einer Nachträglichkeit, so entspricht sie zugleich der Figur einer Apostrophe, die, statt den Namen des Anderen zu sagen, die Adressierung eines Textes vornimmt. So antwortet Bachmann mit ihrer Zitierweise in »Malina« also auf eine vorausgegangene, beinahe zwei Jahrzehnte zurückliegende Schrift, indem sie die damalige Widmung buchstäblich realisiert: die ihr zugeeigneten Gedichte werden ihrer Schrift *zu eigen*, Teil ihrer eigenen Schrift.

Die Celan-Zitate in »Malina« verdichten sich dort, wo sich die Texte aus dem bereits 1948 in Wien erschienenen Band »Der Sand aus den Urnen« mit den Widmungsgedichten aus »Mohn und Gedächtnis« überschneiden: in Zitaten aus »Erinnerung an Frankreich«, »Lob der Ferne«, »Das ganze Leben« und »Corona«. Aus

---

mungsexemplar, das Bachmann der Freundin geschenkt hatte, ist heute im Celan-Nachlaß einsehbar (DLM). Die Zuschreibungen betreffen 23 Gedichte, sieben aus dem Teil ›Sand aus den Urnen‹, zehn aus ›Gegenlicht‹ und sechs aus ›Halme der Nacht‹.

[14] Das betrifft einen Teil der Gedichte, die bereits in dem 1948 publizierten, später von Celan wegen zu vieler sinnentstellender Druckfehler zurückgezogenen Band »Sand aus den Urnen« erschienen waren und in »Mohn und Gedächtnis« wieder aufgenommen wurden.

[15] Da Celan seine frühen Gedichte noch nicht beim Schreiben datiert hat, wurde die Entstehung der Gedichte aus »Sand aus den Urnen« und »Mohn und Gedächtnis« von ihm nachträglich in Paris notiert (Auskunft von Axel Gellhaus, CAB).

den anderen Abteilungen sind es »Auf Reisen«, »Der Tauben weißeste« und »Stille.« Es finden sich in Bachmanns Roman aber auch Zitate aus Gedichten des Bandes »Sand aus den Urnen«, die von Celan nicht in den Band »Mohn und Gedächtnis« (1952) aufgenommen wurden. Die Vertrautheit Bachmanns mit seinen Gedichten ist also keineswegs von dem Widmungsexemplar abhängig.[16] Eher deutet die Einfügung fragmentierter und veränderter Zitate in ihren Text darauf hin, daß es sich um sprachliche Wendungen handelt, die ihr im Gedächtnis verfügbar waren, die sie tatsächlich *by heart* zitiert hat. Ähnliches ist auch am Ende der Frankfurter Vorlesung »Über Gedichte« zu beobachten, wo Bachmann einige Verse aus dem Gedicht »Zähle die Mandeln« zitiert, das ebenfalls zu den ihr zugeschriebenen Gedichten aus dem Widmungsexemplar von »Mohn und Gedächtnis« gehört. Die vier Verse aus der ersten und letzten Strophe werden von ihr nämlich in umgekehrter Reihenfolge, also gleichsam in einer Rückwärtslesung präsentiert, in der sie einmal mehr das Ende dem Anfang voraussstellt: »Mache mich bitter, zähle mich zu den Mandeln, zähl mich dazu... was bitter war und dich wachhielt...« (4/215) anstatt wie es in Celans Gedicht heißt:

»Zähle die Mandeln,
zähle, was bitter war und dich wachhielt,
zähl mich dazu:
[...]
Mache mich bitter.
Zähle mich zu den Mandeln.« (1/78)

Offensichtlich wurden diese Verse ebenso wie die in »Malina« eingeschriebenen Wörter und Zeilen von Bachmann aus dem Gedächtnis zitiert. Dabei verweisen einige der Zitate in »Malina« nicht nur auf Gedichte Celans, sondern auch auf frühe Gedichte der Autorin selbst und damit auf jenen poetischen Dialog, der seit Anfang der fünfziger Jahre zwischen beider Literatur erkennbar ist.

---

[16] Bevor sie 1954 oder später das Widmungsexemplar erhielt, verfügte Bachmann über ein Exemplar der Erstausgabe von »Mohn und Gedächtnis« (1952) und zwei Exemplare von »Sand aus den Urnen« (1948), davon eine Kopie mit handschriftlich eingetragenen Korrekturen. Auch von allen anderen Gedichtbänden Celans, dem Buch über Edgar Jené (1948) und den Übersetzungen enthält die Privatbibliothek Bachmanns je ein Exemplar (PBB).

Zitate aus Celan- und Bachmann-Gedichten in »Malina«

»Malina« (1971)
(in Klammern: Seitenzahl)

Frühere Texte von Bachmann
(in Klammern: Entstehung)

ERSTES KAPITEL
Türkenbund (3/28, 37, 194)

das ganze Leben (38)

Legende:
Marchfelddorf (63)

»Große Landschaft bei Wien«
(1953)

schwärzer als schwarz (64)

in einen langen schwarzen
Mantel gehüllt (64)

röter als rot (68)

Sie streckte die Hand nach der Blume
[...] mit der Blume eine andere Hand
(68)

Sie sagten sich Helles
und Dunkles (68)

»Dunkles zu sagen« (1952)

denn du weißt ja, du weißt (69)
Ich weiß, ja ich weiß (70)

der endlose Ritt (69)

Schwelle des Traumes (69)

sprechen wirst du wie die
Menschen: Geliebte (69)

es wird dann Zeit sein, daß du
kommst und mich küßt (69)

es ist Zeit
»Noch fürcht ich« (1951)

Texte von Celan
(in Klammern: Entstehung, Band)

»Gespräch im Gebirg« (1960)

*»Das ganze Leben« (1946/47, SU/MG)

Marchfeld
»Bahndämme, Wegränder, Ödplätze, Schutt« (5.8.58, SG)

schwarzes Aug zum schwärzesten Auge
*»Auf Reisen« (1948, MG)
schwärzer im Schwarz
*»Lob der Ferne« (1948, SU/MG)

gehüllt in den Mantel
»Umsonst malst du Herzen« (SU/MG)

röter als rot
»Dunstbänder-, Spruchbänder, Aufstand« (AW)
Aus meiner Hand nimmst du die große Blume
*»Der Tauben weißeste« (MG)

wir sagen uns Dunkles
*»Corona« (1948, SU/MG)

ich weiß und du weißt
»Soviel Gestirne« (19.6.60, NR)

Wahr ist der endlose Ritt
»Ein Krieger« (SU)

»Die Schwelle des Traums« (SU)

als du sprachst wie die Menschen: Geliebte
»Umsonst malst du« (SU/MG)

es ist Zeit, daß du kommst und mich küssest
»Die Hand voller Stunden« (SU/MG)

| »Malina« (1971) | Frühere Texte von Bachmann |
| (in Klammern: Seitenzahl) | (in Klammern: Entstehung) |

| wir werden Karten spielen, | Verlust meiner Augen |
| ich werde meine Augen verlieren, | »An die Sonne« (1956) |

im Spiegel wird Sonntag sein (69)

| wenn du mir die Dornen ins | ein harter Dorn |
| Herz treibst (69) | »Wie soll ich mich nennen« (1952) |

den ersten Dorn schon ins	dem stillen Ozean treib ich den
Herz getrieben (70)	grünen Keil mitten ins Herz
	»Strömung« (1957)
	die Nacht von Dornen erhellt
	»Im Gewitter der Rosen« (1953)

vor einem Fenster werden wir
stehen (70)

Sie ertrug die Wolken nicht mehr (70)

entwarf schweigsam seinen und
ihren ersten Tod (70)

Stille (70)

Prophetische Fragmente:
es ist immer Sonntag, es wird in den
Spiegel gefragt (136)

wir werden tot sein und atmen (140)

es wird das ganze Leben sein (140)

ZWEITES KAPITEL
in seinem schwärzer als schwarzen
siderischen Mantel (194)

Texte von Celan
(in Klammern: Entstehung, Band)

Wir spielten Karten, ich verlor die Augensterne
*»Erinnerung an Frankreich« (SU/MG)

Im Spiegel ist Sonntag
*»Corona« (1948, SU/MG)

Ich treib den Dorn in dein Herz
Der Dorn dringt dir tiefer ins Herz
*»Stille« (MG)

Wir stehen umschlungen im Fenster
*»Corona« (1948, SU/MG)

Es sind nur Wolken, die er nicht ertrug
»Traumbesitz« (SU)

Schweigsam entwerf ich mir Tod
»Ein Krieger« (SU)

*»Stille« (SU/MG)

Im Spiegel ist Sonntag
*»Corona« (1948, SU/MG)

Wir waren tot und konnten atmen
*»Erinnerung an Frankreich« (SU/MG)

*»Das ganze Leben« (1946/47, SU/MG)

gehüllt in den Mantel
»Umsonst malst du Herzen« (SU/MG)
Schwärzer im Schwarz
*»Lob der Ferne« (1948, SU/MG)

Bezüge zwischen anderen Texten Bachmanns und Celans

Ingeborg Bachmann (mit Angabe der Entstehung)	**Paul Celan** (mit Angabe von Entstehung und Band)
Sieben Jahre später fällt es dir wieder ein, am Brunnen vor dem Tore »Früher Mittag« (1952) »Im Gewitter der Rosen« (1953) »Schatten Rosen Schatten« (1956)	nicht vorm Tor den Fremdling Sieben Nächte höher sieben Herzen tiefer Sieben Rosen später rauscht der Brunnen *»Kristall« (MG)
Die Rosenlast stürzt lautlos von den Wänden Dunkel. Schritte »Hotel de la Paix« (1957)	denn die Rose, die Rose *»Stille« (MG) wir sagen uns Dunkles *»Corona« (1948, SU/MG)
wie alle Glocken schweigen »Psalm« (1953)	Glockenstuhl des Schweigens *»Zähle die Mandeln« (MG)
im Schilf [...] tönender als die Welle »Große Landschaft bei Wien« (1953)	O schöner tönte das Schilf »Marianne« (SU/MG
es schäumt Schein in den Pfannen und Krügen »Das Spiel ist aus« (1954)	und Schein wie Wasser schäumt *»So bist du denn geworden« (SU/MG)
Komm nicht aus unsrem Mund, geh! komm nicht wieder. Komm, Gunst aus Laut und Hauch, Komm und versag dich nicht »Rede und Nachrede« (1956) Komm. Nur einmal. Komm. »Undine geht« (1961)	Geh. Komm. »Zwölf Jahre« (27.7.60, NR) Komm, wir löffeln Nervenzellen »Komm« (FS) Komm, leg die Welt aus mit dir »Komm« (ZG)
den süßen Namen mit dem Mandelton »Mirjam« (1957)	*»Zähle die Mandeln« (MG) Mirjam *»In Ägypten« (MG)

Erläuterung der Siglen:
* Bachmann zugeeignete Gedichte in dem Widmungsexemplar von »Mohn und Gedächtnis« (1954)
SU = »Sand aus den Urnen« (1948)   MG = »Mohn und Gedächtnis« (1952)
SG = »Sprachgitter« (1959)   NR = »Niemandsrose« (1963)
AW = »Atemwende« (1967)   FS = »Fadensonnen« (1968)

2. Verschwiegene Korrespondenzen: Dialog- und Lektürespuren

Im Schatten der geteilten Reaktion auf die beiden Debütanten der Gruppe 47, die zunehmende Anerkennung *ihrer* Lyrik und die schroffe Abwehr ihm gegenüber, blieben die verschwiegenen Korrespondenzen beider Lyrik zunächst unbemerkt. Dabei sind Bachmanns Gedichte aus dem Jahr 1952 und die ihres ersten Lyrikbandes »Die gestundete Zeit« (1953) voller Bild- und Wortbezüge zu Celans Poesie, nicht nur in der bekannten Formulierung »Dunkles zu sagen«, jener Zeile aus dem in der Erstveröffentlichung noch titellosen Orpheus-Gedicht, die, in der Buchfassung zum Titel erhoben, die Intertextualität zu Celans »Wir sagen uns Dunkles« aus »Corona« (1/37) hervorhebt [III.1]. Auch der Dorn, der in der Legende in »Malina« wiederauftaucht, begegnet hier schon, sowohl in Bachmanns »Wie soll ich mich nennen?« als auch in Celans »Stille«. Und das im November 1952 entstandene Gedicht Bachmanns »Früher Mittag«, in das die Eindrücke ihres ersten Deutschland-Besuchs eingegangen sind, bezieht sich ebenfalls auf Gedichte aus »Mohn und Gedächtnis«: die Zahl sieben sowie Tor und Brunnen aus »Kristall« kehren in ihrer Momentaufnahme aus der deutschen Nachgeschichte in anderer Zusammenstellung wieder als:

»Früher Mittag	»Kristall
[...]	
Sieben Jahre später	Nicht an meinen Lippen suche
fällt es dir wieder ein,	deinen Mund,
am Brunnen vor dem Tore,	nicht vorm Tor den Fremdling,
blick nicht zu tief hinein,	nicht im Aug die Träne.
die Augen gehen dir über.	
	Sieben Nächte höher wandert
Sieben Jahre später,	Rot zu Rot,
in einem Totenhaus,	sieben Herzen tiefer pocht die
trinken die Henker von gestern	Hand ans Tor,
den goldenen Becher aus.	sieben Rosen später rauscht der
Die Augen täten dir sinken.«	Brunnen.«
(1/44)	(1/52)

Es sind weniger Motive oder Themen, eher einzelne Wörter, sprachliche Bilder oder Schriftbilder, die zwischen der Lyrik Celans und Bachmanns kursieren: eine Form der Sprachmagie, ähnlich jener, die die Ich-Figur in »Malina« beschwört, wenn sie über ihre Lektüre spricht, über die Buchstaben, Silben, Zeilen und über die Leseschocks: »die nachhaltigen Ereignisse sind ein einziger Blick auf eine Seite, eine Erinnerung an fünf Worte auf Seite 27 links unten« [IV.1].

So läßt sich beobachten, wie ein einzelnes Wort seinen Weg durch verschiedene Texte Bachmanns und Celans zeichnet, beispielsweise jenes, möglicherweise Goethes »West-östlichem Divan« entlehnte »unverloren«.[17] Dieses Wort wird für beide Autoren zum sprachlichen Topos für eine poetische Sprache der Hoffnung, die erst vom Ort eines Wissens um das Verlorensein aus möglich ist, für jene Gleichzeitigkeit also von radikaler Desillusionierung und Erlösungshoffnung, die – in der Tradition Benjamins – für beider Literatur kennzeichnend ist. Die Rede vom Unverlorenen ist nur jenseits, nicht diesseits des Verlorenseins möglich, wie in dem schon besprochenen ›letzten Gedicht‹ Bachmanns »Böhmen liegt am Meer« (1964): »Zugrund gerichtet, wach ich ruhig auf./ Von Grund auf weiß ich jetzt, und ich bin unverloren«. Es ist dies, wie gezeigt [VII.1], ein anderes Wissen vom Grund als das Wissen um eine Begründung, als jener philosophische Begriff des Grundes, mit dem sich Bachmann, über eine Relektüre von Heideggers »Satz vom Grund«, in ihrem Roman »Malina« auseinandersetzen wird [X.5]. In Celans Gedicht »Nachmittag mit Zirkus und Zitadelle« aus der kurz vor der Entstehung von »Böhmen liegt am Meer« veröffentlichten »Niemandsrose« (1963) hieß es: »Verloren war Unverloren,/ das Herz ein befestigter Ort« (1/261). Das Zugleich und Nebeneinander von verloren und unverloren bezeichnet einen lyrischen Topos, der auf dem Wege einer Negation des Verlorenseins mit Bezug auf die Sprache der Erlösung gewonnen wurde, wie in Celans Gedicht »Engführung« aus »Sprachgitter« (1959) zu lesen ist: »Also/ stehen noch Tempel. Ein/ Stern/ hat wohl noch Licht./ Nichts,/ nichts ist verloren« (1/204). Unter Ausblendung des Tem-

---

[17] In Hatems Rede an Suleika: »Kenn ich doch der Väter Menge,/ Silb' um Silbe, Klang um Klänge,/ Im Gedächtnis unverloren,/ diese da sind neugeboren.«

pelbildes, der direkten Referenz auf die biblisch-jüdische Herkunft dieser Sprachfigur also, stellt Bachmann diese Strophe ans Ende ihrer Frankfurter Vorlesung über Gedichte im Dezember 1959, die sie auf diese Weise mit Celans Stimme ausklingen läßt:

>»Aber plötzlich, wegen der strengen Einschränkung, ist es wieder möglich, etwas zu sagen, sehr direkt, unverschlüsselt. Es ist dem möglich, der von sich sagt, daß er wirklichkeitswund und wirklichkeitsuchend mit seinem Dasein zur Sprache geht. Am Ende des großen Gedichtes ›Engführung‹ tritt so ein Satz hervor, und mit ihm möchte ich schließen – und noch vorausschicken, damit Sie das Wort ›Stern‹ auch recht verstehen, daß die Sterne für Paul Celan ›Menschenwerk‹ sind, daß Menschenwerk gemeint ist.

> .... Ein
> Stern
> hat wohl noch Licht.
> Nichts,
> nichts ist verloren.« (4/216)

Mit dem Hinweis auf die Celansche Selbstbeschreibung als wirklichkeitswund und wirklichkeitsuchend zitiert Bachmann indirekt im selben Atemzug auch jenen Text, in dem Celans poetologische Bestimmung für das »unverloren« zu finden ist: »unverloren« als ein Ort in der Sprache bzw. als sprachlicher Ort. Die Sterne, »die Menschenwerk sind« und »wirklichkeitswund und Wirklichkeit suchend«, stehen nämlich am Ende von Celans Rede zum Bremer Literaturpreis (1958), in der er programmatisch formuliert: »Erreichbar, nah und unverloren blieb inmitten der Verluste dies eine: die Sprache./ Sie, die Sprache, blieb unverloren, ja, trotz allem« (3/185). Und nach einem unmittelbar anschließenden »aber« wird die Bewegung hin zu diesem Ort als Wiederzutagetreten nach einem Hindurchgehen »durch ihre eigenen Antwortlosigkeiten«, durch »furchtbares Verstummen« und durch »die tausend Finsternisse todbringender Rede« beschrieben (3/186). Es ist genau diese Bewegung, die Bachmann dann in ihre eigene lyrische Sprache transponiert: »Zugrund gerichtet, wach ich ruhig auf./ Von Grund auf weiß ich jetzt, und ich bin unverloren«.

Auch die expliziten poetologischen Überlegungen Bachmanns stehen im direkten Dialog mit denen Paul Celans. Alle Kerngedanken seiner Rede zum Bremer Literaturpreis, den er im Januar 1958 entgegengenommen hat, tauchen auch in Bachmanns Reden der folgenden Jahre auf. Das betrifft sein Konzept der Dichtung als »Unterwegssein« und als »Versuch, Richtung zu gewinnen« (3/186), das er aus den sehr konkreten topographisch-historischen (Um-)Wegen seines Schreibens ableitet. Bachmann nimmt dieses Konzept in ihre Frankfurter Vorlesungen auf, wenn sie das Schreiben als eine Bewegung des Denkens und der Sprache auf die Wirklichkeit hin definiert, die nur durch einen moralischen, erkenntnishaften Ruck, durch »eine neue Gangart« (4/192) möglich sei, um dabei Celan nahezu wörtlich zu zitieren: das »Richtungnehmen« (193) ebenso wie das »Unterwegssein« (268). Und das gilt auch für Celans dialogische Dichtungstheorie. Dabei nimmt seine Bremer Überlegung, »das Gedicht kann, da es ja eine Erscheinungsform der Sprache und damit seinem Wesen nach dialogisch ist, eine Flaschenpost sein« (3/186), mit der Flaschenpost eine bekannte Metapher der Kritischen Theorie auf, die Bachmann ihrerseits ein Jahr vorher in einem Gedichtentwurf verwendet hatte, als sie 1957 ihrem Gedicht »Strömung« zunächst den Titel »Flaschenpost« gegeben hatte.[18] Und so hat Bachmann auch mitgeschrieben an der Konkretisierung, die Celan im »Meridian«, seiner Dankrede zur Verleihung des Büchner-Preises im Oktober 1960, am dialogischen Status des Gedichts vorgenommen hat. Während in der Bremer Rede die Bewegung des Gedichts »auf etwas zu« noch schwankt zwischen verschiedenen Möglichkeiten dieses ›etwas‹ – »Worauf? Auf etwas Offenstehendes, Besetzbares, auf ein ansprechbares Du vielleicht, auf eine ansprechbare Wirklichkeit.« (3/186) –, erscheint die Antwort im »Meridian« entschiedener: ein Zuhalten auf einen Andern, einen »gleichsam zum Du Gewordenen«, der sein Anderssein mitbringt (3/198). In ihrer Dankrede zur Verleihung des Hörspielpreises der Kriegsblinden, zeitlich zwischen beiden Reden Celans im März 1959 gehalten, hatte Bachmann nämlich eindeutig postuliert, daß der Schriftstel-

---

[18] K1230/N487 (NÖN), vgl. Kohn-Waechter 1992, 46. Zum Motiv der Flaschenpost überhaupt vgl. auch den Beitrag von Gudrun Kohn-Waechter in Böschenstein/Weigel 1997, 211–230.

ler »auf ein Du gerichtet« sei (4/276). Insofern kann es durchaus sein, daß ihr Entwurf »Gedicht an einen Leser« [III.2], von dem vermutet wurde, daß er auf Celans »Meridian« antwortet,[19] früher entstanden ist und vielmehr eine Vorarbeit zu ihrer Vorlesung »Über Gedichte« darstellt, den Versuch also, eine Poetologie der Dichtung in poetischer Form zu schreiben. An die Stelle dieses abgebrochenen Versuchs ist dann ein Gang durch die deutschsprachige Gegenwartslyrik getreten, der auf Celans Dichtung als deren Flucht- und Höhepunkt zuläuft und mit Zitaten aus seinem soeben veröffentlichten Gedichtband »Sprachgitter« schließt, über dessen Kritik im Feuilleton Celan eben zu der Zeit, als Bachmann ihre Poetikvorlesung »Über Gedichte« in Frankfurt im Dezember 1959 hielt, in höchste Bestürzung geraten war. Mit dieser prominenten Plazierung von »Sprachgitter« (1959) und der Hervorhebung von Celans wirklichkeitswundem und wirklichkeitsuchendem Gang zur Sprache[20] stellt ihre Vorlesung ohnehin ein Gegenwort zur Feuilletonkritik dar, die den Bezug der Tropen in Celans Lyrik zur Wirklichkeit überhaupt, besonders aber zur Wirklichkeit der Shoah geleugnet hatte.

Bemerkenswert in dieser Situation und in gewisser Weise paradigmatisch für die schwierige Konstellation Celan–Bachmann ist die Zweigleisigkeit zwischen ihrer öffentlichen Parteinahme und Unterstützung für Celan und dem verborgenen literarischen Dialog,[21] in dem Bachmann zu gleicher Zeit eine feine Differenz zu

---

[19] Kann-Coomann 1988.
[20] Das »Sprachgitter«-Exemplar in Bachmanns Bibliothek enthält eine Widmung Celans vom 20.3.1959. In ihrem Nachlaß befinden sich außerdem zwei Manuskripte von »Sprachgitter«, eins datiert 2.12.1957 mit der handschriftlichen Widmung »Für Ingeborg«, (K8379/N8000–K8421/N8148, NÖN), ferner ein Manuskript der Bremer Rede, im Katalog des Bachmann-Nachlasses nicht aufgeführt, aber im Katalog des Celan-Nachlasses, dort im Konvolut Bachmann unter: Manuskripte von Paul Celan (Originale: Nachlaß Ingeborg Bachmann) (Celan-Nachlaß, 79, DLM).
[21] Für das Nebeneinander von öffentlichem Literaturbetrieb und verborgener brieflicher und literarischer Korrespondenz ist die Szene Ende 1959 sprechend. Am Tag nach der ersten Vorlesung Bachmanns schreibt eine begeisterte Brigitte Bermann-Fischer einen Brief an Paul Celan, offenkundig vollkommen ahnungslos, was die Beziehung Celans zu Bachmann betrifft: »Ich erzähle Ihnen davon, weil ich glaube, daß es Sie doch interessieren wird und weil wir so sehr wünschten, daß Sie zur nächsten Vorlesung am Mitt-

seiner Poetologie in einer poetischen Form zum Ausdruck bringt bzw. in die Klagerede des mythischen Kunstwesens Undine versteckt, »in der Legende einer Frau, die es nie gegeben hat«, wie man mit den Worten aus »Malina« sagen könnte. Die Erkennungsworte ihrer auf der Nuance beharrenden Antwort, die damals nur von Paul Celan entziffert werden konnten, sind die Worte ›Geh‹ und ›komm‹ aus seinem im Juli 1960 entstandenen Gedicht »Zwölf Jahre«, die nun bei Bachmann eine Klammer bilden zwischen dem Titel der Erzählung »Undine geht« (1961) und dem letzten Wort der Undine, einer Verkörperung der Kunst: »Komm«. Für andere entzifferbar wird dieser Zusammenhang über einen anderen Hinweis, den Bachmann in einem Interview 1964 gegeben hat und der ihre Erzählung mit Celans »Meridian« in Verbindung bringt. Bekanntlich hat sie die Erzählung »Undine geht« mit den Worten kommentiert: »Die Undine ist keine Frau, auch kein Lebewesen, sondern, um es mit Büchner zu sagen, ›die Kunst, ach die Kunst‹« (GuI 46). Wird mit diesem Autorkommentar jener Schmerz- und Lockruf eines Wesens, das im Unbegrenzten existiert und von dem im Text der Erzählung als »der anderen, dem anderen« die Rede ist (2/260), als Stimme der Kunst bezeichnet, so hat Bachmann dieser Lesart der Stimme Undines doch zugleich auch eine Mehrdeutigkeit gegeben. Sie betrifft die Stimme des von ihr herbeizitierten Autors, genauer die Verknüpfung der zitierten Worte mit jenem Namen, *mit* dem sie spricht. Denn der als Büchner-Zitat ausgewiesene Ausruf »die Kunst, ach die Kunst« erweist sich spätestens auf den zweiten Blick als unkorrekt. Da die Worte Camilles in »Dantons Tod«[22] tatsächlich lediglich »ach die Kunst« lauten, müßte man, wenn es um die Ermittlung einer Abweichung des Zitats vom sogenannten Original ginge, Bachmanns Hinweis als entstelltes Zitat bezeichnen. Da die

---

woch, d. 9.12.59, hier an der Frankfurter Universität, hierherkommen würden und für diese Reise unser Gast wären. Ich weiß nicht, ob Sie Ingeborg Bachmann persönlich kennen. Wir sind gute Freunde geworden und von ihrer dichterischen Entwicklung außerordentlich beeindruckt« (26.11.1959, in: Bermann Fischer 1990, 618). Wäre Celan dieser Einladung gefolgt, dann hätte er am 9.12.1959 im Publikum einer Vorlesung folgen können, die mit einer Hommage an seine Dichtung endete. Er aber war mit anderen Dingen befaßt, die er brieflich mit Ingeborg Bachmann austauschte. Vgl. VIII.3.

[22] II. Akt, 3. Szene mit Danton, Camille, Lucile.

Wendung »die Kunst, ach die Kunst« jedoch trotz dieser Abweichung tatsächlich ein wörtliches, korrektes Zitat darstellt, nur nicht Büchners, sondern eines *anderen* Autors, nämlich Celans aus seiner Büchner-Preis-Rede, handelt es sich um ein maskiertes Zitat: ein korrektes Zitat, aber mit einem verborgenen Autornamen.

Da Bachmanns Zitat damit also sowohl markiert als auch unmarkiert, zugleich identifiziert *und* maskiert, wörtlich *und* entstellt ist, muß es, anstatt es auf Original und Fälschung hin zu untersuchen, als Zeichen einer komplexen Lektürespur betrachtet werden. In der genannten Formulierung »die Kunst, ach die Kunst« zitiert Bachmann Büchner auf dem Umweg der Lektüre: ihrer Lektüre des »Meridian« und darüber vermittelt auch von Celans Lektüre des »Danton«. Doch ist das von ihr ausgewiesene Zitat nicht einfach aus Worten Celans und Büchners zusammengesetzt. Es referiert auf genau jenen Moment in Celans Text, in dem sich die Worte Celans und Büchners treffen: nachdem Celan sein Leitmotiv, das er in einem Spiel von Wiederholung und Variation als jeweiligen Absatzanfang plaziert – Die Kunst, das ist..., Die Kunst kommt wieder..., Die Kunst, meine Damen und Herren, ist... –, mit einem Büchner-Zitat unterbricht, es mit diesem überkreuzt und Leitmotiv und Zitat zu *einem* Satz verdichtet: »Die Kunst – ›ach die Kunst‹« (3/190). Es ist genau jener Moment also, in dem Celans Lektüre in die eigene Schrift eingeht: der Ort der Eintragung oder Einschreibung.

In seiner Insel-Ausgabe der Werke und Briefe Büchners (1958) hatte Celan die Worte Camilles unterstrichen. Beim Nachlesen der Szene, der diese Worte entstammen, eröffnet sich noch ein weiteres Netz von Verweisen zwischen den Texten Büchners, Celans und Bachmanns, kein Dreieck, sondern ein Hinweis darauf, auf welche Weise Bachmanns Erzählung auf dem Umweg über Celans Büchner-Lektüre mit »Dantons Tod« in Beziehung tritt und Celans »Danton«-Lektüre mit einer leichten, aber bedeutungsvollen Verschiebung fortschreibt. Diese »Danton«-Szene zeigt nämlich, daß sich in Celans Schriften eine signifikante Aufteilung der Lucile in Verkörperung und Stimme ereignet hat. So steht die Gestalt der Lucile im »Meridian« als diejenige, die das Gegenwort spricht (3/189), was Celan als Schritt und als Akt des Zerreißens deutet. Bei ihm ist sie zur Personifikation von Dichtung und Gedicht geworden:»und Lucile nimmt Sprache als Gestalt und Richtung und Atem wahr« (194). Ihre Worte dagegen, die Lucile an den scheidenden Camille richtet und die die Ambivalenz ihres Begehrens ihm gegenüber zum Ausdruck bringen – »Geh! Komm!« – sind in einen anderen Text Celans eingegangen, in sein Gedicht »Zwölf Jahre«, das u. a. auch eine Zeile aus seinem früheren Gedicht »Auf Reisen« wiederaufnimmt. Die letzte Strophe von »Zwölf Jahre« lautet:

> »Geh. Komm.
> Die Liebe löscht ihren Namen: sie
> schreibt sich dir zu.« (1/220)

Diese Figur des »Geh. Komm.« hat der »Undine«-Erzählung Bachmanns ihre Struktur gegeben, und zwar in der Figur einer gegenstrebigen Fügung von Titel, »Undine geht«, und den letzten Worten »Komm. Nur einmal./Komm.« Die ambivalente Haltung Undines gegenüber den Menschen, den »Ungeheuern mit Namen Hans«, ist damit bereits durch diese Einfassung zur Sprache gebracht. Es ist auffällig, daß sich dieser Ruf Undines auf den Abschnitt in Celans »Meridian« über den Ruf des Gedichts bezieht: »es ruft und holt sich, um bestehen zu können, unausgesetzt aus seinem Schon-nicht-mehr in sein Immer-noch zurück« (3/197).[23] Indem »Undine« also die Worte Luciles wiederholt, ist sie gleichsam an deren Stelle getreten und wäre dergestalt auf dem Umweg der »Danton«-Lektüre Celans, in der Lucile zur Verkörperung der Dichtung wurde, tatsächlich zur Kunst geworden. Allerdings hat sie auf diesem Wege ihre Sprache zurückerhalten und ist als sprachbegabte Kunstpersonifikation nun auch in der Lage, die dunkle Seite eines solchen Daseins sowie die Differenz zwischen weiblicher Kunstallegorie und Menschenfrauen zur Sprache zu bringen. Celans Weg der Kunst folgend, antwortet Bachmann damit in ihrer Erzählung mit einem Zitat von Luciles Worten, und zwar in Form eines Lektürefunds von Celan, den *dieser* anderswo, im Gedicht, deponiert hatte, während sie Camilles Worte, die Celan im »Meridian« zitiert, in ihrem Autorkommentar als Büchner-Zitat ausgibt, wobei der Mit-Leser/Autor Celan ungenannt bleibt. In einer Verdichtung von Camille Desmoulins, Paul Celan

---

[23] Vgl. dazu Kann-Coomann 1988, 116–128.

und Georg Büchner nimmt dabei eine vervielfältigte männliche Stimme die Position des Kommentators ein, mit dessen Worten Bachmann in ihrem Interview spricht.

Ihr Interviewkommentar verweist damit auf eine verborgene Lektürespur, die sich zu Celans Verfahren genau reziprok verhält. Hatte er die Worte Camilles in seinen eigenen poetologischen Text »Meridian« aufgenommen, so wurde Lucile von ihm insoweit aufgespalten, als ihre Gestalt im poetologischen Programmtext zur Verkörperung der Dichtung wird, während die Worte ihres Begehrens in ein anderes Genre, in ein Gedicht, ausgelagert sind. Dieses Gedicht, das am 27.7.1960 entstand,[24] ist durch seinen Titel »Zwölf Jahre« auf ein »Geheimnis der Begegnung« verwiesen, in dem der andere als Gegenüber apostrophiert und Du genannt wird, zugleich aber verborgen bleibt. Die Niederschrift dieses Gedichts fällt in die Zeit der unmittelbaren Vorarbeiten zur Büchner-Preis-Rede. Die Verse, die im Gedicht dem »Geh. Komm.« folgen, »Die Liebe löscht ihren Namen: sie/ *schreibt sich dir zu*«, werden im poetologischen Text wieder auftauchen, allerdings nach einer mehrfachen Metamorphose, einer der Liebe ins Gedicht, des Du in den Anderen, in ein als Neutrum benanntes Gegenüber, und mit einer Verschiebung vom Zu*schreiben* zum Zu*sprechen*: Das Gedicht »braucht ein Gegenüber. Es sucht es auf, es *spricht sich ihm zu*« (198, H.v.m.). Mit Bezug auf diesen Zusammenhang wird in Bachmanns Lektüre der kommunizierenden Röhren zwischen Gedicht und Büchner-Preis-Rede jene Urszene wieder lesbar, die den poetologischen Überlegungen vorausgegangen, in ihnen selbst aber verborgen ist: die Liebe in Celans lyrischer Sprache. Bachmanns Erzählung »Undine geht« wäre damit nicht nur eine Antwort auf Celans poetologischen Text, sondern auch eine Art Einspruch in Form einer archäologischen Re-Lektüre, in der die Liebe als Palimpsest der Poetologie Celans erinnert wird, der Versuch, den verschwiegenen Ursprungsort wieder sichtbar zu machen und die Liebe in die Poetologie wieder einzutragen.

Die im Interview als Büchner-Zitat ausgegebenen Worte Celans sind also die Chiffre, durch die der Bezug ihrer Erzählung auf Celans »Meridian« sich zu erkennen gibt, Zeichen einer Lektürespur, in der Bachmann Celans »Danton«-Lektüre fortschreibt und

---

[24] Nach Auskunft von Axel Gellhaus (CAB). Vgl. Celan 1996, 24f.

in einer Art Umkehrfigur der Aufteilung von Lucile in Gestalt und Stimme ebenso widerspricht wie einer Aufspaltung des »Geheimnisses der Begegnung« in ein poetologisches Moment und eins, das der Liebessprache angehört. Durch den Titel »Zwölf Jahre«, eine geheime, für die übrigen Leser nicht entzifferbare Anspielung auf die Begegnung mit Bachmann zwölf Jahre zuvor, 1948 in Wien, hatte Celan dem Lucile-Zitat eine intime Bedeutung gegeben, womit der Gedichttitel gleichsam zu einem privaten Losungswort wird.[25] Bachmann, die in ihrer Erzählung der weiblichen Personifikation der Kunst deren eigene Worte zurückerstattet, verwandelt im selben Zuge auch die Praxis des Losungswortes. Ihr zusammengesetztes Zitat, in dem buchstäblich die Stimme der Kunst mit der Rede über sie zusammenfällt, wird zum Erkennungszeichen einer verborgenen, aber entzifferbaren Textarchäologie: das Zitat als Schibboleth einer Lektürespur.

Einen anderen, abgebrochenen Antwortversuch stellt möglicherweise Bachmanns Entwurf »Hommage à Maria Callas« dar, da dieser Text neben dem Satz, »sie war immer die Kunst, ach die Kunst« (4/343), auch andere Stichworte aus dem beschriebenen Büchner-Celan-Komplex aufweist, z.B. das Motiv des Atems aus dem »Meridian« oder jene idealische Nachahmung der Nachtigall in der Oper, die Camille in »Dantons Tod« zu dem Seufzer »ach die Kunst« veranlaßt hatte. In diesem Fragment widerspricht Bachmann explizit einer Abspaltung der Stimme von der Gestalt und vom Körper: »Es hat sich wohl nicht nur um eine Stimme gehandelt« [III.4]. Das wiederholte »Ecco un artista« in dieser Hommage klingt wie eine andere Version von Bachmanns Präsentation der Undine als Kunst, wie die Kunst in erster Person. Einige Passagen der Callas-Hommage – »Sie war, wenn ich an das Märchen erinnern ›darf‹, die natürliche Nachtigall dieser Jahre, [...] man konnte plötzlich *durchhören, durch Jahrhunderte*, sie war das *letzte Märchen*« (343, H.v.m.) – weisen auf das Märchen in »Ma-

---

[25] Diese Praxis Celans ist denn auch Möglichkeitsbedingung für eine Lektüre, in der das geheimnisvolle weibliche Du in seinen Gedichten gerne mit dem Bild Bachmanns – oder anderer Frauen – identifiziert wird, eine Form der Lektüre, in der Bachmann ein weiteres Mal instrumentalisiert wird, als Material für das Imaginationsbegehren und die biographische Neugier der Interpreten.

lina« voraus und bilden derart eine unveröffentlicht gebliebene Verbindung zu jenem Roman, in dem Bachmann auch ihre Praxis des Losungswortes fortschreibt.

3. Störungen im und aus dem Literaturbetrieb

Der Dialog zwischen Bachmann und Celan entwickelte sich im Schatten ihrer kraß unterschiedlichen Stellung in der literarischen Öffentlichkeit. Bei ihrem ersten Zusammentreffen in Wien 1948 während Celans Aufenthalt dort mögen die Differenzen der Herkunft und geschichtlichen Erfahrungen noch im Vordergrund gestanden haben: die unvereinbaren Welten eines aus Czernowitz kommenden, überlebenden Juden, dessen Eltern im Zuge der Verschleppung der Juden aus der Bukowina getötet worden waren, der selbst über Bukarest nach Wien gekommen war, und einer österreichischen Philosophiestudentin, die gerade erste Kontakte zu den nach 1945 neu entstehenden Wiener Literaten- und Künstlerzirkeln geknüpft hatte, in denen jüdische Remigranten wie Hans Weigel oder Hermann Hakel und Zuwanderer aus den von den Nazis besetzten Balkanländern wie Milo Dor keine unbedeutende Rolle spielten. Wird berichtet, daß Celan und Bachmann sich auch in dem »surrealistisch orientierten Kreis um den Schriftsteller Otto Basil und dessen Zeitschrift ›Plan‹« begegneten,[26] so sind doch die Texte, die von beiden in dem von Hans Weigel edierten Jahrbuch »Stimmen der Gegenwart« erschienen sind, das einzige Zeugnis einer Gemeinsamkeit aus der Wiener Zeit.[27] Bald nach Celans Fortgang aus Wien nach Paris setzt die Korrespondenz zwischen Bachmann und Celan ein. Überliefert im Celan-Nachlaß sind Briefe Bachmanns an ihn aus den Jahren 1949 bis 1953 (in die auch der Paris-Aufenthalt Bachmanns im letzten Quartal des Jahres 1950 fällt) mit einer deutlichen Dichte 1951/52.[28] Die litera-

---

[26] Janz 1985, 32. Im »Plan« (Nr. 6/1948) war eine Auswahl aus Celans Zyklus »Sand aus den Urnen« erschienen, bevor noch im selben Jahr im Verlag A. Sexl der gleichnamige Gedichtband herauskam.

[27] Im Jahrbuch 1951 waren neben Bachmanns Erzählung »Die Mannequins des Ibykus« von Celan vier Gedichte erschienen.

[28] Für die Jahre 1949 bis 1952 sind fünf, drei, zehn, neun Briefe und für 1953 ein Brief verzeichnet (DLM).

turöffentliche Konstellation Bachmann–Celan beginnt erst mit ihrem gleichzeitigen Erscheinen im westdeutschen Literaturbetrieb, Niendorf 1952, von dem auch das einzige gemeinsame Photo bekannt ist. Und mit diesem Datum beginnt zugleich eine schwere Belastung, die aus der so unterschiedlichen Resonanz beider Dichterstimmen im Nachkriegsdeutschland auf sie zukommt.[29]

Die Szene der Präsenz von Aichinger, Bachmann und Celan in Niendorf 1952 wird im Mythos der Gruppengeschichte wie ein Naturereignis behandelt, wobei das Befremden ihnen gegenüber im Gestus literarischer Werturteilsbildung, dem programmatischen und manifesten Gruppenzweck, bearbeitet werden konnte. Besonders beredt ist dabei die geteilte Reaktion auf die drei: Aichinger, die zum zweiten Mal dabei ist, erhält für ihre unter Formaspekten innovative »Spiegelgeschichte« den jährlich vergebenen Preis. Celan, der u. a. seine »Todesfuge« liest, wird als Störung erlebt, die man von sich fern hält, indem man sie auf ihn selbst projiziert.[30] So wird er als »sich fremd fühlend, gestört vielleicht«[31] (ab-)qualifiziert, abgewehrt oder nicht weiter beachtet. Auf Bachmanns poetische Sprache und persönliche Erscheinung reagiert man mit Befremden, das sofort im Bild des Ewig-Weiblichen stillgestellt wird, im Bild »rührender Hilflosigkeit«,[32] das sie fortan verfolgen sollte. Die Fremdheit wird damit auf etwas Vertrautes zurückgebogen und mit Hilfe des Geschlechterdiskurses gleichsam naturalisiert. Bei dem Juden Celan, den Bachmann als einen ihr Ähnlichen vorgestellt hatte, als neben Milo Dor auch sie ihn für das Treffen vorschlug: »einen Freund in Paris, der sei sehr arm, unbekannt wie sie selbst, schreibe aber sehr gute Gedichte, bessere als sie selbst«[33], bei Celan kann die offenkundige Fremdheit nicht verklärt werden. Denn es müßten deren *historische* Ursprünge befragt werden, im Blick zurück auf sein Herkommen, das nicht in den Signaturen des Ethnischen oder Religiösen

---

[29] Auf Anzeichen von Störungen im Bachmann-Celan-Dialog wurde bereits im Zusammenhang der Gedichte »Dunkles zu sagen« [III.1] und »Große Landschaft bei Wien« [V.1] hingewiesen.

[30] Zur detaillierten, archivgestützten Analyse der Stellung von Bachmann und Celan in der Gruppe 47, vgl. Briegleb 1997.

[31] Richter 1979, 111.

[32] Richter 1986, 47 f.

[33] So in der Überlieferung von Richter 1979, 106.

aufgeht, sondern eine Topographie betrifft, in der die Spuren der Vernichtung sich mit denen der Herkunft der neuen deutschen Schriftsteller berühren. Die Abwehr der (Ver-)Störung durch die Stimme Celans, die seinen Ort am Rande und jenseits der Gruppe begründet, und bald einsetzende Feier der ›Dichterin‹, deren Bild mit Zügen des Exotischen koloriert wird, sind zwei Seiten einer Medaille: Unbehagen hier und behagliche Inbesitznahme eines jungen Talents dort. Eine Urszene, die die beiden Autoren in ihrem Ort im Literaturbetrieb voneinander distanziert, zugleich aber eine verschwiegene Verbindung zwischen ihnen stiftet.

Aus dem Brief Milo Dors, in dem er Celans Einladung vorschlug, wird deutlich, daß bei Richter offenbar schon vorher Ressentiments gegen Celan bestanden: »Ich weiß, was Du von seinen Gedichten hältst, aber ich glaube, daß es nur wenig Lyriker gibt, die seine Musikalität und seine Formkraft besitzen.«[34] Ganz so unbekannt, wie in vielen Überlieferungen der Szene behauptet – »Ein Mann namens Paul Celan (niemand hatte den Namen vorher gehört) begann, singend und sehr weltentrückt, seine Gedichte zu sprechen.«[35] – kann Celan (auch in der BRD) also nicht gewesen sein. Nur der Ton einer fortgesetzten Rechtfertigung der Zurückweisung hier und jener der Kritik dort unterscheiden die Berichte von der Lesung Celans vor der Gruppe; sie erzählen aber durchweg von demselben Desaster, am kritischsten Rolf Schroers 1965:

»So machte etwa Paul Celan, der einmal (1952) teilnahm, befremdliche Erfahrungen; Text und Vortrag verschlugen die gewohnte rüde Sprache, brachten die poltrig gemütliche Rollenverteilung durcheinander. Die ›seherhafte‹ Artikulation Paul Celans paßte nicht zum Stil der Gruppe, sein unleugbares Pathos erschien *unangemessen*. [... Richter] witterte gleichsam das Ende der jovial burschikosen Gruppenepoche.«[36]

In Celans eigener, durch den Freund Hermann Lenz vermittelten Erzählung klingt die Szene so: »Da hat einer zu mir gesagt: die Gedichte, die Sie vorgelesen haben, sind mir sehr unsympa-

---

[34] Richter 1997, 127.
[35] Walter Jens 1961, 130.
[36] Rolf Schroers: Die Gruppe 47 und die deutsche Nachkriegsliteratur (Merkur, Mai 1965). In: Lettau 1967, 384 (H.v.m.).

thisch. Und dann haben Sie sie auch noch im Ton von Goebbels vorgetragen.«[37]

Aus der historischen Distanz zeigt sich die negative Reaktion auf Celans Lesung als kontraphobische Reaktion, als Angst-Abwehr, um nicht mit dem Grund der ›Unangemessenheit‹, des radikal anderen Maßstabs seines Dichtens, konfrontiert zu werden. Der betrifft nämlich den Grund, auf dem man selber steht, die Übereinstimmung in *einer* historischen Erfahrung, aus der man ungern aufgestört wird. Und derart wird die empfundene Störung demjenigen, der sie ausgelöst hat, in der Diagnose *seiner* sogenannten Gestörtheit zugeschrieben. Es ist die klassische Urszene jener Nachverfolgung,[38] als die Celan den Umgang der deutschen Literaturkritik mit seiner Dichtung zu einem erheblichen Teil erfahren hat.

Exkurs über das nachkriegsdeutsche Ironiegebot
In der Niendorf-Szene beginnt schon die Karriere eines Arguments, das die abwehrende Literaturkritik gegen Paul Celan wie ein Leitmotiv durchzieht. H.W. Richter hat die Stichworte auf den Punkt gebracht: »ein Mann, der *nicht lachen* kann. […] Seine Stimme klingt mir zu hell, *zu pathetisch*. Sie gefällt mir nicht. *Wir haben uns das Pathos längst abgewöhnt*.«[39] Das ›Wir‹, das die Norm der Gruppe begründet, hat seinen Frieden mit der Geschichte gemacht, indem die eigene Verwicklung ins Jüngstvergangene in Form eines zweigeteilten Programms stillgestellt wurde: der literarische Teil heißt Ironie als Haltung bzw. Stil, der politische ›Vergangenheitsbewältigung‹. So werden Pathosverbot und Ironiegebot selbst einer Dichtung entgegengehalten, deren Stimme vom Leid der Opfer zeugen und seiner gedenken will. Abwehr in Form von Stilkritik! Diese stilkritische Form von Verdrängung, die sich gegen eine Berührung mit den konkreten Folgen der Shoah abschirmt, hat Celan von der deutschen Literaturkritik wiederholt erfahren müssen. Da er zwischen seiner Person und Dichtung nicht hat trennen können, insofern er seine Ge-

---

[37] Hermann Lenz: Erinnerungen an Paul Celan (Hamacher/Menninghaus 1988, 316).
[38] Zum Begriff der Nachverfolgung vgl. Briegleb 1997a.
[39] Richter 1979, 111f. (H.v.m.).

dichte als Ersatz für jene Gräber betrachtete, die seinen Eltern von ihren Mördern verwehrt worden waren, hat ihn diese Literaturkritik in seiner Existenz getroffen.

Drei Jahre nach der Niendorfer Lesung und der noch im selben Jahr erfolgten Publikation von »Mohn und Gedächtnis« veröffentlichte Curt Hohoff seinen Aufsatz über die »Metaphernsprache des neuen Gedichts«, in dem erstmals nach den von Claire Goll gestarteten Angriffen gegen Celan[40] ein Vergleich zwischen seinen Versen und denen Yvan Golls lanciert wurde, ohne noch das Thema des Plagiats direkt aufzugreifen. In diesem Zusammenhang taucht das ›Argument‹ fehlender Ironie wieder auf. Dabei wird Celan stellvertretend für die Generation der jungen Nachkriegslyriker genannt, der ›Jungen zwischen 25 und 35 Jahren‹. »Die Jungen sind durchweg ohne jede Selbstironie«, so Hohoff im Kontext eines Zitats je zweier Verse Golls und Celans. Anstatt nun aber die Verse auf vorhandene oder fehlende Ironiemerkmale hin zu befragen, wird anschließend völlig unvermittelt die Plagiatsunterstellung (für Eingeweihte) indirekt doch noch angebracht: »Bei Celan ist die Variation lyrischer Topoi Stilprinzip.«[41]

Seit Hohoffs Text verquicken sich für Celan somit zwei Kränkungen: einerseits die von Claire Goll initiierte Affäre der Plagiatsunterstellung, die ihn über ein Jahrzehnt beschäftigen wird, bis sie durch ein von der Akademie für Sprache und Dichtung in Auftrag gegebenes Gutachten 1961 auf jene selbst zurückfällt,[42] andererseits das Kontinuum einer Negierung seiner spezifischen, sich von einer unteilbaren Erfahrung herschreibenden Dichtung, die in Form der Unterwerfung seiner Lyrik unter eine im Anspruch universelle, in ihrer Herkunft aber eindeutig deutsche Norm der Literaturkritik auftritt. Neben den Vorwurf fehlender Ironie tritt dabei als literaturkritische Variante der Vorwurf mangelnder Sinnlichkeit bzw. einer abstrakten, sich selbst ›zeu-

---

[40] Die Geschichte der Goll-Affäre begann 1953 halböffentlich, als Claire Goll einen Rundbrief mit ihrer Plagiatsunterstellung an verschiedene Kritiker und Verleger verschickte, in dem sie behauptete, daß Celan verschiedene Sprachbilder seiner Gedichte von Yvan Goll entlehnt habe.

[41] Curt Hohoff: Die Metaphernsprache des neuen Gedichts. In: Jahresring 55/56, 335 f.

[42] Döhl 1961.

genden‹ Sprachpraxis, mit dem jeder Objekt- oder Wirklichkeitsbezug der Celanschen Gedichte überhaupt, besonders aber ein Bezug auf die Shoah ausdrücklich geleugnet wird. Es ist die Rezension seines Bandes »Sprachgitter« (1959) durch Günter Blöcker im »Tagesspiegel«, die diesen Vorwurf in aggressiver Diktion vorträgt:

> »Celans Metaphernfülle ist durchweg weder der Wirklichkeit abgewonnen, noch dient sie ihr. […] Der Leser wohnt einer Art Urzeugung von Bildern bei, die dann zu gegliederten Sprachflächen zusammengesetzt werden. […] Celan hat der deutschen Sprache gegenüber eine größere Freiheit als die meisten seiner dichtenden Kollegen. Das mag an seiner Herkunft liegen. Der Kommunikationscharakter der Sprache hemmt und belastet ihn weniger als andere. Freilich wird er gerade dadurch oftmals verführt, im Leeren zu agieren.«[43]

Wird im Bild von der Ur*zeugung* den Gedichten Celans ihr *Zeugnis*charakter abgesprochen,[44] so wird die Ignoranz gegenüber der Tatsache, daß seine Gedichte der Erfahrung eines dem nazistischen Vernichtungsprogramm entkommenen Juden entspringen, bei Blöcker noch dadurch überboten, daß Celan gleichsam ein zweites Mal aus der deutschen (Sprach-)Gemeinschaft ausgegrenzt und sein derart vom Kritiker erst produziertes Außerhalb dann auch noch gegen seine Sprache gewendet wird.

Auf subtile Weise schließt auch die Kritik von Peter Rühmkorf 1962 an die etablierten literaturkritischen Abwehrmuster und an den Vorwurf der Geschichtsferne an, wenn er, ebenso wie Blöcker, den geschichtsphilosophischen Status der »Leere« aus Celans Gedicht »Die Welt, zu uns/ in die leere Stunde getreten« (1/190) verkennt, die Leere statt dessen als Befindlichkeitsaussage interpretiert, einer Autorpsychologie zuschreibt und derart von einem »ganzen Kanon von Rückzugspraktiken« spricht, mit dem Celans Kunst sich auf einen Ort außerhalb von Zeit und Welt nur auf sich

---

[43] Günter Blöcker: Gedichte als graphische Gebilde. In: Tagesspiegel, 11.10.1959.
[44] Diesen Zusammenhang hat schon Benjamin prägnant auf den Begriff gebracht: »Bestimmen kann sein Zeugnis nur die, denen es Zeugung nie werden kann« (Benjamin 1980, II.1/341).

selbst zurückziehe.⁴⁵ Und auch bei ihm verbindet sich der Vorwurf von Zeitflucht mit der Behauptung, daß Celan einen »altbekannten Chiffrenreigen« verwende. Rühmkorfs Negativkritik charakterisiert Celans Dichtung mit Metaphern wie »literarische Schwundstufen und Dörreffekte« und sieht darin »die Unfruchtbarkeit eines ins Extrem getriebenen Kunstprinzips« sowie eine Beschränkung aufs »Monotone und Monochrome«, aufs »Karge und Dürftige« (466), wobei die auffällige Häufung naturentlehnter Metaphern in Rühmkorfs Argumentation bereits auf die implizite Norm seiner Kritik verweist.⁴⁶ Unberührt von jeder poetologischen oder literaturtheoretischen Reflexion, propagiert er die ideale Gegenwartslyrik als Ergebnis eines »höchst fruchtbaren, rundum erfreulichen Revisionsprozesses«, deren »willentliche Offenheit gegenüber Weltstoff und Wirklichkeit« sich in ihrem Wortgebrauch zeige. Dieser sei dem täglichen Fundus entnommen und spreche von Dingen, »zu denen man nicht nur ein platonisch-literarisches Verhältnis hatte: Dienstmädchen, Hammelfleisch, Kinnhaken« etc. (471). Unnötig zu erwähnen, daß Rühmkorf neben der Lyrik von Grass und Enzensberger auch die eigene zu diesem »poetischen Revisionismus« (475) zählt, der vor allem durch eine derbe Sinnlichkeit ausgezeichnet zu sein scheint. Seinem Aufsatz kommt das Verdienst zu, nun auch ausdrücklich *die* Generation zu nennen, aus deren positivem Wirklichkeitsverhältnis die einzig erfreuliche Perspektive in der nachkriegsdeutschen Lyrik-Geschichte erwachse:

»Ich spreche vom Lebensgefühl jener Jahrgänge, für die Faschismus, Krieg und Diktatur gerade noch bewußtseinsprägend geworden waren, bei denen der Neubeginn dann just mit einer

---

⁴⁵ Rühmkorf 1962, 463 f.; die folgenden Seitenzahlen im Text beziehen sich auf diesen Aufsatz. Erstmals ausführlicher beachtet wurde dieser in der von H.W. Richter herausgegebenen »Bestandsaufnahme. Eine deutsche Bilanz 1962« publizierte Text Rühmkorfs von Brieglieb 1997.

⁴⁶ Neben der bemerkenswerten Metaphorik wären auch die Versprecher Rühmkorfs einer ausführlicheren Analyse wert: so z.B. die Rede von den dichtenden Zeit- und *Artgenossen* Celans oder der nach der Goll-Affäre und den vorausgegangenen Verrissen von Celans Lyrik wenig plausible Gestus des ›es muß einmal gesagt werden‹, mit dem er auf Mängel hinweisen möchte (beides 465).

altersbedingten Umbruchssituation zusammengefallen war, und die den Aufstieg aus dem Nichts zu nichts als Gütermehrung bei schwindendem Idealismus und erwachender Kritizität erlebt hatten. Eine Generation, die *ohne Fehl, aber nicht ohne Erfahrung* war, die keine Signale zur Hand hatte, aber dennoch nicht resignieren wollte, die die Welt in ihren naturalen und sozialen Gegebenheiten akzeptierte: als Reibungswiderstand.« (474, H.v.m.)

Damit formuliert Rühmkorfs Beitrag ein literarisches Gegenstück zu jenem Hegemonialanspruch auf die Kultur und Symbolik Nachkriegsdeutschlands, wie ihn Martin Broszat für dieselbe HJ- und Flakhelfergeneration[47] im Bereich der Historiographie postuliert hat.[48] Aus der Konstruktion einer altersbedingt ›unschuldigen‹ Zeitzeugenschaft wird ein Hegemonialanspruch in der Nachgeschichte von Krieg, Nazismus und Shoah abgeleitet, in dem der Begriff der ›Generation‹ die implizite nationale (deutsche) und geschlechtsspezifische (männliche) Norm dieses Alleinvertretungsanspruches verhüllt. Und als Fluchtpunkt seines Überblicks über die Nachkriegslyrik benennt Rühmkorf schließlich auch die Stilnorm, die die Gedichte dieser Generation auszeichnet: »Ablösung des *Klagegesanges* durch die Groteske, Umschlagen von Pathos in Ironie« (474, H.v.m.).

In der Literaturkritik, die sich gegen Celan wendet, überdauert dieses normative nachkriegsdeutsche Ironiegebot, gekoppelt an den Vorwurf von Wirklichkeitsferne, das relative Ende der Goll-Affäre. 1964 wird das Gebot anläßlich des Erscheinens von Celans Gedichtband »Die Niemandsrose« (1963) von Hans Egon Holthusen selbst noch dem jüdisch-biblischen Sprachhorizont Celanscher Dichtung entgegengehalten: »Sein Wortschatz ist von Haus aus konservativ, um nicht zu sagen: *altväterisch*. Die Rose, der

---

[47] Günter Grass hat das kürzlich drastischer formuliert. Anläßlich seines siebzigsten Geburtstags auf die anhaltende Dominanz seiner Generation in der Öffentlichkeit angesprochen, erklärte er deren Bedeutung so: »Das ist die Luftwaffenhelfer-Generation, das sind ziemlich zähe Burschen« (ARD-Tagesschau, 13.10.1997).

[48] Auch von Broszat werden Zeugnisse und Schriften von Überlebenden als mythische Form des Erinnerns bewertet und deshalb aus der Historiographie ausgegrenzt (Broszat/Friedländer 1988, 343).

Traum, der Stern oder das Gestirn: *unangefochten von Ironie* dürfen sie sein Gedicht als Leitvokabeln und Sinnzentren regieren.«[49] Spitzt Holthusen die Blöckersche Behauptung, Celans Sprache agiere »im Leeren«, nun auf einen direkten Auschwitz-Bezug zu (die »Mühlen des Todes«), wenn er dieses Bild als eine »›surrealistische‹, in X-Beliebigkeiten schwelgende Genitivmetapher« bewertet,[50] so bringt er außerdem einmal mehr offen-verächtlich die Kategorie der Herkunft ins Spiel: »Hier sieht man ihn, den Verfasser der berühmten ›Todesfuge‹ von 1952, die eigene jüdische Herkunft meditieren.« Dabei verrät sich die besondere Gereiztheit des Rezensenten über die ›Verklammerung von Auschwitz und Altem Testament‹ in der Formulierung eines deutschen Besitzanspruchs ausgerechnet auf hebräisch-biblische Sprachelemente, den er durch eine genuin jüdische Bezugnahme auf die Shoah gefährdet sieht:

> »wie hier das hebräisch-biblische Element der deutschen Geistesgeschichte in seine angestammten Rechte wiedereingesetzt, und wie es dann – kraft der unauszählbaren Summe der erduldeten Leiden – zur Hauptsache wird, wie schließlich, in dem Gedicht ›Mandorla‹, ›Judenlocke‹ und ›Menschenlocke‹, Jude und Mensch gleichgesetzt und der Jude rechtmäßig zum Stellvertreter der Menschheit ernannt wird: das ist wahrhaftig zum Erstaunen.«

In der Rezension Holthusens offenbart sich somit ein deutsches Begehren, den Opfern selbst noch das Leiden vorzuwerfen und zu enteignen, als Fluchtpunkt einer stilkritisch maskierten Abwehrgeste.

Der Durchgang durch einige Stationen der Celan-Kritik war notwendig, um zu zeigen, auf welche Weise das Argument des Ironiegebots eine anhaltende Verwerfung der genuin jüdischen Nach-Shoah-Dichtung Celans sekundiert, auf welche Weise also Litera-

---

[49] H. E. Holthusen: Das verzweifelte Gedicht. FAZ, 2. 5. 1964. In: Holthusen 1967, 167–170, (H.v.m.); alle folgenden Zitate aus dieser Ausgabe.

[50] Aus dem Leserbrief Peter Szondis, mit dem er den Realitätsbezug des Ausdrucks »Mühlen des Todes« aufgrund der Koinzidenz einer Zeugenaussage im Eichmann-Prozeß belegte, wurde bekanntlich der Hinweis darauf, daß Holthusen »einst ebenfalls die SS-Uniform trug«, von der Redaktion gestrichen (FAZ, 25. 6. 1964, 6, vgl. dazu Szondi 1993, 162–168).

turkritik in die Geschichte der Nachverfolgung und Traumatisierung von Überlebenden verwickelt ist. Wen wundert es noch, wenn angesichts einer solchen Kontinuität Paul Celan in einem Brief an seinen Verleger von einem »verkappten Arisierungsprozeß«[51] spricht oder in Briefen an Freunde und Kollegen, in denen er um Beistand bittet, die Kontinuität einer solchen Literaturkritik zur Judenpolitik Hitlerdeutschlands beklagt. Wurden diese Hinweise Celans immer wieder als ›Überreaktionen‹ oder gar als Zeichen einer pathologischen Wahrnehmung abqualifiziert, so muß dem entgegengehalten werden, daß er objektiv ein Verfolgter dieser Art Literaturkritik war und daß die Krankschreibungen seiner Person, sofern sie sich auf diese Hinweise beziehen, vielmehr selbst Symptome einer Abwehr darstellen: eine Art Unempfindlichkeit gegenüber Zeichen eines ›Antisemitismus *wegen* Auschwitz‹ im Interesse des eigenen Friedens mit der jüngsten Geschichte.

Mit Celans Bitten um Beistand aber wurden etliche Freundschaften und Beziehungen zu Kollegen auf eine Probe gestellt, die nicht viele überstanden haben. Alfred Andersch war einer der ersten, die, nachdem das Rundschreiben Golls durch den Hohoff-Artikel 1955 eine erste öffentliche Resonanz gefunden hatte, im Juli 1956 von Celan mit einem zehn Seiten langen Bericht über seine Geschichte mit Yvan und Claire Goll um Unterstützung gebeten wurde[52] und zu dem die nachgelassenen Briefe Paul Celans bald darauf versanden.[53] Die überlieferte Korrespondenz zwischen Celan und Bachmann bildet dagegen eine genau umgekehrte Figur. Nachdem ihr Briefwechsel im Jahr nach Niendorf (und der Heirat Celans) soweit abgebrochen war, daß Bachmann sogar Celans Adresse nicht mehr kannte,[54] scheint sie in Zeiten seiner Bedräng-

---

[51] Brief Celans an Gottfried Bermann Fischer v. 14.12.1963 (zit. nach Hamacher/Menninghaus 1988, 22).

[52] Brief Celans an Andersch v. 27.7.1956 (Andersch-Nachlaß, DLM).

[53] Nach diesem Bericht sind nur noch zwei Briefe aus dem Jahre 1957 von Celan an Andersch im Andersch-Nachlaß überliefert. Celans Bericht an Andersch ist der Beginn einer Enttäuschungsgeschichte, die in der Invektive gegen Andersch in seiner Korrespondenz mit Nelly Sachs im Mai 1960 gipfelt (Celan/Sachs 1993, 121), aber in ihren Details bislang nicht rekonstruiert ist.

[54] In einem Brief an Hans Paeschke vom »Merkur« v. 13.12.1954 bittet sie

nis durch die Literaturkritik wieder eingesetzt zu haben. Jedenfalls ist eine dichte Folge von Briefen Bachmanns an Celan aus den Jahren 1957 bis 1961 belegt,[55] ebenso wie Briefe Celans an Bachmann von 1959 bis 1961.[56] Unklar ist dabei, ob die Wiederaufnahme des Dialogs mit dem Aufenthalt Bachmanns in Paris im Dezember 1956, auf den sich ihr Gedicht »Hôtel de la Paix« bezieht,[57] einsetzte oder ob sie auf ihr Zusammentreffen bei einer Tagung über »Literaturkritik – kritisch betrachtet« zurückgeht, die vom 11. bis 13. Oktober 1957 in Wuppertal stattfand und an der neben den beiden u. a. Hans Mayer, Walter Jens, Enzensberger, Huchel und Böll teilnahmen.[58] Nach der Tagung jedenfalls sind Bachmann und Celan gemeinsam damit beschäftigt, den deutschen Teil einer Nummer der von der Prinzessin Caetani herausgegebenen Zeitschrift »Botteghe Oscure« zusammenzustellen.[59] Und von einem wieder intensivierten Austausch zeugt neben den überlieferten Briefen auch die Tatsache, daß die Manuskripte Celans, die in Bachmanns Nachlaß liegen,[60] überwiegend aus den Jahren 1957 bis 1959 stammen und die Widmungsexemplare Celanscher Werke in ihrer Privatbibliothek vor allem zwischen 1958 bis 1960 datiert sind.[61] Die

---

um Gedichte Celans und um seine Adresse, »wenn es die gibt in der Redaktion, da ich seine neue nicht habe« (DLM).

[55] 1957 neun Briefe und ein Telegramm, 1958 vierzehn Briefe und ein Telegramm, 1959 sechzehn Briefe, eine Karte und drei Telegramme, 1960 elf Briefe und drei Telegramme, 1961 sieben Briefe (DLM).

[56] Das betrifft vor allem nicht abgeschickte Briefe, während die abgeschickten Briefe Celans an Bachmann sich naturgemäß in ihrem Nachlaß befinden, so daß über deren Umfang nichts bekannt ist.

[57] Zu den Paris-Gedichten ›im Geheimnis der Begegnung‹ vgl. den Beitrag von Corina Caduff in Böschenstein/Weigel 1997, 151–166.

[58] Mayer 1971, 171 ff. Vgl. dazu den Beitrag von Gudrun Kohn-Waechter in Böschenstein/Weigel 1997, 216 ff.

[59] Vgl. die entsprechende Anfrage Celans bei Nelly Sachs v. 13.12.1957 (Celan/Sachs 1993, 9 f.)

[60] Vgl. oben Anm. 20.

[61] Neben dem schon erwähnten Widmungsexemplar von »Sprachgitter« vom 20.3.1959 gibt es dort von der Rimbaud-Übersetzung »Das trunkene Schiff« die Publikation in der Zeitschrift »Botteghe Oscure« XXI mit einer Widmung »Paris, Juni 1958« und die Buchversion mit einer Widmung »Paris, 24. XI. 1958«, von der Valéry-Übertragung »Die junge Parze« ein Widmungsexemplar vom 30. Mai 1960, ferner ein nicht datiertes Widmungsexemplar von der 1958 veröffentlichten Blok-Übersetzung »Die Zwölf« (PBB).

herausgehobene Plazierung von Celans »Sprachgitter« in Bachmanns Vorlesung über Gedichte in der Frankfurter Universität Dezember 1959 ist also nur der öffentliche Teil einer zu gleicher Zeit stattfindenden Verständigung über literaturpolitische Fragen. So haben beide – trotz der Faszination für seine Schriften,[62] wegen ihres Wissens um seinen politischen Ort im Nazismus – 1959 eine Beteiligung an der Festschrift zu Martin Heideggers siebzigstem Geburtstag verweigert (GuI 137).[63] Und als der Bremer Senat im Dezember desselben Jahres erstmals einer Juryentscheidung widersprach und die Verleihung des Bremer Literaturpreises an Günter Grass für dessen Roman »Die Blechtrommel« verweigerte, versuchten die beiden vorausgegangenen Preisträger Celan (1958) und Bachmann (1957) unisono beim Bremer Senat zu intervenieren.[64] Wieder zeigt sich hier eine doppelte – öffentliche und persönliche – Adressierung. Den Durchschlag ihres Briefes an den Bremer Senat fügte Bachmann nämlich einem Brief an Celan bei, in dem sie ihn zu »beruhigen« sucht, um gleichzeitig mit ihm gemeinsam darüber nachzudenken, in welcher Weise eine demonstrative Geste der früheren Preisträger sinnvoll wäre. Anstelle einer Rückgabe der Preise, die er offenbar im Sinn hatte, unterbreitet sie ihm einen anderen Gedanken, der ihr gekommen sei, »seiner Gedanken wegen«: alle könnten versuchen zusammenzulegen und, um die Jury zu bestärken und den Senat zu beschämen, Grass den Preis übergeben.[65]

---

[62] In Bachmanns Privatbibliothek findet sich neben zahlreichen Titeln Heideggers ein Sonderdruck des 1929 in einer Festschrift für Husserl veröffentlichten Aufsatzes »Vom Wesen des Grundes«, den Celan ihr 1952 geschenkt hat, wie aus der Widmung, Paris 1952, hervorgeht (PBB). Zu den Heidegger-Titeln in Celans Bibliothek vgl. meinen Beitrag in Böschenstein/Weigel 1997, 244ff.
[63] Mit Beiträgen vertreten sind darin u.a. Walter Jens, Ilse Aichinger, Hans Arp, Günter Eich, Helmut Heissenbüttel und die beiden Jünger.
[64] Vgl. dazu Emmerich 1988, 82–96.
[65] Brief Bachmanns an Celan (ohne Datum, aber durch die Beilage, den Brief an den Bremer Senat v. 29.12.1959, datierbar, Celan-Nachlaß, DLM).

An den Senat der Freien und Hansestadt Bremen

BRIEF VON INGEBORG BACHMANN AUS ZÜRICH V. 29.12.59:

Sehr geehrte Herren,
erlauben Sie mir, da ich die Ehre hatte, vor drei Jahren den Literaturpreis der Freien Hansestadt Bremen zu erhalten, Ihnen mein Befremden über Ihr Veto gegen die diesjährige Entscheidung der Jury mitzuteilen. Ich glaube, daß das Urteil einer angesehenen Jury, der, soviel ich weiß, unter anderem die Herren Professor von Wiese und Dr. Rudolf Hirsch angehören, nicht desavouiert werden darf und die Wahl nicht zunichte gemacht werden kann – oder es ist jede vorangegangene gutgeheissene Wahl und jede künftige, die Sie gutheissen könnten, zur opportunen traurigen Farce erklärt.
Darum hoffe ich, daß die Jury auf ihrem Spruch beharrt und dass Sie, sehr geehrter Herr Senator, und Sie, sehr geehrte Herren vom Senat, den Weg finden, der für keinen von uns ungangbar ist – den der Umkehr aus Einsicht in eine verfehlte Handlung von solch grundsätzlicher Konsequenz, dass sie mich, und wohl jeden Schriftsteller, den jene Ehrung erfreute, mitbetreffen und alarmieren muß.
Mit vorzüglicher Hochachtung
Ingeborg Bachmann

TELEGRAMM VON PAUL CELAN AUS PARIS V. 30.12.59:

Erlauben Sie mir meinem ebenso schmerzlichen wie unbedingten Verständnis für den Schritt von Dr. Hirsch Prof. von Wiese und Dr. Kaestner Ausdruck zu geben* sowie meinem freundschaftlichen Empfinden für Rolf Schroers und meiner Anerkennung für das Buch von Günter Grass – Paul Celan

(* Jurymitglieder, die zurückgetreten waren; Texte zit. nach Emmerich 1988, 88. Im Text von Bachmann wurde eine Lücke durch Zeilenverlust ergänzt nach der Kopie im Celan-Nachlaß, DLM.)

War unmittelbar vor diesem gemeinsamen Versuch, einen Kollegen zu unterstützen, schon eine geschmacklose Polemik auf Celans »Sprachgitter« in dem Münchner Heft »Baubudenpoet 3« (November/Dezember 1959) erschienen, so verschärfte sich durch die Publikation von Claire Golls Plagiatsbehauptung in Heft 5 desselben Organs (März/April 1960) die Lage für Paul Celan derart,[66] daß es nun notwendig wurde, *ihm* Beistand zu leisten. Und wieder geschieht das von seiten Bachmanns durch ein zweigleisiges Bemühen um persönlichen Rückhalt und öffentliche Unterstützung. Dabei ist nur schwer vorstellbar, auf welche Weise die Belastung des Gesprächs zwischen Bachmann und Celan aufgrund ihres je unterschiedlichen Ortes im Literaturbetrieb durch die Tatsache verstärkt wurde, daß die Kritiker, die Celan bis dahin die empfindlichsten Kränkungen zugefügt hatten, ausgerechnet zu jenen Rezensenten zählten, die in den Fünfzigern zu Bachmanns Erfolg im Feuilleton beigetragen hatten. So hatte Blöcker etwa das Erscheinen von Bachmanns erstem Gedichtband – »es hat uns einen neuen Stern am deutschen [sic!] Poetenhimmel beschert« – emphatisch als Ereignis gefeiert, das in die Literaturgeschichte eingehen werde.[67] Und in demselben Artikel, in dem er Celan mangelnde Ironie vorhielt, hatte Curt Hohoff die Lyrik Bachmanns positiv besprochen, darüber hinaus den in ihren Versen entdeckten Wunsch nach einem von der Last der Geschichte befreiten Leben wohlwollend verständnisvoll kommentiert – »Das Trauma des Geschichtsbewußtseins sind die Hitlerjahre.«[68] – und auch anläßlich ihres zweiten Gedichtbandes eine *grosso modo* positive Kritik veröffentlicht.[69] Und Holthusen war es, der 1958 im »Merkur« Bachmanns Lyrik durch eine umfangreiche Interpretation gewürdigt hatte, in der er Fortschritte zwischen ihrem ersten und zweiten Gedichtband ausmachte, wobei auch er davon ausging, daß das, »was die Fatalität der Geschichte dem gegenwärtig lebenden Geschlecht auferlegt hat«, Voraussetzung dieser Lyrik sei.[70] Zwar steht

---

[66] Zur zweiten, öffentlichen Phase, die mit Beiträgen in »Der Baubudenpoet« (1959/60) eingeläutet wurde, vgl. den Beitrag von Birgit R. Erdle in Böschenstein/Weigel 1997, 85–115.

[67] Günter Blöcker: Lyrischer Schichtwechsel. SZ, 13./14.11.1954. Wie andere Kritiker auch, die die Dichterin Bachmann gefeiert haben, wechselt Blöcker dann mit dem Erscheinen ihrer Prosa ins Lager der Negativkritik.

[68] Hohoff (Anm. 41), 340.

[69] Curt Hohoff: Ingeborg Bachmanns geträumte Welten. In: Die Welt, 2.2.1957.

[70] Hans Egon Holthusen: Kämpfender Sprachgeist. Zur Lyrik Ingeborg Bachmanns. In: Merkur, Juni 1959, 553–584.

zu Beginn der Goll-Affäre Holthusens gereizte Zurückweisung von Celans »Niemandsrose« noch aus. Doch dürfte die krasse Unstimmigkeit, mit der Bachmann, als deutsche Dichterin vereinnahmt, genau jenes historische Trauma zugeschrieben wurde, das man Celan im gleichen Atemzug enteignete, sowohl ihre Abkehr von der Lyrik und ihre Entscheidung, keine Gedichte mehr zu publizieren, als auch ihre Stützungsversuche für ihn beeinflußt haben.

Dabei muß sie über längere Zeit das Kunststück fertiggebracht haben, auch Störungen, die sich eher im Verborgenen ereigneten, nicht in ihren Dialog mit Celan einbrechen zu lassen. Beispielsweise die Wirkung jener Ahnungslosigkeit, mit der der Schweizer Schriftsteller Max Frisch, damaliger Lebensgefährte Bachmanns, auf einen deutlichen Hilferuf Celans reagiert hatte.[71] Auf den Brief, in dem Celan mit einem dreifachen »Hitlerei« auf Blöckers Besprechung von »Sprachgitter« hinwies und diesen dabei einen »Nachwuchs-Kritiker von Herrn Rychners Gnaden, Autor, ach, von Kafka- und Bachmann-Aufsätzen« nannte,[72] konnte Frisch nur mit Nichtverstehen reagieren. Wie seine nicht abgeschickten Antwortversuche zeigen, fühlte er sich gereizt, reklamierte für sich selbst den Status eines Verwundeten, mußte seine »Mühe« mit der Lektüre von Celans Gedichten eingestehen, konnte nur ein »persönliches Problem« bei Celan sehen und unterstellte »Regungen der Eitelkeit und des gekränkten Ehrgeizes«.[73] Er schreibt diese Briefentwürfe im November 1959, zur selben Zeit also, als Bachmann sich auf ihre Frankfurter Vorlesungen vorbereitet. Die Würdigung von Celans »Sprachgitter« darin stellt ihre öffentliche Antwort auf die Literaturkritik à la Blöcker dar.

Auch auf Claire Golls Veröffentlichung der Plagiatsunterstel-

---

[71] Daß dabei eine spezifische Schweizer Ahnungslosigkeit zum Tragen kam, legt eine Duplizität der Reaktionen nahe, wie sie Friedrich Dürrenmatt von sich überliefert hat: »Einmal schickte er einen Zeitungsausschnitt, flehte, ich solle einschreiten, er vermutete einen Angriff, ich las den Artikel immer wieder, konnte nichts finden, begriff seine Vermutung nicht, antwortete nicht, *weil ich nicht begriff* und nicht wußte, wie ich ihn beruhigen könnte, ohne sein Feind zu werden« (Dürrenmatt 1994, 164, H.v.m.).
[72] Zit. nach dem Abdruck in Frisch 1998, 201.
[73] Briefentwürfe vom 3. 11. 1959 und 6. 11. 1959, abgedruckt in Frisch 1998, 200–204.

lung reagiert Bachmann als Schriftstellerin, deren Stimme damals »schon sehr großes Gewicht in der Öffentlichkeit« hatte.[74] Von ihr, Marie Luise Kaschnitz und Klaus Demus stammt die erste Antwort auf den Goll-Angriff, eine »Entgegnung«, die in der Herbstnummer 1960 der Zeitschrift »Die Neue Rundschau« erschien.[75] Der größte Teil des dreiseitigen Textes, der sich scharf gegen Goll und ihre »Helfer und Helfershelfer« wendet, ist einer Chronologie der Ereignisse gewidmet – Veröffentlichung von »Sand aus den Urnen« 1948, Bekanntschaft Celans mit den Golls 1949/50, Tod Yvans 1950, Arbeit Celans an Übersetzungen von Ivan Golls Gedichten 1951, »Mohn und Gedächtnis« 1952, Plagiatsangriff Claire Golls 1953 –, weil das Hauptbeweismittel gegen die Angriffe in der Tatsache bestand, daß die meisten der von Claire Goll angeführten ›Parallelstellen‹ Gedichte Celans betrafen, die bereits in »Sand aus den Urnen«, also vor der Begegnung mit Ivan Goll in Paris und auch vor dessen letzten Gedichten, publiziert waren. Der Publikation der »Entgegnung« war eine rege Korrespondenz vorausgegangen, die auf eine diffizile Abstimmung über den Wortlaut zwischen den Unterzeichnern untereinander wie auch mit Celan hindeutet. Der Angegriffene, der neben der Widerlegung der Anschuldigungen vor allem daran interessiert sein mußte, daß nicht *er* zum Fall gemacht werden würde, hat selbst an Entwürfen für eine Entgegnung und auch für eine eigene Verlautbarung an »die Freunde meiner Gedichte« gearbeitet.[76] Ihm war besonders daran gelegen, den Diskurs der Verteidigung, der ihn in der Rolle des Angeklagten fixierte, in einen Gegenangriff umzuwandeln.[77] So wies er verschiedentlich daraufhin, daß

---

[74] So Brigitte Bermann Fischer in einem Brief an Ilse Aichinger v. 25.2.1960, in dem sie ihr schreibt, sie habe Bachmann die neue Ausgabe von »Die größere Hoffnung« gegeben in der Hoffnung, daß sie etwas darüber schreibe (Bermann Fischer 1990, 543).

[75] Entgegnung, unterzeichnet September 1959, in: Die Neue Rundschau, H.III/1960, 547–549.

[76] Vgl. die Mappe mit Notizen, Korrespondenz und Entwürfen zum Komplex »Entgegnung« im Celan-Nachlaß (DLM).

[77] Die Kränkung Celans dadurch, daß die Goll-Affäre zunächst im Feuilleton, z.T. auch in gutgemeinten Verteidigungsgesten, als ›Fall Celan‹ behandelt wurde, trifft dabei ein weit allgemeineres Phänomen. Selbst Autoren wie Böll sprachen anläßlich antisemitischer Übergriffe, die Ende 1959 internatio-

im Hinblick auf die abweichenden Versionen der postum veröffentlichten Gedichte Yvan Golls die Authentizität des Nachlasses befragt werden müsse.[78] Der Text verteidige ihn, statt anzugreifen, heißt es denn auch in seiner Kritik an einem Textentwurf von Klaus Demus im Juli 1959.[79] Der im September schließlich publizierte Wortlaut scheint in enger Abstimmung zwischen Celan und Klaus Demus entstanden zu sein, der die Redaktion des Textes übernommen hatte.[80] Bachmann hat an der Formulierung selbst nicht mitgewirkt, jedoch ihre kritischen Überlegungen in die Korrespondenz eingebracht. In einem Brief an Celan im August bemerkt sie zu der »Entgegnung von Klaus: Paul, ich muß Dir sagen, muß es leider auch Klaus schreiben, daß ich sie nicht gut finde, daß sie mir, in dieser Form, nur schadend erscheint.« Die Fakten kämen nicht zur Geltung und der Ton sei verfehlt.[81]

---

nale Schlagzeilen machten, vom »Problem der Juden«. Vgl. Heinrich Bölls Artikel in der Nachfolge des Anschlags auf die Kölner Synagoge im Dezember 1959 unter dem Titel: Porträt eines Rabbiners. Zum Problem der Juden im Nachkriegsdeutschland (in Richter 1962, 196–199). Neben der Titelformulierung befremdet Bölls Text nicht nur dadurch, daß er angesichts antisemitischer Ausschreitungen ausgerechnet die philosemitischen Befangenheiten der Deutschen beklagt, sondern auch dadurch, daß er dabei unreflektiert die Geldmetaphorik in der Rede über Juden fortschreibt, wenn er davon spricht, daß die Schuld zu einem »unheimlichen Kredit«, zu einem Schutzbrief geworden sei. »Die Realisten nutzen den Kredit aus« (ebd. 197). – Zur Bedeutung dieser Metaphorik in der Nachgeschichte von 1945 vgl. meine Untersuchung zur Verwandlung von Schuld in Schulden (Weigel 1996).

[78] So in der Korrespondenz mit Peter Szondi, z.B. in seinem Brief v. 8.12.1960 (Szondi-Nachlaß, DLM). – Das Gutachten von Reinhard Döhl hat Celan in nahezu allen Punkten bestätigt, »zumal da die Angaben Claire Golls durch ihre anscheinende Wahllosigkeit wenig Glaubwürdigkeit besitzen« (Döhl 1961, 111).

[79] Nicht abgeschickter Briefentwurf an Pöggeler v. 5.7.1960 (Celan-Nachlaß, DLM).

[80] Darauf deuten weitgehende Übereinstimmungen zwischen handschriftlichen Entwürfen Celans und der publizierten Fassung hin.

[81] Brief Bachmanns an Celan v. 28.8.1960 (der Brief wurde mir von Eric Celan zur Verfügung gestellt). Der darin angekündigte Brief Bachmanns an Klaus Demus, ein sechsseitiger Brief mit demselben Datum, der sich im Celan-Nachlaß befindet, konnte von mir nicht eingesehen werden, da Klaus Demus der Einsichtnahme nicht zustimmen wollte (Briefe von Klaus Demus an mich v. 22.4. und v. 13.5.1998).

Als diese Erörterungen über die bestmögliche Form der Antwort auf den Goll-Angriff im November mit einem Artikel in der »Welt« überholt wurden, mit dem die Anschuldigungen gegen Celan nun auch ins überregionale Feuilleton Eingang gefunden hatten,[82] war es Peter Szondi, der die Unterstellung mit einem Artikel in der »Neuen Zürcher Zeitung« zurückwies, in dem er auf dem Wege einer philologischen Beweisführung an drei zentralen Beispielen die Vorwürfe widerlegte.[83] Zugleich war es ihm, in Gemeinschaft mit Ingeborg Bachmann, offensichtlich auch gelungen, einen weiteren gegen Celan gerichteten Artikel in der »Zeit« zu verhindern.[84] Bachmann versuchte also zu intervenieren, wo es ihr möglich war. Und sie zählte auch weiterhin zu den Vertrauten, mit denen Celan seine Situation sowie mögliche Schritte besprach. So konnte dieser Ende November, nach dem »Welt«-Artikel und dem Gegenartikel in der NZZ, in einem Brief an Szondi nicht nur berichten, daß dessen Aufsatz bereits seine Wirkung getan, sondern auch, daß er drei gute Tage in Zürich verbracht und dort lange Gespräche u. a. mit Ingeborg Bachmann geführt habe.[85]

Wann und unter welchen Umständen das Gespräch zwischen Celan und Bachmann wieder erstorben ist, ist unbekannt. Vielleicht wird dieses Datum durch die nicht abgeschickten Briefe Celans an sie und Frisch gemeinsam (1960/61) und den ebenfalls zurückgehaltenen Brief an Bachmann (11.9.1961) bestimmt, die in Celans Nachlaß liegen.[86] Jedenfalls sind – jenseits der literarischen Texte – nach 1961 keine Zeichen einer weiteren Begegnung auf-

---

[82] Rainer K. Abel: Umstrittener Ausflug in die Vergangenheit. Anleihe oder Anlehnung? – Zur Kontroverse um Yvan Goll und Paul Celan. In: Die Welt, 11.11.1960.

[83] Peter Szondi: Anleihe oder Verleumdung? Zu einer Auseinandersetzung über Paul Celan. In: NZZ, 19.11.1960.

[84] »Der Kain-Aufsatz in der ›Zeit‹ war bereits gesetzt, ein Brief von Ingeborg Bachmann wird, neben dem Ihren an Leonhardt, bewirkt haben, daß er – noch? – nicht erschien« (Brief Celans an Szondi v. 16.12.1969, Szondi-Nachlaß, DLM). – Leider konnte bei der »Zeit« nicht ermittelt werden, um welchen Artikel es sich handelt. Dort erschien am 9.6.1961 statt dessen ein »abschließend klärendes Wort« von Walter Jens, das auf der Linie des Döhl-Gutachtens argumentierte.

[85] Als weitere Gesprächspartner nennt er Werner Weber und Kurt Hirschfeld (Brief Celans an Szondi v. 29.11.1960, Szondi-Nachlaß, DLM).

[86] Vgl. Katalog des Celan-Nachlasses, 79 (DLM).

findbar. Das ausbrechende Schweigen fällt aber in eine Zeit, in der auf seiten Bachmanns auch andere Korrespondenzen versandet sind. Ob sie dann viele Jahre später, nachdem sie sich Ende 1968, zu einer Zeit, als sie an den Entwürfen für das Traumkapitel arbeitete,[87] bei Siegfried Unseld nach Celan erkundigt hatte,[88] auch direkt mit ihm in Verbindung getreten ist, ist unbekannt. Eher ist zu vermuten, daß die Nachricht von Celans Tod im April 1970 abrupt in das Schweigen zwischen beiden einbrach. Während die daraus folgende Eintragung der Celan-Zitate in den »Malina«-Roman eine kryptische Form des Gedenkens darstellt, wird in der Topographie der »Drei Wege zum See« eine Kultur erinnert, aus der sich die poetische Sprache Celans herschreibt. Als dann einen Monat nach Celan auch Giuseppe Ungaretti stirbt, erinnert Bachmann sich der Celanschen Übersetzungen von Ungarettis »Das verheißene Land. Das Merkbuch der Alten« (1968), die sie »leider nicht bekommen habe« und sich nun von Unseld erbittet.[89] Damit wünscht sie sich das Dokument einer weiteren Gemeinsamkeit, vielleicht auch, um Erinnerungen an seine Kommentare zu ihren eigenen Ungaretti-Übersetzungen (»Gedichte«, 1961) zu vergegenwärtigen und Zeugnisse davon in *seiner* Lösung des Übertragungsproblems zu suchen.[90]

---

[87] Von der Idee zum Traumkapitel berichtet Bachmann erstmals in einem Brief an Unseld v. 4.1.1968 (SVF).
[88] Vgl. Brief Unselds an Bachmann v. 17.12.1968 (SVF).
[89] Brief Bachmanns an Unseld v. 4.6.1970 (SVF).
[90] Celans Übersetzung, die sich für eine stärkere etymologische Wort-Wörtlichkeit entscheidet, verdeutlicht gegenüber Bachmanns Übersetzung, wie Böschenstein in seinem Vergleich gezeigt hat, auch den Abstand zwischen der Lyrik der sechziger zu der der fünfziger Jahre (Böschenstein 1982, 315 ff.).

IX.
Bachmanns intellektueller Ort in der Nachgeschichte des Nationalsozialismus

1. Bachmann und Johnson: Differenzen im Umgang mit Exilierten

Als nach dem Tode von Witold Gombrowicz im Juli 1969[1] die französische Zeitschrift »Cahier de l'Herne« eine Sondernummer zu seinem Gedenken plante, wurde auch Bachmann, die Gombrowicz 1963 während ihres gleichzeitigen Berlin-Stipendiums der Ford Foundation begegnet war, um einen Beitrag für das Gedenkheft gebeten. Der in der Werkausgabe veröffentlichte Entwurf zu diesem Beitrag ist das Zeugnis ihres Versuchs ebenso wie ihres Scheiterns, das in dem generellen Unbehagen, überhaupt einen Nachruf zu verfassen, bereits angelegt ist. So schreibt sie im Mai 1970, als sie mit einem »langen Telegramm« aus Paris offenbar dringlicher gebeten wurde, etwas beizutragen, an Uwe Johnson, daß sie »jetzt doch noch zwei Seiten schreiben« müsse, obwohl es eine Qual sei, »und außerdem ist sowieso jeder Nachruf zwangsläufig eine Indiskretion, vor der ich zurückschrecke beim Lesen und noch mehr, wenn ich selber, wie jetzt, anfange, einen Satz an den anderen zu hängen«[2]. Ihre Zurückhaltung gegenüber der Gattung des Nachrufs ist dabei nicht singulär. Während Bachmann auf die Nachricht von Celans Tod, die sie kurz zuvor erhalten hat, auf ihre ganz eigene Weise reagiert [VIII.1], bricht sie wenig später auch den Entwurf eines anderen Nachrufs ab: die Erinnerung

---

[1] Geboren 1904 in Polen und 1939 nach Argentinien emigriert, starb er am 24. Juli 1969 in Vence, wo er sich nach der Rückkehr aus dem argentinischen Exil 1963, dem Berliner Jahr und einer kurzen Zwischenstation in Paris 1964 niedergelassen hatte.
[2] Brief Bachmanns an Johnson v. 18.5.1970 (UJF).

an den befreundeten italienischen Dichter Giuseppe Ungaretti (4/331f.), dessen Gedichte sie übersetzt hatte und der am 1.6.1970 gestorben war.

Im Gombrowicz-Gedenkheft von »L'Herne«,[3] das Beiträge von Schriftstellern aus den Ländern und Städten versammelt – Polen, Argentinien, Paris, Berlin, Vence –, die die Stationen im Leben des Verstorbenen abbilden, fehlt denn auch ein Nachruf Bachmanns. Dabei war er vermutlich als Korrektur oder ausgleichende Stimme zu den Beiträgen erbeten, die sich von deutscher Seite in dem Gedenkheft finden: Texte von Günter Grass und Uwe Johnson, beide datiert Februar 1970 und beide in Form von Briefen, die auf eine Anfrage des Herausgebers de Roux antworten. In dieser war davon die Rede, daß »Herr Gombrowicz während seines Aufenthalts in Westberlin vom Mai 1963 bis Mai 1964 ›völlig isoliert‹ gewesen sei, ›dass niemand mit ihm sprach‹«, wie Johnson in seinem Beitrag zitiert.[4]

Die Texte von Grass und Johnson sind also eher Zurückweisungen eines Vorwurfs denn Nachrufe. »Ihre Anfrage enthält einen Vorwurf«, so der erste Satz bei Johnson, während Grass beginnt: »Il me faut contredire gentiment Ingeborg Bachmann«, womit er einerseits der Urheberin der Mitteilung über die Berliner Einsamkeit von Gombrowicz widerspricht, andererseits aber in seinem Text auch zugesteht, »Ingeborg Bachmann savait mieux l'écouter«. Seine Entgegnung verbindet Grass mit einer Polemik gegen die berüchtigte Jugendphilosophie des damals sechzigjährigen Gombrowicz.[5] Der habe jeden über dreißig als »croulant« behandelt.

---

[3] Hg. v. Dominique de Roux und Constantin Jelenski, Paris, Februar 1971.

[4] Uwe Johnsons Beitrag wird zitiert nach seiner eigenen deutschen Übersetzung unter dem Titel »Gewiß, es ist ihm eine Sache schief gegangen in Westberlin. Zu Witold Gombrowicz« (Johnson 1988, 23–26). In der Anfrage des Herausgebers hieß es: »Ingeborg Bachmann has told us that Gombrowicz was completely isolated while he stayed in Berlin with the Ford Foundation that nobody spoke to him. Why? What has happened in this time?« (zit. nach Johnson 1988, 140).

[5] Im Vorwort zur deutschen Ausgabe seines Romans »Pornographie« 1963 etwa: »Der Mensch strebt, wie man weiß, nach dem Absoluten. [...] Im Roman Pornographie manifestiert sich nun, wie mir scheint, ein anderes Ziel des Menschen, ein heimlicheres zweifellos, ein in gewisser Art illegales: sein Bedürfnis nach Nicht-Vollendetem ... nach Unvollkommenem ... nach Niederer-Sein ... nach Jugend« (Gombrowicz 1984, 197).

Er, Grass, habe ihn drei- oder viermal gesehen, sei für ihn aber wahrscheinlich »un peu trop adulte« gewesen. Gombrowicz sei keineswegs einsam gewesen; so habe er ihn beispielsweise in einem Café umgeben von jungen Leuten gesehen, »avec esprit et gaîté« in seiner Rolle als »maître«. Auch glaube er, daß er nicht unglücklich gewesen sei, sondern, »il fut aussi le réfugié-né à travers ses livres«[6]. Während Grass somit den 1939, infolge des deutschen Überfalls, aus Polen emigrierten Schriftsteller in der Projektion eines *geborenen* Flüchtlings fixiert, spricht aus Johnsons Zurückweisung einer Schuld – »Offenbar suchen Sie für dies angenommene Unglück [die Einsamkeit von G.] Schuldige« – eine eher offensive und zugleich naive Weigerung, die spezifische Position eines polnischen Remigranten in Berlin in seine Betrachtung überhaupt einzubeziehen. So setzt er das Verhältnis einheimischer Schriftsteller zu einem solchen Gastautor mit dem Verhältnis von Angehörigen einer Berufssparte gleich – »Sind die Rundfunktechniker eines Ortes schuld, wenn einer von ihnen allein lebt?« – und kann nur »persönliche Anlässe« sehen. Insofern klingt sein Text weitgehend wie eine umgekehrte Schuldzuweisung. Er schildert Gombrowicz als Person, die keine Verständigung gewünscht und auf Distanz insistiert habe, und er beklagt dessen »eigenwillige Lösung des Sprachenproblems«, was darauf anspielt, daß jener sich am besten auf französisch verständigen konnte, seine deutschen Kollegen, anders als Bachmann, aber kein Französisch sprachen.[7] Als dasjenige, was Gombrowicz in Johnsons Augen »schief gegangen« war, nennt er dessen gescheiterten Versuch, eine Art Literatencafé zu etablieren, die »Gründung eines Tisches, einer Runde, eines Clubs, mit Herrn Gombrowicz als Präsidenten«. Zumindest bemerkenswert ist dabei die Tatsache, daß Johnson dieses Vorhaben im Kontext seines Gombrowicz-Porträts als *prinzipiell* anachronistisch bewertet – »was nicht mehr stimmte, war

---

[6] Günter Grass in Gombrowicz 1971, 330.

[7] In den »Berliner Notizen« von Gombrowicz heißt es umgekehrt: »Ich lernte in dieser Zeit fast alle hervorragenden Schriftsteller und Redakteure kennen (in Berlin wohnt die Crème der deutschen Literatur), mit denen ich mich, leider, nicht immer verständigen konnte. Günter Grass, Peter Weiss, Uwe Johnson, meine Kollegen von der Feder, beherrschten die französische Sprache schlecht« (Gombrowicz 1965, 80, weitere Äußerungen zu Grass, Johnson, Weiss 120).

das Konzept des Literatencafés, das Bedürfnis nach Vereinsleben, Diskussion statt Ausübung des Berufs« –, während er doch gleichzeitig dem Projekt H.W. Richters, dem Chef der Gruppe 47, der im selben Jahr in Berlin einen »literarisch-politischen Salon« einrichtete, weniger zurückhaltend gegenüberstand.[8]

Johnsons Text verrät aber auch jenes Moment, aus dem seine eigentliche Abwehrgebärde gegenüber Gombrowicz entspringt. Es ist der Schock einer plötzlichen Konfrontation mit dem Trauma des anderen und die eigene Hilflosigkeit im Umgang damit. Evozierte die Rückkehr in die Gegend, die er vor einem Vierteljahrhundert hatte verlassen müssen, in Gombrowicz Bilder des Todes, wie in seinen »Berliner Notizen« (1965) nachlesbar gewesen wäre [VII.3] – »Der Kreis hatte sich geschlossen, ich war zu denselben Gerüchen wiedergekehrt, also Tod. Tod.«[9] –, so bewertet Johnson die unvermittelte Mitteilung über diese Todesbilder als Zumutung einer »unverhofften Intimität«, da sie nicht abgefangen war »durch ein Netz vorbereitender Kenntnis, Unterredung, Gewöhnung«[10]. Das Stichwort fehlender Kenntnis bringt das Problem in entstellter Form auf den Begriff. Gelesen als Zeugnis einer generationstypischen Abwehr von Schuldangst bei einem Nachgeborenen, verweist Johnsons Text nämlich auf jene Ahnungslosigkeit, mit der sich die zweite Generation die Erbschaft der Nazizeit vom Leibe zu halten verstand. Die mangelnde Kenntnis über die Situation eines Remigranten und das mangelnde Vermögen, sich die Zumutungen vorzustellen, die es für einen vor den Hitler-Truppen Emigrierten bedeutete, sich auf deutschem Boden aufzuhalten, richtet sich auf diese Weise noch einmal *gegen* diesen. Im Muster von Personalisierung und Psychologisierung werden Wunden, die die Geschichte gerissen hat, als individuelle Idiosynkrasien interpretiert und auf diese Weise in Bann gehalten: als »persönliche Anlässe« oder »unverhoffte Intimität«.

Es ist kein größerer Kontrast vorstellbar als der zwischen John-

---

[8] So beteiligte sich Johnson nicht nur an der ersten der Diskussionsrunden, die Richter zusammen mit dem Rundfunk organisierte, und zwar am 28.1.1964 zum Thema »Die Politik und die Intelligenz«, sondern nahm auch an weiteren Salonrunden teil.
[9] Gombrowicz 1965, 73f.
[10] Johnson 1988, 25.

sons Text für das Gombrowicz-Gedenkheft und dem unpublizierten Entwurf Bachmanns, der sich mit einer radikal entgegengesetzten Haltung und Wahrnehmung auf dieselben Phänomene einer offenkundig schwierigen Begegnung bezieht. Wo bei Johnson eine für seine Schriftstellergeneration durchaus symptomatische Abwehr von Schuldangst sichtbar wird, reagiert Bachmann mit Empathie. So stellt ihr Gombrowicz-Porträt gleichsam die Kehrseite zu Johnsons Text dar. Auffällig ist dabei, daß Bachmann, die ansonsten dazu tendiert, ihren Dissens eher durch Schweigen zum Ausdruck zu bringen, im Briefwechsel mit dem befreundeten Johnson ihm ihre Vorbehalte gegenüber seinem Text nicht verschweigt, wenn sie diesen als »sehr hart« bezeichnet.[11] Ihr eigenes Erinnerungsbild unternimmt dagegen das Kunststück, ein Porträt zu zeichnen, das dem von Grass und Johnson entworfenen Bild exakt entgegengesetzt ist, ohne dies jedoch mit einem Vorwurf in Richtung der Berliner Kollegen zu verbinden. So äußert ihr Text am Rande Verständnis für deren Unverständnis – »und seine Art, zu sprechen und diskutieren [zu] wollen, hat alle Berliner abgeschreckt. Es war, wenn ich es auf französisch sagen darf, eine incompatibilité, kein böser Wille von der einen oder andren Seite« (4/328) und: »Daß so viele andre es nicht bemerkt haben, das muß man den andren nicht vorwerfen.« In der Hauptsache aber äußert Bachmann Empathie für die Lage und die Haltung von Witold Gombrowicz. Mit dem Hinweis auf die *incompatibilité* bringt sie ihr Wissen zum Ausdruck, daß sich im Gespräch von Individuen immer auch historische Subjekte mit ihren je spezifischen Erinnerungsspuren begegnen und daß dies eine objektive Unvereinbarkeit verschiedener Orte in der Nachgeschichte des Nationalsozialismus berührt. Aufgrund dieser Aufmerksamkeit für die Konstellation hält sich ihr Text fern von jeglichem moralischen oder psychologisierenden Diskurs.

Das Verhältnis der Schreibenden zu »Herrn Gombrowicz« gestaltet sich in ihrem Erinnerungsbild aus einer Nähe zu seinen Wahrnehmungen und Empfindungen, wobei die Thematisierung von Ähnlichkeiten doch nie ohne die Anerkennung einer *andersgearteten Begründung* auskommt:

---

[11] Brief Bachmanns an Johnson v. 14.4.1970 (UJF).

»Gombrowicz kam aus Argentinien, ich auch auf hundert Umwegen aus vielen Ländern, und wenn wir etwas voneinander begriffen haben, ohne es einander je zu gestehen, daß wir verloren waren, daß dieser Ort nach Krankheit und Tod riecht, für ihn auf eine Weise, für mich auf eine andre.« (326)

»Meine Zuneigung war aufrichtig, und er wußte es auch. Er kann daran auch nie gezweifelt haben. Er zweifelte an allen anderen, und das vielleicht mit Recht. Sie hatten keine gemeinsame Sprache, und wir hatten, auf vielen und komplizierten Umwegen, eben doch eine gemeinsame Sprache. Es war nicht nur der Vorteil des Französischen, sondern der Vorteil der Traurigkeit, der Nachteil aller ihrer Folgen [...]«. (329)

Die Attribute, die sie ihm zuschreibt, sind dabei weniger Charaktermerkmale als vielmehr Haltungen. So bezeichnet Bachmann ihn als einen »der wenigen diskreten Menschen, die ich in meinem Leben getroffen habe«, und als Person mit großer Güte und Zartheit, »die sich maskiert hat als Hochmut«. Die Frage, warum die Autorin ihre Würdigung des Verstorbenen dann doch nicht in dem Gombrowicz gewidmeten Heft publiziert hat, ist nicht geklärt. Ihr Hinweis darauf, daß er zu den wenigen ihr bekannten diskreten Menschen gehörte, und ihre Bemerkung in dem Brief an Johnson, daß »jeder Nachruf zwangsläufig eine Indiskretion« sei, machen das Phänomen eines nichtveröffentlichten Erinnerungstextes jedoch sehr plausibel.

Die Diskretion, die Uwe Johnson einige Jahre später, nach *ihrem* Tod, in seinem Gedenkbuch für Ingeborg Bachmann beweisen sollte [VI.5], ist eine Tugend, die er offenbar von ihr selbst erst hat lernen müssen – und nicht nur von ihr. Denn eine ähnliche Lektion wurde ihm auch von einer Dritten im Bunde zuteil, von Hannah Arendt, mit der er seit seinen New Yorker Jahren 1966 bis 1968, in denen er in ihrer Nachbarschaft am Riverside wohnte, freundschaftlich verbunden war. Im Juni 1970 bat er die Philosophin, ihren Namen für die Stimme einer Gesprächspartnerin von Gesine Cresspahl im zweiten Band der »Jahrestage« verwenden zu dürfen – ein Vorabdruck in der »Neuen Rundschau« war allerdings bereits erschienen: »Es ist, soviel ich weiss, in diesem Drittel das einzige Mal; aber für die kommenden würde ich eben gern so tun, als hätte diese Dame Cresspahl seit ungefähr 1965 die Ehre, mit Ihnen in einem flüchtigen Gespräch zu sein.«[12] Nachdem er mit Arendts wenig erfreuter Reaktion konfrontiert worden war, folgte die genaue Mitteilung der betreffenden Passage in einem Brief, der zwischen Zerknirschung – »Sie können zu mir sagen was Sie wollen, auch Idiot und Nichtsnutz« – und dem Bedauern schwankt, auf die schöne Idee verzichten zu müssen: »Es wäre so vergnüglich, so passend gewesen.« Zugleich teilt er mit, daß er gerade an den Korrekturen sitze und dabei ihren Namen streichen und ihn durch den der Gräfin Seydlitz ersetzen werde[13] – ohne zu bemerken, daß er den einen *faux pas* mit einer schwereren Verfehlung zu korrigieren sucht. So sieht sich Hannah Arendt, die ihn einerseits gewähren läßt, andererseits genötigt, ihn in bemerkenswert großzügiger Weise gleich über zwei Dinge zu belehren. Denn augenscheinlich war er nicht vertraut mit ihrer Theorie von der Verborgenheit des ›Privaten‹ als Rückzugsort vor der Öffentlichkeit, »dem Gesehen- und Gehörtwerden«, die er in ihrer Schrift »Vita activa oder Vom tätigen Leben« (1958, dt. 1967) hätte nachlesen können.[14] Da ihm die Lektüre dieser Schrift aber entgangen sein muß, erläutert ihm Arendt brieflich noch einmal die Unterscheidung zwischen ›öffentlicher‹ und ›privater‹ Person. Schon beim Zitiertwerden von Geschriebenem sei ihr nicht ganz wohl, nicht öffentliche Gespräche aber müßten davor verschont bleiben: »Wenn das nun auch noch für gelegentliche Gespräche gilt, (ich meine: nicht-öffentliche Diskussionen, nicht Seminare oder Vorlesungen) dann ist man ja ganz verratzt.« Zwar bleibt sie gegenüber Johnsons *faux pas* mit einem ihr im Roman untergeschobenen Zitat gelassen und gesteht ihm schließlich zu, er solle tun, was er wolle. Doch wendet sie sich strikt gegen ihre Metamorphose zur Gräfin Seydlitz, obwohl sie zu dieser Zeit noch nicht mehr als den Namen der Maske kennt, in die sie Johnson in seinem Roman versteckt hat, und noch nicht das Ambiente z. B. einer Wohnung mit den alten Möbeln einer vermögenden Mecklenburger Familie, mit der die »Jahrestage« der Gräfin Seydlitz – dem Namen gemäß – eine preußische Genealogie zuschreiben.[15] Womöglich wäre ihr Protest sonst schärfer ausgefallen als so:

---

[12] Brief Johnsons an Arendt v. 24.6.1970 (HAW).
[13] Brief Johnsons an Arendt v. 4.7.1970, abgedruckt in Johnson 1994, 206f.
[14] Arendt 1981, 68.
[15] Vgl. Johnson 1971, 873ff.

»Aber, bitteschön, zur Gräfin machen Sie mich nicht! Bis Sie so was dürfen, müssen Sie noch viele reizende Briefe schreiben. Von allem andern abgesehen, *scheint es Ihnen nicht aufgefallen zu sein, dass ich jüdisch bin.* Aber so oder anders, auf die Idee, dass Sie mich ›ärgern‹ wollten, wäre ich nie verfallen.«[16]

Indem sie ihm keine (böse) Absicht unterstellt, verweist Arendt indirekt auf ein politisches Unbewußtes, das seine Wahrnehmung blockiert – und stößt auf eine erneute Blockade. Denn es scheint ihm nicht nur »nicht aufgefallen zu sein«, daß sie Jüdin ist, sondern das Nichtauffallen scheint ihn auch nicht weiter beschäftigt zu haben. Jedenfalls findet sich keine Reaktion auf *diese* Belehrung; es ist lediglich eine größere Zurückhaltung in der Aufnahme anderer Lebensspuren in den Roman zu spüren, so, wenn er ihr nach dem Erscheinen des dritten Bandes mitteilt, sie möge sich Seite 1210, Zeile 6 und 7 von unten anschauen. (Dort findet sich eine Anspielung, die nur noch durch die Adresse kenntlich ist.) Er habe ihr in seiner »diskreten Art« etwas mitzuteilen versucht. »Mehr hätten Sie ja doch nicht erlaubt.«[17]

Erst in seinem Nachruf nach dem Tod der Philosophin Ende 1975, in dem er u.a. von einem gemeinsamen Spaziergang durch einen »überwiegend jüdischen Teil New Yorks« erzählt, bei dem sie ihm »an den Passanten deren gesellschaftliche Stellung und Beschäftigung (mit Wohnorten) vor der Emigration aus Deutschland« erklärt habe und nicht habe begreifen können, »dass einer ausserstande ist, Jüdisches am Gesicht zu erkennen«, kommt er auf die Geschichte zurück: »Einmal hat sie mich ausdrücklich hinweisen müssen auf den Umstand, dass sie eine Jüdin ist: im Umgang mit ihr *war es zu vergessen.*«[18] Einmal mehr versucht Johnson hier, einen Lapsus durch einen anderen, weit stärkeren wettzumachen. Scheinbar hat die sanfte Belehrung durch Arendt nicht weit gereicht, denn der letzte Teil des Satzes, der die deutliche Erleichterung über ein auf das Gegenüber projiziertes Vergessen*machen* artikuliert, ist Zeichen eines offensiven Vergessens*wunsches* und einer erstaunlich beharrlichen Verweigerung, als deutscher Autor

---

[16] Brief Arendts an Johnson v. 6.7.1970 (HAW, H.v.m.).
[17] Brief Johnsons an Arendt v. 26.11.1973 (HAW).
[18] Johnson 1988, 75 (H.v.m.).

den spezifischen historischen Ort von Juden in diesem Jahrhundert auch nur zur Kenntnis zu nehmen. Anstelle dieser Episode, die für die generationstypische Ignoranz eines jungen deutschen Schriftstellers einer jüdischen Emigrantin gegenüber steht, hätte hier ebensogut ein Fall zitiert werden können, der weit spektakulärer ist: die bekannte Kritik Arendts an Hans Magnus Enzensbergers Identifizierung von »Politik und Verbrechen« und seiner »Gleichsetzung vom ›Megatod‹ mit der ›Endlösung‹«.[19] Sie ist das Beispiel einer öffentlichen Kontroverse, in der sich 1965 erstmals jener Graben zwischen einer Nachkriegsgeneration von Intellektuellen und einem vor allem von jüdischen deutschen Philosophen entwickelten Denken »nach Auschwitz« auftat, der sich in der Studentenbewegung 1968 noch zuspitzen sollte. Aber auch und gerade unterhalb der Schwelle derartiger brisanter Debatten zeitigt die betreffende Abwehr und Ignoranz ihre (manchmal fataleren) Wirkungen. Und gerade in dieser eher unspektakulären Sphäre von Gesprächen und Begegnungen zeigt sich die ganz andere Haltung Ingeborg Bachmanns, die allerdings erst auf der Kontrastfolie der zeitgenössischen Bewußtseinslage in ihrer Spezifik erkennbar wird. Ihre Haltung zeugt von einem Wissen um die geschichtlichen Prägungen individuellen Verhaltens und äußert sich im Umgang mit einzelnen Personen als Behutsamkeit, ohne doch die Herkunft zum *Thema* machen zu müssen. Aus einem kontinuierlichen Gespräch mit Exilierten und Überlebenden, mit jüdischen Autoren und Philosophen gewonnen, ist diese Haltung das Ergebnis einer zunehmenden Bewußtheit für die je unterschiedlichen Orte in der Nachgeschichte des Krieges, deren Entwicklung sich als Verschiebung von einer unwillkürlichen Empathie bei der jungen Bachmann hin zu einem Dialog mit jüdischen Intellektuellen in den sechziger Jahren beobachten läßt.

Als Arendt 1962 das Manuskript ihres Eichmann-Buches abge-

---

[19] »Es gibt einen scheinbaren Radikalismus, der nicht so sehr das Kind mit dem Bade ausschüttet als vielmehr durch Parallelen, bei denen sich irgendein Generalnenner darbietet, vieles Partikulare unter ein Allgemeines subsumiert, wobei das konkret Sich-Ereignende als Fall unter Fällen verharmlost wird.« Arendt in Arendt/Enzensberger 1965, 385. Zur Fortsetzung solcher »Verführung durch Parallelen« vgl. Erdle 1999.

schlossen hatte und die Frage der Übersetzung ins Deutsche anstand, erinnerte sie sich der kurz zuvor vorausgegangenen Begegnung mit Bachmann und unterbreitete ihrem deutschen Verleger Klaus Piper den Vorschlag, diese um die Übersetzung zu bitten.[20] Getroffen hatten sich die Philosophin und die Schriftstellerin im Juni 1962 in New York, wo Bachmann sich anläßlich ihrer zweiten Schiffsreise in die USA und einer Lesung im Goethe-Haus aufhielt. Daß Arendt sich zu einer solchen Anfrage berechtigt sah, geht nicht nur auf die Begegnung selbst zurück,[21] sondern auch auf deren nachfolgende briefliche Firmierung durch Bachmann und auf die Art und Weise, wie diese ihre Verehrung und ihr Interesse zum Ausdruck gebracht hatte, speziell auch an dem Eichmann-Buch.[22]

Brief Bachmanns an Hannah Arendt v. 16.8.1962 aus Uetikon:

Die grosse Sommerapathie in Rom ist schuld daran, dass ich noch gar nicht dazu gekommen bin, Briefe zu schreiben, und doch habe ich, in Gedanken, über den Atlantik oft ein Blatt zu Ihnen geschickt, auf dem so viel gar nicht steht, aber auf dem zumindest stehen sollte: dass ich so sehr froh war, Sie zu treffen und zu Ihnen kommen zu dürfen. Ich habe nie daran gezweifelt, dass es jemand geben müsse, der ist, wie Sie sind, aber nun gibt es Sie wirklich, und meine ausserordentliche Freude darüber wird immer anhalten.

Ich möchte Sie so gerne wiedersehen. Die römische Adresse (Via de Notaris 1F, Tel. 80.31.69) gilt wieder von Ende September an. Bitte lassen Sie es mich wissen, mit einem Wort, wenn Sie nach Europa kommen, nach Italien kommen, damit ich auf den Bahnhof oder auf den Flugplatz gehen kann.

Gerne wüsste ich, wann Ihre Arbeit über den Eichmann-Prozess erscheint – für den Fall, dass sie nicht gleich in Deutschland gedruckt wird (denn das erführe ich ja rasch).

---

[20] Briefwechsel zwischen Hannah Arendt und Klaus Piper zwischen September und November 1962 (HAKP).
[21] Von der sie Dr. Rössner vom Piper Verlag in einem Brief vom 18.6.1962 ebenfalls berichtet hatte (HAKP).
[22] Brief Bachmanns an Arendt v. 16.8.1962 (HAW).

Die Formulierung ›jemand, der ist, wie Sie sind‹, verweist auf die über das Individuelle und Persönliche hinausgehende historische Bedeutung, die Bachmann ihrem Gespräch mit Arendt zuschreibt. Die Übersetzung des Eichmann-Buches hat sie nicht übernommen, weil ihre Englischkenntisse für ein solches Unternehmen nicht ausreichend waren.[23] Und auch von einer zweiten Begegnung ist nichts bekannt. Als Arendt sich im Frühjahr des darauffolgenden Jahres in Italien aufhielt, war Bachmann schon nicht mehr in Rom, wo sie das Feld Max Frisch überlassen hatte, sondern befand sich wieder in Uetikon, auf dem Wege nach Berlin. Und als sie im Juni 1968 noch einmal im Goethe-Haus New York las, kam zwar Uwe Johnson zur Lesung,[24] Arendt jedoch hatte zu der Zeit wegen des heiklen Gesundheitszustandes ihres Mannes andere Sorgen.[25] Das gegenseitige Interesse aber hatte Bestand; auf Bachmanns Seite ist es durch die Arendt-Titel in ihrer Bibliothek belegt[26] und auf seiten Arendts durch ihre Anteilnahme an der Entstehung von Johnsons Bachmann-Gedenkbuch »Eine Reise nach Klagenfurt« [VI.5].

2. Von der Empathie zum Dialog mit jüdischen Autoren und Intellektuellen

Bachmanns New-York-Besuch 1962 zog noch eine zweite, allerdings schwierigere Anfrage nach sich, die Bitte Hermann Kestens nämlich, ihm in der Abwehr eines öffentlichen Angriffs zur Seite zu stehen, »weil ich gesehen habe, wie unerschrocken Sie ähnliche Angriffe gegen Celan öffentlich abgewehrt haben«[27]. Nach New

---

[23] Brief Klaus Pipers an Hannah Arendt v. 23.11.1962 (HAKP).
[24] In seinem Nachlaß befindet sich sowohl die Zeitungsannonce der Bachmann-Lesung v. 26.6.1968 als auch seine Kartenbestellung (UJF).
[25] Wegen einer Herzattacke Heinrich Blüchers, über die sie in Briefen vom 13.6.1968 berichtet, sagte sie ihre Europa-Reise ab. Vgl. Arendt/McCarthy 1995 und Arendt/Jaspers 1993.
[26] Der Katalog verzeichnet folgende Titel von Hannah Arendt: Rahel Varnhagen (1959), Die Ungarische Revolution und der totalitäre Imperialismus (1958), Über die Revolution (1963), Vita activa oder Vom tätigen Leben (o.J.), Wahrheit und Lüge in der Politik (1972) (PBB).
[27] Brief Hermann Kestens v. 19.9.1962 aus New York an Bachmann (HKM).

York, an den Ort seiner Exilzeit, zurückgekehrt war Kesten Anfang der sechziger Jahre nach seinem über zehnjährigen Aufenthalt in Rom, wo Bachmann ihn kennengelernt hatte. Als sie 1954 dorthin kam, fand man sie rasch in einem Kreis, der im Café Doney auf der Via Veneto zusammentraf, zu dem neben italienischen Intellektuellen wie Bonaventura Tecchi, Giovanni Necco und Ferruccio Amoroso etliche deutsche Autoren und Emigranten gehörten, so die Kestens, Gustav René Hocke, Marie Luise Kaschnitz und das Ehepaar Loew-Beer und wo sie auch Monika Mann kennengelernt hatte. Der Name des Café Doney steht bei Bachmann praktisch für diesen Römer Freundeskreis. In diesen Jahren scheint in der Beziehung zu Kesten für sie die Differenz der Herkunft durch den Unterschied des Alters verdeckt gewesen zu sein. Jedenfalls macht es den Eindruck, daß sie sich noch wenig im klaren ist über die Geschichte derjenigen, deren Nähe sie sucht.[28] Wenn sie dann 1960 im »Buch der Freunde«, das zum 60. Geburtstag Kestens zusammengestellt wurde, ihren Brief mit den Worten beginnt, »unsere junge Freundschaft ist nun auch schon sieben Jahre alt und sie ist in Rom gediehen«, dann kann sie sich auf einen seither bestehenden, kontinuierlichen Austausch mit ihm berufen.[29] Der Geburtstagsbrief, geschrieben von der Vierunddreißigjährigen, ist im Gestus eines Dankesbriefes gehalten, der im Blick zurück auf die Genese der Beziehung das Bild eines ›väterlichen Freundes‹ erinnert:

> »Sie können duldsam und sehr zornig sein, und Sie haben Ihre Gründe. Sie nennen sich einen Moralisten, und Sie sind einer. Das meiste erwirken Sie, ohne zu belehren, im Umgang. Sie sind schließlich schuld daran, daß ich doch heimlich in die Vatikanischen Sammlungen gegangen bin, daß ich mich mit Diderot und Voltaire befreundet habe und im Augenblick die Bücher von Heinrich Mann lese.«[30]

---

[28] Das zeigt beispielsweise die Unbekümmertheit, die sie gegenüber der Schreibweise des Namens von Mimi und Fritz Loew-Beer an den Tag legt, eines befreundeten Ehepaares, an das sie Kesten regelmäßig Grüße aufträgt. Dreimal muß er sie korrigieren, bis sie den jüdischen Namen korrekt schreibt.
[29] Die im Nachlaß von Kesten überlieferte Korrespondenz reicht vom 6.7.1954 bis zum 20.9.1962 (HKM).
[30] Kesten 1960, 37.

Obwohl sie in der Zwischenzeit eine etablierte Autorin ist, trägt Bachmanns Korrespondenz mit Kesten und seiner Frau noch viele Jahre die Züge jener asymmetrischen Ausgangslage, die die Achtundzwanzigjährige im ersten überlieferten Brief selbst entworfen hatte. Auf die Überschrift wolle sie, weil es zu kompliziert werden würde, verzichten, hieß es da: »Es steht nämlich in keinem Ratgeber, wie mitteljunge Mädchen Ehepaare apostrophieren, die sie sehr gern haben!«[31] Nicht nur, weil sie selbst die Rolle des ›jungen Mädchens‹ eingenommen hat, kann der um 26 Jahre Ältere ihre Schreibprobleme mit einem leicht ironischen »liebes Kind« abtun, sondern auch weil seiner Schreib- und Erzählweise solche Probleme unbekannt sind: »Fassen Sie Mut und schreiben Sie beherzt.«[32] Wenn er sie dann, zur Zeit ihrer Poetikdozentur und ihrer Partnerschaft mit »Meister Frisch«, als »Meisterin Ingeborg«[33] tituliert, deutet das auf eine verstärkte Ironie in Relation zur wachsenden öffentlichen Bedeutung ihres Namens hin.

Der alarmierte Brief, mit dem Kesten ihr im September 1962 aus New York von einem »Hetzartikel von Edgar Lohner« in der von Höllerer herausgegebenen Zeitschrift »Sprache im technischen Zeitalter« und der darin enthaltenen Unterstellung seines angeblichen Hasses »gegen Benn, Brecht, Bachmann« erzählt und sie zugleich bittet, mit einer Berichtigung in derselben Zeitschrift oder in der »Zeit« gegen die »gemeinste Verleumdung« vorzugehen,[34] muß aufgrund der Gestalt ihrer vorausgegangenen Beziehung auf sie wie eine abrupte Umkehr der Rollen gewirkt haben. Ihre unvorbereitete Adressierung als öffentliche Person durch denjenigen, der bisher die Rolle des ›väterlichen Freundes‹ eingenommen hatte, verstärkt den Schock einer plötzlichen Konfrontation mit der bisher von ihm vor ihr verborgenen Verletzlichkeit. Diese gibt sich jetzt gerade darin zu erkennen, daß Kesten im Brief an sie die Verleumdung auf einen Nebenschauplatz verschiebt, auf die Behauptung seines angeblichen Hasses auf einige Autoren.[35]

---

[31] Brief Bachmanns an Kesten v. 6.7.1954 (HKM).
[32] Brief Kestens an Bachmann v. 22.11.1955 (HKM).
[33] Brief Kestens an Bachmann v. 22.1.1960 (HKM).
[34] Brief Kestens an Bachmann v. 19.9.1962 (HKM).
[35] Diese Verschiebung verstärkt er noch mit dem Nachtrag am folgenden Tag, in dem es wieder um denselben Punkt geht. Brief Kestens an Bachmann v. 20.9.1962 (HKM).

Der zentrale Angriff auf seine Person – Kesten kommt im Kontext von diesem Generalverriß der zeitgenössischen Literaturkritik eine herausgehobene Rolle zu, weil Lohner in ihm alle »Untugenden der literarischen Kritik« verkörpert sieht – operiert nämlich mit einem Antisemitismus besonderer Art: mit der Unterstellung, daß Kesten mit dem schlechten Gewissen der Deutschen »sein Geschäft treibt«, daß sein Name wegen einer falsch verstandenen Wiedergutmachung in den Redaktionsstuben tabu sei und er im Schatten der Toten eine Art Ausnahmestellung beanspruche und mißbrauche.[36] Die Bitte Kestens stellte Bachmann also vor ein Dilemma. Denn um gegen die tatsächliche, weit stärkere Verleumdung durch Lohner vorzugehen, hätte Bachmann Kesten zunächst mit dem wirklichen Angriff konfrontieren, die Verletzung, von der sein Brief ablenkte, also erst explizit zur Sprache bringen und somit indirekt wiederholen müssen. Alles andere, besonders eine »Richtigstellung« auf der Ebene persönlicher Beziehungen, wäre einer verharmlosenden Beschwichtigung gleichgekommen. Es ist also nicht verwunderlich, wenn der Briefwechsel zwischen Kesten und Bachmann mit dieser Szene eines unlösbaren Konflikts (vorerst?) verstummmt.[37]

Mit dem sehr viel jüngeren, nur um zehn Jahre älteren Kollegen Wolfgang Hildesheimer (geb. 1916) gestaltete sich das Gespräch für Bachmann anders, so verschieden ihre Geschichte von der seinigen auch war. Sie lernte Hildesheimer, der nach dem Krieg aus seinem Exil in England und Palästina nach Westdeutschland zurückgekehrt und bei den Nürnberger Prozessen als Übersetzer tätig gewesen war, 1953 bei der Gruppe 47 kennen, in der Zeit also, als Hildesheimer in der BRD lebte, bevor er 1957 Deutschland ein zweites Mal verließ und nach Poschiavo (Graubünden) in die Schweiz übersiedelte.[38] Das unvergleichlich höhere Maß an Gleich-

---

[36] Edgar Lohner: Tradition und Gegenwart deutscher Literaturkritik. In: Sprache im technischen Zeitalter, H. 2/1962, 238–248, hier 244 ff.

[37] Das betrifft die im Nachlaß von Kesten überlieferte Korrespondenz. Seinem Nachruf in Gedichtform ist zu entnehmen, daß das Gespräch zwischen beiden fortgesetzt wurde. Hermann Kesten: An Ingeborg Bachmann. In: Neue Rundschau, H. 86/1975, 50–53.

[38] Der in Hildesheimers Nachlaß überlieferte Briefwechsel reicht von Dezember 1953 bis Oktober 1969 mit einer großen Lücke zwischen 1961 und 1968 (AKB).

berechtigung machte in diesem Fall einen wirklichen Austausch möglich. Darin, daß die Korrespondenz mit ihm einen für Bachmanns Briefe seltenen polemischen Ton in der übereinstimmenden Reserve gegenüber jenem nationalistischen Habitus westdeutscher Schriftsteller entwickelt [V.5], der einer öffentlichen Debatte nicht zugänglich war, zeigt sich, daß die Nähe zu und die Freundschaft mit jüdischen Kollegen für die Österreicherin auch die Möglichkeit einer indirekten Distanznahme gegenüber den deutschen Deutschen bot.

Neben der genannten Polemik werden in dem Briefwechsel zwischen Hildesheimer und Bachmann Treffen verabredet und Manuskripte und Kommentare ausgetauscht, und im Sommer 1955 dankt Bachmann »für die Aufrichtigkeit in Sachen Piper, und Du wirst mir glauben, daß mir der Bissen Brehm auch nicht hinuntergeht«[39]. Der ›Bissen‹ spielt darauf an, daß der Verlag, bei dem ihr zweiter Gedichtband erscheinen sollte, den Österreicher Bruno Brehm (1892–1974) zum Hausautor hatte und auch nach 1945 weiter verlegte.[40] Brehm, der sich als Sudetendeutscher verstand, hatte sich nach der Annexion Österreichs zum »Führer« bekannt und war als Antisemit und NS-Propagandaautor in Erscheinung getreten.[41] Sollte die Publikation einer Achmatowa-Übersetzung des ehemaligen HJ-Führers Hans Baumann zwölf Jahre später, 1967, bekanntlich zum Bruch mit dem Verlag führen, so war der Konflikt bei Beginn des Vertragsverhältnisses bereits vorgezeichnet, obwohl die Autorin sich für den Moment zunächst an die Person des Junior-Verlegers Klaus Piper hält:

---

[39] Brief Bachmanns an Hildesheimer aus Harvard v. 15.7.1955 (AKB).

[40] In der einleitenden Verlagsgeschichte zum »Briefwechsel Reinhard Pipers mit Autoren und Künstlern 1903–1953« wird Brehms Rolle in der NS-Zeit deutlich heruntergespielt: »Nach 1945 war Brehm als gefeierter Autor des Dritten Reiches zunächst geächtet« (Piper 1979, 29).

[41] So z.B. als Autor im »Bekenntnisbuch österreichischer Dichter«, mit dem sich der 1936 gegründete »Bund der deutschen Schriftsteller Österreichs« 1938 zum Dienst im Kampf für »den Führer und Reichskanzler Adolf Hitler« bekannte, durch den Österreich »heimgekehrt« sei »in das Deutsche Reich« (Bund 1938, 7f., der Text von Brehm 16f.). Vgl. zu Brehm auch Hillesheim/Michael 1993, 85 ff.

»Das Fatale ist, daß Piper – der mit seiner Frau in Rom war, vor meiner Abreise in die United Iceteas – wirklich kein Nazi ist, und *diese vermischten Zustände* machen es am allerschwersten für einen./ Was für ein Stück schreibst du jetzt? Meines unbrehmisch bis dort hinaus, wird wohl eine Weile brauchen.«[42] (H.v.m.)

Die Zustände im nachkriegsdeutschen Literaturbetrieb, in dem es einen reinen, unschuldigen Ort nur im Zustand forcierter Unwissenheit geben kann, eben jene »vermischten Zustände« sind es, die der Autorin immer deutlicher vor Augen treten. Die Ironie im Dialog mit Hildesheimer zeigt sich als eine Rhetorik, die im Zugleich von Wissen und innerer Reserve ein Operieren in derart vermischten Zuständen erlaubt. Für die Literatur dagegen scheint eine vergleichbare (Überlebens-) Strategie nicht tauglich. Das tritt in einem Dialog über das absurde Theater Wolfgang Hildesheimers zutage, mit dem Ende 1959 ein ganz anderer Ton in den Briefwechsel einbricht.[43] Hildesheimer bittet die jüngere Kollegin um ihre Stellungnahme zu seinen neuen Stücken »Spiele, in denen es dunkel wird« (1958),[44] die bei der Kritik nicht gut angekommen sind und derer er sich selbst nicht so ganz sicher zu sein scheint. Plötzlich geht es in der Korrespondenz um »die allerletzten Konsequenzen des Schreibens« und um seine Schreibweise in ihrer Funktion als Schutz und Barriere gegenüber dem »Eingangstor des Schmerzes« (Hildesheimer). Die erste Reaktion Bachmanns auf seine Frage ist Überraschung, Bestürzung, Freude und Dank für das Vertrauen, »weil so ein Brief zu selten ist. Du fragst wirklich, und ich will dir auch wirklich antworten.« Dazu will sie die Stücke aber zunächst »noch einmal lesen, im Hinblick auf Deine

---

[42] Brief Bachmanns an Hildesheimer aus Harvard v. 15.7.1955 (AKB).

[43] Überliefert sind zwei Briefe von Bachmann und einer von Hildesheimer zu diesem Komplex, alle undatiert, aber auf November/Dezember 1959 zu bestimmen (AKB).

[44] 1958 erschien unter dem Titel »Spiele, in denen es dunkel wird« ein Buch mit den Stücken »Die Uhren«, »Pastorale« und »Landschaft mit Figuren«. Das Exemplar in Bachmanns Privatbibliothek enthält eine Widmung des Autors v. 15.10.1958 (PBB). »Landschaft mit Figuren« wurde am 29.9.1959 an der Tribüne in Berlin unter der Regie von Hermann Herrey uraufgeführt.

Fragen, Dir erst dann schreiben, ausführlich, damit ich nicht stecken bleibe im Vagen.« Mit dem Brief, den sie nach ihrer Lektüre folgen läßt, gelingt es ihr, ins Schwarze zu treffen, nicht durch eine Kritik des einzelnen Stücks »Landschaft mit Figuren«, sondern indem sie einen grundlegenden Punkt seines Schreibens berührt, – der nicht zuletzt auch über ihre eigene Schreibhaltung Auskunft gibt.

Brief Bachmanns an Hildesheimer aus Zürich, November/Dezember 1959:

ich bin tief in meiner unseligen Vorlesungsarbeit und tief in der Nacht, las gerade in Walter Jens' »Anstatt einer Literaturgeschichte« und an der Stelle habe ich abgebrochen, an der mir Dein Problem wieder ganz gegenwärtig wurde. Inzwischen habe ich nämlich auch Dein Stück genau gelesen, von allen Seiten, mikroskopisch, und dann aus der Distanz überdacht. Ich sage Dir am besten der Reihe nach meine Beobachtungen. – Mehr noch als bei [der] ersten Lektüre, entdeckte ich, wie gut, präzis und hell es geschrieben ist. Man begibt sich ohne Widerstand und Frage in das Stück, und am Zugang liegt es also nicht, aber nach einer Weile ergeht es einem wie beim Segeln, wenn der Wind ausbleibt. Das Boot ist gut und das Wasser ist gut, aber der Wind fehlt und ich frage mich warum. Du wirst mir glauben, dass ich nicht aufs »Dramatische«, auf Knotenbildungen und andere Drastik aus bin, ich habe keinen Fanatismus für alte Dramaturgien, auch nicht für neue, weil eine neuere immer bevorstehen kann. Das Ungenügen, das ich fühle, kann ich nicht in einen Satz bringen, lass mich drum willkürlich anfangen: Jens sagt in seinem Brechtkapitel über »Baal«: ... mag Baal auch asozial in einer asozialen Gesellschaft sein ... um die Gesellschaft zu treffen, bedarf es nicht eines Zerrspiegels, sondern eines Gegenspielers. Brecht selbst hat diese Schwäche des Stücks gespürt etc...« Ich sehe eine Parallele. Bei Dir reibt sich das absurd Konventionelle am absurd Konventionellen, alles reibt sich innerhalb der einen Sprache, und dadurch wird man vertrieben aus dem Stück, wird immer gleichgültiger, immer weniger betroffen, obwohl man sehr gut betroffen sein müsste und könnte. – Wie gut wäre es, wenn ich Dir Fragen stellen könnte, wenn Du mir welche stellen könntest! Sieh meinen Brief als eine Vorbereitung an für ein Gespräch, ja?! – Eine andere Beobachtung ist, dass der Glaser die stärkste Figur ist, warum wohl? ich weiss die Antwort noch nicht. – Und die Dialoge zwischen dem Maler und den Besuchern haben wohl Momentzündungen, aber keine Fernzündung, die Erwartung dehnt sich nicht aus. – Du hast mir geschrieben, dass einige meinen, Du solltest zurückkehren zu Deinen früheren Ausgängen. Das hielte ich für verfehlt. Du darfst es auch nicht mehr, aber ich glaube, Du kannst diese Situation überprüfen und mit den neuen Mitteln sie verändern, zu einer neuen. Die Veränderung freilich – und das ist wie das meiste sehr persönlich und für Dich daher vielleicht nicht fruchtbar gedacht – denke ich mir weder in der Veränderung des Stils, noch in irgendeiner Hinsicht literarischer Art, sondern in der schmerzhaftesten und schwersten Wendung – zu einem Warum, einem Woraufhin, einem Wozu, und sei es auch nur dialektisch anzugeben. Ich weiss nicht, ob ich mich verständlich mache, ich kann Dir nur etwas von einer Forderung mitteilen, die ich selber noch nicht zu erfüllen weiss und die mich quält; sie liegt vor dem Schreiben, vor jeder Errungenschaft. – Verzeih mir drum, wenn ich, in meiner Sprache, meine, dass dem Stück, Deinem Stück, etwas fehlt, was vor dem Stück liegt, also nichts, was man so leichthin kritisieren könnte – und die Idiotie der Rezensionen muss Dich drum ganz und gar irre machen, die Kritik muss ja vorbeigehen an dem Problem, das ihr nicht mehr zusteht, weil es kaum mit dem Text und seiner Realisierung zu tun hat.

Hoffentlich verwirre ich Dich nicht noch mehr, ich wünsche mir, dass wir uns bald sehen und dieser Brief nur ein Anstoss ist zu allen möglichen Fragen. Leb wohl, ich grüsse Dich herzlich.

Mit dem Hinweis auf das, was *vor* dem Schreiben liegt und mit einer schmerzhaften, schweren Wendung zu tun hat, was also die Voraussetzungen des Schreibens, nicht Techniken, Stilfragen oder Darstellungsprobleme betrifft, sondern die Haltung, die der Autor dem Schreiben selbst gegenüber einnimmt, traf Bachmann bei Hildesheimer einen empfindlichen Punkt seines Schreibens. So antwortet er darauf mit der »Selbstoffenbarung«, daß das die Quelle seiner allertiefsten Zweifel berühre und daß er »noch nie jemand, außer Silvia« gesagt habe, daß das Schreiben ein »ewiges Herumdrücken und

Winden vor dem Eingangstor des Schmerzes« sei. Es schütze ihn vor der Furcht, seine Lebenssubstanz an die Literatur zu verlieren. Er wolle nicht durch das Eingangstor zu diesem Schmerz,

> »weil ich die Folgen nicht absehe, (oder vielleicht allzu klar absehe?) Ich fürchte, daß ich – zum Teil unbewußt – vor der allerletzten Konsequenz des Schreibens zurückschrecke, nämlich: meine Lebenssubstanz dazuzugeben. [...] was ich zu Papier bringe, ist, auch von mir aus gesehen, immer nur das Zweitbeste, das beste schlucke ich wieder hinunter, um es zu behalten. Vielleicht *könnte* ich es auch gar nicht ausdrücken.«

Hildesheimer, der mit dieser Antwort zugleich auch einen Besuch in Zürich Mitte Dezember ankündigt, wird in den folgenden Jahren die genannte Wendung vollziehen – der Einakter »Nachtstück« und das Hörspiel »Monolog« bezeichnen die Schwelle – und mit seinem Roman »Tynset« (1965)[45] eine Sphäre jener Erinnerungen betreten, an deren Eingangstor der Schmerz steht.

Und Bachmann wird die erste ihrer Vorlesungen in Frankfurt, in Abgrenzung zu den »Scheinfragen« von Literaturkritik und -wissenschaft, mit der Frage nach der Existenz des Schriftstellers und mit ihrer These beginnen, daß eine große Literatur nur aus einem moralischen, erkenntnishaften Ruck kommen könne, wobei diese Figur des Rucks, der neuen Gangart oder des Geschleudertwerdens einer Bewegung entspringt, die als Stürzen ins Schweigen und Wiederkehr aus dem Schweigen beschrieben wird [IV.1/V.3]. Als ob die Autorin in dieser Vorlesung ihren eigenen Sturz ins Schweigen antizipierte, der sie wenig später, ungefähr einundhalb Jahre danach, selbst einholen sollte. Der erwähnte New Yorker Brief Kestens im September 1962 erreichte Bachmann in einer Situation, in der sie sich ohnehin gelähmt und zu keinem Engagement fähig fühlte. So hatte sie bereits im Jahr zuvor die Anfrage Theodor W. Adornos, für den mit ihm befreundeten Komponisten Eduard Steuermann ein Libretto nach Balzacs »Peau de Chagrin« zu schreiben,[46] ablehnen müssen:

---

[45] In Bachmanns Privatbibliothek befindet sich die deutsche Ausgabe von »Tynset« zweimal und außerdem die italienische Übersetzung (Milano 1968) mit einer Widmung des Autors vom März 1968 (PBB).
[46] Vgl. Adorno/Steuermann 1984.

»Sie schreiben mit solcher Liebe und Hochachtung von Ihrem Freund, dass es mir wirklich schwer fällt, die Gründe anzuführen, die mir es verunmöglichen, für Steuermann ein Libretto zu schreiben. Lassen Sie es mich versuchen: ich kann schon seit Monaten überhaupt nichts mehr schreiben und tun und, ohne mit einer ›Krise‹ mich vor Ihnen, oder auch nur vor mir selber, wichtig machen zu wollen, fühle ich doch, dass dieses Nichtkönnen, auch dieses Nichtwollen darin, sich weder morgen noch übermorgen geben wird.«[47]

Die Anrede dieses Briefes vom Dezember 1961, »Lieber, verehrter Teddy Adorno« im Unterschied zu »Professor Adorno« zu Beginn der Korrespondenz Ende 1959, nachdem sie ihn während ihrer Poetikdozentur in Frankfurt kennengelernt hatte,[48] deutet auf einen inzwischen vertrauteren Dialog hin. Da sie mit ihm das Interesse nicht nur für Musikphilosophie teilt [III.4], überläßt er ihr Manuskripte von unveröffentlichten Arbeiten, wie ihr Dank für »den faszinierenden Bloch-Essay«[49] und ihre Mitteilung über die Lektüre des Balzac-Essays belegen.[50] Daß in ihren Gesprächen

---

[47] Brief Bachmanns an Adorno v. 17.12.1961 (TAF).
[48] Der erste überlieferte, an Adorno adressierte Brief Bachmanns datiert vom 22.12.1959, also nach ihrer zweiten Frankfurter Vorlesung. Die Überlieferung, Bachmann habe ihre Vorlesungen z.T. in seinem Haus vorbereitet (Bartsch 1988, 181), ließ sich nicht verifizieren. Nach Auskunft von Iris Schnebel-Kaschnitz war Bachmann anläßlich ihrer Poetikdozentur mehrfach bei Adornos zu Besuch. In dem genannten Brief bedankt Bachmann sich, wohl auf ihre Nervosität vor oder nach der Vorlesung anspielend, für »die Rebhühner und die Geduld Ihrer Frau mit mir an jenem Tag« und verspricht, das nächste Mal »ausgeschlafen und zurechnungsfähig« zu erscheinen. – Im Nachlaß Adornos sind nur drei Schreiben Bachmanns erhalten, weitere, wie z.B. die Postkarte, die Szondi und Bachmann im April 1968 gemeinsam aus Rom geschickt haben und für die Adorno sich am 9.5.1968 bei Szondi bedankt, sind nicht mehr auffindbar (TAF).
[49] Brief Bachmanns an Adorno v. 20.12.1959 (TAF). Adornos Essay »Blochs Spuren« erschien dann im April 1960 in der Zeitschrift »Neue Deutsche Hefte«.
[50] Im Brief v. 17.12.1961 bedankt Bachmann sich für das Buch – es handelt sich um »Noten zur Literatur II« (1961) – und schreibt, sie »halte gerade bei den ›Wörtern aus der Fremde‹, die, im Moment, am meisten in mir mobil machen, in einem früheren Moment war es der Balzac-Essay, der mich damals gleich aufgeweckt hat, in Frankfurt, und dann wieder beim Lesen« (TAF). Da Adornos Aufsatz »Balzac-Lektüre« vor der Publikation in den »Noten« nicht gedruckt vorlag, muß Bachmann ihn also im Manuskript gelesen haben.

auch die Momente jüdischen Denkens und jüdischer Tradition, die für Adornos Philosophie bedeutsam sind, eine Rolle gespielt haben müssen, wird von der Schriftstellerin mit einer schönen Geste bestätigt. Von einer Spanien-Reise, die sie im September 1960 zusammen mit Max Frisch unternommen hat, schickt sie Adorno eine Postkarte mit der Ansicht einer Synagoge aus dem 14. Jahrhundert: »Das war meine erste Synagoge, auf dem Weg südwärts, aber sie steht leer, nur die Touristen trampeln hinein.«[51] Adorno war es denn auch, der, wie bereits erwähnt [Prolog.1], einige Jahre später das Treffen mit Gershom Scholem vermittelt hat. Ihr Interesse für einen intellektuellen Ort, der durch die Person Adornos verkörpert wird, ein Engagement, das auch in diesem Falle über das Studium seiner Schriften[52] hinausgeht, äußert sich beispielsweise in ihrer Sorge um sein Ansehen, als sie Anfang 1970, fünf Monate nach Adornos Tod, Siegfried Unseld auf einen Artikel von Alberto Abarsino in »Il Mondo« mit »ungeheuerlichen Anschuldigungen gegen Adorno« aufmerksam macht und den Verleger auffordert, »da Adorno sich nicht mehr wehren kann«, dazu Stellung zu nehmen.[53]

Gegen das Stellungnehmen oder öffentliche Erklärungen an sich hatte Bachmann also keine Vorbehalte. Doch ist nicht nur der oben zitierte Brief an Adorno im Dezember 1961 aus Rom das Zeugnis einer vollständigen Arbeitsblockade, die Bachmann gerade in einer Phase großer Erfolge getroffen hat, in einer Zeit erhöhter Aktivität, die durch die folgenden Daten markiert wird: u. a. Rede zur Verleihung des Hörspielpreises (März 1959), »Musik und Dichtung« (1959), Tagung der Gruppe 47 in Elmau (Oktober 1959) und in der Göhrde (Oktober 1961), Poetikdozentur (1959/60), Fertigstellung der Erzählungen »Das dreißigste Jahr« (Ende 1960), Engagement zur Unterstützung von Paul Celan (1960), Teilnahme an einem von Hans Mayer organisierten Leipziger Symposion (März 1960), Treffen mit Nelly Sachs und Celan in Zürich (Mai 1960), Übersetzungen der Gedichte Ungarettis (1961). Erst während des Aufenthalts in Berlin (1963 bis 1965), in

---

[51] Postkarte Bachmanns an Adorno v. 11.9.1960 aus Toledo (TAF).
[52] Im Katalog ihrer Privatbibliothek sind 20 Titel von Adorno verzeichnet (PBB).
[53] Brief Bachmanns an Unseld v. 10.1.1970 (SVF).

der unmittelbaren Anschauung eines Schauplatzes verdrängter Geschichtsspuren und in einer subjektiv empfindlicher gewordenen Konstitution, findet sie zu einem neuen Anfang, der – wie im topographischen Berlin-Abschnitt gezeigt wurde [VII.3.] – aus einem schmerzhaften Zusammentreffen der Symptome des kollektiven Gedächtnisses mit denen ihres individuellen Gedächtnisses entspringt. Von dort aus nimmt ihr Gespräch mit Intellektuellen wie Ernst Bloch, Peter Szondi, Jacob Taubes, Gershom Scholem, Jean Améry u.a. die Gestalt eines – z.T. direkt, z.T. auf dem Wege der Literatur geführten – Dialogs und einer bewußten philosophischen Auseinandersetzung an. In diese geht die lange schon bestehende Empathie mit Exilautoren und Remigranten, mit jüdischen Autoren und Überlebenden ein, die nun aber auch auf das eigene darin einfließende Begehren hin reflektiert werden muß. Ist die Haltung der Empathie einerseits eine Voraussetzung für den Versuch, die Lebenssituation, die Kränkungen und Ängste von Überlebenden zu verstehen, so kann sie andererseits allzu leicht zum Ferment einer Versöhnungspolitik werden, die in erster Linie der Abwehr eigener Schuldangst dient und dazu geeignet ist, auf dem Wege der Identifikation mit den Opfern alle Unterschiede vergessen zu machen – so wie die ›Wiedergutmachung‹ primär zum symbolischen Kapital in der Vergangenheitspolitik der Deutschen geworden ist.

Die Befürchtung, zum Gegenstand einer derartigen deutschen Entlastungsökonomie zu werden, zum Objekt eines obskuren Philosemitismus, war bei Paul Celan, als ihm 1960 der Büchner-Preis zugesprochen wurde, mindestens so stark wie sein Sensorium für die Zeichen eines erstarkenden Antisemitismus. Während er dieses Nelly Sachs mitteilte und mit ihr teilte, behielt er jene Befürchtungen zunächst zurück, als er ihr zur Verleihung des Droste-Preises im selben Jahr gratulierte.[54] Dabei war Sachs besonders in Gefahr, zum Objekt und Ziel eines deutschen Versöhnungsbegehrens zu werden, wurde ihre Literatur doch als ›Dichtung über die Judenverfolgung‹ und als ›jüdische Dichtung‹ festgeschrieben und sie selbst als »Symbol für das jüdische Leiden und als ständige Herausforderung an das schlechte Gewissen angesehen«.[55] Zudem war sie zu dieser Rolle durch ihre eigene Sehn-

---

[54] Celan/Sachs 1993, 32ff.
[55] Dinesen 1994, 301.

sucht nach Übereinstimmung, Gemeinsamkeit und Zusammenklang geradezu disponiert, zumal sie dem prekären Begehren nach der Renaissance einer ›deutsch-jüdischen Symbiose‹ nach (und d.h. wegen) der Shoah mit ihrem eigenen emphatischen Wunsch nach ›Familie‹ und ›Heimat‹ entgegenkam. Zwar richtete sie diesen Wunsch besonders auf Celan, den sie als »geliebten Bruder« adressierte und dem als jüdischer Dichter eine unvergleichliche Stellung in ihrer ›Familie‹ zukam, doch waren darin auch Nicht-Juden eingeschlossen, wie etwa der ›junge Bruder‹ Peter Hamm,[56] den sie zusammen mit Elisabeth Borchers als »meine geliebten jungen Geschwister« titulierte,[57] der Schweizer Lyriker Rudolf Peyer und die schwedischen Lyriker Erik Lindegren und Gunnar Ekelöf, sämtlich als ›Bruder‹ adressiert. Zu dieser imaginären ›Familie‹ gehörte auch die »Schwester-Freundin« Ingeborg Bachmann, die Sachs zu den »allernächsten« zählte.[58]

Die »sanfte Reiseroute« zur Preisverleihung in Meersburg – »von der Schweiz aus sollte Nelly Sachs über den Bodensee fahren und die deutsche Grenze unterwegs unmerklich überqueren«[59] – hatte für die psychisch fragile Dichterin der Laudator Hans Rudolf Hilty zusammen mit Ingeborg Bachmann erdacht, die den Zürich-Aufenthalt plante und sowohl Sachs als auch den aus Paris mit Frau Gisèle und Sohn Eric anreisenden Celan am Flughafen empfing.[60] In Bachmanns Nachlaß finden sich vier handschriftliche Gedichtmanuskripte von Sachs, die diese ihr offensichtlich im Jahr nach dem Zürich-Aufenthalt geschickt hat.[61] Das Gedicht

---

[56] Vgl. dazu Dinesen 1994, 255–273.

[57] Sachs 1984, 190.

[58] Im Zusammenhang der Inszenierung der Empfänge in Frankfurt/Main und Berlin anläßlich der Verleihung des Friedenspreises des Deutschen Buchhandels 1965 an Sachs, diese im Brief an Gudrun Dähnert (Sachs 1984, 304).

[59] Dinesen 1994, 242.

[60] »Ein Märchen hier. Am Flughafen die Familie Celan aus Paris, der kleine Sohn mit einem Riesenstrauß Rosen, Ingeborg Bachmann, Dr. Hilty. So ergreifend, alle schlossen mich in die Arme, unvergeßlich. Dann Zimmer mit Bad auch für Eva-Lisa [Lennartsson] bestellt. Blumen Blumen. Abends bestelltes Souper in einem Restaurant [Kronenhalle] wieder mit den gleichen Freunden. Alles in herrlichster Harmonie, auch Max Frisch kam. [...] Und das Hotel [›Zum Storchen‹] liegt am See genau wie Grand Hotel in Stockholm« (Sachs 1984, 247).

[61] Nur eines der vier Gedichte enthält einen Briefzusatz mit Datum

»Du/ in der Nacht/ mit dem Verlernen der Welt Beschäftigte« trägt die Unterschrift »Meiner geliebten Schwester-Freundin Ingeborg von ihrer Li«.[62] Im Falle dieser Zuschreibung, mit der Nelly Sachs auf die Sorge um sie und die ihr gewidmete Anwesenheit in Zürich antwortet, richtet sie dieselbe Geste gleichermaßen an beide, an Bachmann und Celan. Dasselbe Gedicht hat sie nämlich auch Celan gewidmet, in dessen Notiz über den Zürich-Aufenthalt sich die Eintragung findet: »Mittwoch: Das mir und Ingb. angetragene Du.../ Das Gedicht: ›Du... mit dem Verlernen der Welt Beschäftigter.‹«[63] Das hinzugefügte r, mit dem Celan das Gedicht direkt auf seine Person münzt, erklärt sich durch die Bemerkung, die er dem Manuskript von Sachs' Gedicht, das sich in *seinem* Nachlaß befindet, angefügt hat: »Von Nelly Sachs,/ nach dem Du, am 25. Mai 1960, in Zürich/ am 26.5.: ›Dieses Gedicht ist Dein Gedicht, Du bist gemeint.‹«[64] Mit dem Celan und Bachmann gleichzeitig angetragenen Du und dem beiden gleichermaßen gewidmeten Du-Gedicht stiftet Sachs einen imaginären Bund, der die Unterschiede im Herkommen vergessen macht.

Was die Vermischung von familialen Konstellationen – oder auch Liebesgeschichten – mit der komplizierten Beziehung zwischen Juden und Nicht-Juden in der Nachgeschichte von 1945 betrifft, war aber Bachmann ein gebranntes Kind, wie die Rekonstruktion der Genese einer ›freien Schriftstellerin‹ gezeigt hat [V.4], waren doch die Anfänge ihrer Schriftstellerexistenz durch eine doppelte Verwicklung belastet. Im Nachkriegs-Wien muß der Philosophiestudentin, die sich sehr rasch im Kreis von Schriftstellern und Künstlern um Otto Basil und Hans Weigel eingefunden hat, ihre vorausgegangene ideologische ›Heimat‹ bewußt geworden sein. So war sie als Abiturientin, die nach der Matura 1944/45 einen Kurs der Lehrerfortbildungsanstalt Klagenfurt besuchte, in die Einflußsphäre des dortigen Lehrers und Kärntner Volks- und Heimatschriftstellers Josef Friedrich Perkonig (1890–1959) gera-

---

9.2.1961. Die vier Gedichte sind: »Du in der Nacht« (Erstveröff. »Akzente« 7/1960), »So einsam ist der Mensch« (Erstveröff. NZZ am 24.6.1961), »Sie tanzt« und »Die Kette von Rätseln«, alle vier publiziert in der Gedichtsammlung »Fahrt ins Staublose« (1961).

[62] K8620/N8127 (NÖN).
[63] Celan/Sachs 1994, 41 (H.v.m.).
[64] S. das Faksimile in Celan/Sachs 1993, 44.

ten. Während ihre frühen Erzählungen eine deutliche literarische Abhängigkeit von seiner Heimatdichtung aufweisen [I.4.], entwickelte die Achtzehnjährige, wie einige Jugendgedichte zeigen,[65] für den damals vierundfünfzigjährigen Lehrer eine typische Schülerinnenschwärmerei – sicher ohne zu ahnen, daß Perkonig, der sich während der Anschlußzeit u.a. für die Slowenen einsetzte,[66] zu denjenigen Autoren zählte, die sich 1938 mit einem Beitrag im »Bekenntnisbuch österreichischer Dichter« zu Hitler bekannt hatten.[67] Der abrupte Wechsel in eine intellektuelle Sphäre, in der aus dem Exil zurückgekehrte jüdische Autoren eine wichtige Rolle spielten, dürfte Bachmann, als sie zwanzigjährig nach Wien kam, dazu motiviert haben, sich mit der Befangenheit ihrer Herkunft zu konfrontieren. Als Kompensation für die vorausgegangene ideologische Verwicklung ist die Nähe zu einer historisch weniger belasteten ›Familie‹ jedoch ein nur mehr illusionäres Angebot, das zudem – wie in den Zeugnissen ihrer Beziehungen zu Hakel und Weigel deutlich wurde – andere Fallen bereithielt [V.4/VI.2]. Insofern geht in Bachmanns ungewöhnliche Behutsamkeit im Umgang mit Beziehungen zu Überlebenden und jüdischen Kollegen immer auch die Bearbeitung einer Geschichte eigener, vergangener Verwicklungen ein. Diese betrifft sowohl die Verführbarkeit durch das Entlastungsangebot, das die Intimität, Nähe und Vertrautheit mit jenen Menschen enthält, die auf der Opfer-Seite der NS-Ge-

---

[65] Vor allem das Gedicht »An deinem Strome hab ich getrunken«, das mit der handschriftlichen Widmung »An Hfr. Perkonig« versehen ist, die durchgestrichen und durch »An Felician« [IV.4] ersetzt wurde (K9/N6222).

[66] Uwe Johnson, der den Zusammenhang mit der Erfahrung Bachmanns in seinem Gedenkbuch »Eine Reise nach Klagenfurt« nicht aufdeckt, erwähnt nicht nur das Ehrengrab Perkonigs auf dem Klagenfurter Friedhof Annabichl, sondern auch jene Episode, die Perkonig während der Anschlußzeit als Kärntner Nationalschriftsteller zeigt: »Josef Friedrich Perkonig, damals Professor an der Klagenfurter Lehrerfortbildungsanstalt, richtete einen ›dringenden und beschwörenden Appell‹ an den Gauleiter und Reichsstatthalter von Kärnten, Pg. Rainer. Perkonig, ›als ältester Dichter Kärntens‹, bat ihn, die Slowenenaussiedlungen rückgängig zu machen und damit einen Zustand wieder einzuführen, ›der nun einmal zu den historischen Realitäten in Kärnten zählt und keineswegs jene Gefahr darstellt, die in ihm zu sehen manche geneigt sind«« (Johnson 1974, 49f.).

[67] Von Perkonig ist das Gedicht »Die Heimkehr« in das »Bekenntnisbuch« (vgl. hier Anm. 41) aufgenommen (Bund 1938, 78).

schichte stehen, als auch – gleichsam als Kehrseite – die Erfahrung einer Erpreßbarkeit durch die moralische Überlegenheit von Opfern gegenüber der Schuldangst, die den Nachgeborenen der Täter aus der Erbschaft des Dritten Reiches erwachsen ist.[68]
Gleichberechtigte Beziehungen, in die die objektive Unvereinbarkeit der historischen Orte hineinspielt, können nicht ohne sichtbar werdende Differenzen und nicht ohne Auseinandersetzung und Widerrede statthaben. Die Töne der Dissonanz, die den Dialog zwischen Celan und Bachmann partiell begleiten, sind Zeichen eines solchen Dissenses, dessen Anfänge in die frühe Nachkriegszeit zurückreichen. Die mit Gershom Scholem geführte Auseinandersetzung über das Messianische dagegen [Prolog.1] kann als Beispiel für das von der Autorin im Laufe der sechziger Jahre immer bewußter gesuchte Gespräch mit einem ›Denken nach Auschwitz‹ gelten. Daß Peter Szondi, den Bachmann in den Zürcher Jahren kennengelernt hatte[69] und zu dem der Kontakt in den Jahren ihres Berlin-Aufenthalts sich intensivierte,[70] in dieser Hinsicht ein wichtiger Gesprächspartner wurde, zeigt nicht zuletzt die für ihre Briefe ungewöhnlich ›persönliche‹ Reaktion ihm gegenüber auf die Nachricht von Paul Celans Tod, die auf sein ›Wissen‹ um die Problematik ihrer Geschichte mit Celan hinweist: »Von Gisèle kam ein Brief, vor zwei Tagen, noch vor dem Begräbnis geschrieben, so ist es leichter für mich, mich zurechtzufinden und

---

[68] Eine solche Verführungsszene wird in dem Fragment gebliebenen Entwurf einer Erzählung »Der Hinkende« beleuchtet, in der ein Hinkender den Widerstand eines jungen Mädchen bricht, indem er sie mit seiner Versehrtheit konfrontiert: »Sie ließ sich ohne Widerstand küssen« (2/76–81).
[69] »In Zürich sah ich kurz Ingeborg Bachmann«, so Szondi am 9.6.1959 an Bernhard Böschenstein (Szondi 1993, 88). Die im Szondi-Nachlaß überlieferte Korrespondenz reicht von Dezember 1959, als Bachmann Szondi einen Berlin-Besuch, zusammen mit Max Frisch, ankündigt, bis 1970 (DLM).
[70] Im Februar 1964 schlägt Szondi dem Suhrkamp Verlag eine Wiederherausgabe der alten Zeitschrift »Insel« vor mit Bachmann, Boehlich und sich als Redaktionsteam. – Von den zahlreichen Titeln Szondis, die sich in Bachmanns Privatbibliothek befinden, tragen zwei eine Widmung aus dieser Berliner Zeit: »Der andere Pfeil. Zur Entstehungsgeschichte von Hölderlins hymnischem Spätstil« (Göttinger Antrittsvorlesung vom 21.5.1961) mit Widmung v. 15.4.1963 und »Satz und Gegensatz. Sechs Essays« (1964) mit Widmung vom 26.12.1964 (PBB). Zu ihrem Dankbrief für seinen »Versuch über das Tragische« (1961) vgl. IV.4.

mit den richtigen Worten zu ihr zu finden. Ich hoffe sehr, Sie bald zu sehen, bald mit Ihnen sprechen zu können.«[71] In der ansonsten außergewöhnlich vertraut geführten Korrespondenz mit Uwe Johnson kommt hingegen der Name Celan überhaupt nicht vor.[72]

Doch noch einmal zurück zu Nelly Sachs. Deren emphatische Inanspruchnahme familialer Symbolik für ihre Neigung, emotionale Verbindungen zu stiften, brachte Bachmann, die aufgrund ihrer Erfahrungen für die problematische Funktion dieser Symbolik sensibilisiert war, in eine gewisse Verlegenheit. Dies besonders, als es anläßlich des siebzigsten Geburtstags der Dichterin im Exil darum ging, auf die erhaltene Widmung nunmehr mit einer eigenen ehrenden Würdigung zu antworten. In dem Gedicht »Ihr Worte«, das mit der Widmung »Für Nelly Sachs, die Freundin, die Dichterin, in Verehrung« in dem Band »Nelly Sachs zu Ehren« (1961) veröffentlicht ist, verzichtet Bachmann nicht nur auf jedes Zeichen von Intimität. In dem Text sind auch alle Pathosformeln wieder getilgt, die in einer Vorstufe noch auf die symbolische Rolle der Dichterin in der Nachgeschichte der Shoah Bezug nahmen. Ein im Nachlaß überlieferter Gedichtentwurf, der thematisch um die Sprache der Verfolgten kreist, beginnt unter der Widmung »für Nelly Sachs« und dem Titel »Mundarten« mit den Versen:

»An ihrer Mundart wird man sie erkennen.
die Schläger und die Geschlagenen,
die Verfolger und die Verfolgten,
auch die Törichten und die Weisen,
Mundart die nicht den heimatlichen Klang ablegt«.[73]

Wird Bachmann das Thema einer je eigenen Sprache, einer sprachlichen ›Eigenart‹ im Spannungsfeld zwischen dem ›allzu Familiären‹ und einer ›umfassenderen Sprache‹ in ihrem Essay zum europäischen Zeitschriftenprojekt »Gulliver« wiederaufnehmen und ausarbeiten [VII.4.], so läßt sie in ihrem Nelly-Sachs-Gedicht jede

---

[71] Brief Bachmanns an Szondi v. 18.5.1970 (DLM).

[72] Obwohl sie am selben Tag, an dem sie sich wegen des Gombrowicz-Nachrufs an Johnson wendet (18.5.1970), auch den Brief an Szondi schreibt, mit dem sie auf Celans Tod reagiert, erwähnt sie Johnson gegenüber den Tod Celans mit keinem Wort.

[73] K7669/N208 (NÖN).

explizite Bezugnahme auf deren Herkunft und jede Thematisierung von Partikularität fallen. Statt dessen widmet sie Sachs ein Gedicht, das ein Sprachproblem der Dichtung im universellsten Sinne reflektiert, die Unmöglichkeit nämlich, das Wort zu *sagen* (1/162f.). Diese Unmöglichkeit betrifft insbesondere den Tod – »zum Tod fall dir nichts ein« –, da im Sagen des Todes, der ohnehin nur metaphorisch zur Darstellung zu bringen ist,[74] alle Worte zu sterbenden Wörtern, buchstäblich zu Sterbenswörtern werden: »Kein Sterbenswort,/ Ihr Worte!« Die Sprache des Gedichts, die jenseits des Sagens und der Aussage zu suchen ist – »Das Wort/ wird doch nur/ andre Worte nach sich ziehn, […] Sagt sie nicht.« –, aber auch jenseits des festgelegten Bildes – »Und nur nicht dies: das Bild/ im Staubgespinst, leeres Geröll/ von Silben, Sterbenswörter« –, diese poetische Sprache wird von Bachmann in einer Wendung zum Ausdruck gebracht, die die Möglichkeit nichtbezeichnender Zeichen entwirft: »bezeichnend nicht/ so auch nicht zeichenlos –«. Die doppelte Verneinung in »nicht zeichenlos« entspricht dabei einer sprachtheoretischen Perspektive, die nicht von der Zeichenfunktion der Sprache, ihrem konventionellen Charakter, absehen kann, die aber die daran gebundene Funktion der Bezeichnung wieder auflösen muß, um *in den* Zeichen etwas anderes kenntlich werden zu lassen.

Als fünf Jahre später zum fünfundsiebzigsten Geburtstag von Nelly Sachs, der in dasselbe Jahr fällt, in dem ihr auch der Nobelpreis für Literatur (zusammen mit dem israelischen Autor Josef Agnon) verliehen wird, erneut ein Band »Nelly Sachs zu Ehren« geplant ist, wird Bachmann wiederum von Unseld um ein Gedicht gebeten. Diesmal ist ihre Verlegenheit noch größer. Sie könne kein Gedicht aus dem Ärmel schütteln. Sie habe nur »ein paar grausliche Gedichte«, die sie dem »Kursbuch« geben wolle, »das ist nichts für Nelly Sachs, im Gegenteil, es könnte sie durcheinanderbringen«[75]. Damit bezieht sie sich auf ihre »letzten Gedichte« [VI.3], zu denen u.a. »Keine Delikatessen« gehört. Gegenüber »Ihr Worte« wird darin eine Radikalisierung in der Absage an jede

---

[74] Vgl. dazu die grundlegende Untersuchung von Thomas Macho zu den »Todesmetaphern« (Macho 1987).
[75] Brief Bachmanns an Siegfried Unseld o. D., Antwort auf seine Anfrage v. 13.9.1966 (SVF).

metaphorische und ästhetische Dimension des Gedichts, aber auch in der Verwerfung jeglicher identitätsstiftender Topoi deutlich. Bachmanns Sorge, die Gedichte könnten Sachs durcheinanderbringen, gilt dem Schutz der *in* und *durch* ihre Kunst Überlebenden vor einer möglichen Kränkung oder Bedrohung durch eine Poesie, die nicht nur kunstlos ist, sondern die, wie »Keine Delikatessen«, die Destruktion eines Prinzips ›Kunst‹ formuliert, das wie beim Konzept des ›Erhabenen‹ auf einer Verwandlung von Schrecken in Schönheit basiert.

3. Sprachtheorie: Von der Utopie zum Messianismus

Als Ingeborg Bachmann nach der Publikation von »Malina« 1971 auf einer Lesereise durch Deutschland erstmals mit den Leserreaktionen auf ihr Buch konfrontiert wird, schreibt sie ihrem Verleger, es sei ihr manchmal so vorgekommen, »daß die Leute die kuriosen Utopiestellen (so gern ich sie mag) nicht richtig auffassen können beim Zuhören oder überbewerten«[76]. Das bezieht sich auf die Serie jener kursiv gesetzten, in das Geschehen eingeschobenen Passagen, die durch die Eingangsformel »Ein Tag wird kommen« als prophetische Rede gekennzeichnet sind und deren Möglichkeit im Schlußteil in der Negation »Kein Tag wird kommen« (3/303) widerrufen wird. In einem ihrer Interviews eineinhalb Jahre später wird sie diese Passagen wie folgt kommentieren:

> »Aber, Sie werden sich der Passagen in ›Malina‹ erinnern, die Ich-Person schreibt: ›Ein Tag wird kommen, an dem die Menschen...‹ und am Ende: ›Kein Tag wird kommen...‹ Dennoch ist selbst in der Kapitulation noch Hoffnung, und diese Hoffnung des Menschen hört nicht auf, wird nie aufhören.« (5.5.1973, GuI 128)

Diese Episode ist symptomatisch für die Bedeutung des Utopiebegriffs in Bachmanns Schriften: hier die Überbewertung der Utopie*stellen*, die als eines der beharrlichsten Mißverständnisse die Bachmann-Rezeption prägt, dort ihr Begriff von ›Hoffnung‹, der erst aus der Durchstreichung oder Negation von Utopieformeln

---

[76] Brief Bachmanns an Unseld v. 21.10.1971 (SVF).

gewonnen wird: als eine Haltung, die erst der Ent-Täuschung, der Destruktion von Idealen, Wunschbildern und Versöhnungsmodellen entspringt, eine im buchstäblichen Sinne verzweifelte Hoffnung, die dem »Malina«-Roman seinen unverwechselbaren Ton verleiht. Mit der Geschichtsphilosophie Benjamins könnte man sie als Haltung messianischer Intensität inmitten einer Ordnung des Profanen bezeichnen.[77] Die der Ich-Stimme zugeordneten Passagen, die dort als »schönes Wort [...] von mir, in großer Erregung gesagt«, umschrieben werden (3/326) und die in ihrer sprachlichen Gestalt auf die Prophetie referieren, stellen damit eine Engführung zwischen Schönheit und Offenbarung, Kunst und biblischer Sprache her. Da diese Passagen aber nicht in das Geschehen integriert, sondern von ihm abgesetzt und aus dem Schriftbild herausgehoben sind, werden sie als Einbruchstelle einer anderen Sprache lesbar, vergleichbar jenem ›jenseits des Dichters, das der Dichtung ins Wort fällt‹, von dem Benjamin in seinem Essay »Goethes Wahlverwandtschaften« spricht und dort im Stern der Hoffnung symbolisiert sieht: »als gemäße Ausdrucksform dessen, was vom Mysterium im genauen Sinn dem Werke einwohnt«[78].

Einen ähnlichen Stern der Hoffnung hatte Bachmann, wie bereits erwähnt, auch ans Ende ihrer Vorlesung »Über Gedichte« gesetzt, mit dem Celan-Zitat »... Ein/ Stern/ hat wohl noch Licht./ Nichts,/ nichts ist verloren« (4/216). Der Stern als Symbol des Unverlorenen [VIII.2], das für eine Gleichzeitigkeit von radikaler Desillusionierung *und* Erlösungshoffnung steht, hat dabei nichts mit einem landläufigen Utopiebegriff zu tun, weder mit dem Entwurfscharakter ›konkreter Utopie‹, die ohnehin gern mit der Konstruktion von Gegenbildern als gleichsam positivem Kern inmitten einer Kritik der schlechten oder katastrophischen Wirklichkeit verwechselt wird, noch mit einem weichen Utopiebegriff, der auf die Unmöglichkeit oder Stereotypie von Gegenbildern mit einer Verlagerung der Utopie vom Ziel auf den Weg reagiert: ›der Weg sei das Ziel‹.

So wie in der Literaturkritik überhaupt seit den siebziger Jahren die ›Utopie‹ als eine Art Zwangskorsett der Interpretation wirkt,

---

[77] Theologisch-politisches Fragment (Benjamin 1980, II.1/204).
[78] Goethes Wahlverwandtschaften (Benjamin 1980, I.1/182 u. 200). Zu diesem Essay vgl. Weigel 1998.

als ob erst die Utopie der Poesie ein Gütesiegel aufprägen und ihr die Existenzberechtigung geben würde, so zieht sich der Begriff wie ein Leitmotiv auch durch die Bachmann-Rezeption. ›Utopie‹ wird dabei zu *dem* Kontinuum ihres Werks, das die Rede von dessen sogenannter Problemkonstante sekundiert.[79] Was in der Konstruktion einer solchen Einheit des Bachmannschen Werks verwischt wird, sind die unüberbrückbaren Differenzen zwischen der Einbindung etlicher Jugendgedichte und -erzählungen in christliche Auferstehungs- und Erlösungskonzepte [I.6] und den Momenten eines sprach- und geschichtsphilosophisch begründeten Messianismus, die in der späteren Prosa immer dichter werden. Zwar läßt sich in dieser Hinsicht keine geradlinige Entwicklung in Bachmanns Schreiben feststellen, schon wegen der beschriebenen Ungleichzeitigkeiten im Frühwerk, aber auch, weil ihre theoretische Reflexion durchaus nicht mit den literarischen Versuchen konform verläuft, doch ist ihre Bezugnahme auf das Utopische auch in den fünfziger Jahren schon durch wiederholte Ab- oder Einbrüche gekennzeichnet. Das zeigt sich an einem Beispiel ihrer Entwürfe, in dem es darum geht, den »utopischen Charakter« in einem konkreten Bild festzuhalten. Daran läßt sich geradezu exemplarisch einer jener Abbrüche studieren, die die Lektüre der im Nachlaß überlieferten Fragmente so aufregend machen – vorausgesetzt allerdings, die Fragmente werden nicht als ergänzende Textstücke der Interpretation publizierter, also abgeschlossener Schriften einverleibt,[80] sondern als unvollendete, verworfene Texte auf die darin sichtbar werdenden poetologischen Probleme hin gelesen. Gemeint ist das Fragment über Rom, das offensichtlich dem Essay »Was ich in Rom sah und hörte« (1955) als Entwurf vorausgegangen war.[81] In ihm findet sich der Versuch, der Stadt Rom einen Status des Utopischen zuzuschreiben:

---

[79] Zuletzt, wie schon in seiner Werk-Monographie, Hans Höller nun auch im Kommentar der »Letzten Gedichte«: »Früh schon stellt Bachmann in ihrem Werk dem gesellschaftlichen Wahnsinn die utopischen Gegenentwürfe auf dem Terrain der Literatur entgegen« (LG, 33 u. ö.).

[80] So Höller in seiner Interpretation des Rom-Essays als utopischen Text, die er mit dem Wortlaut des Fragment gebliebenen Entwurfs über »Ferragosto« abstützt (Höller 1993, 191–208).

[81] Das Motiv »um sehen und hören zu lernen« (4/336) weist den Text als Entwurf zum Rom-Essay aus.

»Die Vitalität Roms als Faszination, die Utopie, ein messagio. Wie jede große Stadt, mehr noch als jede andre große Stadt utopisch, das Gefühl, daß der Bestand in Rom die geistig fühlbare Botschaft der Stadt, ihr utopischer Charakter [- - -]« (4/337).

Mit genau diesen Worten bricht der Text ab, setzt noch einmal neu an und bricht dann erneut und endgültig ab, während der dann veröffentlichte Rom-Essay an ein anderes Motiv des Entwurfs, an die Lektüre der Stadttopographie als Gedächtnisschrift, anschließt und eine vollständig andere Sprache spricht [II.5]. Die Absicht, Utopie als Botschaft zu definieren und eine »geistig fühlbare Botschaft« mit dem Bild der Stadt Rom zu veranschaulichen, führt in diesem Versuch zur Verwerfung des Programms. An die Stelle der Utopie tritt in Bachmanns Schreiben die Hoffnung, die – zumindest seit Ende der fünfziger Jahre – als eines der Leitmotive ihrer Texte erkennbar ist, wobei die Hoffnung meist im Bunde entweder mit der Enttäuschung, den Leidenschaften und Verkümmerungen steht, wie in der Hörspielpreisrede (4/276), mit der Verzweiflung wie in den Vorlesungen (183) oder aber mit dem Begehren einer modernen Liebesmystik wie in »Malina«.

Die dagegen von Bachmann selbst schon beobachtete Überbewertung der Utopie in der Rezeption beruft sich dabei immer wieder auf dieselben Stellen. Der als Beleg vielzitierte »Blick auf Utopia« aus dem Schlußteil von »Jugend in einer österreichischen Stadt« ist tatsächlich Teil einer Erzählung, die einen typischen Ort utopischer Einbildungskraft durchquert und dabei die Verbildlichung des Konzepts U-Topos *als* Ort in seiner Paradoxie zur Sprache bringt: »Du mein Ort, du kein Ort« (2/92). In die paradoxe Struktur des Wunschbildes ›Kindheit‹, das für die Sehnsucht nach der Rückkehr an einen Ort steht, an dem man noch nie gewesen ist, brechen dabei Momente der Kriegsgeschichte ein, Zeichen des historischen Ortes also. Demnach mischt sich der Blick auf Utopia hier mit anderen Sehnsuchtstopoi, etwa dem Mysterium, das im brennenden Baum symbolisiert ist, mit Momenten von (kindlicher) Sprachmagie wie auch mit Erinnerungsbildern einer Kriegskindheit, einer »frühen Dunkelhaft«. Zudem wird das genannte Zitat gern aus der Gesamtkonzeption des Buchs herausgelöst, die als Durchquerung und Verwerfung eines ganzen Archivs von Wunschbildern komponiert ist: u. a. der Sehnsucht nach dem ›Absoluten‹ im Diskurs von Philosophie und Religion (»Das dreißigste Jahr«), einer als Erziehungsprogramm des ›neuen Menschen‹ praktizierten Heilsgeschichte (»Alles«), dem Gegenbild dazu, einer weiblichen Neuschöpfung der Welt (»Ein Schritt nach Gomorrha«), und dem Begehren, in der ›stummen Sprache des Körpers‹ eine andere, reinere Wahrheit zu finden (»Ein Wildermuth«), um schließlich im polyphonen Klagegesang der Undine zu münden, in dem das Verhältnis von Kunstbegehren und Vernunftsvermögen nicht mehr als einfacher Gegensatz gestaltet ist [II.6/7].

Der Titel der fünften ihrer Poetikvorlesungen, »Literatur als Utopie«, aber ist es, der vor allem dafür verantwortlich ist, daß Interpretationen, die Bachmanns Werk dem Utopiebegriff unterstellen, sich auf die Autorin berufen zu können meinen. Wie bereits erwähnt [IV.1], wird der *Begriff* ›Literatur‹ dort im Kontext einer wissenschaftskritischen Argumentation als Wunschbild, als Utopia und als Konstruktion der Literaturhistorie analysiert, womit das *Genre* einer ›utopischen Literatur‹ implizit ad absurdum geführt wird. Für dasjenige, was der Konstruktion einer einheitlichen Größe mit Namen Literatur inkommensurabel bleibt, für diejenigen »Voraussetzungen, die in den Werken selber liegen« und sich einer Unterwerfung unter den Begriff sperren, greift Bachmann dabei auf die Bezeichnung »utopisch« zurück (4/260). Im zweiten Teil der Vorlesung folgen dann Reflexionen über den »Sprachtraum«, über jene Anstrengungen, die sich gegen die ›schlechte‹, vorgefundene Sprache richten, über eine »Nachahmung eben dieser von uns erahnten Sprache«, wobei sich dieser Sprach- und Ausdruckstraum eben gerade nicht auf die Idee der Vollendung bezieht. Im Gegenteil gilt es, aus der Vollendung in der Kunst, Effekt eines erstarrten ästhetischen Erbes, das Unvollendete wieder hervorzutreiben und in Gang zu setzen, womit Bachmann hier das Attribut ›utopisch‹ gegen die Erstarrung der ›Utopie‹ aufbietet und auf diese Weise quasi rettet.

Dabei überkreuzen sich in diesem Teil der Vorlesung aber zwei poetologische Referenzen, die schwer zu vereinbaren sind: zum einen die auf den Topos des Unterwegsseins (268) aus Paul Celans »Bremer Rede« [VIII.2], in der er die konkrete, historisch-topographische Matrix seines ›Wegs der Kunst‹ betont; zum anderen die auf den Begriff des Utopischen, für den Bachmann in der Not einer diskursiven, begrifflichen Rede am Katheder auf zwei ihrer älteren, viele Jahre zurückliegenden Arbeiten über Musil zurückgreift [IV.2]. Während dort bereits konkurrierende Vorstellungen von Utopie begegnen – Utopie als Richtung, als Reise ins Paradies, aber auch als anderer Zustand oder Ausnahmezustand –, zitiert sie jetzt eine Notiz Musils zur »Utopie der Literatur«, in der die schriftstellerische Existenz als utopisch bestimmt wird. Indem sie diese Existenz nun als »Hier-und-Jetzt-Exil« bezeichnet, schreibt die Autorin der Vorlesung den Begriff der Utopie in ein metaphorisches Exil um. Das ist mit der a-metaphorischen Topik von Celans Poetologie, »wo alle Tropen und Metaphern ad absurdum geführt werden wollen«[82], schwerlich in Einklang zu bringen. Damit bleibt, ganz im Gegensatz zur Vorlesung »Über Gedichte«, in derjenigen über Utopie die literaturtheoretische Klärung hinter der zu gleicher Zeit entstehenden Prosa »Das dreißigste Jahr« zurück.

Als Symptom dieser ungeklärten Aspekte kann dabei ein blindes Motiv im Text der Vorlesung betrachtet werden. Ist darin nämlich zweimal von einem Wunschbild bzw. einer Wunschgestalt die Rede, so wird dieses im ersten Falle, der ›Literatur‹, ausführlich diskutiert, während es im zweiten Falle, einem Musil-Zitat von der »Sehnsucht nach dem ›Erlöser‹« (4/269), nicht wieder aufgegriffen wird, um statt dessen in den Erzählungen bearbeitet zu werden [II.7]. Im Vorlesungstext aber weist dieses blinde Motiv eines personalen Erlösers auf eine Leerstelle von Bachmanns Literaturtheorie zur Zeit der Poetikdozentur. Sie betrifft das noch nicht reflektierte, im Deckbegriff des Utopischen aber durchscheinende Erlösungsbegehren, das in die Vorstellung von der schriftstellerischen Existenz hineinragt. Sie berührt also ein Moment des Messianischen, das in den Grenzen der Rede über Kunst und Literatur ungreifbar bleibt. Dieser Aspekt korrespondiert mit einem älteren, parallel zur Utopie behandelten Thema der Essays aus der ersten Hälfte der fünfziger Jahre.

So hatte sich nicht nur Bachmanns Wittgenstein-Lektüre auf das Mystische als »andere Komponente« des Wittgensteinschen Denkens zubewegt [II.3], ihr Essay über Simone Weil (1955)[83] war als Auseinandersetzung mit einer zeitgenössischen Mystike-

---

[82] Celan 1986, 3/199.
[83] Radioessay im BR im ersten Halbjahr 1955.

rin[84] angelegt. Im Unterschied zu den Wittgenstein-Essays aber ist ihr Weil-Essay von einem Ton deutlicher Distanz geprägt. Ging es bei Wittgenstein um das Mysterium als *Anderes* einer analytischen Philosophie, so bezeichnet Bachmann das »vielseitige und vielschichtige Werk« der Simone Weil – Jüdin und gläubige Christin, die sich als Katholikin *de jure* verstand, Philosophieprofessorin und Fabrikarbeiterin, Spanien-Kämpferin und Pazifistin – als »Zeugnis *reiner* Mystik«, »vielleicht dem einzigen, das wir seit dem Mittelalter erhalten haben« (4/147, H.v.m.). Jenseits von Utopie *und* philosophischem System, bewege sich Weils Denken an einem Nullpunkt, insofern es für sie nichts Liebenswürdiges in der Welt gebe und ihre Gottesliebe im Bild einer trost- und hoffnungslosen Welt gründe. Dieser Variante von Mystik, einer *via negativa*, die sich als Opferung des Lebens und der Leidenschaften für eine unbedingte, reine Gottesvorstellung präsentiert, vermag Bachmann nicht wirklich etwas abzugewinnen. Und so wird denn auch das »mystische sich-in-Beziehung-Setzen« von Simone Weil im Essay zusammenfassend als nicht gangbarer Weg bewertet. Einige Aspekte von Weils Denken aber werden aus dieser distanzierten Darstellung deutlich positiv abgehoben, so z. B. ihre Kritik am Systemdenken – »Alle finalen Systeme sind grundfalsch« –, so auch die Ablehnung eines ›imaginären Gottes‹ und jeder anderen Form eines ›großen Tiers‹ als Instanz von Macht und vor allem die Forderung nach Anerkennung eines radikalen Anderssein des anderen:

> »›Beständig zu der Annahme bereit sein, daß ein anderer etwas anderes ist als das, was man in ihm liest, wenn er zugegen ist (oder wenn man an ihn denkt). Oder vielmehr in ihm ... lesen, daß er gewiß etwas anderes, vielleicht etwas völlig anderes ist als das, was man in ihm liest ... Jedes Wesen ist ein stummer Schrei danach, anders gelesen zu werden.‹« (150)

Diese Forderung, den anderen anders zu lesen, anstatt ihn in einem Bild zu fixieren, korrespondiert mit einer Theorie des Anderen als Theorie der Lektüre, die später für Bachmanns Schreibweise der Prosa eine zentrale Rolle spielen sollte.

---

[84] 1909 als Kind wohlhabender Eltern geboren, starb Weil schon 1943, vierunddreißigjährig, an den Folgen physischer Auszehrung.

Im Vergleich der Essays aber ist unübersehbar, daß diese Verkörperung ›reiner Mystik‹ weit weniger Faszination auf die Autorin ausgeübt hat als das am Beispiel von Wittgensteins Denken thematisierte Hereinragen des Mystischen in die Sprache: als theoretische Gewinnung jener Grenze, die einerseits den *deus absconditus* aus *dieser*, d. h. der rational darstellbaren Welt ausschließt und andererseits als »Einbruchstelle des sich Zeigenden« bestimmt ist, die auf das Mystische verweist:

> »Die Entgrenzung der Welt geschieht, wo die Sprache nicht hinreicht und daher auch das Denken nicht hinreicht. Sie geschieht, wo sich etwas ›zeigt‹, und was sich zeigt, ist das Mystische, die unaussprechliche Erfahrung –« (118).

In der Titelerzählung des Bandes »Das dreißigste Jahr« wird die Anerkennung dieser Grenze mit einer Desillusionierung der Suche nach der ›neuen Sprache‹ verbunden. In der Szene, in der der Ich-Erzähler in seinem Streben nach dem Absoluten mit seinem Schädel an die Decke des Lesesaals in der Wiener Nationalbibliothek stößt und nach diesem Schlag das Vorhaben, sich außerhalb aufzustellen, aufgibt, erscheint dies als Rückkehr zum Leben, als Anerkennung der »verfügbaren Sprache« wie auch der Grenze zwischen hier und dort, zwischen der menschlichen Welt und einer göttlich genannten Sphäre außerhalb, eines Gottes,

> »den er *hier* nicht antreffen konnte und der ihn *dort* nicht zugelassen hatte. Denn hätte er mit dieser Welt hier etwas zu tun, mit dieser Sprache, so wäre er kein Gott. Gott kann nicht sein in diesem Wahn, kann nicht in ihm sein, kann nur *damit zu tun haben, daß dieser Wahn ist*, daß da dieser Wahn ist und kein Ende des Wahnes ist!« (2/109, H.v.m.)

Die Verwerfung eines (philosophischen) Stand- und Blickpunktes von außerhalb und des Entwurfs einer neuen Sprache macht aber die Schwelle um so bedeutsamer. In der Verabschiedung einer Philosophie, die im Anspruch auf absolute Wahrheit quasi die Stelle der Theologie eingenommen hat, geht es um die Anerkennung der bestehenden Sprache – nicht als System, sondern als Einbruchstelle eines anderen Wissens, das entweder mit dem Namen Gottes verbunden oder als Mysterium bezeichnet wird. Damit beschreibt Bachmanns Erzählung buchstäblich eine Szene, in der ›etwas jenseits des Dichters der Dichtung ins Wort fällt‹. Ebenso wie in Benjamins Kunstphilosophie, die die Dichtung als Ort eines solchen Einbrechens bestimmt, basiert die Figur des Hereinragens, Einfallens oder Einbrechens auch hier auf der Voraussetzung einer strikten Trennung zwischen den Begriffen einer menschlichen und denen einer göttlichen Ordnung und Sprache. So z. B. wenn das Bestreben nach einem philosophischen Standpunkt ›außerhalb‹ als Hybris eines Geschöpfs bewertet wird, »das sich zu weit erhoben hatte, [...] ein Mensch, nicht mehr als ein Widerpart, sondern als der mögliche Mitwisser der Schöpfung.«

Die Lernprozesse des Personals aus Bachmanns Erzählungen nehmen mehrheitlich *keinen* tödlichen Ausgang, vielmehr werden die Protagonisten in die Grenzen ihres menschlichen Handelns verwiesen, ohne daß der Bezug ihrer Sehnsüchte auf biblische Dimensionen denunziert würde. So wird die Überlagerung solcher Worte wie Schöpfung, Erneuerung, das Kommende, Auferstehung, Erlösung und anderer biblischer Figuren durch Bedeutungen einer göttlichen Ordnung reflektiert, während das Personal der Erzählungen doch zugleich auf die buchstäbliche Bedeutung der Topoi verwiesen bleibt:

»Der Tag wird kommen, aber niemand wird an einen Gong schlagen und ihn künden. Nein, der Tag wird nicht kommen – er war schon da, enthalten in allen Tagen dieses Jahres, das er mit Mühe und zur Not bestanden hat. Er ist lebhaft mit dem Kommenden befaßt [...]« (2/137).

In sprachtheoretischer Hinsicht impliziert das die Aufgabe des Satzes »Keine neue Welt ohne neue Sprache« sowie jeder Berufung auf die Idee eines neu zu schaffenden (Sprach-)Systems. Vielmehr wird damit die Entzifferung eines anderen Wissens bedeutsam, das sich jenseits von Mitteilung oder Aussage in der verfügbaren, bestehenden Sprache (mit-)zeigt.

Dabei kann die Kategorie des ›Sich-Zeigenden‹ auf unterschiedliche Lektüretheorien verweisen, die sich zwischen den Konzepten der ›Offenbarung‹[85] hier und der Psychoanalyse dort[86] bewe-

---

[85] Wobei das Sich-Zeigende in der Offenbarung oft auch als ein Gehörtes erscheint, als Wahrnehmung von Stimmen. Zum Verhältnis akustischer und visueller Wahrnehmung in der mystischen Offenbarung vgl. Scholem 1980.

gen. Sind in Benjamins Sprachtheorie, in der das Lesen als Form profaner Erleuchtung bestimmt wird, beide über das Gedächtnis miteinander verknüpft, so deuten sich auch in Bachmanns Erzählungen Affinitäten zu einer solchen Doppelreferenz auf die Sprache des Mystischen und die des Unbewußten an:

> »Alles ist eine Frage der Sprache und nicht nur dieser einen deutschen Sprache, die mit anderen geschaffen wurde in Babel, um die Welt zu verwirren. Denn darunter schwelt noch eine Sprache, die reicht bis in die Gesten und Blicke, das Abwickeln der Gedanken und den Gang der Gefühle, und in ihr ist schon all unser Unglück.« (143)

Die Betonung von Gesten, Zügen des Antlitzes und anderen Formen der Einschreibung eines phylogenetischen Gedächtnisses wie auch die Rede von deren ›Entzifferung‹ in der Erzählung »Alles« stehen hier am deutlichsten im Zusammenhang einer Sprachtheorie, in der die Sprache nicht allein als Zeichensystem, sondern zugleich als Fundus eines kulturellen Gedächtnisses betrachtet wird – eines anderen Wissens, das nach Benjamin auf ein verlorenes mimetisches Vermögen des Menschen verweist. In seiner »Lehre vom Ähnlichen« sind es Momente von Sprachmagie oder Ähnlichkeit, die an der Sprache der Konvention, den Zeichen, aufblitzen bzw. sich zeigen.[87] Dieses in Sprache und Schrift sich äußernde Vermögen erinnert an die verlorene adamitische Sprache, so daß das Konzept einer psychoanalytisch profilierten Lesbarkeit sich hier als Nachhall einer verlorenen biblischen Sprachtheorie darstellt.

Erste Anzeichen der Intervention einer solchen Theorie der Sprachmagie in die Motive von Sprachzweifel und Spracherneuerung finden sich bei Bachmann allerdings nicht erst in den Erzählungen, sondern bereits in den Gedichten. So z. B. im Mittelteil des Gedichts »Rede und Nachrede« (1956, 1/116f.), der, wie bereits gezeigt, aus dem übrigen Strophenschema herausragt [III.3]. Während der Hauptteil des Gedichts einen Bogen spannt zwischen

---

[86] So korrespondiert die Einbruchstelle des Mystischen in eine formale Sprache mit der »Einbruchstelle« von Reiz und Erregung in den psychischen Apparat und deren Einschreibung in die Dauerspuren des Unbewußten, vgl. Freuds Aufsatz »Jenseits des Lustprinzips« (Freud 1969–1979, III/215–272, hier 235 u. 240).

[87] Benjamin 1980, II.1/204–210.

einem negativen Ursprungsmythos, dem »Wort, das den Drachen sät«, und der Invokation »mein Wort, errette mich!«, zwischen übler Nachrede und erlösender Rede also, thematisiert der Einschub die zwei Seiten des Benjaminschen Sprachbegriffs: Nachahmung und Urteil.[88] Und während in den übrigen Strophen »das Wort« mit seiner moralischen Bedeutung identisch ist (z. B. Gerücht, freisinniges, schönes, gutes Wort, Gunst oder Übel), geht es hier nicht ums Wort, sondern um einen erweiterten Sprachbegriff. Neben Nachahmung und Urteil werden noch das Geheimnis und der Witz[89] genannt, zwei Modi einer verborgenen Redeweise jenseits der positiven, ans Wort gebundenen Aussage. Und in dem Gedicht »Von einem Land, einem Fluß und den Seen« (1956), das das Motiv der Grenze sowohl im topographischen als auch im sprachlichen Sinne thematisiert und in dem der U-Topos eines erfundenen Landes – »Dort kommst du niemals an« (1/91) – dem Abschnitt VIII. vorbehalten ist, der in Klammern gesetzt und damit aus den übrigen Versen ausgegrenzt ist, kommt im Abschnitt V. mit dem Motiv der babylonischen Sprachverwirrung eine doppelte Bedeutungsdimension der Worte ins Spiel:

> »Wenn sich in Babel auch die Welt verwirrte,
> man deine Zunge dehnte, meine bog –
> die Hauch- und Lippenlaute, die uns narren,
> sprach auch der Geist, der durch Judäa zog.
>
> Seit uns die Namen in die Dinge wiegen,
> wir Zeichen geben, uns ein Zeichen kommt,
> ist Schnee nicht nur die weiße Fracht von oben,
> ist Schnee auch Stille, die uns überkommt.« (1/88 f.)

Zwei Strophen weiter wird diese doppelte Referenz des Worts dann als Grenze, die durch das Wort selbst geht, begriffen: »Wir aber wollen über Grenzen sprechen,/ und gehn auch Grenzen

---

[88] Dabei wird die Nachahmung mit dem Vers »Dem Tier beikommen wird nicht, wer den Tierlaut nachahmt« von jeder Form instrumentellen Handelns (als magische Praxis des Jagdzaubers z. B.) abgegrenzt.

[89] Der Vers »Des Wortes Bastard dient dem Witz, um einen Törichten zu opfern« zitiert Benjamins Kraus-Essay, in dem die Zweideutigkeit einer (unreinen) Vermischung (von Geist und Sexus) als Gesetz des Witzes beschrieben ist (Benjamin 1980, II.1/350).

noch durch jedes Wort«. Die üblicherweise als Metapher gefaßte Dimension von Ähnlichkeit in der Sprache wird hier also auf das seit der babylonischen Sprachverwirrung bestehende Zugleich von Name und Zeichen bezogen, auf jene die Sprache durchziehende Grenze zwischen ihrer konventionellen, kommunikativen Funktion und einem Aspekt unsinnlicher Ähnlichkeit.

Das Stichwort Judäa vertritt dabei die verschwiegene Referenz auf die jüdische Tradition und Philosophie, der nicht nur die Benjaminsche Theorie der Sprachmagie entspringt. Diese allerdings wird von Bachmann erst in den sechziger Jahren bewußt reflektiert – wobei sie notwendigerweise auf das Problem stößt, daß jede Bezugnahme auf das ›Jüdische‹ in der Nachgeschichte der Shoah ihre Unschuld verloren hat. Zwar hatte Bachmann schon in ihren Überlegungen zum Verhältnis von Musik und Sprache das Motiv einer »verschuldeten Sprache« (4/60) thematisiert, dort allerdings in dem historisch unspezifischen, geradezu universellen Sinne einer Schuld, die am Ursprung jeder sprachlichen Äußerung steht und den Übergang von der Stummheit zum Sprechen oder den Eintritt in die Sprache als Sündenfall qualifiziert. Doch erhält die verschuldete Sprache in nachgeschichtlicher Perspektive eine andere Bedeutung, speziell wenn es um Zitate oder Übernahmen aus der hebräischen Sprache geht. Kommt dem Namen als Zentrum jüdischer Sprachphilosophie eine besondere Bedeutung zu und steht der Name schlechthin für die magische Dimension der Sprache, so ist die Inanspruchnahme eines jüdischen Namens in der deutschen Sprache nach 1945 immer schon in die Struktur einer philosemitischen Schuldabwehr verstrickt. Diese Stellung eines jüdischen Namens zwischen Magie und Philosemitismus thematisiert Bachmann z.B. in den Entwürfen zum Fanny-Goldmann-Roman [VI.6]. Auf die Schauspielerin Fanny, von der es heißt, daß Goldmann (er ist aus dem Exil zurückgekehrt und Kulturoffizier der amerikanischen Besatzungsmacht) der einzige Mann war, »der gut zu ihr gewesen war«, fällt dort ein kritischer Blick, weil sie seinen Namen angenommen hat:

»Warum mußte die sich Goldmann nennen, nach ihrem Liebhaber und Protektor, und manche sagten einfach, das sei barer Philosemitismus, jetzt möchte eben jede gern einen jüdischen Namen haben und nicht mehr Huber oder Moser heißen, aber für Fanny war das anders gewesen, sie wollte, daß der Name ihr Glück bringe, und einige Jahre später schon, als von Goldmann niemand mehr sprach, sondern nur noch von der Goldmann, waren Leute, die die Vorgeschichte nicht oder verzerrt kannten, davon überzeugt, sie sei eine Jüdin, und sie hatte die meisten das glauben lassen, wie sie mochten [...].« (TP1/449)

Die problematische Wunschstruktur der Fanny-Figur, eine Mischung aus Glücksbegehren und Flucht aus dem eigenen historischen Ort in eine angemaßte, fremde Identität, wird noch dadurch verkompliziert, daß Fannys Verwandte den Namenswechsel aus ganz anderen Motiven abwehren, aus fortbestehenden antisemitischen Ressentiments nämlich. Die Übernahme eines jüdischen Namens wird damit in der Fanny-Goldmann-Geschichte zum Paradigma für die Reflexion jener Verwicklung in die Komplexität österreichisch-jüdischer Beziehungen nach 1945, von der im vorigen Abschnitt die Rede war.

Daß Bachmann diese Verwicklung am Beispiel des Namens diskutiert, zeigt einmal mehr die Art und Weise, wie sie in ihrem Schreiben geschichts- und sprachphilosophische Betrachtungsweisen zusammenführt. Daß der nach 1945 in spezifischer Weise verschuldete Sprachzusammenhang nicht nur die hebräische Sprache, sondern auch jede Referenz auf biblische und messianische Topoi, wie z. B. die der Auferstehung, Versöhnung oder Erlösung berührt, wurde am Anfang dieses Buches am Dialog Gershom Scholems mit Bachmann gezeigt. Das zunehmende Wissen der Autorin um diese Zusammenhänge kommt nun aber nicht etwa in einem vollständigen Verzicht oder gar in einer Vermeidung messianischer Motive und Figuren zum Ausdruck. Vielmehr zeigt es sich gerade in einer *literarischen* Fortschreibung jener messianischen Intensität, die Benjamin als Gegenbewegung zum historistischen Kontinuum entworfen hatte, etwa in der Zeitbestimmung des ›Heute‹ in »Malina«, *und* in einer gleichzeitigen Darstellung des genannten Schuldzusammenhangs wie im Traumkapitel desselben Romans.

Das Mystische, das in den fünfziger Jahren am Ende der Wittgenstein-Essays stand, taucht in der Prosa der sechziger Jahre als eine Kategorie *kultureller* Bedeutung wieder auf. So wird z. B. im Franza-Projekt der Begriff des ›Nichts‹ von jeder metaphysischen

Spekulation ferngehalten und mit der Reise durch die Wüste in eine Topographie versetzt, die als Abwesenheit jeder Bedeutung konzipiert ist: »Alles leer und vorhandener, als was sich für vorhanden ausgibt. Nicht das Nichts, nein die Wüste hat nichts zu tun mit dem erspekulierten Nichts der Lehrstuhlinhaber. Sie entzieht sich der Bestimmung« (3/415). Die Wüste ist sowohl ein Ort der Erlösung – »Meine Wüste, meine einzige, mein Feld, mein unbebautes, meine ›sanfte‹ Vorhölle, meine Erlösung« (TP1/255) – als auch der Ort, an dem Franza ihr ›Gehabe‹ verlernt, an dem die Augen leer werden von den codierten Blicken und frei für ein anderes Sehvermögen und wo sie einer anderen Schrift begegnet. Und die Wüste ist zugleich als Ort konzipiert, auf den sich die Sehnsucht nach einer mystischen Offenbarung richtet, die nicht an die Gestalt eines personalen Erlösers gebunden ist und sich jenseits von Botschaften bewegt. Aufgrund der »magischen Zutaten« ihrer Welt ist Franza genau dafür prädisponiert:

»Das sind die Wißbarkeiten. Die Verkündigung ist von andrer Art. Ich bin also zu einer Predigt gekommen, die niemand gesprochen und unter keinem Tempeldach gehalten hat, zur Predigung der Wüste und unformulierter Gesetze, zu Schlucken, Bissen, Gängen, Schlafarten, die unter einer dünnen Kruste von Verständnissen andrer Art auf ihre Stunde gewartet haben, auf das mystische Zusammengehen von Einatmen, Ausatmen, Gehen und Ruhen, auf das Halleluja des Überlebens im Nichts [...].« (3/481)

Der Abbruch des Wüsten- und Franza-Buches mag u. a. darin begründet sein, daß dieser Sehnsucht nach dem Mystischen, die in der Topographie der Wüste zur Darstellung kommt, wiederum die Tendenz zur ›reinen Mystik‹ innewohnt. Als Fragmente prophetischer Rede tauchen einige der Wüstenmotive in den »Ein Tag wird kommen«-Passagen von »Malina« wieder auf, wo sie, wie gezeigt, einer Verwerfung konkreter Utopie – im Sinne von Gegenentwürfen und idealen Wunschbildern – einhergehen. Möglicherweise haben beim Abbruch des Entwurfs einer literarisch-mystischen Landschaft auch die Gespräche mit Scholem[90] eine Rolle gespielt.

---

[90] Im selben Jahr, in dem Bachmann Scholem erstmals begegnet ist, schreibt sie auch die unveröffentlichte Rezension zu Leo Lipskis Roman

In dessen kabbalistischer Sprachtheorie ist das Nichts durch die Bedeutungslosigkeit des Namens Gottes besetzt, der, im Zentrum der Offenbarung stehend, selbst ohne Sinn ist, jedoch allem anderen Sinn verleiht. Für Scholem stehen die Dichter zwar an der Seite der Kabbalisten, nicht aber mit Hilfe eigener mystischer Konstruktionen, sondern im Gegenteil aufgrund ihres Glaubens an die Sprache:

> »Was die Würde der Sprache sein wird, aus der sich Gott zurückgezogen haben wird, ist die Frage, die sich die vorlegen müssen, die noch in der Immanenz der Welt den Nachhall des verschwundenen Schöpfungswortes zu vernehmen glauben. Das ist eine Frage, auf die in unserer Zeit wohl nur die Dichter eine Antwort haben, die die Verzweiflung der meisten Mystiker an der Sprache nicht teilen und die eines mit den Meistern der Kabbala verbindet, auch wo sie deren theologische Formulierung als noch zu vordergründig verwerfen: der Glaube an die Sprache als ein, wie immer dialektisch aufgerissenes, Absolutum, der Glaube an das hörbar gewordene Geheimnis in der Sprache.«[91]

4. Zum Kontinuum einer Opferethik und zur Problematik einer weiblichen Position im Gedächtnis der Nachgeschichte

Wenn auch Bachmann in ihrer Literatur die historischen Ereignisse während des ›Zweiten Weltkrieges‹ selten explizit thematisiert, so ziehen sich deren Erinnerungsspuren doch nahezu durch ihr gesamtes Werk. Die Anstrengungen, einen subjektiven, generationen- und geschlechterspezifischen Ort in der Geschichte zu finden, die in ihren großangelegten Roman-Projekten der sechziger Jahre sichtbar werden, sind dabei zugleich als Fortarbeit an vorausgegangenen eigenen Darstellungsversuchen zu betrachten.

»Piotrus«, den sie als »das erste Buch über Israel« bezeichnet. Die Rezension ist das Zeugnis ihrer Auseinandersetzung mit der Sprachsituation im zeitgenössischen Israel zwischen Iwrit und den Herkunftssprachen, an der Scholem sich besonders engagiert gezeigt hat. Vgl. dazu Weigel 1999a.

[91] Scholem 1970, 70.

Erst im Lichte des Frühwerks, der Erzählungen wie der Lyrik, wird die Radikalität erkennbar, mit der die Autorin nun ihre eigenen zurückliegenden Befangenheiten bearbeitet. Dabei teilen ihre frühen Texte, wie gezeigt, die Neigung, Geschichte in symbolischen Szenarien zu verallgemeinern oder in universelle Metaphern zu übertragen, mit der dominanten Tendenz der deutschsprachigen Nachkriegsliteratur [I.4.–6/V.1]. Im Vergleich mit dieser aber fallen ihre wiederholten Versuche, diese Strukturen zu verlassen, sichtlich aus dem Rahmen des Üblichen. Das gilt sowohl für die vergleichsweise frühe Thematisierung der Vernichtungsmaschinerie in »Das Lächeln der Sphinx« [II.1] als auch für jene Entwürfe, die eine subjektive Erfahrungsperspektive einbringen und die problematische Position der ›Tochter‹ betreffen, die sich einem bösen wie einem guten Vater unterwirft [I.5].

Dagegen spielt der erste Darstellungsversuch, der ausdrücklich vom Nationalsozialismus und Krieg handelt, in einer reinen »Herrenrunde« (2/159), die sich, wie schon die Eingangsszene verdeutlicht, über das Vergessen sowohl der Schuld als auch der Frauen konstituiert: »Unter Mördern und Irren«. Diese Erzählung, die die Mittelachse des Prosazyklus »Das dreißigste Jahr« bildet, ist zugleich derjenige Text Bachmanns, in dem die Vergangenheit am stärksten historisiert ist: »Wir sind in Wien, mehr als zehn Jahre nach dem Krieg. ›Nach dem Krieg‹ – dies ist die Zeitrechnung.« Doch auch in dieser Erzählung wird mit dem Einbruch der verdrängten Verbrechen in die als Vergessenskultur vorgeführte Wirtshausrunde, in der die Männer »unter sich« sind, die Gegenwart als Gedächtnisschauplatz inszeniert. Auch hier schon geht es, wie in der folgenden Prosa, um den Status der Vergangenheit *in* der Gegenwart, konkret um Kriegserinnerungen im Nachkrieg. Im Anschluß an die Rhetorik mythischer Heldengeschichten befördern die Kriegserinnerungen der Wortführer in der Runde allerdings gerade den Ausschluß historischer Erfahrung und Verantwortung:

> »und die Männer redeten und meinten und erzählten wie die Irrfahrer und Dulder, wie die Titanen und Halbgötter von der Geschichte und den Geschichten; [...] Haderer und Hutter tauchten ein in die Erinnerung an den Krieg, sie wühlten in der Erinnerung«. (2/159, 161f.)

Die trügerische und gewaltförmige Normalität der Nachkriegskultur, die sich einer Verdrängung der je individuellen Stellung in Kriegs- und Nazizeit verdankt, kommt hier in dem Umstand zur Sprache, daß der Herrenrunde gleichermaßen ehemalige Offiziere (Haderer, Hutter), Nazis (Ranitzky) und Mitläufer (Bertoni) wie auch Oppositionelle und »Juden« angehören. Dabei umgeht der Text eine Charakterisierung von ›Jüdischem‹ in der Darstellung insofern, als für die drei internen Außenseiter der Runde, die von einem von ihnen (Mahler) als Juden adressiert werden – »Wir sind heute nur drei Juden« –, in der Schwebe bleibt, ob es sich tatsächlich um Juden handelt, während die beiden aus dem Exil Zurückgekehrten (Steckel und Herz, dessen Frau und Mutter umgebracht wurden,) an diesem Abend abwesend sind. Und auch die Vorführung der an der Herrenrunde Beteiligten – erzählt über den Trick, daß ein Gelegenheitszeichner hinzutritt und Porträts der einzelnen Männer anfertigt – bricht ab, bevor der Zeichner sich den dreien »an unserem Tischende« zuwendet.

Die Erzählung gestaltet jene Zeitrechnung, die unter dem Titel ›Nachkrieg‹ steht, als Szenario einer »jämmerlichen Einträchtigkeit«, die über die Abwesenheit realer und die Präsenz symbolischer Juden zustande kommt. Aufscheinende Differenzen werden sofort zugedeckt, wie anläßlich von Haderers Beschwichtigungsformel: »Ich möchte nichts missen, diese Jahre nicht, diese Erfahrungen nicht.«/ »Friedl sagte wie ein verstockter Schulbub, aber viel zu leise: ›Ich schon. Ich könnte sie missen.‹« Die gespenstische Schein-Normalität dieser Nachkriegsgesellschaft bricht aber erst durch einen »Unbekannten« bzw. »Fremden« auf: Mit dessen Geschichte – er wurde während des Krieges, weil er »nicht schießen konnte«, von einem Militärgericht wegen ›Wehrkraftzersetzung‹ verurteilt – und mit der ihn umtreibenden Wahnvorstellung, er sei ein Mörder, wird die herrschende Verkehrung der Orte von Opfern und Tätern in der Zeitrechnung »nach dem Krieg« reinszeniert und zum Einsturz gebracht. Seine Flucht aus dem Lokal, vorbei an den immer lauter werdenden ›Frontkämpfern‹ im Nebenraum, überlebt er nicht. Der Erzähler findet ihn getötet vor der Tür: »ein Opfer […] – zu nichts«.

Die über den Fall des Fremden herbeigeführte Wiederherstellung[92] der verdrängten Täter-Opfer-Positionen wird aber in der Erzählung nicht mit einer Überhöhung oder Symbolisierung des Opfers verbunden. Im Gegenteil, die explizite Verwerfung eines Sinns – »zu nichts« – bezieht sich zurück auf jenen Kommentar zur Herrenrunde, der erzählerisch als Dialog der zwei ›Jungen‹ im Waschraum gestaltet ist, und auf die darin formulierte Kritik, »daß diese Opfer auch noch für Einsichten herhalten müssen«. In diesem Kommentar aus dem Ab-Ort geht es einerseits um das Unbehagen an der trügerischen Normalität eines notwendigen Miteinanders: »Damals, nach 45, habe ich auch gedacht, die Welt sei geschieden, und für immer, in Gute und Böse, [...] jetzt sind wir wieder vermischt.«[93] Andererseits aber geht es auch um die Unmöglichkeit ›reiner‹ Verhältnisse, die sich nur über eine Fortschreibung von Opfer- und Täterpositionen in die Gegenwart und über deren Verewigung herstellen ließen. Vor allem aber wird hier eine aus den Opfern abgeleitete Geschichtsphilosophie verworfen: »die Opfer, die vielen, vielen Opfer zeigen gar keinen Weg!«

Diese Überlegungen verbinden die Erzählung mit dem vielzitierten Fragment Bachmanns aus dem Nachlaß, das eine Ethik der Opfer formuliert, nach der diese vor jeglicher ideologischen Verwendung zu schützen seien, wie sie sie 1948 mit der Geste der Sphinx verband, die ihren Schatten über die Toten breitet, »die nun nicht aussagten, was zu sagen war, weil sich der Schatten über sie gelegt hatte, um sie zu bewahren« (2/22). Im Fragment heißt es:

»Eben deshalb darf es keine Opfer geben (Menschenopfer), Menschen als Opfer, weil der geopferte Mensch nichts ergibt. Es ist nicht wahr, daß die Opfer mahnen, bezeugen, Zeugenschaft *für etwas* ablegen, das ist eine der furchtbarsten und gedankenlosesten, schwächsten Poetisierungen.

Aber der Mensch, der nicht Opfer ist, ist im Zwielicht, er ist zwielichtige Existenz par excellence, auch der beinah zum Opfer gewordene geht mit seinen Irrtümern weiter, stiftet neue Irr-

---

[92] Es handelt sich um eine gleichsam umgekehrte ›Restitution‹, da die Opfer-Täter-Konstellationen, die in der qua ›Entnazifizierung‹ wiederhergestellten nationalen Kultur verdeckt sind, wieder sichtbar gemacht werden.
[93] Vgl. Bachmanns Feststellung der »vermischten Zustände« im Briefwechsel mit Hildesheimer 1955 [IX.2].

tümer, er ist nicht ›in der Wahrheit‹, er ist nicht bevorzugt. Auf das Opfer darf keiner sich berufen. Es ist Mißbrauch. Kein Land und keine Gruppe, keine Idee, darf sich auf ihre Toten berufen.« (4/335, H.v.m.)[94]

Lange, bevor in bezug auf die Shoah eine Theorie der Zeugnisse von Überlebenden entwickelt wurde,[95] die die Zeugnisse gerade von jener Zeugenschaft unterscheidet, in der das Wort als *corpus delicti* behandelt wird,[96] hat Bachmann hier gegen jede Verwendung von Opfern als Pathosformeln bzw. Legitimation einer Idee oder eines Kollektivs argumentiert. Da sie diesen Gedanken auch in ihrer zuletzt geschriebenen Erzählung »Drei Wege zum See«, dort in einer Kritik an der massenmedialen Ausstellung von Opfern zu Aufklärungszwecken, wiederaufnimmt [VII.5], er also von 1949 bis 1972 in ihren Texten nachweisbar ist, kann diese Ethik der Opfer als eine Art Leitmotiv ihres Werks betrachtet werden. Über die verschiedensten literarischen Darstellungsversuche hat es sich immer mehr konturiert und gefestigt. Daß ihre Literatur, insbesondere die unvollendeten »Todesarten«-Romane, in der Rezeption dennoch teilweise einer Spielart des Feminismus anheimfiel, in der die ›weiblichen Opfer‹ der Zivilisationsgeschichte zur Begründung eines universellen Geschichtsbildes herhalten müssen, erklärt sich aus jenen abgebrochenen Erzählversuchen (des Franza-Falls), in denen Bachmann mit problematischen Opfervergleichen gearbeitet hat: einer Analogie zwischen den Opfern von Kolonisierung, gewaltförmigen Geschlechterverhältnissen und der NS-Politik zur ›Endlösung‹.

In der Perspektive der Figur Franza, mit der die Wiederholungszwänge und Erinnerungsspuren einer Beschädigten als »Reise durch eine Krankheit« (3/341) erzählt werden, schreibt die Autorin ihren gestalterischen Einfall fort, wonach die Entstellungen im Schauplatz des Nachkriegsgedächtnisses sich nur aus der Sicht der Krankheit bzw. des Wahns wahrnehmen lassen. Das

---

[94] Unter dem Titel »Auf das Opfer darf keiner sich berufen« abgedruckt in der Werkausgabe, ungefähr die Hälfte eines Fragments aus dem Nachlaß (K7265-6/N1771, 3693, NÖN).
[95] Vgl. etwa Felman/Laub 1992.
[96] Wie bereits Benjamin in seinem Kraus-Essay argumentiert hat (Benjamin 1980, II.1/349).

schließt an das Szenario »Unter Mördern und Irren« (1961) an, in dem durch den Wiederholungszwang desjenigen, der nicht vergessen kann, die in der Normalisierungsaura unkenntlich gewordenen Verbrechen wiederkehren, wie auch an die Zufälle in der Stadttopographie, die im Berlin-Essay (1964) aufgrund einer »Einstellung auf Krankheit« als Krankheitsbilder bzw. Symptome der deutschen Geschichte lesbar werden. Während aber diese kollektiven Szenarien, die Wiener Herrenrunde und die Berliner Topographie, keinen Erzählraum eröffnen, der eine subjektive Erfahrungsperspektive erlaubt, entwirft das aus den Vorarbeiten zum Berlin-Essay herausgelöste Wüsten-Projekt die Topographie einer Geschichte der *longue durée*, eine Art Archäologie der abendländischen Kultur, die auch als Genese einer problematischen weiblichen Subjektgeschichte lesbar ist. Die Reise Franzas durch die Wüste, die als Reise durch die Krankheit beschrieben ist, wird derart zu einer Reise durch die Gedächtnisspuren ihrer Vorzeit. Dabei werden ihre Symptome einerseits im Sinne einer ›archaischen Erbschaft‹ (Freud) mit einem phylogenetischen Gedächtnis der westlichen Zivilisationsgeschichte verbunden [X.2], andererseits mit den ›Spätschäden‹ von Überlebenden der Konzentrations- und Vernichtungslager verglichen. In die Zeit der Arbeit am Wüsten- und Franza-Projekt in den Jahren 1965/66 fällt nämlich, ausgelöst durch den Ende 1963 in Frankfurt beginnenden Auschwitz-Prozeß, Bachmanns intensive Auseinandersetzung mit der »Medizin ohne Menschlichkeit«.[97]

Der Entwurf des »Wüstenbuchs«, das aus der Erfahrung des Berlin-Aufenthalts (seit April 1963) und der Reise nach Ägypten

---

[97] So der Titel des von Alexander Mitscherlich und Fred Mielke edierten Abschlußberichts der bei den ›Nürnberger Prozessen‹ eingesetzten Ärztekommission, die sich mit den medizinischen Versuchen in den Lagern und mit der Rolle der Ärzte im Dritten Reich beschäftigt hat, erstmals veröffentlicht 1960 (Mitscherlich/Mielke 1995). Am 27.12.1965 hatte Bachmann sich das Buch von ihrem Verleger Piper erbeten; am 10.2.1966 berichtet sie von ihrer Lektüre des Buches von François Bayle über medizinische Versuche der Deutschen (Bayle 1950), und am 18.2.1966 stellt ihr der Verlag eine kommentierte Liste mit »Literatur zu medizinischen Versuchen an weiblichen Häftlingen im Dritten Reich« zusammen (TP2/402). – Eine Zwischenüberschrift des Franza-Romans in der Version der Lesungen März 1966 lautet dann »Medizin der Unmenschlichkeit« (3/560).

und dem Sudan (Mai/Juni 1964) entstand und das in der Ich-Perspektive geschrieben ist, führt zunächst die Analogisierung von Geschlecht und Rasse ein. Die Darstellung der im ›Privaten‹ geschändeten und zerstörten Frau wird hier im Muster des Rassismus gedeutet und über den Begriff der ›Weißen‹ als Effekt derselben Ausbeutungshaltung bewertet: »Die Weißen kommen, ich bin von niedriger Rasse« (TP1/257).[98] Das Fragment gebliebene Buch ist gänzlich durch die Angstperspektive einer weiblichen Erzählerin bestimmt, die sich von der Reise in die Wüste Heilung verspricht. Erst bei der Neukonzeption der Wüstenreise als Franza-Roman kommen, zusammen mit der Erweiterung des Personals, auch weitere Motive und Schauplätze hinzu: einerseits der Bruder und die Rückkehr an den gemeinsamen Herkunftsort, andererseits der Ehemann Franzas, der zunächst Baronig und dann Leo Jordan heißt, und die »Jordanische Zeit«. Mit dieser Personifizierung der Weißen in einer konkreten Figur trägt die Autorin ihre Reise in die Zeitrechnung »nach dem Krieg« ein, als narrative Möglichkeitsbedingung, Franzas Leiden mit den Symptomen einer Nachgeschichte der Shoah in Verbindung zu bringen.[99] Das geschieht zunächst über Franzas Mitarbeit an einem Forschungsprojekt des berühmten Mediziners, mit dem sie verheiratet ist. Dieser Arzt könnte durchaus der Wiener Herrenrunde aus der vorausgegangenen Erzählung »Unter Mördern und Irren« entsprungen sein. Während er selbst seine Veröffentlichung aus der Zeit vor Kriegsende verschweigt und die Frage, ob »diese Publikation eine Belastung darstellen könne oder nicht« (TP2/47), durch Franzas Nicht-Wissen-Wollen im Dunkeln bleibt, betreibt er umgekehrt eine geschickte Politik mit der Vergangenheit zum Nutzen

---

[98] An anderer Stelle: »Oder müßte es nicht Klasse heißen« (3/413). Damit nimmt Bachmann jene Debatten vorweg, mit denen die neue Frauenbewegung nach 1968 zunächst versuchte, die ›Frauenunterdrückung‹ im Paradigma bestehender Theorien wie Klassen- und Rassenanalyse zu verorten.

[99] Bachmann betont in ihrer Lesart des Kriegsendes und der Zeitrechnung »danach« das Kontinuum: »Aber es hat mich sehr beschäftigt, wo das Quantum Verbrechen, der latente Mord ›geblieben‹ ist, seit ich begreifen mußte, daß 1945 kein Datum war, was wir so gern glauben möchten, um uns beruhigt schlafen zu legen« (TP2/17). Ihr Buch handle vom »Virus Verbrechen, der nach zwanzig Jahren nicht weniger wirksam ist als zu der Zeit, in der Mord an der Tagesordnung war, befohlen und erlaubt.« (348)

seiner Karriere. So erwähnt er bei passender Gelegenheit seinen Bruder, der während der Hitlerzeit interniert war, jetzt unter einer Haftpsychose leidet und sich zurückgezogen hat. In diese Strategie gehört auch sein Forschungsprojekt über medizinische Versuche an KZ-Häftlingen, das sich auf die kaum beachteten Materialien der Nürnberger Ärzteprozesse stützt und dessen »Hauptarbeit auf einen Assistenten und Franza« fällt.

Franzas Beziehung zu den Opfern der »mörderischen Medizin« im Kontext der NS-Vernichtungsmaschinerie wird eingeführt über ihre Lektüre der Prozeßdokumente und über jene Leseszene, die bereits im Prolog dieses Buches erwähnt wurde: »sie konnte plötzlich nicht mehr weiterlesen, vor Verstörung. Bei der Stelle:/ B. Excusez-moi si je pleure./ hielt sie plötzlich inne, der Boden rutschte unter ihr weg« (49).[100] Ausgangspunkt der Korrespondenz zwischen Franzas Geschichte und den Opfern der nazistischen Rassenpolitik ist also eine Störung bei der Lektüre der Dokumente, die auf eine Störung jenes Vorgangs antwortet, bei dem die Aussage eines Überlebenden vor Gericht als *corpus delicti* der Täterfeststellung dienen soll, statt dessen aber plötzlich das pure Zeugnis des erinnerten Leids artikuliert wird.

Durch diese Lektüreszene und die Figur des Psychiaters Jordan entwirft Bachmann eine geschichtliche Situation für ihren Roman, in der es nicht allein um die Folgen der verdrängten Verbrechen geht. Vielmehr werden darüber hinaus bereits die problematischen Wirkungen etablierter Formen der ›Vergangenheitsbewältigung‹ zur Sprache gebracht, die von den Überlebenden nicht selten als Nachverfolgung erlebt wurden. Außerdem geht es um Phänomene einer Kontinuität, mit denen sich Denk- und Verhaltensstrukturen des NS in der Nachkriegszeit fortsetzen, z. T. auch und gerade in der Historiographie und Forschung über das Dritte Reich. Gleichzeitig wird mit dem Motiv der »Jordanischen Zeit«, die das intime Zusammenleben der weiblichen Hauptfigur mit Jordan umfaßt, die verborgene Kehrseite der Geschichte eines prominenten Vertreters der ›Weißen‹ und damit jene ›private‹ Bühne zur Darstellung gebracht, auf der sich die Krankheitsgeschichte Franzas abspielt. Dies ist die kompositionelle Urszene für die Übertragung des Faschismus-Begriffs auf ein »privates Verhalten« (53), die

---

[100] Der Satz des Zeugen ist ein Zitat aus Bayle 1950, 708.

Bachmann auch in einem Autorkommentar wiederholt hat.[101] Mit ihr wird aber auch jener nicht unproblematische Vergleich von weiblichen Opfern und NS-Opfern ermöglicht, der mit einem metaphorischen Gebrauch des Faschismus-Begriffs harmoniert, wie er insbesondere im politischen Diskurs nach 1968 populär werden sollte.

In der Weiterarbeit am »Fall Franza« hat Bachmann einen solchen Vergleich allerdings nicht fortgeschrieben. Zwar wird die Analogie zwischen Kolonisierung und Geschlechterkampf weiter ausgearbeitet: einerseits über die Figur Jordans, der als gut bewaffnet »inmitten der Zivilisation« (3/405) und als Repräsentant eines Denkens erscheint, das die anderen, insbesondere seine Frau, zum Objekt oder zum Fall macht, andererseits über eine direkte Gleichsetzung wie z. B. »ich bin eine Papua« (414). Im Verhältnis zu den Opfern des NS-Verbrechens aber nimmt die weibliche Hauptfigur eine kompliziertere Stellung ein, die mit der Nachträglichkeit der in Frage stehenden Zeitrechnung zu den Ereignissen zu tun hat. Über den Begriff des ›Spätschadens‹ nämlich wird der weibliche Körper zum Symptomkörper eines Gedächtnisschauplatzes ›nach Auschwitz‹. Nicht nur ist Franza unfähig, sich das in den Prozeßdokumenten Gelesene vom Leibe zu halten und es zum Gegenstand zu machen, und fühlt sich gezwungen, es gleichsam leibhaftig zu erinnern. Auch korrespondieren die Symptome ihrer eigenen Beschädigung mit dem, was aus dem kollektiven Gedächtnis verdrängt ist. Während Franza sich im Traum als Opfer sieht – »aber nun träum ich es doch und drücke es so aus, was tausendmal komplizierter ist. Spätschäden. Ich bin ein einziger Spätschaden, keine Erinnerungsplatte, die ich auflege, die nicht mit einem schrecklichen Nadelgekratze losginge« (3/407) – und diesen Traum als Bild einer Vereinfachung reflektiert, findet die Autorin mit dem Motiv der Reise durch die Krankheit eine Erzählung, die sich zugleich als ein psychoanalytisches Verfahren ausgibt: »Die Wiederholung. Die Stellvertretung« (467). Im Medium dieser

---

[101] »Wo fängt der Faschismus an. Er fängt nicht an mit den ersten Bomben, die geworfen werden, er fängt nicht an mit dem Terror, über den man schreiben kann, in jeder Zeitung. Er fängt an in Beziehungen zwischen Menschen. Der Faschismus ist das erste in der Beziehung zwischen einem Mann und einer Frau« (GuI 144).

Reise kommt der Figur Franza dabei stellvertretend die Aufgabe zu, den Wiederholungszwang eines traumatischen Gedächtnisses auszuagieren und den *under cover* lebenden Täter mit seiner Tat zu konfrontieren. Dies betrifft die Episode auf der Ägypten-Reise, in der Franza einen Arzt auf dem Hausboot aufsucht, den sie als früheren KZ-Arzt und SS-Hauptsturmführer Dr. Kurt Körner identifiziert: »Sie hatte Körner in den Kapiteln über das Euthanasieprogramm wiedergefunden.« Sie gibt sich ihm gegenüber als Wissende zu erkennen, indem sie sich als Frau eines Arztes vorstellt, der ein Buch »Über die Versuche an weiblichen Häftlingen. Über die Spätschäden« geschrieben hat und fordert Körner schließlich zur Wiederholung seiner Tat auf. Ihre Handlung wird dabei zugleich als Äußerung reflektiert, die sich in kein rationales Muster einfügt: »Sie vermochte nur selber nicht mehr, ihren bestimmten Grund in einen mitteilbaren Satz zu bringen, der Grund war nicht flüssig zu machen, in keiner Rede.« Vielmehr agiert sie im Muster von Störungen und antwortet genau damit auf jene nachträglichen, mit zeitlicher Verzögerung auftretenden Störungen, die in einer Kultur gewaltförmiger Normalität an die verdrängten Verbrechen erinnern.

Der Begriff des Spätschadens, der hier in ein literarisches Textverfahren transponiert ist, entstammt der »Psychiatrie der Verfolgten« (1964), die im Kontext von Entschädigungsverfahren von Überlebenden eine Konkretisierung der psychiatrischen Traumatheorie erforderte, weil bei vielen Betroffenen die Symptome erst viele Jahre nach der Zeit im Lager, im Ghetto oder Versteck und oft erst nach der Phase eines scheinbar normalen Alltagslebens auftraten.[102] Obwohl es Bachmann in der Arbeit am Franza-Buch mit dem Konzept des Spätschadens also gelungen ist, den prekären Opfervergleich in einen komplexeren Gedächtnisschauplatz aufzulösen, hat sie die Arbeit an diesem Buch dennoch abgebrochen, vermutlich nicht zuletzt deshalb, weil die weibliche Hauptfigur darin trotz allem durch die in ihr verkörperte symbolische Wiederholung tendenziell in der Position eines Opfers fixiert bleibt.

---

[102] Vgl. die Veröffentlichung des gleichnamigen Buches (von Baeyer u.a. 1964) mit dem Untertitel: Psychopathologische und gutachterliche Erfahrungen an Opfern der Nationalsozialistischen Verfolgung und vergleichbarer Extrembelastungen.

Vergleicht man diese Darstellung des weiblichen Körpers als Symptomkörper einer zwangsnormalisierten Geschichte mit jenem eingebrannten Mal im Körper der weiblichen Erzählerin des »Anna-Fragments« aus den fünfziger Jahren [I.5], wird jedoch deutlich, welchen Gewinn Bachmann diese gedächtnistheoretische Reformulierung einer der zentralen Problemstellungen ihres Schreibens eintrug. Bei der konzeptionellen Arbeit an der Darstellbarkeit einer ambivalenten weiblichen Subjektposition nach 1945, die sich nicht ohne weiteres in den Täter-Opfer-Gegensatz einfügen läßt, ist aus der stigmatisierten Tochter nun eine Figur geworden, die von Erinnerungssymbolen besetzt und besessen ist. Hier bereits deutet sich jenes Bild an, das sich dann in den Träumen des »Malina«-Romans verdichtet: die im Vater-Gefängnis sitzende Tochter, die sich zugleich als Opfer *und* als Komplizin sieht [X.4].

Während die Konzeption des Franza-Buchs auf einer Korrespondenz der Symptome von Subjekt- und Kulturgeschichte beruht, begegnen in »Malina« unterschiedliche Formen einer Sprache des Unbewußten. Sie wechseln zwischen Nacht und Wachen: hier die Störungen des Ich, die Symptomcharakter haben, dort die Träume, in denen sich die Ängste und Wünsche der Träumenden als Bilder präsentieren und symbolisiert darstellen. Gleichzeitig wird in »Malina« die Genealogie des Subjekts wieder in eine biographische Zeit zurückprojiziert. In ihr erscheint die Nachkriegsgeschichte als Familienroman. Während nämlich im Kapitel »Heimkehr nach Galicien«, in dem Franza und ihr Bruder an den Ort ihrer Herkunft zurückkehren, auffälligerweise fast ausschließlich von den verstorbenen Großeltern die Rede ist und die Geschwister als Waisen, quasi familienlos erscheinen,[103] kehrt die Bedeutung der Familie in den Träumen von »Malina« recht gewaltsam zurück. In der Familie aber überkreuzen sich Biographie und die sogenannte große Geschichte.

>»Unsere Familie ist nicht wir alle zusammen oder ein Strang und Familienteil, sondern ein riesiger Schwamm, ein Gedächtnis, das alle Geschichten aufsaugt [und] daraus eine eigene Ge-

---

[103] Mit wenigen Ausnahmen, z. B. dem Hinweis, sie habe »die Eltern noch gekannt« (3/360).

schichte macht. Und zuunterst, in ihrer Feuchtigkeit, in ihrem geschwollenen Gedächtnis, sitzt ein jeder von uns, anonym und ernährt, in seiner Anonymität.« (2/267)

So heißt es in einem fragmentarisch überlieferten Prosatext, der während der Arbeit an den »Todesarten« entstanden ist.[104] Das Gedächtnis wird hier weder als etwas betrachtet, das in das Subjekt eingeschrieben ist, noch als Schauplatz, sondern – in der Gleichsetzung von Familie und Gedächtnis – gleichsam als ›Nährboden‹ des Einzelnen. Damit hat die Autorin relativ früh jene Renaturalisierung der Geschichtsvorstellung im Bewußtsein reflektiert, die mit der Reformulierung von Historie als Generationenabfolge nach 1945 verbunden ist, und zwar durch die Vorstellung, daß sich die Verstrickungen aus der Kriegs- und Nazizeit transgenerationell fortzeugen [X.4].[105]

In Bachmanns Text geht es um das »einzig sichtbare Gesetz« der Familie, das sich in ihren Toten und deren Erinnerung, den Friedhöfen, Fotoalben, der ungleichen Trauer und den Vergeßlichkeiten manifestiert. Als Gedächtnis erscheint die Familie nicht nur deshalb, weil sie am Übergang zwischen biographischer und historischer Zeit steht – »Denn weil das Gedächtnis der Menschen nicht reicht, ist das Gedächtnis der Familie da, eng und beschränkt, aber ein wenig treuer« –, sondern auch, weil sie sowohl am körperlichen als auch am göttlichen Dasein Teil hat, zugleich »kopfloser großer Körper« und heilig ist, »und dies alles bloß, weil sie sich verzweigt hat«. Anstelle der ›Herkunft‹ werden von Bachmann hier also das Gedächtnis als genealogisches Moment der Geschichte und die Familie als deren Schauplatz diskutiert. So werden in der Familie denn auch jene »vermischten Zustände« virulent, von denen schon mehrfach die Rede war; in ihr gibt es Mörder, Diebe und Dirnen, Mitglieder der verschiedensten Parteien, Nazis und Antisemiten, zugleich aber auch Opfer, »und manchmal waren einige beides zugleich«, wie auch »Ankläger und Verteidiger, Publikum, und jeder ist in jedem Fall etwas anderes,

---

[104] Veröffentlicht unter dem Titel »Der Tod wird kommen« in der Werkausgabe.
[105] Zum Paradigma der Fortzeugung im transgenerationellen Gedächtnis nach 1945 vgl. Weigel 1999.

der Verteidiger auch manchmal Zuschauer, der Ankläger manchmal Verteidiger«. Insofern ist das Gedächtnis der Familie vor allem der Ort von allgemeiner Nachsicht und von (Ver-)Schweigen. »Ein großes Aug ist mir für unsere Familie gewachsen, ein großes Ohr geworden für ihre Sprachen, ein großes Schweigen mir geworden über soviel, das aus großer Nähe zu verschweigen ist.« Daß dieser nicht fertiggestellte Essay über die Familie als Gedächtnis, in dem die klaren Begriffe des politischen Diskurses erodieren, in derselben Zeitrechnung »nach dem Krieg« angesiedelt ist wie die »Todesarten«-Romane, wird durch zahlreiche Anspielungen klar: Hitler, die Nazis, die Russen, die Juden, die sieben Jahre (des ›Anschlusses‹) etc. Es scheint sich also um einen Text zu handeln, in dem Bachmann die Bedeutung des Familialen thematisiert, die in ihrem Frühwerk so dominant war und nun bei der Arbeit an einer weiblichen Position in der Nachgeschichte des Krieges im Kontext der »Todesarten«-Romane wiederkehrt, die sie jetzt aber mit einer geschichtstheoretischen Reflexion begleitet. In »Malina« wird der Text in Form eines der angefangenen Manuskripte der Schriftstellerin wieder auftauchen: »Ich sitze allein zu Hause und ziehe ein Blatt in die Maschine, tippe gedankenlos: Der Tod wird kommen.« (3/79)

X.
Die »Todesarten«

1. Die Umwege der »Todesarten«:
Vom Umgang mit Fragmenten

Nach Erscheinen ihres ersten Romans im Frühjahr 1971 hat Ingeborg Bachmann »Malina« bekanntlich als Ouvertüre für »dieses *noch nicht geschriebene* Buch ›Todesarten‹« bezeichnet (GuI 95, H.v.m.). Im gleichen Interview heißt es aber auch, sie habe »ja fast 1000 Seiten vor diesem Buch *geschrieben*, und diese letzten 400 Seiten aus den allerletzten Jahren sind dann erst der Anfang geworden, der mir immer gefehlt hat« (96, H.v.m.). Zwischen noch-nicht-geschriebenen und schon-geschriebenen »Todesarten« schwankend, bezeichnet dieser Kommentar genau jenen uneindeutigen Status, der dem Konvolut hinterlassener Prosafragmente, Romanentwürfe und Erzählansätze zukommt, an denen die Autorin seit etwa 1963/64 gearbeitet hat. Das Gesicht, das diese Entwürfe bei einer postumen Publikation erhalten, ist damit nicht allein von den in jüngster Zeit ohnehin immer hitziger debattierten editorischen Grundsätzen (Bearbeitungsabstinenz versus Vervollständigung) abhängig. Darüber hinaus geht es hier speziell um die Frage des Umgangs mit Hinterlassenschaften, die, als geplante *Fortsetzung* des ersten publizierten Romans deklariert, doch zugleich deren *Vorarbeit* darstellen. Von einer »Fortsetzung«, die fertig sei, an der aber noch viel korrigiert und umgeschrieben werden müsse, hat Bachmann selbst Ende 1971 gesprochen (114) und im folgenden gegenüber der Öffentlichkeit an dieser Version festgehalten. Das belegt noch ihre Erklärung im Mai 1973: »Für die nächsten zwei Bände weiß ich schon, wie es ›weitergehen wird‹, weil ich sie schon geschrieben habe, und zwar vor dem ersten Band« (127). Daß in der Zeit zwischen den beiden zitierten Erklärungen offensichtlich aber keine Weiterarbeit an den »Todesarten« im Sinne einer Um- oder Fortschreibung des Vorliegenden stattgefunden hat, deutet zugleich auf den nicht ganz klärbaren

Status dieser Version. Tatsächlich war der Abbruch vorausgegangener Manuskripte und der damit je verbundene Übergang oder Wechsel zu einem anderen Projekt ja stets mit konzeptionellen Problemen oder einem Ungenügen an der eigenen Schreibweise verknüpft – und deren Bearbeitung stand noch aus. Wenn man Bachmanns Hinweis auf das »noch nicht geschriebene Buch« ernst nimmt, dann bezeichnet der Titel »Todesarten« eine Leerstelle, die durch »Malina« und die 1000 Seiten Fragmente *umschrieben* wird. Jede Edition ihres Nachlasses steht somit vor der Herausforderung, mit dem uneindeutigen Autorkommentar zum überlieferten Textmaterial – zwischen ›fertig‹ und ›noch-umzuarbeiten‹ – umzugehen. In jedem Falle gilt es, ein *work in progress* zu würdigen, ohne die offenen Probleme, für die die Autorin selbst (noch?) keine Darstellungsform gefunden hatte, durch eigene ›Lösungen‹ zu schließen.

Die Herausgeberinnen der vierbändigen Werkausgabe 1978, die bald nach der ersten Sichtung des Nachlasses konzipiert wurde, entschieden sich dafür, den publizierten Roman durch die beiden am weitesten gediehenen Romanmanuskripte zu ergänzen, den Franza-Roman und den Fanny-Goldmann-Roman, um die literarische Bedeutung des gesamten »Todesarten«-Plans deutlich zu machen.[1] Dadurch entstand in der Rezeption die Vorstellung, die drei Romane bildeten *den* (nicht fertiggestellten) »Todesarten-Zyklus«. In Opposition zu dieser Ausgabe hat sich das voluminöse Vorhaben einer kritischen Edition des »Todesarten-Projekts« (1995) dagegen das ehrgeizige Ziel gesetzt, dessen vollständige Entstehungsgeschichte, Bauplan und Textgenese zu rekonstruieren. Der Versuch, »dieses großangelegte Projekt erzählender Prosa […] in seiner überlieferten unvollendeten Form« (TP1/615) umfassend darzustellen, der paradoxe Versuch also, ein Archiv von unfertigen und abgebrochenen Prosafragmenten lückenlos zu dokumentieren, mußte dabei in die Übererfüllung der gesteckten Aufgabe münden. Wenn man sich bei einer Edition der »Todesarten« dagegen an die Angabe der Autorin über die geplante Fortsetzung mit zwei Bänden hielte, müßte die entsprechende Ausgabe

---

[1] Mit der Bezeichnung des Franza-Buchs als »unvollendeter Roman« und »Requiem für Fanny Goldmann« als »Entwürfe zu einem Roman« wurden unterschiedliche Stufen der Bearbeitung angedeutet.

auf eine editorisch überarbeitete, textkritische Ausgabe von »Malina« plus zwei Roman-Fragmente hinauslaufen. Eine Alternative wäre die Edition des gesamten zugänglichen Nachlasses, eine Lösung, bei der die Entscheidung der Herausgeber, welche Texte man dem »Todesarten«-Projekt zuordnet, sich nicht mit ihrem editorischen Ehrgeiz vermischen müßte. Was aber realiter entstanden ist, ist konsequenterweise ein Zwitter: eine *Teil*edition des zugänglichen *Teils* des Nachlasses unter dem Titel der »Todesarten«. Für das Bestreben, eine möglichst umfangreiche Menge der Hinterlassenschaften zu edieren, mußte die Aufnahme der einzelnen Fragmente an die Deklaration, ›Bestandteil‹ des Todesarten-Projekts zu sein, geknüpft werden. Insbesondere die Aufnahme der Texte aus den fünziger Jahren (TP1/1–80), des Berlin-Essays »Ein Ort für Zufälle« und der Erzählungen »Simultan«, die Bachmann als »Seitenstücke« ihrer Arbeit an den »Todesarten«-Romanen ausdrücklich aus diesem Projekt herausgenommen und als eigenständigen Band veröffentlicht hat, und deren Subsumierung unter ein *einziges* Projekt mit dem Titel »Todesarten« lassen sich durch nichts rechtfertigen.

Zwar hatte Bachmann schon Anfang der fünfziger Jahre einen Roman geschrieben, den sie »aber dann wieder weggeworfen« habe (10.6.1953, GuI 9),[2] um einige Jahre danach ihrem Wunsch Ausdruck zu geben, »später einen Roman [zu] schreiben«, zu dem sie »bestimmt zehn Jahre« brauchen würde (21.4.1956, GuI 20). Wenn sie dann aber ein Jahrzehnt darauf, Ende 1964, im Interview davon ausgeht, daß ihr »nächstes Buch ein Roman sein wird« (46), und im darauffolgenden Jahr bestätigt, daß sie an ihrem »ersten Roman«, zu dem sie noch die Struktur suche, schreibe, parallel dazu übrigens an dem »Wüstenbuch« (1.5.1965), dann schließt sie mit dieser Definition eines »ersten Romans« – es kann sich nur um die Entwürfe zu den »gestohlenen Jahren« der Fanny Goldmann bzw. um das Motiv ›Opfer der Literatur‹ handeln [VI.6] – die Romanversuche ihres Frühwerks definitiv aus. Die anderen, früheren, in der Edition als »thematische und genetische Vorgeschichte« deklarierten und unter eine sogenannte »Entstehungsgeschichte

---

[2] Bekanntlich hat die Vierundzwanzigjährige, trotz der Unterstützung durch Hans Weigel, für den Roman »Stadt ohne Namen« keinen Verleger gefunden.

der ›Todesarten‹« (TP1/490f.) subsumierten Texte sind dagegen tatsächlich anderen Vorhaben zuzuordnen.[3] Bedeutsamer aber als der philologische Nachweis einer Nichtzugehörigkeit einzelner dem Projekt zugeschlagener Fragmente ist eine Diskussion der in der Edition waltenden Kriterien. Mit dem Argument der Motivgenese (verstanden als Wiederauftauchen von Figuren, Motiven und Handlungselementen, TP1/491) ließen sich ganz andere Texte mit mehr Fug und Recht in die ›Vorgeschichte‹ der »Todesarten« einordnen, z. B. »Das dreißigste Jahr« oder auch das Hörspiel »Der gute Gott von Manhattan«, da das darin gestaltete Zusammenspiel zwischen dem ›grausamen Gesetz‹ der Kunst und dem der Liebe die Grundstruktur des »Malina«-Romans bildet.

Statt aber das Kontinuum eines einzigen großen Projekts zu unterstellen, wie es mit der Edition des »Todesarten-Projekts« geschieht, ist es, um die *Arbeitsweise* der Autorin kennenzulernen, sehr viel erhellender, die veränderten Pläne, Abbrüche, Neuanfänge, Verschiebungen und Rekonzeptualisierungen in den nachgelassenen Entwürfen zu studieren. Das aber erfordert eine ganz andere Umgangsweise mit Fragmenten. Der gute Brauch, in Nachlaßeditionen die ›vollendeten‹, publizierten Texte an den Anfang zu stellen und die überlieferten Fragmente als Unabgeschlossenes folgen zu lassen, ist nicht nur ein bewährtes formales Prinzip. Dadurch wird auch eine Werkanordnung verhindert, die die hinterlassenen Schriften in eine postum konstruierte, suggestive Entwicklungslogik zwingt, die sich letztlich als rückprojizierte

---

[3] So ist das Erzählfragment »In Ledas Kreis«, das in der Edition als Bestandteil von »Eugen-Roman I« präsentiert wird, wie bereits erwähnt, tatsächlich das Fragment einer Kurzgeschichte, die für die von Hermann Kesten edierte Anthologie mit »schönsten deutschen Erzählungen« (1956) gedacht war, von der im Briefwechsel zwischen Kesten und Bachmann [IX.2] mehrfach die Rede ist, die aber nicht rechtzeitig fertig wurde. Und die »Geschichte einer Liebe« fügt sich eher in das Umfeld von »Der gute Gott von Manhattan« ein [IV.4], während die »Zeit für Gomorrha«, die übrigens mit dem Erzählfragment »Der Hinkende« verwandt ist, in die Vorarbeiten zu »Das dreißigste Jahr« gehört und »Sterben für Berlin« sich eher in die Vorgeschichte zu »Ein Ort für Zufälle« fügt. Dieser Text stellt, wie gesagt, ein eigenes Projekt dar, da das »Wüstenbuch« gerade aus den Prosaentwürfen, in denen sich Berlin- und Wüstenmotiv noch überlagern, abgespalten wurde. Und nur aus ihm lassen sich Textzüge verfolgen, die in das »Todesarten«-Projekt eingehen.

Synthese von Chronologie und aufsteigender Vollendung darstellt. Dagegen erforderte eine Lektüre, die vom Publizierten, Fertiggestellten, Abgeschlossenen ausgeht, eine Praxis im Umgang mit der Nachträglichkeit jeder editorischen Perspektive, d. h. eine archäologische Arbeit an der Entzifferung jener Textspuren, die sich für die Autorin erst nachträglich zu benennbaren Vorhaben verdichtet und als Bücher oder Titel Profil gewonnen haben.

Dabei ist diese Nachträglichkeit im Falle von Bachmanns »Todesarten« in besonderer Weise im Spiele. Erst 1967 nämlich taucht die Idee zu einem mehrbändigen »Kompendium der Verbrechen«, also zu einem »Todesarten«-*Projekt* auf: »Todesarten ist der Titel für ein Buch, das aus mehreren Büchern besteht und von dem ich nur aus einem ein paar Seiten vorlesen kann« (TP2/361). So heißt es im Entwurf zum Vorwort für eine geplante Lesung aus dem Franza-Buch, das noch ein Jahr vorher, bei den Lesungen in Zürich im Januar 1966 und bei der vierteiligen Lesung für den NDR im März desselben Jahres, als *ein Roman* mit dem Titel »Todesarten« vorgestellt wurde: »Ich habe Ihnen vier Kapitel aus einem Roman vorzulesen. Das Buch heißt ›Todesarten‹« (71). In dieser Zwischenzeit fand die Geburt des »Todesarten«-*Projekts* statt, in Form der Verwandlung einer Roman-Idee in den Bauplan eines Kompendiums. Im November 1966 hatte sie das Manuskript zum Franza-Roman, der mal »Der Fall Franza«, mal »Das Buch Franza« heißt, beiseitegelegt, da sie, wie sie dem Piper Verlag mitteilt, »nach einer etwas katastrophalen Einsicht, nicht die ›Reparatur‹, sondern das Neumachen« probieren wolle (397). Bemerkenswert ist also, daß erst nach Aufgabe des Vorhabens, das Manuskript des Franza-Buchs zum Druck zu überarbeiten und zu ›vollenden‹, sich das Schreiben an unterschiedlichen Büchern zum Projekt des mehrbändigen »Todesarten«-Buchs verdichtet hat. Und im Frühsommer 1967 dann wird *dafür* mit dem Beginn des »Malina«-Romans ein Anfang gesetzt: »Ich habe jetzt das Franza-Buch und das Goldmann-Buch weggelegt und schreibe nur noch an ›Malina‹, das heißt den Beginn.«[4] Erst von 1967 an kann also von der Existenz eines »Todesarten«-Projekts gesprochen werden. Und erst von diesem Punkt aus ergibt sich die Möglichkeit einer Archäologie der Entwürfe, aus denen dieses Vorhaben hervorge-

---

[4] Bachmann an Siegfried Unseld am 26.6.1967 (SVF).

treten ist. Verstärkt wird die Zäsur eines Neuansatzes durch eine Veränderung auch der Schreibtechnik: einem Wechsel von der manuellen zur elektrischen Schreibmaschine im November 1966 (TP2/789).[5]

Zu den genannten Entwürfen gehören die Fragmente um die Figuren Fanny Goldmann und Ekka Rottwitz aus dem Jahr 1966 [VI.6], die umfangreichen Manuskripte zum Franza-Buch vor allem aus den Jahren 1965/66, das Anfang 1966 zumindest so weit gediehen war, daß die Autorin es in Lesungen der Öffentlichkeit vorstellte. Das Vorhaben dieses ersten öffentlich als »Todesarten« titulierten Buches ist dabei aus einer Umarbeitung und Neukonzeption jenes »Wüstenbuches« entstanden, an dem Bachmann nach ihrer Büchner-Preis-Rede (Oktober 1964) arbeitete, nachdem sie also das Wüstenmotiv aus seiner Verbindung mit dem Berlin-Motiv herausgelöst hatte. Das »Wüstenbuch« sollte ein eigenes »schmaleres Buch« werden, wie sie ihrem Verleger Piper im April 1965 schrieb (TP1/537). Da sie in einem Interview desselben Jahres das Wüstenbuch als Parallelarbeit zu ihrem »ersten Roman« bezeichnet, bezieht sie sich hier demnach auf ein noch vorausgegangenes Romanvorhaben, zu dem der Plan und einige Ansätze in den Jahren 1963/64 entstanden sind, mit jenen Fragmenten, in denen erstmals der Titel »Todesarten« auftaucht. Neben der Fixierung eines solchen Vorhabens in einem Brief Pipers vom 30.10.1963, den er nach einem Besuch bei der Autorin in Berlin schrieb (497), begegnet dieser Titel auf einem Nachlaßblatt, das die Figur Florizel einführt (89). Es wurde – zusammen mit dem Fragment »Ein seltsamer Klub«, das Querverweise zum Gedicht »Böhmen liegt am Meer« (1964) enthält, und dem umfangreichen Entwurf »Die gestohlenen Jahre« – in der Edition des »Todesarten-Projekts« zum »Eugen-Roman II« zusammengestellt. Entgegen der Konstruktion einer solchen ›Roman‹-Einheit aber lesen sich die Fragmente wie je voneinander unterschiedene Ansätze, wobei »Die gestohlenen Jahre« um die Figuren Fanny Goldmann und Toni Marek am ehesten den Charakter eines Roman-Entwurfs tragen. Insofern ist anzunehmen, daß Bachmann, wenn sie im Mai 1965 von ihrem »ersten Roman« sprach, sich auf diesen Textentwurf bezog, der die

---

[5] Es ist die Zeit, in die auch die »collaborazione« mit Olivetti fällt [V.4].

Ausbeutung einer Liebesgeschichte für die Produktion von Literatur zum Thema hat [VI.6].

All diese Erzählansätze und Romanpläne, aus denen die Vorhaben von zunächst einem »Todesarten«-Roman und dann einem titelgleichen Kompendium entspringen, gehen dabei auf die Herausforderungen zurück, die sich mit Bachmanns Berlin-Aufenthalt verbanden. Ihr Leben auf diesem Schauplatz einer verdrängten Geschichte, deren Erinnerungszeichen mit dem Verschwiegenen der eigenen Biographie kommunizierten [VII.3], motivierte die Autorin zu einem Schreiben aus »innerer Notwendigkeit« (GuI 56), zum Schreiben aus dem Zwang zum Gedächtnis. Darin mußte der Schock über die sichtbaren »Anzeichen von Verwüstung« (TP1/77) in eine Entzifferung ihrer Dauerspuren und eine archäologische Recherche nach den unsichtbaren oder in einer scheinbaren Normalität verborgenen Todesarten überführt werden.

Dabei kann allerdings die Tatsache nicht außer acht gelassen werden, daß der Plan zu diesem mehrbändigen Kompendium gerade zu der Zeit entstand, als Bachmann sich von ihrem alten Verlag gelöst und mit dem Suhrkamp Verlag einen neuen Vertrag abgeschlossen hatte. War sie aufgrund vertraglicher Vereinbarungen und hoher Vorauszahlungen beim Piper Verlag in der Pflicht, während sie, wie die Korrespondenz mit Unseld belegt, seit Frühjahr 1966 die Möglichkeit eines Verlagswechsels erwog, so sind ihre Äußerungen gegenüber dem Piper Verlag in diesen Jahren immer auch unter dem Blickwinkel dieser für sie belastenden Bindung zu lesen.[6] Erst nachdem sie sich vom Verlag getrennt hatte,[7]

---

[6] 1966 hatte Bachmann sich bekanntlich erfolgreich gegen die Publikation einer Achmatowa-Übersetzung des ehemaligen HJ-Führers Hans Baumann eingesetzt, womit dieser Konflikt auf der Linie der Vorbehalte lag, die die Autorin schon in den fünfziger Jahren wegen des Piper-Autors Brehm hegte [IX.2].

[7] Aufkündigung des Vertrags mit Anwaltsschreiben v. 18.4.1967; aufgrund einer bei Piper bestehenden Romanoption (Franza-Buch) wird die Verpflichtung Bachmanns, dem Verlag zu gegebenem Zeitpunkt ein druckfertiges Manuskript anzubieten, bestätigt. Im August 1970 dann gelingt es Bachmann, die bestehende Option mit dem nach dem Erscheinen von »Malina« geplanten Erzählungsband »Simultan« einzulösen, womit sie erst wirklich frei ist, »Malina« tatsächlich als Ouvertüre der »Todesarten« bei Suhrkamp zu veröffentlichen (vgl. Bachmann an Unseld am 6.4.1967, 21.4.1967, 26.6.1967, 1.8.1970, SVF).

war sie, zwar noch »deprimiert« über die Verpflichtung, das Franza-Buch beim alten Verlag zu veröffentlichen[8], augenscheinlich in der Lage, die vielen bereits vorhandenen Ansätze, Entwürfe und Ideen im Konzept eines großangelegten Kompendiums zusammenzudenken. Obwohl die Autorin daneben weiter an anderen Büchern und an den Erzählungen »Simultan«, »Ihr glücklichen Augen« und »Gier« schreibt, bleibt seit Beginn der Arbeit an »Malina« der Plan konstant, diesen Roman als ersten Teil eines mehrbändigen Buchs »Todesarten« zu publizieren. Ihre Prognose aus dem Jahre 1956, daß sie für den Roman, den zu schreiben sie sich wünsche, zehn Jahre brauchen werde, hat Ingeborg Bachmann beinahe noch überschritten. Dabei dürfte sie, wenn sie damals vom »Roman« sprach, vor allem an solche Projekte wie die von Musil und Proust gedacht haben, über die sie zu der Zeit ihre Essays schrieb.

2. Galicien und Ägypten:
Herkunft, Urphantasien und archaische Erbschaft

Während die meisten Szenen, zahlreiche Motive und auch einzelne Sätze der »ägyptischen Finsternis« bereits im »Wüstenbuch« präfiguriert sind, das in der Ich-Perspektive gehalten ist, erweitert sich durch die Hinzufügung der zwei Kapitel »Heimkehr nach Galicien« und »Jordanische Zeit« im »Franza-Buch« das Personal zu einer Triade: Franza, Jordan und Martin. In ihr wechselt die Position Franzas zwischen der Tochter-Geliebten im Verhältnis zu Jordan, der als Vater-Imago bezeichnet wird (3/360), und der Schwester-Mutter im Verhältnis zum Bruder. Ihre sichtliche Instabilität ist damit als Oszillieren zwischen sämtlichen denkbaren weiblichen Positionen in der familialen Triade gekennzeichnet, wobei sie sich aufgrund des Plots zwischen zwei Varianten eines indirekten bzw. latenten Inzests bewegt, dem Vater-Tochter- und dem Bruder-Schwester-Inzest. Franza ist damit als Frau gestaltet, der kein fester Ort in der symbolischen Ordnung zu eigen ist. Die Recherche nach der eigenen Geschichte führt sie in zwei unterschiedliche Richtungen: einerseits zurück an den Ort ihrer Her-

---

[8] Bachmann an Unseld am 26.6.1967 (SVF).

kunft, nach Galizien, wo sie auf ihren Bruder trifft, und andererseits in die Wüste, die als Landschaft vorgestellt wird, die jenseits der fixierten Symbole der westlichen Zivilisation liegt – die Wüste »entzieht sich der Bestimmung« – und die eine Reise ermöglicht, die zwischen psychoanalytischer Kur und *rite de passage* anzusiedeln ist. Auf ihr können sich Metamorphose, Wiederholung und Heilung ereignen: »Ich oder Ich. Ich und die Wüste. Oder Ich und das Andere.« Durch den Hinweis auf das Verfahren der »Stellvertretung« und darauf, daß die Schauplätze des Romans im Denken angesiedelt sind, läßt sich die Schreibweise des Franza-Buchs tatsächlich als Archäologie des individuellen und kollektiven Gedächtnisses begreifen oder, mit Freud gesprochen, als phylo- und ontogenetische Reise. Die Symptome Franzas, das »Gehabe«, die hysterischen Hustenanfälle, die Erstickungsangst, all ihre Fehlleistungen machen die Figur zu einem Gedächtniskörper, der eine symptomale Lektüre von Dauerspuren möglich macht. Als Symptomkörper wird Franza zum Medium für die Lesbarkeit der Geschichtsbilder. Und im Verfahren einer Verkörperung ihrer Vorstellungen, Phantasmen und Ängste werden die Störungen Franzas zur »Einfallsstelle für die Dekomposition«, wie es im Text selbst heißt (446). Somit führt der sehr konkret und spannend erzählte Fall der Franziska Ranner-Jordan zugleich auf die Reise durch eine symbolische Topographie, in deren Verlauf die Nachkriegsgeschichte *und* die Kulturgeschichte der »Weißen« gelesen werden.

Mit der Einführung des Bruders Martin als Erzählperson kommt dabei eine professionelle Perspektive ins Spiel. Bei Martin handelt es sich um »einen jungen Mann, einen Geologen, der sich von den Erdzeitaltern umentschließt zu den Zeitaltern und Historiker wird« (TP2/71). Am Übergang von der Geologie zur Geschichtswissenschaft kommt mit diesem Experten für Analysen von Schichtungen, Verwerfungen und Verschiebungen, von »Struktur, Textur, Fundpunkten« eine Betrachtungsweise zum Tragen, die in einem archäologischen Verfahren mündet, das sich letztlich als Lektüre darstellt – vergleichbar dem archäologischen Gedächtnismodell Walter Benjamins:

»Die Sprache hat es unmißverständlich bedeutet, daß das Gedächtnis nicht ein Instrument zur Erkundung der Vergangenheit ist sondern deren Schauplatz. Es ist das Medium des Erlebten wie das Erdreich das Medium ist, in dem die toten Städte verschüttet liegen. Wer sich der eigenen verschütteten Vergangenheit zu nähern trachtet, muß sich verhalten wie ein Mann, der gräbt.«[9]

In Opposition zur Figur des Psychiaters Jordan bezieht sich die Autorin auf eine Tradition der Psychoanalyse, in der es weniger um Pathologie als um eine Theorie der Bedeutung und um eine Entzifferungspraxis geht. Das Wort »Einfallsstelle« klingt dabei wie ein Nachhall jener »Einbruchstellen des sich Zeigenden« aus dem mehr als ein Jahrzehnt zurückliegenden Wittgenstein-Essay, in dem es Bachmann um die Grenze zum Mysterium oder zum Anderen der Logik ging [II.3]. Hat für sie in der Zwischenzeit eine Reformulierung ihres Sprachverständnisses stattgefunden, das das Verhältnis von Dargestelltem und Verborgenem, Zeichen und Magie, Bewußtsein und Unbewußtem nun als dialektisches begreift, so bezieht sich der Topos der Einfallsstelle jetzt zugleich auf die Passage von Freuds Aufsatz »Jenseits des Lustprinzips«, in der die »Einbruchstelle« des Traumas beschrieben ist. Traumatisch nennt Freud darin »solche Erregungen von außen, die stark genug sind, den Reizschutz zu durchbrechen«. Sie verursachen körperlichen Schmerz, weil »dem seelischen Zentralapparat kontinuierliche Erregungen« zuströmen, »wie sie sonst nur aus dem Innern des Apparates kommen konnten«.[10] Aus solcher Verkehrung der inneren und äußeren Erregungen ergibt sich in der Tat die spezifische Empfindlichkeit, die Franzas Wahrnehmungen auszeichnet. Aus ihr leitet sich auch die Konzeption für die Reise durch eine Krankheit bzw. Verwüstung ab, die in den äußeren Schauplatz der Wüste verlagert ist.

Neben der Freudschen Einbruchstelle ließe sich die Wegstrecke zwischen Bachmanns Wittgenstein-Rezeption und dem Konzept eines leiblichen Gedächtnisses, in das sich die Schmerzen und die Male einer (über-)individuellen Gewalt eingeschrieben haben, wie es im Franza-Buch gedacht ist, aber auch über den Umweg einer Schrift Jean Amérys nehmen. In seinem 1966 erstpublizierten Aufsatz »Tortur«, der für Bachmanns letzte Erzählung »Drei

---

[9] Benjamin 1985, VI/486.
[10] Freud 1969–1979, III/239f.

Wege zum See« so bedeutsam werden sollte [VII.5], heißt es in Anspielung auf das Wittgensteinsche Postulat, wonach die Grenzen der Sprache die Grenzen der Welt bedeuten: »Die Grenzen meines Körpers sind die Grenzen meines Ich.«[11] Von dieser Art Grenzverletzung geht die Fallgeschichte Franzas aus, um in einer Grenzüberschreitung des Ich dessen Archäologie in verleiblichten Erinnerungsspuren darstellbar zu machen.

Das ist ein archäologisches Verfahren im buchstäblichen Sinne, das für Bachmann die Schwelle zwischen den Schichten der sedimentierten Naturgeschichte und denen der Zeit bezeichnet. Verschiedene im Nachlaß überlieferte Notizen zeugen davon, daß die Autorin sich im Vor- oder Umfeld des Franza-Buchs in theoretischer Perspektive mit der Geologie beschäftigt hat, und zwar mit einem sichtlich psychoanalytisch geschärften Blick. Die Terminologie, in der hier geologische Phänomene beschrieben werden – es geht u.a. um die Fundstellen, die tektonische Abfolge und die Störungsstelle –, belegt die Denknähe zum Freudschen Vokabular, z.B.:

»Das Bild wird durch scheinbare *Übergänge* gestört!
Neuzeit = *rezente* geologische Ereignisse –
= heute stattfindende!
[...] Kartierungstage. Zu keinem Schluß gekommen, da die Gesteine alle Übergänge aufgewiesen haben, vom extrem basischen Gestein bis zu den reinen Quarziten der Rannachserie.
Das Bild einer klaren Trennung der Gesteine wurde durch scheinbare Übergänge *gestört*, die durch die *Metamorphose* vermutlich hervorgerufen wurden.« (TP2/351, H.v.m.)

Solche Studien sind unmittelbar in die Darstellung des Franza-Buchs eingegangen, und zwar dort, wo sie den Blick des Geologen auf die Lebensgeschichte der Schwester vor Augen führt, z.B.:

»Und ehe Martin von seiner Schwester etwas wissen mochte und zu einem Bild kam, wollte er herausfinden, wie sie auf ihrem Boden beschaffen war, nein, mehr als das, denn den Boden kannte er noch einigermaßen, aber was sich dann überlagert und verschoben hatte, was gewandert war, sich gefaltet

---

[11] Améry 1980, 56.

hatte und was Mächtigkeiten erreichte von solchen Höhen. Schöne Worte hatten sie in der Geologie.« (3/387)

Vergleichbar mit diesen Wortspielen am Übergang zwischen Geologie und (Lebens-)Geschichte liest sich das Bedeutungsfeld der Hieroglyphen im Buch. So studiert der Erzähler Martin in der Eingangsszene zwei unterschiedliche Texte, »die Königskartuschen einerseits (›Kleines Wörterbuch der Ägyptologie‹) und ein Telegramm der österreichischen Bundespost andererseits« (3/344); es handelt sich um das dreiseitige Telegramm seiner Schwester. Die Metapher, daß »er der Champollion sein sollte, der erstmals Helle in eine Schrift brachte, mit der er sich lieber beschäftigen wollte«, verweist auf das beiden Schriften Gemeinsame, ohne es direkt zu benennen. Explizit tauchen die Hieroglyphen erst im Ägyptenkapitel wieder auf, in Form einer »unentzifferbaren Schrift«, als die sich für Franza ihre Sprache des Unbewußten leibhaftig darstellt: »Unter den geschlossenen Lidern lief ein Zeichenband, mit schwarzweißen Ornamenten bedeckt, es lief und lief, und die Hieroglyphen walzten über ihre Augen, unter ihren Augendeckeln« (443). Hat Freud in seiner Traumdeutung die Sprache des Traums mit Hieroglyphen verglichen, insofern die Träume eine Schrift darstellen, in der die Bilder nach ihrem Zeichenwert zu lesen seien, so nimmt Bachmann die Hieroglyphe der Erinnerungsspuren beim Wort, indem sie sie einerseits als ein über die Augen laufendes Zeichenband verleiblicht und andererseits auf die kulturgeschichtliche Urszene ihrer Bedeutung zurückbezieht: auf die Entzifferung der Hieroglyphenschrift, die Jean François Champollion (1790–1832) am Material der ägyptischen Königskartuschen gelungen war. Mit dieser Eingangspassage wird der Franza-Roman als doppelte Leseszene eröffnet – »vor dem Tunnel«, wie es heißt. Während der anschließenden Durchfahrt durch den Semmeringtunnel verwandelt die Handlung sich nämlich in eine psychoanalytische Szene: in die Fahrt des Papiers und der Worte durch die Finsternis, bei der »die Einbildungen und Nachbildungen, die Wahnbildungen und Wahrbildungen ans Licht« rollen. Diese Tunnelfahrt stellt eine Allegorie jener Sprache und Lektüre dar, die jenseits der Tatsachen und der Logik liegen, so daß die Verbindung zwischen Wort und Bedeutung nicht als konventionelles Zeichen decodierbar ist: »Denn die Tatsachen, die die Welt ausmachen – sie brauchen das Nichttatsächliche, um von ihm aus erkannt zu werden.«[12] Erst vom ›Nichttatsächlichen‹ her erschließt sich dem Roman eine Schrift, in der sich Kultur- und Subjektgeschichte (Königskartuschen und Franzas Telegramm) in einem Fluchtpunkt treffen, ebenso wie in den Schriften Sigmund Freuds. Das Kapitel »Heimkehr nach Galicien« ist als Rückkehr zum Ursprung gestaltet, die zugleich den Ursprung von Vorstellungen erhellt. Urphantasien betreffen immer die Frage der Herkunft[13] und gehen damit hinter die individuelle Biographie zurück. Auf der Zugfahrt des Bruders an den Ort der Kindheit

> »stellten sich ihm Bilder von seiner Schwester ein, [...] eine Ranner, eine vulgo Tobai, die letzte aus einer Familie, eine mythische Figur, [...] und für diese Figur suchte er sich zurück in die Kindheit, für die er keine Erinnerung hatte, nur Stichworte, ein paar Augenblicke«. (357)

Wo in seiner Erinnerung »Finsternis. Große Lücke« herrscht, verkörpert die ältere Schwester das Gedächtnis der Familie [IX.4]. Elternlos groß geworden, gibt es für ihn »nur noch Franza«. Während er nicht sicher ist, ob er an der Beerdigung der Mutter teilgenommen hat, hat »sie die Eltern noch gekannt«, auch den vermißten Vater. Gehen dem Bruder während der Fahrt ins Gailtal Bilder und Szenen seiner Schwester durch den Kopf, so findet er bei der Rückkehr ins alte leerstehende Haus der Großeltern »da unten, irgendwo im Süden« seine kranke Schwester vor. Ihr gemeinsamer Aufenthalt dort führt zu einer Vergegenwärtigung der Genealogie, die sich als Besuch bei den Gräbern der Toten darstellt, »weil sie darauf bestand«, wohingegen er »dieser endlosen Agonie der Bedeutungen von Namen« gegenüber gleichgültig ist. Wo er als indifferent, unschuldig und erinnerungslos erscheint, kommt Franza als Verkörperung des Familiengedächtnisses eine andere Rolle zu, in der Wissen und unmögliche Unschuld zusammenfallen: »So verlor sie ihre Begriffe nicht. Sie ging hier nicht unschuldig umher wie er.« Und: »Damals. Immer damals, wovon er nichts wußte.«

---

[12] Vgl. die Bestimmung der Welt durch die Tatsachen in Wittgensteins »Tractatus« 1.1.
[13] Vgl. Laplanche/Pontalis 1992.

Diese Rückkehr ins Gailtal handelt aber nicht nur von der Wiederbegegnung der Geschwister am Ort ihrer Herkunft. Sie ist zugleich als Reinszenierung eines subjektgeschichtlichen Übergangs von der Natur- zur Kulturgeschichte beschrieben, insofern die Metamorphosen der weiblichen Hauptfigur vom Status einer mythischen Figur, einer »Gitsche«, einem Naturwesen namens »vulgo Tobai«, über das sexuelle Erwachen im sogenannten »ersten Frühling« mit der »ersten Liebe«, das historisch mit Kriegsende und Befreiung zusammenfällt, bis zu ihrem Weg nach Wien und in die Ehe erzählt werden. Dabei wird diese letzte Metamorphose nicht nur durch den Erhalt eines anderen Nachnamens angezeigt, sondern auch durch die Umwandlung ihres Vornamens von Franza in Franziska. Daß solche Metamorphosen nicht ohne Überlagerungen und Verschiebungen vonstatten gehen, zeigt sich in der Diskrepanz zwischen Sprache und Schrift. Während Franziska die Sprache der Wiener Gesellschaft ohne Mühe gelernt hat, erinnern ihre Briefe den Bruder an »Franzas Kinderschrift«: ihre Schrift sei offenbar bei Kriegsende abgeschlossen gewesen. Im Medium dieser gleichsam vorzivilisierten Schrift ist ihr Denken damit noch einem anderen Zustand verhaftet, der aus Martins Sicht als altertümlich erscheint. »Jemand wie Franza, so ein Fossil, das mußte ja leben in der Magie und in Bedeutungen.«

Als imaginäre Szenerie weist sich diese erinnerte Herkunftsgeschichte bereits dadurch aus, daß der Herkunftsort der Ranner-Geschwister mit der Lokalisierung »zwischen Tschinowitz und Galicien«[14] in jene entstellte Topographie verlegt ist, in der das Kärntner Gailtal und Czernowitz/Galizien ineinander geschoben sind [VII]. Das geologische Bild der Faltungen und Verschiebungen betrifft also nicht nur das Bild der Schwester, sondern auch das des Ortes, an den diese Heimkehr zurückführt. Die »Heimkehr nach Galicien« folgt mit dieser symbolisch beschriebenen Genealogie dem Muster der Urphantasien im buchstäblichsten Sinne: als Legende über Herkunft und Ursprung, die zugleich die Urszene der Phantasien darstellt, in denen die »Lücken der individuellen Wahrheit mit prähistorischer Wahrheit ausgefüllt« werden müssen[15]. Kommt durch das Motiv der Elternlosig-

---

[14] In manchen Entwürfen schreibt sich der Ort auch »Gallizien« (TP2/362).
[15] Freud 1969–1979, I/362. Vgl. zu den Urszenen der Biographie VI.3.

keit der Geschwister die Illusion, Genealogie als Abstammung und lückenlose Entwicklung rekonstruieren zu können, gar nicht in Betracht, so reicht die prähistorische Wahrheit ohnehin stets weiter zurück ins Gewesene als bis zu den Eltern der persönlichen Vorzeit.

In die Prähistorie im wörtlichen Sinne tritt der Roman dann mit dem dritten Kapitel ein, in dem die Gestalt Franzas selbst in die Position der Lektüre rückt und zu derjenigen wird, die vor der Aufgabe der Entzifferung steht. In der »ägyptischen Finsternis« treffen Franzas Augen und die stimmlose ›Rhetorik‹ der Wüste aufeinander:

> »Die Augen und die Wüste fanden zueinander, die Wüste legte sich über die Netzhaut, [...] Wie sanft ist die Überredung der Wüste, die ihre feinen Zeichnungen ausspielt. Was suchst du in dieser Wüste, sagte die Stimme in der Wüste, in der nichts zu hören ist.« (425)

Doch gilt dort die Wahrnehmung Franzas, »eine Wilde, die aufzuleben begann, wo ihm der Mut sank«, nicht nur den Augenblicken jener bereits thematisierten Magie, die einer vorhistorischen Sprache angehört [IX.3]. Ebenso stößt sie in mehreren Szenen auf die Momente einer Zivilisationsgeschichte, die sich als Serie von Auslöschung, Beraubung und Zerstörung darstellt. Hierzu zählt die Episode im Tal der Könige mit den Königsgräbern, wo Franza »die Zeichen leicht lesen« lernt, »keine Botschaft, aber eine Geschichte«, wo sie sich über die Entfernung der Toten aus ihren Gräbern empört, »die Gräber geschändet«, und wo sie die vom dritten Tuthmosis ausgekratzten Zeichen am Tempel der Hatschepsut als Spuren einer »Zerstörungswut« und eines »Auslöschenwollens« entziffert: »Sie ist abzulesen, weil da nichts ist, wo sie sein soll.« Und dazu gehört auch die Szene im Mumiensaal des Museums, in der es um den anderen Teil der geschändeten Gräber, die zu Ausstellungszwecken präsentierten Toten, geht und in der Franza eine Geste der Rückgabe imaginiert, eine Rückkehr der Toten in ihre Gräber, an *ihren* Ort: »Dies ist die Rückgabe. Dies ist die Wiederherstellung.«

Wie im Galicien-Kapitel das Familiengedächtnis den Weg über den Friedhof und die Gräber der Vorfahren nimmt, so sind die enteigneten Toten der Vorzeit[16] im Ägypten-Kapitel Bestandteil einer archaischen Erbschaft bzw. phylogenetischen Erinnerung, wie Freud sie in seiner Schrift »Der Mann Moses und die monotheistische Religion« begründet hat. Darin wird das Phänomen der »Vererbung einer Denkdisposition« jenseits aller biologischen Modelle als ein über einzelne Generationen hinausreichendes Gedächtnis begriffen und die archaische Erbschaft mit »Erinnerungsspuren an das Erleben früherer Generationen« erklärt, die unabhängig von direkter Mitteilung sind.[17] Damit hat Freud das Konzept eines transgenerationellen Gedächtnisses begründet, in dem die archaische Erbschaft als Bearbeitung des Verdrängten vorangegangener Generationen bestimmt ist. »Sicherlich ist aber von entscheidender Bedeutung die Erweckung der vergessenen Erinnerungsspur durch eine rezente reale Wiederholung des Ereignisses.«[18] Die ganze Reise Franzas durch die ägyptische, sudanische und libysche Wüste, durch die symbolische Topographie einer Prähistorie, ließe sich als Reihe von Stationen solcher Wiederholungen nachzeichnen, oder wie es in Bachmanns Roman heißt: »Die Wiederholung. Die Stellvertretung.« Nur daß Franza gleichsam eine verkehrte Stellung in der Wiederholung einnimmt. Was anderen vor ihr und was ihr in Wien geschah, wird *an ihr* wiederholt, während es ihr eigenes Agieren ist, das diese Wiederholung überhaupt erst in Gang setzt.

Es ist aber nicht nur das Thema der Phylogenese, durch das Bachmanns Roman mit Freuds Mann-Moses-Schrift korrespondiert. Es ist auch die ägyptische Szenerie als Geburtsstätte eines Monotheismus, den Freud als Vaterreligion analysiert hat, die im Franza-Buch wiederkehrt. Wo es bei Freud um eine Erklärung zum Ursprung einer monotheistischen Gottesvorstellung geht, da begegnet Franza am selben Ort ihrem Gottesbild, das allerdings als säkularisierte Variante einer Vaterreligion erscheint – ihr buchstäblich erscheint und zusammenstürzt. Als Wüstenhalluzination inszeniert, verdichten sich die Bilder eines Mannes im

---

[16] Dabei assoziiert das Bild der enteigneten Toten und geschändeten Gräber, nicht nur wegen der Körner-Geschichte, auch die Toten der NS-Vernichtungspolitik.
[17] Freud 1969–1979, IX/546.
[18] Ebenda, 548.

weißen Mantel, ihres Vaters und Gottes in einem Phantasma und werden destruiert. Genau dies ist die »Einfallsstelle für die Dekomposition: wer bin ich, woher komme ich, was ist mit mir, was habe ich zu suchen in der Wüste«. Wenn nach dem Zusammenstürzen dieser Wahnbildungen die arabische Wüste »von zerbrochenen Gottesvorstellungen umsäumt« ist, dann geht damit auch eine Dekomposition jenes Ich einher, das an eine dreifaltige Gottesvorstellung (Mann-Vater-Gott) gebunden und ihr als Subjekt buchstäblich unterstellt war. Und zwar aufgrund eines gläubigen Gebundenseins an eine Instanz und an ein Denken, das, wie es in der Vorrede heißt, zum Verbrechen und zum Sterben führt, oder im Kapitel »Jordanische Zeit«: »Ich hing mich [...] an seine Gedankenleitung.«

Von hier aus wird die Figur des Vaters im Traumkapitel von »Malina« verständlich, zu dem bekanntlich jene Traumszene aus den Entwürfen zur »Jordanischen Zeit« einen Übergang bildet, in der der Traum als großer Dramatiker bezeichnet wird: »Deine flottierende Angst, für die du keinen Grund weißt, spielt dir eine Geschichte vor, daß dir Hören und Sehen vergeht« (3/412). Schon im »Wüstenbuch« findet sich der Satz: »Ich habe an meinen Mörder geglaubt, wie an meinen Vater« (TP1/277). D.h. der Glaube des Ich, der denjenigen, der es mordet, in eine Gott-ähnliche Position rückt, legt den Vergleich mit dem Vater nahe und ist dafür verantwortlich, daß im Traumkapitel die Namen von Vater und Mörder vertauschbar sind. Nur weil das Ich an das glaubt, wodurch es negiert wird, erscheint ihm der Mörder in der Gestalt des Vaters [X.4].

Worauf genau sich die »katastrophale Einsicht« bezog, die Bachmann im November 1966 zum Abbruch des Franza-Romans bewog, läßt sich nur vermuten. Neben der Fixierung Franzas in einer Opferposition – trotz aller Anstrengung einer symbolischen Verortung der Figur – und neben der Problematik eines positiven Mysteriums könnte auch das Moment einer quasi-feministischen Trinitätskritik (Mann-Vater-Gott) dazu gehören, welches allzu leicht als Botschaft interpretiert werden kann. Auffällig ist jedenfalls, daß die Komposition des Romans, der aus dem Abbruch von »Franza« hervorgegangen ist, in einer Vervielfältigung der Triade gründet, in der die Stellung des Ich dann differenzierter dargestellt werden kann [X.3].

Ein anderes Anschlußmotiv zum »Malina«-Roman bildet die Archäologie des Ich. Sie wird in »Malina« durch eine andere Art Krankheit, durch eine Form pathologischer Erregung mit Namen Liebe in Gang gesetzt. Dort ist es die Liebe zu Ivan, der die höchste Auszeichnung verdient »dafür, daß er mich wiederentdeckt und auf mich stößt, wie ich einmal war, auf meine frühesten Schichten, mein verschüttetes Ich freilegt« (3/36). In den Fragmenten zum Franza-Buch steht dafür die Episode mit dem Geliebten Ödön Csobadi, in der das Musik-Motiv »O alter Duft aus Märchenzeit [...] All meinen Unmut geb ich preis« erstmals auftaucht (TP2/234ff.). Die Musik als Urszene eines Zustands der Liebe, in dem das Leben zur Poesie wird, berührt aber nur die eine Seite der Liebe, während die »pathologische Erregung« gleichen Namens, von der im einzig abgeschlossenen und publizierten Roman die Rede ist, immer auch in die Auflösung und den Verlust des Ich umzukippen droht.

3. »Malina«: die Voraussetzungen des Romans und die Vervielfältigung der Triade

Ein weiterer Aspekt von Bachmanns eigenem Ungenügen am Franza-Manuskript könnte darin zu suchen sein, daß die Reflexion literarisch-sprachlicher Momente dort hinter die symbolische Struktur zurückgetreten ist. Das ändert sich im Roman »Malina«, in dessen Schreibweise und Komposition ständige Reflexionen auf Genre-, Diskurs- und Sprachmuster eingeschlossen sind. Darüber hinaus ist die Bedeutung der Musik für den Roman nicht nur im Thematischen zu suchen, sondern auch in jener Vielstimmigkeit, die dem Text seine ganz eigene Tonlage verleiht. Schon in den ersten Entwürfen, in denen die Musik eine wichtige Rolle spielt, steht sie zwischen den zwei Polen, Sprache der Leidenschaft und Tektonik: »Malina möchte schreiben, wie Musik ge[...] wird.« »Malina ist für Tränen, weint aber nie, [...] Bewundert nur 2 Dinge, Musik und Architektur« (TP3.1/13f.).[19] Tatsächlich ist es das Zusammenspiel der präzis gebauten, theore-

---

[19] Vgl. die ausführliche Darstellung zur Schreibweise der Musik in »Malina« in Caduff 1998.

tisch stimmigen Komposition mit einer leidenschaftlichen, poetischen Sprache, das die Qualität des Romans vor allem ausmacht.

Die Genrebezeichnung Roman trifft den Text nur bedingt. So operiert etwa der Anfang, der den drei Kapiteln vorausgeht, mit Momenten des Dramatischen: Personenregister und Erörterung von »Einheit der Zeit« und »Einheit des Ortes« (3/13). Und auch die drei Kapitel zitieren immer wieder szenische Formen: die Telephonszenen,[20] die Dialoge zwischen Malina und Ich, die Theaterbezüge im Traumkapitel. »Mein Vater ist zum Theater gegangen. Gott ist eine Vorstellung.« Damit geht es im Roman also um die Darstellung von Vorstellungen. Während aber Einheit von Ort und Zeit (Wien, heute) gewahrt sind, gilt das für die Einheit der Person und die der Handlung keineswegs. Die Eintragungen des Personenregisters im Vorspann (Name, Alter, Herkunft, Beruf, Staatsbürgerschaft, Aussehen, Adresse) entsprechen auch weniger einem Theaterzettel als dem Muster eines Fahndungsplakats oder den Blättern einer Personalakte. Diese deutliche Nähe zur erkennungsdienstlichen Personenbeschreibung wird noch betont durch das Verfahren der Durchstreichung. Nicht nur bleibt das Ich namenlos, womit die Autorin der Strategie der Namensverweigerung folgt, die sie in ihrer Vorlesung über Namen für die Literatur Kafkas diskutiert hatte: als »Verweigerung all dessen an K., was ihn berechtigen könnte, einen Namen zu tragen. Herkunft, Milieu, Eigenschaften, jede Verbindlichkeit, jede Ableitbarkeit sind der Figur genommen« (4/242). Eine solche Verwerfung von Identität wird für das Ich in »Malina« noch durch die Geste des Durchstreichens ihrer Erkennungsmerkmale überboten: »Beruf, zweimal durchgestrichen und überschrieben, Adressen, dreimal durchgestrichen«. Wenn dieses Ich dann trotzdem als Erzählstimme auftritt – wie im Genre der Autobiographie –, dann wird das Spiel mit der Identität im Personenregister als Anspielung auf Bekenntnisrhetorik und Geständniszwang erkennbar, die die Anfänge der autobiographischen Gattung im Kontext einer Ge-

---

[20] Die Theatralität des Telephonierens ist spätestens seit Hofmannsthals Stück »Der Schwierige« (1921) eingeführt. Als weiterer Bezug für die monologische Liebessprache am Telephon wäre Cocteaus Stück »Die geliebte Stimme« (1930) zu nennen.

schichte der ›Polizierung des Subjekts‹ im 18. Jahrhundert kennzeichnen.[21]

Dennoch ist Bachmanns Text nicht einfach eine Antiautobiographie. Eher ließe er sich als verkehrter autobiographischer Roman verstehen, der, vom Ende her gelesen, die Voraussetzungen dieses Genres reflektiert. So wird die Identität von Autorname und Ich-Erzähler, über die normalerweise der ›autobiographische Pakt‹[22] hergestellt wird, aufgebrochen und ein Dritter dazwischengestellt, die Titelfigur Malina. Zum Helden der vom Ich erzählten Geschichte wird diese Titelfigur aber erst in der Schlußszene des Romans, nachdem das Ich in der Wand verschwunden ist und dadurch dem Herrn der Erzählung, »Herr von Malina, Euer Gnaden, Magnifizenz! (crescendo) Eure Herrlichkeit und Allmächtigkeit«, seinen Platz überlassen hat. Damit der Erzähler Herr im Haus des Ich werden kann, muß also sein Mitbewohner, die Stimme der Erregung im Heute, verschwinden bzw. geopfert werden. »Malina« erzählt damit den Bildungsroman des Erzählers, indem er dessen Voraussetzung mimetisch nachbildet: den Tod eines Ich, »das solcher Leidenschaften und Leiden fähig war«, aber dem ›grausamen Gesetz der Kunst‹ zum Opfer fällt (4/177), wie es im Proust-Essay hieß [IV.2]. Dessen Überlegungen sind nun, konkreter und differenzierter auf die Autobiographie bezogen, in die Komposition des Romans eingegangen. »Malina« ist – von der Autorin selbst als »geistige, imaginäre Autobiographie« bezeichnet (GuI 73), in der aber keine Lebensläufe oder Geschichten erzählt werden – eher als Bildungsroman jener imaginären Konstruktion zu lesen, als die sich die Gattung des autobiographischen Romans darstellt.

Die »Gewinnung« der überlebenden und überlegenen Titelfigur, der am Schluß das Mandat, die Geschichte zu erzählen, übergeben wird, d.h. der Sieg dieses Er über das Ich, das über dreihundert Seiten mit seinen Affekten, Ängsten und seinem Begehren gerungen hat, um dann abzutreten – diese Romanstruktur trifft sich mit den Thesen Roland Barthes' zur »Schreibweise des Romans« als Endpunkt einer Bemühung: »Das Erscheinen des ›Er‹ ist

---

[21] Zum Zusammenhang von Autobiographie und Erkennungsdienst vgl. Schneider 1986.

[22] Lejeune 1994.

hier nicht Ausgangspunkt der Geschichte, es ist der Endpunkt einer Bemühung, durch die aus einer persönlichen Welt der Stimmungen und Bewegungen eine reine bedeutungsvolle Form freigelegt worden ist.«[23] Und auch der letzte Satz des Romans – »Es war Mord« – folgt Barthes' These, daß der Roman, der einen Sieg des Er über das Ich darstelle, ein Tod sei: »Der Roman ist ein Tod; er macht aus dem Leben ein Schicksal, aus der Erinnerung einen nützlichen Akt und aus der Dauer eine gelenkte bedeutungsvolle Zeit.«[24] Auch die Zeitstruktur von »Malina« also bewegt sich im Rahmen dieser Analyse. Ohne Genealogie und Namen spricht die Stimme des weiblichen Ich in einem ›Heute‹, das als Stillstand eines Jetzt erscheint, denn es »wird bis zum letzten Augenblick für mich ›heute‹ sein«. Da sich sinnvolle Einheiten immer erst aus der Perspektive einer Nachträglichkeit ergeben, entfällt mit dem Ausfall des Rückblicks auch die Bedingung zum Erzählen einer sinnvollen Geschichte. Blockiert dieses ›Heute‹, das aus dem Kontinuum der Zeitabfolge und Chronologie herausgebrochen ist, einerseits die Möglichkeit zum Erzählen, so stellt es andererseits die Schwelle zum Modus einer Erinnerung dar, die nicht »die gewöhnlichen Erinnerungen meinte, Zurückliegendes, Abgelebtes, Verlassenes«, sondern mit dem Namen einer »verschwiegenen Erinnerung« auf dasjenige verweist, was *in* den gewöhnlichen Erinnerungen vergessen, verschwiegen oder vergraben bleibt. Aus diesem Zusammenhang leitet sich eines der Leitmotive ab, das den Roman durchzieht, die Unvereinbarkeit von Erinnern und Erzählen: »Ich will nicht erzählen, es stört mich alles in meiner Erinnerung.«

Anstelle einer Thematisierung der Barthesschen Romananalyse oder einer ideologiekritischen Reflexion komponiert der Text aber eine Gegenbewegung zur Genese des Romans, vollzieht er eine Umkehr gegenüber dem literaturtheoretischen Diskurs und nimmt in literarischer Gestalt eine gleichsam verkehrte Darstellung der Gattung Roman vor. Insofern ließe sich Bachmanns Roman auch als Nachahmung der »wilden Entstehung« einer Vernunftform begreifen, um auf diese Weise – ähnlich wie Hölderlin, der beabsichtigte, »das Orientalische«, das die griechische Kunst

---

[23] Barthes 1959, 45.
[24] Ebenda, 48.

verleugnet habe, mehr herauszuheben[25] – das, was die Stimme der Vernunft verleugnen muß, zu retten und ihm eine Stimme zu leihen. Denn in eben dieser Weise wird das Ich im Verhältnis zu Malina beschrieben, als »eine unvermeidliche dunkle Geschichte, die seine Geschichte begleitet, ergänzen will, die er aber von seiner klaren Geschichte absondert und abgrenzt«. Nimmt das Ich also der Gestalt Malinas gegenüber die Position des Anderen ein – »Ich bin eine Andere« (3/311) –, so sind es dennoch Stimme und Erinnerungen dieses Ich, die den Text über weite Strecken dominieren. Entsprechend kommentiert die Autorin im Hinblick auf die Bezeichnung des Romans als Ouvertüre eines mehrbändigen Buchs dasjenige, was auf »Malina« folgen wird, mit den Worten: »Malina *wird* uns erzählen können, was ihm der *andere Teil* seiner Person, das Ich, hinterlassen *hat*« (GuI 96, H.v.m). Wenn Malina dagegen in der Rezeption gerne als *alter ego* des Ich gedeutet wird, dann geht darin die Figur der Umkehr gerade verloren. Vielmehr ist das Ich das Andere von Malina, und als solches geht es dem Erzähler voraus; es wird gewesen sein, wenn er erzählen wird.

Auch sind hinsichtlich ihrer Eigenschaften Malina und Ich als Verkörperungen einer Dialektik der Aufkärung gestaltet: Ich voller Staunen, er »ohne Verwunderung«, das Ich besessen von Leidenschaften, Sehnsüchten, Ängsten und Erinnerungen, Malina erregungs- und bindungslos, aber zuverlässig in allen Dingen des Überlebens und in beständiger Sorge um das Ich – bis hin zur Tötungsaufforderung: »Malina flüstert in mir: Töte sie, töte sie«, d. h. Ivan und dessen Kinder, an denen das Herz des Ich hängt. Dabei folgt dieses Verhältnis einer spezifischen Geschlechterdramaturgie, ohne daß sie in einen einfachen Mann-Frau-Gegensatz zu übersetzen wäre:

> »Malina und ich, da wir einander so unähnlich sind, so verschieden, und das ist nicht eine Frage des Geschlechts, der Art, der Festigkeit seiner Existenz und der Unfestigkeit der meinen. Allerdings hat Malina nie ein so konvulsivisches Leben geführt wie ich.« (22)

---

[25] Hölderlin 1992, Bd. II/375 u. 925.

Malina ist also die Personifikation einer Instanz der Selbsterhaltung, die dem Helden von Horkheimer/Adornos »Dialektik der Aufklärung« ähnelt.

Mit Blick zurück auf Bachmanns frühere literarische Transpositionen dieses Modells in »Das Lächeln der Sphinx« und »Undine geht« läßt sich die Figuration Ich – Malina noch einmal präzisieren. Während in der Gestalt der Sphinx der mythische Charakter des Anderen in der Erzählung und Rede über sie wiederholt wird und andererseits in der Gestalt der Undine, die eine Mischung aus mythischer und Kunstfigur darstellt, das Andere selbst spricht, hat sich die Konstellation im »Malina«-Roman differenziert. Damit hat Bachmann eine dritte Position in die Dialektik der Aufklärung eingeführt, mit dem Effekt, daß sich das Andere nicht nur verdoppelt, sondern vervielfacht. So gelingt es ihr, der Gefahr einer Gleichsetzung von Mythos und Weiblichkeit zu entgehen. Statt dessen bringt sie in der triadischen Konstellation des Romans den unmöglichen Ort eines weiblichen Subjekts und einer weiblichen Autorschaft zur Darstellung. Während nämlich für das männliche Subjekt das Andere der Vernunft den Fluchtpunkt von Verdrängung *und* Faszination bildet und in den Bildern von Natur, Wildnis und Weiblichkeit sowohl die Momente der verdrängten inneren und äußeren Natur als auch die Objekte des Begehrens verkörpert werden, treten mit der Einführung eines weiblichen Subjekts in die Dialektik der Aufklärung verschiedene Bedeutungen des ›anderen‹ auseinander: die des begehrten Wissens, die des Anderen der Vernunft, das zugleich auf die Herkunft des Eigenen verweist, und die des Anderen als Objekt des Begehrens.

Dem entspricht die Figurenkonstellation. Einerseits tritt das Ich im Verhältnis zu Malina, der zwar als männlich, aber sexuell indifferent gezeichnet ist, in einen Dialog mit der Stimme der Vernunft und des Überlebens. Andererseits vertritt Ivan den Anderen, von dem das Ich begehrt, begehrt zu werden. Ivan ist dem Ich buchstäblich der »Statthalter für die Ursache des Begehrens«,[26] »Losungswort« der Liebe und Sehnsucht: »Ich werde siegen in diesem Zeichen.« Das Kapitel »Glücklich mit Ivan«,[27] das von diesem Zeichen beherrscht ist, inszeniert die Sprache der Liebe als

---

[26] Lacan 1975, 128.
[27] Im Entwurf hieß es zunächst »Glücklich schlafen mit Ivan«.

magisches Spiel der Namen – »unsre identischen, hellklingenden Anfangsbuchstaben« – und als Glücksversprechen, das aus der Perspektive des Ich einer Hoffnung auf Erlösung und Auferstehung gleichkommt, »um die ersten zerstörten Zusammenhänge wiederherzustellen und die Probleme zu erlösen, [...] da wir die Auferstehung wollen und nicht die Zerstörung«. Aus der Liebe zu Ivan entsteht auch der Wunsch, »ein Tabu wiederherzustellen [...] damit nichts *profaniert* wird und die ersten Kühnheiten und die letzten sanften Ergebenheiten wieder eine Chance haben« (33, H.v.m.). Durch die biblische Wortwahl wird die Liebe, u.a. als intime Wiederholung einer Schöpfungsgeschichte – »wenn Ivan auch gewiß für mich *erschaffen* worden ist« (H.v.m.) –, gleichsam geheiligt. So geht von ihr auch das Versprechen auf Heilung aus: »Aber weil Ivan mich zu heilen anfängt, kann es nicht mehr ganz schlimm sein auf Erden.«

Ein wichtiger Aspekt der Liebesgeschichte in »Malina« ist zudem die Einführung des Geliebten als »Fremder«, nicht im üblichen Wortsinn, sondern ausdrücklich als kulturell Fremder. Ivan kommt aus Ungarn, und die gelegentlichen Einsprengsel ungarischer Worte (46, 123) oder Lieder (133) tragen zur Faszination der Geschichte bei, insofern sich darin Sprachmagie und Liebesmagie überkreuzen. Wie schon in vorausgegangenen Liebesentwürfen, z.B. in der »Geschichte einer Liebe« [IV.4], aber auch in der später geschriebenen Erzählung »Drei Wege zum See«, ist die Beziehung hier an der Schwelle zwischen Zentral- und Osteuropa angesiedelt. Und der gelegentliche Austausch slowenischer oder »windischer« Worte zwischen dem Ich und Ivan spielt wiederum auf die Herkunft aus einem Stück Europa an, das in die osteuropäische Hemisphäre hineinragt.

In diese Imagination eines gleichsam mystischen Szenarios der Liebe brechen nicht nur die banalen Satzgruppen ein, die bei den Begegnungen und Telephongesprächen ausgetauscht werden, sondern auch jene sprachlichen Dissonanzen, die sich als Differenzen in einer geschlechtsspezifischen Dramaturgie der Liebe ausweisen und z.B. in Bedeutungsverschiebungen ein und derselben Formulierung zum Ausdruck kommen. Wenn beide in bezug auf ihre Liebe davon reden, daß es für »das ganze Leben« sein wird, dann spricht Ivan von einer Dauer, von der Projektion der Beziehung in eine lineare Zeit, während das Ich das ganze Leben in Form von

Intensität und Absolutheit meint, im Sinne jener als Stillstand erlebten Jetztzeit, die Benjamin »Modell der messianischen« Zeit nennt.[28] Diese Ungleichzeitigkeit im Liebesdiskurs führt für das Ich zur Unmöglichkeit, seinem Begehren Ausdruck zu verleihen:

> »Ich kann nur meiner Freude und meinem Leben, das Ivan heißt, nicht sagen: du allein bist die Freude und das Leben! da Ivan mir sonst noch schneller abhanden kommen könnte, der mir manchmal schon abhanden kommt, und das merke ich an diesem ständigen Entzug von Freude in diesen Tagen.«
> (3/279)

Mit dem Entzug, dem Entschwinden des Zeichens bzw. des Anderen in der Sprache des Begehrens, steht aber auch die Existenz des begehrenden Ich in Frage, wie dies vor allem im dritten Kapitel in den kontrovers geführten Dialogen mit Malina formuliert wird. Darin geht es um ein Überleben, bei dem Malina *an die Stelle* des Ich tritt und in dem sich die Bedeutung des Sieges vollständig verkehrt hat, vom Ausdruck einer Erlösungshoffnung im Liebesdiskurs zum Sieg über das begehrende Ich:

»Ich: (con brio) Siegen! Wer spricht denn hier noch von siegen, wenn das Zeichen verloren ist, in dem man siegen könnte.
Malina: Es heißt immer noch: siegen. Es wird dir ohne einen einzigen Kunstgriff gelingen und ohne Gewalt. Du wirst aber auch nicht mit deinem Ich siegen, sondern –
[…]
Was du willst, zählt nicht mehr. An der richtigen Stelle hast du nichts mehr zu wollen. Du wirst dort so sehr du sein, daß du dein Ich aufgeben kannst. Es wird die erste Stelle sein, auf der die Welt von jemand geheilt ist.
[…]
Ich: (tempo giusto) Aber ich fange es doch erst zu lieben an.«
(3/313)

Die Figurentriade Ich–Malina und Ich–Ivan, in der für das Ich unterschiedliche Gegenüber auseinandergetreten sind, stellt in Bachmanns Roman eine für das Ich unmögliche, wenn nicht tödliche Dramaturgie dar, die als Unvereinbarkeit von Leben und

---

[28] Benjamin 1980, I.2/703.

Überleben erscheint und auf die in immer wieder variierten Wendungen hingewiesen wird:

»Ich lebe in Ivan./ Ich überlebe nicht Ivan.« (3/45)
»Ivan und ich: die konvergierende Welt./ Malina und ich, weil wir eins sind: die divergierende Welt.« (126)
»... denn ich brauche mein Doppelleben, mein Ivanleben und mein Malinafeld, ich kann nicht sein, wo Ivan nicht ist, aber ebensowenig kann ich heimkommen, wenn Malina nicht da ist.« (284)
»Ich habe in Ivan gelebt und ich sterbe in Malina«. (335)

4. Träume und Traumatisierungen

Doch zusätzlich zu dieser komplexen Figurenkonfiguration findet sich das Ich im Traumkapitel noch in einer weiteren Triade wieder, in der ödipalen Triade der Psychoanalyse. Hier werden in einer Sprache, die die Strukturen des Unbewußten nachahmt, traumatische Szenen gezeigt, in denen es um die psychosexuelle ›Tochter‹-Position unter dem Gesetz des Vaters geht. Unterhält das Ich mit dem Hinweis auf seine Störungen und Ausfälle in den anderen Kapiteln eine Nähe zur Sprache des Unbewußten, so ist die Dramaturgie des Traumkapitels, wie schon Franzas Reise, dem Verfahren einer analytischen Kur ähnlich. Eingeführt wird das Kapitel als Nachtseite einer Existenz im Heute der Erregungen: »Es sind die Träume von heute nacht.« Und die Traumszenen führen das träumende Ich an einen anderen Ort: »Der Ort ist diesmal nicht Wien. Es ist ein Ort, der heißt Überall und Nirgends.« Die folgende Serie von 34 Traumbildern, die, der Freudschen »Traumdeutung« folgend, die Träume als Bilderschrift und als Arbeit der Entstellung und Verdichtung darstellt, steht aber nicht allein, sondern sie wird mehrfach durch Dialoge zwischen Ich und Malina unterbrochen. Diese Gespräche im Moment des Erwachens stellen sich als Widerstreit zwischen zwei entgegengesetzten Perspektiven dar: hier der Deutungswille Malinas, dort der Wunsch des Ich, sich etwas zeigen zu lassen, ohne es in eindeutige Diagnosen oder Urteile zu übersetzen. Gegen die Warum-Fragen, die Malinas Rede hier durchgehend bestimmen, behauptet das Ich eine andere Weise des Umgangs mit Träumen, die man als einen anderen Modus von Erkenntnis betrachten muß:

»Ich: Ich träume, aber ich versichere dir, daß ich zu begreifen anfange. Damals fing ich auch an, alles, was ich las, entstellt zu lesen.« (209)

»Ich: [...] aber man kann doch nur erzählen, was man sieht, und ich habe dir genau erzählt, wie es mir gezeigt worden ist.« (236)

Hier wird also am Übergang zwischen Wachen und Traum, zwischen Bewußtsein und Unbewußtem, eine Kontroverse ausgetragen zwischen dem Herrn der Erzählung und der Verteidigerin einer anderen Sprache.

Dabei steht dieses Traumkapitel, das Bachmann selbst als Herzstück ihres Romans bezeichnet hat, zwischen zwei Kapiteln, die beide durch die Abwesenheit eines Dialogs zweier einander antwortender Stimmen geprägt ist, durch den Mangel eines Gesprächs zwischen dem Ich und einem Gegenüber. Ist »Glücklich mit Ivan« weitgehend monologisch gestaltet, insofern die Sprache der Ich-Erzählerin im Kontext eines Liebesdiskurses auf den Anderen als Objekt des Begehrens bezogen ist, ohne noch mit einer Antwort zu rechnen, so wird das damit verbundene Pathos durch karnevaleske Entstellungen konterkariert. Sie ereignen sich in der sprachlichen Beziehung des Ich zur Umwelt, z.B. in den ›Geschäftsbriefen‹ einer Schriftstellerin und im Mühlbauer-Interview [X.5]. Dagegen werden die Gespräche im Kapitel »Von letzten Dingen« von einer Sprache der Dialogizität im Sinne Bachtins, einer polyvalenten Sprache geprägt. Durch eine Bedeutungsdifferenz, die in der Bezugnahme beider Stimmen auf die gleichen Wörter und Wendungen hörbar wird, kommt eine Mehrdeutigkeit zum Ausdruck, die mit der konfliktreichen Beziehung zwischen dem ›Einen und dem Anderen‹ zusammenhängt. Wenn dabei »Zeichen einer fremden Bedeutungsposition«[29] in die Worte des Ich eindringen, sind Dialogizität und Polyphonie als Elemente der Selbstreflexion einer Person zu verstehen: »Malina und Ich, weil wir eins sind: die divergierende Welt«.

Mit seiner Vervielfältigung der Platzhalter und Sprachen des

---

[29] Bachtin 1985, 105.

Anderen scheint mit dem polyphonen Roman »Malina« innerhalb der Arbeit am »Todesarten«-Projekt auch eine Grundlage gegeben, um einen weiblichen Ort im Gedächtnis der Nachgeschichte von Krieg und Nazismus problemgerecht darzustellen. Die bereits zitierte Passage aus dem Franza-Fragment über den Traum als großen Dramatiker hat die Möglichkeit eines anderen Zugangs zum Nazismus eröffnet, eines Zugangs, der die ›grundlos‹ flottierende Angst ins Spiel bringt und so den Diskurs rationaler Erklärungen, die Suche nach Ursachen und Begründungen, überschreitet. Denn erst über die »Annullierung der Rationalitätsannahmen«[30] – »Nicht einmal einen Grund, da jeder hinfällig geworden ist« (208) – wird eine Ahnung von der verdrängten Geschichte möglich, die auch die weniger eindeutigen Verwicklungen einschließt. Im Traumkapitel wird dies im Topos des »Spurenverwischens« thematisiert: »Ich habe die Spuren verwischt, falsch ausgesagt«, was Malina sofort in einen eindeutigen *Tat*bestand übersetzt: »Warum hast du ihn gedeckt?« Aber nur jenseits eines juristisch-moralischen Schulddiskurses ist es dem Ich möglich, sich in den eigenen Träumen mit den ambivalenten Bindungen an die Vergangenheit und an deren Protagonisten zu konfrontieren.

Im Traumkapitel hat Bachmann damit Probleme thematisiert, die erst in den späten achtziger Jahren auf den Begriff gebracht werden sollten,[31] als Psychoanalytiker Traumatisierungssymptome auch auf seiten der Nachkommen der (Mit-)Täter beobachtet und als »generationsübergreifendes Fortwirken des Nationalsozialismus«[32] gedeutet haben. Dabei geht es um verschiedene

---

[30] »Insofern bedarf die Darstellungsanstrengung hinsichtlich des Nationalsozialismus beziehungsweise der Massenvernichtung einer negativen Historik. Einer negativen Historik insofern, als man sich erst der Annullierung der Rationalitätsannahmen in der historischen Rekonstruktion bewußt sein muß, bevor man sich dem Unternehmen der Historisierung anvertrauen kann – oder anders: des Verlusts an Vorstellungskraft wegen gilt es Auschwitz zuerst zu denken bevor es historisch geschrieben werden kann« (Diner 1991, 319).

[31] Initiiert vor allem durch den 34. Internationalen Psychoanalytischen Kongreß 1985 in Hamburg.

[32] Für diese Form transgenerationeller Traumatisierung, die vor allem als Effekt des Verschweigens beschrieben wird, vgl. zusammenfassend Bohleber 1990.

Formen der Verleugnung, Abwehr und Entwirklichung der Vergangenheit, aufgrund derer das Abgespaltene, u. a. die verdrängte und nicht bearbeitete Faszination für das Totalitäre,[33] im Unbewußten der zweiten Generation zurückkehrt. Eine spezifische Variante dieser Traumatisierung, deren Austragungsort vorwiegend die Familie ist, wurde als Form von ›Hörigkeitsverhältnissen‹[34] analysiert, die oft in der Intimisierung von Nähe einen quasi-inzestuösen Charakter annehmen. Mit den durchweg traumatischen Träumen im zweiten Kapitel, welche die bereits im Vorspann des Buches angesprochene »verschwiegene Erinnerung« betreffen und von Angst vor und Abhängigkeit von einer überragenden Figur handeln, deren Name zwischen ›Vater‹ und ›Mörder‹ schwankt, bezieht sich der »Malina«-Roman auf eben solche Phänomene. Sie überlagern dabei jenes Trauma, das Freud im Zusammenhang der psychosexuellen Entwicklung der Tochter als Effekt eines verdrängten, nicht erinnerbaren Ereignisses beschrieben hat, eines Ereignisses, dem gegenüber im Bewußtsein immer die Unsicherheit bleiben wird, ob es in der individuellen Geschichte des traumatisierten, sich erinnernden Subjekts wirklich stattgefunden hat oder ob ein blinder Fleck der Subjektgeschichte durch Urphantasien aus dem kollektiven Gedächtnis der Kultur ausgefüllt wird.

---

[33] Das Versäumnis einer Bearbeitung dieser Faszination und des Verlusts des geliebten ›Führers‹ wurde bereits in der unbequemen Kernthese von »Unfähigkeit zu trauern« (Mitscherlich/Mitscherlich 1967) formuliert, die in der Rezeptionsgeschichte des Buches ›vergessen‹ wurde, während der Titel, losgelöst von der Analyse, als wohlfeile Formel eines kollektiven deutschen Gedächtnisses zirkuliert, in dem die Identifikation mit den Opfern die Auseinandersetzung mit der Tätergeschichte weitgehend verdrängt hat.

[34] Solche ›Hörigkeitsverhältnisse‹ äußern sich in der totalen Inbesitznahme einer anderen Person, d. h. in der Beanspruchung eines anderen als Objekt für die psychische Verwirklichung des Abgespaltenen, eine Art narzißtisch-destruktiver Triebausrichtung, die den anderen zu gebrauchen und zerstören sucht und dessen Unterwerfung durch Verführung, entweder in Form von Verheißung oder Drohung bzw. Angstauslösung, erreicht. Sie realisieren sich entweder in Beziehungen zwischen Nazi-Vätern und ihren Kindern oder auch in Beziehungen zwischen Angehörigen der zweiten Generation, bei denen das verleugnete Totalitäre der Eltern in Übertragungen als Krankheit in Erscheinung tritt und anderen gegenüber ausagiert wird (Eckstaedt 1989).

Schon Malinas erste Frage in den Dialogen, die die Traumsequenzen unterbrechen, »Wer ist dein Vater?«, zielt auf die alles beherrschende Vatergestalt. Sie erscheint in den Traumbildern als allmächtig und beherrscht nicht nur das Ich, sondern auch dessen Mutter, Schwester und die Geliebte Melanie, die auch unter den Namen Lina oder Rita auftaucht. Unterstützt von »Spießgesellen«, tritt der Vater in den unterschiedlichsten Rollen auf, überwiegend solchen mit institutioneller Autorität und Verfügungsmacht über Bedeutungen und Dramaturgien, als Prediger z.B. oder als Film- oder Opernregisseur. Er kontrolliert Wohnung, Gefängnis und Gaskammer, und er wird selbst häufig als brutal und gewalttätig gezeigt. Wie Jordan in »Franza« ist er *die* Täterfigur. Anders aber als dort ist die Vaterfigur hier nicht identisch mit dem persönlichen Vater oder Ehemann, eher mit dem Bild des »Einen«, das in der Wüstenszene des Franza-Buchs dekomponiert wird [X.2]. Für diese Unterscheidung gibt es zahlreiche Hinweise im Text:

»Mein Vater ist zum Theater gegangen. Gott ist eine Vorstellung.« (3/181)
»[...] aber mein Gott, mein Gott, mein Vater kehrt zurück mit dem großen goldenen, dem mit Edelsteinen besetzten Stab der Wiener Universität, auf den ich geschworen habe.« (187)
»Mein Vater hat diesmal auch das Gesicht meiner Mutter, ich weiß nie genau, wann er mein Vater und wann er meine Mutter ist, dann verdichtet sich der Verdacht, und ich weiß, daß er keiner von beiden ist, sondern etwas Drittes.« (233)
»Ich: Es ist nicht mein Vater. Es ist mein Mörder.« (235)

All dies wie auch die Geschichte von der Oper des Vaters, in der die Tochter als Hauptakteurin ohne eigene Stimme auftreten muß, weil er für sie keine Rolle geschrieben hat, verweist auf das Drama des ›Weiblichen‹ in der symbolischen Ordnung unter einem ›Gesetz im Namen des Vaters‹.

Dieses ›normale‹ Drama noch überbietend, erscheint der Vater aber als Mörder der Tochter, die von ihm verfolgt, beherrscht, mißhandelt, vorgeführt, gedemütigt und in sexueller Abhängigkeit gehalten wird. In den Träumen steht ein Ich »in Todesangst« einem Vater gegenüber, der »die Torturen studiert hat«. Ihr wird von ihm oder auf seinen Befehl die Zunge herausgerissen, sie wird geblendet, ihr werden die Büchergestelle abgerissen, das Schreiben verboten, sie wird ihrer Briefe beraubt, eingesperrt, mit Elektroschocks behandelt, sie muß für ihn arbeiten und immer wieder mit ihm schlafen. Die sexuellen Beziehungen zum Vater sind dabei in den Traumbildern in einer merkwürdigen Mehrdeutigkeit gehalten: Sie kann darüber nicht sprechen, sie haßt ihn, sie beruhigt ihn und verwischt die Spuren. Und sie schickt Malina fort, der im Traum als Retter auftritt. Obwohl sie ›keinen Wert darauf‹ legt, setzt sie die Beziehungen zum Vater fort, weil sie die Vorstellung hat, ihre Pflicht tun zu müssen:

»Es ist stärker als ich und meine Liebe zu Malina, ich werde weiter leugnen, im Hause brennt Licht, mein Vater ist auf dem Boden eingeschlafen, inmitten der Verwüstung, alles ist zerstört, verwüstet, ich lege mich neben meinen Vater, in die Verwüstung, denn hier ist mein Platz, neben ihm.« (206)

Diese uneindeutige Beziehung zum Vater, in der die Tochter nicht nur als Opfer, sondern auch als Verwickelte erscheint, wird an der Schwelle des Erwachens, in den Gesprächen mit dem analysierenden Malina, mit einem juristisch-moralischen Schulddiskurs konfrontiert. Für die Verhör- und Aussagestruktur seiner Redeweise, die sich an Indizien und eindeutigen Urteilen orientiert, stehen Fragen und Schuldzuschreibungen wie:»Warum hast du das getan?«, »Warum hast du ihn gedeckt?«, »Wie würdest du ausgesagt haben?« und »Gewußt hast du es vielleicht nicht, aber du warst einverstanden«. Die Träumende weist solche Urteile immer wieder zurück und setzt die sie bedrängenden Erinnerungsbilder dagegen sowie ihr nicht zur Ruhe kommendes, weil nicht rationalisierbares Wissen um die eigene Geschichte, z. B. daß sie die Spuren verwischt habe, doch keinen Grund wisse:

»Mir zeigt sich etwas, ich fange auch an, eine Logik darin zu sehen, aber ich verstehe im einzelnen nichts.« (206)
»Ich schwöre dir, ich war nicht einverstanden, man kann doch nicht einverstanden sein, man will weg, man flieht. Was willst du mir einreden? ich war nie einverstanden!« (222)

Die Inkompatibilität der Recherchen wird in einer der Traumszenen, im Schreibtraum, noch einmal reflektiert. Darin wird dem im Gefängnis sitzenden Ich vom Vater, der hat »verbreiten lassen, daß ich gefährlich sei«, das Schreiben verboten. »Es ist aber nicht wahr, ich will nur den Satz vom Grunde schreiben.« Das Produkt dieses Schreibversuchs besteht aber nicht in einem Satz, der als Begründung lesbar wäre. Vielmehr wird das Ich, vollständig vernichtet, von Sätzen und Worten umgeben, einige »sind nur zu sehen, andere nur zu hören«, andere ihm ins Fleisch geschrieben. Diese Sprache ist mit dem Wissen verbunden, »daß meine Sätze mich nicht verlassen und daß ich ein Recht habe auf sie«, und daß sie »vor meinem Vater für immer sicher und geheim ist«, denn »ich habe die Worte im Satz vom Grunde verborgen«. Der allegorische Charakter dieses Traumbildes wird spätestens an der Stelle deutlich, an der diese Sprache im Modell einer Lesbarkeit erscheint, die jenseits von Sicherstellungspraktiken liegt:

> »Man durchsucht mich, weil ich ohne Bewußtsein bin, man will mir den Mund befeuchten, die Zunge nässen, damit die Sätze auf ihr zu finden sind, damit man sie sicherstellen kann, aber dann findet man nur drei Steine neben mir und weiß nicht, woher sie gekommen sind und was sie bedeuten.« (230)

Dem Ich »von der höchsten Instanz« zugeworfen und nur ihm verständlich, bewegt sich die Aufnahme der Steine zwischen akustischer und visueller Wahrnehmung, zwischen Botschaft und Erleuchtung. Insofern erinnert die Szenerie an eine mystische Offenbarung und kann als Augenblick einer profanen Erleuchtung verstanden werden. Die Worte der drei Steine – »Staunend leben«, »Schreiben im Staunen« und die letzte, aus Mangel an Licht nicht laut werdende Botschaft – zielen dabei auf eine Haltung, die sich gegenüber einem Wissen öffnet, das nicht im Diskurs von Begründungen aufgeht. Die im »Satz vom Grunde« *verborgenen* Worte bzw. das im Gesagten Verschwiegene stehen damit für ein Wissen, das nur einer staunenden Haltung zugänglich ist. Sie darf jedoch weder mit einem naiven, kindlichen Staunen noch mit jenem ›ursprünglichen‹ Staunen verwechselt werden, aus dem nach ihrer Gründungslegende die Philosophie entstanden sein soll. Vielmehr entspricht sie jenem nachphilosophischen Staunen, von dem Benjamin schon 1940 angesichts der NS-Politik gesprochen hat: »das Staunen darüber, daß die Dinge, die wir erleben, im zwanzigsten Jahrhundert ›noch‹ möglich sind, ist *kein* philosophisches«[35] [II.4].

---

[35] Benjamin 1980, I.2/697.

Aus dem Kontext dieses seither problematisch gewordenen Zusammenhangs von Staunen und Philosophie, der im dritten Kapitel noch einmal in der Briefträgerepisode, als »Krise der Post«, dargestellt ist [X.5], wird im Traumkapitel die Poetologie von Bachmanns später Prosa formuliert: In ihr ist ein Staunen, das erst der Ausschöpfung und den Grenzen rationaler Erkenntnismöglichkeiten entspringt, ins Schreiben eingegangen.

Erst unter diesen Prämissen können Fragen nach dem eigenen Begehren in die von Schuld- *und* Vernichtungsangst besetzte Erinnerung eingebracht werden. So etwa in der Ringparabel, in der die Ich-Figur Malina von ihrem Wunsch nach einem Zeichen, nach einer Bestätigung erzählt, »weil nie ein Zeichen kam, weil ich ein Zeichen wollte«. Hinter dem Rücken dieses Wunsches verwandelt sich aber das Liebes- in ein Todeszeichen und wendet sich schließlich gegen sie und ihren Körper, wie im Traumbild vom »Friedhof der ermordeten Töchter« gezeigt wird. Wo das Zeichen des Liebesbegehrens – »Ich werde siegen in diesem Zeichen« – zum Begehren nach einem Zeichen *für die* Liebe wird, verkehrt sich dessen Bedeutung: das Zeichen wandert aus der mystischen Sprache der Erlösungssehnsucht in ein System fester Symbolisierungen, in eine Sprache von Fixierungen, Festlegungen und Fesselungen. Auf dieser Linie läßt sich die in den Träumen dargestellte Beziehung zum ›Vater‹ nicht einfach als Zerstörung des Weiblichen in der herrschenden symbolischen Ordnung lesen, sondern muß spezifischer als Hörigkeitsverhältnis gedeutet werden.

Indem nämlich die sexuelle Beziehung zum Vater mehrfach – in der Sprache der Nazis – als »Blutschande« bezeichnet wird, wird sie als Phänomen einer Kontinuität zum Faschismus profiliert: »Es war das, er war es, es war Blutschande« (181). Und: »Ich: […] ich höre immer nur, leiser oder lauter, eine Stimme zu den Bildern, die sagt: Blutschande. Das ist doch nicht zu verwechseln, ich weiß, was es heißt« (223). Wenn hier von Blutschande anstatt von Inzest die Rede ist, wenn Bachmann eine Vokabel aus dem nationalsozialistischen Sprachgebrauch für die Bezeichnung eines Phänomens des familiären Inzests verwendet,[36] dann gibt der Text der quasi

---

[36] Im NS-Sprachgebrauch wurde eine Bedeutungsverschiebung des Wortes ›Blutschande‹ von der Bezeichnung eines familiären Inzests zum Wort für die inkriminierte ›Rassenschande‹, d.h. der sexuellen Beziehung zwischen

vertragsförmig geschilderten sexuellen Beziehung zwischen Vater und Tochter in den Traumbildern eine zusätzliche Konnotierung, die das Verhältnis zwischen Eigenem und Fremdem betrifft. Über das Wort Blutschande stellt der Text den Vater-Tochter-Inzest in einen unmittelbaren Zusammenhang zu jenem im Wörterbuch des Nazismus identisch bezeichnetem Verbot einer Beziehung zum Fremden. Unter dem Titel der ›Blutschande‹ ist im Traumkapitel die traumatische Beziehung der Tochter zum Vater an die Stelle der verbotenen Beziehung zum anderen Mann getreten. Denn in den Träumen nimmt der Vater ja nicht nur den Platz des Geliebten ein, sondern er ist selber an dessen Stelle getreten, hat ihn verdrängt und *ersetzt*. Und er ist zugleich für dessen Vernichtung verantwortlich. Das Bild des Geliebten nämlich ist in zwei Traumbildern mit dem Bild des Fremden identisch. Insofern erzählen die Träume nicht von einem Inzest im traditionellen Sinn, einem Bruch des Inzesttabus, sondern von einer *Verkehrung* des Inzesttabus in Blutschande. Durch sie ist der Tochter der Fremde verboten, dieser beseitigt worden und der Vater an dessen Stelle getreten: »Mir kommt in meiner Erschöpfung ein Verdacht, aber der Verdacht ist zu groß, ich schlage den Verdacht sofort nieder, es darf nicht ein fremder Mann sein, es darf nicht vergeblich und nie ein Betrug sein. Es darf nicht wahr sein« (206, H.v.m).

Wenn aber kulturgeschichtlich das Inzesttabu als Gesetz, das die Verbindung mit einem Angehörigen des eigenen ›Bluts‹ verbietet und gleichzeitig den Fremden als Objekt des Begehrens einführt, den Ursprung der symbolischen Ordnung bildet, dann bewegt sich die Blutschande in »Malina« nicht *innerhalb* der Strukturen der symbolischen Ordnung, sondern es wird im Gegenteil ein Bruch mit ihr vollzogen. Insofern berichten die Träume von einem Ereignis, das als Rücknahme eines Schrittes der Kulturation zu lesen wäre, gleichsam als Zivilisationsbruch in den Geschlechterverhältnissen: eine Gegenwärtigkeit der Vergangenheit im Unbewuß-

---

›Ariern und Juden‹, vorgenommen. Da dabei das Skandalon eines rassistischen Verbots sexueller Verbindungen zwischen Juden und Nicht-Juden im Vordergrund steht, wird oft übersehen, daß mit dieser Bedeutungsverschiebung des Begriffs ›Blutschande‹ im Umkehrschluß auch eine Enttabuisierung des Inzests im eigentlichen Sinne, der sexuellen Beziehung zwischen ›Blutsverwandten‹, verbunden ist. Auf diese Kehrseite spielt Bachmanns Traumkapitel an.

ten und in der psychosexuellen Traumatisierung der Tochter. Das Spurenverwischen, von dem in den Gesprächen die Rede ist, erhält damit eine doppelte Bedeutung: Es geht um die Spuren, die die Beziehung zum Vater verraten, und es geht um das Verwischen der Spuren für jenes vorausgegangene Verbrechen, durch das er erst an die Stelle des Fremden treten konnte. Indem das Traumkapitel davon erzählt, werden aber in der Sprache des Traums im *Text* Bachmanns zugleich wieder Spuren dieser Geschichte sichtbar gemacht.

Sie führen auch zum Ort, der dem Fremden im Text zukommt, den er aber gerade nicht einnimmt. In den Träumen sind die Affekte der Tochter polarisiert zwischen den beiden Sätzen »Ich hasse dich mehr als mein Leben« im Hinblick auf die Vaterfigur und »Ich habe ihn mehr geliebt als mein Leben« im Hinblick auf den Fremden. Eine solche Sprache der Liebe wird in den traumatischen Traumbildern aber nur an zwei Stellen laut, einmal in der Szene aus »Krieg und Frieden« beim Tanz mit Ivan, als das Ich mit seiner »siderischen Stimme« den Namen Ivans samt seiner Allgegenwärtigkeit erzeugt, und in der Barackenszene, die mit dem Ertrinken des Geliebten beim Abtransport endet: »Mein Leben ist zu Ende, denn er ist auf dem Transport im Fluß ertrunken, er war mein Leben. Ich habe ihn mehr geliebt als mein Leben.« [VIII.1]

5. »Malinas« Medientheorie: Telephon, Post, Schreibmaschine

Fast eineinhalb Jahrzehnte vor Kittlers Theorie der »Aufschreibesysteme« (1985) und nahezu ein Jahrzehnt vor Jacques Derridas »Carte Postale« (dt. 1982) hat Bachmann mit »Malina« einen Roman vorgelegt, dessen medientheoretische Bedeutung bisher weitgehend übersehen wurde. Dabei präsentiert er eine ganze Serie einschlägiger Szenen und Figuren. So besetzt das Telephon im ersten Kapitel gleichsam die Hauptrolle, und so geht es im dritten Kapitel explizit um »das Problem der Post«, während im Traumkapitel eine Schreib- und Hörszene der Psychoanalyse entworfen wird. Durchgehend ist darin von Medien die Rede: von Telephon, Radio, Schallplatte, Tonband, Büchern und Film, von Briefen, Telegrammen und Briefträgern, aber auch von Schreibmaschine und

Sekretärin. Und bereits das Kennenlernen Malinas steht für das Ich im Zeichen eines gemeinsamen, aber dennoch differenten Interesses an Technik. Nach einem Beinahe-Zusammenkommen an der Straßenbahnhaltestelle E2, H2 in Wien – »es fehlte nicht viel einmal, und es hätte angefangen« (18) – kommt es in einem Vortragsaal in München, wo das Ich sich einen »eineinhalbstündigen Vortrag [...] ›Die Kunst im Zeitalter der Technik‹«[37] anhört, zur Erstbegegnung mit Malina, nachdem beide beim Herausgehen zusammengestoßen waren und er um Verzeihung bat, »doch damals hörte ich zum erstenmal seine Stimme, ruhig, korrekt, auf einem Ton: Verzeihung./ Darauf fand ich keine Antwort, denn das hatte noch nie jemand zu mir gesagt.« Die Kehrseite dieser monotonen, modulationsfreien Stimme und auch der damit verbundenen Medientechnik steht am Ende des Buches.

Die Schlußszene von »Malina« nimmt nämlich jenes Szenario aus dem Schlußkapitel von Kittlers »Aufschreibesystemen« vorweg, das unter dem Titel »Damenopfer« vom Verschwinden der Liebe und des Weibes »aus einer Literatur für differenzierte Junggesellen« handelt.[38] Auch am Ende von »Malina« nämlich steht, nach dem Verschwinden des Ich in der Wand, eine Junggesellenmaschine: Malina allein mit dem Telephon, der die Frage des Anrufers mit dem Satz »Hier ist keine Frau« beantwortet. Das Verschwinden ›der Liebe und des Weibes‹ geschieht hier aber im Unterschied zum ›Aufschreibesystem 1900‹ nicht gleichzeitig mit dem Verschwinden der Autorschaft. Vielmehr erscheint es, wie gezeigt, als Voraussetzung für die Gewinnung des Erzählers, ohne daß das Ich auf das familiale ›Aufschreibesystem 1800‹ zurückgreifen könnte.[39] Und die Schreibszene von »Malina« geht auch nicht

---

[37] Diese Szene spielt auf die im Wintersemester 1953/54 von der Bayerischen Akademie der Künste in München veranstaltete Vortragsreihe »Die Künste im technischen Zeitalter« an, in deren Rahmen auch Martin Heidegger seinen Vortrag über »Die Frage nach der Technik« hielt (Heidegger 1954). In Bachmanns Privatbibliothek stand u. a. der Titel »Die Technik und die Kehre« Pfullingen 1962, PBB). Andererseits referiert sie auch auf Bachmanns eigene Lesung in der Reihe »Literatur im technischen Zeitalter« am 13.11.1961 in der Berliner Kongreßhalle [V.5].
[38] Kittler 1985, 372.
[39] Im ›Aufschreibesystem 1800‹ wird die Position des Autors qua Alphabetisierung durch den Muttermund etabliert und durch die Zuflüsterungen

in einer Vertauschung der Geschlechterpositionen auf, sie ist um eine Drehung komplexer und komplizierter als das ›Aufschreibesystem 1900‹. Zwar verschwindet mit dem Ich die Stimme der Schreibenden und der Liebenden zugleich und macht erst damit dem Herren der Erzählung Platz, allerdings ohne daß er in die Position des Autors gelangte. Und während der Text weitgehend von der Ich-Stimme ausgeht, diktiert Malinas Redeweise ihn doch über weite Strecken (des zweiten und dritten Kapitels).

Medientheoretisch gelesen, handelt die Schlußszene davon, daß sich der Titelheld am Ende einen wichtigen Protagonisten des Romans, das Telephon, aneignet. Das letzte Telephongespräch nämlich ist zugleich das einzige im ganzen Roman, in dem Malinas Stimme am Telephon zu hören ist – seine und nur seine Stimme. Nicht nur hat er das Telephon in Besitz genommen, sondern der Apparat hat sich durch seine Aneignung auch verwandelt: Aus einem Apparat der Erregungen ist einer für einsilbige Feststellungen geworden, aus einem vom Rauschen durchkreuzten Sprechen die Übermittlung eindeutiger und klarer Aussagen. Ganz im Unterschied zu den zahlreichen im Roman aufgezeichneten Telephongesprächen zuvor fällt Malinas Telephonieren nämlich dadurch auf, daß er Aussagesätze in den Apparat spricht, wie etwa: »Es muß ein Irrtum sein. […] Nein, gibt es nicht./ Hier ist keine Frau. […] Es gibt sonst niemand hier.« Das Telephon ist dabei das einzige der Dinge und Medien, die Malina sich vom Ich aneignet, während er alles andere vernichtet: neben einigen Dingen wie Kaffeeschale, Glaswürfel und Schlaftabletten auch Brille, Briefe und Schallplatte: »er versucht, eine Schallplatte zu zerbrechen, sie bricht aber nicht, sie biegt sich und leistet den größten Wider-

---

einer phantasmatischen Geliebten, zu der eine sexuelle Beziehung zugleich unmöglich ist. Statt dessen verschiebt sich sein Liebesanspruch auf die Leserinnen, die den Dichtertext unterschreiben und damit ein Liebesverhältnis zum Dichter begründen. Um und seit 1900 werden nun »alle Positionen der Geschlechter gegenüber dem Aufschreibesystem von 1800 vertauscht. An den Ort des imaginären Muttermundes, der Männern Innerlichkeit einhauchte, tritt ein Mann, sehr faktisch diktierend, an den komplementären Ort des unbewußten Autors eine von vielen Frauen, die studiert genug sind, um Diktat aufzunehmen« (Kittler 1985, 233). Neben der Aufzeichnung kommt der Sekretärin hier auch die Aufgabe zu, die Papiere zu ordnen und in Literatur zu verwandeln.

stand, und dann kracht es doch, er räumt den Tisch ab, er zerreißt ein paar Briefe, er wirft mein Vermächtnis weg.« Die Ordnung, die hier auf dem Schreibtisch hergestellt wird, wirft Licht auf die Kehrseite einer Schreibszene, in der Fragmente in ein abgeschlossenes Kunstwerk verwandelt werden. Das einzige, was außer dem Telephon das Aufräumen überdauert, sind jene versteckten Briefe, die das Ich vor seinem Verschwinden in Sicherheit gebracht hatte. Ihnen kommt für den unmöglichen Ort weiblicher Autorschaft eine besondere Rolle zu, da Bachmanns Poetologie einer Hinterlassenschaft jenseits des Vermächtnisses an sie geknüpft ist. Überdauern die versteckten Briefe und das Telephon das Verschwinden des Ich, so spielen beide Medien im Roman eine besondere Rolle: als apparative und als postalische Variante einer Hinterlassenschaft.

Das Telephon besetzt vor allem das Kapitel »Glücklich mit Ivan«, in dem allein neun Gespräche aufgezeichnet sind, im Unterschied zu einem im dritten Kapitel. Die »Telefonsätze« werden eingeführt als die erste der zwischen Ivan und Ich erprobten »Gruppen von Sätzen«, zu denen u. a. noch die Beispielsätze, Lehrsätze, Kopfsätze, Möglichkeitssätze, Schachsätze und die Sätze über das ganze Leben gehören, während die Gruppe der Sätze über Gefühle explizit ausfällt. Die Aufzeichnung der Telephongespräche, bei denen nicht leicht auszumachen ist, wer spricht, unterscheidet sich typographisch nicht von jener der Gedankenmonologe des Ich: eine Kolonne untereinandergesetzter, oft fragmentarischer Sätze. Als Gespräche erscheinen sie banal; sie sprechen vom Nicht-verstehen-Können, von Mißverständnissen, aufgeschobenen Gesprächen und Treffen, verpaßten Verabredungen etc., z. B.:

»Ich verstehe dich so schlecht.
Schlecht? Was? Du kannst also
Ich höre dich nicht gut, kannst du
Was? Ist etwas?
Nein, nichts, du kannst mich später noch [...]«. (38)

Oder die Gespräche sind durch Rauschen und Störungen unterbrochen:

»Hörst du das auch? Gehen Sie doch aus der Leitung
Das Telefon hat eben seine Tücken

Wie? Es redet dauert jemand hinein. Mücken, wieso
Ich habe gesagt: Tücken, nichts Wichtiges, mit hartem T
Ich verstehe das mit den Mücken nicht
Verzeih, das war ein unseliges Wort dafür [...]«. (42)

Das heißt aber nicht, daß es sich um mißglückte Telephongespräche handelt. Denn *was* gesagt wird, ist nicht eigentlich bedeutsam an ihnen. Vielmehr geht es darum, daß sie überhaupt stattfinden bzw. daß sie stattgefunden haben werden oder möglich sind. Das Telephon nämlich ist hier ein Medium, das das Hören der Stimme des Anderen erlaubt und es möglich macht, vom Anderen angerufen zu werden.

»[...] und solange ich ihn höre und mich von ihm gehört weiß, bin ich am Leben. Solange das Telefon, auch wenn wir unterbrechen müssen, wieder läutet, schrillt, klingelt, wütet, [...] solange es mir jedoch seine Stimme zukommen läßt, ob wir nun einander verstehen, kaum verstehen oder gar nicht mehr, weil das Wiener Telefonnetz für Minuten zusammenbricht, ist mir alles gleichgültig, auch was er mir zu sagen hat, so voller Erwartung, am Aufleben, am Ableben, fange ich wieder an mit ›Hallo?‹. Nur Ivan weiß das nicht, er ruft an oder er ruft nicht an, er ruft doch an.« (42f.)

Wird für die Bedeutung des Telephons hier sowohl das Deutungsmuster der Kommunikationstheorie verworfen als auch das einer Verstehenshermeneutik, so geht die Telephonszene dennoch nicht in der bloßen Materialität des Mediums auf. Dagegen wird es als ein Apparat eingeführt, der Figuren der Entstellung und des Aufschubs übermittelt und an den sich Wünsche und Erwartungen koppeln, als Medium, das die Differenz von Anwesenheit–Abwesenheit, von Aufleben–Ableben regelt. So heißt es in einer Szene des Wartens mit »Blick auf das schwarze Telefon«: »wenn das Telefon sich nicht rührt. / Wien schweigt«. Und umgekehrt, wenn Ivan anruft, »lebt« das Telephon. Telephon, Wien und Ivan, d. h. der Apparat, die Stadt und der Name des Geliebten bilden somit eine metonymische Kette, deren Glieder dem Gesetz *einer* Bedeutung folgen: der Differenz von Erregung/Leben und Tod.

Damit hat Bachmann in den Telephonszenen ihres Romans genau jene Bedeutung des Apparats betont, die später Avital Ronell in ihrem medienphilosophischen »Telephone Book« (1989) ausarbeiten sollte:

> »However, the telephone cannot be regarded as a ›machine‹ in the strict sense of classic philosophy, for it is at times ›live‹. Or at least ›life‹ punctually gathers in it and takes part in it. The telephone flirts with the opposition life/death by means of the same ruse through which it streches apart receiver and transmitter or makes the infinite connection that touches the rim of finitude [...]. Like transference, the telephone is given to us as effigy and as relation to absence. At bottom, it asserts an originary nonpresence and alterity.«[40]

So gesehen, geht es in den Telephonszenen um die Urszene des Subjekts, das sich überhaupt nur in bezug auf den Anderen konstituieren kann. Und insofern Bachmann die Telephonpassagen als Szenen einer Liebessprache gestaltet hat, in der die Abwesenheit des Anderen und Sehnen/Warten einander bedingen, berührt sich ihr Roman auch mit Roland Barthes' »Fragmenten einer Sprache der Liebe«. Auch dort wird das Warten am Telephon als Zeitstruktur beschrieben, die sowohl Verzauberung als auch Wahnzustand bedeuten kann. Auch bei Barthes nämlich erscheint die Erwartungsangst als ein Verharren in Untätigkeit, bei dem der Andere nicht ein reales Wesen ist, vielmehr erschaffener oder halluzinatorischer Anderer.[41] Die bereits erwähnte Zeitstruktur von Bachmanns Roman, das Heute, wird nicht zuletzt durch das Warten am Telephon hergestellt: »Seit ich diese Nummer wählen kann, nimmt mein Leben endlich *keinen Verlauf mehr*, [...] nicht mehr vorwärts und nicht vom Weg ab, da ich den Atem anhalte, die Zeit aufhalte und telefoniere und rauche und warte« (30, H.v.m). Das Telephon ist damit zum technischen Medium einer Sprache der Liebe geworden, das das Subjekt mit dem Warten in die Haltung profaner Erleuchtung versetzt. Denn der Apparat verschiebt die *Er*wartung (von etwas) zum Warten auf das Läuten und die Stimme des Anderen. Daß es dabei um eine medienabhängige Liebesmystik geht, wird in einer Szene gezeigt, in der die Bedeutungen von ›gewählt werden‹ und ›auserwählt sein‹ sich überblenden:

---

[40] Ronell 1989, 84.
[41] »Die Erwartung« (Barthes 1984, 98 f.)

»Aber ich knie auf dem Boden vor dem Telefon [...] Mein Mekka und mein Jerusalem! Und so *auserwählt* bin ich vor allen Telefonabonnenten und so werde ich *gewählt*, mein 72 31 44.« (43, H.v.m.)

Das Telephon ist nicht nur ein märchenhafter Apparat, es vermag mehr als das Märchen: »Mit Hilfe des Telephons hört er [der Mensch] aus Entfernungen, die selbst das Märchen als unerreichbar respektieren würde.«[42] So ist das Telephon im ›Heute‹ auch an die Stelle der in das erste Kapitel eingeschobenen Legende getreten, die in der Zeitstruktur »es war einmal« von einer unmöglich gewordenen Liebesgeschichte erzählt. Als Substitut des Märchens gewinnt das Medium selbst märchenhafte Züge: es verzaubert die Wartende, ohne allerdings zaubern zu können. Denn als Apparat einer Sprache des Begehrens ist das Telephon zwar ein Wunschapparat, er schließt aber durch die Struktur des unendlichen Aufschubs das Wissen um die ausbleibende Erfüllung ein. War die Sprache der Liebe, wie Barthes gezeigt hat, schon immer eine Figur der Ferne, so ist in der Moderne die Ferne immer dominanter, die Distanz immer größer geworden – mit dem Effekt, daß die leibliche Begegnung stets weiter aufgeschoben wurde bis zur gänzlichen Unterbindung ihres Zustandekommens. Durch den Einbruch einer medial konstruierten Nähe wird nun eine fragmentierte, technisch hergestellte Unmittelbarkeit in diese Fernliebe eingeführt, während der Aufschub nicht etwa unterbrochen, sondern im Gegenteil fortgeschrieben wird. Diese Gleichzeitigkeit von Unmittelbarkeit und Aufschub macht das Telephon zu *dem* Apparat der Mediengeschichte, durch den die in der Geschichte technischer Reproduzierbarkeit verschwundene Aura wiederkehrt, und zwar als Magie des Mediums selbst: Wiederkehr einer medialen Unmittelbarkeit in der modernen Zeichenwelt der Mitteilbarkeit. In »Malina« wird das Telephon auf diese Weise zu einem magischen Apparat. Er versetzt das Ich in einen Telephonzwang und unterwirft es einer obsessiven Zahlenmagie (294).

Diese Telephonie ist verbunden mit einer ausdrücklichen Abstinenz, ja Abwehr gegenüber den Medien einer nachrichten-, informations- und meinungsförmig organisierten Öffentlichkeit, also dem, was Kommunikationstheorie und Publizistik Medien nen-

---

[42] Das Unbehagen in der Kultur (Freud 1969–1979, IX/221).

nen. Dabei ist diese Differenz in der Bedeutung des Mediums nicht an den jeweiligen Apparat selbst gebunden, wie am Beispiel des Radios deutlich wird. Während das Ich die Empfehlung Ivans ausschlägt, sich um der Nachrichten willen ein Radio anzuschaffen, verwandelt sich auf einer Autofahrt mit Ivan und seinen Kindern durch Wien das Autoradio im Nu von einem Nachrichten- in einen Musik- und Glücksapparat. Die Kombination von Geschwindigkeit und Musik evoziert ein Hochgefühl, durch das die Autofahrt durch die Stadt als imaginärer Film »reißender Bilderfolgen« erscheint, ein Film, »der noch nie gelaufen ist, aber in dem ich jetzt Wunder über Wunder sehe, weil er den Titel hat MIT IVAN DURCH WIEN FAHREN« (59). Das Gespräch zwischen Ivan und Ich, welches an diesen imaginären Film anschließt, ist typographisch wiederum den Telephongesprächen ähnlich, aber durch deutliche Zäsuren markiert. Es beginnt dialogisch, unterbrochen durch eingeschobene Refrains, mit denen eine musikalische Logik in die Sätze einbricht, die den Dialog wieder in die fragmentierte, monologische Rede der Ich-Stimme überführt. Und so schließt auch diese Glücksszene monologisch. An anderen Stellen des Romans ist die Figur des Glücks an das reine Hören gebunden, an die Musik, die das Ich ansonsten über Grammophon bzw. Schallplatte aufnimmt, d.h. über ein Medium, dessen Verwandlung in einen nachrichtentechnischen Apparat ausgeschlossen bleibt.

Ein anderer Aufzeichnungsapparat, das Tonbandgerät, wird dagegen am entgegengesetzten Pol der medialen Möglichkeitsbedingungen verortet, als Apparat einer technischen Stimmaufzeichnung bzw. -wiedergabe und als Spurensicherung im doppelten Sinn: Sicherung der Stimme und Erkennungsdienst. In der Mühlbauer-Szene [IV.1] sind es die Erregungen des Ich, die die phonographische Aufzeichnung des Herrn Mühlbauer stören, die er als treuer Agent einer massenmedial organisierten Öffentlichkeit noch während des Gesprächs selbst löschen muß. Das Ich des Romans, die Schriftstellerin, ist dagegen allein an dieser Seite der Medien interessiert. Und sie ist keine Ignorantin, vielmehr wird sie als Wissende eingeführt, denn sie hat »einmal im Nachrichtendienst gearbeitet«. Insofern betont Bachmann hier die Bedeutung und das Schicksal der Erregungen, die einer glatten Analogisierung zwischen den Aufzeichnungen des psychischen Apparats und denen der technischen Medien im Wege sind.

Die Korrespondenzen der Medien zur Psychoanalyse aber wurden bislang am deutlichsten am Paradigma der ›Post‹ untersucht. So geht Derridas »Postkarte« vom einzigartigen Ereignis der Freudschen Psychoanalyse aus und von dort zurück zu einer Geschichte und Technologie des Kuriers bzw. einer allgemeinen Theorie der Sendung, wobei sein Buch sich in Form von Resten eines Briefwechsels präsentiert. Bachmanns »Malina«-Roman folgte einige Jahre davor einem ganz ähnlichen Weg. Sind im ersten Kapitel zahlreiche Reste einer Korrespondenz zu lesen, so beschreibt die Komposition einen Weg über die Szenenserie von Traumsprache und Entstellungen im zweiten Kapitel zum »Problem der Post« bzw. zur »postalischen Krise« im dritten Kapitel. Und wenn Derrida seine Korrespondenzfragmente zwischen »Feuerzunge« und Rettung ansiedelt – »Da, wo ich vor allem wahr sage, werden sie nur Feuer sehen.«[43] –, so trifft das zugleich auch den Ort der Briefe in »Malina«. Dieser Satz Derridas benennt dort exakt die Beziehung zwischen den Lesern und der Briefschreiberin. Im Anschluß an die Passage über die postalische Krise, die als Geschichte eines Fakteurs erzählt ist,[44] erklärt das Ich:

»Ich: Seither weiß ich, was das Briefgeheimnis ist. Heute vermag ich schon, es mir ganz vorzustellen. Nach dem Fall Kranewitzer habe ich meine Post aus vielen Jahren verbrannt, danach fing ich an, ganz andere Briefe zu schreiben, meistens spät nachts, bis acht Uhr früh. Auf diese Briefe, die ich alle nicht abschickte, kommt es mir aber an. Ich muß in diesen vier, fünf Jahren etwa zehntausend Briefe geschrieben haben, für mich allein, in denen alles stand.« (243)

Die verbrannte Post und die nicht abgeschickten Briefe, in denen alles stand, bilden das Kryptogramm einer Schrift, deren Problem der Lesbarkeit aus der postalischen Krise resultiert. Dabei ist das

---

[43] Derrida 1982, I/305.
[44] An Uwe Johnson, mit dem sie, wie die Korrespondenz belegt, das Interesse an Medien teilt [VII.4] und der am Manuskript von »Malina« mit lektoriert, schreibt die Autorin, daß sie vor Jahren »in der brieflosen Zeit, an Sie denkend, also halbwegs für Sie, die Geschichte über die Briefe, die Postbeamten und den Briefträger Kranewitzer zustandegebracht habe, um etwas zu erklären, was man eben in einem Brief nicht sagen kann, wenn man die Briefkrise hat« (Bachmann an Johnson, 14.1.1971, UJF).

›Briefgeheimnis‹ die Chiffre für den Zusammenhang von Psychoanalyse und postalischer Technologie, um den es in Bachmanns Roman ebenso geht wie in Derridas »Postkarte«.

Das Problem postalischer Rationalität wird im ersten Kapitel von »Malina« zunächst für jene Korrespondenz thematisiert, zu deren Erledigung das Ich immer wieder von der Sekretärin angehalten wird. Es sind Geschäftsbriefe der Schriftstellerin, die denselben problematischen Übergang zwischen Intimität und Öffentlichkeit betreffen, der auch in der Interviewszene im Spiel war, ein Zugleich von öffentlicher Rolle und Privatperson, das das Genre der Autorenbriefe immer schon prägt. Die öffentliche Institution einer (intimen) Adressierung wird im Text dabei für drei zentrale Momente der Korrespondenz diskutiert: für Anrede/Name, Datum und Unterschrift.

Die Mehrzahl der aufgezeichneten Briefe kommt über die *Anrede* eigentlich nicht hinaus. Dabei wird der Aufschub der Anrede durch die problematische Gleichzeitigkeit von Benennung und Apostrophe hervorgebracht, d.h. durch das notwendige Mißlingen einer sprachlichen Konstituierung des Anderen, die in den konventionalisierten Formen der Briefsprache geboten ist. Einmal ist es die Buchstäblichkeit der Benennung im Namen, die es der Briefschreiberin unmöglich macht, den Brief an Herrn Ganz zu vollenden und zu verschicken. Ein anderes Mal ist es die Intimität der Apostrophe, sind es der Vorname und das Du, die »fortwährende Tortur, die aus dem Dusagen, Dudenken besteht«, über deren Erörterung der Brief nicht hinauskommt. Der Gedanke an eine Wiederbegegnung beunruhigt die Briefschreiberin vor allem wegen der Vorstellung,

> »daß Sie ohne weiteres Du zu mir sagen könnten, ein Du, das Sie mir aufgedrängt haben, Sie wissen unter welchen Umständen, und das ich Ihnen ein unvergeßlich widerwärtiges Intermezzo lang erlaubt habe [...]. Es mag üblich sein, in solchen Intermezzi ein Du einzuführen, doch dürfte es nicht gestattet sein, nach dem Ablauf eines solchen Zwischenspiels dieses Du weiter im Umlauf zu lassen.« (107)

Der Umlauf der Anredeformel Du, d.h. die postalische Zirkulation einer intimen Apostrophe, wird von der Schriftstellerin als unerträglich erlebt und ist dafür verantwortlich, daß ihre Briefe nicht den Weg der Verschickung gehen, sondern den Weg des Abfalls: »Die zerrissenen Briefe liegen im Papierkorb, kunstvoll durcheinandergebracht und vermischt mit zerknüllten Einladungen zu einer Ausstellung, zu einem Empfang, zu einem Vortrag.« Diese kunstvolle Unordnung, Effekt einer Untrennbarkeit von intimer und öffentlicher Schrift, und die Ordnung, die die Sekretärin immer wieder auf dem Schreibtisch herzustellen sucht, stellen eine Umkehr des ›Aufschreibesystems 1900‹ dar, durch die es nun gerade nicht zur Verwandlung von ›Abfall‹ in Kunst kommt.

Geht es im dritten Kapitel beim bestürzten Blick des Ich auf ein Datum in einem »Packen von alten Zeitschriften und Zeitungen«, um die Differenz zwischen kalendarischer Datierung und dem Datum als Zeitmarke der Erinnerung, so wird im ersten Kapitel dagegen die Bedeutung des *Datums* wiederum im Kontext der postalischen Rationalität diskutiert. Da gibt es die Szene mit Sekretärin und Schreibmaschine. In ihr präsentiert sich eine Schriftstellerin, die zu keinem Diktat fähig ist:

»Den Briefkopf und das Datum von heute hat Fräulein Jellinek bestimmt schon geschrieben, sie wartet, mir fällt nichts ein und ich sage: Liebes Fräulein Jellinek, schreiben Sie doch bitte, was Sie wollen, obwohl das verwirrte Fräulein Jellinek doch nicht wissen kann, was hier wollen heißt, und ich sage erschöpft: Schreiben Sie [...]«. (70f.)

In einer anderen Szene mit Sekretärin, die an der Schreibmaschine mit dem leeren Blatt wartet, ist es ein bestimmtes Datum, das das Ich daran hindert, überhaupt einen Brief zu schreiben: »Ich kann nicht einen Brief von einem 31. Mai beantworten, die Zahl 31 darf überhaupt nicht verwendet und profaniert werden. Was bildet dieser Herr aus München sich ein?« Und in einem anderen Brief artikuliert die Schreibende ihre Erregung über den konventionellen Umgang mit einem persönlichen Feiertag, dessen Bedeutung als Datum des Eingedenkens – Feiertage sind Daten des Eingedenkens (Benjamin) – durch den Routineglückwunsch mißachtet wird, den die Schriftstellerin vom Präsidenten einer Vereinigung erhalten hat. In der Erörterung dieser Konvention kritisiert die Briefschreiberin die »unstatthafte Nennung eines Tabus«. Dagegen stellt sie jene Würde, die die Wilden »in allem zeigen, was Geburt, Initiation, Zeugung und Tod betrifft«. Das Briefgeheimnis betrifft also auch den Wunsch des Ich nach Wiederherstellung eines Tabus, der, wie erwähnt, auch im Kontext der Liebsszenen eine Rolle spielt [X.3].

Die Briefschreiberin *unterzeichnet* ihre Briefe mit »Eine Unbekannte«. Sie bringt damit die Unmöglichkeit zum Ausdruck, ihre Korrespondenz mit einem Namen, gar mit einem Autornamen, zu unterzeichnen. Ihre Unterschrift signalisiert damit die Verfehlung von Subjektposition und Autorschaft zugleich. Bei Bachmanns Briefschreiberin kommt diese Verfehlung dadurch zustande, daß sie die Gattung der zu erledigenden Briefe nicht beherrscht, weil ihre Erregungen und Ängste als Störungen einbrechen und die Einnahme einer Haltung durchkreuzen, die für den Geschäftsbrief notwendig wäre. Das wird mit aller Komik vor allem in der Serie jener Briefversuche dargestellt, die mit der Adressierung »Sehr geehrter Herr Schönthal« beginnen: »Die Person, an die Sie sich wenden, die Sie zu kennen meinen, die Sie sogar einladen, die gibt es nicht.« Dann landet ein Brief an Schönthal, den die Sekretärin »zum Unterschreiben hingelegt hat«, im Papierkorb, während das Ich ein neues Blatt in die Maschine zieht und nach der Anrede fortfährt mit: »in höchster Angst und fliegender Eile schreibe ich Ihnen heute diesen Brief«, wiederum unterschrieben mit »Eine Unbekannte«. Hier schon deutet sich das Motiv der flammenden Briefe an, das dann im Kontext des Briefgeheimnisses zur Sprache kommt. Ehe aber die Chiffre des Briefgeheimnisses eingeführt wird, ist schon kenntlich geworden, daß Bachmanns Beschreibung der Krise der Post im Hinblick auf Anrede, Datum und Unterschrift die Perspektive einer rettenden Kritik einnimmt. Alle drei Momente bewerten die Korrespondenz und wären insofern durchaus als Post*wert*zeichen zu verstehen, jedenfalls, wenn man an die erste symbolische Begegnung zwischen dem Ich und dem Fremden denkt. In dieser Szene gehen beide gemeinsam in ein Postamt, aber an verschiedene Schalter: »er zu den ›Postanweisungen‹, ich zu ›Postwertzeichen‹«.

Das »Problem der Post«, das das dritte Kapitel einleitet, ist als Fall eines Fakteurs erzählt und kann als Relektüre von Heideggers »Satz vom Grund« gelesen werden,[45] der den Anfangspassagen des Kapitels als Palimpsest eingeschrieben ist: »Heute endlich ist ein

---

[45] Vgl. Kohn-Waechter 1991.

Satz gefallen, [...] sondern *von* einem Briefträger, [...] der also wenig *Grund* hat« (239, H.v.m.). In seiner Diskussion von Leibniz' philosophischem Satz vom Grund hat Martin Heidegger bekanntlich das Moment der Zustellung als »entscheidenden Anspruch« besonders hervorgehoben, wenn er schreibt, daß Leibniz »das principium rationis als principium reddendae rationis aussprechen mußte«, um in seiner folgenden Umschreibung dieses Aspekts die Post ins Spiel zu bringen:

> »Dessen Anspruch spricht in dem Wort reddere zurückgeben, herbeibringen, zu-stellen. Wir sprechen von der Zustellung der Post. Die ratio ist ratio reddenda. Dies sagt: Der Grund ist solches, was dem vorstellenden, denkenden Menschen zugestellt werden muß.«[46]

Geht es bei Heidegger im weiteren zwar um die Zustellung, ohne daß aber die Post dabei weiter eine Rolle spielte, so hat Bachmann in ihrer Relektüre des »Satzes vom Grund« Heideggers Einfall beim Wort genommen und die Krise der Philosophie in eine »Krise der Post« umgeschrieben. Diese wird in einer Briefträgerepisode thematisiert, in deren Erzählung sich karnevaleske Sprache und Passion mischen.

Eingeführt wird die Beziehung des Ich zu den Briefträgern als sehr zwiespältig, denn als Überbringer von »kostbarsten Freudenbotschaften oder unerträglichen Hiobsbotschaften« werden sie durch das Mitansehen der unbewußten Affekte beim Empfang zu unerwünschten Mitwissern. Der Fall des Briefträgers Kranewitzer aus Klagenfurt kommt dem Ich in Form eines Prozeßberichtes zur Kenntnis. Er handelt von einem »Briefträger aus Berufung«, der ohne daß er Gründe dafür hatte angeben können, eines Tages die Post nicht mehr austragen konnte, und sie statt dessen, ungeöffnet, in seiner Wohnung stapelte. Die Ich-Erzählerin empfindet tiefste Sympathie mit diesem Briefträger, den »das Staunen erfaßt hatte, das ja der Anfang alles Philosophierens und der Menschwerdung überhaupt ist«. Und: »Gerade das Briefaustragen bedürfte einer latenten Angst, eines seismografischen Auffangens von Erschütterungen, das sonst nur höheren und höchsten Berufen zugestanden wird, als dürfte es nicht auch eine Krise der Post geben.«

---

[46] Heidegger 1957, 47.

Die anschließende Erwähnung von Lehrstuhlinhabern, die über Gottesbeweise nachdenken, wie auch der Verweis auf den Gründungsmythos der Philosophie, die Entstehung des Philosophierens aus dem Staunen, profiliert die Anekdote unmißverständlich. Tritt der Fakteur hier an die Stelle des Philosophen, so ersetzt Bachmann unter der Chiffre des Briefgeheimnisses die Krise der Philosophie durch die Krise der Post. Auch darin trifft ihr Roman sich mit dem Vorhaben Derridas. Eine verkehrte Urszene der Philosophie, die auf dem Cover seines Buches abgebildete, in Oxford aufgefundene Postkarte mit dem Bild eines schreibenden Sokrates und eines hinter ihm stehenden Platon, wird für Derrida zum Anlaß, die Briefe Platons wieder zu lesen und die »Bibliotheken großer Denker und großer Schriftsteller« als Korrespondenzen, in der ganzen Vieldeutigkeit dieses Wortes, zu reformulieren: als Brief- bzw. Schriftwechsel und -verkehr, als Entsprechung und Anschluß. Wenn er daraus eine postliterarische Situation entwirft – »Das Ende einer postalischen Epoche ist ohne Zweifel auch das Ende der Literatur«[47] –, dann stellt sich die Frage, welche literarische Stellung Bachmann aus ihrer Darstellung der postalischen Krise gewinnt bzw. welchen Ort die Schreiberin in »Malina« einnimmt.

Es sollte deutlich geworden sein, daß es der Schreibenden, dem Ich in »Malina«, offensichtlich nicht gelingt, sich als Diktierende einzurichten, und das, obwohl sie über die Medien der Moderne verfügt. Trotz Sekretärin und Schreibmaschine nämlich gelingt ihr die Begründung eines Autornamens nicht. Und diese Verfehlung ist nicht identisch mit jener Form der Auflösung von Autorschaft, die im ›Aufschreibesystem 1900‹ mit der Etablierung des Paares von diktierendem Mann und schreibender/ordnender Frau verbunden ist und mit der die Austreibung der Liebe einhergeht. Während in diesem Paar die Frau auf die Funktion der Sekretärin, die gleichwohl Ehefrau werden kann, reduziert ist, ist es für die Schriftstellerin in »Malina« nicht nur *unmöglich*, die Position der Sekretärin (Jellinek) mit der des Geliebten (Ivan) zu identifizieren.[48] Gilt die Szene mit Schreibmaschine und Sekretärin allein

---

[47] Derrida 1982, 130.
[48] Daß in der Schriftstellerin-Existenz in »Malina« die Stimme des Ich und der Autorin eng geführt werden, ist offensichtlich, wird darin doch die Problematik einer weiblichen Autorschaft reflektiert, u.a. auch die Erfahrung

der zu erledigenden Korrespondenz, so ist die Ordnung, die die Sekretärin auf dem Schreibtisch herzustellen sucht, indexalischen, alphabetischen und chronologischen Systemen verpflichtet, also denkbar ungeeignet für die Verwandlung der Papiere in Literatur. Dabei ist die Szene ›Sekretärin und Schreibmaschine‹ mit der Anwesenheit des Geliebten unverträglich, ungleichzeitig also mit Liebe und Begehren, deren Medium das Telephon ist. Die Liebe und der Geliebte wiederum sind unvereinbar mit dem Schreiben, von dem Ivan nichts weiß, der höchstens mal einige herumliegende Blätter findet, die sein Mißfallen erregen und deren manchmal entstellte Titel er nicht zu deuten vermag.

Zwischen diesen verschiedenen Unvereinbarkeiten findet das Schreiben des Ich im Roman statt, gleichsam an einem Nichtort über einem Abgrund: »Ich sitze allein zu Hause und ziehe ein Blatt in die Maschine, tippe gedankenlos: Der Tod wird kommen« (79). Die Flucht aus diesem Nichtort in eine vergangene Schreibszene oder die Rückkehr zu einem alten Aufschreibesystem wird dabei explizit verworfen. Das wird in der Episode mit dem alten Schreibpult deutlich. Verknüpft sich mit ihm der Wunsch, im Stehen eine »Inkunabel« zu schreiben, um sich zu verstecken »in der Legende einer Frau, die es nie gegeben hat«, so wird diese Legende zwar – typographisch different, nämlich kursiv gesetzt – in den Text eingeschoben. Sie verschwindet aber sogleich wieder in einer Mappe, während die Anschaffung des Schreibpultes nachträglich verneint wird: »und darauf schreiben hätte ich doch nicht können, weil es Pergament und Tinte nicht gibt, auch Fräulein Jellinek wäre wenig begeistert gewesen, denn sie ist an meine Schreibmaschine gewöhnt«. Was im ersten Kapitel dergestalt als Nichtort im Aufschreibesystem der Moderne erscheint, wird im dritten Kapitel,

---

der Unumkehrbarkeit der Geschlechterdramaturgie in der Konstitution der Autorposition. Bachmann hat manche Einfälle und Notizen handschriftlich notiert, ihre Manuskripte aber überwiegend auf der Schreibmaschine (ab Ende 1966 auf einer elektrischen) getippt und bei der Überarbeitung neu (ab-)getippt. Als sie sich in der Phase des Abschlusses von »Malina« bei einem Unfall ein Schlüsselbein bricht und nicht mehr Schreibmaschine schreiben darf, engagiert sie eine Sekretärin, »eine junge Dame vom Institut« (Bachmann an Unseld am 27.10.70), arbeitet »Tag und Nacht« und beklagt den Mangel eines »liebenden Weibes oder einer männlichen Entsprechung, die es wohl sowieso nicht gibt« (Bachmann an Unseld am 5.11.70, SVF).

nach der Durchquerung der Traumszenen und der postalischen Krise, in einer dialogischen Szene, in den Gesprächen mit Malina, anders formuliert. Malina gegenüber spricht das Ich von den flammenden Briefen:

> »Verstehst du, meine flammenden Briefe, meine flammenden Aufrufe, meine flammenden Begehren, das ganze Feuer, das ich zu Papier gebracht habe, mit meiner verbrannten Hand – von allem fürchte ich, daß es zu einem verkohlten Stück Papier werden könnte.« (245)

Hier geht es nicht mehr um die Unmöglichkeit, überhaupt Texte zu vollenden, sei es Brief oder Buch, sondern um das Begehren, alles zu sagen und sich zugleich im Briefgeheimnis zu üben.

Wenn Malina vom Ich die Austreibung der Liebe fordert wie auch den Verzicht auf die flammenden Briefe und Reden, so fordert er von der Schreibenden, sich an das Aufschreibesystem der Moderne zu halten. Ihr Wissen um die postalische Krise und das Ende der Literatur jedoch führt zu einer in ihrem Sinne verschobenen Formulierung des Problems: »Ich möchte das Briefgeheimnis wahren. Aber ich möchte auch etwas hinterlassen.« Die letzten Briefe, die sie schreibt, sind mißglückte Versuche, ein Testament zu machen, ein unmögliches Unterfangen, da es diese Art des Vermächtnisses für sie nicht geben kann. Die Ungewißheit aber über die Sendung, über Schickung und Empfang der Briefe motiviert das Ich in »Malina«, vor seinem Verschwinden noch ein Versteck zu suchen, in dem ein Päckchen Briefe Platz hat. Als sie dann bemerkt, daß sie vergessen hat, etwas auf das Packpapier zu schreiben – »falls diese Briefe doch einmal gefunden werden, von Fremden, nach einer Auktion, auf der mein Sekretär versteigert werden wird« –, findet sie für die Einzigartigkeit der Briefe keine Benennung, ebensowenig wie für ihre Hinterlassenschaft jenseits eines Vermächtnisses und unter Wahrung des Briefgeheimnisses. Und wenn in der Schlußszene Malina zurückbleibt, nachdem »Ich« auf seine Forderung eingegangen ist und die Liebe und die flammenden Reden mit sich hat verschwinden lassen, dann hat er die Medien des Aufschreibesystems der Moderne in Besitz genommen, während die Schreibende ihre Hinterlassenschaft in der Schrift ihres Romans verborgen hat, nicht als Rätsel oder Geheimnis, sondern als Korrespondenz.

ANHANG

Danksagung

Für die großzügige Genehmigung zum Zitat aus Nachlaß und Korrespondenz Ingeborg Bachmanns wie für die Antworten und Auskünfte auf meine zahllosen Anfragen bedanke ich mich bei den Erben, Isolde Moser und Dr. Heinz Bachmann. Ohne ihre Unterstützung wäre das Buch nicht möglich gewesen, ebensowenig ohne die langjährige sachkundige, freundliche Hilfe der Nachlaßverwalterin in der Wiener Nationalbibliothek, Dr. Eva Irblich. Ebenso gilt mein Dank der Bereitschaft Eric Celans, mir notwendige Informationen aus seiner Kenntnis des Celanschen Nachlasses zukommen zu lassen und das Zitieren aus einigen Dokumenten zu gestatten. Dem Leiter des Uwe Johnson Archivs an der Frankfurter Universität, Dr. Eberhard Fahlke, habe ich nicht nur für seine Genehmigung für die Zitate aus der Korrespondenz von Johnson, sondern auch für zahlreiche Hinweise aus seiner subtilen Kenntnis der Dokumente zu danken. Dasselbe gilt für den Leiter der Handschriftenabteilung im Deutschen Literaturarchiv Marbach, Dr. Jochen Meyer. Ohne die Detailkenntnisse von Prof. Stéphane Mosès und Dr. Itta Shetletzky vom Rosenzweig Center und Margot Cohn von der Handschriftenabteilung der Bibliothek, alle drei Hebrew University Jerusalem, hätte es die wichtige Initialrecherche im Scholem-Nachlaß nicht gegeben. Silvia Hildesheimer danke ich für die Zitiergenehmigung aus einem Brief ihres Mannes und ihre interessierte Anteilnahme an dem Buch.

Für einzelne Zitiergenehmigungen sowie Unterstützung bei den Archivrecherchen bedanke ich mich zudem bei Ursula Hummel (Stadtbibliothek München), Dr. Siegfried Unseld (Suhrkamp Verlag), Dr. Rolf Harder (Archiv der Akademie der Künste Berlin), Ferdinand Moras, Rainer Just (Stiftung Merkur), Dr. Christoph König (Literaturarchiv Marbach), der Library of Congress in Washington, Prof. Axel Gellhaus (Bonner Celan-Arbeitsstelle), Walter Obschlager (Max Frisch Archiv, Zürich), Dr. Robert Pichl (Universität Wien), Henri Lonitz (Theodor W. Adorno Archiv), Winfried Stephan (Diogenes Verlag). Einzelne klärende oder weiterführende Hinweise verdanke ich ferner Prof. Peter von Matt,

Prof. Monika Wagner, Prof. Thomas Macho, Ilse Aichinger, Inge von Weidenbaum, Christine Koschel, Ursula Ludz, Hans Magnus Enzensberger, Prof. Ginevra Bompiani, Iris Schnebel-Kaschnitz, Peter Beisler, Klaus Piper, Claudia Schulz, Karl Markus Michel, der Kulturstiftung im BDI, Uta Wagner (Zeit Archiv), der Deutschen Akademie für Sprache und Dichtung und den Wiener Verkehrsbetrieben.

Das Manuskript ist in den Jahren 1996 bis 1998 entstanden. Die vorausgegangenen und während dieser Jahre fortgesetzten Archivrecherchen wurden durch ein Reisestipendium der Universität Zürich ermöglicht. Während der langjährigen Arbeit am Manuskript haben meine Zürcher Mitarbeiterinnen, Dr. Corina Caduff und Dr. Birgit R. Erdle, Sabine Schilling, Anna-Kathrein Frey und Maya Widmer, keine Mühe und keine Wege gescheut, um mir die notwendigen Materialien zu beschaffen und zu meinem Schreibort in Donego zu befördern. Corina Caduff, Birgit Erdle, Sabine Schilling und Klaus Briegleb haben durch ihre kundige und rasche Durchsicht des Gesamtmanuskripts den Abschluß der Arbeit wesentlich befördert. Ihre über Jahre anhaltende Neugier für die anekdotischen, historischen und theoretischen Entdeckungen bei meinen Recherchen am Material waren mir ein unschätzbarer Antrieb.

Chronik

1926
25.6. Geburt in Klagenfurt/Kärnten als ältestes von drei Kindern (Schwester Isolde zwei Jahre, Bruder Heinz 13 Jahre jünger), Vater Mathias, geb. 1895 in Obervellach/Gailtal (Kärnten), wo I.B. als Kind oft die Ferien verbringt, Lehrer (später Hauptschuldirektor), Mutter Olga, geb. Haas, 1901 in Niederösterreich.
Wohnort: Durchlaßstr. 5.

1932–38
Schulbesuch in Klagenfurt, vier Jahre Volksschule, zwei Jahre Bundesrealgymnasium; 1933 Umzug in die Henselstr. 33.

1938–44
März/April 38 Anschluß Österreichs ans »Dritte Reich« (5.4. Hitler in Klagenfurt), 10.4. eine Volksabstimmung bestätigt den Anschluß.
1938 Eintritt ins Ursulinen-Gymnasium in Klagenfurt.
1944 Abschluß mit der Matura.
1944 Eintritt in den Abiturientenkurs der Klagenfurter Lehrerbildungsanstalt, Abbruch nach Kriegsende.
In dieser Zeit: zahlreiche Gedichte, »Das Honditschkreuz« (1944) und andere Erzählentwürfe, das Versdrama »Carmen Ruidera« (1944).

1945
April Provisorische Regierung aus SPÖ, ÖVP, KPÖ proklamiert die Republik Österreich; Präsenz der Besatzungsmächte bis zum Staatsvertrag 1955.
WS 45/46 Beginn des Studiums in Innsbruck (Wohnort: Arzl Nr. 9).
Mai 45–April 46 »Briefe an Felician«.

1946
SS 46 Studium in Graz.
WS 46/47 Fortsetzung des Studiums in Wien (Philosophie, Psychologie und Germanistik), Wohnort: Beatrixgasse 26;
zu ihren Lehrern gehören u.a. Alois Dempf, Leo Gabriel, Viktor Kraft (Philosophie), Viktor E. Frankl und Hubert Rohracher (Psychologie).
4.8. Erste Veröffentlichung: »Die Fähre« in »Kärntner Illustrierte«.

1947
* Begegnung mit Hans Weigel (Briefwechsel Mai 48 bis Mai 53).
Sept. Praktikum in der Nervenheilanstalt »Am Steinhof«, Wien.
Dez. Paul Celan kommt nach Wien.

* Beginn der Arbeit am Roman »Stadt ohne Namen« (nicht veröff., fragmentarisch überliefert).

1948
14.2. »Werkstudenten« in »Der Optimist« (Wiener Studentenzeitung).
SS Seminarreferat über Alfred Weber »Abschied von der bisherigen Geschichte« (1946).
Juli Paul Celan geht nach Paris.
* Mitarbeit in den Zeitschriften »Turm« und Film« (dort in Nr. 10 Artikel über »Frauen um Schiele« vermutlich von I. B.).
Dez. Gedicht in »Weltpresse«, Hg. Britischer Informationsdienst.

1949
* Vier Gedichte in »Lynkeus. Dichtung, Kunst, Kritik«, Hg. Hermann Hakel, H. 1, Winter 48/49.
* Acht Erzählungen in »Wiener Tageszeitung« (April – Dez.).
* Umzug in die Gottfried-Keller-Gasse 13.
15.4. »Betrunkener Abend« (Gedicht) in »Die Zeit«, Wien.
16.9. Rezension über René Marcics Heidegger-Buch, in: »Der Standpunkt«.
19.12. Einreichung der Dissertation über »Die kritische Aufnahme der Existentialphilosophie Martin Heideggers« (Gutachter: Kraft und Rohracher, Annahme: 9.1.50).

1950
23.3. Promotion.
SS mehrwöchige Vertretung der Assistentenstelle des erkrankten Ernst Topitsch am Philosophischen Seminar der Universität Wien, »Philosophie der Gegenwart« (18s. Ms.).
Okt. Abreise nach Paris, Besuch bei Paul Celan.
Dez. Weiterreise nach London, I.B. wohnt bei Helga Aichinger; der Plan, Wittgenstein zu besuchen, kann wegen seiner Krankheit nicht realisiert werden.

1951
* »Die Mannequins des Ibykus« in »Stimmen der Gegenwart 1951«, Hg. Hans Weigel.
21.2. Lesung bei der Anglo-Austrian Society.
April Tod Ludwig Wittgensteins.
24.9. Beginn der Arbeit beim Sender »Rot-Weiß-Rot«, zunächst in der Nachrichtenabteilung, dann der Kulturredaktion, Hörfunkfassung von Franz Werfels Novelle »Der Tod des Kleinbürgers«.

1952
* Abschluß des Romans »Eine Stadt ohne Namen«, für den sich kein Verlag findet.

* Gedichtzyklus »Ausfahrt« in »Stimmen der Gegenwart 1952«, Hg. Hans Weigel.
Jan. Rezension über José Orabuenas »Kindheit in Cordoba« in »Wort und Wahrheit. Monatsschrift für Religion und Kultur«.
28.2. »Ein Geschäft mit Träumen« (Hörspiel, Sender RWR, Wien).
4.3. Bearbeitung von Thomas Wolfes »Mannerhouse« (Sender RWR).
12.4. »Die Karawane und die Auferstehung« in »Wiener Kurier«.
April »Auch ich habe in Arkadien gelebt« in »Der Student« (Hochschulbeilage der Monatsschrift für freie Akademiker »Der Monat«).
23.–25.5. Teilnahme an der Tagung der ›Gruppe 47‹ in Niendorf (Ostsee).
27.5. Lesung von elf Gedichten im NWDR.
18.6. Porträt Bachmanns erscheint in »Neue Wiener Tageszeitung«.
Aug. Rezension über Heinrich Bölls »Der Zug war pünktlich« in »Wort und Wahrheit«, H. 8.
15.8. »Die gestundete Zeit« (Gedicht) in »Die Neue Zeitung. Die amerikanische Zeitung in Deutschland«.
8.10. Hörfunkfassung von Louis McNeice »The Dark Tower« (Sender RWR).
12./13.10. Teilnahme an den »Kulturtagen« in Veit.
Okt. Teilnahme an der Tagung der ›Gruppe 47‹ auf Burg Berlepsch (dort Kennenlernen von Hans Werner Henze).
3.11. »Biographisches«, zusammen mit einigen Gedichten und der Erzählung »Ein Geschäft mit Träumen« gesendet vom NWDR (die Erzählung, die zum Druck im »Merkur« vorgesehen war, im Dez. zurückgezogen).
Dez. Gedichte in »Frankfurter Hefte«.
Dez. Rezension über Thea Sternheims »Sackgassen« in »Wort und Wahrheit«, H. 12.

1953
* Auszug aus dem Hörspiel »Ein Geschäft mit Träumen« in »Stimmen der Gegenwart«, Hg. H. Weigel.
* »Logik und Mystik« (Rundfunkessay, Text nicht überliefert).
Jan. Einige Gedichte und Rezension über Alfred Momberts »Der himmlische Zecher« in »Wort und Wahrheit«, H. 1.
Feb. »Alle Tage« in »Der Student«.
12.2. Gedicht-Sendung im HR.
12.3. »Sterne im März« (Gedicht) in »Die Neue Zeitung«.
14.4. »Wiener Kreis« (Rundfunkessay, Sender HR).
22.–24.5. Teilnahme an der Tagung der ›Gruppe 47‹ in Mainz (Lesung von »Die große Fracht«, »Holz und Späne«, »Nachtflug«, »Große Landschaft bei Wien«), Preis der Gruppe (mit 2000 DM dotiert).
30.5. »Paris« (Gedicht) in »Die Welt«.
10.6. Interview im BR.
11.6. »Holz und Späne« in »Die Neue Zeitung«.
12.6. Lesung in München.
Juli »Ludwig Wittgenstein – Zu einem Kapitel der jüngsten Philosophie« und Gedichte in: »Frankfurter Hefte«, H. 7.

Sommer Aufgabe der Stellung beim Sender RWR, über Wien nach Klagenfurt.
Sept. nach Ischia zu H.W. Henze.
Okt. Vier Gedichte in »Merkur«.
Okt. Teilnahme am Treffen der ›Gruppe 47‹ auf Schloß Bebenhausen (Lesung aus »Monolog des Fürsten Myschkin«).
9. 12. Rundfunkkritik über Kafkas »Amerika«-Roman (Sender HR).
* »Die gestundete Zeit« (erster Lyrikband) erscheint in der Buchreihe »Studio Frankfurt«, Hg. Alfred Andersch.

1954
* Zimmer in der Via di Ripetta 226, Rom.
* Gedichte in »Jahresring 54. Ein Schnitt durch Literatur und Gegenwart«.
* Gedichte in »Botteghe Oscure«, Hg. Marguerite Caetani, Rom.
Feb. »Ins tausendjährige Reich« in »Akzente«, H. 1, Jg. 1.
April Tagung der ›Gruppe 47‹ auf Cap Circeo, von I. B. mit organisiert.
April/Mai »Der Mann ohne Eigenschaften« (Rundfunkessay, Nachtstudio, Sender unbekannt).
22./23. 5. »Nebelland« (Gedicht) in »Süddeutsche Zeitung«.
April Umzug in eine Wohnung an der Piazza della Querica 1.
Juli Beginn der Italien-Korrespondenzen für »Radio Bremen« (bis Juni 55).
Juli Venedig-Reise.
18. 8. Spiegel-Artikel über I. B.
16. 9. »Sagbares und Unsagbares« (Radioessay, Sender BR, Absage der im »Merkur« geplanten Veröffentlichung im Nov. 1955).
Nov. Beginn der Italien-Korrespondenzen für die »Westdeutsche Allgemeine Zeitung« mit Pseudonym Ruth Keller (bis Sept. 1955).

1955
Jan. Fünf Gedichte in »Merkur«.
Feb. Gedichte, Auszug aus »Die Zikaden« und »Was ich in Rom sah und hörte« in »Akzente«.
25. 3. »Die Zikaden« (Hörspiel mit Musik von H.W. Henze, Sender NDR Hamburg).
April »Wozu Gedichte« in »Westermanns Monatshefte«, H. 4.
16./17. 5. Verleihung des Literaturpreises vom Kulturkreis des BDI in Stuttgart.
* »Das Unglück und die Gottesliebe – Der Weg Simone Weils« (Rundfunkessay, Sender BR München).
13.–15. 5. Teilnahme am Treffen der ›Gruppe 47‹ in Berlin.
Juli Paris-Aufenthalt, von dort Abreise in die USA, Teilnahme am Seminar der »Harvard Sommer School of Arts and Sciences and Education«, organisiert von Henry Kissinger, und Aufenthalt in New York.
Sept.–Dez. viermonatiger Aufenthalt in Klagenfurt, Lektüre lateinischer Klassiker (Catull, Vergil, Horaz, Properz).
*Plan, nach Griechenland zu gehen (aufgegeben).

* Projekt einer Wittgenstein-Monographie (aufgegeben).
* Gedichte und »Die blinden Passagiere« in »Jahresring 55/56«.
* Beginn der Arbeit an der Kurzgeschichte »In Ledas Kreis« (für die von Hermann Kesten hg. Anthologie »Unsere Zeit. Die schönsten deutschen Erzählungen«, 1956), abgebrochen 1956.

1956
* »Anrufung des Grossen Bären« (zweiter Lyrikband) im Piper Verlag.
Erste Jahreshälfte Via Bernardo Cavallino Nr. 1, Neapel (zus. m. H.W. Henze), gemeinsames Opern-Projekt »Belinda« (abgebrochen).
24. 1. auf der Reise nach Neapel Besuch der »Traviata«-Inszenierung von Visconti mit Maria Callas in der Mailänder Scala.
Jan. Gedichte in »Wort in der Zeit« (Österr. Literaturzeitschrift, Graz).
März Lesungen in Bremen und München, im Anschluß Besuch bei Ilse Aichinger und Günter Eich in Lenggries.
Mai Besuch bei Marie Luise von Kaschnitz in Amalfi.
Mai/Juni Arbeit am Libretto zu Henzes Oper »Der Prinz von Homburg« (nach Kleist).
Juni Gedichte in »Merkur«.
Sommer Joachim Moras bemüht sich um finanzielle Unterstützung für I.B. im Umkreis des Kulturkreises des BDI.
Aug. Ischia und Venedig-Reisen.
Aug.–Nov. Aufenthalt in Klagenfurt, dort Krankenhausaufenthalt, Lektüre italienischer Klassiker (Ariost, Dante, Tasso).
19. 7. »Erklär mir, Liebe« in »Die Zeit«.
Sept. »Die wunderliche Musik. Teil I« in »Melos. Zeitschrift für neue Musik«, H. 9.
Nov. »Die wunderliche Musik. Teil II« in »Melos«, H. 11.
Dez. Aufenthalt im »Hôtel de la Paix«, Paris, dort Proust-Lektüre im Original.
* Gedichte und »Die wunderliche Musik« in »Jahresring 56/57« (im selben Heft erscheint auch Adornos Aufsatz »Musik, Sprache und ihr Verhältnis zum gegenwärtigen Komponieren«).

1957
* Neuauflage von »Die gestundete Zeit« (Piper Verlag).
Jan. nach Rom, Wohnung in der Via Vecchiarelli 38.
* Arbeit an der »Manhattan-Ballade« (späterer Titel »Der gute Gott von Manhattan«).
* Gedichte in »Botteghe Oscure«, Rom.
26. 1. Verleihung des Bremer Literaturpreises (geteilt mit Gerd Oelschlegel).
1. 2. Gedicht-Lesung im NDR Hamburg.
Juni Besuch bei Ilse Aichinger und Günter Eich in Lenggries.
Juni Erzählung »Portrait von Anna Maria«, die für den »Merkur« vorgesehen war, zurückgezogen.
19. 6. Gedicht-Lesung im SDR Stuttgart.
Aug. Besuch bei Henze in Neapel, Via Generale Parisi 6.

Aug. »Aria II« in »Hortulus« (St. Gallen).
27.–29.9. Teilnahme am Treffen der ›Gruppe 47‹ in Niederpöcking (Lesung von »Liebe, dunkler Erdteil«).
Okt. I.B. wird korrespondierendes Mitglied der »Akademie für Sprache und Dichtung« in Darmstadt.
11.–13.10. Teilnahme an einem von Hans Mayer organisierten Seminar über »Literaturkritik kritisch betrachtet« in Wuppertal (weitere Teilnehmer u.a. Celan, Böll, Enzensberger).
Okt. Beginn der Arbeit als Dramaturgin beim BR (bis Mai 58); der Plan, den Bruder mitzunehmen, wird nicht realisiert.
Nov. Wohnung in der Josephstr. 9a.
20.10. »Nachtstücke« von Henze nach »Aria I« und »Aria II« von I.B. bei den Donaueschinger Musiktagen.
Dez. Gedichte in »Akzente«.
* Gedichte in »Jahresring 57/58«.

1958
Jan. Lesung im Kleinen Theater an der Josefstadt in Wien.
April Beitritt zum »Komitee gegen die Atomrüstung«.
13.5. »Die Welt Marcel Prousts – Einblicke in ein Pandämonium« (Rundfunkessay, Sender BR).
29.5. »Der gute Gott von Manhattan« (Hörspiel, Sender NDR Hamburg/BR München).
Mai I.B. verläßt München, Reise nach Klagenfurt.
Juli Paris-Aufenthalt, I.B. lernt Max Frisch kennen.
Aug. Aufenthalt in Neapel bei Henze, Via Generale Parisi 6, erneute Arbeit am Libretto »Prinz von Homburg«.
Nov. Wechsel nach Zürich, zu Max Frisch, Feldeggstr. 21.
*Buchveröffentlichung von »Der gute Gott von Manhattan« (Piper Verlag).

1959
März Hermann Kesten schlägt I.B. zur Aufnahme in den PEN-Club der BRD vor, Aufnahme im selben Jahr.
Feb. Umzug in das Haus am Langenbaum, Seestr., Uetikon am See (bei Zürich).
17.3. Verleihung des »Hörspielpreises der Kriegsblinden« in Bonn, Übertragung vom WDR Köln.
Frühjahr »Jugend in einer österreichischen Stadt« in »Botteghe Oscure«.
April Tod Peter Suhrkamps.
Mai Pläne, gemeinsam mit Max Frisch nach Rom zu gehen, zerschlagen sich wegen eines Krankenhausaufenthalts von Frisch, Bachmann geht allein nach Rom.
13.5. Beschluß über die Einrichtung einer Poetikdozentur an der Universität Frankfurt/M.
Juni I.B. lernt Peter Szondi in Zürich kennen.
Juni Besuch bei Enzensberger in Lannvia, Italien.

* »Musik und Dichtung« in »Musica Viva« (Nymphenburger Verlagshandlung).
Okt. Zweitwohnung in Zürich, Kirchgasse 33.
23.–25. 10. Teilnahme am Treffen der ›Gruppe 47‹ auf Schloß Elmau (Lesung von »Alles«), Kennenlernen von Uwe Johnson.
24. 10. »Alles«, gesendet vom BR München.
11. 11. Erste Vorlesung als Poetikdozentin in Frankfurt, »Fragen und Scheinfragen«, dort Kennenlernen von Theodor W. Adorno.
Nov./Dez. Briefwechsel mit Wolfgang Hildesheimer über sein Stück »Landschaft mit Figuren«.
9. 12. Zweite Vorlesung »Über Gedichte«.
29. 12. Protestbrief an den Senat der Freien und Hansestadt Bremen, in Kooperation mit P. Celan (betr. Verweigerung des Senats, Günter Grass den Bremer Literaturpreis für die »Blechtrommel« zu verleihen).
Dez. Antisemitische Anschläge auf die Kölner Synagoge.

1960
* Ludwig Wittgensteins »Schriften« erscheinen auf Anregung von I. B. im Suhrkamp Verlag, im Beiheft eine revidierte Fassung ihres Essays »L. W. – Zu einem Kapitel der jüngsten Philosophie«.
Jan. Geburtstagsbrief für Hermann Kesten in »Ein Buch der Freunde. Zum 60. Geburtstag am 28. Januar 1960«.
8. 1. Premiere von Henzes Ballettpantomime »Der Idiot« mit der neuen Textfassung von I. B., »Monolog des Fürsten Myschkin«, im Titania-Palast, Berlin.
24. 2. Fünfte und letzte Vorlesung, »Literatur als Utopie«.
März »Alles« in »Die Neue Rundschau«, H. 3.
29. 3.–1. 4. Teilnahme an einem Lyriksymposium der Universität Leipzig, organisiert von Hans Mayer (Entwurf »Leipzig« unveröff.).
22. 5. Uraufführung von Henzes Oper »Der Prinz von Homburg«, Textbearbeitung von I. B., Hamburgische Staatsoper, dazu im Programmheft »Entstehung eines Librettos«.
25. 5. Treffen mit Nelly Sachs und Paul Celan in Zürich (anläßlich der Verleihung des Droste-Preises in Meersburg an Sachs).
Mai »Entstehung eines Librettos« in »Melos«, H. 5.
Aug. Spanien-Reise, zus. mit Max Frisch.
Sept. »Entgegnung« (zus. mit Demus und Kaschnitz) in »Die Neue Rundschau«, H. 3 (betr. Unterstützung Celans in der Goll-Affäre).
Aug.–Okt. Ausschnitte der »Frankfurter Vorlesung« in »Du. Kulturelle Monatsschrift«.
Nov. I. B. unterzeichnet Offenen Brief, den Algerienkrieg betreffend.

1961
* Übersetzung von Giuseppe Ungaretti, »Gedichte« (zweisprachige Ausgabe, Suhrkamp Verlag).
* »Das dreißigste Jahr« (Erzählungsband, Piper Verlag).
Jan. Aufenthalt in Rom, Via Notaris 1 F.

Feb./März Lesereise durch die BRD.
17.3. »Undine geht«, gesendet vom BR München.
April Tod von Joachim Moras.
April Wohnung in Rom zus. mit Max Frisch, Via Giulia 102.
20.5. »Alles« in »Frankfurter Allgemeine Zeitung«.
April–Aug. Eichmann-Prozeß in Jerusalem.
13.8. Bau der Berliner Mauer.
Aug. zurück nach Zürich in die Wohnung in Uetikon.
6.9. H.W. Richter bittet I.B. um einen Beitrag für den Almanach zum 15jährigen Bestehen der ›Gruppe 47‹, abgebrochener Entwurf »Gruppe 47«.
Okt. beim Suhrkamp Verlag in Frankfurt/M. Gespräche über das Projekt einer internationalen Literaturzeitschrift (Titel »Gulliver«, in Kooperation mit »Einaudi« und »Gallimard«).
Okt. Adorno versucht I.B. zu gewinnen, ein Libretto für eine geplante Oper von Eduard Steuermann zu schreiben.
27.–29.10. Teilnahme an der Tagung der ›Gruppe 47‹ in der Göhrde (Lesung von »Ihr Worte« außerhalb der Kritik).
13.11. Lesung in der Berliner Kongreßhalle, Verleihung des Berliner Kritikerpreises für »Das dreißigste Jahr«, Eröffnung der von Walter Höllerer organisierten Reihe »Literatur im technischen Zeitalter« (am 19.11. vom SFB Fernsehen gesendet).
Nov. I.B. wird außerordentliches Mitglied der Abteilung Literatur in der Berliner Akademie der Künste.
* »Ihr Worte« in »Nelly Sachs zu Ehren« (Suhrkamp Verlag).

1962
Juni Schiffsreise nach New York, Begegnung mit Hannah Arendt.
13.6. Lesung im Goethe-House New York.
Aug. I.B. bewohnt die Wohnung in Uetikon allein, während Frisch in Rom lebt.
Aug. Reise nach St. Moritz.
Sept. H. Kesten bittet I.B. um Unterstüzung in der Verteidigung gegen eine öffentliche Diffamierung durch Edgar Lohner.
Herbst Korrespondenz mit Uwe Johnson, das »Gulliver«-Projekt betreffend.
Okt. Teilnahme am Treffen der ›Gruppe 47‹ und dem anschließenden Treffen mit der »Oberhausener Gruppe« in Berlin (letztes Mal).
Herbst Pläne für einen Film (nicht realisiert).

1963
Jan. Vierwöchiger Klinikaufenthalt in Zürich.
18.–24.4. Teilnahme am Treffen der drei Redaktionsgruppen des »Gulliver«-Projekts in Paris.
April Beginn des Berlin-Aufenthalts aufgrund eines einjährigen Stipendiums der Ford Foundation; I.B. wohnt zunächst in einer Gästewohnung in der Akademie der Künste; Kennenlernen von Witold Gombrowicz, der sich

gleichzeitig als Ford-Stipendiat in Berlin aufhält. Außerdem während des Berlin-Aufenthalts enge Kontakte zu Johnson, Grass, Lettau, Szondi.
Sommer Umzug in eine Wohnung in der Königsallee 35.
10.7. Gerichtstermin, die Klage gegen Josef-Hermann Dufhues betreffend, die I.B. zusammen mit Uwe Johnson und Günter Grass eingereicht hat.
Okt. Erste Erwähnung eines »Todesarten«-Romans.
Nov./Dez. Reise nach Italien und Zürich (betr. Regelung der Aufenthaltsgenehmigungen).
20.12. Lesung in Berlin (Rias in Verbindung mit der Volkshochschule Tempelhof).
Dez. Beginn des Frankfurter Auschwitz-Prozesses (bis Aug. 1965).
5.12. Tod von Karl August Hartmann.

1964
Jan. Reise nach Prag, zus. mit Adolf Opel.
Juli »Tagebuch« (in italienischer Übersetzung) in »Il menabò di letteratura«, No. 7, Turin.
April Aufenthalt in Uetikon.
Mai/Juni Reise nach Ägypten und in den Sudan.
Juli Aufenthalt in Wien.
Aug. zurück in Berlin, Arbeit am Berlin-Wüsten-Text.
Sept. Aufenthalt in St. Moritz in der Klinik von Dr. Auer.
Okt. zurück in Berlin.
17.10. Verleihung des Büchner-Preises in Darmstadt, Dankrede »Deutsche Zufälle«, veröffentlicht in »Jahrbuch der Deutschen Akademie für Sprache und Dichtung«.
12.12. Begegnung mit Anna Achmatowa anläßlich der Verleihung des ›Premio Etno-Taormina‹ an diese.
* Sammelband »Gedichte, Erzählungen, Hörspiel, Essay« (Piper Verlag).

1965
* »Ein Ort für Zufälle« (mit Zeichnungen von Günter Grass, Verlag Klaus Wagenbach).
* Arbeit am »Wüstenbuch« (nicht abgeschlossen), Übergang zur Arbeit am Franza-Roman.
Jan. »Wahrlich« (für Anna Achmatowa) in »L'Europa Letteraria, Artistica, Cinematografica«, Rom, Nr. 1.
Jan. I.B. unterzeichnet Erklärung gegen die Verjährung von Naziverbrechen.
Feb./März Aufenthalt in einem Sanatorium in Baden-Baden.
5.4. Werkstattgespräch zu »Der junge Lord« im SFB.
7.4. Uraufführung von Henzes Oper »Der junge Lord« mit dem Libretto von I.B., Deutsche Oper Berlin, dazu im Opernjournal »Notizen zum Libretto«.
7.5. Podiumsdiskussion anläßlich der 600-Jahr-Feier der Universität Wien (mit R. Baumgart, M. Sperber, F. Torberg, D. Wellershoff).
10.5. Gedicht-Lesung im Palais Palffy, Wien.

Juli Teilnahme am Lyrik-»Festival zweier Welten« in Spoleto, Umbrien.
Aug. Paris-Aufenthalt, danach Ferien in Montigny sur Loing, Seine.
Sept. Tod von Johannes Bobrowski.
Sept. Teilnahme an einer SPD-Wahlkampfveranstaltung in der Bayreuther Stadthalle.
Okt. in Rom Wohnungssuche für Übersiedlung dorthin Ende des Jahres, Via Bocca di Leone 60.
Dez. I. B. unterzeichnet eine Erklärung gegen den Vietnamkrieg.

1966
* I. B. wird Mitglied der Jury des »Premio Etna Taormina«.
9. 1. »Prag Jänner 64« und »Enigma«, gesendet von der SRG/DRS, Zürich.
9. 1. Lesung aus dem Franza-Manuskript (Titel »Todesarten«) im Theater Hechtplatz, Zürich.
Jan./Feb. Studium der Literatur über medizinische Versuche an KZ-Häftlingen.
22.–25. 3. Lesungen in Hamburg, Hannover, Berlin, Lübeck aus dem Franza-Buch (Titel »Todesarten«), Hörfunkaufnahmen des NDR.
April Aufenthalt in Klagenfurt, Teilnahme an der Tagung der ›Gruppe 47‹ in Princeton wegen Krankheit abgesagt.
Mai Aufenthalt in Baden-Baden.
Aug. Ferien in Salzburg.
Sommer Heiratspläne (verworfen).
Sommer/Herbst Arbeit an »Requiem für Fanny Goldmann«.
Herbst Werbetexte für Olivetti.
Nov. Abbruch der Arbeit am Franza-Buch.
Nov. Wechsel von der manuellen zur elektrischen Schreibmaschine.
* Konflikt mit dem Piper Verlag, weil dort die Veröffentlichung eines Auswahlbandes von Anna Achmatowa in der Übersetzung des Nazidichters Hans Baumann geplant war.

1967
* Plan für ein mehrbändiges »Todesarten«-Projekt.
10. 1. Gershom Scholem besucht I. B. in Rom.
23. 1. Uraufführung von Henzes »Chorfantasie« nach »Lieder von einer Insel« von I. B.
7. 2. Gedicht Scholems »An I. B. nach ihrem Besuch im Ghetto von Rom«.
März Entschluß zum Verlagswechsel. Erste Vertragsverhandlungen mit Unseld bezüglich eines möglichen Wechsels.
April Trennung vom Piper Verlag, der sich die Option auf das Franza-Buch vorbehält.
Mai Lesung bei einem Kulturfestival in Triest.
Juni Entscheidung zur ausschließlichen Arbeit an »Malina«.
»Zwischentexte zur konzertanten Aufführung des ›Freischütz‹«, Gastspiel der Hamburger Staatsoper bei der Weltausstellung in Montreal und in der Metropolitan Opera New York.
* Essay über Georg Groddeck für den »Spiegel« (abgebrochen).

* Rezension zu Leo Lipski, »Piotrus« für »Die Zeit« (abgebrochen).
15.7. Teilnahme an einem internationalen Dichtertreffen in London, »Eine Art Verlust« und »Enigma«, gesendet von der BBC, London.

1968
Jahreswechsel Aufenthalt in Klagenfurt, Einfall für das Mittelkapitel von »Malina«.
* Rezension zu Silvia Plath, »Die Glasglocke« (abgebrochen).
* Beginn der Arbeit an Erzählungen neben dem »Malina«-Roman.
Mai Pariser Mai-Unruhen.
Juni Lesung im Goethe-House New York.
7.10. »Simultan«, gesendet im NDR Hannover.
21.11. Verleihung des »Großen Österreichischen Staatspreises« in Wien.
Nov. Vier Gedichte in »Kursbuch 15«, Hg. H. M. Enzensberger.

1969
März Lesung von »Simultan« in St. Moritz.
Mai Aufenthalt in St.-Tropez.
* Rezension zu Thomas Bernhard, »Watten« (abgebrochen).
6.8. Tod Theodor W. Adornos.
Nov. Absage des Projekts einer Anthologie mit Gedichten Bertolt Brechts (Fischer Verlag, Entwurf eines Vorworts).
7.11. »Ihr glücklichen Augen«, gesendet im NDR Hannover.

1970
Jan. Aufenthalt in St. Moritz.
* »Zugegeben« in »Das literarische Profil von Rom« (Literarisches Colloquium, Berlin).
März »Simultan« in »Die Neue Rundschau«, H. 3.
20.4. Tod Paul Celans.
Mai Entwurf zum Nachruf auf Witold Gombrowicz (unveröff.).
Juni Entwurf zum Nachruf auf Giuseppe Ungaretti (unveröff.).
Juli/Aug. Aufenthalt in Klagenfurt, währenddessen Aufenthalt Uwe Johnsons mit Frau und Tochter in Bachmanns Wohnung in Rom.
Aug. In einem Gespräch mit Rössner vom Piper Verlag erreicht I. B., daß sie ihre vertragliche Verpflichtung gegenüber dem Verlag mit einem Erzählungsband einlösen und »Malina« insofern bei Suhrkamp erscheinen kann.
Aug. Arbeit an »Drei Wege zum See«.
Okt./Nov. Uwe Johnson möchte zwischen Aichinger/Eich und I. B. vermitteln.
Herbst Fertigstellung von »Malina«, Lektorat von Johnson und Martin Walser.

1971
* »Malina« (Suhrkamp Verlag).
Jan. Aufenthalt in Wien.

März/April Lesereise in der BRD.
Mai Aufenthalt in Wien, Wohnungssuche für eine mögliche Übersiedlung.
Juni I. B. schlägt Uwe Johnson mit Erfolg für Büchner-Preis vor.
Juni »Besichtigung einer alten Stadt« in »Text und Kritik«, H. 6.
Juli »Ihr glücklichen Augen« in »Merkur«.
Juli Aufenthalt bei Roberto Calasso und Fleur Jaeggy in Ronchi, Prior di Massa.
Okt. in Rom Umzug in eine Wohnung in der Via Giulia 66.
Okt. Ferien auf Malta.
Nov. Lesereise in der BRD, in Tübingen Wiedersehen mit Blochs.
Nov. Tod von Peter Szondi.

1972
März Tod Giangiacomo Feltrinellis.
Mai I. B. unterschreibt Appell der Akademie zur Ratifizierung der Ostverträge.
2. 5. Dankrede zur Verleihung des Anton-Wildgans-Preises, vom Fernsehen aufgezeichnet.
13./14. 5. »Das Gebell« in »Süddeutsche Zeitung«.
* »Simultan« (Piper Verlag).
Nov. Auftrag des Wiener Burgtheaters für ein Theaterstück.

1973
18.3. Tod des Vaters von I. B.
Mai Polenreise, Lesungen an den Universitäten in Warschau, Krakau, Breslau, Thorn und Posen, Besuch der Vernichtungslager Auschwitz und Birkenau.
25./26. 9. Brandunfall in ihrer Wohnung in der Via Giulia.
17. 10. I. B. stirbt an den Folgen des Brandunfalls in der Klinik ›Sant'Eugenio‹.
25. 10. Beisetzung auf dem Klagenfurter Friedhof Annabichl.

Bibliographie

Siglen:

1. NACHLÄSSE/ARCHIVE:

AKB Stiftung Archiv Akademie der Künste, Berlin (Nachlässe von Wolfgang Hildesheimer und Hans Werner Richter).
CAB Bonner Arbeitsstelle für die Celan-Ausgabe, Bonn (Rolf Bücher, Axel Gellhaus, Stefan Reichert).
DLM Deutsches Literaturarchiv, Handschriftenabteilung, Marbach am Neckar (Nachlässe von Alfred Andersch, Paul Celan, Peter Szondi, Merkur-Archiv).
GSJ Nachlaß von Gershom Scholem in der Handschriften- und Archivabteilung der Jewish National and University Library, Hebrew University Jerusalem.
HAKP Briefwechsel zwischen Hannah Arendt und Klaus Piper (nach Mitteilung von Claudia Schulze, München).
HAW Hannah Arendt Papers, Manuscript Division der Library of Congress, Washington.
HKM Nachlaß von Hermann Kesten, Monacensia, Münchner Stadtbibliothek.
NÖN Nachlaß von Ingeborg Bachmann in der Österreichischen Nationalbibliothek, Handschriften- und Inkunabelnsammlung, Wien.
PBB Katalog der Privatbibliothek, nach brieflicher Auskunft von Robert Pichl, Wien.
SVF Archiv des Suhrkamp Verlags, Frankfurt/M.
TAF Theodor W. Adorno Archiv, Frankfurt/M.
UJF Uwe Johnson Archiv, Johann Wolfgang Goethe-Universität Frankfurt/M.

2. WERKE VON INGEBORG BACHMANN:

o/oo Zitate nur unter Angabe von Band-/Seitenzahl beziehen sich auf: *Bachmann, Ingeborg, 1978*: Werke. Hg. v. Christine Koschel, Inge von Weidenbaum, Clemens Münster. 4 Bde. München.
BF *Bachmann, Ingeborg, 1991*: Briefe an Felician. München, Zürich.
Diss. *Bachmann, Ingeborg, 1985*: Die kritische Aufnahme der Existentialphilosophie Martin Heideggers (Dissertation Wien 1949). München, Zürich.
GuI *Bachmann, Ingeborg, 1983*: Wir müssen wahre Sätze finden. Ge-

sprüche und Interviews. Hg. v. Christine Koschel und Inge von Weidenbaum. München, Zürich.
LG Bachmann, Ingeborg, 1998: Letzte, unveröffentlichte Gedichte, Entwürfe und Fassungen. Edition und Kommentar von Hans Höller. Frankfurt/M. 1998.
TuB Ingeborg Bachmann in Ton- und Bildaufzeichnungen. Eine Dokumentation von Ellen Marga Schmidt. Hg. v. Deutschen Rundfunkarchiv Frankfurt/M. In: 4/427–527. (Das Verzeichnis befindet sich nur in der Erstauflage der Werkausgabe von 1978.)
TP Bachmann, Ingeborg, 1995: »Todesarten«-Projekt. Unter Leitung von Robert Pichl hg. v. Monika Albrecht und Dirk Göttsche. 4 Bde. München, Zürich.
RR Bachmann, Ingeborg, 1998: Römische Reportagen. Eine Wiederentdeckung. Hg. v. Jörg-Dieter Kogel. München, Zürich.

Literatur:

(Die in Klammern gesetzten Jahreszahlen beziehen sich jeweils auf das Erscheinungsjahr der Original- oder deutschen Erstausgaben)

Abraham, Nicolas, 1991: Aufzeichnungen über das Phantom. Ergänzungen zu Freuds Metapsychologie. In: Psyche, H. 8, August 1991, 691–698.
Achberger, Karen, 1982: Bachmann und die Bibel. »Ein Schritt nach Gomorrha« als weibliche Schöpfungsgeschichte. In: Höller 1982, S. 97–110.
Adorno, Theodor W., 1951: Minima Moralia. Reflexionen aus dem beschädigten Leben. Frankfurt/M.
Adorno, Theodor W., 1964: Jargon der Eigentlichkeit. Zur deutschen Ideologie. Frankfurt/M.
Adorno, Theodor W., 1973: Ästhetische Theorie. (1970) Frankfurt/M.
Adorno, Theodor W., 1974: Noten zur Literatur. (1958, 1961, 1965) Frankfurt/M.
Adorno, Theodor W., 1978: Philosophie der neuen Musik. (1949) Frankfurt/M.
Adorno, Theodor W., 1970–1986: Gesammelte Schriften. Hg. v. Rolf Tiedemann u.a. 20 Bde. Frankfurt/M.
Adorno, Theodor W., 1986. Die auferstandene Kultur (1949). In: Gesammelte Schriften. Bd. 20.2. Frankfurt/M.
Adorno Theodor W./Eduard Steuermann, 1984: Aus ihrem Briefwechsel. In: Adorno-Noten. Hg. v. Rolf Tiedemann. Berlin 1984. S. 40–72.
Aimée, B. Price, 1981: Puvis de Chavannes. A Study of the Easel Paintings. Part 2. Ann Arbor.
Akademie der Künste (Hg.), 1988: Dichter und Richter. Die Gruppe 47 und die deutsche Nachkriegsliteratur. Ausstellungskatalog.
Albrecht, Monika, 1989: »Die andere Seite«. Zur Bedeutung von Werk und Person Max Frischs in Ingeborg Bachmanns »Todesarten«. Würzburg.

Alleg, Henri, 1958: Die Folter. Berlin.
Amann, Klaus, 1996: Zahltag. Der Anschluß österreichischer Schriftsteller an das Dritte Reich. (1988) Bodenheim.
Amann, Klaus, 1997: »Denn ich habe zu schreiben. Und über den Rest hat man zu schweigen.« Ingeborg Bachmann und die literarische Öffentlichkeit. Klagenfurt.
Amann, Klaus/Albert Berger (Hg.), 1985: Österreichische Literatur der dreißiger Jahre. Ideologische Verhältnisse. Institutionelle Voraussetzungen. Fallstudien. Wien, Köln, Graz.
Améry, Jean, 1980: Jenseits von Schuld und Sühne. (1966) Stuttgart.
Andersch, Alfred, 1972: Die Rote. Roman. Zürich.
Arendt, Hannah, 1959: Rahel Varnhagen. Lebensgeschichte einer deutschen Jüdin aus der Romantik. München.
Arendt, Hannah, 1979: Vom Leben des Geistes. Band 1: Das Denken. München.
Arendt, Hannah, 1981: Vita Activa oder Vom tätigen Leben. (1958) München.
Arendt, Hannah, 1986: Elemente und Ursprünge totaler Herrschaft. (1951) München, Zürich.
Arendt, Hannah/ Hans Magnus Enzensberger, 1965: Politik und Verbrechen. Ein Briefwechsel. In: Merkur, April 1965. S. 380–385.
Arendt, Hannah/Heinrich Blücher, 1996: Briefe 1936–1968. München.
Arendt, Hannah/Karl Jaspers, 1993: Briefwechsel 1926–1969. München.
Arendt, Hannah/Mary McCarthy, 1995: Im Vertrauen. Briefwechsel 1949 bis 1975. München, Zürich.
Auden, Wystan H., 1983: Das Zeitalter der Angst. Ein barockes Hirtengedicht. Eingeleitet von Gottfried Benn. (1947) Wiesbaden und München.
Bachelard, Gaston, 1975: Poetik des Raumes. Frankfurt/M., Berlin, Wien.
Bachmann, Ingeborg, 1981: Registratur des literarischen Nachlasses. Aus den Quellen erarbeitet von Christine Koschel und Inge von Weidenbaum. Hg. v. Robert Pichl. Wien.
Bachmann, Ingeborg, 1984: Sonderband »Text und Kritik«. München.
Bachmann, Ingeborg, 1994: Das Lächeln der Sphinx. In: DU. Zeitschrift der Kultur, H. 9, September 1994.
Bachmann, Ingeborg, 1995: Ingeborg Bachmanns »Todesarten«-Projekt. Neue Teilregistratur des literarischen Nachlasses in der Österreichischen Nationalbibliothek. Unter der Leitung von Robert Pichl hg. u. erarbeitet v. Monika Albrecht und Dirk Göttsche. Wien.
Bachmann, Ingeborg, 1995a: »Text und Kritik«, H. 6, Fünfte Auflage, Neufassung, XI/95. München.
Bachtin, Michail M., 1985: Literatur und Karneval. Zur Romantheorie und Lachkultur. (1963/65) Frankfurt/M., Berlin, Wien.
Bachtin, Michail M., 1986: Formen der Zeit im Roman. (1975) Frankfurt/M.
Baeyer, Walter Ritter von, u.a., 1964: Psychiatrie der Verfolgten. Psychopathologische und gutachtliche Erfahrungen an Opfern der Nationalsozialistischen Verfolgung und vergleichbarer Extrembelastungen. Berlin, Göttingen, Heidelberg.

Barthes, Roland, 1959: Am Nullpunkt der Literatur. (1953) Frankurt/M.
Barthes, Roland, 1964: Mythen des Alltags. (1957) Frankfurt/M.
Barthes, Roland, 1974: Die Lust am Text. (1973) Frankfurt/M.
Barthes, Roland, 1978: Über mich selbst. (1975) München
Barthes, Roland, 1984: Fragmente einer Sprache der Liebe. Frankfurt/M.
Barthes, Roland, 1985: Die helle Kammer. Bemerkung zur Photographie. (1980) Frankfurt/M.
Bartsch, Kurt, 1980: Ingeborg Bachmanns Wittgenstein- und Musil-Rezeption. In: Akten des VI. Germanisten-Kongresses Basel 1980. Hg. v. H. Rupp/H.-G. Roloff. Bern, Frankfurt/M., Las Vegas 1980. S. 527–532.
Bartsch, Kurt, 1988: Ingeborg Bachmann. Stuttgart.
Bataille, Georges, 1982: Der heilige Eros (L'Erotisme). (1963) Darmstadt und Neuwied.
Bauschinger, Sigrid, 1975: Mythos Manhattan. Die Faszination einer Stadt. In: Amerika in der deutschen Literatur. Hg. v. S. Bauschinger u.a. Stuttgart 1975. S. 383–397.
Bayle, François, 1950: Croix gammé contre caducée. Les expériences humaines en Allemagne pendant la deuxième guerre mondiale. Paris.
de Beauvoir, Simone, 1953: Sie kam und blieb. Roman. (1943) Reinbek bei Hamburg.
Beicken, Peter, 1988: Ingeborg Bachmann. München.
Benjamin, Walter, 1955: Schriften. Hg. v. Th. W. Adorno und Gretel Adorno unter Mitwirkung von Friedrich Podszus. 2 Bde. Frankfurt/M.
Benjamin, Walter, 1980ff.: Gesammelte Schriften. Hg. v. Rolf Tiedemann und Herrmann Schweppenhäuser. Frankfurt/M.
Bermann Fischer, Gottfried u. Brigitte, 1990: Briefwechsel mit Autoren. Frankfurt/M.
Bernhard, Thomas, 1978: Der Stimmenimitator. Frankfurt/M.
Bernhard, Thomas, 1986: Auslöschung. Ein Zerfall. Frankfurt/M.
Blumenberg, Hans, 1960: Paradigmen zu einer Metaphorologie. In: Archiv für Begriffsgeschichte, Bd. 6, Bonn. S. 7–142 u. 301–305.
Blumenberg, Hans, 1979: Schiffbruch mit Zuschauer. Paradigmen einer Daseinsmetapher. Frankfurt/M.
Blumenberg, Hans, 1998: Paradigmen zu einer Metaphorologie. Frankfurt/M.
Bohleber, Werner, 1990: Das Fortwirken des Nationalsozialismus in der zweiten und dritten Generation nach Auschwitz. In: Babylon. H. 7/1990. S. 70–83.
Bohrer, Karl-Heinz, 1981: Plötzlichkeit. Zum Augenblick des ästhetischen Scheins. Frankfurt/M.
Böschenstein, Bernhard, 1981: Ingeborg Bachmann. In: Die deutsche Lyrik 1945–1975. Zwischen Botschaft und Spiel. Hg. v. Klaus Weissenberger. Düsseldorf 1981. S. 254–263.
Böschenstein, Bernhard, 1982: Exterritorial. Anmerkungen zu Ingeborg Bachmanns deutschem Ungaretti. Mit einem Anhang über Paul Celans Übertragung des Spätwerks. In: Th. Elm/G. Hemmerich (Hg.): Zur Ge-

schichtlichkeit der Moderne. Der Begriff der literarischen Moderne in Theorie und Deutung. München 1982. S. 307–322.
Böschenstein, Bernhard/Sigrid Weigel (Hg.), 1997: Ingeborg Bachmann und Paul Celan. Poetische Korrespondenzen. Frankfurt/M.
Bossinade, Johanna, 1990: Das Beispiel Antigone. Textsemiotische Untersuchungen zur Präsentation der Frauenfigur. Von Sophokles bis Ingeborg Bachmann. Köln, Wien.
Bothner, Susanne, 1986: Ingeborg Bachmann: Janusköpfiger Tod. Versuch der literaturpsychologischen Deutung eines Grenzgebietes der Lyrik unter Einbeziehung des Nachlasses. Frankfurt/M.
Briegleb, Klaus, 1991: Über die Nicht-Rezeption der deutschen Exil-Literatur nach 1933 in der westdeutschen Gegenwartsliteratur. In: Begegnung mit dem Fremden. Grenzen – Traditionen – Vergleiche. (Akten des VIII. Internationalen Germanisten-Kongresses Tokyo 1990) Bd. 8. München.
Briegleb, Klaus, 1993: 1968. Literatur in der antiautoritären Bewegung. Frankfurt/M.
Briegleb, Klaus, 1996: »Neuanfang« in der westdeutschen Nachkriegsliteratur – Die »Gruppe 47« in den Jahren 1947–1951. In: Weigel/Erdle 1996. S. 119–163.
Briegleb, Klaus, 1997: Ingeborg Bachmann – Paul Celan. Ihr (Nicht) Ort in der Gruppe 47. In: Böschenstein/Weigel 1997. S. 29–81.
Briegleb, Klaus, 1997a: Literarische Nachverfolgung. Zu Hans Werner Richters »Sie fielen aus Gottes Hand« (1951). In: Robert Weninger/Brigitte Rossbacher (Hg.): Wendezeiten. Zeitenwenden. Positionsbestimmungen zur deutschsprachigen Literatur 1945–1995. Tübingen 1998. S. 3–36.
Briegleb, Klaus/Sigrid Weigel (Hg.), 1992: Hansers Sozialgeschichte der deutschen Literatur. Bd. 12, Gegenwartsliteratur seit 1968. München.
Bronfen, Elisabeth/Birgit R. Erdle/Sigrid Weigel (Hg.), 1999: Trauma. Zwischen Psychoanalyse und kulturellem Deutungsmuster. Köln, Weimar, Wien.
Broszat, Martin/Saul Friedländer, 1988: Um die Historisierung des Nationalsozialismus. Ein Briefwechsel. In: Vierteljahreshefte für Zeitgeschichte. H. 36/1988. S. 339–372.
Bruno, Giordano, 1995: Ausgewählt und vorgestellt von Elisabeth Samsonow. München.
Brüns, Elke, 1994: Apokryphe Erinnerung. Zu den intertextuellen Bezügen von Ingeborg Bachmanns »Malina« und Hans Weigels »Unvollendete Symphonie«. In: Zeitschrift für deutsche Philologie. Bd. 113. S. 277–292.
Büchner, Georg, 1988: Werke und Briefe. Münchner Ausgabe. München.
Bund deutscher Schriftsteller Österreichs (Hg.), 1938: Bekenntnisbuch österreichischer Dichter. Wien.
Caduff, Corina, 1998: »dadim dadam« – Figuren der Musik in der Literatur Ingeborg Bachmanns. Köln, Weimar, Wien.
Celan, Paul, 1986: Gesammelte Werke in fünf Bänden. Hg. v. Beda Allemann und Stefan Reichert. (1983) Frankfurt/M.
Celan, Paul, 1996: Sprachgitter. Tübinger Ausgabe. Frankurt/M.

Celan, Paul/Nelly Sachs, 1993: Briefwechsel. Hg. v. Barbara Wiedemann. Frankfurt/M.
Cocteau, Jean, 1988: Die geliebte Stimme (1930). Werkausgabe in zwölf Bänden. Hg. v. R. Schmidt. Frankfurt/M. 1988. Bd. 5.
Curtius, Ernst Robert, 1993: Europäische Literatur und Lateinisches Mittelalter. (1948) Tübingen und Basel.
Dahms, Hans-Joachim, 1994: Positivismusstreit. Die Auseinandersetzung der Frankfurter Schule mit dem logischen Positivismus, dem amerikanischen Pragmatismus und dem kritischen Rationalismus. Frankfurt/M.
Deleuze, Gilles/Félix Guattari, 1977: Rhizom. Berlin.
Dempf, Alois, 1947: Selbstkritik der Philosophie und vergleichende Philosophiegeschichte im Umriss. Wien.
Derrida, Jacques, 1974: Grammatologie. (1967) Frankfurt/M.
Derrida, Jacques, 1982: Die Postkarte. Von Sokrates bis an Freud und jenseits. 1. Lieferung. (1980) Berlin.
Derrida, Jacques, 1988: Randgänge der Philosophie. (1972) Wien.
Diner, Dan, 1991: Historisches Verstehen und Gegenrationalität. Der Judenrat als erkenntnistheoretische Warte. In: F. Bajohr u. a. (Hg.): Zivilisation und Barbarei. Hamburg. S. 307–321.
Dinesen, Ruth, 1994: Nelly Sachs. Eine Biographie. (1991) Frankfurt/M.
Dippel, Almut, 1995: »Österreich – das ist etwas, das immer weitergeht für mich«. Zur Fortschreibung der »Trotta«-Romane Joseph Roths in Ingeborg Bachmanns »Simultan«. St. Ingbert.
Döhl, Reinhard, 1961: Geschichte und Kritik eines Angriffs. Zu den Behauptungen gegen Paul Celan. In: Deutsche Akademie für Sprache und Dichtung Darmstadt. Jahrbuch 1960. Heidelberg, Darmstadt 1961. S. 101–132.
Dor, Milo (Hg.), 1962: Die Verbannten. Eine Anthologie. Graz.
Dürrenmatt, Friedrich, 1994: Turmbau. Stoffe IV-IX. Zürich.
Dusar, Ingeborg, 1994: Choreographien der Differenz. Ingeborg Bachmanns Prosaband »Simultan«. Köln, Weimar, Wien.
Eckstaedt, Anita, 1989: Nationalsozialismus in der ›zweiten Generation‹. Psychoanalyse von Hörigkeitsverhältnissen. Frankfurt/M.
Eich, Günter, 1991: Gesammelte Werke. Hg. v. Karl Karst. Bd. II: Die Hörspiele I. Frankfurt/M.
Emmerich, Wolfgang (Hg.), 1988: Der Bremer Literaturpreis 1954–1987. Reden der Preisträger und andere Texte. Eine Dokumentation der Rudolf-Alexander-Schröder Stiftung. Bremerhaven.
Erdle, Birgit R., 1997: Zum Motiv der versperrten Rückkehr bei Emmanuel Lévinas. In: Gisela Ecker (Hg.): Kein Land in Sicht. Heimat – weiblich? München 1997. S. 187–201.
Erdle, Birgit R., 1999: Die Verführung durch Parallelen. In: Bronfen/Erdle/Weigel 1999.
Fahlke, Eberhard, 1990: »Un Vocabolo Tedesco«. Uwe Johnsons deutscher Beitrag zum Projekt einer deutschen Zeitschrift. In: Sprache im technischen Zeitalter. H. 114, 1990. 108–115.

Faimberg, Haydée, 1987: Das Ineinanderrücken der Generationen. Zur Genealogie der Identifizierungen. In: Jahrbuch der Psychoanalyse. Bd. 20. S. 114–142.
Fassbind-Eigenheer, Ruth, 1994: Undine oder die nasse Grenze zwischen mir und mir. Ursprung und literarische Bearbeitungen eines Wasserfrauenmythos. Stuttgart.
Feldinger, Norbert P., 1990: Nachkriegsrundfunk in Österreich: Zwischen Föderalismus und Zentralismus von 1945 bis 1957. München, London, New York, Paris.
Felman, Shoshana/Dori Laub (Ed.), 1992: Testimony. Crises of Witnessing in Literature, Psychoanalysis, and History. New York.
Felstiner, John, 1997: Paul Celan. Eine Biographie. München.
Feyerabend, Paul, 1954: Ludwig Wittgenstein. In: Merkur, Nr. 81, H. 11, November 1954. S. 1021–1038.
Fischer, Kurt R./Franz M. Wimmer (Hg.), 1993: Der geistige Anschluß. Philosophie und Politik an der Universiät Wien 1930–1950. Wien.
Fischer, Ludwig (Hg.), 1986: Hansers Sozialgeschichte der deutschen Literatur Bd. 10: Literatur in der Bundesrepublik Deutschland bis 1967. München.
Foucault, Michel, 1977: Die Ordnung des Diskurses. (1970) Frankfurt/M., Berlin, Wien.
Foucault, Michel, 1979: Schriften zur Literatur. Frankfurt/M., Berlin, Wien.
Frank, Manfred/Gerhard Kurz, 1977: Ordo inversus. Zu einer Reflexionsfigur bei Novalis, Hölderlin, Kleist und Kafka. In: Geist und Zeichen. Festschrift für Arthur Henkel. Hg. v. H. Anton u. a. Heidelberg 1977. S. 75–97.
Freud, Sigmund, 1969–1979: Studienausgabe. 10 Bde und Ergänzungsband. Hg. v. Alexander Mitscherlich u.a. Frankfurt/M.
Freud, Sigmund/Josef Breuer, 1970: Studien zur Hysterie. (1895) Frankfurt/M.
Friedell, Egon, 1963: Kulturgeschichte Ägyptens und des alten Orients. München.
Friedrich, Hugo, 1956: Die Struktur der modernen Lyrik. Von Baudelaire bis zur Gegenwart. Reinbek bei Hamburg.
Frisch, Max, 1981: Montauk. Eine Erzählung (1975). Frankfurt/M.
Frisch, Max, 1998: Jetzt ist Sehenszeit. Briefe, Notate, Dokumente 1943–1963. Hg. v. Julian Schütt. Frankfurt/M.
Galizien 1993: Galizien. Fotografien von Guido Baselgia. Mit einem Essay von Verena Dohrn. Frankfurt/M.
Gehle, Holger, 1995: NS-Zeit und literarische Gegenwart bei Ingeborg Bachmann. Wiesbaden.
Genette, Gérard, 1993: Palimpseste. Die Literatur auf zweiter Stufe. (1982) Frankfurt/M.
Göttsche, Dirk/Hubert Ohl (Hg.), 1993: Ingeborg Bachmann. Neue Beiträge zu ihrem Werk. Würzburg.
Gombrowicz, Witold, 1965: Berliner Notizen. Pfullingen.
Gombrowicz, Witold, 1971: L'Herne. Série Slave. Hg. v. Constantin Jelenski/Dominique de Roux. Paris.

Gombrowicz, Witold, 1984: Pornographie. Roman. (1960) München Wien.
Greuner, Suzanne, 1990: Schmerzton. Musik in der Schreibweise von Ingeborg Bachmann und Anne Duden. Hamburg, Berlin.
Gulliver 1993: Una Rivista Internazionale mai pubblicata (Gulliver 1960–1965). A cura die Anna Panicali con la collaborazione di Maria Chiara Mocali. Bonaparte Quarantotto. Donario 1993, quaderno primo.
Hakel, Hermann, 1991: Karriere und Gesichter der Ingeborg Bachmann (1984). In: Dürre Äste. Welkes Gras. Begegnungen mit Literaten. Bemerkungen zur Literatur. Hg. v. der Hermann Hakel Gesellschaft. Wien.
Hakel, Hermann, 1995: Zu Fuß durchs Rote Meer. Impressionen und Träume. Wien.
Haller, Rudolf, 1988: Fragen zu Wittgenstein und Aufsätze zur österreichischen Philosophie. Amsterdam.
Hamacher, Werner/Winfried Menninghaus (Hg.), 1988: Paul Celan. Frankfurt/M.
Hapkemeyer, Andreas, 1982: Ingeborg Bachmanns früheste Prosa. Struktur und Thematik. Bonn.
Hapkemeyer, Andreas, 1990: Ingeborg Bachmann. Entwicklungslinien in Werk und Leben. Wien.
Hausjell, Friedrich, 1985: Österreichische Tageszeitungsjournalisten am Beginn der Zweiten Republik (1945–47). Eine kollektivbiographische Analyse ihrer beruflichen und politischen Herkunft. Phil. Diss., Salzburg.
Heidegger, Martin, 1931: Was ist Metaphysik? Bonn.
Heidegger, Martin, 1950: Holzwege. Frankfurt/M.
Heidegger, Martin, 1954: Die Frage nach der Technik. In: Vorträge und Aufsätze. Pfullingen. S. 9–40.
Heidegger, Martin, 1957: Der Satz vom Grund. Pfullingen.
Heidegger, Martin, 1959: Martin Heidegger zum siebzigsten Geburtstag. Festschrift. Hg. v. Günter Neske. Pfullingen.
Heine, Heinrich, 1968ff.: Sämtliche Schriften in sechs Bänden. Hg. v. Klaus Briegleb. München.
Heinrich, Klaus, 1995: Floß der Medusa. Drei Studien zur Faszinationsgeschichte mit mehreren Beilagen und einem Anhang. Basel.
Helck, W./E. Otto, 1970: Kleines Wörterbuch der Aegyptologie. (1956) Memmingen.
Henze, Hans Werner, 1976: Musik und Politik. Schriften und Gespräche. München.
Henze, Hans Werner, 1996: Reiselieder mit böhmischen Quinten. Autobiographische Mitteilungen 1926–1995. Frankfurt/M.
Hildesheimer, Wolfgang, 1991: Gesammelte Werke in sieben Bänden. Hg. v. Ch. L. Hart Nibbrig u. Volker Jehle. Frankfurt/M.
Hillesheim, Jürgen/Elisabeth Michael, 1993: Lexikon nationalsozialistischer Dichter. Biographien-Analysen-Bibliographien. Würzburg.
Hofmannsthal, Hugo von, 1993: Der Schwierige (1921). Frankfurt/M.
Hölderlin, Friedrich, 1992: Sämtliche Werke und Briefe. Hg. v. Michael Knaupp. München.

Höller, Hans (Hg.), 1982: Der dunkle Schatten, dem ich schon seit Anfang folge. Ingeborg Bachmann. Vorschläge zu einer neuen Lektüre des Werks. Wien, München.

Höller, Hans, 1993: Ingeborg Bachmann. Das Werk. Von den frühesten Gedichten bis zum »Todesarten«-Zyklus. (1987) Frankfurt/M.

Höller, Hans, 1995: Menschen, Geschichte(n), Orte und Landschaften. In: Antiautobiografie. Zu Thomas Bernhards ›Auslöschung‹. Hg. v. Hans Höller und Irene Heidelberger-Leonard. Frankfurt/M. 1995. S. 217–234.

Holthusen, Hans Egon, 1967: Plädoyer für den Einzelnen. Kritische Beiträge zur literarischen Diskussion. München.

Horkheimer, Max/Theodor W. Adorno, 1969: Dialektik der Aufklärung. Philosophische Fragmente. (1944) Frankfurt/M.

Hotz, Constance, 1990: »Die Bachmann«. Das Image der Dichterin: Ingeborg Bachmann im journalistischen Diskurs. Konstanz.

Janz, Marlies, 1985: Haltlosigkeiten: Paul Celan und Ingeborg Bachmann. In: Jochen Hörisch/Hubert Winkels (Hg.): Das schnelle Altern der neuesten Literatur. Essays zu deutschsprachigen Texten zwischen 1968 und 1984. Düsseldorf 1985. S. 31–39.

Jens, Walter, 1961: Deutsche Literatur in der Gegenwart. Themen, Stile, Tendenzen. München.

Johnson, Uwe, 1971: Jahrestage 2. Frankfurt/M.

Johnson, Uwe, 1973: Jahrestage 3. Frankfurt/M.

Johnson, Uwe, 1974: Eine Reise nach Klagenfurt. Frankfurt/M.

Johnson, Uwe, 1975: Berliner Sachen. Frankfurt/M.

Johnson, Uwe, 1976: Zu »Montauk«. In: Über Max Frisch II. Hg. v. Walter Schmitz. Frankfurt/M. 1976. S. 448–450.

Johnson, Uwe, 1986: Begleitumstände. Frankfurter Vorlesungen. Frankfurt/M.

Johnson, Uwe, 1988: Porträts und Erinnerungen. Hg. v. Eberhard Fahlke. Frankfurt/M.

Johnson, Uwe, 1994: »Die Katze Erinnerung«. U.J. Eine Chronik in Briefen und Bildern, zusammengestellt v. Eberhard Fahlke. Frankfurt/M.

Kaiser, Gerhard R., 1993: Kunst nach Auschwitz oder ›Positivist und Mystiker‹. Ingeborg Bachmann als Leserin Prousts. In: Göttsche/Ohl 1993. S. 329–352.

Kaiser, Joachim, 1985: Wie ich sie sah ... und wie sie waren. Zwölf kleine Porträts. München.

Kann-Coomann, Dagmar, 1988: »... eine geheime langsame Feier ...« – Zeit und ästhetische Erfahrung im Werk Ingeborg Bachmanns. Bern, New York, Paris.

Karthaus, Ulrich, 1965: Musil-Forschung und Musil-Deutung. Ein Literaturbericht. In: DVjs, H. 3, 1965. S. 441–483.

Kaschnitz, Marie Luise, 1992: Tage, Tage, Jahre. Aufzeichnungen. (1968) Frankfurt/M.

Kesten, Hermann, 1960: Ein Buch der Freunde. Zum 60. Geburtstag am 28. Januar 1960. München, Köln, Frankfurt/M.

Kesten, Hermann, 1982: Dichter im Café. (1959) Frankfurt/M., Berlin, Wien.

Kestenberg, Judith, 1989: Neue Gedanken zur Transposition. Klinische, therapeutische und entwicklungsbedingte Betrachtungen. In: Jahrbuch der Psychoanalyse. Bd. 24. 163–189.
Kesting, Jürgen, 1990: Maria Callas. Düsseldorf.
Kittler, Friedrich A., 1985: Aufschreibesysteme 1800/1900. München.
Kohn-Waechter, Gudrun, 1991: Das »Problem der Post« in »Malina« von Ingeborg Bachmann und Martin Heideggers »Der Satz vom Grund«. In: Die Frau im Dialog. Studien zu Theorie und Geschichte des Briefes. Hg. v. Anita Runge und Lieselotte Steinbrügge. Stuttgart 1991. S. 225–242.
Kohn-Waechter, Gudrun, 1992: Das Verschwinden in der Wand. Destruktive Moderne und Widerspruch eines weiblichen Ich in Ingeborg Bachmanns »Malina«. Stuttgart.
Kolago, Lech, 1988: Das Hörspiel »Die Zikaden« von Ingeborg Bachmann. Ein Rondo. In: Germanica Wratislaviencia, H. 82, 1988. S.147–163.
Koschel, Christine/Inge von Weidenbaum (Hg.), 1989: Kein objektives Urteil – nur ein lebendiges. Texte zum Werk von Ingeborg Bachmann. München, Zürich.
Kraft, Victor, 1950: Der Wiener Kreis. Der Ursprung des Neopositivismus. Ein Kapitel der jüngsten Philosophiegeschichte. Wien.
Kraus, Karl, 1987: Literatur und Lüge (1929). Schriften. Hg. v. Christian Wagenknecht. Bd. 3. Frankfurt/M.
Kristeva, Julia, 1982: Die Chinesin. (1974) Frankfurt/M., Berlin, Wien.
Kristeva, Julia, 1989: Geschichten von der Liebe. (1983) Frankfurt/M.
Kröll, Friedhelm, 1986: Die konzeptbildende Funktion der Gruppe 47. In: Fischer 1986. S. 368–378.
Lacan, Jacques, 1975: Die Bedeutung des Phallus. In: Schriften II. Olten.
Laplanche, Jean/J.-B. Pontalis, 1972: Das Vokabular der Psychoanalyse. (1967) Frankfurt/M.
Laplanche, Jean/J.-B. Pontalis, 1992: Urphantasie. Phantasien über den Ursprung, Ursprünge der Phantasie. (1985) Frankfurt/M.
Lejeune, Philippe, 1994: Der autobiographische Pakt. (1975). Frankfurt/M.
Lettau, Reinhard (Hg.), 1967: Die Gruppe 47. Bericht, Kritik, Polemik. Berlin und Neuwied.
Luchsinger, Martin, 1996: Mythos Italien. Denkbilder des Fremden in der deutschsprachigen Gegenwartsliteratur. Köln, Weimar, Wien.
Lühe von der, Irmela, 1982: »Ich ohne Gewähr«. Ingeborg Bachmanns Frankfurter Vorlesungen zur Poetik. In: Irmela von der Lühe (Hg.): Entwürfe von Frauen. Berlin. S.106–131.
Macho, Thomas, 1987: Todesmetaphern. Zur Logik der Grenzerfahrung. Frankfurt/M.
Matt, Peter von, 1989: Liebesverrat. Die Treulosen in der Literatur. München.
Matt, Peter von, 1995: Verkommene Söhne, mißratene Töchter. Familiendesaster in der Literatur. München.
Mayer, Hans, 1971: Der Repräsentant und der Märtyrer. Konstellationen der Literatur. Frankfurt/M.

Mitscherlich, Alexander/Margarete Mitscherlich, 1967: Die Unfähigkeit zu trauern. Frankfurt/M.
Mitscherlich, Alexander/Fred Mielke (Hg.), 1995: Medizin ohne Menschlichkeit. Dokumente des Nürnberger Ärzteprozesses. (1960) Frankfurt/M.
Mosès, Stéphane, 1987: Spuren der Schrift. Von Goethe bis Celan. Frankfurt/M.
Müller, Heiner, 1982: Rotwelsch. Berlin.
Muller, Priscilla E., 1984: Goya's ›Black Paintings‹. Truth and Reason in Light and Liberty. New York.
Mythos Orpheus, 1997: Texte von Vergil bis Ingeborg Bachmann. Hg. v. Wolfgang Storch. Leipzig.
Neumann, Bernd, 1994: Uwe Johnson. Eine Biographie. Hamburg.
Niederland, William G., 1980: Folgen der Verfolgung. Das Überlebenden-Syndrom. Seelenmord. Frankfurt/M.
Oelmann, Ute Maria, 1980: Deutsche poetologische Lyrik nach 1945: Ingeborg Bachmann, Günter Eich, Paul Celan. Stuttgart.
Ohde, Horst, 1986: Das literarische Hörspiel – Wortkunst im Massenmedium. In: Fischer 1986. S. 469–492.
Opel, Adolf, 1986: ›Der Fall Franza‹ – Wiederaufnahme eines Verfahrens. In: Literatur und Kritik. H. 207/208. Salzburg.
Opel, Adolf, 1996: Ingeborg Bachmann in Ägypten. »Landschaft, für die Augen gemacht sind«. Fotografiert von Kurt Michael Westermann. Wien.
Ovid, 1981: Metamorphosen. In deutsche Prosa übertragen von Michael von Albrecht. München.
Panofsky, Erwin, 1975: Sinn und Deutung in der bildenden Kunst (Meaning in the Visual Art). (1957) Köln.
Paupié, Kurt, 1960: Handbuch der Österreichischen Pressegeschichte 1848–1959. Band I: Wien. Wien.
Petrarca, Francesco, 1833: Canzonen, Sonette, Balladen und Triumphe, übersetzt von Karl Förster. Leipzig.
Petrarca, Francesco, 1956: Dichtungen, Briefe, Schriften. Auswahl und Einleitung von Hanns W. Eppelsheimer. Frankfurt/M.
Petrarca, Francesco, 1997: Die schönsten Liebesgedichte. Italienisch und Deutsch, übersetzt und erläutert von Jürgen von Stackelberg. Frankfurt/M.
Pichl, Robert, 1986: Dr. phil Ingeborg Bachmann. Prolegomena zur kritischen Edition einer Doktorarbeit. In: Jahrbuch der Grillparzer-Gesellschaft. 3. Folge, Nr. 16 (1984–86). S. 167–188.
Pichl, Robert, 1993: Ingeborg Bachmanns Privatbibliothek. Ihr Quellenwert für die Forschung. In: Göttsche/Ohl 1993. S. 381–388.
Piper, Reinhard, 1979: Briefwechsel mit Autoren und Künstlern 1903–1953. Hg. v. Ulrike Buergel-Goodwin und Wolfram Göbel. München Zürich.
Pistorius, George, 1981: Marcel Proust und Deutschland. Eine Bibliographie. Heidelberg.
Platon, 1991: Sämtliche Werke. Griechisch und Deutsch. Nach der Übersetzung Friedrich Schleiermachers, ergänzt durch Übersetzungen von Franz Susemihl u.a. Hg. v. Karlheinz Hülser. 10 Bde. Frankfurt/M. und Leipzig

Poe, Edgar Allan, 1984: Das ovale Porträt. In: Gesammelte Schriften. Bd. 2. Berlin.
Proust, Marcel, 1979: Auf der Suche nach der verlorenen Zeit. Deutsch von Eva Reichel. (1954–57). 10 Bde. Frankfurt/M.
Puvis de Chavannes, Pierre, 1977: Ausstellungskatalog P. d. Ch. 1824–1898. Paris, Grand Palais.
Reinert, Claus, 1983: Unzumutbare Wahrheit? Einführung in Ingeborg Bachmanns Hörspiel »Der gute Gott von Manhattan«. Bonn.
Retif, Françoise, 1987: Simone de Beauvoir et Ingeborg Bachmann. Tristan ou l'Androgyn. Dissertation Dijon.
Reulecke, Anne-Kathrin, 1993: »Die Nase der Lady Hester«. Überlegungen zum Verhältnis von Biographie und Geschlechterdifferenz. In: Hedwig Röckelein (Hg.): Biographie als Geschichte. Tübingen 1993. S. 117–142.
Richter, Hans Werner (Hg.), 1962: Bestandsaufnahme. Eine deutsche Bilanz 1962. München.
Richter, Hans Werner, 1979: Hans Werner Richter und die Gruppe 47. Hg. v. Hans A. Neunzig. München.
Richter, Hans Werner, 1986: Im Etablissement der Schmetterlinge. Einundzwanzig Porträts aus der Gruppe 47. München.
Richter, Hans Werner, 1997: Briefe. Hg. v. Sabine Cofalla. München.
Richter, Hans Werner/Walter Mannzen (Hg.), 1962: Almanach der Gruppe 47. 1947–62. Reinbek.
Riedel, Manfred, 1990: Hören auf die Sprache. Die akromatische Dimension der Hermeneutik. Frankfurt/M.
Rilke, Rainer Maria, 1996: Gedichte 1910 bis 1926. Hg. v. M. Engel/U. Fülleborn. Frankfurt/M.
Rimbaud, Arthur, 1979: Poetisches Werk. Hg. v. H. Therre und R. G. Schmidt. 3 Bde. München.
Ronell, Avital, 1989: The Telephone book. Technology, Schizophrenia, Electric Speech. London.
Roth, Joseph, 1989: Radetzkymarsch. Roman. (1932) Köln.
Roth, Joseph, 1996: Die Kapuzinergruft. Roman. (1950) Köln.
Rühmkorf, Peter, 1962: Das lyrische Weltbild der Nachkriegsdeutschen. In: Richter 1962, S. 447–476.
Sachs, Nelly, 1961: Fahrt ins Staublose. Gedichte. Frankfurt/M.
Sachs, Nelly, 1962: Zeichen im Sand. Die szenischen Dichtungen der Nelly Sachs. Frankfurt/M.
Sachs, Nelly, 1984: Briefe. Hg. v. Ruth Dinesen/Helmut Müssener. Frankfurt/M.
Sauthoff, Stephan, 1992: Die Transformation (auto)biographischer Elemente im Prosawerk Ingeborg Bachmanns. Frankfurt/M.
Schardt, Michael Matthias (Hg.), 1994: Über Ingeborg Bachmann. Rezensionen-Porträts-Würdigungen (1952–1992). Rezeptionsdokumente aus vier Jahrzehnten. Paderborn.
Schiller, Friedrich, 1992: Gedichte. Hg. v. Georg Kurscheidt (Bd. 1 der Werke und Briefe. Hg. v. O. Dann u. a.). Frankfurt/M.

Schmidt-Dengler, Wendelin, 1979: Geschichte und Geschichtsbewußtsein im österreichischen Roman nach 1918 und 1945. In: Austriaca. Rouen 1979. S. 11–25.
Schneider, Manfred, 1986: Die erkaltete Herzensschrift. Der autobiographische Text im 20. Jahrhundert. München.
Schönberg, Arnold, 1997: Harmonielehre. (1922) Universaledition.
Scholem Gershom, 1970: Judaica 3. Frankfurt/M.
Scholem, Gershom, 1973: Zur Kabbala und ihrer Symbolik. (1960) Frankfurt/M.
Scholem, Gershom, 1980: Die jüdische Mystik in ihren Hauptströmungen. (1957) Frankfurt/M.
Scholem, Gershom, 1994: Briefe I (1914–1947). Hg. v. Itta Shedletzky. Frankfurt/M.
Scholem, Gershom, 1995: Briefe II (1948–1979). Hg. v. Thomas Sparr. Frankfurt/M.
Schottelius, Saskia, 1990: Das imaginäre Ich. Subjekt und Identität in Ingeborg Bachmanns Roman »Malina« und Jacques Lacans Sprachtheorie. Frankfurt/M.
Schwitzke, Heinz, 1963: Das Hörspiel. Dramaturgie und Geschichte. Köln, Berlin.
Seidel, Heide, 1979: Ingeborg Bachmann und Ludwig Wittgenstein. Person und Werk Ludwig Wittgensteins in den Erzählungen ›Das dreißigste Jahr‹ und ›Ein Wildermuth‹. In: Zeitschrift für Deutsche Philologie. Bd. 98. 1979. S. 267–282.
Spiesecke, Hartmut, 1993: Ein Wohlklang schmilzt das Eis. Ingeborg Bachmanns musikalische Poetik. Berlin.
Strutz, Josef/Endre Kiss (Hg.), 1990: Genauigkeit und Seele. Zur österreichischen Literatur seit dem Fin de siècle. München.
Szondi, Peter, 1978: Schriften I und II. Frankfurt/M.
Szondi, Peter, 1993: Briefe. Hg. v. Christoph König und Thomas Sparr. Frankfurt/M.
Taubes, Jacob, 1996: Vom Adverb ›Nichts‹ zum Substantiv ›Das Nichts‹ (1975). In: Vom Kult zur Kultur. Bausteine zu einer Kritik der historischen Vernunft. Gesammelte Aufsätze zur Religions- und Geistesgeschichte. Hg. v. Aleida u. Jan Assmann u. a. München.
Thiem, Ulrich, 1972: Die Bildsprache der Lyrik Ingeborg Bachmanns. Köln.
Trakl, Georg, 1983: Das dichterische Werk. Auf Grund der historisch-kritischen Ausgabe von Walther Killy und Hans Szklenar. München.
Wallner, Friedrich, 1990: Philosophie der Dichtung – Dichtung der Philosophie. In: Wittgenstein. Philosophie – Literatur. Hg. v. Wendelin Schmidt-Dengler, Martin Huber, Michael Huter. Wien. S. 147–157.
Warning, Rainer, 1983: Imitatio und Intertextualität. Zur Geschichte lyrischer Dekonstruktion der Amortheologie: Dante, Petrarca, Baudelaire. In: Interpretation. Das Paradigma der europäischen Renaissance-Literatur. Hg. v. K.W. Hempfer/G. Regn. Wiesbaden 1983. S. 288–317.
Weber, Alfred, 1946: Abschied von der bisherigen Geschichte. Überwindung des Nihilismus? Bern.

Weidenbaum, Inge von, 1990: Seien wir geizig mit Leichtgläubigkeit. Zu Werk und Leben von Ingeborg Bachmann. In: Strutz/Kiss 1990. S. 211–220.

Weidenbaum, Inge von, 1992: Historisch denken – utopisch schreiben. Die unerreichbare Identität von »Leben, Schreiben, Lieben« im Jugendwerk von Ingeborg Bachmann. In: Discorso Fizionale e Realtà Storica. Ed. H.-G. Grüning e.a. Ancona. S. 583–596.

Weidenbaum, Inge von, 1996: Artikulierte Offenheit und Geheimnis einer frühen literarischen Begegnung. In: Studi Germanici, Nuova Serie XXXIV, H. 2/3, 1996.

Weigel, Hans, 1979: Ingeborg Bachmann. In: In memoriam. Graz, Wien, Köln.

Weigel, Hans, 1992: Unvollendete Symphonie. Roman. (1951) Graz, Wien, Köln.

Weigel, Sigrid, 1984: »Ein Ende mit der Schrift. Ein andrer Anfang«. Zur Entwicklung von Ingeborg Bachmanns Schreibweise. In: Bachmann 1984. S. 58–92.

Weigel, Sigrid, 1987: Die Stimme der Medusa. Schreibweisen in der Gegenwartsliteratur von Frauen. Dülmen-Hiddingsel.

Weigel, Sigrid, 1994: Bilder des kulturellen Gedächtnisses. Beiträge zur Gegenwartsliteratur. Dülmen-Hiddingsel.

Weigel, Sigrid, 1996: Shylocks Wiederkehr. Die Verwandlung von Schuld in Schulden oder: Vom symbolischen Tausch der Wiedergutmachung. In: Weigel/Erdle 1996. S. 165–192.

Weigel, Sigrid, 1996a: Pathologie und Normalisierung. Zur Dialektik von Erinnern und Vergessen. In: Hendrik Emrich /Gary Smith (Hg.): Vom Nutzen des Vergessens. Berlin. S. 241–263.

Weigel, Sigrid, 1996b: Entwicklungslogik statt Spurenlektüre. Zur Edition von Ingeborg Bachmanns »Todesarten«-Projekt. In: Merkur 565, April 1996. 350–355.

Weigel, Sigrid, 1997: Entstellte Ähnlichkeit. Walter Benjamins theoretische Schreibweise. Frankfurt/M.

Weigel, Sigrid, 1998: Das Kunstwerk als Einbruchstelle eines Jenseits. Zur Dialektik von göttlicher und menschlicher Ordnung in Walter Benjamins Essay »Goethes Wahlverwandtschaften«. In: Paragrana, Nr. 7, 1998.

Weigel, Sigrid, 1999: Télescopage im Unbewußten. Zum Verhältnis von Trauma, Geschichtsbegriff und Literatur. In: Bronfen/Erdle/Weigel 1999.

Weigel, Sigrid, 1999a: Gershom Scholems Gedichte und seine Dichtungstheorie. Adressierung, Klage und das Problem einer Sprache in unserer Zeit. In: DVjs (im Druck).

Weigel, Sigrid /Birgit R. Erdle (Hg.), 1996: Fünfzig Jahre danach. Zur Nachgeschichte des Nationalsozialismus. Zürich.

Wiener Linien: Eingestellte Straßenbahnlinien. Hg. v. Wiener Stadtwerke – Verkehrsbetriebe. Wien o.J.

Wischenbart, Rüdiger, 1983: Der literarische Wiederaufbau in Österreich 1945–1949. Königstein/Ts.

Wittgenstein, Ludwig, 1963: Tractatus logico-philosophicus. Frankfurt/M.

Wittgenstein, Ludwig, 1971: Philosophische Untersuchungen. Frankfurt/M.
Wittgenstein, Ludwig, 1984: Werkausgabe Bd.3: 1929–1932. Wittgenstein und der Wiener Kreis. Gespräche, aufgezeichnet von Friedrich Waismann. Aus dem Nachlaß hg. v. B.F. McGuiness. Frankfurt/M.
Wright, Georg Henrik von, 1986: Wittgenstein. Frankfurt/M.
*Zürn, Unica, 1988*ff: Gesamtausgabe. Hg. v. Günter Bose und Erich Brinkmann. Berlin.

Namenregister

Abarsino, Alberto 474
Achmatowa, Anna 355, 468, 515, 571f.
Adorno, Theodor W. 6 f., 14, 18, 39, 52, 74, 76 ff., 81, 88 f., 100, 105, 123, 147, 162, 171 ff., 196, 206, 259, 472 ff., 531, 569 f., 573
– *Balzac-Lektüre* 473
– *Blochs Spuren* 473
– *Dialektik der Aufklärung* 74 ff., 78, 81, 147 f., 531
– *Der Essay als Form* 135
– *Impromptus* 173
– *Jargon der Eigentlichkeit* 123
– *Klangfiguren* 173
– *Mahler* 173
– *Minima moralia* 105, 123
– *Musik, Sprache und ihr Verhältnis zum gegenwärtigen Komponieren* 171, 567
– *Noten zur Literatur* 473
– *Proust-Kommentare* 206
– *Versuch über Wagner* 173
Agnon, Josef 481
Aichinger, Ilse 61, 240, 267, 272 – 277, 280, 305, 343, 436, 446, 450, 567, 573
– *Die größere Hoffnung* 61, 450
– *Spiegelgeschichte* 436
Améry, Jean 330 ff., 404 f., 409, 475, 518
– *Am Grabe einer unbekannten Freundin* 330
– *Jenseits von Schuld und Sühne* 331
– *Über die Tortur* 404 f., 518
Amoroso, Ferruccio 465
Andersch, Alfred 18, 168, 312, 335, 375, 444, 566
– *Die Rote* 375
Andersch, Gisela 335

Antelme, Robert 387
Apollinaire, Guillaume 200, 297
Aragon, Louis 200
Arendt, Hannah 18 f., 88, 102, 303, 332 ff., 403, 459 f., 462 ff.
– *Eichmann in Jerusalem* 462 ff.
Ariost, Ludovico 155
Aristoteles 195
Arp, Hans 446
Auden, Wystan Hugh 183, 196, 200
– *The Age of Anxiety* 183
Augustin, Ernst 391

Bachelard, Gaston 242, 352
Bachtin, Michail M. 30, 232, 352, 535
Ball, Hugo 200
Balzac, Honoré de 195 f., 200, 472 f.
Barthes, Roland 123 f., 149 f., 156, 188, 222, 387, 528 f., 548 f.
– *Am Nullpunkt der Literatur* 123
– *Fragmente einer Sprache der Liebe* 149, 222, 548
Basil, Otto 435, 477
Bataille, Georges 387
Baudelaire, Charles 34, 95, 103, 151, 200, 364
– *Fleurs du mal* 34
– *L'Albatros* 151
– *Le gouffre* 95
Baumann, Hans 468, 515, 572
Bayle, Francois 501 ff.
Beauvoir, Simone de 130
– *L'Invitée* 130
Beckett, Samuel 195, 200
Bender, Hans 202
Benjamin, Walter 5, 9, 19, 22, 39 f., 45, 81, 88, 99 ff., 103, 106, 110 f., 122, 125 f., 132, 149, 151, 159, 165, 168, 172, 190, 192 f., 195, 206,

217, 220, 233 f., 239, 251, 355, 358, 364, 366, 394, 426, 440, 483, 490 ff., 494, 500, 517, 533, 553
– *Berliner Kindheit um Neunzehnhundert* 45, 103, 168, 364
– *Goethes Wahlverwandtschaften* 190, 217, 483
– *Karl Kraus* 123, 132, 149, 151, 413, 492, 500
– *Paris, die Hauptstadt des XIX. Jahrhunderts* 364
– *Über den Begriff der Geschichte* 9, 19, 99, 103, 106, 239, 413, 540
Benn, Gottfried 155, 200, 397, 466
Berger, Senta 407
Bermann Fischer, Brigitte 429, 450
Bermann Fischer, Gottfried 196, 444
Bernhard, Thomas 18, 112 f., 195, 290, 391
– *Auslöschung* 112
– *Der Stimmenimitator* 113
– *Watten* 113, 573
Bienek, Horst 328
Blackwood, Algernon 415
– *Die Weiden* 415
Blanchot, Maurice 387, 389 f., 392 f.
Bloch, Ernst 18, 88 f., 195, 200, 290, 374, 473, 475
Blöcker, Günter 206, 440, 443, 448 f.
Blok, Alexander 200, 445
– *Die Zwölf* 445
Blücher, Heinrich 464
Blumenberg, Hans 185, 242
Bobrowski, Johannes 572
Boehlich, Walter 203, 387, 389, 392, 479
Böll, Heinrich 18, 61 f., 267, 272, 312, 325, 329, 445, 450 f., 565, 568
– *Der Zug war pünktlich* 272
– *Wo warst du, Adam?* 61
Bompiani, Ginevra 14
Borchers, Elisabeth 476
Brecht, Bertolt 200, 290, 466, 470, 573

Brehm, Bruno 468, 515
Brentano, Clemens 200
Breton, André 200
Broch, Hermann 200
Brod, Max 201
Broszat, Martin 442
Bruno, Giordano 109 f.
– *De umbris idearum* 109
Büchner, Georg 116, 195, 373 f., 377, 430 f., 433 f.
– *Dantons Tod* 116 f., 430–434
– *Lenz* 374
Burckhardt, Jacob 200
Busta, Christine 240, 275
Butor, Michel 387

Caetani, Marguerite 445, 566
Calasso, Roberto 391, 574
Calderón de la Barca, Pedro 200
Callas, Maria 49, 134, 167, 176 f., 434, 567
Calvino, Italo 387
Camus, Albert 391
– *Der Belagerungszustand* 391
Carnap, Rudolf 89, 94
Carossa, Hans 339
Catull 155
Celan, Paul 15, 25 f., 134, 136, 143 f., 155, 195, 200, 240, 243, 245, 249, 261, 272, 274, 278, 305 ff., 343, 350, 377 f., 380, 398, 409–413, 415–454, 464, 474–477, 479 f., 483, 487, 563 f., 568 f., 573
– *Atemwende* 415, 424
– *Auf Reisen* 418 f., 421
– *Corona* 134, 136, 144, 418, 421, 423 ff.
– *Das ganze Leben* 418, 421, 423
– *Der Sand aus den Urnen* 138, 418 f., 424, 435, 450
– *Der Tauben weißeste* 419, 421
– *Die Hand voller Stunden* 421
– *Die Jahre von dir zu mir* 418
– *Die Niemandsrose* 415, 424, 426, 442, 449
– *Die Schwelle des Traums* 421

– *Ein Krieger* 421, 423
– *Engführung* 426 f.
– *Erinnerung an Frankreich* 418, 423
– *Fadensonnen* 424
– *Gegenlicht* 418
– *Gespräch im Gebirg* 416, 421
– *Halme der Nacht* 418
– *In Ägypten* 424
– *Komm* 424
– *Kristall* 424, 425
– *Lob der Ferne* 418, 421, 423
– *Marianne* 424
– *Meridian*-Rede 143, 249, 261, 315, 411, 428–435
– *Mohn und Gedächtnis* 410 f., 415, 417 ff., 424 f., 439, 450
– *Nachmittag mit Zirkus und Zitadelle* 426
– *Nachtstrahl* 418
– *So bist du denn geworden* 424
– *Soviel Gestirne* 421
– *Sprachgitter* 415, 424, 426, 429, 440, 445 ff., 449
– *Stille* 419, 423 ff.
– *Todesfuge* 436, 443
– *Traumbesitz* 423
– *Umsonst malst du Herzen* 421, 421, 423
– *Zähle die Mandeln* 419, 424
– *Zwölf Jahre* 424, 433 f.
Céline, Louis-Ferdinand 200 f.
Cervantes, Miguel de 200, 294
Champollion, Jean Francois 520
Chaplin, Charlie 73
Char, René 200
Churchill, Winston 200
Cicero 200
Cocteau, Jean 527
– *Die geliebte Stimme* 527
Courbet, Gustave 34
Csokor, Franz Theodor 277
Curtius, Ernst Robert 198, 200, 206

Dähnert, Gudrun 476
Danneberg, Erika 275

Dante Alighieri 155, 200
Dempf, Alois 82, 90 f., 103, 563
Demus, Klaus 450 f., 569
Derrida, Jacques 322, 361, 543, 551 f., 556
– *Carte Postale* 543, 551 f.
Desmoulins, Camille 432
Diderot, Denis 465
Doderer, Heimito von 73
Döhl, Reinhard 451 f.
Dor, Milo 240 f., 274, 435 ff.
– *Die Verbannten* 240
Dostojewski, Fjodor Michailowitsch 200
Drewitz, Ingeborg 388
Dufhues, Josef Hermann 384 f., 571
Dürrenmatt, Friedrich 449

Ebner, Jeannie 274
Eich, Günter 200, 259, 261, 267, 312, 446, 567, 573
– *Träume* 259, 261, 270
Eichendorff, Joseph von 200
Eichmann, Adolf 463
Ekelöf, Gunnar 476
Eliot, T. S. 196, 200, 297
Éluard, Paul 200, 297
Engels, Friedrich 195
Enzensberger, Hans Magnus 200, 312, 335, 383, 387 f., 441, 445, 462, 568, 573
Eppelsheimer, Hans W. 376
Evrard, Pierre 370

Fahlke, Eberhard 196
Faulkner, William 200
Feltrinelli, Giangiacomo 391, 574
Ferra, Vera 275
Feyerabend, Paul 84, 86, 88
Flaubert, Gustave 194 f., 198, 200
– *Education sentimentale* 194
Fôrets, Louis-René des 387
Foucault, Michel 85, 312 f.
Fouqué, Friedrich de la Motte 146
Frankl, Victor E. 563
Francis, Dick 293

Freud, Sigmund 166, 195, 200, 258, 345, 364, 367, 374, 380, 407, 501, 517 ff., 520 f., 524, 534, 549, 551
– *Jenseits des Lustprinzips* 367, 491, 517
– *Traumdeutung* 167, 367, 534
Fried, Erich 277, 327 f.
Friedenthal, Richard 276
Friedländer, Saul 442
Frisch, Max 35, 287, 298 f., 310, 335 – 341, 343, 357, 370 f., 412, 449, 452, 464, 466, 474, 476, 479, 568 ff.
– *Mein Name sei Gantenbein* 337 f.
– *Montauk* 299, 310, 336 ff., 340
Frisé, Adolf 202
Fritsch, Gerhard 240
Fromm, Erich 104

Gabriel, Leo 82, 91 f., 563
Gauguin, Paul 38
Gaulle, Charles de 200
Gellhaus, Axel 418, 433
George, Stefan 190, 200
Gervinus, Georg Gottfried 200
Gide, André 200
Giraudoux, J.-P. 390
Goethe, Johann Wolfgang von 149, 200, 255, 381, 426, 483
– *West-östlicher Divan* 426
Gogh, Vincent van 38
Gogol, Nikolai 200
Goldoni, Carlo 200
Goll, Claire 350, 439, 444, 448–452, 569
Goll, Yvan 439, 444, 450 f.
Gombrowicz, Witold 18, 288, 325, 380 ff., 454–459, 480, 571, 573
– *Berliner Notizen* 380, 456 f.
– *Pornographie* 455
Gòngora, Luis de 200
Goya y Lucientes, Francisco José de 33–36
Grass, Günter 383, 385, 387, 441 f., 446 f., 455 f., 458, 569
– *Die Blechtrommel* 446
Grillparzer, Franz 200

Groddeck, Georg 290, 573
Gundolf, Friedrich 190

Haffner, Sebastian 384
Hakel, Hermann 50, 278, 308 f., 343, 435, 478, 564
Haller, Gerda 314, 318 f.
Hamm, Peter 476
Hartmann, Karl August 571
Handke, Peter 195, 343
Hartung, Harald 325 f., 328
Haushofer, Marlen 240, 274
Hebbel, Christian Friedrich 200
Heidegger, Martin 6, 22, 33, 74, 82 ff., 89–93, 96, 98, 123, 195, 200, 338, 362, 426, 446, 544, 554 f., 564
– *Sein und Zeit* 92, 123
– *Vom Wesen des Grundes* 446
– *Was ist Metaphysik?* 92
Heine, Heinrich 169, 279, 294, 320 f., 363
– *Florentinische Nächte* 169, 321
Heintel, Erich 82
Heissenbüttel, Helmut 387, 446
Henze, Hans Werner 23, 118, 158, 163 ff., 167 f., 175, 193, 269, 286, 290, 301, 326, 355, 565 ff.
Herrey, Hermann 469
Hildesheimer, Wolfgang 18, 197, 277, 282 f., 292, 312, 467–472, 499, 569
– *Landschaft mit Figuren* 469 f.
– *Monolog* 472
– *Nachtstück* 472
– *Spiele, in denen es dunkel wird* 469
– *Tynset* 472
Hilty, Hans Rudolf 476
Hirsch, Rudolf 447
Hirschfeld, Kurt 371, 452
Hitler, Adolf 315 f., 333, 457, 468, 478, 563
Hocke, Gustav René 16, 200, 287, 465
Hoffmann, E. T. A. 73
– *Der Sandmann* 73

Hofmannsthal, Hugo von 188, 200, 321, 527
Der Schwierige 188, 527
Hohoff, Curt 439, 444, 448
Hölderlin, Friedrich 148, 175, 195, 243 f., 339, 529
Höllerer, Walter 47, 196, 202, 291, 305, 391, 466
Holthusen, Hans Egon 442 f., 448
Homer 200
Horaz 155
Horkheimer, Max 74, 76, 78, 81, 147, 531
– *Der neueste Angriff auf die Metaphysik* 81
– *Dialektik der Aufklärung* 74 ff., 81, 147 f., 531
Huchel, Peter 445
Hume, David 90

Ionesco, Eugéne 200
Irblich, Eva 5
Jaeggy, Fleur 292, 391, 574
Jahnn, Hans Henny 200
Jené, Edgar 419
Jens, Walter 268, 410, 437, 445 f., 452, 470
– *Anstatt einer Literaturgeschichte* 470
Johnson, Uwe 18, 277, 288 f., 292 f., 300 f., 312, 325, 331, 333–336, 343, 354, 356 f., 369, 379, 383, 385, 387–390, 392, 454–461, 464, 478, 480, 551, 569 f., 573 f.
– *Dead Author's Identity in Doubt* 331
– *Eine Reise nach Klagenfurt* 331 – 334, 464, 478
– *Jahrestage* 331, 460
Joyce, James 200 f., 205, 397
– *Finnegans Wake* 205
– *Ulysses* 205
Jünger Ernst 389, 446

Kafka, Franz 73, 195, 200 ff., 397, 449, 527

– *Amerika* 201 f., 566
– *Die Verwandlung* 73
Kainz, Leo 82
Kaiser Joachim 299, 302
Kant, Immanuel 90, 195
Kasack, Hermann 64
Kaschnitz, Marie Luise 18, 200, 346, 450, 465, 567, 569 f.
Kästner, Erich 276, 447
Kesten, Hermann 18, 34, 155, 197, 219 f., 276 f., 287, 304, 384, 464 – 467, 472, 512, 567, 569 f.
– *Dichter im Café* 304
– *Meine Freunde die Poeten* 304
Kierkegaard, Sören 122, 200
– *Kritik der Gegenwart* 122
Kissinger, Henry 86, 286, 292, 566
Kittler, Friedrich 170, 543 f.
Klee, Paul 34
Kleist, Heinrich von 118, 200, 233 f.
– *Der Prinz von Homburg* 233
– *Die Familie Schroffenstein* 235
– *Penthesilea* 233
Klotz, Volker 391
Kolakowski, Leszek 388
Koschel, Christine 5, 324
Kraft, Victor 82, 84, 90 f., 93, 563 f.
Krapp, Helmut 202
Kraus, Karl 122, 124 f., 195, 200, 202
Krause-Nettelbeck, Petra 346
Kristeva, Julia 148, 161
Kunz 196
Kutscha, Irene 275

Lacan, Jacques 408, 531
Lange, Horst 376
Langgässer, Elisabeth 62
– *Märkische Argonautenfahrt* 62
Lasker-Schüler, Else 155
Lavant, Christine 240, 275
Lawrence, Thomas Edward 200
Lea, Arthur 228
Leibniz, Gottfried Wilhelm 195, 555
Leiris, Michel 387
Lenin, Wladimir Iljitsch 195
Lennartsson, Eva-Lisa 476

Lenz, Hermann 437
Leonetti, Francesco 387, 389
Leopardi, Giacomo 156, 195
Lessing, Gotthold Ephraim 171
- *Laokoon* 171
Lettau, Reinhard 383
Lindegren, Erik 476
Lipski, Leo 290, 495, 573
- *Piotrus* 290, 496
Loerke, Oscar 155
Loew-Beer, Fritz u. Mimi 465
Lohner, Edgar 466 f., 570

Majakowski, Wladimir 200
Malina, Josef B. 272
Mallarmé, Stéphane 161
Mann, Heinrich 465
Mann, Monika 465
Mann, Thomas 200
Mannheim, Karl 104
Marcic, René 92, 564
Marcuse, Herbert 82 f.
Marinetti, Filippo Tommaso 200
Marino, Giambattista 200
Marx, Karl 195, 200
Mascolo, Dionys 387 f.
Mauriac, Francois 200
Mayer, Hans 277, 445, 474, 568 f.
Mayröcker, Friederike 275
McNeice, Louis 565
Melchinger, Siegfried 269
Michel, Karl Markus 202 f. 396 f.
Mielke, Fred 501
Miller, Henry 200
Mitscherlich, Alexander 501, 537
Mombert, Alfred 272, 565
- *Der himmlische Zecher* 272
Monet, Claude 34
Monk, Egon 282
Montaigne, Michel de 336
Montale, Eugenio 200
Morante, Elsa 391
Moras, Joachim 18, 49, 85 f., 107, 152, 155, 168 f., 174, 182, 203, 220, 233, 285 f., 290, 300, 371, 567
Moravia, Alberto 387

Mörike, Eduard 183, 200
Moritz, Karl Philipp 30
- *Anton Reiser* 30
Müller, Heiner 238
Murdoch, Iris 388
Musil, Robert 22, 48, 187, 195, 200–205, 215 ff., 220, 317, 487, 516
- *Der Mann ohne Eigenschaften* 202 ff., 216
- *Die Schwärmer* 205
- *Vinzenz und die Freundin bedeutender Männer* 205

Nadeau, Maurice 387
Necco, Giovanni 465
Nettelbeck, Uwe 346
Neumann, Bernd 334, 387
Neumann, Peter Horst 329
Nietzsche, Friedrich 104, 200, 264, 391
- *Die fröhliche Wissenschaft* 264
Nöhbauer, Hans F. 47

Oellers, Marianne 335
Opel, Adolf 310, 341 ff., 357, 571
- *Ingeborg Bachmann in Ägypten* 341
Orabuena, José 272, 565
- *Kindheit in Cordoba* 272
Ovid 137 ff.
- *Metamorphosen* 137, 139
Paeschke, Hans 18, 85, 290, 354, 444
Panofsky, Erwin 256
Paracelsus, Philippus Aureolus 146
Pascal, Blaise 95
Pasolini, Pier Paolo 387
Pasternak, Boris 200
Perkonig, Josef Friedrich 227 f., 477 f.
- *Die Heimkehr* 478
Petrarca, Francesco 41, 155–158, 160
- *I Trionfi* 155, 157–160
Peyer, Rudolf 476
Pichl, Robert 5, 24
Pindar 135, 140
Piper, Klaus 463, 468 f., 501, 572 f.
Piper, Reinhard 468

Plath, Sylvia 19, 290
Platon 137, 149, 179, 556
– *Phaidros* 179 f.
Poe, Edgar Allan 347
– *Das ovale Porträt* 347
Pöggeler, Otto 451
Pohl, Helga 346
Pound, Ezra 397
Properz 155
Proust, Marcel 22, 31, 48, 187, 195, 198, 200 ff., 205 – 212, 216, 220, 366, 397, 516, 567 f.
– *À la recherche du temps perdu* 202, 205–209
Puvis de Chavannes, Pierre 22, 36–39, 43

Rechel-Mertens, Eva 202
Reich-Ranicki, Marcel 46, 277, 331
Richter, Hans Werner 18, 62, 267 f., 280–283, 287, 299 f., 304–310, 319, 335 f., 384, 437 f., 441, 457, 570
– *Sie fielen aus Gottes Hand* 62
Rilke, Rainer Maria 155, 195, 200
– *Sonette an Orpheus* 155
Rimbaud, Arthur 200, 321, 409, 445, 451
– *Das trunkene Schiff* 409, 445, 451
Rohracher, Hubert 91, 563 f.
Ronell, Avital 547
– *Telephone Book* 548
Rossini, Giacomo 321
Roth, Joseph 188, 195, 400 f., 403, 405
– *Die Kapuzinergruft* 188, 400 ff., 405
– *Radetzkymarsch* 400 f.
Rousseau, Jean-Jacques 30
– *Confessions* 30
Roux, Dominique de 455
Rudolph, Ekkehart 295, 406
Rühmkorf, Peter 387, 391, 440 ff.
Russell, Bertrand 88
Rychner, Max 449

Sachs, Nelly 18, 200, 266, 290, 319, 355, 444 f., 474–477, 480 f., 569

– *Du in der Nacht* 477
– *Fahrt ins Staublose* 477
Saint-Exupéry, Antoine de 200
Saint-Just, Louis de 117
Sartre, Jean-Paul 195
Schäfer, Oda 376
Schiele, Egon 272
Schiller, Friedrich 72 f.
– *Die Kraniche des Ibykus* 72
Schlick, Moritz 82
Schmidt, Arno 205
Schmitt, Carl 111
Schnabel, Ernst 267
Schnebel-Kaschnitz, Iris 7, 473
Schneider, Romy 407
Schnitzler, Arthur 183
– *Reigen* 183
Scholem, Gershom 5–12, 14 f., 18, 88, 474 f., 479, 494 ff., 572
– *An Ingeborg Bachmann nach ihrem Besuch im Ghetto von Rom* 6, 10
– *Judaica* 8
Schopenhauer, Arthur 112
Schröder, Rudolf Alexander 290
Schroers, Rolf 437, 447
Seaver, Richard 388
Seefehlner, Egon 272
Sellner, Gustav Rudolf 272
Serreau, Geneviève 387
Shakespeare, William 200, 353, 356 f., 360, 363
– *Das Wintermärchen* 356
Sinjen, Sabine 407
Sokrates 179, 556
Spiel, Hilde 302, 328
Stampa, Gaspara 194 f.
Sternheim, Thea 272, 565
– *Sackgassen* 272
Steuermann, Eduard 173, 472 f., 570
Stifter, Adalbert 200
Svevo, Italo 200 f.
Szondi, Peter 6, 234, 288, 300, 340, 371, 383, 398, 409, 443, 451 f., 473, 475, 479, 480, 569, 574
– *Der andere Pfeil* 479

– *Satz und Gegensatz* 479
– *Versuch über das Tragische* 234, 479

Tasso, Torquato 155, 164, 367
Taubes, Jacob 18, 475
Tecchi, Bonaventura 465
Thomas, Dylan 200
Titus Livius 12
– *Ab urbe condita* 12
Tolstoi, Alexej Nikolajewitsch 195, 200
Topitsch, Ernst 93
Trakl, Georg 155, 164, 195
Turner, William 35

Ungaretti, Giuseppe 156, 200, 391, 453, 455, 474, 569, 573
– *Das verheißene Land* 453
Unseld, Siegfried 5 f., 18, 88 f., 133, 187, 205 f., 220, 286 f., 292, 355, 390 f., 409, 453, 474, 481 f., 513, 515 f., 557

Valéry, Paul 445
– *Die junge Parze* 445
Vergil 137, 155
Vico, Giovanni Battista 200
Viebrock, Helmut 196
Villon, Francois 153
Visconti, Luchino 167, 567
Vittorino, Elio 387, 389
Voltaire 465

Walser, Martin 292, 336, 387, 573
Walter, Otto F. 391

Weber, Alfred 90, 103 ff., 118, 232, 564
– *Abschied von der bisherigen Geschichte* 90, 104 f.
Weber, Max 104
Weber, Werner 452
Weidenbaum, Inge von 5, 324
Weigel, Hans 274, 276, 278, 305–308, 310 ff., 343, 411, 435, 477 f., 511, 563 ff.
– *Unvollendete Symphonie* 310
Weil, Simone 18, 48, 100, 187, 200, 487 f.
Weiss, Peter 18, 277, 456
Werfel, Franz 271, 564
– *Der Tod des Kleinbürgers* 271
Wiese, Benno von 447
Wittgenstein, Ludwig 6, 15, 22, 48, 74, 83–89, 92–99, 101 ff., 111, 113–116, 120, 122, 187, 195, 200, 271, 273, 296, 313, 338, 487 ff., 518 f., 564 f.
– *Philosophische Untersuchungen* 85 f., 88, 101 f., 115, 122
– *Tractatus logico-philosophicus* 83–88, 93–96, 101 f., 114 f., 120, 122, 339, 521
Wolfe, Thomas 271, 565
– *Mannerhouse* 271
Wondratschek, Wolf 224
Wright, G. H. von 88

Yeats, William Butler 297

Zilligen, Dieter 194
Zürn, Unica 72

Werke Ingeborg Bachmanns

Lyrik

Abends frag ich meine Mutter 141
Abschied von England 243
Alle Tage 269
An deinem Strome hab ich getrunken 478
An die Sonne 164 f., 422
An Kärnten 317
Anrufung des Großen Bären 150, 152, 246, 248, 266, 290 f.
Apulien 247
Aria I 163, 568
Aria II 163, 568
Ausfahrt 243, 275
Böhmen liegt am Meer 8, 319 f., 354–358, 360–363, 368, 426, 514
Botschaft 237
Brief in zwei Fassungen 247
Das Gedicht an den Leser 142 ff., 229, 429
Das Spiel ist aus 424
Die blaue Stunde 150, 152
Die gestundete Zeit 136, 152, 186, 239 f., 240, 243 f., 260, 279, 425
Die große Fracht 240
Die unirdische Welle 141
Dunkles zu sagen (Wie Orpheus spiel ich) 23, 135 f., 140–144, 420, 425, 436
Enigma 164, 355, 572 f.
Erklär mir, Liebe 150–153, 164, 567
Exil 241, 404
Fall ab, Herz 269
Früher Mittag 240, 422, 425
Große Landschaft bei Wien 245, 359, 365, 415, 420, 424, 436
Harlem 221
Herbstmanöver 260
Hinter der Wand 238
Hôtel de la Paix 370, 424
Ihr Worte 143, 266, 282, 355, 480 f., 570
Im Gewitter der Rosen 422 f.
Jüdischer Friedhof 360 f.
Kleine Delikatessen 143, 248, 354, 481
Liebe: Dunkler Erdteil 154, 284, 568
Lieder auf der Flucht 154 ff., 158, 160, 163
Lieder von der Insel 163 f., 572
Menschenlos 238
Mirjam 424
Mundarten 480
Nachtflug 240, 269
Nebelland 150 ff.
Noch fürcht ich 420
Nord und Süd 269
Paris 243 f., 370
Prag Jänner 64 355, 357 ff., 572
Psalm 163, 269, 424
Rede und Nachrede 165, 424, 491
Reigen 150, 152, 269
Reklame 221
Schatten Rosen Schatten 424
Scherbenhügel 248
Schwarzer Walzer 163
Strömung 422, 428
Süden 246
Tage in Weiß 151, 157, 220
Thema und Variation 163
Toter Hafen 221
Vision 239
Von einem Land, einem Fluß und den Seen 248, 492
Vor einem Instrument 141
Wahrlich 355, 571
Wenzelsplatz 360 f.
Wie soll ich mich nennen? 238, 422, 425
William Turner: Gegenlicht 35

Drama

Carmen Ruidera 57

Libretto

Der junge Lord 167, 175, 290, 571
Der Prinz von Homburg 118, 175, 232
Monolog des Fürsten Myschkin zu der Ballettpantomime ›Der Idiot‹ 167, 175, 269

Hörspiel

Der gute Gott von Manhattan 114, 183, 204, 212–228, 287, 512, 567 f.
Die Schwärmer (nach Robert Musil) 205
Die Zikaden 178 – 186, 269, 566
Ein Geschäft mit Träumen 260–264, 275
Vinzenz und die Freundin bedeutender Männer (nach Robert Musil) 205

Prosa

Alles 35, 122, 127 f., 130 f., 133, 232, 486, 491, 569 f.
Anna-Fragment 63–67, 69, 506
Auch ich habe in Arkadien gelebt 252–259, 354
Briefe an Felician 227 f.
Das dreißigste Jahr 22, 25, 27–30, 36, 38, 41–44, 46, 48 f., 63, 81, 112, 114 f., 121 ff., 125, 130, 133, 143, 162, 204, 207, 231 f., 250, 264, 287 f., 292, 335, 355, 364, 367 f., 373, 474, 486 f., 489, 497, 512, 570
Das Honditschkreuz 56 ff.
Das Lächeln der Sphinx 71, 74–77, 81, 121, 147, 255, 497, 531
Das schöne Spiel 59 ff.
Das Ufer 67 f.
Der Fall Franza 13 f., 27, 43, 67, 96, 204, 230, 324, 341, 345, 354, 372, 376 f., 401, 494 f., 500–506, 510, 513 ff., 516–526, 536, 538, 572
Der Hinkende 479, 512
Der Kommandant 63, 73
Der Schweißer 252, 264 ff.
Die blinden Passagiere 86
Die Fähre 50 f., 53, 56, 58, 62, 254
Die gestohlenen Jahre 514
Die Karawane und die Auferstehung 50, 52
Die Mannequins des Ibykus 71 ff., 274, 435
Die Versuchung 67, 69, 76
Die wunderliche Musik 167–171, 176, 567
Drei Wege zum See 188, 243, 331, 337, 353, 370, 397–409, 453, 500, 518 f., 532
Ein Geschäft mit Träumen 252, 260, 263 f.
Ein Schritt nach Gomorrha 128 ff., 133, 154, 208, 231, 486
Ein seltsamer Club 357, 514
Ein Wildermuth 115, 122, 124, 131, 232, 486
Eugen Roman II 514
Geschichte einer Liebe 224–227, 232, 512, 532
Gier 398, 516
Hommage à Maria Callas 177, 434
Ihr glücklichen Augen 516, 573 f.
Im Himmel und auf Erden 61 f.
In Ledas Kreis 18, 512
Jugend in einer österreichischen Stadt 44 ff., 59, 232, 297 f., 333, 354, 485
Karawane im Jenseits 50, 67, 69
Malina 14, 16, 20, 23–27, 30, 35, 44, 67, 73, 86, 96, 133, 144, 148, 154, 175, 188 ff., 195, 204, 210, 212, 214, 229 f., 232, 265, 277, 291, 296, 298, 301, 322, 324, 327, 336, 343, 349, 353, 357, 362, 368, 406, 409–420, 422, 425 f., 430, 453,

482 f., 485, 494 f., 506, 508 ff., 512f.,
515 f., 525–539, 542–558, 572 f.
Requiem für Fanny Goldmann 144,
230, 324, 342–351, 493 f., 510 f.,
513, 572
Simultan 231, 330 f., 398, 511, 515 f.,
573
Stadt ohne Namen 63, 73, 275, 511
Sterben für Berlin 377, 512
Tagwerden 56
Todesarten-Projekt 15, 17, 26, 63,
106, 203, 230 f., 291 f., 324 f., 337,
342 f., 351, 368, 377, 500,
506–516, 536
Undine geht 132, 143, 145 f., 148 ff.,
176 f., 212, 232, 252, 424, 430,
432 f., 570
Unter Mördern und Irren 63, 123,
232, 497, 501 f.
Wüstenbuch 495, 501, 511 f., 514,
516, 525
Zärtlich ist die Nacht 371
Zeit für Gomorrha 512

Essays

Auf das Opfer darf keiner sich berufen 499 f.
Der Tod wird kommen 507 f.
Die Welt Marcel Prousts – Einblicke in ein Pandämonium 187,
206–212, 219, 528
Ein Ort für Zufälle (Berlin-Essay;
Büchner-Preis-Rede unter dem
Titel »Deutsche Zufälle«) 24, 26,
353, 368, 373–380, 382, 395, 501,
511 f., 514
Freud als Schriftsteller (Radioessay,
verschollen) 367
Ins tausendjährige Reich (Musil-
Essay) 187, 203 f., 216 f., 268, 566
Logik als Mystik (Radioessay, verschollen) 97

Ludwig Wittgenstein – Zu einem
Kapitel der jüngsten Philosophiegeschichte 84, 94 f., 125, 488,
494, 569
Musik und Dichtung 162, 173,
175 ff., 474, 569
Notizen zum Libretto 167, 175, 177,
571
Sagbares und Unsagbares – Die
Philosophie Ludwig Wittgensteins (Radioessay) 84 f., 96, 101,
103, 268 f., 488, 494, 518, 566
Simone Weil 18, 187, 487 f., 566
Tagebuch 393 ff., 480
Was ich in Rom sah und hörte 7 ff.,
11 ff., 88, 99, 103, 106–11, 246,
333, 353, 364, 368, 484 f.

Sonstiges

Gruppe 47 18, 267, 289, 270, 279 f.
Biographisches 296
Das Tremendum – Sylvia Plath: *Die
Glasglocke* 19, 573
Die kritische Aufnahme der Existentialphilosophie Martin Heideggers (Dissertation) 33, 83,
89 ff.
Frankfurter Vorlesungen 42, 48,
124, 190, 196–99, 205 f., 247 f.,
343, 352, 362, 366, 419, 427 ff.,
446, 449, 473, 483, 485 ff., 569
Gespräche und Interviews 296
Rede zur Verleihung des Hörspielpreises der Kriegsblinden 474,
485
Versuch einer Autobiographie 297
Witold Gombrowicz 18, 288, 382,
454 f., 458 f.
HermanKesten zum Geburtstag
465 f.
Zur Entstehung des Titels *In Apulien* 247

Abbildungsverzeichnis

1. Pierre Puvis de Chavannes, L'espérance 1 (1872), Baltimore, Walters Art Gallery.
2. Pierre Puvis de Chavannes, L'espérance 2 (o.J.), Paris, Musée d'Orsay
3. Landkarte von Galizien (Ausschnitt)
4. Die Wiener Ungargasse Nummer 9 mit den beiden Löwen aus Bronze am Tor. Foto: Manuel Chemineau, Wien.
5. Eingang des Wiener Stadtparks. Foto: S. W.

Inhalt

Vorwort zur Taschenbuchausgabe

Prolog

1. Bachmann und Scholem im Dialog über Messianismus und Verzeihen 5
2. Zur Konzeption des Buches 15

I. »Das dreißigste Jahr« – Rückblick auf die frühen Erzählungen

1. »nur ein Bild«: der Ort von Bildern in Bachmanns Poetologie 29
2. Bildlektüre und allegorisches Verfahren im »Dreißigsten Jahr« 36
3. Das unspektakuläre Debüt einer Schriftstellerin: 1949 46
4. Landschaft als allegorisches Schema: die frühen Erzählungen 53
5. Kindliche und weibliche (Un-)Schuld im Nachkriegsschauplatz 59
6. Momente christlicher Heilslehre in den frühen Erzählungen 67

II. Poeta doctus – Zum Verhältnis von Philosophie und Literatur

1. Intervention der Philosophie: »Das Lächeln der Sphinx« .. 74
2. Das ungeschriebene Buch: Bachmann als Autorin der Philosophie 81

3. Philosophiestudium und Wittgenstein-Lektüre 89
4. Anschlußstellen und Übergänge zur Benjamin-Lektüre .. 99
5. Stadt – Sprache – Geschichte: der Rom-Essay 107
6. Dem *homo philosophicus* wird der »leibhaftige Prozeß« gemacht: noch einmal »Das dreißigste Jahr« 112
7. Der Sündenfall der Sprache: Bachmanns ›Sprachprozeßordnung‹ 122

III. Gesang, Komposition, Musik – Zwischen Lyrik und Prosa

1. Von Orpheus zu Undine: Klagelied, Liebeston und Kunst 135
2. »Erklär mir, Liebe«: Sprache der Liebe – Sprache der Lyrik 149
3. Komposition: zur musikalischen Logik der Gedichte 161
4. Die Stimme der Musik in der Dichtung 167
5. »Die Zikaden«: ein philosophisch-musikalisches Gedicht 178

IV. Lektüre, Intertextualität, Polyphonie: Liebesstimmen

1. Das Bildnis der Autorin als rasende Leserin: zwischen Bibliothek, Sucht und Katheder 189
2. Bachmann als Leserin Musils und Prousts 201
3. Kritik der Gewalt und Fragmente einer Sprache der Liebe: »Der gute Gott von Manhattan« 212
4. Polyphonie: Erzählstimmen zwischen Dialog und Dialogizität 224

V. Übertragungen – Konversionen zwischen Leben und Schreiben

1. Die Landkarte der Nachkriegslyrik: Topologie und Topographie 237

2. Arkadien: Literarisches zum Problem
   der Konvertierbarkeit 250
3. Übertragungen: Metaphern und Konversionen 259
4. Zur Genese einer ›freien Schriftstellerin‹: zwischen
   Österreich und der Bundesrepublik 266
5. Schriftstellernöte, Wortauftritte, Wanderjahre:
   die Schriftstellerin in der Gruppe 47 und im
   Literaturbetrieb 279

VI. Die Biographie als Anathema

1. Biographische Mythen und Konstruktionen 295
2. Konkurrierende ›Entdecker‹-Legenden 304
3. Urszenen einer Autorbiographie 312
4. Hinterlassenschaften, Nachrufe und Befangenheiten 322
5. Erinnerungstexte zwischen Trauer und Inbesitznahme 330
6. »Todesarten« des Literaturbetriebs: »Requiem für
   Fanny Goldmann« 342

VII. Topographische Poetologie

1. Prag, ein Wintermärchen: »Heimkehr« nach Böhmen 355
2. »Stadt ohne Gewähr«:
   Städte als Gedächtnisschauplätze 364
3. Trauma Berlin: Symptomkörper und entstellte
   Topographie 373
4. Literatur-Politik: ein deutscher Literaturstreit und das
   europäische Zeitschriftenprojekt »Gulliver« 383
5. »Drei Wege zum See«: Geisterstimmen einer verschwundenen Kultur in den Liebesgeschichten einer Heutigen 397

VIII. Der poetische und poetologische
Dialog mit Paul Celan

1. Das Kryptogramm im »Malina«-Roman 411
2. Verschwiegene Korrespondenzen: Dialog- und
   Lektürespuren 425

3. Störungen im und aus dem Literaturbetrieb 435
Exkurs über das nachkriegsdeutsche Ironiegebot 438

IX. Bachmanns intellektueller Ort in der Nachgeschichte des Nationalsozialismus

1. Bachmann und Johnson: Differenzen im Umgang mit Exilierten 454
2. Von der Empathie zum Dialog mit jüdischen Autoren und Intellektuellen 464
3. Sprachtheorie: Von der Utopie zum Messianismus 482
4. Zum Kontinuum einer Opferethik und zur Problematik einer weiblichen Position im Gedächtnis der Nachgeschichte 496

X. Die »Todesarten«

1. Die Umwege der »Todesarten«: vom Umgang mit Fragmenten 509
2. Galicien und Ägypten: Herkunft, Urphantasien und archaische Erbschaft 516
3. »Malina«: die Voraussetzungen des Romans und die Vervielfältigung der Triade 526
4. Träume und Traumatisierungen 534
5. »Malinas« Medientheorie: Telephon, Post, Schreibmaschine 543

Anhang

Danksagung 561
Chronik 563
Bibliographie 575
Namenregister 590
Werkregister 598
Abbildungsverzeichnis 601

»*Musil zwingt uns, genau zu denken und mutig zu denken.*«

Ingeborg Bachmann

Den Titel des großen Romans *Der Mann ohne Eigenschaften* kennt jeder, der Verfasser ist jedoch bis heute weitgehend rätselhaft geblieben. In Herbert Krafts brillant geschriebenem Buch wird deutlich, wie Robert Musils Leben und Werk einander ergänzen; die Auseinandersetzung mit diesem Jahrhundertschriftsteller wird auf eine neue Stufe gestellt. Prägnant und luzide zugleich erhellt Kraft Musils Welt und macht damit sein Werk für uns Heutige verständlich.

360 Seiten. Gebunden. ISBN 3-552-05280-1

Zsolnay **Z** Verlag

www.zsolnay.at